中国好人：
64个孩子的妈妈

伍学花 著

江西高校出版社
JIANGXI UNIVERSITIES AND COLLEGES PRESS

图书在版编目(ＣＩＰ)数据

中国好人:64个孩子的妈妈/伍学花著.--南昌:江西高校出版社,2022.10（2024.9重印）
ISBN 978－7－5762－3347－6

Ⅰ.①中…　Ⅱ.①伍…　Ⅲ.①伍学花—自传
Ⅳ.①K828.5

中国版本图书馆 CIP 数据核字(2022)第 174197 号

出 版 发 行	江西高校出版社
社　　　　址	江西省南昌市洪都北大道 96 号
总编室电话	(0791)88504319
销 售 电 话	(0791)88522516
网　　　　址	www.juacp.com
印　　　　刷	固安兰星球彩色印刷有限公司
经　　　　销	全国新华书店
开　　　　本	700mm×1000mm　1/16
印　　　　张	31.5
彩　　　　页	12 面
字　　　　数	500 千字
版　　　　次	2022 年 10 月第 1 版
	2024 年 9 月第 2 次印刷
书　　　　号	ISBN 978－7－5762－3347－6
定　　　　价	88.00 元

赣版权登字 -07-2022-1098

△ 四世同堂照

△ 全家福

△ 四川寻祖合影

△ 出车祸后与儿子、儿媳合影

△ 西湖区伍学花暖心志愿队

△ 南浦街道新时代实践所"红色战舰"志愿服务队

△ 被授予南昌市最美家庭

△ 被授予江西好人

△ 与帮扶的残疾人合影

△ 与西湖区妇联原主席卢兰萍一起看望余正苓老人

△ 与第一届免费文化辅导班的孩子合影

△ 2022年伍学花捐资助学仪式

△ 在书院小学宣讲后与孩子们合影

△ 下军营宣讲

△ 伍梦莉、伍学花、陈可（从左到右）祖孙三代照顾卧病在床的徐新华的老婆

△ 喂孤寡老人吃水果

△ 陈言人给免费文化辅导班的孩子上课

△ 伍学花夫妇与辅导班的孩子在一起

序

　　我卸任江西省人大常委会副主任之后，闲暇时间渐渐多了起来，便喜欢读书，和老朋友、老同事叙叙旧，打发打发时间。一天，夫人与我谈起她的老同事陈跃琴说，原省供销工贸公司有一位职工伍学花，通过自己的勤奋努力，撑起了一个贫寒的家，四十余载帮助64名贫困学子实现大学梦，夫妇双双被评为江西省关心下一代工作先进个人，而且伍学花自己写了《中国好人：64个孩子的妈妈》一书。我要来初稿阅读一遍，朴实的语言，将她的人生轨迹真实呈现于读者的面前，亦悲亦喜，有恩有怨，如诉如歌。本书传递的是一种坚韧不拔、自强不息的精神，一种知恩图报、反哺社会的人性良知，一种乐善好施、播撒人间大爱的强大正能量，细细地揣摩，令人啧啧称奇。我为其保有一颗清净的心，在滚滚的红尘中与命运相争，终获得自己应得的那份从容和快乐而感动，便欣然答应为此书作序。

　　20世纪50年代，伍学花出生在庐山脚下一个极其贫寒的家庭，其父生长于四川，青年时被抓壮丁背井离乡，颠沛流离，多年之后流落于地处赣北的星子县（今庐山市），后父亲患病，常年卧床不起，母亲先天智障不谙世事，注定幼年时期的学花命途多舛，但她生性机灵，依靠小手"挠痒痒""捡柴""捡破烂""讨饭"等艰难度日；从童年时期开始乃至成年之后，她以自己的赢弱之躯，以过人的毅力与智慧，硬是活生生地支撑起了那个属于自己的风雨飘摇的家，其间也饱尝了生活中鲜为人知的种种磨难……磨难的日子是苦涩的，但它带给了学花一份过人的成熟与坚强，不曾屈服于命运，百折不挠、以己度人正是她人生的精彩注脚。她从未因为出身贫寒、生活条件艰苦而自暴自弃。相反，"苔花如米小，也学牡丹开"，她以坚毅为本，助人为乐，敢于直面磨难，甚至与死神赛跑，凭借着勤劳执着、刚强坚韧、永不放弃的优秀品质，谱写出"全国最美家庭""中国好人"的时代佳话。

从这本书里，我们能读懂她的快乐；在她的身上，我们能感受到她的赤子情怀。这在当下是十分难得与可敬的，希望读者都能与我一样，从中得到一些启示而共勉。

朱秉发

二〇二二年二月九日

前　言

1955 年 7 月 16 日,我出生在江西省星子县(今庐山市)一个不幸的家庭,母亲罹患先天性智力障碍,三个哥哥早夭,悲伤过度的父亲又患重病,卧床不起。全家住在不足八平方米的柴火房里。父母都自身难保,那时谁都不相信我能活下来。

其实我家的不幸是人为造成的。三口之家有父亲 16 元钱的退休工资,本不至于如此窘迫。因父亲卧病在床,母亲又不会操持家务,才使得一家人吃了上顿没下顿。雪上加霜的是,不幸的家里又添了不幸:母亲又生了两个残疾妹妹。

于是,三岁不到的我,就用自己的小手去为人挠痒痒换饭吃。虽然自己吃饱了,但还是担心父母会饿死。为了不让父母饿死,我就出门讨饭给父母吃。

不是童年的我有能力,也不是我聪明,完全是为生活所迫。

有很多人说:"伍学花是上天安排来拯救不幸家庭的,不然谁能管得了四个残疾人?"

父亲病逝后,只有 15 岁的我发誓养大两个残疾妹妹,照顾好先天性智力障碍的母亲。我儿时居住的大屋里,有不少关心和爱护我的好心人。他们的善良永存我心中。

李家娘凭一己之力养大了三个孩子,苦了她一个,却送三个孩子上学。我那时就想:今后一定要做像李家娘一样的人,也要做到辛苦我一个,幸福全家人。

陈家娘爱人挣的钱,就可以养活家中的三个人,但是陈家娘还是去拉板车贴补家用。陈家娘心善,在我家危难的时刻,总是帮我们渡过难关。

我没参加工作之前,没有人喜欢,我心里非常清楚。别人不待见我,我也绝不生人家的气。哪怕受到歧视,受到任何伤害,我首先想到的也是:生气不如争气。1967 年,为了养活家里四个残疾人,我不得不辍学。

毛主席说:"一个人做点好事并不难,难的是一辈子做好事。不做坏事,一贯地有益于广大群众,一贯地有益于青年,一贯地有益于革命,艰苦奋斗几十年如一日,这才是最难最难的啊!"①我便选择了一条最难的路,也是最幸福的路,那就是一辈子做好公益事业。

我找爱人是姜太公钓鱼——愿者上钩。1973 年,不满 18 岁的我,结识了一个出身书香门第而且很有气质的男人。他身上当时只有回九江的一元零五分钱路费,却来家里向我求婚。天性不怕穷、不怕苦的我被感动了,答应了他。决心守护好这个家的我对他说:"你口头承诺,我担心你做不到。你如果能做到一辈子爱我,能跟我白头到老,那你就写一张承诺书吧。"

我的丈夫跟着我做公益,用自己的微薄之力回报社会。2018 年,我家荣获"全国最美家庭"称号,2019 年我夫妇荣登"中国好人榜"。

2021 年 7 月 16 日,我过了 66 周岁的生日。

虽说自己没什么文化,但是写作于我是一种快乐。从记事起,我总想多学一些文化知识。在家里最困难的时期,没钱买纸和笔,地面就是我的纸,石头和树枝就是我的笔。

参加工作后,织毛线的标签和各种商品的包装盒,以及超市的购

---

① 毛泽东.吴玉章寿辰祝词.[M]//中共中央文献研究室.毛泽东著作专题摘编:下.北京:中央文献出版社,2003:2133.

物小票,我都保存下来,用来当写书的草稿纸。

写书还真不容易,小时候记录的只有片言只语,长大后我开始用记事本记事,这些都是我写书的材料。从萌生写书的念头起,我不知不觉写了六十多万字。

我写东西有多难,只有我自已知道。每天凌晨4点我就起床,写不到一个小时就要休息。因为我出过严重的车祸,留下了后遗症,导致不能用眼过度。我通常休息两个小时,又继续写几十分钟。

亲朋好友看到我写书太苦了,总是好心劝我别自讨苦吃。也有人笑话我没什么文化,还自不量力写书。写书是那么容易的事吗?如果那么容易,每个人都可以写书。

我看过《钢铁是怎样炼成的》这本书,书中的主人公保尔·柯察金一直鼓舞着我,让我坚持把书写下去。

"奶奶,你的故事很感人,你可以把你的故事写进书里。"孙女陈可的这句话触动了我。为了实现孙女的愿望,我要克服一切困难。我要让儿孙们知道:无论做什么事,只要用心去做,就一定能成功。就像父亲要我为他寻祖,我克服了种种困难,寻祖四十多年,终于实现了父亲的愿望。

我要感谢跟我素不相识的付定鹏老师,他看了我爱人写的《春秋配——我的寒门妻》这本书后,深受感动,为我修改书稿。虽然付老师后来因身体状况不佳,只修改了书稿的一部分,但我和付老师的友谊长存。

感谢江西高校出版社编辑在本书付梓过程中所做的工作,并将书名《星之女甘洒一生育新苗》改为《中国好人:64个孩子的妈妈》。

感谢江西教育电视台、江西五套、南昌卫视等新闻媒体的记者对我夫妇的宣传报道,并提供拍摄的照片为本书增色。

在我家最艰难的时候，是星子的父老乡亲帮我家渡过了难关。是星子的名山、名湖养育了我，是关爱我的人培养了我。我很想念我那不幸的父亲，他在四川被国民党抓了壮丁，逃命到星子。父亲一辈子只想生一个男娃，为伍家传后。娘生我时，父亲一见我是个女娃，悲伤得痛哭。但是当父亲饿得要死时，是三岁的我把讨来的饭给他吃。当二妹、三妹病重时，是我救了她俩的命。父亲才知道，没有我，这个家就得垮。父亲经常拉着我的手说："大女娃儿呀，你要晓得你的命不是你一个人的，你要永远记住，你的命是我们家四个残疾人的。"感谢父亲的教导，让我深知要凭自己的力量，照顾好家中四个残疾人，不能给国家添负担。感谢陈跃琴夫妇一贯支持我出书。感谢省人大常委会原副主任朱秉发不辞辛苦为我写序，感谢原副省长胡振鹏在百忙之中对我的书给予指导。

感谢儿子陈杰、儿媳曹微在2020年疫情期间，为我们二老送米送菜，让我有时间写书。我将省下来的两个月退休金，全部捐给武汉抗疫前线的医护人员。

感谢伍梦莉、周乐添、陈可，每当我需要他们打电子稿时，一个电话他们就会立刻赶来。40多万字的电子稿，往往要打好几天，但他们无怨无悔，任劳任怨。

我还要感谢爱人陈言人，为我改变自己，跟着我做公益事业。现在我也要为爱人改变自己，做到做公益事业和照顾家庭两不误。我今后努力做一个好妻子、好母亲、好奶奶、好外婆，做合格的爱心姐姐、爱心阿姨、爱心妈妈、爱心奶奶。我还要带领儿孙做好公益事业，让儿孙将我的爱心传递下去。

伍学花

2021年8月8日

CONTENTS

目　　录

▼

第一章　苦难的家庭

（一）

　　赣北庐山脚下的星子县(今庐山市)，不仅有风光旖旎的庐山，更有驰誉中外的淡水湖——鄱阳湖。这里湖光山色，美不胜收。

　　新中国成立初期的 20 世纪 50 年代，地主的田地、房产均被人民政府没收并重新分配。

　　不少被没收的房产，其后被作为村公所或村委会的办公房，或分给无房的贫民居住。

　　其间有一幢被政府没收的地主大屋，坐北朝南，占地约 2000 平方米，呈正方形。东、西、南、北均有大门出入，大屋正中有一个大约 30 平方米的天井。大屋青砖灰瓦，有正房 10 余间，用于住人；另有伙房 4 间，以及两间大小不一的柴房，一间为 8 平方米，另一间为 6 平方米，俗称舍间。其余空间为公共出入、活动之用的大堂。大屋没收后，正间分给了 10 余户当地土生土长的贫民。

　　舍间墙壁青砖斑驳，地面坑洼潮湿，不宜居住。黄姓老媪因自家房屋被没收，无栖身之所，被政府安排住进 6 平方米的舍间。8 平方米的舍间则让给了流落星子的伍姓人家。

　　时间定格在 1955 年 7 月 16 日辰时，8 平方米的舍间里传来一声女婴的啼哭，伍家第四个孩子降生了。她就是"星之女"。

　　20 世纪 50 年代，重男轻女、传宗接代的思想根深蒂固。"星之女"的爹爹亦有埋怨，可一想命已至此，只能作罢。

　　"星之女"的爹爹何许人也？他是四川省巴中县恩阳镇(今巴中市恩阳区)伍家垭河人。"星之女"曾听爹爹说过，爷爷叫伍常元，奶奶叫伍刘氏。爷爷奶奶共生育一男一女，男娃取名伍崇先，小名缝娃子，也就是"星之女"的爹爹；女娃伍崇香，即"星之女"的姑姑。爷爷、奶奶精明能干，干农活之余，还做了一些小生意，一家人的生活还算殷实。伍崇先在其父的教导下，从小参与劳作，练就了一手耕作绝活，养成了勤劳朴实的习惯，一家四口过得安稳踏实。

天有不测风云，人有旦夕祸福。这天，缝娃子吃过早饭，来到路边的茅房如厕，突然被几个穿军服的大兵拦住。大兵瞅了瞅眼前这个年轻壮实的汉子，问道："哪个村的？多大年纪？"

缝娃子用手指了指，说："就这村的，24岁。"

"走！跟我们吃军粮去。"

缝娃子被这突然发生的事情弄蒙了，回过神来转身欲跑，谁知大兵早有防范，一把抓住了他的衣领。其余几个人一拥而上，强拉硬拽、推推搡搡地将他带走了。

太阳升至头顶，已是晌午时分，未见缝娃子回家吃饭。缝娃子的父母找遍了全村，问遍了村民，都说没见过；拜托亲朋好友寻遍了附近的每一个角落，但生不见人，死不见尸。

连日来不停地多方寻找，缝娃子仍然杳无音信。其母亲伍刘氏茶饭不思，整天号啕大哭，泪哭干了，嗓子也哭哑了。

缝娃子莫名消失，其爹爹整日以泪洗面。每天早晨大门一开，他便坐在门口，目光呆滞，心中默念着，渴望奇迹的出现……

几个大兵直接把缝娃子抓到了国民党的军营，缝娃子当了一名勤务兵。

20世纪30年代中后期，中华大地饱受战火的摧残，烽烟四起，生灵涂炭。军中的缝娃子想到自己被抓壮丁时连招呼都来不及向父母打一个，父母将会是何等伤心难过；何况自己是伍家的独苗，父母还一心指望自己传宗接代、养老送终……缝娃子的这些心思，每天都在脑海里挥之不去，令他精神恍惚。

一日，长官安排缝娃子外出办差。缝娃子心中暗喜，他觉得逃出囚笼的机会来了。转念一想，这一逃如果被抓，不但自己小命没了，兴许会连累父母。思忖再三，缝娃子还是决定：先逃出去！留得青山在，不怕没柴烧。他横下一条心，向着与家乡巴中相反的方向一路狂奔。

逃亡途中，缝娃子风餐露宿。夏天，偏僻的桥洞就是他的栖身之地；冬天，草垛柴堆、猪圈牛栏便为他的安身之所。1947年，缝娃子逃到了赣北庐山脚下的星子县。

人们传说：星子因天上的星星坠落在鄱阳湖中而得名。星子县的落星墩即为天上掉下来的一块大陨石。星子面对鄱阳湖，水运发达，码头众多，因而滋养了一方星子人……

"星之女"罹患先天性智力障碍的娘饶氏，出生于1930年星子县的一户普通人家。其父母先育有一男孩。男孩被视为家里的心肝宝贝,含在嘴里怕化了,捧在手里怕摔了,俨然成了全家生活的轴心。后来,父母又生育了一个女孩,这便是"星之女"的娘亲。女孩好几岁了,连句简单的话也不会说。她目光呆滞,遗传其母亲的病——先天性智力障碍,家里便送瘟神似的将她送到星子县蓼华乡(今庐山市星子镇)的一户人家做童养媳……

虽说女孩的母亲脑子不好使,可其父亲却是里外一把好手。由于勤劳肯干,家里被他打理得井井有条。尤其让女孩的父亲做梦都感到高兴的是,儿子聪明可爱。儿子长到七八岁,父亲便满怀希望地把他送进了学堂。

那时,人们的饮用水多为井水。而这水井,必须依靠人工用铁锹、铁耙等工具开挖。开挖的深度根据地下水位的高低而异。如遇地面海拔高、地下水位低的情况时,开挖深度可达数十米。民间迷信认为,挖井是用铁锹伤害土地神的肚皮和心脏,会遭到土地神的报应:有开挖水井时塌方被压死的,有被坠物砸死的,有因下井时绳索断了摔死的,也有挖到泉水来不及升井被井水淹死的。所以,民间有挖井的相关风俗。开挖之前,必须选定吉日,并在水井旁边支起一面簸筛。簸筛朝南,上面披挂着红布,中间固定一面铜镜。然后摆放香案,上供猪头一个、公鸡一只、鲤鱼一条,俗称"三牲"。挖井之人必须双膝跪拜,祈求神灵保佑开挖顺利。

女孩的父亲,由于妻子患有先天性智力障碍,因此必须为家庭承担更多。他忙里忙外,没日没夜地挖井。

一天,女孩的父亲干完活摸黑回到家里,见水缸没水,便挑起水桶去井边打水。在他弯着腰两手轮流提水时,脚下一滑,连人带水桶一起坠入井中,直到第二天清晨尸体浮上水面,方被人们发现。

女孩的父亲走了,好在女孩的哥哥已经长大成人。在那个遍地都是"睁眼瞎"的年代,哥哥算得上是文化人。那时没有电子计算器,算盘是最好的计算工具。哥哥的算盘打得哗哗响,很快便担任了星子南门河东码头搬运队的队长。虽说不是什么达官显贵,但对于土生土长的乡下人而言,也足以告慰对自己宠爱有加而溺亡的父亲了。

1947年,被送去蓼华乡做童养媳的"星之女"的娘17岁了,她的脑子发育依然未见起色,脾气却越来越大。蓼华人家认为养这么大了也不能做什么事,十足是个累赘,没必要再继续消耗粮食,干脆将她退回娘家。

"星之女"的舅舅心中很无奈:接受吧,这妹妹生活不能自理,再加上家中本就有个患有先天性智力障碍的母亲,这早已卸下的包袱今又送了回来,真够自己喝一壶的;不接受吧,这可是自己的同胞妹妹,于情于理都说不过去……

（二）

1947 年的星子南门河东查头的码头上,多了一位不速之客——缝娃子。

此时的缝娃子 30 多岁了。他孤苦伶仃,上无片瓦下无寸土,俨然一只寄人檐下的燕子。

白天的码头上热闹非凡,南来北往的小商小贩在这里云集,装货卸货。

看到卸货的人抱着大包的货物使尽气力扛到肩上,累得上气不接下气,缝娃子便好心地上前,替人搭把手。后来,每当货物太多又急着卸完时,缝娃子便被招呼着一块干。

码头卸货是很累的工作,卸完一船货物少不了挣个十块八块的。搭把手的话,这些搬运工就会把挣的钱分给缝娃子一点儿,缝娃子心里乐开了花。他想:这下好了,总算有个吃饭的地方了,总比漂泊不定的日子强多了。

晚上,一轮圆月从东边升起,湖面上泛着粼粼的波光。缝娃子孤身伫立在湖边,遥望家乡的方向,心里念叨着家乡的亲人,不禁潸然泪下……月光把他的影子缩短了,继而又把他的影子拉长了……

春去秋来,云卷云舒。缝娃子"梦里相思梦里回,一行大雁一行泪"。他何尝不想飞到老家,重回父母身边,来实现他们安居乐业的夙愿呢?

他有句常挂嘴边自我安慰的口头禅:留得青山在,不怕没柴烧。

码头搬运工很快就与缝娃子混熟了,他们只要一天见不到缝娃子,总觉得心里缺了点什么。卸完货的间隙,他们围坐在埠头,悠然地"吧嗒吧嗒"吸着旱烟,闲聊些张家的婆娘鲤鱼眼,李家的媳妇小脚丫……

缝娃子乐在其中,总是跟着打哈哈。已过而立之年,可他一谈起婆娘来就脸红。他勤快能干,为人也忠厚老实,一粒黄豆落下来也生怕砸了自己的头。

有一次闲聊,有个张姓的装卸工对缝娃子说:"缝娃子,想在星子成亲不?"缝娃子一时红着脸,不知所措,尔后点了点头。

那个年代,单身男女听信父母之命、媒妁之言。这三十好几还是单身的缝娃子,顷刻间仿佛喜从天降,以至于乐不思蜀了。

眼前的天空好蓝好高,小鸟的叫声清脆悦耳,传递着一个个怦然心动的音符,搅得缝娃子心猿意马,不能自已。让他慰藉的是,娶妻生子的愿望可以实现了。

"愿有人与你立黄昏，愿有人问你粥可温。"想到这些，缝娃子心里乐开了花。

一天，张姓装卸工一本正经地告诉缝娃子："我们搬运队有个同事的妹妹，今年 17 岁，我见你老实厚道，想把他的妹妹介绍给你……"话未说完，缝娃子早已激动得手足无措，一个劲地点头谢个不停。

他想，自从被抓壮丁之后，十几年来，"一钵千家饭，孤身万里游"。风餐露宿，苦海无涯，何处是岸啊?! 这回好了，他终于有个家了。

（三）

张姓装卸工所说的搬运队的同事就是搬运队的饶队长。其妹妹饶印香遗传了母亲的先天性智力障碍，曾被送到乡下做童养媳。17 岁那年，她终因脑子痴呆被送回了饶家。

那年代，赵家的闺女钱家的郎，即便到了谈婚论嫁的妙龄，大多依靠父母做主或是媒人说道撮合，方能结为秦晋之好。

经过张姓装卸工从中撮合，缝娃子的亲事很快就确定下来。虽然缝娃子尚未见过这饶队长的妹妹长啥模样，但自己都三十好几了，能有一个小自己十几岁的黄花闺女做伴侣就是祖上积了德，哪里有挑肥拣瘦的资本? 退一万步讲，即便是歪瓜裂枣，只要会生孩子就行。再说这门亲事一成，就再不用辗转漂泊、寄人篱下了。

搬运队的饶队长早就希望将妹妹嫁出去。但令他苦恼的是，只要当地脑子正常的单身男人没有一个相中妹妹印香的。现在好了，既不用拣时择日，也不用迎亲嫁娶，饶队长就痛痛快快地把妹妹交给了缝娃子，算是了却他的一块心病，顺便也让妹夫进了自己的搬运队。

俗话说，亲为亲好，人为人高。缝娃子进了搬运队之后，干活越发卖力，干多少得多少，再也不用低三下四挣点人家施舍的小费了。

成亲之后，缝娃子方知饶印香患有先天性智力障碍，心里虽有不悦，但想到自己的处境，只能认命。

缝娃子进了搬运队，从此名册上多了个"伍崇先"，人称"老伍"。老伍勤快肯干，靠力气挣钱。除了家里的生活开销，每月工资还略有结余。于是，他在星子县的南门，租下一栋无人居住的两层楼房。周围没有邻居，十分清静。两百米之外，便是星子县医院。

（四）

老伍带着妻子饶印香屁颠屁颠地住进了租下来的独栋楼房。

早晨，老伍早早地起了床，砍柴下地，挑水做饭，把家里家外料理得井井有条。

妻子印香喜欢睡懒觉，太阳晒肚皮也不愿翻个身。老伍喊她坐在灶前添把柴，她也不会做。

忙完活儿，伺候印香吃完饭，老伍便去搬运队搬运货物。在老伍看来，印香不会干活也懒得干活，这都没关系，只要日后能给他生下一个男娃，能够延续伍家的香火、传承伍家的血脉，就算是老天开眼了。再说，只要我老伍身体好，干活累点没关系，男人只要吃饱了，就有的是力气。

老伍再不喊印香干活了，喊了印香也不干，他把家里的活儿全干了，这样也更让他省心。印香过着饭来张口、衣来伸手的逍遥自在的日子。

残阳如血。码头上收工了。摸摸口袋，老伍心里喜滋滋的。回到家，见到妻子印香，老伍兴奋地问："印香，你想吃肉不？"印香"嗯……嗯……"地直点头，嘴角早已是垂涎三尺……

长在鄱湖边，不吃鄱湖鱼，这是人生一大憾事。老伍带印香去饭馆点了红烧肉、清蒸鄱湖大鲫鱼，还有印香爱吃的酱香豆腐干，乐得印香直叫"好吃"。之后，老伍为了讨好印香，隔三岔五便带上她，连同印香的娘一块儿上馆子一饱口福。

次数多了，印香不高兴了，嘴里嘟囔着："娘又不喜欢我，又不帮我们做事，以后不要让她来吃饭。"

印香脸上的水色比过去好看多了。几个月之后，肚子也渐渐隆了起来，她怀孕了。

看着妻子印香日渐鼓起的肚子，老伍乐坏了。他心想：这婆娘虽然不会像正常女人那样体贴男人、操持家务，但能为我伍家传宗接代，我老伍这把年纪也知足了……

1948年，印香顺利产下一男婴。这对老伍来说，无异于天降麟儿。他不敢耽搁，在当地雇请先生代书，向四川老家的诸位宗亲报喜。

定居四川的伍家堂哥伍崇福、堂嫂江金秀，婚后多年未育，听说缝娃子生了个男娃,立马回信,信中恳求缝娃子把男娃儿过继给他们。老伍自然不能依从。自此,堂兄嫂间的鸿雁传书也就中断了。

初为人父的老伍,突然间觉得时间过得飞快。

一大早起床,看着熟睡的娃儿,老伍习惯性地俯下身子,亲吻着奶香的小脸蛋,目光愣愣地打量半晌,这才抽身忙活去了。

老伍的心头有两块肉,一块是能够替他传宗接代的男娃儿,另一块则是能够替他生娃的印香。

每次搬运队一收工,老伍就无暇顾及与人谈古论今,撒开脚丫子就往家赶。回到家的第一件事,就是抱起娃儿左瞧右瞧,亲亲嗅嗅,自导自演地逗着娃儿叫爸爸。看那情形,真是含在嘴里怕化了,捧在手里怕摔了。

印香不懂这一切,只是傻傻地袖手旁观。

暑往寒来,眼看就要过年,男娃也快四岁了。老伍特地扯了几块新布,为印香和娃儿做了新衣,把这娘儿俩高兴得嘴巴直咧。

老伍去了码头,娘儿俩守在家中。兴许在家待得太久的缘故,印香独自溜了出去。回来时,她手里提了个篮子,里面装满了医院丢弃的指头般粗细的葡萄糖玻璃瓶。

印香拿出两个空瓶,一个递给娃儿,一个放在自己的嘴唇边,拢着嘴巴对着瓶口轻轻吹气。空瓶顿时发出柔和悦耳的声音,把娃儿乐得手舞足蹈。

印香看着娃儿高兴的劲儿,自己也是一脸的得意,仿佛自己发现了个惊天的秘密。她带着这种从未有过的得意劲儿,又独自溜出去了……

男娃儿拿着玻璃瓶放在嘴边不停地吹着,那残留在玻璃瓶中甜甜的葡萄糖浆深深地吸引了他。

男娃儿渴望得到更多,冷不防把玻璃瓶咬碎了。顿时,娃儿的嘴里满是玻璃碎片,满是血,疼得娃儿哇哇大哭。玻璃碎片似一把把锋利的小刀,和着不止的鲜血被娃儿咽进了食道,划破了娃儿的食道壁。娃儿发出撕心裂肺的哭叫声……

不一会儿,哭声停了。娃儿还没延续伍家的香火,就这样夭折了。

等到老伍从码头卸完货回到家中,不见印香,只见男娃儿蜷缩着身子趴在地上。一种不祥的预感袭上他的心头。

他大声地唤着"娃呀娃呀",却没有回音。此时,他多么希望娃儿在地上睡着了。可当他俯下身子抱起男娃时,男娃的全身都已僵硬了。老伍放开嗓子,号啕大哭。他用脸紧贴着男娃冰冷的额头，声嘶力竭地哭喊着："娃啊！你这是怎么回事呀？你怎么就不理我呢？你这是叫我生不如死呀……"说着，他用后脑勺重重地撞击墙壁，发出"砰砰"的闷响。

一番痛不欲生的捶胸顿足之后，老伍的身子一软，瘫在地上，昏了过去。

不知过了多久，印香回来了。她看见老伍和儿子都躺在地上，不知道发生了什么事情。她使劲摇了摇老伍的肩膀，说："我的老邻居讲我真有福，找了一个这么好的老公，又生一个这么好的儿子。还说我的肚子里又长了细伢子，你快起来摸一摸……"说完，她露出得意的笑容。

老伍醒了过来，好像去阴曹地府里走了一回。十几年的逃亡漂泊的日子刚刚过去，又要面对突如其来的丧子之痛。"老天啊！你为何对我如此不公平?!"

老伍极度沮丧，神情恍惚。

日子在煎熬中过去，看着印香滚圆的肚子，老伍的心里渐渐得到些许安慰。

几个月之后，随着一声婴儿的啼哭，印香为老伍产下了第二个男娃。

老伍重又扮演起既当爹又当妈的角色。襁褓中的娃儿一哭，老伍便知道要换尿片了。他手脚麻利，一把屎一把尿，乐此不疲。

搬运队的活儿是不能耽误的，那是老伍全家生活的来源。忙完了家务活，老伍拼命在外挣钱。

他想：独身一人好打发，一人吃饱全家不饿。可现在不行，自己若不打拼，全家就得跟着遭罪。

他为印香买来鸡蛋，又向同事讨来酒糟，先将酒糟加水煮沸了，再把鸡蛋打入其中。酒糟冲蛋，这对产后妇女算一大食补。他还从集市上买来鲫鱼清蒸了给印香吃，这样好下奶。他变着法子让印香吃好些，一来调养产后的身体，二来让娃儿有充足的奶水吃。

夜晚，星星眨着快活的眼睛。老伍经过一天的劳累，已经筋疲力尽，带着娃儿进入了梦乡。

睡梦中，娃儿日渐长大，竟成了一个帅气的小伙子，站在老伍的身边，看起来和老伍一般高。

这帅气的小伙子微笑着对老伍说："爹爹，我已长大成人，可以挣钱养家了！您以后就不用辛苦干活了。等我成了亲，再给您添几个胖孙子，传承我们伍家的烟火，您就等着享福吧。"

老伍听完娃儿的话，激动得老泪纵横，嘴里不停地"嗯嗯"着。他刚想张开双手拥抱娃儿，梦醒了。他用手背擦去双眼噙满的泪水，轻轻地坐起来，细细打量着熟睡中的婴儿。婴儿的呼吸均匀而平静。他又看了看睡在旁边的印香，只听见一阵阵有节奏的鼾声，她睡得正香。

老伍每天都起得早，从早到晚，总有忙不完的事。

1952年的一天，这天一大早，码头上挤满了卸货的船只，眼看船舷与湖水几乎齐平。那沉重的大包小包的货物，都要经过装卸工的肩扛背驮，卸到指定的地方。

太阳升起丈把高，老伍与其他装卸工一样，来到码头卸货。他从船舱里扛起二百来斤重的大麻袋，爬上船头，踩着跳板上岸，再走过上百米的沙土路，把货物送进了仓库。

如此来回，脚上的胶鞋，不出几天便磨出两个大窟窿。于是，装卸工们不得不光着脚来回奔跑着。

晌午时分，老伍肩扛大麻袋，刚爬上埠头，突然眼冒金星，一个趔趄摔倒在地，不省人事。

装卸工们放下活儿都围了过来，只见老伍双眼紧闭，面如土色，任凭工友怎么呼唤，他都没有反应。

工友们急了，抬着老伍的胳膊抱着老伍的腿，把老伍送到了医院。

医生翻开他的双眼，用手电筒照了照，又把了把脉，用听诊器听过心跳，告知工友："这是疲劳过度所致，需要休息观察。"

约莫一袋烟的工夫，老伍醒了过来。他向医生问明了情况，又看了看外面的太阳，想到印香娘俩在家等着他回去做饭。于是他谢过医生，径直向家里走去。

快到家时，老伍老远就见大门紧锁着。顿时，他的心里犯起了嘀咕：这都大中午了，印香是独自出去了，还是带着娃儿一块儿出去了？他转念一想：她不可能带着娃儿一块出去啊！一来，娃儿小，才两个多月；二来，她也不懂得带孩子。

想到这里，老伍的心跳加速。他迅速打开大门，冲进房间，掀开被子一看，只见娃儿眼睛闭着，脸色青紫。

老伍来不及细想，迅速抱起娃儿就向医院跑去。刚进院门，他就大喊："求求医生，快救救我的娃儿！求求医生！快……"

穿着白大褂的医生们听到喊叫，都迎了上来，招呼着把娃儿放在床上。

医生检查后告知："这娃儿瞳孔散大，无呼吸，无心跳，已经没有任何生命体征，就连尸斑都出现了，发现得太晚了……"

还没等医生说完，老伍大声哭喊着："印香啊，你死到哪里去了？我这是上辈子造多了孽啊！"

原来，印香见老伍匆忙上工去了，待在家里无聊，想出去溜达。她见外面天冷，遂用被子把娃儿的脑袋捂得严严实实的，然后锁上门闲逛去了……

鄱阳湖畔的星子县城，有一家"川府饭馆"。老板姓罗，做得一手地道可口的麻辣鱼；老板娘姓吴，烧得一手正宗的毛血旺。他们与老伍是四川老乡，异乡相遇，自然显得格外亲切。罗老板比伍崇先出生的月份大，因而老伍称其为大哥，称其夫人为大嫂。

这娃儿说没就没了，让老伍再次饱尝丧子的切肤之痛。他极度苦闷憔悴，眼眶都深陷下去，走路都摇晃起来。他找到老乡罗大哥，声泪俱下地诉说自己的不幸。

看着老伍泣不成声，大哥大嫂十分惋惜难过。罗大哥奉劝老伍："你的婆娘自己生活都不能自理，怎么能够带得活小孩呢？长痛不如短痛，你和她离了，再找一个知热知冷的正常女人。不然的话，你就别指望为伍家传后了。"

老伍叹息地摇了摇头，说："不行啊，我不是那种忘恩负义之人。当初如果不是饶兄帮忙，在搬运队有份稳定的活儿干，我还不知道要流浪到什么时候。再说，这婆娘跟了我这么多年，脑子又有问题，我若把这婆娘抛弃了，谁还会接受她呢？我岂不是害了这婆娘一辈子？"

罗大哥夫妻早就知道老伍性子倔、认死理，现在又听他这么说，只能作罢。

但在老伍的心里，却也时常泛起痛苦的波澜。每次踏进家门，脑海中总会浮现那两个死于非命的可怜娃儿。这让他整天就像打了霜的茄子，打不起半点精神来。

老伍依旧在码头上干肩扛背驮的搬运活儿。与过去不同的是，再也听不到老伍与工友们的打哈哈声了。

一生几许伤心事，不向空门何处销。

码头收工之后，老伍来到县城南门外，那里有一片从未开垦的杂草地。老伍思忖再三，决定把它开垦出来，既可以收获瓜果蔬菜，又可以缓解自己两次丧子的悲痛。

他选好一块相对平整之地，先用铁锨深翻过，除去杂草，开出地沟，分成三块地，足有四分大小。根据不同的时令，他买了瓜果蔬菜的种子，种起了瓜果蔬菜。

居住周边的宗家、王家、刘家，见老伍把荒草丛生之地，硬生生整成了上好的菜园子，也都纷纷出来开垦播种。南门外的一大片荒地顿时变成了郁郁葱葱的菜园，这片沉睡的土地有了灵气。

来往的七邻八舍，见老伍开垦出这么一大片菜园，垂涎欲滴，羡慕不已。

有人说："老伍啊！你种这么多的菜，就你跟印香两个人怎么吃得完哟？"

也有的人说："你不是在码头搬运吗？哪有工夫种菜呢？"

老伍听了这些，淡然一笑，心里觉得很舒坦。

四分地的菜园，老伍和印香吃不完，就挑些好的送给"川府饭馆"的罗大哥，再送些给家里人多的工友。大家很高兴，老伍也乐在其中。

有一回，老伍正在菜园里忙活，突然一场阵雨把他全身上下浇了个通透。他想：要是在这菜园边搭建个小红砖房就好了。

不几日，小红砖房盖起来了，看上去特别结实。里面的墙体粉刷得平整洁白。老伍把小红砖房一分为三：一部分用作厕所，沤熟的粪便可以做肥料；一部分用作杂物间，锄头、粪桶等工具就不用担来担去了；一部分用作临时居所，地面上铺就青石板，不仅可以躲避风雨，还可以在青石板上睡觉。他想，要是印香再生了娃，等娃长大些，他种菜时就把娃带在身边，让娃在这茅草房中玩耍。老伍给小红砖房装上门锁，这里俨然成了他的避难所。

1953年的秋天，印香又生了一个男娃，老伍喜出望外，长舒了一口气。

地处赣鄱之滨的星子县，每到冬季，阴冷潮湿，老幼过冬皆靠晒干的牛粪、稻谷壳、木炭等生火取暖。冬天，老人端坐在木制或竹制的椅子上，手上挎个带把的餐盘大小的小火缸，胯下放个黄泥烧制的大火缸。当火缸的温度不高时，用竹片沿火缸的周边轻轻拨动一圈，即可看见满缸都是暗红的炭火。

过冬的婴幼儿是不允许早起的，因为早晨温度低，父母怕孩子冻着。待到太阳升起老高了，这才帮孩子穿衣起床，或包裹于摇桶中，或暂放于火桶上。父母这时方可忙活手头上的事儿。

这幼儿过冬，少不了火桶。桶体呈圆形，上下均敞口，下口是上口的二三倍，立于地面才不致倾覆。桶体内有三层，分别用三道铁箍箍住。桶体内中部铺设一块隔火和负重用的镂空的木板，底部放一大火缸。将幼儿置于镂空的木板上取暖，不失为幼儿过冬的好招数。

农历年后的某一天，老伍忙完家务活，径直去码头上工了。印香把娃儿放在火桶上取暖,自己却锁了门,独自闲逛去了。

老伍收工回家,发现娃儿掉进了火桶里,早已被活活烧死。

原来,娃儿待在火桶上的时间长了,感到燥热难耐,于是拼命挣扎,致使隔火板脱落。娃儿掉入火桶底部的大火缸,命丧火海。

命运总是先给你一颗糖,再甩你一巴掌。老伍渴望为伍家传宗接代的心愿又一次被现实砸得粉碎。

年年岁岁花相似,岁岁年年人不同。

短短几年,老伍经历了三次生离死别。这个年过四十的四川汉子,终于被无情的命运彻底摧垮,他病倒了……

屋漏偏逢连阴雨。房东催收房租不成,又担心脑子不好的印香兴许哪一天会把房子烧了,索性把老伍和印香赶了出来。好在印香的哥哥出面,他既是搬运队的队长,又是本地人,找到当地的干部,将妹子一家安排在以前地主的大屋一个只有8平方米的舍间住了下来。

印香哥哥见妹夫卧病在床,干不了码头活,便劝说老伍退休,每月领得16元退休金。

(五)

大屋的舍间,是地主以前堆放柴草杂物的地方,如今成了老伍和印香的容身之所。

住进大屋的舍间之后,老伍靠着每月16元的退休金勉强度日。当病痛好点时,他挣扎着起床,拿出不知从哪儿谋来的细砂磨刀石,问左邻右舍,谁家的剪刀生锈剪不断线头啦,谁家的菜刀钝了切不了菜啦,然后义务帮他们磨。左邻右舍直夸老伍是个好人。

大屋里住着一些孤寡老人,腿脚不甚方便。老伍身体好些时,强打起精神,看看哪家的水缸没水了,就担起水桶去挑水;哪的灶前缺柴了,就拿起砍刀去砍柴。

一来二去,次数多了,邻居们觉得总叫老伍帮忙,心里过意不去,执意要付工钱。老伍腼腆地笑笑:"街坊邻居,抬头不见低头见。你看我待在家里没活干,闲着也是两个鼻孔出气,这举手之劳谈什么工钱?再说,能帮上大家是我的福气,这种缘分不是用钱买得到的。"

任凭邻居怎么说,老伍就是分文不取。

隔壁 6 平方米舍间住着一个黄姓老媪。这位黄奶奶原本是地主家的太太，从小裹足，细脚伶仃，走路忸怩，干不得重活。她一个人独居，平时很少有人和她说话，自然孤独凄苦，全靠纳鞋底勉强度日。

老伍自从被抓壮丁，背井离乡只身漂泊几十年，心里时常想念远在四川的双亲。每次思念，总少不了揪心似的痛。

面对眼前少言寡语的黄奶奶，老伍心底生出同病相怜之感，潜意识里把黄奶奶视为自己的娘。但凡黄奶奶有些大事小情，老伍总会出手相助。黄奶奶也心存感激，自然把老伍视作自己的亲人。

（六）

老伍三个男娃都在租住的楼房里死于非命，直接原因是不谙世事的印香所致。身边无一邻居相助，则是产生这种后果的客观原因。俗话说，远亲不如近邻！常言道，邻里好，是个宝。

搬到大屋之后的 1955 年 7 月 16 日，老伍的第四个孩子降生了，可惜是个女娃，这让老伍的心里多少有些失落。但又想到自己都一把年纪了，命里有时终归有，命里无时莫强求。反正现在不用去码头上工了，就把这女娃当男娃养吧。

这个女娃就是大屋里降生的"星之女"。

"星之女"一岁那年，老伍去领退休金，又不放心孩子跟印香在一起，就请了黄奶奶过来帮忙照看。谁知，老伍刚出门，印香就把黄奶奶赶了出去，嘴里嘟囔着："你这个地主婆，还敢来我家！"

印香赶走了黄奶奶，就将女娃放在火桶上，一个人锁上门走了。

"星之女"被炙烤得难受，也和夭折的三哥一样百般挣扎，最后竟掉进了火缸里。

衣服渐渐烧着了，浓重的烧焦气味伴随女娃撕心裂肺的哭声惊动了芳英阿姨的婆婆和接生婆。容不得她们细想，芳英阿姨的婆婆和接生婆破门将"星之女"从火缸中救出，抱到她们家中，用菜油和柴灰调拌均匀敷在伤口上。

经过治疗，幼小的"星之女"捡回了一条性命，臀部却落下了四个碗大的伤疤。

抱着大难不死的"星之女"，伍崇先老泪纵横。若不是芳英阿姨的婆婆和接生婆搭救，娃儿亦命休矣。

千恩万谢了娃儿的救命恩人，老伍更是战战兢兢，不敢轻离娃儿半步。

有邻居好意劝说老伍：日后千万不要指望你的婆娘带孩子，若你出门，瞒着婆娘把孩子寄放在邻居家里，也比婆娘带强。

老伍谢过邻居，把邻居的话记在了心里。

（七）

在恩人芳英阿姨的婆婆和接生婆的搭救下，"星之女"获得了新生。爹爹可谓一朝被蛇咬，十年怕井绳。他再也不能失去这个浴火重生的女娃，时刻守护在"星之女"的身边。

他本是病痛之躯，为了家庭生计，强忍着病痛，带上女娃，翻地种菜、挑水砍柴，艰难地过日子，一心期盼"星之女"长大成人。

有时老伍出门实在不方便，便将女娃寄放在邻居家里。

女娃不在身边，究竟去了哪儿？是笑是哭？这对神志清醒的母亲来说是牵肠挂肚的事情。可印香这当妈妈的脑子里就少了这根弦。只要邻居不登自家门，印香也不敢上邻居家里，老死不相往来。这样，"星之女"的人身安全反而有了保障，生活得简单而平静。

寄放在黄奶奶家时，爱干净的黄奶奶，总会把"星之女"的小脸蛋连同两只小手洗得干干净净。偶尔黄奶奶有事外出，又会把"星之女"转托给王家娘。

承蒙大屋里邻居的关照，转眼间"星之女"快两岁了，一双小眼总是骨碌碌地转，格外招人喜爱。

有一天，发生了一件奇怪的事情。不到两岁的女娃，用左手托起黄奶奶的手臂，用右手两个细皮嫩肉的小手指，掐住黄奶奶巴掌上的虎口穴，轻轻地揉捏着，弄得黄奶奶既痒痒又舒服。后来，她每次为王家娘揉捏时，王家娘总会赏给女娃一些五颜六色的糖果吃。女娃尝到了甜头，自然舍不得离开王家娘家了。

老伍外出时，抱起女娃，左右亲了亲，微笑着问："娃儿，今天你是去黄奶奶家，还是去王家娘家？"

"星之女"看了看爹爹，虽然不会说话，却也明白其意，用小手指着王家娘家，许久才放下。

大屋里住着十几户人家。白天，大人们都忙各自的生计，孩子们也都进了学堂，守家的都是些老弱病残。

王家娘四十岁出头，背很驼。她得了一种怪病，背上经常奇痒难忍，发作时如有千万只蚂蚁在蠕动，自己的手又无法触及。适逢"星之女"已能听懂使唤，背上奇痒发作时，"星之女"便用小手替王家娘挠痒痒。女娃的五根细嫩的小手指在王家娘背上挠来挠去，挠得王家娘嘴里直叫舒服。

这大屋里的七邻八舍，就数老伍活得差。自己常年卧病不说，又摊上了印香这个不省油的灯。印香其实会做些活儿，可她宁可肚皮挨饿，也懒得活动筋骨。天晴的时候，夫妻俩尚能喝上稀饭；如遇久雨不晴，缺柴断炊也是常有的事，忍饥挨饿也就习以为常了。

"星之女"挠得一手好痒痒，深得王家娘喜欢。一日三餐，王家娘都会留她在自家吃，并将自己牙缝里挤出的豆腐干赏给她吃，以求得那双小手能帮她挠痒。

"星之女"凭借自己的小手艺填饱了肚子，可她总忘不了忍饥挨饿的苦命爹娘。别人一给她好吃的，她就忍着不吃，留给爹娘吃。"星之女"两岁不到，便用自己的小手挣饭吃；三岁不到，自己吃饱了，还要为爹娘着想。

（八）

"星之女"三岁那年，老伍病情加重，卧床不起。他已无法支撑着身子担水砍柴了，堆积的柴火眼看就要烧完了。时值涨水季节，雨就像发了疯似的，一阵赶一阵，这阵刚停下，另一阵又来了。一连十余天，把大地万物浇了个通透。

老伍晴时砍下的柴支撑了数日，终于釜底无薪，断炊了。

断炊后的第三日，老伍和印香躺在潮湿发霉的木板床上，饿得肚皮贴脊背，他们的眼神暗淡无光，都快要睁不开了。

老伍饿了几天之后，实在受不了了，歇斯底里地叫喊："老伍家要饿死人喽……"

"星之女"倒没饿着，靠着会挠痒痒的小手艺，王家娘自然会供吃供喝。

这天中午，王家娘用蓝边碗盛了一大碗米饭，夹了好多菜给"星之女"。

"星之女"接过王家娘盛好的米饭，没有吃，她的脑海里满是爹爹饥饿难耐时求救的声音。她瞥了王家娘一眼，趁王家娘没注意，端着米饭跑回家，疾步来到爹爹身边，把饭塞给了爹爹。

爹爹接过饭碗，饥不择食，顾不上多问，狼吞虎咽地吃了起来。印香躺在一边，有气无力，也不叫唤，两只眼睛呆呆地望着。等到"星之女"反应过来，饭已被"消灭"了一大半。"星之女"急忙说："爹，留一点给我娘吃，不然她会饿死的。"

印香接过饭碗,边吃边说:"好吃! 好吃!"

看着娘狼吞虎咽的样子,"星之女"心想:娘啊! 你为什么不出去干活? 非要躺在床上等死呢?

"星之女"拿着空碗来到王家娘家,见灶台上还剩了点饭,心想:王家娘能把这剩下的饭给我吃就好了!

王家娘见"星之女"端着空碗回来,知道是怎么回事,一脸不高兴。

她把"星之女"拉到房间,责怪道:"我给你好饭好菜吃,是我自己从牙缝里抠出来的。我看你人小,又勤快,正如老人们常说的,勤快勤快,有饭有菜。你吃了就跟我吃了一样。可你没吃却把饭菜给了你爹娘,我哪里给得起? 再说了,你娘有手有脚,一天到晚不干活。你看看陈家娘,只生了一个女儿,陈家爸还有工作,人家陈家娘还要出去拉大板车,干苦力活挣钱。再看看人家李家娘,生了一儿两女,男人去世了,全靠她做苦力养活三个孩子,还要供两个孩子读书……"

"星之女"被王家娘数落蒙了。"子不嫌母丑,狗不厌家贫"的古训,"星之女"不懂,但她幼小的心灵隐隐地意识到爹娘的窘境和邻居的蔑视,内心怪不是滋味的。她隐隐懂得,人要靠自己的劳动才有饭吃,才能活命。但转而又想,爹爹不是不干活,他是病魔缠身! 娘也不是不干活,她压根就干不了啊。

想到这些,她对王家娘说:"下次我不来你家了。帮你挠痒痒,我吃饱了,可我可怜的爹娘快要饿死了。"

"星之女"从王家娘家回来,黄奶奶看见了,把她拉进屋里,带着怜悯而又抚慰的语气说:"我苦命的孩子啊,你没做错什么。你爹有你这么孝顺的女儿,是你爹娘前世修来的福分! 你千万不要生王家娘的气,她自己也是个残疾人,儿女又多,一大家子全靠她男人,也不容易。黄奶奶希望你从小就学会谅解别人,我看你长大后一定很有出息。俗话说,三岁看小,七岁看老。我们大屋里的人都很喜欢你。"

听完黄奶奶的话,"星之女"的心平静了下来。

（九）

"星之女"不再去王家娘家,她拿了个蓝花搪瓷碗,挨家挨户乞讨,以求好心人施舍一些残羹剩饭。好心人家见女娃为救爹娘,心生怜悯,张家给半碗饭,李家给一勺汤,"星之女"一家就这样艰难地对付日子。

一餐不饱,三餐受饿。"星之女"很少有吃饱的时候。

雨一直下着。天快黑了,爹爹吩咐她拿着那要饭的蓝花搪瓷碗去老乡吴家娘的"川府饭馆",讨些吃的来救命!

"星之女"从早到晚也没吃过东西。她出了家门,没有去吴家娘的饭馆,而是来到了相距不远的另一家饭馆。

"星之女"清楚地看见,这家饭馆的桌子上凌乱地摆放着客人没吃完的饭菜。她又惊又喜,顾不得多想,鬼使神差般地走上去,把那些残羹剩饭倒进了蓝花搪瓷碗中。

"星之女"正欲离开,不料一个两眼凹陷、四十岁出头、老板娘模样的女人冲过来,一把夺过她手里的蓝花搪瓷碗。"星之女"愣了一下,随后带着哭腔央求道:"我的爹娘快饿死了,你就让我拿回去救救爹娘的命吧!"

女人斜了她一眼,恶狠狠地说:"你这个饿鬼,给我滚出去!"

说完,她将碗里面的残羹剩饭一股脑儿倒进了身后的潲水桶里,再把搪瓷碗丢在"星之女"的面前。

"星之女"噤若寒蝉,两只小手紧攥在一起,无助地站在一旁。

片刻,她捡起那只摔得有些发瘪的搪瓷碗,用手擦了擦,怀着怨恨的心情回了家。

刚进家门,"星之女"便放声哇哇地哭了起来,哽咽着说:"爹爹,我……我再也不去讨饭了!"

听了女娃的话,老伍潸然泪下。

"娃儿不哭!娃儿不哭!"老伍一边安慰着"星之女",一边喃喃自语,"再也不要下雨了,不要下雨了!"

说也奇怪,当晚雨停了。

次日,老伍自己起不了床,只得安排印香带着娃儿出去捡些柴,也好熬点稀粥充饥。不料印香又犯病了,骂道:"吃死你们两个,你俩想吃,自己去捡。"

看看爹爹瞅瞅娘,"星之女"第一次自个儿提着篮子出门捡柴。久雨刚停,哪里有干柴捡呢?女娃茫然不知所措。

路过黄大伯家时,她看见黄大伯正在做篾匠活,于是便在黄大伯家的门槛上坐了下来。

黄大伯是个残疾人,双腿废了,完全靠双手支撑着板凳走路。由于他善良,故有许多孩子帮他拿拿这,搬搬那。偶尔黄大伯也会发给大家每人两分钱,大家也就乐得买零食吃了。

黄大伯见女娃坐在门槛上半晌不吭声，手里挎着个空篮子，于是问她挎个篮子装什么。

女娃说："黄大伯，我爹的病又发作了，起不了床，叫娘带我去捡柴，我娘又不干。我提着篮子又不知到哪里去捡。我和爹娘饿了两天了。"

黄大伯明白了怎么回事，同情地说："好孩子，你真乖，把我这干活削下的篾片装些回家吧。"

女娃装上一篮子的竹编篾片，高兴地回了家。

印香见女娃捡了柴回来，拿了个大顶罐熬粥。这大顶罐体积大、罐体厚，熬起粥来特别费柴。刚把水烧开，黄大伯给的柴火就烧完了，全家将就着吃了一餐半生不熟的稀粥。

（十）

第二天，天气晴朗，老伍勉强爬起来，忍着病痛，带着女娃去捡柴。

老伍摸着女娃的头，充满愧疚地说："娃儿，等爹能起床了，就不要娃儿捡柴了。"

女娃歪着小脑袋，郑重其事地说："爹爹，我不喜欢你叫我娃儿，给我取个名字吧！"

"那你是喜欢梅，喜欢花，还是喜欢香呢？"老伍问。

女娃抓着头皮，若有所思："那就叫花吧！"

"好，爹就给你取名叫小花。"

从此，"星之女"有了名字——伍小花，但很少有人叫这个名字，仍叫她"星之女"。

大屋里住着十几户人家，孩子很多。

深秋时节，有个孩子不知何故患上了脑膜炎。这种病常发生于孩子身上，如果治疗不及时，死亡率极高。即便不死，也会落下残疾。

小花知道这病的严重性，自然懂得不与患病小孩接触。又听大人们说，地菜泡水能预防此病，她便去野外挖了地菜煮水喝。她在心里默默祈祷自己没病没灾，因为她知道，一旦自己得病，自身难保的爹娘根本没钱医治小花，只能眼睁睁让她自生自灭。

初冬来临，家庭主妇们早早地晒过棉被，垫上褥子，准备过冬。老伍家的铺盖却是另一番景象：一床黑不溜秋的棉絮，正反两面包裹的棉纱早已脱落，到最后被分成了六块。伍家三人，每人两块，一块垫，一块盖。

半夜时分，印香睡得迷糊，蜷缩着身子，嘴里不住地喊："冷死啦，冷死啦……"手却胡乱地抓过小花身上的棉絮盖在自己身上，甚至索性把小花垫的那块也扯了过来，这才又呼呼大睡。

小花冻醒了，用手摸了摸，身子上下的棉絮全没了。她又摸了摸娘的身上，知道了一切。于是，她把白天穿的那件破棉袄重新穿在身上，静待黎明的到来。

转眼就要过年了，孩子们又大了一岁。年前，南康镇人民政府的领导给老伍家送来了两床新棉絮，这真是雪中送炭，让小花欣喜若狂。

小花以大人的口气与爹爹商量："爹，我出面找邻居借几块钱，买些白洋布，把两床新棉絮各自包起来，一床垫，一床盖；若不包，睡不了几天，棉絮就被扯成块儿了，不但容易脏，还不能洗，睡起来也不暖和。还有，我听邻居大妈说，一床棉絮能睡几十年，哪有我们家这样，政府年年送，还年年睡破棉絮的呢？"

听女儿说完，老伍举双手赞同。眼前的这个女娃让他充满了希望，他的眼睛里闪烁着异样的光。

说干就干，小花去商店的布匹柜台问明了白洋布的价格以及所需的尺数。

"白洋布三角一分钱一尺，两床共需二丈四尺五寸布，不到八元钱。"

那是计划经济时代，很多商品凭票供应，买布就需要布票。

小花把政府发的布票数了数，包一床都不够，于是找到黄奶奶，黄奶奶很爽快地借给她四块钱，买了一丈二尺二寸的白洋布，先把盖被包了，垫被就暂缓一下吧。

老伍见小花果真买了布回家，特别高兴，找出剪刀、针线，比画着大小，动手缝起包被来。

印香一看，十分不悦。她指责老伍说："棉絮包了包被，以后又要拆又要洗，多麻烦！棉絮睡烂了，不是有人送新的来吗？"

老伍左耳进，右耳出，全然没理会，继续用心地缝着。

印香见老伍丝毫没有反应，气不打一处来，冲上前去撕扯缝好的针线。老伍急了，与印香撕打起来。情急之下，老伍竟把印香的头打破了，流了很多血。

印香冲出门，径直回了娘家。印香的母亲见女儿头破血流，便让儿子报了警。老伍就这样因为家暴，被拘留了几日。

（十一）

大屋里的孩子到七八岁的年龄，家长们大多把他们送进小学堂学习文化知识。

黄奶奶出身不好，大屋里的大孩子们都自觉地与她划清界限，见面总是横眉冷对。只有那些学龄前的孩子，单纯得像张白纸，才会与黄奶奶往来。

每当老伍有事外出，就把小花寄放在黄奶奶家里，因而两家关系最近。那些进了学堂的大孩子们自然对贴在黄奶奶身边的小花产生莫名的敌意，唯有那些未入学的孩子，经常主动找小花玩。小花也很喜欢他们，经常带他们到自家菜园里摘黄瓜吃。他们也会从家里带些吃的给小花。有一次，勒嘴带着小花几个去她大伯家里玩，大伯给了勒嘴五分钱，嘱咐勒嘴买珍珠糖分给小花他们吃。

学堂放学了，学生们看到黄奶奶和小花，立刻横眉怒视。有一次黄奶奶见学生回家了，连忙把小花拉进屋里，悄悄地对小花说："有很多事情现在跟你说不清楚，不要在意那些大孩子瞧不起你。但我相信自己的眼光，等你长大了，一定不比他们差。"

身体好些时，老伍下地种菜、卖菜都尽可能地带着小花，他担心印香伤了娃儿。他还嘱咐小花："尽量不要跟你娘在一起。万一娘打你，你就赶快跑……"

有一次，老伍带着小花去集市上卖菜，有个买家看老伍老实、好说话，便把那些青菜、包菜剥得就剩个菜心了，其他买家纷纷效仿。结果，老伍挑去一担菜，竟挑回半担剥下的菜叶。

小花跟随爹爹卖菜不久，就认识并学会使用秤了，什么菜大致卖什么价也都一清二楚。她眼见爹爹抱着病体种出来的蔬菜竟遭到买家无端的挑剔，卖不出合理的价钱，心里感到特别不舒服。

有一回，小花对爹爹说："爹，以后让我来卖菜吧。"爹爹高兴地答应了。

赶集的头天傍晚，老伍来到菜园，根据蔬菜的生长情况以及种类挑选出一部分，洗掉泥土装进筐里，第二天一大早再洒上些清水，让蔬菜保持鲜活的好卖相。

拂晓，老伍带上小花，挑着满满的一担蔬菜来到集市上。他选了个人流较密集的地方，把菜放好，便退至一旁，静观其变了。

集市上渐渐热闹起来，有人过来问菜价。

"青菜五分钱四斤，包菜五分钱三斤。"

买菜的人有些诧异:这卖菜的女孩报价为何与众不同?

原来这是小花挖空心思想出来的简便算法。这种算法有两大优势:一是以倍数为单位,好算;二是极大限度地"绑架"了买主,能够增大销售量。劣势就是灵活性不强。

于是,一些酒店餐馆、单位食堂、大户人家,纷纷过来购买。你要一毛钱的青菜,小花就给你称 8 斤;他要三毛钱的包菜,小花就给他称 18 斤。可是,这 18 斤太沉,小花提不动,她就称两次,一次称 9 斤,两次就是 18 斤了。

太阳升得老高了,小花的菜也卖完了。老伍走过来高兴地说:"娃儿,你好棒! 爹爹不如你。"

俩人一起数了数钱,同样一担菜,今天卖的钱是过去的两倍还多,把这对父女乐得合不拢嘴,捂着口袋回了家。

(十二)

古人云:男主外,女主内。

大屋里 8 平方米的舍间里,地面坑坑洼洼,墙角下的老鼠洞随处可见。

屋内一侧的靠墙处,用砖块砌成的灶体上,放置着一口做饭的锅。灶体的旁边也是用砖块砌成的平台,放着少得可怜的几只大小不一的饭碗和几双木质筷子。

屋内另一侧的靠墙处,是老伍一家三口共睡的简易床。床底下架着两条破板凳,板凳上铺着几块被虫蛀过的缺边少角的烂木板。稍有不慎,身上就会被夹得青一块紫一块。

印香素来不干正经活,整日喜欢出去溜达。看到别人丢弃的破烂衣服、鞋子,她全捡了回来,横七竖八地堆放在靠墙侧的床板上,发出阵阵的霉臭味。

夏季来临,蚕豆般大小的绿头苍蝇从早到晚嗡嗡作响。傍晚时分,蚊子倾巢出动,随手一抓,便能抓上好几只。尤其是那种带麦芒般口针的蚊子,叮人又疼又痒。夜晚小孩特容易犯困,小花与蚊子"缠斗"半天也无济于事,终因疲劳倒下睡着了,并时不时地用手拍打着身上的蚊子。夜深人静的时候,藏在地洞里的老鼠早就等不及了,它们拖儿带女四处寻找食物,实在找不到食物竟爬到小花的腿上,用锋利的牙齿咬上一口。小花"哎哟"一声,摸摸腿上,鲜血直流。

第二天天亮,小花的脸上以及全身布满了红包,腿上的鲜血也凝固了。老伍看后心疼地说:"娃儿,你跟着爹受苦了,你全身被叮咬成这样,爹爹的心在滴血呀!"

虽说老伍一把年纪了,但心情好的时候也免不了与印香快活。毕竟印香正当年,犹如一把干柴,一点就着。印香又怀孕了,几个月之后,肚皮渐渐地隆起来。

旧时农村不懂计划生育,男人娶媳妇生娃,娃大了放牛,放了牛好耕田,耕了田有收入,有了收入娶媳妇,娶了媳妇生娃,娃大了放牛……如此循环往复,繁衍后代。

一天上午,不知何故,邻居花英破天荒地来到老伍家串门,正巧印香躺在床上直哼哼。邻居遂问原因,印香只说"肚子疼"。邻居立马意识到印香是不是要生了,心想印香如能为老伍生个男孩,当是件大好事。

不待邻居细想,印香急着要上马桶,裤子刚一脱下,就见婴儿的小脑袋露了出来。花英也是几个孩子的母亲,心想生得这么快,想请接生婆都来不及了!于是她找到一把剪刀,洗了洗擦干净,继而对印香说:"快使劲! 使劲! 出来了!"

邻居用准备好的剪刀剪断了脐带,又找了几件相对干净的破衣服包裹了婴儿。一个新的生命就这样诞生了,这个小生命便是小花的大妹。

越是贫穷越生娃。老伍本就是一根苦藤,如今藤上又结了一个苦瓜。这往后的日子还怎么过呢?

(十三)

1964 年的农历年关临近了,北风凛冽,漫天飞雪。天井的灰色瓦檐下垂着无数根晶莹透亮、参差不齐的冰凌。这是个罕见的酷寒之年。

俗话说:富人爱过节,穷人怕过年。

老伍算是典型的穷人。富裕人家早早地开始置办年货,老伍一家却还在为能够喝顿饱粥而挣扎。意料之中的是,天气这么寒冷,老伍的病又犯了,躺在床上有气无力地呻吟着。

那天一大早下着雪子,印香吩咐小花去为出生几个月的大妹洗尿片,还有印香捡来的满满一铁桶破鞋。虽然小花面露难色,但又不敢不答应,因为不答应,娘就会打她。

8 岁的小花在印香的驱赶下,左手拎着一包大妹的尿片,右手提着一桶破鞋,冒着数九严寒,趔趔趄趄地来到县医院南门的卫生塘。此时,水塘上面早已结了一层厚厚的冰,四周不见一个人。

小花穿着一件掉光了扣子的破棉袄,破棉袄是邻居送的,并不合身。小花把棉袄左右夹紧,再用一根布条拦腰捆住。她脚上穿着一双用草绳绑扎的破鞋。刺骨的寒风夹杂着雪子,直往她的脖子里、破鞋里灌,冻得小花上下牙齿咯咯直响。她的一双小手早就皲裂出血了,那无情的雪子打在皲裂的口子上,钻心地痛。

小花哆嗦着身子,独自站在水塘的埠头边,怎么也不敢凿开冰面。她的脑海中波涛汹涌:想到疼爱自己的爹爹又卧床不起,家里的柴火所剩无几,今后又将被迫出去讨饭……小花越想越多,越想越难受,忍不住号啕大哭起来。哭声凄惨,足以令山河动容。

小秋的妈妈听到哭声,便走了过来。她见小花的上、下睫毛都已结了冰,心疼得要命。又看到那些尿片及破鞋,她顿时明白了是怎么回事,嘴里骂道:“这该死的印香和老伍,把这可怜的孩子不当人,真是作孽呀!”

她边骂边把要洗的东西统统搋进铁桶里,十分怜悯地说:“小花,你赶快回去,在这会冻死的!”

“不行,回去我娘会打死我的!”小花哽咽道。

小秋的妈妈找了一个大的鹅卵石砸开了冰面,麻利地将小花要洗的东西搓洗荡涤拧干,尔后嘱咐小花赶快回家。

小花双手提着沉甸甸的铁桶,一步步挪到了家里。老伍见小花回来,用微弱的声音说:“娃儿,你帮爹爹熬点稀粥,爹爹都快饿死了。”印香一听,立刻呵斥小花去晾尿片。

那些提回家的尿片和破鞋,早已冻成了一坨坨的硬疙瘩。小花那皲裂出血的小手哪里敢碰?于是,小花量了米准备给爹爹熬稀粥。岂料印香抄起扁担,照着小花的头顶狠狠砸去,嘴里还骂骂咧咧:“叫你晾尿片你不去,我让你熬稀粥!”

小花被印香打得趴在地上,头破血流。小花双手捂住脑袋哇哇直叫,量好熬粥的米也全撒了。老伍担心印香又一扁担下去,娃儿说不定就没命了。他气恨交加,像触电般噌地跳下床,顺手抓起一根木棍,朝着印香的脑袋砸去。顿时,印香的头上也开了花。

很快,印香的母亲便知道女儿挂彩了,赶忙让儿子报警把重病缠身的老伍关起来,然后把印香送进了医院。

可怜的小花蜷在地上无人问津，两只小手满是鲜血。好心的邻居目睹此景，暗生怜悯之心却不敢吭声，生怕得罪了印香的哥哥，只得明哲保身，袖手旁观。

小花幼小的心里第一次朦朦胧胧地感受到世态炎凉。

爹为了保护小花被抓走了，可小花不能没有爹啊。想到这里，她顾不得疼痛，从地上爬起来，默默地跟在爹后面。

待警察锁上门走后，小花凑上前去，推了推门，两扇门中间露出一条几寸宽的门缝。爹爹发现了小花，开始絮絮叨叨起来：

"娃儿，你怎么跟来了？那婆娘流血有人送医院，你流血却没人管。爹爹心里好难过。三个男娃被她害了，我都没动她一根手指头。这回我亲眼看见她要打死你，她是在挖爹爹的心，绞爹爹的肉哇！如果我不打倒她，她再朝你打一扁担，你就会像你三个哥哥一样离我而去啊！

"娃儿，你千万不要怪爹爹狠，爹是在忍无可忍的情况下才动手的。

"我真想离开这个婆娘，带你去四川老家找亲人，可爹又没有钱。再说，现在又有了你妹妹，我怎么脱得了身呢？

"小花啊，我本来就饿，被你娘这一闹，更是头昏眼花。你快去'川府饭馆'找罗大伯和吴家娘，告诉他们我被关在县坡头的牛棚里，求他们弄点吃的来救我的命吧！"

听完爹爹的话，小花心乱如麻，但有一点她心里很清楚，爹饿得快不行了，必须尽快让爹吃上东西。

她找了件破衣服包裹住血淋淋的小脑袋便离开了。她并没有向"川府饭馆"的罗大伯、吴家娘讨要吃的，而是四处搜寻人们丢弃的牙膏皮、旧报纸等废品。

小花把捡来的废品卖给了废品店，卖了五分钱，心里异常高兴，早已忘记了疼痛。她用五分钱到油炸店买了两根油条，风风火火地送到爹爹跟前。

"娃儿，你吃了吗？"爹爹关切地问。

"我不饿，爹爹快吃吧！"小花为了宽慰爹爹，轻松地撒了个谎。

爹爹明白了，他执意要小花先吃两口，自己再吃。

小花连连摆手："爹爹，你快吃吧，我真的不饿。就算饿了，我在外头有的是办法，爹爹关在里面不能出来，你赶快吃了吧……"

小花的话还未说完，老伍百感交集，潸然泪下。

小花安慰过爹爹,转身离开了牛棚。

此时的小花早已饥肠辘辘,她四处寻找着那些废品店里回收的宝贝。"善飞能舞世人敬,皇天不负苦心人",小花又卖得了一角二分钱。她兴奋地找到一家小面馆,问开票的阿姨一角二分钱能买到什么吃的。阿姨告诉她可以买碗汤面吃。她又饥又渴又冷,热气腾腾的汤面正是小花求之不得的美味佳肴。

汤面端上来了,香气扑鼻,小花禁不住直咽口水。小花自打有记忆开始,哪里享受过这等美味?她双手捧起大碗,狠狠地喝了一口汤,抿着的嘴瞬间停止了下咽。滚烫的面汤含在嘴里欲咽太烫,欲吐不舍。待缓过劲来,小花把那欲吐不舍的美味面汤分几次咽了下去,上颚却烫出了个豌豆大小的血疱。尽管如此,总比饥饿难耐的滋味强过几十倍。

小花独自享受着汤面带给她前所未有的满足感,心想,要是能够分一半给爹爹送去,那就好了。转念一想,找不到合适的碗,拿什么送呢?她只好作罢。

印香因头部受伤被哥哥送到医院,经医生诊断并无大碍,清洗包扎处理完毕回到了家。

(十四)

夜幕降临,天色逐渐暗了下来。小花徘徊在那个味道足以让她终生难忘的汤面馆门前。她不敢回家,她怕印香再次往死里打她。

"向前!向前!向前!我们的队伍向太阳,脚踏着祖国的大地,背负着民族的希望,我们是一支不可战胜的力量。我们是工农的子弟……"

雄壮嘹亮的《中国人民解放军军歌》的声音由远及近。这是一支解放军队伍,他们正向影剧院方向开进。

20世纪60年代的星子县,大型集会、联欢等均安排在县城唯一的影剧院进行。

小花灵机一动,小跑上前,很亲切自然地拉住一位眉清目秀、慈眉善目的解放军叔叔的手,顺顺当当地进了影剧院。

懂事的小花并未给解放军叔叔增添麻烦。进场后,见解放军叔叔一排排有序地入座,她松开了手,深鞠一躬,激动地说:"谢谢解放军叔叔,我去找没人坐的位子去。"

小花在最后一排坐了下来,心想:我不是为看电影而来,就是不敢回家。现在好了,这漫漫寒夜,总算有个暖和的落脚之处……

想着想着,小花经历了一天的生死煎熬,早已疲惫不堪,很快就睡着了,以至电影结束、观众散尽,她全然不知。

半夜,小花被尿憋醒了。她环顾四周,解放军叔叔早已离场,偌大的影剧院空无一人。

她连忙站起来,发现正前方的戏台下面有月光照进来。她走到台前,看见是一个四方的洞。她试着从洞口爬了出去,定睛一看,外面是一片菜地,不远处有棵掉光叶子的树,树上挂着一个老葫芦,在寒风中孤零零地摇曳着。这老葫芦虽错过了采摘期,可用途依然大着呢:把葫芦壳拦腰锯开,可做两个上好的盛器,舀水盛汤,坚固耐用;葫芦中的葫芦瓤还是块绿色环保的清洁布,用来擦洗锅碗瓢盆上的油渍等再好不过了;瓤中的葫芦籽可留作来年的葫芦种子。远处,就是关押爹爹的牛棚了。

深夜,万籁俱寂,阵阵寒风袭来,小花不免打起了寒噤,也打断了她的思绪。不待多想,小花赶忙又钻回了影剧院里。

小花将双手紧紧地抱在胸前,牙齿发出咯咯的响声。转更是一天当中最冷的时段,对穿着破烂单薄的小花来说也是最难熬的。

值得庆幸的是,这忧吃愁穿的苦命孩子,不曾像富家孩子那样娇气,虽然衣着邋遢、食不果腹,倒也健康无恙,否则早就夭折了。

正当小花瑟瑟发抖时,她意外地发现一件带拉链的外套。她顾不上那么多,赶忙捡起来穿在身上,感觉暖和多了。她又惊喜地发现,座位底下竟然有一块碎玻璃,这在当时可是十分稀罕的废品。小花乐坏了,于是一排排地拉网式找寻。满场寻遍,数了数,竟捡到了价值几毛钱的废品。小花犹如发现了一个巨大的宝库,一遍遍地寻找,直至黎明的到来。

太阳露出头来,把温暖撒遍大地,小花从影剧院里钻了出来。

她将废品换成了钱,首先想到的就是给被关押的爹爹送上一碗美味的汤面,也好给爹爹一个惊喜。

至于盛面所需的碗,小花早就打起了那挂在树上随风摇曳的老葫芦的主意。

她设法把老葫芦拽了下来,想到要把这硬邦邦的老葫芦做成能够盛面的葫芦碗,还得求助做篾匠活的黄大伯。于是,小花捧着老葫芦,充满希望地向黄大伯家走去。

黄大伯正在吃早饭,他见小花捧着个老葫芦,满脸疑惑地问道:"小花,这一大早你捧个葫芦做什么?"

小花说:"黄伯伯,我爹昨天因为我的事把妈妈打了,被警察关到县坡头的牛棚里去了。他到现在都没有吃上东西,一定又饿又渴。我想求黄伯伯帮我把这个老葫芦锯开,做成一个葫芦碗,我再买碗汤面,用这个碗盛上送给爹爹吃。"

这个老实善良的残疾手艺人,听完小花的回答,看着眼前这个懂事的孩子,内心感动不已,不禁扑簌簌掉下泪来。

他把自己手上的粥递到小花的跟前,以"要挟"的口吻说:"好闺女,你把这碗粥吃了,我就帮你锯葫芦。你要不吃,那黄伯伯也就不帮你锯了。"

自从懂事起,小花就常爱到黄伯伯家里来,她每次开口,黄伯伯都有求必应。黄伯伯对小花赞不绝口,说她将来一定会有出息。

听完黄伯伯的要求,小花情不自禁地潸然泪下。她在心里暗暗发誓:如若将来真有出息,定当助残扶困,报答社会。

小花拗不过好心的黄伯伯。黄伯伯见小花把粥吃了,爽快地为小花做成了一大一小两个葫芦碗。

小花正欲离开,黄伯伯叫住说:"好闺女,你哪有钱买面呢?不如把这剩下的一碗粥倒去,送给你爹爹吃吧。"

小花说什么也不肯接受。

黄伯伯改口说道:"你想给爹爹买碗面吃也好,从我这拿钱去买吧。"

"谢谢黄伯伯!我有捡破烂的钱,够买一碗面的。"

小花谢绝了黄伯伯的好意。

看着小花拿着葫芦碗远去,黄伯伯喃喃自语:"多懂事的闺女,这真是老伍前世修来的福气呀。"

小花飞快地来到了那家小面馆,点了一碗汤面,倒在大葫芦碗里。小花唯恐爹爹又冷又渴,还特意向老板多要了两勺热汤。面汤和着面条,满满的一大葫芦碗。小花这才用葫芦小碗倒扣在葫芦大碗上面,天衣无缝,保温极了。

小花双手小心翼翼地捧着盛满汤面的葫芦碗,生怕溢出一点点,轻轻地向关押爹爹的地方走去。

爹爹透过大门缝,见小花行走拘谨,眼睛不住地注视着手里捧着的老葫芦,就像捧着件稀世珍宝,生怕摔了或是飞了。于是,不待小花走到跟前,爹爹迫不及待地问道:"娃儿呀,你捧着个老葫芦干吗呀?"

小花并没有回应,直到走到爹爹面前时,才俏皮地说:"爹爹,你猜这葫芦里装了什么?"

爹爹哪顾得上猜测,直接伸手把盖在上面的葫芦小碗揭开了。顿时,腾腾的热气直往上蹿,一股浓重的香味扑鼻而来,馋得爹爹直咽口水。

爹爹双手接过葫芦碗,呼呼地喝过几口面汤,连声说:"好鲜!好鲜!"继而拿起筷子,夹起一大捧面条,瞬间就咽了下去……

爹爹边吃边问:"娃儿呀,这汤面是哪儿来的?爹爹长这么大年纪,还从未吃过这么鲜美的汤面呀。"

听到爹爹赞不绝口,小花的心里陡然萌生出一种前所未有的成就感。她有些得意地说:"爹爹想不到我能让你吃到这么鲜美的汤面吧。如果爹爹以后还想吃,我再给你买。"

听小花这么一说,爹爹像是突然想起了什么,急切地问:"娃儿,你昨天在哪过的夜呀?"

爹爹这一问,可把小花的话匣子彻底打开了。她的双眸中闪烁着兴奋的光。

小花一五一十地把近两天的生活状况告诉了爹爹。爹爹闻言悲喜交加,老泪纵横。他动情地说:"娃儿这么小,就懂得为爹爹着想,真是多亏了娃儿呀。"

小花赶忙安慰爹爹说:"爹爹,一切慢慢会好起来的。你赶快趁热把汤面吃了,既暖了身子,也饱了肚子。"

爹爹听罢,渐渐平静了下来。也许是饥渴难耐,他托起葫芦碗,连面带汤吃了个精光。

小花从未见爹爹像现在这般神采飞扬,心里越发高兴。她告诉爹爹:"黄伯伯是我们家的恩人,他们家也不富裕,仅能勉强度日,还非得把两碗粥让给我和爹爹吃。我拗不过黄伯伯,吃了一碗,另一碗我坚辞不受,并说要买面给爹爹吃,黄伯伯这才作罢。他又要拿钱给我为爹爹买面,但我心里早有盘算,也没有接受。爹爹,我常听老人们说,滴水之恩当涌泉相报。黄伯伯腿有残疾,行走不便,也许不曾品尝过汤面的美味。我身上还有钱,想买碗肉丝面给黄伯伯吃,让他也尝尝鲜。"

爹爹听完高兴地说:"好孩子,你做得对!现在我才知道大屋里的人为什么会对你好。你已经很懂事了,你想怎么做就怎么做吧。"

就在父女俩交谈时,不远处传来邻居的质问声:"你们把老伍关起来,他家咋办呢?昨晚他家的小女儿哭了一整夜,吵得我们这些左邻右舍无法睡觉。这样下去,我们还怎么生活啊?"

原来,邻居们见关押老伍的警察过来了,冲着警察不停地抱怨。

警察不紧不慢,略带讨好地说:"这不是来放老伍回家吗?"

老伍被放了出来,对声援他的邻居,一一鞠躬道谢。

小花随着老伍回了家。刚进家门,印香劈头盖脸地骂道:"你俩咋不死在外面? 回来干什么?"

小花的妹妹知道爹爹、姐姐回来,突然又哭了起来。吼声、哭声交织,令人心烦意乱。

老伍努力地静下心来,没有与印香计较。他对小花说:"娃儿,你妹妹哭个不停,可能是饿了,你去熬点米汤喂给妹妹吃。还有,你娘也没吃饭,哪里会有奶水喂妹妹?"

小花动作麻利地洗了顶罐,熬了米汤,待凉后用小汤勺一勺一勺地送进妹妹的嘴里。妹妹张着小嘴拼命地吮吸着,果然不哭了。印香见小女儿不哭了,也渐渐停止了吼骂声。

(十五)

小花的妹妹转眼就三岁了。自打从娘胎出世起,双眼始终不曾睁开过。哭也罢,笑也罢,白天黑夜,双眼总是一种紧闭的状态。

小花仔细打量着妹妹,不解地问爹爹:"妹妹的眼睛怎么睁不开呀?"

卧病在床的爹爹叹了口气,说:"你妹妹生下来只有拳头般大小,再加上你娘奶水不足,直接导致你妹妹严重缺乏营养。你看妹妹瘦得皮包骨头,都三岁了还不会走路,一定是有病啊。"

爹爹顿了顿,又重重地叹了一口气,接着说:"这都是你爹前世造的孽啊!倘若你妹妹的病这样拖下去,恐怕只有死路一条。"

听完爹爹的话,11岁的小花如鲠在喉,急切地说:"爹爹,不能让妹妹死,你想想办法吧!"

爹爹无奈地摇了摇头说:"我想出去挣钱,又奈何这身体不争气。你娘身子骨硬朗,但又死活不干活。你叫爹爹有什么办法呢?娃儿,你从小就懂得干活挣饭吃,从小就懂得为爹爹分忧解愁。爹爹也深信娃儿吃苦能干,一定能够想到办法替妹妹治病,你妹妹的命就交给你啦。"

小花眨巴着眼睛，看看爹爹又看看妹妹，默不作声，神情凝重。

第二天一大早，小花满县城转悠，寻找人们丢弃的破烂废品，再送到城外的废品回收店。待到九十点的光景，她又要忙着上山捡柴。晚上，她总忘不了钻进影剧院，渴望有意外的收获。日复一日，小花攒到了两元钱。

头天夜里，小花告诉爹爹："这些日子我捡破烂、卖废品，外加影剧院的意外收获，积攒了两元钱。关于妹妹的病情，我向县医院的医生打听过，这点钱还不够。"

爹爹听完，把目光转向印香，略带哀求的口气说："印香啊，你能不能每天替杨家挑几担水？攒点钱凑到娃儿卖废品的钱里，好用来给小女儿治病。"

哪知印香一听，眼珠子鼓得快要掉出来，愤愤地回答："你要我去挑水挣钱，我要你这个男人干什么？我宁愿我们都死掉，我也不干活！"

小花压根就没指望娘，她心里其实早有了打算。妹妹的病不能再拖了，她只有豁出去了。于是，她安慰爹爹说："爹爹，钱少去不了县医院，但我打听过，县航运公司诊所的王医生治疗小孩很拿手，明天我带妹妹去找王医生看看吧。"

爹爹黔驴技穷，只能顺从地点点头。

第二天，小花抱起妹妹正欲出门，突然想起妹妹还没有一个正式的名字，便对爹爹说："我带妹妹看病，总得有个名字，你就给妹妹取个名字吧。"

爹爹"嗯"了一声。

"你叫伍小花，你妹妹就叫伍小梅吧。"

小花抱起妹妹小梅刚出门，爹爹唯恐小花有什么闪失，便劝说印香一块儿去。不料印香反唇相讥："你就是长了一张嘴，你要我去送，不如你自己爬起来去送。"

小花原本也希望娘能同自己一起去，可一看这架势，知道娘是九头牛也拉不回头，心里很不是滋味儿。可想到妹妹睁不开的眼睛，小花吃了秤砣铁了心，抱起妹妹坚定地向县航运公司诊所的方向走去。

没走几百米，小花抱着妹妹的两只手臂便感到酸软无力。她唯恐妹妹掉下来，索性坐在路边稍做歇息。路人见这个小丫头，抱着个闭眼闭嘴的奶娃娃，坐在路边直喘气，便好奇地问："你这抱的是谁呀？抱着这个孩子做什么去呀？"

小花哭丧着脸，告诉路人："我妹妹得了重病，眼睛一直都睁不开，我带妹妹看病去。"

　　路人听后纷纷摇头，叹气。有个好心的路人从身上拿出一根粗布条，先让小花与妹妹面对面，再用布条兜住妹妹的屁股，系在小花的腰间。小花双手只要稍微用力，扶住妹妹上身就行。这样一来，小花便轻松多了。

　　在路人的帮助下，小花抱着妹妹，深一脚浅一脚，终于来到了航运公司的诊所。小女孩抱着小女娃来诊所，这还是大姑娘上花轿——头一回，王医生满脸诧异，试探地问："你这是来找谁呀？"

　　小花注视着王医生，认真地说："王医生，我是来找您的，求您为我妹妹看看病吧。"

　　王医生接着说："你这孩子才多大啊？你家大人呢？"

　　"我爹爹重病在床来不了，我娘又死活不肯来。我妹妹的眼睛睁不开，我怕她跟我三个哥哥一样死掉，就到处捡破烂卖钱，帮我妹妹治病，您看……"

　　小花一边说，一边从口袋里掏出那些捡破烂所得的钱，放在王医生面前。

　　"你看这都是我捡破烂的钱，全都给您，求求王医生帮我妹妹治病。如果钱不够，我还会捡破烂卖钱，一定会还给您的。您看行吗？"

　　王医生看着眼前一大一小两个娃儿，想象到这个家庭的生存处境，内心充满了怜悯。他摸了摸小花的头，十分和蔼地说："孩子啊，你几岁呀？怎么这么懂事呢？"

　　接着，他又转向旁人，饱含同情地说："这孩子的命真苦啊！像这个年龄的孩子都进学堂读书了，可她却要承受大人的压力，为妹妹治病而操心。"

　　感叹完毕，王医生安慰小花说："孩子，你不要着急，我一定会给你妹妹看病的。难得你这么懂事，我也深受感动，我给你妹妹看病不收一分钱。"

　　听王医生亲口说给妹妹看病分文不取，小花竟然哭了起来。她哽咽着说："谢……谢谢王医生！"

　　王医生开始给妹妹看病。他先仔细地检查了妹妹的眼睛、口腔以及全身的皮肤，继而又静静地把了脉。他双眉紧锁，表情十分凝重。王医生告诉小花："你妹妹得了严重的疳积证。凭你家的生活条件，要完全治好是很难的。我给你一个土方子，你天天坚持照方抓药，你妹妹的疳积证一定能够好转。虽然眼睛不能恢复到正常人的水平，但生活自理还是没问题的。"

　　"不过，"王医生话锋一转，"你这孩子就要吃大苦。"

　　小花听说妹妹的眼睛有救，赶紧说："王医生，只要能为我妹妹治病，再苦再累，我都挺得住。"

王医生用异样的眼光打量着眼前这个不到 11 岁的女娃，不无忧虑地说："孩子，短时间我相信你能做到，但要数年如一日，直到你妹妹能睁开眼睛为止，恐怕就很难了。"

王医生告诉小花，土方子治疳积证需两样东西。一种是铜钱草，这是一种草药，一般在夏秋季采集，有清热除湿、解毒利尿等功效；另一种是猪肝，猪肝是理想的补血佳品，营养丰富，具有养血明目等作用。把一两铜钱草洗净，配上二两猪肝，一起剁碎，再用打湿了的纸包好，放进柴火灰中煨熟后取出，分早、晚两次服用，一年为一个疗程。

王医生放下手头的活儿，领着小花来到野外的小水渠边，详细说明铜钱草的样子以及生长环境，并现场采集一些交给小花做样本。回到诊所，王医生把原先放在桌上的两元钱还给了小花，嘱咐她用这些钱给妹妹买猪肝。

小花接过王医生没有收取的两元钱，磕头致谢。她仿佛看到了妹妹重见光明的希望，看到了妹妹睁开眼睛的那一刹那，给全家带来喜悦的场景。

王医生照样帮忙用粗布条把妹妹捆绑在小花的身上，并叮嘱小花说："土方子切不可外传。等你妹妹睁开眼睛的那天，你再来找我。"

从那以后，小花每天除了捡柴、捡破烂外，又多了挖铜钱草和买猪肝的任务。

20 世纪 60 年代，物资匮乏，人们生活水平甚低，十天半月能沾上点荤腥就很不错了。猪肝更是紧俏货，每斤八毛二分钱，高过猪肉，二两猪肝就要一毛六分钱。

为了能给妹妹买到猪肝，小花每天晚上搬上一块破木板，睡在猪肉摊边，以求第二天排第一个，方能保证买到二两猪肝。

猪肉摊总是充斥着动物的血腥味儿，也难免会留下些残肉、碎骨，自然会招致嗅觉灵敏的野狼光顾。狼是一种贪婪而残忍的肉食动物，昼伏夜出，遇猎物擅长群起而攻之。曾几何时，就有邻居豢养的牲畜遭到狼的夜袭。

小花每次守夜排队，都令爹爹心神不宁，牵挂不已。不排第一，二两猪肝就无法保证，小梅的病也没得治；每天守夜排队，小花的安全又得不到保障。那猪肉摊虽有个棚顶，但四周毫无遮拦，如果狼真的来了，小花必然凶多吉少。爹爹每晚都要替小花祈祷，祈祷她第二天平安归来。

日子就这样一天天挨了过去。有一日,小花照例去湖边挖铜钱草时发现有很多猪吃的野菜。她想,如果挖铜钱草的同时也挖些野菜卖给养猪的邻居,也好换些钱给妹妹买猪肝。这可是一举两得的好事。

回来之后,小花找到杨家娘,诚恳地说:"杨家娘,我能不能每天挖两篮野菜给你家的猪吃,换两毛钱给妹妹买猪肝治病?"

看着一脸真诚的小花,耳闻目睹这个懂事的女娃为不幸的家庭付出了这么多的杨家娘便爽快地答应了。

就这样,小花再也不用像原来那样为捡不到两毛钱的破烂废品而发愁了。现在,她只要每天早上排队买猪肝,再去挖铜钱草和野菜,下午捡柴、捡破烂就好了。

(十六)

11 岁的小花是个有心计的孩子。她常听大人们说:"吃不穷,穿不穷,不会算计一世穷。"这"不会算计"是什么意思呢?她反复地在大脑中琢磨着。

后来,她从烧柴做饭中得到了启发。别人家烧一顿饭只要两斤柴,而自己家里却要十斤,所以家里总是缺柴。尤其遇上雨季,断炊就成了家常便饭。为了一家人活命,小花只得出门乞讨。

邻居们无不羡慕小花的懂事能干。小花永远忘不了那个一把夺过她手中的蓝花搪瓷碗,并把碗中救命的残羹剩饭无情地倒进潲水桶,还恶狠狠地呵斥她的女人。为了不重蹈要饭受辱的覆辙,小花想出了两个招数:一是更换熬粥的顶罐,二是计算熬粥的用柴量。

小花开导爹爹说:"我们一家四口人,用大的顶罐熬粥,需要用小顶罐两倍的柴来烧。不如买个小顶罐,这样就能节省一半的柴火。"

爹爹觉得小花言之有理,便在领回当月退休金的日子,去商店买了个小顶罐回家。没承想印香不干了,她嫌顶罐小,一气之下把刚买回的小顶罐摔了个粉碎。爹爹来不及制止,气得要挥拳教训印香。小花赶紧劝说:"顶罐碎了,你再打娘也不能复原,何不忍一忍?否则外婆又得让舅舅报警。"

听完小花的劝说,爹爹举起的拳头放了下来,从而避免了一场没有赢家的打斗。

看着地上的顶罐碎片,爹爹一阵阵心痛。小花宽慰爹爹:"娘喜欢用大顶罐熬粥，就让她用大顶罐。但柴火我会计算好，避免她过度使用。"

为了计算熬粥正常所需的柴火量，小花自己动手试了试。从点火到稀粥出锅，需要多少柴火，小花的心里一清二楚了。

于是，小花只给娘当天熬粥必需的柴火，多余的柴火统统堆放到阁楼上。那个阁楼只有小花爬得上去。

小花将大部分干柴藏于阁楼，自然招致印香习惯性的咒骂。好在小花已经11岁了，每次在棍棒加身前，就跑得远远的，印香也无可奈何。

自打小花约束娘熬粥的耗柴量起，即便遇上雨季，家里也未断炊过，小花再也不用出去要饭了。

第二章　我想读书

（一）

顶罐的风波过去之后，小花见与自己同龄的甚至小她几岁的孩子，都背着书包进了学堂，她也想上学。

有一天，小花对爹爹说："我不想一辈子这样过下去，我想读书。"

爹爹一听，面露难色，说："你去读书，你妹妹治病的钱谁来赚？晚上排队买猪肝的活谁来干？咱们家现在每个月能节省几元钱，可惜你和妹妹都是女娃，我想用这节省的几元钱给你娘买点她喜欢吃的东西补补身子，好生个男娃给我们伍家传后哇！"

小花听爹爹这么一说，心里五味杂陈：自己对爹爹深沉的爱，对妹妹及家里的付出，竟然抵不上生一个男娃！小花的心在淌血。她无数次用双手捶打着自己的胸脯，痛苦地问自己：小花为何这般命苦？自己用11岁的羸弱之躯支撑起这个风雨飘摇的家，可谓吃尽了苦，遭尽了罪。如今小花想读书，爹爹却不同意。这该怎么办啊？

小花的内心不仅痛苦，更有一种深深的忧虑。妹妹的眼睛尚未治好，爹爹又卧床不起，娘又不会带小孩，如果日后爹娘再生个孩子，那自己就真的分身乏术了。她想到了死去的三个哥哥，不禁打了个寒战。

她一次次绝望，但面对这个摇摇欲坠的家，她只得咬牙支撑着。她多么希望能得到来自亲人的安慰啊！

小花的妹妹也三岁多了。小花三岁时怕爹娘饿死，四处乞讨救爹娘。如今妹妹受姐姐的照顾，心里做何感想呢？

为试探妹妹，小花故意在妹妹面前装起病来，捂着肚子在地上打滚，嘴里故作痛苦地呻吟："哎哟，我的肚子好痛哦，我要死了！"

妹妹听到后惊慌失措。她走过来，蹲下身子，伸出小手轻抚着小花的肚子，惶恐不安地说："姐，你不要死，你死了我怎么办？"

那一刻，小花得到了情感上极大的满足。她明白，自己的生命不仅属于自己，也属于家人。为了家人，她要坚强地活下去，撑起这个摇摇欲坠的家。

又到了月底爹爹领退休金的日子。这天，搬运队负责发放退休金的会计通知爹爹下午去领工资，小花听到后突然兴奋起来。

以往的每个月底，爹爹总是早早地去搬运队，领到每月 16 元的退休金之后，先去粮站把全家下个月的计划粮油买回家，这可是全家的基本保障。所剩工资，爹爹先留出两元，其余用来买上一篮子娘爱吃的面条，再用留出的两元钱买一篮子娘爱吃的豆干。豆干一毛一分钱一斤，两元钱可以买 18 斤。别看娘平日里不干活，可爹爹替她买面条和豆干时，她都会陪着爹爹去，并主动提回家。

爹爹下午领工资，小花缘何兴奋？因为小花明白，街上的豆干作坊下午就不营业了，买豆干的两元钱一定会在爹爹的身上，这样的话，她就有了可乘之机。

果真如此，爹爹提着空篮子回了家。小花的视线片刻不敢离开爹爹，只见爹爹把两元钱放在睡觉的棉絮底下。

强烈的读书欲望驱使着她。她撒开双腿，找到居委会开具免交学费的证明，再折回家里，趁爹爹不备，从棉絮底下取出两元钱，随即来到学堂报了名，缴纳书杂费一元九角五分钱。

小花办完读书的手续，心里的忐忑与无奈交织着。为了安慰爹娘，她用剩下的五分钱买了两根油条，硬着头皮回到了家。

她拿出一根油条分了半根给娘吃，心里愧疚地说："娘！这个月小花对不住你，你的女儿想读书，把爹爹留给你买豆干的钱买书本了。等女儿长大了，会一辈子给你买面条和豆干吃，会伺候你一辈子。"

这时，爹爹开始在被褥底下找寻那两元钱。那焦急与不安的神情令小花心生怜悯。小花怯怯地递给爹爹一根油条，心里默念着："对不起！爹爹。你不用找那两元钱了。等小花读了书，长大有了能力，我会好好孝敬你们的。"

约莫一顿饭的工夫，爹爹停止了寻找。他双眉紧锁，坐在床沿上，手掌按住棉絮，一副失魂落魄的神情。

小花凑近爹爹，嘴唇嗫嚅着。半晌，她鼓起勇气，向爹爹坦白说："两元钱我拿去学堂报名读书了。爹啊，你不要舍不得这两元钱，我上了学，日后有了出息，我会让你和娘、妹妹过上别人一样的好生活。不然的话，就算娘生个男娃，也难逃饿死或病死的厄运。"

小花用手背擦了擦控制不住的眼泪，继续道："爹爹啊，我不想我们家就这样过下去。我要努力改变我们家的不幸，要努力让我们过上正常家庭的生活。求求爹爹让我去上学吧！"

为了让爹爹安心，小花哽咽着继续宽慰爹爹："我会赶早去买猪肝，挖铜钱草和野菜。我会带着篮子去上学，放学顺路捡柴回家。"

小花情真意切的话语令爹爹感动不已。看着眼前这个支撑起风雨飘摇的家的羸弱之躯，爹爹的心里百感交集。他双手抱着小花，老泪纵横，极其惭愧地说："娃儿呀！这都是我造的孽。我不是不想让你去读书，是我们全家都指望你呀！没有你，我们这个家就完了！既然你决意去读书，那就去吧！"

（二）

小花告诉爹爹，不喜欢别人叫自己小花，她喜欢学习的"学"字，所以在学堂报名时改用伍学花了，以后妹妹也改叫伍学梅。

爹爹并未说什么，他哪有心思顾及这种鸡毛蒜皮的小事？名字又不能当饭吃、当衣穿。

兵马未动，粮草先行。为了读书，学花精心做好了准备。她找到爹爹破烂得不能再穿的长裤，剪下一截没有破洞的裤腿，用针线缝住一边的口子，再撕下一根布条，缝在裤腿口子的两头，一个书包就这样做好了。

上学不久，学花就认识了女同学陶美琴、王如霞、桂青鸣，还有男同学陈明。美琴和如霞都是干部子女，长得漂亮不说，且能歌善舞。如霞的祖辈是北方人，南下星子之后也不忘经常烙大饼。如霞从不嫌弃学花家贫，也不嫌学花家脏乱，她常拿着大饼到学花家换稀饭吃。

虽然学花的家境惨不忍睹，但这些同学对学花都特别好。尤其是青鸣，青鸣家有四个孩子，全是女孩。青鸣爸常年在外跑船，家里捡柴火的任务自然落在了青鸣的身上，因而和学花多少有些同病相怜的感觉。

青鸣的妈妈和大娘都十分喜欢学花。青鸣妈妈是江西都昌人，每次从娘家回来，都会带些糖果糕点，除四个女儿每人一份外，总少不了给学花一份。学花俨然成了她的第五个女儿。青鸣的大娘年纪大了，常年独居，难免寂寞。她特别喜欢学花常去与其说说话，以缓解内心的苦闷。大娘告诉学花自己生不了孩子，说着眼泪就禁不住直往下掉。学花想说"让我做你的孩子"来安慰大娘，可又想起爹爹曾说过，学花的命不仅属于学花自己，还属于这个苟延残喘的家。

她担心做了大娘的孩子会伤爹的心,于是话到嘴边又咽了回去。

大娘尤为青睐学花的勤快能干。除了上学,学花还要挎个篮子,四处捡柴,等篮子的柴满了又得送回家里。这一来一回,路上得耽搁不少时间。大娘告诉学花,捡来的柴可先寄放在她家然后再去捡,再一起运回家,这样能提高捡柴的效率。学花照此法果真捡到的柴更多了。

学花进学堂都一个多月了,连"伍学花"三个字都写不出来。有一次算术小考,应用题中斗大的汉字她一个也不认识,全然不知从何下手,急得她手心直冒汗,心里直呼:读书太难了。

(三)

伍学花上学了,自然不再像过去那样自由了,可每天该做的事,她一样也没落下:一大早,她要排队买上二两猪肝,再去河塘沟渠边挖铜钱草;为了保证每天买猪肝的两毛钱有着落,她还得为杨家娘饲养的猪挖两篮野菜;做完这些事,她才能带着篮子进学堂读书;放学后,她还得四处捡柴,否则全家又得缺薪断炊饿肚子。

学花很想静下心来学习,可无法做到。她受启蒙本来就晚,又比同学大几岁,而且要操持家务,因此坐在教室里时,满脑子的想法就像炒豆子般不断爆出来,偶尔也会因为劳累一个劲地打呵欠。家里大大小小的事都离不开她,读书也只能是三天打鱼两天晒网了。

有一天,学花感觉肚子隐隐作痛。开始她也没当回事,谁料不久就痛得钻心,继而呕吐不止,吃什么吐什么,根本不能进食。她本该及时看医生的,可家里拿不出钱,只能自己硬扛着。

学花躺在床上,肚子的剧烈疼痛使她一会儿滚到左边,一会儿滚到右边。她用手按着肚子,额头上沁出豆大的汗珠,眼前一片昏暗。

经过两天病痛的折磨,学花的眼珠深深地凹了下去。她饿得肚皮贴脊背,浑身乏力。她静静地躺在床上,看着同样不能下床的全家,又一次想到了"死"。

班主任章仁娟老师发现学花几天未到学校上课,心里惦念这个可怜的孩子,便于放学之后到学花家家访。

刚进家门,章老师就惊呆了。眼前脏乱不堪,一片狼藉,只见对门的木板床上躺着三个人,一个是卧床不起的男主人老伍,一个是自己的学生学花,还有一个是学花睁不开眼睛的妹妹。学花发现有人进来,仔细一看,竟然是班主任章老师。她又惊又喜又内疚,慌忙爬了起来,用微弱而又怯生生的声音说了句"章老师,我病了",随即又低下了头,像个做错了事的孩子,不敢正视章老师。

这位年轻的女老师中等身材,一张圆圆的脸,雪白雪白的。她戴一副近视眼镜,眉清目秀,给人一种斯文可亲的感觉。

章老师走过去,用手抚摸着学花的头,心疼地说:"我见过贫寒的家庭,但都不至于让我心酸到这种地步。孩子,你也太可怜了。这几天你没去学校,老师不放心,才来你家看看,哪知你病了。看!你都瘦成这样了。"说完,章老师无奈地摇了摇头。

"这几天你没上课,落下了一些课程,我来和你讲讲。"章老师边说边从身上掏出一个红本本,指着这个红本本说,"这是《毛主席语录》,这几天我们学习了'下定决心,不怕牺牲,排除万难,去争取胜利'这部分。"

章老师翻开学习内容,摆在学花面前,学花瞪大了眼睛也不认识几个字。

章老师用手指着红本本,一字一句地领着学花认读起来。不大一会儿,学花已能倒背如流了。

章老师高兴地问:"你知道什么叫不怕牺牲吗?"学花摇了摇头。

"不怕牺牲,指的是为了正义的事情,不怕失去生命。排除万难又是什么意思呢?"

学花又摇了摇头。

"就像你为了给妹妹治病,挖猪吃的野菜换钱买猪肝,挖铜钱草做药引,天热不怕热,天冷不怕冷,遇到种种困难都能克服,这就叫排除万难。"

学花瞪大了眼睛,浑身感到发热,有些飘飘然了。

章老师接着讲解:"去争取胜利,就是朝着自己想要实现的目标,不停地努力,就会赢得胜利。"

章老师的讲解通俗易懂,学花自然明白了《毛主席语录》的基本意思。她想到章老师丝毫不嫌弃自己穷酸至极的家庭,还给不打招呼就缺课的她耐心补课,顿时感觉自己受到一种前所未有的尊重。学花心潮澎湃,感激的泪花夺眶而出。

看着眼前这个懂事的孩子以及这个濒临绝望的家庭,章老师如鲠在喉,心情异常沉重。她用充满理解与同情的语气对学花说:"不要着急,等你病好了,老师随时欢迎你。落下的课老师也会给你补上的。"

听着章老师亲切的话语,学花竟激动得茫然不知所措。章老师走时,学花两眼噙着泪水，目送老师渐渐远去。

爹爹有气无力地躺在床上，宽慰学花道："娃儿不要难过，家里有先生来是件好事。等身子好些了，我就上山砍柴，给人翻地种菜，还能替人挑水挣钱，为你妹妹治病。那时，你就可以放心去读书了。"

经过几天的死扛，学花闹腾的肚子终于平静了下来。爹爹依旧不能起床，上学之余，学花照例要捡柴、捡破烂、挖野菜、买猪肝，从早到晚连轴转。

夜幕降临，倦鸟归巢。学花多么想像其他孩子一样，在煤油灯下温习当天的功课。可惜骨头缝里也榨不出半滴油的家庭又谈何挑灯夜读？这种奢望只在她的梦里出现过。

（四）

陈明家的情况与学花家有一点相似：他的母亲也患有智力障碍。两家比邻而居，陈明的祖辈是地主出身，在那个年代，陈明作为地主家的后代常常遭受歧视，因而陈明的心里感到孤独自卑。但学花从不歧视他，并与他成为好朋友。两人相互欣赏，形影不离。

放学后，陈明总会跟在学花的身后，帮学花捡柴，帮学花捡破烂卖钱。那个年代物资匮乏，最令孩子嘴馋的就是五彩珍珠糖。这种五颜六色的珍珠糖，一分钱可以买到12粒。学花曾许诺陈明：等卖了废品，一定请他吃珍珠糖。可每次钱到手后，学花的心里就犯起了嘀咕：自己的学费是少不了的，妹妹治病又要钱，卧床不起的父亲也等钱来救治，外加一家人的基本生活都需要钱。俗话说，人贫话不灵。攥着手中卖废品的几个小钱，学花食言了，她不敢为了自己而动用半个子儿。

陈明并不计较学花的五彩珍珠糖，依然对学花不离不弃。他帮助学花捡柴、捡破烂，这让学花特别感动。学花常常天真地幻想：这陈明要是我的弟弟，那该有多好哇！

学花很是愧疚，对陈明说："你帮助了我，我会记你一辈子。请记住花姐的话，花姐不会捡很久的柴，等我有钱了，我会买好多好吃的东西给你吃。你就等着这一天吧。"陈明听罢，呵呵地笑着，连声回答："好！好！"

有一天，学花和陈明一路捡柴，不知不觉间来到了星子县造船厂，看见工人们正在用木头打造木船。工人们先用斧头剁去树皮，将树干锯成厚度一致的木板，再刨平拼接。整个木船打造过程中会产生大量的剁皮与刨花。刨花是最好的燃料,用火一点就着,但不耐烧,火焰一腾很快就会熄灭。剁皮的筋道非常好,燃起的火焰既稳定又持久。

二人见眼前唾手可得的剁皮和刨花,心花怒放。他们在大堆的刨花中寻找着剁皮。工人们见是两个穷酸的孩子,心生怜悯,也就没赶走他们。

翻腾着刨花找寻剁皮的当儿,陈明发现刨花底下有四根崭新的巴钉,于是轻声地对学花说:"这里有四根打船用的巴钉,可卖不少钱呢。"学花一听能卖不少钱,顾不得细想,顺手从刨花堆里找到那四根巴钉,悄无声息地放在陈明提着的篮子里,用剁皮遮盖得严严实实的,继而催促陈明提着满满一篮子剁皮迅速离开了造船厂。

没走多远,身后就传来了造船工人的叫喊声:"你们两个孩子不要走!"

学花和陈明毕竟做贼心虚,听到喊叫,知道情势不妙,撒腿就跑。紧接着,工人又大呼:"捉住他们,别让他们跑了!"

两个孩子哪里跑得过成人。不一会儿,二人双双被擒,一时愣在那儿,垂下头,露出绝望的神情。一个中年男子气势汹汹地夺过陈明手中的篮子,把剁皮翻了个底朝天,四根巴钉暴露无遗。

中年男子眼睛瞪得像铜铃,气愤地说:"我说刚领的巴钉怎么会找不到? 原来是让你们这两个小毛贼偷了。要是让你俩跑了,我还不知道怎么交差呢!"

人赃俱获,二人惊恐极了,瑟缩着,活脱脱像两只待宰的羔羊,一句话也说不出来。

另一位看上去很面善的工人见两个孩子吓得发抖,就赶忙打圆场。他说:"他们俩还是孩子,不知道巴钉对造船有多么重要,我们不要过分为难孩子。不如把他们交给学校,让老师教育教育算了。"

中年男子听从了同事的意见,问清了就读学校与年级,径直带着俩孩子来到了学校。恰逢班主任章老师下班没走,听工人讲述事情的来龙去脉之后,她用严肃而又低沉的声音批评教育孩子:"几根巴钉事小,影响了船厂的生产事大。以后做事前要多动脑子,什么事能做,什么事不能做,都要考虑清楚。如果今天工人师傅把你俩揍一顿,你们不就是自作自受吗?"

章老师顿了顿,微笑着对中年男子说:"谢谢你对两个孩子的宽容! 作为老师,我一定会加强对孩子的品行教育。"

中年男子见章老师言辞恳切,没再说什么,拿着四根巴钉回去了。

经过一番批评教育之后,章老师见天色将晚,捎口信通知陈明的家长来学校把孩子领回去。学花的家庭情况特殊，章老师只好让她自行回家。

回家之后，陈明的家长狠狠地揍了他一顿，并不准他与学花再有来往。

偷鸡不成蚀把米。由于受到惊吓，学花当晚发起烧来。

翌日，她有些不好意思去学校，心想：昨天四根巴钉的事闹得很大，同学们不知道会用什么异样的眼光来看自己。不如暂且避避风头，等过一阵子大家忘了，再去上学。

主意已定，她托人给章老师请了病假，但她又无法真正静下来休息。她想利用不去上学的当儿，拼命地捡柴、捡破烂，腾出以后的时间安安心心地上课，努力把落下的课程补上来。

学花有个存钱罐，是老篾匠黄伯伯用带竹节的毛竹筒给她做的。每次卖废品的所得，除了给妹妹买猪肝治眼疾以及用于家庭开销外，剩余便悉数存入毛竹筒内。学花认为这里面的每一分钱都是自己的心血，对每一分钱看得比磨盘还要重，从不为自己轻易动用半个子儿。

每天一大早，学花买好二两猪肝，挖好铜钱草，伺候好睁不开眼睛的妹妹，紧接着又要给杨家娘家的猪挖两篮野菜，余时再捡柴捡破烂。晚上，学花一头钻进了影剧院，渴望有新的发现。

这一天的夜晚，一轮皎洁的月亮挂在天空，将地面照得如同白昼。学花像往常一样钻进了影剧院，借着多个偌大的玻璃窗户透进的月光，她瞪大了眼睛，心跳加快，俯着身子，在座位底下寻找着她希望见到的东西。除了一些吃剩的饼干等小食品，学花还捡到了一本她梦寐以求的红塑皮包装的《毛主席语录》。那年头《毛主席语录》又称"红本本"，这"红本本"都是由上级分配数额逐级下发到各单位的，市面上都买不到。有了这"红本本"，学花日后学习也就有谱了。她喜出望外，仿佛眼前的一切都变得那么美好。

转眼过去十多天，学花捡来的干柴不但堆满了自家的阁楼，而且连青鸣大娘的柴房也堆得满满的，够学花她娘烧好一阵子。

学花拿出存钱罐，和爹爹一起数了数，有将近九块钱。她对爹爹说："你拿五块钱去打针治病，剩下的留给妹妹治眼病。爹爹病好了就可以和我一起支撑起这个家。从明天起，我排队买好猪肝，挖好铜钱草，给妹妹煨熟服下，就和同学们一样，不带捡柴的篮子，只背书包去上学。爹爹你看行不？"

看着眼前这个饱经沧桑的娃儿，爹爹点了点头，禁不住流下了心酸的泪水。

（五）

次日,学花赶在太阳升起之前忙完了手头上的事情。她怀着前所未有的轻松心情,背着自己亲手缝制的破裤腿布做的书包,沐浴着晨曦,走进了学堂。

班主任章老师见学花重返课堂也很高兴。她轻轻地抚摸着学花的头,和蔼地说:"这些天你没来上课,老师也能理解你的心情以及你的家境。现在你放下了心理包袱,轻装上阵,老师也就放心了。"

听到章老师亲切的话语,学花的心里像灌了蜜一样滋润,脸上绽开了朵朵桃花。她在心里暗暗发誓:一定要听从老师的教导,努力学习,为自己争气,为老师争光。

1963 年 3 月 5 日,伟大领袖毛主席亲笔题词"向雷锋同志学习"。全国上下掀起了一场轰轰烈烈学习雷锋的高潮。雷锋同志全心全意为人民服务的精神家喻户晓,深入人心。

学花重返课堂的十多天来,上午的语文课都是学习雷锋的动人事迹,且要求活学活用。下午上完两节课,在老师的组织下,学花与同学们一起,来到孤寡老人和残疾人的家里,帮助他们梳头洗脸、挑水洗衣、打扫卫生等。晚上,学花带上作业来到青鸣家,温故知新,完成当天的学习任务。

学习上,一有不懂的,学花就虚心请教,不耻下问。思想认识和文化成绩日渐提高。

日升日落,月圆月缺,眼看着期中考试就要到了。学花在学习上憋足了劲儿,除了课堂认真听讲,课外也时常请教老师,求助同学。

之前的考试,学花的语文与数学均为零分。这次期中考试,语文 61 分,数学 68 分,都及格了。这着实让老师感到欣慰,尤其是教数学的李三明老师。李老师深知学花没有算术功底,又三天打鱼两天晒网,不能像其他的学生那样保证足够的学习时间,学习内容时常脱节,能有如此成绩,着实不易。

李老师在班上公布完考试成绩,特别表扬了学花的进步,也因此招来考满分同学的不屑。有个男同学直接站起来,脸涨得通红,带着讥讽的语气对大家说:"让我们向伍学花学习,以后考试争取及格。"

李老师听完并没有生气,微笑着说:"我们要学会从不同的角度去评价一个同学,伍学花童年时期就挑起家庭生活的重担,她承受着本该大人承受的重重压力,以致不能像大家一样有充足的学习时间。现在她能取得如此成绩就已经不错了。我们只有全面地看问题，才会对人有正确的认识。所以，同学们应多多理解，多给予学花同学鼓励与帮助。"

李老师的话音刚落，教室里便响起了热烈的掌声。伍学花就此得到了全班同学的肯定。

数日之后，在一次班级选举上，这个瘦弱的女孩竟被大家推选为中队长。当上中队长的伍学花，做梦也想不到自己能有如此风光，不由得浑身憋足了劲儿。

为配合老师提高全班同学的成绩，伍学花对全班同学进行了分类。她让家里有学习条件的搭上无条件的，成绩好的配上成绩差的，利用课余及晚上的时间一起学习，互帮互助，形成了一种积极向上的学习氛围。校外时间，这些学生三五成群聚一起，背诵毛主席的《为人民服务》《纪念白求恩》《愚公移山》。

学花是个要强的孩子。她在心里暗暗发誓，要向张思德学习，一切为了人民的利益；向白求恩学习，救死扶伤大公无私；像愚公学习，不怕牺牲，排除万难，去争取胜利。

20世纪五六十年代，毛泽东思想深入人心，也潜移默化地影响着学花。她决心听毛主席的话，好好学习，天天向上。每当碰到不认识的字，学花都会求教老师或同学。

1967年的下半年，老伍的身体状况未见好转，依旧抱病卧床。9月3日这一天，老伍把学花叫到床前，微微张着嘴唇，有气无力地说："娃儿啊！爹爹实在饿得不行了，你妹妹也饿得连哭的力气都没有了，今天又是你妹妹的生日，你到陈家和杨家的菜园里摘两条黄瓜来救救我们的命吧！"

听着爹爹的恳求，看着呼吸微弱的妹妹，学花的心都碎了，一阵强烈的自责感袭上心头。她恨自己无能，不能让自己的爹娘和妹妹吃饱穿暖。但同时，她又深知自己不能做偷摘人家黄瓜的事。思考再三，学花拒绝爹爹道："毛主席教导我们不拿群众一针一线，章老师教育我偷东西的事不能做……"

爹爹听后，两行无奈的老泪顺着皱纹悄然下流。其实，他的心里又何尝不知呢？

学花徘徊了好一阵子。许久，她来到陈家娘家里。陈家娘见学花蔫头耷脑，爱怜地问道："孩子，没有饭吃吧？"

学花强撑着说："是爹爹饿得不行，叫我去别人家菜园里偷黄瓜来救他和妹妹的命。我想到毛主席教导我们不拿群众一针一线，所以我没有听爹爹的话。"

陈家娘知道了学花的来由,二话不说,给了学花一大碗锅巴和一碗米汤。

学花向来是个孝顺的乖孩子,对于爹爹的话,过去总是言听计从,今天破天荒地没有听爹爹的话。这事儿让黄奶奶知道了,她把学花拉进房间,微笑着说:"孩子呀,今天你没听爹爹的话是对的。小时偷针,大了偷心。读了书的孩子就是懂事啊!"

陈家爸也得知此事。有一次他挑水经过杨家的菜地边,适逢杨家爸正在菜园里劳作。陈家爸对杨家爸说:"今天老伍叫大女儿去你的菜园子里摘两条黄瓜救他的命,但他的大女儿却说,毛主席教导她不拿群众一针一线,所以你家的黄瓜还悉数挂在藤架上。"

杨家爸听陈家爸这么一说,也觉得学花这孩子非同一般,心中陡生敬佩之情。他赶紧摘了 6 条黄瓜来到学花家里,对老伍说:"老伍啊,今天是你大女儿说的话感动了我,所以摘些黄瓜给你。"

老伍连声道谢,双手接过黄瓜。

(六)

1967 年的国庆节,整个星子县城张灯结彩,处处洋溢着欢乐的氛围。老伍也受到这举国同庆的气氛影响,居然精神抖擞,能够下床活动了。

晚上,县城的影剧院热闹非凡,直到 10 点后才渐渐冷清了下来。秋高气爽,稀疏的星星俯瞰着大地,小草沐浴在初秋的甘露之中,拼命地吐绿长高。

等到最后一场电影结束,观众们陆续退场,学花便钻进了影剧院。她用一双"求财若渴"的眼睛,在影剧院的地面上四处搜寻着。她要在影剧院熄灯之前,搜寻完这篮球场般大小的地面。一场下来,学花把捡到的破烂算了算,居然值块把钱。学花还捡到了一张画片,画片上有个与学花差不多大的女孩,穿着时尚的圆领衫,手捧一束鲜花,露出幸福的笑靥。学花揣着这些"战利品",满心欢喜地回到了家。

这天晚上,学花做了一个好梦:爹爹身板硬朗、满脸红光,用一双粗壮有力的大手抱起学花,亲昵逗乐;一旁的娘一边呵呵笑,一边忙着家务活儿;爹爹怀中的学花更是喜不自禁,脸上绽开了一朵花……

公鸡啼破了黎明前的沉寂,东边的天空现出了鱼肚白,一轮红日像个负重的大火球缓缓升起。老伍早早地起了床,他扛着铁锹与锄头来到自家的菜园子里翻地、浇水,该栽的栽,该种的种。经老伍一番劳作,原来杂草丛生的荒芜之地,现已变得又精致又清爽。这块菜地寄托着老伍的希望。

眼看生火的柴火不多了,老伍抄上扁担绳索,带上砍刀,去数里外的山上。十月的树林里,秋风萧瑟,满眼的枯枝树杈,粗细不一。那细如拇指般的枯枝,老伍只用手一掰,便从树上掉下来。掰不断的,老伍便使上砍刀,左三刀,右三刀,容不得它愿不愿意便都成了老伍的囊中之物。约莫一个时辰,老伍放下砍刀,把横七竖八"躺"在地上的干柴拾掇捆扎在一起,两捆干柴和老伍一般高。他看了看眼前的柴火,擦擦额头上的汗水,露出满意的神情,又把砍刀插进柴堆里,挑着干柴回了家。

忙完家里的活儿,老伍也不闲着,就帮缺男劳动力的人家挑水、磨剪子、戗菜刀。邻里乡亲非得给钱,老伍分文不收,乐得左邻右舍直夸老伍厚道本分。

晚上,学花高兴地对爹爹说:"爹,我这有三块多钱,你拿去贴补家用吧。"爹爹爱怜地摸着学花的头,动情地说:"娃儿呀!难得我能起床干活,我挣钱给妹妹治病,你这几块钱就留着自己用吧,想买什么就买什么。"

听爹爹这么一说,学花难掩内心的欢喜,她从来没像今天这么欣慰过。她决定任性地奢侈一把。她感动地对爹爹说:"这三块多钱你不要的话,我想做两件圆领衫,我穿一件,送一件给青鸣。自从我上学以来,青鸣和她的妈妈、大娘都对我特别好,有时青鸣还帮着我捡柴。"

说着,学花掏出那张在影剧院里捡来的画片递给爹爹说:"我想和青鸣穿着同样的圆领衫去照张相,留个纪念。"

爹爹端详着画片,眼神中饱含羡慕之色。他深感内疚地说:"娃儿呀!平日里没钱给你买什么东西,这次你相中圆领衫,还想与青鸣一起穿着照个相,我当然高兴啦。你就自己去办吧。"

第二天,学花来到布料店,拿出在影剧院里捡到的画片,指着女孩身上的圆领衫,告知卖布阿姨自己的来意。

卖布的阿姨用皮尺量了量学花的胸围、肩宽等,给出了一个用料标准。学花按照阿姨的意见,先买了几寸格子布,这是专门用来缝制圆领衫的领口和袖口的,再买了几尺白布。两件圆领衫的布料也就悉数备齐了。

回到家,学花把买来的白布一分为二,摊开来平铺在床板上。她从未学习过缝纫,但区区圆领衫如何能难倒心灵手巧的她?她自己设计、裁剪,然后一针一线地缝合。针脚虽不及缝纫机那般均匀平整,可起码也像件上好的衣服。

大功告成之后,学花穿着自制的圆领衫,心里着实有了不小的成就感。恰巧这时青鸣来到家中，见学花喜形于色，忙问何故。学花迫不及待地把另一件圆领衫塞到青鸣手中，青鸣见了万般惊喜。

一阵逗笑之后，学花拉起青鸣的手，得意地说："走！我们一起照相去。"

两个孩子一路说说笑笑，来到星子县照相馆。那年月能照张黑白照是件很时髦的事，照片价格取决于尺寸大小，照一张一寸黑白照片就得四毛一分钱。

进了照相馆，摄像的张师傅看着两个穿着相同圆领衫的姑娘前来照相，调侃地说："你们俩是双胞胎吧？"

学花一听，掷地有声地回答："我们是一辈子的好姐妹。"语气中带着满满的自豪。

随着三脚架相机"咔嚓"一声，两个生命中毫无血缘关系却胜于有血缘关系的好姐妹，永远定格在这张珍贵的照片上。年轮更迭，这张照片更成了姐妹俩少年时代最美好的回忆。

图1　姐妹情深——与好姐妹青鸣穿着相同的圆领衫照相

小小年纪的学花，靠着卖破烂攒下的零钱，不仅自己奢侈了一把，还帮了家里不少忙。当然，事情不是一成不变的。

有一次，学花又来到影剧院，照例寻找着废品，收获满满后，决定索性在影剧院待一晚。谁知学花醒来晚了，正准备从地下通风口钻出去时，被影剧院扫地的大妈逮了个正着。大妈抓着学花气愤地说："要不是我今天早点来扫地，还发现不了你这个冤孽把我的财气都抢去了。我说这一段时间怎么捡不到废品，你也'打扫'得太干净了。我晓得你家难是出了名的，可我家也难啊。"

学花结结巴巴地说："大妈，对不起，我再也不来影剧院抢你的饭碗了。"

影剧院的财路断了，学花一直为此事担忧，好在天无绝人之路。俗话说，靠山吃山，靠水吃水。一个意外的机会让学花又兴奋起来。

放暑假了，青鸣来学花家找学花玩。一天，两人来到鄱阳湖边捡柴，看见一条大货船上有一个高个子的小女孩。那女孩不停地向学花和青鸣招手，示意她俩到她船上去玩。学花和青鸣刚上船，小女孩就问她俩会不会捞鱼。学花说："原来跟爹爹在自家菜地的菜沟里捞过鱼，但上这么大的船还是第一次，更别提坐着大船在湖里捞鱼了。"小女孩说："我来教你们捞鱼吧。"

只见女孩拿来一张有柄、四周有框、小桌面大小的网，撒上饭粒，然后把网沉入水中，过了几分钟再拉上来，网里果真有不少小鱼小虾在蹦跶。小女孩接着用铁瓢把鱼虾舀起倒入水桶。学花和青鸣看着小女孩熟练地捕捞鱼虾，心里痒痒的，也想试试。小女孩把网递给她俩说："你们也来试试吧。"

学花和青鸣照葫芦画瓢，也把饭粒放在网中央，再把网沉入水中，然后手握着网柄等个五六分钟，再把网拉起。哇！这一网的鱼虾还真不少，比小女孩刚才那一网还要多。学花和青鸣都高兴得叫了起来，小女孩赶紧把铁瓢拿过来，学花顺手接过就去舀鱼虾。舀着舀着，学花不小心把铁瓢掉进了湖里。她急忙伸手去捞，小女孩却说："瓢早掉进了湖底，湖水那么深，你哪里捞得到呢？"学花急了："那怎么办？我可没钱赔给你。"小女孩笑了笑说："不要急，过几天湖水退了，铁瓢就会露出来的，然后我们再把它捡回来就行了。我们渔民经常有不小心掉进湖里的东西，都是等湖水退了再去捡回来的。"

学花一颗悬着的心这才放了下来。小女孩接着说："你们以后有时间可以经常来我家船上玩，我的小名叫螺蛳婆，那边小船上有一个叫陈舒鹅的小女孩也常来我船上玩，以后我们四个小女孩一起玩，好吗？"学花和青鸣连忙答应。

青鸣说："天色晚了，我要赶紧回家，否则家里人会着急的。"学花和青鸣依依不舍地向螺蛳婆道别回家。

螺蛳婆说者无意，学花听者有心。她想起渔民最喜欢吃猪头肉了，那剩下的猪头骨不是全倒在湖里了吗？退潮后，那些猪头骨不就全都露出水面了吗？如果把这些猪头骨都捡起来，不是可以卖到许多钱吗？说不定还能捡到渔民丢在湖里不要的东西呢！

这一天晚上，学花一夜没睡好，辗转难眠。天还没亮，她就起身赶到湖边，有船停泊过的地方她都去，从早上一直到下午三四点，连中饭都没吃。果然不出所料，收获还真不少。她捡到好几个猪头骨，还有两个破铁锅、一个破铁罐，装了满满一篮子，提起来都费力。她把这些废品好不容易拖到废品站，一下子竟卖了十几块钱。学花长这么大，还是第一次一天赚这么多钱。她的心里扑通扑通直跳，这意外的惊喜让她高兴得几乎蹦起来。

从此，学花就在湖边忙活起来。虽说风吹雨打，非常艰难，但有时捡到的东西多到拿不动。为了不幸的家庭，学花心里也是快乐的。

暑假过后，湖水渐渐凉了。到了深秋，水凉得不能下脚。为了全家人的生计,学花还是忍着刺骨的寒冷下水去"寻宝"。特别是霜降之后的雨天,学花一双脚站在冰冷刺骨的泥水里,冷得全身直打哆嗦。虽然"宝贝"越捡越少,但每个星期天学花仍然不放弃沿着湖边搜寻。不多时,近岸的东西已经被学花捡完了,这一条财路也断了,只得另谋出路。

（七）

学花的人缘相当好,邻里老少没有不喜欢她的。

虽说只有十一二岁,但学花对于给予她恩惠的人,总是心存感恩之心。她暗自发誓,长大后必将回报。

学花每次跟随大屋里的大哥哥、大姐姐们去观音桥、柴家棚等地的山上砍柴。据当地的老乡说,那时的山上偶尔有老虎出没。每次砍柴下山,大哥哥、大姐姐不让学花多挑,唯恐她掉队出现危险,总让学花走在下山队伍的中间,这让学花体验到团队的力量。

大屋里的辛妈视学花如己出。辛妈早年脾气犟,与丈夫感情不和,最终离了婚。如今,辛妈带着独生女儿青青一块儿生活。

青青长学花七八岁,因此学花总是青青姐长青青姐短地叫。

青青姐遗传了辛妈的基因,心灵手巧,打毛线、织袜子样样在行,还在草袋厂做工。闲暇之际,学花也会协助青青姐干些压草袋的编织类活儿。青青姐告诉学花:"等你长大些,我教你织毛衣、织袜子,冬天就不会挨冻了。"

辛妈和青青姐的日子倒也过得知足,只是遇到大事儿,没个男人,少了主心骨。

辛妈和青青姐给学花的生活增添了不少色彩。学花常想:要是当年辛妈不离婚,青青姐该是何等幸福！辛妈也不至于老得如此之快,不到五十的人,已是两鬓斑白了。后来,青青姐的婚姻也出现了变故:两个女儿,一个判给了她丈夫,一个判给了她。青青姐拉着判给她丈夫的女儿的手,哭着说"以后见面都难",与女儿难分难舍、痛苦万分。学花发誓:要是自己长大嫁人了,千万不能轻易离婚,一定要做个铁骨柔情的女人,守住男人、守住家。即便生活中难免有个磕磕碰碰,也不能轻言放弃。就算自己有痛苦悲伤,为了孩子的幸福,为了家庭的幸福,也得打掉了牙和着血水往肚里吞。只要家庭完整,就比什么都强;只要持续付出、感化,再强的汉子也会落泪,再硬的心肠也会被融化。

陈家娘家的生活水平在大屋里是最高的。这么多年来,如不是陈家娘家的锅巴和米汤,恐怕学花、老伍早已不在人世。学花家每次断炊,家人生命垂危之际,都是陈家娘雪中送炭,陈家娘俨然成为老伍家的救命恩人。除了记住这位救命恩人,学花也明白,陈家娘家里生活水平高,主要是因为就生了一个孩子,没有太多的负担。从陈家娘的身上,学花开始理解优生优育的重要性,并以此作为自己的人生目标:日后自己嫁人了,只生一个足矣。

再看看李家娘,丝毫不约束她老公,短短几年光景就做了三个儿女的母亲。李家娘起早贪黑,经年累月地劳作,供养那些嗷嗷待哺的孩子。虽是如花似玉的年龄,脸上却瘦得皮打褶,好在她的骨架结实,足以撑起一片天。她忙里忙外,活像一台不知疲倦的机器,且毫无怨言。三个儿女在李家娘的拉扯下渐渐长大,这让学花明白:只要自强不息,就没有过不去的坎;只要勤劳肯干,就一定能够创造美好幸福的生活。

大屋的最北面住着学花常挂嘴边的游姨。游姨是一个特别爱干净的女人,育有一女一男,但都还小。游姨家的不远处散落着各家的茅房和猪栏。晚上人们归寝之后,常能听到狼嚎声,野狼偷袭猪圈、咬去猪腿的事情也时有发生。

这几天,游姨的丈夫王家爸出差了。游姨害怕晚上有野狼出没,遂对学花说:“晚上你能到游姨家同游姨做个伴吗?”

一听游姨邀请自己晚上做伴,学花别提有多高兴了,连声道:“好哦,好哦!”

夜幕降临,学花如约而至。

游姨洗刷完锅碗瓢盆,又给两个孩子洗了脸、洗了脚,打发他们上床睡觉去了。转过身,游姨又端过来半盆热水,招呼学花洗脸。见学花迟疑,游姨又说:“白天待了一天,脸上难免会有灰尘,睡觉前不洗脸就会弄脏被子,洗被子比洗脸费劲得多。再说,洗过脸后,人也清爽舒服。”

学花反应过来,连忙接过游姨手中的毛巾和脸盆,从脸部到脖颈,擦洗得干干净净。尔后,游姨又递过来一个洗脚盆,招呼学花坐下洗脚。这一刻,学花的心里一阵激动,心想:如果游姨是我的妈妈,那该多好啊!

游姨的床铺干净平整,比学花家的棉絮块、跳蚤窝不知要强多少倍。学花头一回睡上这么干净舒坦的床铺,眨眼工夫便进入了梦乡。

在游姨家伴睡多日,游姨爱干净、讲卫生的习惯也深深地影响着学花。

思前想后,学花觉得降生在大屋是她的幸运。如不是降生在大屋,就得不到大屋里这么多邻居的关照和帮助。学花的三个哥哥不就是因为独居而丧命的吗?如果当年不是大屋里的芳英阿姨的婆婆和接生婆把学花从火桶中救了出来,如果没有陈家娘的锅巴和米汤,哪会有今天的学花和家人呢?

学花每次想起这些,总是心存感激,许久不能平静。她是一个知恩图报的人。

一次,学花梦到自己成了农场主。学花的农场里有多种产业,需要很多管理者。于是,她把大屋里的陈家娘、李家娘、曹家娘、杨家娘,还有游姨,以及救她命的芳英阿姨的婆婆和接生婆,还有给老伍送黄瓜的杨家爸以及自己的好姐妹青鸣等,悉数请到农场来,让他们各司其职。大家再也不用起早贪黑地拉板车、做搬运工卖苦力了,再也不用为生计发愁了。大家生活得特别开心,个个对学花竖起大拇指,乐得学花心里就像喝了蜜一样甜。

梦醒了,一切如故。学花却在渐渐长大。

(八)

学花娘一天到晚闲游散逛,家里的大小事全赖老伍张罗。这老伍要是没有懂事的学花,恐怕撑不起这个家。学花娘不打理家务也就罢了,每日三餐还寻思着吃好的。她尤其喜欢吃豆干,就算家里穷得叮当响,豆干照吃不误,否则就要大闹一场。

有一回,老伍上庐山秀峰的王家崖砍柴。从王家崖来回有数十里,早上出门,需带上中饭。老伍临行前,学花不满娘成天好吃懒做,心疼爹爹,趁娘不注意时,将一块豆干偷偷地放进了爹爹带上山的布制的饭袋里。

爹爹用绳索绑好砍刀,扛起扁担,提上中午的饭出了门。望着爹爹的背影,学花心里为爹爹此行祈福。

谁承想,爹爹刚离开视线,娘就发现自己的豆干少了一块。她冲出大门,环顾左右,已不见了人影。眼看是追不上了,她气得破口大骂:"天哪!这该死的老伍敢偷吃老娘的豆干!我要请老天让你老伍今天有命上山无命下山!"

印香摊开双手拍着巴掌,一边歇斯底里地诅咒,一边跺着脚,仿佛少一块豆干,比要了她的命还难受。

学花听着娘对爹爹的恶言恶语,顿时心惊肉跳。她极其后悔,悔不该把娘的豆干放进爹爹的饭袋中,给爹爹惹来一通暴风雨般的咒骂。

星子民间有个习俗,若有家人外出,要喊一些祈福的吉祥话,切忌不吉利的恶言恶语。

老伍去秀峰砍柴,跋山涉水,没得到印香半句祝福,反遭她的一顿毒骂,学花的心里着实不安。她不明白自己娘平日里大事不晓、小事不知,偏偏咒起爹爹来,却是一套一套的。

下午,太阳渐渐西下,老伍还没回家。学花的心里既焦急又不安,她觉得应该去接应爹爹。

学花急匆匆地跑过砖瓦厂,沿着湖边小路直奔秀峰方向。她极目远眺,隐约可见爹爹挑着柴步履蹒跚。学花一阵狂喜,快步跑了过去,冲着爹爹大声喊了一声:"爹!"

跑到跟前时,学花呆住了。眼前的一切让她不寒而栗,只见爹爹满脸血肉模糊,一只眼睛高高地凸起,俨然一个大雪球,已看不清爹真实的面容。

学花赶忙扶住爹爹,卸下爹爹肩上的柴,搀扶着爹爹走到湖边。

学花从自己身上的破棉袄里撕出一团较为干净的棉花,沾着湖水擦洗爹爹满脸的血渍。

学花边擦边流下伤心的眼泪。她无比愧疚地说:"爹爹,今天都怪娃儿自作主张把娘的一块豆干放进了爹爹的饭袋里,才导致爹遭到了娘的诅咒……"

爹爹充满理解地说:"娃儿呀,你的心意爹爹明白。如果今天你娘知道是你动了她的豆干,非打死你不可。以后你千万别动你娘的东西,避免遭罪呀!"

爹爹顿了顿,说起今天发生的事仍然心有余悸。他说:"我看见坡下有一节很长的木炭,因为家里没钱买木炭,就想捡回来。谁知下坡时半截竹桩挂住了我的鞋子,身体不受控制,全身前倾,倒地时眼睛戳在了另一根竹桩上,晕了过去。过了许久,我醒了过来,看看太阳偏西了,担心山上有危险,便咬牙把柴挑下了山。"

学花的眼泪扑簌簌地往下掉。她想象着爹爹倒下时眼珠子被竹桩刺伤的瞬间,想象着爹爹苏醒后忍着剧痛、强撑着身子挑柴下山的情景,于是,她坚定地对爹爹说:"爹! 以后你再也不要上山砍柴了,我也长大了,我会照顾好家里的。"

听着学花饱含深情的话语,爹爹一阵激动,他爱怜地抚摸着学花的脑袋,充满内疚地说:"我的娃儿真懂事,等娃儿长大了,一定会有大出息。你今后也不会像现在这样,跟着没用的爹爹住在这8平方米的破房子里,过着食不果腹、衣不蔽体的日子。"

爹爹叹了口气,又接着说:"都是这个家拖累了我的娃儿,要不是娃儿的人缘好,恐怕这个家早就支离破碎了。凭着娃儿的本事,将来买房置业一定没问题,只怕爹爹是看不到那一天了。"

听爹爹刚说完,学花连忙安慰爹爹:"你也别难过,我们的生活一定会好起来的,你一定会看到那一天的。"

相依为命的父女相互安慰,相互搀扶,赶在天黑之前回到了大屋里那 8 平方米的家。

（九）

学花喜爱学习。在初入学堂时,她就自作主张,把"伍小花"改成了"伍学花",并给患眼疾的妹妹取名"伍学梅"。

伍学梅生下来眼睛就睁不开,加上严重的营养不良,又患上疳积证,骨瘦如柴。虽说伍学花挖铜钱草、买猪肝,施以土秘方治疗,但疗效甚微。学花觉得治疗妹妹是自己应尽的责任,因而从未放弃。话说回来,这个责任对一个 13 岁的女孩而言,无异于千钧重担。学花最不能接受的,是娘的肚子又渐渐鼓了起来。如若生一个男娃,也算圆了爹爹多年来的求子梦;指不定再生个妹妹,那这个家就雪上加霜了。

命运总是喜欢这样捉弄人,你想要的不来,不想要的偏来。

1968 年的腊月,天寒地冻,原本不平静的家庭再起波澜。不声不响之中,印香又生了一个女婴,取名叫伍冬香。这个结果是学花万万不想看到的。当下,大妹学梅的眼疾尚未治愈,偏偏这小妹冬香又来折腾了。

老伍的老毛病又犯了,躺在床上下不了地。学花望着痛苦不堪的爹爹,用哀求的口吻对爹爹说:"爹,我这有给你治病的钱,我这就送你去医院治疗。"爹爹回答:"病这个东西有时不用花钱,睡上几天也能好。你挣钱不容易,先留着以备后用吧。我的病我自己咬牙扛着,扛不过去就听天由命吧。"

学花抹了抹眼泪说:"你这样硬扛着是会出事的,还是早点上医院治疗吧。"

任凭学花如何哀求,老伍就是铁了心不答应。

冬香的出世陡然间给学花增添了巨大的生活压力。年仅 13 岁的学花,每天需要照顾卧床的爹、坐月子的娘、眼睛睁不开的大妹,还有降生不久的小妹,需要支撑起这个五口之家。她从早到晚总有做不完的活儿,上学读书自然顾不上,无奈搁一边去了。

五年前,大妹伍学梅出世时,学花就多了洗尿布的任务。好不容易大妹长大,不用洗尿布了,可如今小妹又降生了,这洗尿布的担子又重重地压在了学花的肩头。况且时值冬季，洗尿布时双手犹如刀割般疼痛。想到这些，学花不寒而栗。

这十多天，天气晴朗。学花忙里忙外，除了伺候家人、料理家务，还要趁着好天气储备做饭的干柴，否则一家人就得断炊。

学花被家务活折磨得筋疲力尽，她的心里时刻念叨着学习，时常向往回到课堂。可她有干不完的活，抽不出身。

有一天，天上下起了大雨，学花不能外出捡柴。她料理好家务事，背着自制的书包，邀上青鸣一道去上学。这十多天学花没去学校，青鸣也懒得去。

走近教室时，她们听到的不是她们深爱的章老师的声音，而是一个陌生的男老师，顿时怔住了。两人透过窗户往里瞧，教室里都是熟悉的同学。

缓过神来的学花和青鸣，齐声冲着正在讲课的男教师喊了声："报告！"

男教师用目光审视着眼前站着的两个怯生生的学生，调侃道："我都上课十多天了，怎么没见过你俩啊？同学们，今天是什么风把她俩吹来了？"

几个调皮的男生立马借题发挥。

一个说："是东风！"

另一个说："不是东风，是西风！"

第三个说："他们都错了，是东西南北风。"

话音刚落，全班同学一阵哄堂大笑。

下课后，男教师刚离开教室，那几个爱起哄的调皮男生变本加厉。其中一个男生突然抓起学花的书包，像篮球运动员传球一般扔给了另一个男生。另一个男生继续往下传，直至传到一个高个子男生的手里。高个子男生一个"三步上篮"，把学花的书包扔上了教室的屋顶。

学花边哭边追着她心爱的书包，苦苦哀求着，但男生们无动于衷，闹得更欢。直到书包被扔上了屋顶，那群调皮的男生才终于收手。

伍学花辍学了，她再也不敢去学校上课。但她继续学文化，以大地为纸，石头、树枝当笔。在她幼小的心里，刻下的是对班主任章仁娟老师深深的留恋。她忘不了章老师慈母般的疼爱；忘不了章老师的循循善诱；忘不了章老师不仅教给她知识，还教会她如何做人。她暗自发誓，长大后一定要报答恩师，一定要守护好这个多灾多难的五口之家。

第三章　我想有个家

（一）

印香生下小女之后，8平方米的房子显得更加拥挤。老伍一直想找个大点的房子搬出去，这样住起来宽敞些。老伍原想住得离印香娘家近些，相互间有个照应，也能对脑子欠灵光的岳母尽点孝心。谁料但凡老伍与印香一有点摩擦，印香娘非但不劝说调解，反而推波助澜，处处帮着无理取闹的印香，铆足了劲儿对付老伍，动辄打骂，甚至怂恿当干部的儿子报警。一来二去，老伍心生恐惧。他寻思：惹不起，躲得起。三十六计，走为上计。

好在天无绝人之路，居委会了解到，老伍又生了一个孩子，考虑到一家五口住在8平方米的房子里不合适，便在陈家大院安排了一间十多平方米的大房间，供老伍一家居住。随之一同迁居的还有大屋里的黄奶奶。

陈家大院的原主人是本地的大地主，其房宅被人民政府没收。男主人已经去世，女主人陈老太也年过七旬，儿孙满堂。虽说陈家大院整个被政府没收，但陈老太及其儿孙仍然居住在大院的偏屋里。

老伍一家搬进大院之后，陈老太及其儿媳并没有因为老伍一家占据了他们的房屋而有半句怨言。

陈老太年事已高，家里大小事务全靠儿媳陈家娘张罗。陈家娘是个贤惠之人，她对伍学花这个勤劳懂事的女娃喜爱有加。

有一回，陈家娘拉起学花的双手，微笑着说："学花呀，我知道你是个懂事的孩子，你以后可要多多关照我的几个孩子啊！"言语中流露出几分失落与乞求。

学花一时丈二和尚摸不着头脑，心想，我自己是什么熊样自己最清楚，当前寄人篱下，温饱都难以解决。爹娘和两个妹妹早已把我拖得精疲力竭，哪有能力关照陈家娘的孩子呢？

学花愣愣地望着陈家娘，一句话都说不出来。

没过多久，陈家娘一家祖孙三代被下放到星子县朝阳公社红阳大队的潘家屋场去了，三代人挤在一间茅草屋子里，与昔日陈家大院的日子相比，简直是天壤之别。

陈家娘一家就这样在远离县城的潘家屋场上的茅草屋里定居下来。陈家娘偶尔也会回到陈家大院看看，有一次她执意要学花去潘家屋场玩。

过去的潘家屋场只住着一户潘姓人家，很少与外界往来，自然冷清。如今，陈家娘一家三代迁居来此，潘家总算有了邻居，有了一个可以借火的人，人气也较过去旺了起来。

陈家娘有个女儿与学花年龄相当，小名"胖子"。由于出身的缘故，周围同龄的孩子都与"胖子"划清界限，甚至横眉冷对。唯有学花与众不同，她觉得自己也是个苦命的孩子，心里萌生出同病相怜的念头。一顿饭工夫，学花与"胖子"便黏在一起，彼此珍惜，相依相偎。

陈家娘带着"胖子"下放到潘家屋场之后，几次邀请学花去玩，而其实学花心里也挂念着"胖子"。安顿好家里的一应事务，学花随陈家娘来到了潘家屋场。这里远离县城的喧闹，与世无争，倒也有一种世外桃源的感觉。可是到了晚上，屋场上一片漆黑，万籁俱寂。

第二天，"胖子"带着学花去潘家娘家烤火。学花出陈家大院时，没有忘记带上手工活儿。只要有闲暇工夫，她便织线袜。

学花边烤火边织线袜，潘家娘见了心生羡慕，便笑嘻嘻地说："你小手这么巧，能不能帮我两个女儿一人织一双袜子？"

学花一听潘家娘的夸奖，甭提有多高兴了，当即爽快地点头答应了。片刻，潘家娘话题一转："'胖子'家下放到这屋场，生活上也较艰难。我很喜欢你，今晚你就住在我家，无论你住多久都可以。我家养得起你，就当我多生了一个女儿。"

学花听后更是高兴，心里感觉比吃了蜜还甜。潘家娘的话令她求之不得，她害怕回家，害怕睡那肮脏难闻的跳蚤窝还要遭到娘的打骂。

晚上，学花便在潘家娘家住了下来。潘家娘家的房屋是砖瓦结构，七柱瓦檐，坐北朝南。大厅两侧均设计为卧室，主人居东，晚辈居西。学花所居的西侧房间，家具摆放错落有致，并散发出淡淡的杉木清香。床铺为东西摆向，干净的床单遮过了床沿，被子叠放整齐，棱角分明，干净平整的程度可与游姨家里的床单相媲美。

学花躺在舒适的床上，闻着枕巾的皂香，很快就呼呼入睡了。

虽说学花得到了极大的暂时满足，可她的心里无时无刻不在牵挂着搬迁到陈家大院居住的家人们。

睡梦中,睁不开眼睛的大妹伍学梅在苦苦哀求:"姐姐啊!你到哪儿去了?你快来把我也带去吧!现在娘打不到你,就一直打我!"爹爹这两天也在叫:"我的大娃儿快回家。没有我的大娃儿,哪里像个家呀?我的大娃儿快回来吧。"

突然间,学花醒了。日有所思,夜有所梦。学花的心里在经受着逃离家的折磨。天还没亮,可她再也睡不下去了。学花干脆穿衣起床,走到东侧的潘家娘房门前。她轻轻地敲了敲房门,潘家娘起床开了门,惊讶地问:"你这么早起床干什么?"

"潘家娘,我已离家两天了,不知道家里情况怎样,今天必须回去,全家人都指望着我去照顾。"学花如实地说明早起之故,接着又承诺,"两个妹妹的袜子我一定会织好,等我安排好了家里的事,就给两个妹妹送来。"

潘家娘见学花语气诚恳,态度坚决,只好答应。她赶忙穿上衣服,麻利地给学花煮了一大碗鸡蛋面条。学花回家心切,竟忘了客套,端起面条稀里哗啦地吃起来。

学花吃过后,千谢万谢辞别潘家娘、陈家娘,急匆匆地上了路。

天还没有大亮,学花在乡间小路上疾行,远远地来了一辆货车。学花站在路边,冲着司机直招手。好心的司机竟停下车,把学花带到了星子县城的粮食局。

学花径直回到了陈家大院的家中。大妹学梅拉着她的手哭诉:"姐姐,你可回来了!你看娘把我打成什么样子?我浑身好痛,好痛!你要出去,为什么不把我带上?"

学花心痛不已,但面对患有先天性智力障碍的娘,她也无能为力。

学花又来到爹爹的床前,抚摸着他那浮肿得似面包的手背,用手指轻轻一按,浮肿的手背便凹了下去,半天不能复原。

爹爹躺在床上,眼巴巴地望着学花,嘴唇一张一合,上气不接下气,吃力地说:"娃儿啊!我们家不能没有你呀,虽说有买米的钱,可只要老天连下几天的雨,家里就没柴烧,照样要饿死人啊!"

爹爹顿了顿,喘着气接着道:"娃儿!爹都成这样子了,你才是我们全家的依靠哇!"

"爹爹,你也不要难过,我也想打理好我们这个家,希望我们全家人不饿肚子,家里干净整洁,没有蚊虫叮咬。可是娘的脑子就是一根筋,不仅把家里糟蹋得臭气熏天，还不准我们打扫。要是谁打扫了，她非得吵个天翻地覆。"

学花继续说道："爹爹也许不知道，我多么羡慕游姨、潘家娘、陈家娘那干净、安稳的家呀！不过爹爹放心，我不会抛下你和妹妹，我会努力管好这个家，我们都要坚强地活下去。"

听着听着，爹爹又是一阵感动，他早已把家里全部的希望寄托在学花的身上。

晚上，爹爹在床上躺久了，脊背疼痛不已。学花帮助爹爹翻过身，自己洗了脚，小心翼翼地替爹爹踩背。这一招尤为奏效，踩着踩着，爹爹脊背的疼痛得到了缓解。有时，学花踩着踩着，爹爹竟安稳地睡着了，学花也因疲倦，躺在爹爹的背上睡着了，醒来已是天亮。

（二）

穷人的孩子早当家，这话在伍学花的身上得到了充分验证。学花的家里本就穷困潦倒，可谓命途多舛。现实生活中的学花思想早熟，加之她天性机灵，早就学会了察言观色。同样居住在陈家大院里的殷奶奶、武家娘也特别喜欢她。

殷奶奶儿孙绕膝，晚年生活也还算幸福。可她喜欢学花胜过自己的亲孙女。每当家里有什么好吃的，她都要塞给学花一些。学花的小嘴也乖巧，见面总是殷奶奶长殷奶奶短的，俨然一对好婆孙，甚至让殷奶奶的孙女都有些吃醋了。

武家娘善良胆小，却十分重视儿女的教育。她的女儿嫁到朝阳公社关帝庙那边，因为读了书，有文化，便在那边当起了教师。

武家娘待学花也特别好。她很同情学花，总在心里替学花的遭遇抱不平。这几天，武家娘莫名地思念起当老师的女儿来。她特别想去关帝庙的女儿家看看，顺便住上几天，以解心头之闷，可自己又不敢独自前往。

这天，武家娘诚心邀请学花："你陪我去关帝庙看看我女儿，回来我帮你找事做。"学花一听武家娘要帮自己找事做，心里甭提有多高兴了，赶紧问道："关帝庙在哪儿？离县城远不远？""在朝阳公社，听说陈家娘就下放在那儿。"武家娘回答。

一听是陈家娘下放的潘家屋场，学花并不陌生。自己不仅去过那儿，还在那儿小住过。学花不是承诺过为潘家娘的两个女儿织袜子吗？

想到这里，学花欣然应允，并提出过两天出发，因为许诺潘家娘两个女儿的袜子还未完工呢。

袜子终于织好了。一大早,学花陪伴着武家娘上了路,走了三个钟头,终于到了武家娘女儿的家。武家娘的女儿见母亲带着娘家人来了,乐呵呵地递茶赐座,嘘寒问暖,好不亲热。

快乐的时光总是过得那么快,转眼间两天就过去了。

第三天,学花同武家娘徒步去潘家屋场看望陈家娘,顺便也把给潘家娘两个女儿织的袜子送去。

步行几里路后,潘家屋场隐约可见。空旷的潘家屋场上就住着两户人家。

还未来到屋场上,陈家娘就发现了学花及武家娘,老远就招呼道:"哎哟!你们两个人来了,快进屋坐!"陈家娘边说边上前,左手拉着武家娘,右手牵着学花,寒暄着走进茅屋里。

刚落座,陈家娘指着这破败不堪的茅草房,诉说着自己不堪的生活,不时流下委屈的泪水,期待眼下的生活早日得到改善。

陈家娘心情稍稍平复,看看太阳快到头顶,便招呼客人歇息,自己拎着篮子去买菜。学花见状,上前拉着陈家娘的手说:"我这就要去潘家娘家送袜子,不在你家吃饭了。"说着,她便同武家娘一道出了门。

潘家娘见学花来了,甭提有多高兴了。学花一边亲切地叫唤着潘家娘,一边说:"这是我给两个姊妹织的袜子,您看看怎么样?"潘家娘赶忙双手接过袜子,细细打量着,连声说:"织得好!织得好!你真是心灵手巧,织得太好看了。"

潘家娘反复端详着针脚细密的棉纱袜,赞不绝口,笑得合不拢嘴,眼睛也眯成了一条缝。

"学花,你和我的大女儿印姣年龄相当,不如结拜为姐妹吧。这样的话,我们两家可以经常来往了。我们住在这空旷的潘家屋场上,到现在也没去过星子县城呢。"

武家娘听罢忙催促学花:"学花,你还不赶快答应潘家娘!"学花这才忙不迭地应答:"好啊!好啊!"

潘家娘唤来大女儿印姣,把叠好的袜子递给她说:"看你学花姐为你和妹妹织的袜子,光滑细腻。现在你们结拜为姐妹了,以后要跟着学花好好学。"印姣拿着袜子站在一旁,咧嘴笑着,两颊微微泛起红晕,就像盛开的桃花。

谈了一会儿,潘家娘吩咐老公去朝阳公社的街上买肉。老公出了门,潘家娘又对印姣说:"快去撒把稻谷,唤鸡来吃,瞅准那只白色翻毛大线鸡,捉住杀了。"谁知这翻毛线鸡不待人走近就跑了，逼得印姣满屋场上追赶。翻毛鸡跑累了一头钻进禾草垛子的缝隙里，这才被印姣逮住。

潘家娘一家人在厨房里忙活了半天，一桌热气腾腾的饭菜呈现在学花和武家娘面前。潘家娘还特地嘱咐印姣把陈家娘的女儿"胖子"叫来作陪。席间，潘家娘不停地给大家夹菜，热情得让学花她们都过意不去了。武家娘开玩笑似的说："这都是托学花的福啊！"潘家娘忙说："都有福！都有福！"

酒足饭饱之后，潘家娘非得要学花和武家娘一起留住两天。盛情难却，也就客随主便。

第三天，学花告诉武家娘："今天我俩必须回家，我还指望你早点给我找活干呢。"武家娘也归心似箭，毕竟自己家里还有不少事还等着她去做。

潘家娘把客人送上了马路，学花、武家娘千恩万谢，并邀请潘家娘一家人有空随时到星子县城来玩。

学花和武家娘一路上意犹未尽，边说笑边招呼顺路的车辆，想搭顺风车。学花好不容易招停了一部便车，司机四十出头，慈眉善目，招呼二人上车，直接把她们带回了星子县城，乐得武家娘直夸学花："这么多年未到女儿家走过，主要是因为多有不便，不敢独行。这次有你陪伴，既开心，又长见识。中午就在我家吃饭，下午我带你去找事儿做。"

吃罢午饭，武家娘领着学花来到一家姓范的人家。范姓夫妇刚生了一个几个月大的婴儿，白天大人们忙于上班，无暇顾及，欲请保姆照料，包吃包住，每月开五元钱工资。

学花思忖，自己家也需要照料，不能顾此失彼，于是提出每月休息四天捡柴，否则自己家就要断炊。此外，她提出东家要允许她早晨排队买猪肝、傍晚挖铜钱草，但她保证会在大人上班之前或是下班之后完成，做到照顾东家的孩子和自己的家人两不误。

双方谈妥条件，武家娘也回了家。学花便正式踏入了范家的大门，做起了保姆。

头几天，学花只管带好孩子就行。渐渐地，所有的家务活儿都甩给了学花来做，把学花忙得一刻不停。至于每日三餐，东家给学花立下规矩：等东家吃完，学花方可吃剩下的饭菜，且要全部吃完不能浪费。对此，学花心里纵有怨言，但又没有办法，只能暂且将就着，待以后有更好的东家再做打算。

（三）

黄奶奶是学花一家不可或缺的人物。老伍为逃避抓壮丁,落难星子时才在大屋里结识了黄奶奶。平日里黄奶奶沉默寡语,少与人交往,生活凄凉苦闷。黄奶奶人品好,心地善良,对落难星子的老伍心生同情。老伍也有自知之明,自己只不过是个逃兵,且这种履历还见不得阳光,只要有一个容身之地,就烧高香了。一来二去,老伍便把黄奶奶当作干娘看待,凡是体力活儿都由老伍包办了,黄奶奶自是感激涕零。这娘俩相互依赖,互诉衷肠。

1969 年,学花一家从陈家大院搬到西宁街居住。这里的房子比陈家大院大多了。老伍把厨房腾出来,专门给黄奶奶居住。

西宁街的房子很大,学花家的左边住着张家娘。张家爸是南昌人,背有点驼,为了生计在星子县城修理自行车。由于技术好,心地善良,不漫天要价,张家爸在县城小有名气。张家娘是都昌人,勤快贤惠,家里家外打理得井井有条。夫妻俩先后育有六七个孩子,个个都长得不错,男孩英俊,女孩漂亮。生活虽不算富有,但温饱不成问题。

张家娘家的后面住着一对南昌下放来的夫妇,男主人姓鲁,在星子县电机厂工作,后来又调到星子县水厂工作。他是八级钳工,技术过硬。女主人在江西东风船厂工作。他们很看重学花,认学花做了干女儿。

学花家的右边住着马家娘,对面住着蔡家娘和王家娘以及同学陈明。这些邻居对学花都很好,学花家遇到困难都会帮助,学花打心眼里感激他们。

邻居里对待学花最好的就是鲁家了,学花习惯称鲁爸爸和鲁妈妈。他们的子女不在身边,只有过年时才会来星子与父母团聚。

鲁爸爸和鲁妈妈都有工作,因而手头较为宽裕。那年代鸡蛋才两分钱一个,十元一张的纸币就是面值最大的。鲁妈妈藏钱有个习惯,喜欢将一沓十元面值的钞票分别夹在书里面。鲁妈妈对待学花特别真诚,她叮嘱学花想买什么就到书里去拿钱。但如果学花把钱花在家人身上,鲁妈妈会不高兴,这一点也让学花暗自伤心。

虽说鲁爸爸很有钱,可他从不溺爱自己的孩子。他要求孩子自食其力,吃苦耐劳。有一年,儿子来星子过年,鲁爸爸竟要儿子去挑砖赚钱。儿子倒也勤快,没有半句怨言,亲切地招呼学花和他一起去。当学花挑不动时,他又赶忙上前帮忙,俨然成了学花的亲哥哥。

鲁妈妈做的美味佳肴总忘不了学花。学花心想，自己少吃点没关系，要是能带点回家多好哇！想归想，可学花从来不敢说出口。因为鲁妈妈说过，无论学花吃什么，她都不在意，只要不拿回家就行，还说他们关心的只是学花一人。学花听了这些话，心里既伤感又无奈。俗话说，帮你是情分，你不能苛求太多。

与学花家同住西宁街的张家娘是个热心人，她帮学花四处打听有没有要请保姆的人家。果不其然，张家娘打听到星子县轻机厂的会计左爷爷欲为儿媳请一保姆带孩子。左爷爷的儿媳是星子县黄梅戏剧团的演员，不但长得漂亮，还唱得字正腔圆，饰演《红灯记》中的李铁梅。眼下，左爷爷的儿媳生了孩子，又不能影响工作，于是打算雇请保姆照料孩子的饮食起居。

张家娘带上学花来到左爷爷的家里。左家人上下打量着学花，见学花长得单纯，一致表示同意，每月开六块钱的工资。学花说："我妹妹治病需要买猪肝，一个月下来就要六块钱。除此之外，每月好歹总要两块钱的零花钱吧。"

左爷爷也不计较，乐呵呵地说："只要帮我带好孙子，我愿意给你加两块钱。"学花又提出，每个礼拜她要用一天的时间为家里捡柴，否则家人就吃不上饭了。

双方谈妥，学花每天早上八点前到左家，周日休息，每月工资八元。

学花每天天不亮起床，洗衣做饭、买猪肝、挖铜钱草，八点之前赶到左家照顾左家的孙子，整天忙个不停。

左家孙子与学花朝夕相处，自然日久生情，居然黏上学花了。

星期天，按照约定，学花未来左家，她去山上捡柴了。这一天，左家孙子哭着闹着要找学花，怎么哄都无济于事，嗓子都哭哑了，眼睛都哭肿了。左爷爷手足无措，心疼得不行。

第二天，学花早早地来到左家，左家孙子一见，立马眉开眼笑，张开一双小手迎接学花。学花赶忙上前，抱着亲着，紧紧地将他搂在怀里。

左爷爷见此情景，与学花商量："你能不能星期天也照常来我家带孩子，我每个月给你加四块钱工资。"

学花也觉得这是一件皆大欢喜的事，一来可以照顾好左家孙子，二来可以用这四块钱买柴，自己也就不用去山上捡柴了。何乐而不为呢？

就这样，双方达成一致。

转眼间两个月过去了，在学花的照料下，左家孙子长得结结实实，脸蛋肉乎乎的，很惹人喜爱。他连睡觉都得学花陪在身边。左爷爷逢人就夸学花会带孩子。

一天，天还没亮，学花赶早来到湖边木材公司的木排上用搓衣板洗衣服。学花从没用过搓衣板，加之搓衣板摆放的位置不对，学花洗衣服时用力过头，连人带搓衣板一同掉下木排。

学花吃了几口水，好在会点狗刨式，脚一蹬勉强划出了水面。好险！爬上木排不一会儿，学花的全身突然出现碗样大的风疱，整个人都变了形。一同洗衣服的人都说："这苦命的孩子，不死也要脱一层皮。"学花欲哭无泪，收拾好衣服，拖着湿淋淋的身体，步履蹒跚地回了家。

爹爹躺在竹床上，看到学花惊愕地说："娃儿，你咋成了这个样子？赶紧好好休息一下。"

学花不知道自己身上的风疱会不会传染给左爷爷的孙子，于是，她来到张家爸修自行车的店里，请张爸爸跟左爷爷说，学花生病了，带不了他的孙子。

（四）

每个人都得有个栖身之地。

学花的母亲印香患有先天性智力障碍。自嫁给老伍那天起，她就懒得打扫家里的卫生。裹身的铺盖就像布满筛眼的猪油渣，破烂不堪。天长日久，潮湿腺臭，那床铺盖自然成了虱子等虫子的天堂。虱子是一种寄生虫，靠依附人体吸血为生，常使人体奇痒难忍，且是传播流行性斑疹、伤风、回归热、战壕热等疾病的主要媒介。学花与爹爹老伍多年来深受虱子的骚扰，早已深恶痛绝。活人总不能被尿憋死，既然印香不做，老伍就得做啊。可老伍每次洗晒被褥、整理床铺，印香都拼命抗拒，还把老伍打得头破血流。学花更是不敢冒犯母亲。有一次学花偷着整理了一下床铺，被印香揪住往死里打。

学花多么不情愿睡在布满虱子、充斥腥臊气味的床上啊！她渴望有个属于自己的干净的窝。她想，干活再苦再累都不怕。为了挣钱养家，她跟着大人们一块挑砖、挑白土。稚嫩的双肩被沉重的砖土磨破了皮，血肉模糊，可她从未打过退堂鼓。如今饱受虱子的折腾，令她使不上劲儿，她的心中有万分不甘。

有一天，学花告诉爹爹，很多人不愿靠近自己，不是自己不合群，而是人家都说她身上有股难闻的气味，这让她着实感到委屈。不是学花不爱干净，而是奈何不了那个整年不让洗晒被褥的娘。

山不转水转。学花琢磨着怎么才能摆脱如此困境，她想到了鲁妈妈。

学花找到鲁妈妈："鲁妈妈，我不想再睡在娘的床上，否则大家都不敢靠近我。我想做一床包被跟娘分床睡，你能借些钱给我买包棉絮的布吗？"

鲁妈妈回答："你想买被子和你娘分床睡我赞成，但棉絮是计划物资，有钱也买不到呀。"

没错，在那个计划经济年代，由于物资较为匮乏，吃喝拉撒等日常生活用品都得凭票供应。对老百姓而言，常常是一票难求。

每年过年前，政府其实都会给老伍家送来两床棉絮，可惜印香只会糟蹋不懂爱惜，送来的棉絮直接使用，又不晾晒，以致潮湿发霉，很快就断纱脱节了。老伍看了心疼，总想对新棉絮做些保护性处理后再使用，怎奈印香死活不依。

茫然之际，学花想起了一个人——居委会的吴主任。吴主任心地善良，待人热心，工作经验丰富，能揣摩人的心理。

印香虽脑子不好使，但对吴主任言听计从。吴主任待印香不错，经常会买些好吃的东西给印香吃，再加上吴主任变着花样夸奖印香，把印香乐得屁颠屁颠的。

有一回，吴主任来到印香家，通知印香第二天去居委会参加义务劳动。这可把学花愁坏了。自打学花记事起，娘就没做过一分钱的体力活，连油瓶倒了都不扶。这明天的义务劳动岂不是要让吴主任大失所望吗？

然而意想不到的事情发生了。第二天一大早，印香便找到吴主任，要吴主任给她分配劳动任务。吴主任安排她捡拾散落的鹅卵石。印香二话不说，拎起个竹篾筐子四处找寻起来。一天下来，印香比谁都捡得多。吴主任看了特别高兴，一个劲地竖起大拇指："印香，你最棒！"

从此之后，吴主任加深了对印香的好感与信任，甚至认为老伍无能，驾驭不了老婆。

转眼就到年关了，东风镇的领导给老伍家送来了两床带外包单的棉被，鲁妈妈又送来了一床旧被子和一张旧竹床。这可是学花梦寐以求的。学花立即找到吴主任，央求她做做印香的思想工作，让自己单独睡。吴主任见学花言辞恳切，心疼不已，连忙答应了学花的请求。

印香见学花领着吴主任来了，满脸错愕，不知道这葫芦里卖的什么药。

吴主任先是竖起大拇指夸了印香一番，接着用商量的口吻对印香说："你家大人孩子挤在一张床上睡不合适，我来给你们调整一下。你带着两个小女儿仍睡原来的床，老伍带着大女儿睡竹床。领导送来的两床新棉被，一边一床。"

对于吴主任的分配,印香没有吵也没有闹。学花也为自己的成功而沾沾自喜。

学花把鲁妈妈送来的棉被给了娘和两个妹妹,因为她们更需要。

竹床不及一米宽,学花与爹爹一人睡一头,一床被子半条垫半条盖,虽然有点挤,但再也没虱子咬了。

学花记得,自己在影剧院为了捡破烂,不知多少回独自和衣而睡,直至天明。学花从没有穿过正儿八经带有扣子的棉衣棉裤。她多么渴望能穿上为自己量身定做的棉衣呀!但这对她而言,不过是一种奢望而已。

爹爹也曾告诉学花,由于自己不可告人的身世,曾经流浪漂泊,四海为家,不知经历过多少个"天作被地当床"的日子。

冬天,学花套上并不合身的破棉袄,冒着严寒跑来跑去,练就了抗冻的身体。过去与母亲印香同床时,学花常常在深夜被冻醒,坐等天明。现在,她和爹爹终于有了独立的竹床和崭新的棉被。一床棉被既要垫又要盖,明显窄了点。学花找来几捆稻草,编织成与竹床等宽等长的草垫子,晚上和衣躺下,盖上棉被,再也不受娘的折腾了。

与娘分床睡是学花的愿望,如今在吴主任的协调下总算如愿了。学花为自己有了干净温暖的窝而满足,她认为自己长大了。

(五)

老伍年轻气盛时,被国民党军队抓了壮丁,从此背井离乡,浪迹天涯。老伍思念家乡、思念亲人,好不容易逃出虎口,却又因逃兵身份被逼得有家不能回。

来到星子之后,老伍的生活总算是稳定了下来。但他对自己的逃兵身份讳莫如深。除了黄奶奶和学花,再也没有人知晓他的身世。

黄奶奶有儿有女却不相认,老伍有父有母却天各一方。这一对命里投缘的娘俩相互扶持,抱团取暖。

黄奶奶家里挑水砍柴的体力活全落在了老伍身上。黄奶奶的心里很是过意不去,非得给工钱。老伍忠厚老实,给干娘干点活儿,哪有索钱之理?

学花还小时,黄奶奶没少操心,也时常招致印香的白眼和辱骂。虽说印香脑子不好使,可她也学会了欺软怕硬。除了欺负黄奶奶,其他人她都不敢惹。

老伍虽是一家之主,可他绝不敢招惹印香。如果稍有不慎,印香便会变身为五爪金龙,又撕又咬。印香的哥哥不管青红皂白,都护着印香。印香每次与老伍发生冲突,印香的哥哥都会报警将老伍关押几天。天下之大,老伍却找不到能够泄愤的地方。他的内心时常苦闷不已,满腹委屈,唯有向干娘倾诉。

老伍卧床不起已有些日子了,病情不仅未见好转,反而呼吸越来越急促,常常上气不接下气。旁人见了都替他捏把汗,恨不得自己张开大嘴替他呼吸。

老伍曾先后有过三个儿子,都因为印香的愚妄无知,一个个悲惨地死去。自己含恨挖坑掩埋儿子的场景,每每回想起来都令老伍撕心裂肺,痛不欲生。后来印香毒打学花时,老伍心中的怒火如火山般顷刻间迸发,把印香打得头破血流。

俗话说,清官难断家务事。居委会吴主任见印香头破血流,指责老伍一个外地人竟敢欺负本地人。老伍举目无亲,胆小老实,又不善言辞,只能无声吞下自己种下的苦果。

近日,"印香,你最棒!"这句赞美印香的话一直在老伍的心头萦绕。别人不敢说,老伍与印香同床共枕20年,她大脑里有几根筋,老伍的心里一清二楚。

老伍越想心里越气,气得从竹床上爬起来,上气不接下气地来到黄奶奶的屋里,一把鼻涕一把泪地说:"我的娘呀,吴主任说印香是最棒的,她真有那么好吗?她怎么不去挑水挣钱为二女儿治眼病呢?二女儿可是她亲生的,眼睛都快瞎了。"

老伍歇了歇。

"她有那么好,怎么不把一个肮脏不堪的家料理干净呢?你看我家里,连块落脚的干净地方都没有,左邻右舍谁愿意进我的家门啊?娃儿料理,这婆娘还打孩子,真是愚蠢到家了。"

老伍的呼吸急促,口唇手指发绀,声音微弱,说话断断续续。

他低下左右微微摇晃的脑袋,像是一台即将报废的机器。

"她有那么好,把每年政府送来的两床棉絮包一下,不就可以多睡几年吗?哪家的棉絮都要睡上几十年,而我家的棉絮睡不了几天。我和大娃儿想洗晒被褥,她把大娃儿打得头破血流。娘呀,我现在真后悔了。本来自己无能,就不应该结婚,更不应该和这婆娘结婚。虽然婆娘替我生了三个男娃,可一个个惨死在这婆娘的手中,我的心在滴血啊!现在家里这么多女娃,全靠大女娃一个人撑起这个不幸的家。是我的无能,害苦了我的大娃儿学花啊!"

老伍停了会儿,但满肚子苦水让他的内心无法平静。

"我的老乡罗冰跟我相差一岁,至今还未成亲。也有好心人为他介绍,老罗说：'我都一大把年纪了，如果找个跟老伍婆娘一样的，生一个男娃死一个，还不如不找女人好。像老伍那样平添了好多难过伤心不说，还苦了自己，最终也害了自己的孩子，把大女娃连累得苦不堪言。与其把钱花在老伍婆娘这样的人身上，不如把钱留着养老。'

"娘呀！老罗的话让我清醒了，要不是和这婆娘结婚，我也不会落得这样惨的下场！"

最了解老伍的莫过于黄奶奶了。听着老伍的诉说，黄奶奶早已泪流满面，可她自己也是泥菩萨过河——自身难保。她劝慰老伍："事已至此，就认命吧。凡事别较真，顺其自然就好，保重自己的身体要紧啊！"

（六）

老伍的身体越来越不争气，二女娃学梅的眼疾尚未治愈，小女儿冬香还在嗷嗷待哺，印香又不时大吵大闹。

老伍满脑子里充斥着后悔、绝望与愧疚。长年的疾病让他无法挑起家庭生活的重担，而这一切全压在年仅14岁的大女儿学花的身上。

只要能赚钱，苦与累学花都不怕。白天她与大人们一样挑砖、挑白土，什么活都干。虽然学花不怕苦不怕累去挑砖、挑白土，但人家不让学花挑。50块白土，一担有100多斤，学花这个14岁的女孩哪里挑得动？况且从白土仓库挑到船上，还要上一尺宽的跳板，稍有不慎，一阵风就会让学花掉进湖里。管挑担发牌的人和船老板见学花一家只有她一人能做事赚钱，加上白土仓库的负责人是学花的舅舅，所以看在学花舅舅的面子上，一担白土让学花分几担挑，凑满50块白土，发一块牌子算钱。

无事可干时，学花就四处捡破烂废品卖钱。一段时间下来，除去家里必要的生活开支，手头上还有些许积蓄。

有一天，黄奶奶悄悄地对学花说："苦命的孩子呀！我看你爹爹全身肿得厉害。常言道，一肿一消，备好锄头。意思是说，全身肿得厉害的人，只要这肿一消下去，生命就到头了。"

黄奶奶刚说完，学花早已面如土色。她害怕爹爹死去，如果没有爹爹，她不知道一家四个女人如何生活下去，爹爹是一家人的精神支柱，不能说没就没了。学花越想越害怕。

黄奶奶转身从屋里拿出一个小布袋，她拉着学花的手说："孩子，我这里有些钱,你拿去给你爹爹治病吧。"

听黄奶奶说完,学花感激涕零,但她没有收下。她告诉黄奶奶,自己在外干体力活,存了点钱,钱不够时再说吧。

学花不敢懈怠,赶紧带上爹爹来到县医院。

医生检查完告诉学花:"你爹爹全身浮肿,用手指无论按压他身体的哪一个部位,按下就是一个坑,好久不能弹起恢复原状,外加呼吸困难。你爹爹患的是肺气肿,已经到了很严重的地步。这是一种慢性老年疾病,是要花费很多钱来治的。不仅治病需要花钱,营养也要跟上,否则性命难保!"

听完医生的话,学花既焦急又痛苦。不容她细想,当务之急是给爹爹治病。医生开了处方,学花照方付款抓药,带着爹爹回了家。

刚进家门,小妹冬香哭个不停。学花用手一摸冬香的额头,心里一惊,好烫手,就像炎炎夏日光着脚站在水泥地上的感觉。

伺候爹爹喝过药,学花转身抱起冬香直奔县医院。接诊的医生见学花带爹爹看病前脚刚走,后脚又抱了个孩子来,又是诧异又是同情。

学花的心里更是焦急万分,她带着哭腔对医生说:"爹爹患病多年,今天小妹又病了,给医生添麻烦了。"

医生给冬香做完基本的检查,告诉学花:"你妹妹患的是肺结核病,和你爹爹同属肺部疾病,需要分疗程长时间服药治疗。还有,这种病是会传染的,你们家人在照顾她时也要多加注意!"

学花听完,急得哭了。

给妹妹看完病,学花抱着妹妹跌跌撞撞回了家。印香见状若无其事,感觉这冬香与她没有丝毫关系。大妹学梅睁大惊恐的眼睛,一个劲儿地问:"姐姐,妹妹的病要紧吗?"

学花没有心思回答大妹的话,她从来没有感到像今天这般无助。平时积攒的钱,给爹爹看过病尚有剩余,本以为可以买一些营养品给爹爹吃,哪知给小妹冬香看病把钱全花光了。

学花甚至第一次恨起自己的爹娘来。爹娘把学花带到这个世界,给予她的是饥饿、寒冷、漠视与折磨。自从有记忆起,她从未感受过母爱的温暖,爹爹又满脑子都是不能传续伍家香火的遗憾与无奈。

学花心力交瘁,一个花季少女,纵有三头六臂,又怎能承受如此繁重的生活压力呢?她羡慕三个哥哥得到了解脱,自己又何尝不想得到解脱呢?但面对现实,面对嗷嗷待哺的两个妹妹,面对摇摇欲坠的家庭,她没得选择,只能义不容辞地以孱弱之躯支撑着这个苦难深重的家庭,喘息着匍匐前行。

(七)

学花住在西宁街时,结识了一位好闺密艾满珍。满珍家的生活条件不错,其父母育有儿女五人,满珍最小,上有姐姐与哥哥。姐姐木兰嫁到五里牌的乡下,哥哥有一门刻印章的手艺,也已成家。满珍的父母均在皮匠店上班,人称艾皮匠。皮匠店的后面是县针织厂织袜子的车间。

学花家里缺柴时,满珍会带上学花去五里牌的乡下捡柴,顺带享受姐姐木兰烹饪的美味佳肴。闲暇之余,两个人便凑到织袜车间,看女工们怎样织袜子。看的时间长了,仿佛自己就是那织袜子的女工,心里痒痒的,恨不得上机操作。满珍的父母有时上班未回,满珍便带上学花,一个烧火,一个掌勺,吃得特别开心。吃着吃着,学花的心里充满了感激,她对满珍说:"等我有钱了,一定忘不了你今天对我的好,我会加倍报答你。"满珍憨憨地笑着,嘴里不住地说:"好!好!"

满珍这个闺密给予了学花许多的帮助,也令学花的生活增添了无尽的乐趣。

夜深人静的时候,学花对爹爹的身体状况尤为担心。她担心爹爹说走就走。一旦没有了爹爹,每月16元的生活费也就没了,留下四个女人如何生活?学花不敢往下想,可又无法不想。她越想越睡不着,越睡不着就越想,以致辗转反侧,焦躁不安。

后半夜,学花迷迷糊糊地睡着了,她做了一个梦,梦到有人让她去找居委会的吴主任想想办法。学花醒来后,依稀记得梦的内容,便没有丝毫迟疑,立即赶到吴主任家里。吴主任正在洗漱,见学花心急如焚的样子,顿感诧异。不容吴主任洗漱完毕,学花便开了口:"吴阿姨,医生说我爹爹和小妹患的是重病,药和营养都跟不上,眼下爹爹危在旦夕。爹爹一旦走了,我家的天就塌了。求求吴阿姨给我找份工作,可以吗?"

吴主任听完学花的恳求,内心充满了忧虑与同情。她皱起眉头,沉思片刻说:"女崽子,你也不要太着急,心急吃不了热豆腐。等吃完早饭,我就带你去找工作。"

听吴阿姨这么爽快地答应,学花心花怒放,心中的忐忑早已荡然无存,嘴里不停地说"谢谢吴阿姨"，眼里却早已噙满了晶莹的泪珠。

吴主任带着学花来到星子县针织厂。针织厂是一个只招收女工的小厂，厂内仅有几台织袜子的机器。针织厂是集体所有制企业，经济独立，自产自销，自负盈亏，职工的工资福利全靠自己创收。厂里的职工见吴主任带着学花来找针织厂的程厂长，用一种不屑而鄙视的目光看着学花，窃窃私语道："你看，那不是印香和老伍的大女儿吗？老伍早就成了搬运队的累赘，这女孩千万不能收。如果她遗传了印香的病，不又成了我们大家的累赘吗？"

吴主任面对程厂长，指着学花说明来意。程厂长上下打量着学花，脸上露出为难的神色，不知如何回答才好。为了不驳吴主任的面子，程厂长建议："我们针织厂马上要扩大生产，这两天镇上的陈小萍同志就要调来任书记。要不等陈书记到任，我和她商量后再做决定。"

吴主任也觉得程厂长言之有理，谢过程厂长，领着学花回了家。

学花在煎熬中度过了两天。一大早，她又来到吴主任家，协助吴主任一块收拾完家务，又一起来到针织厂，陈书记果真到任了。程厂长当着吴主任及学花的面，把吴主任的请求以及学花的家庭情况向陈书记做了陈述。

陈书记听后深表同情，皱着眉，轻轻地点了点头。

程厂长虽同情学花的遭遇，但内心不无顾虑。她对陈书记说："这个家庭确实值得我们同情，我唯一担心的是这个女孩如果像她娘一样就麻烦了。"

吴主任听完，顿时明白了程厂长内心的担忧，赶紧接过话茬说："这孩子特别懂事争气，绝不像她娘，我可以担保，这孩子一定能做好工作。如果真像你们所说跟她娘一样，我再来把孩子接回家，这样总可以吧。"

程厂长看在吴主任担保的分上，也不好再说什么。于是她把学花带到厂长办公室，让她数自己的手指头，数完手指头再数脚指头，然后问她：手指头加上脚指头有多少个？问完后，再让学花按顺序从1数到20，从20倒数到1。

程厂长的面试没有难倒学花。学花好歹也上过学，这种程度的题目对她来说只是小儿科而已。

面试通过了，吴主任也舒了口气，自己的努力总算没有白费。

路上，吴主任千叮咛万嘱咐。她告诫学花："女崽子，我的能力有限，但我尽力了。你一定要为自己争气，也为我争光。如果你被厂里赶回家，那么我也没办法给你安排工作了。"

"放心吧，吴阿姨，我一定会努力工作，为你争光，为自己争气，让家人能够生存下去。"

1970 年 5 月 6 日,是学花难以忘记的日子,这一天学花上班了。她早早地来到了针织厂,被安排在手套班。带徒的师傅是个跛脚的残疾人,包括学花共带有三个徒弟。也不知怎么回事,师傅并不喜欢学花,她每次教另外两个徒弟织手套时,总不允许学花靠近,这让学花心里既痒痒又无奈,内心的委屈自不必多说。

自打学花有记忆开始,受过的委屈多不胜数,但这也铸就了她忍耐与坚韧的品性。学花心里十分清楚,生气不如争气。师傅教另外两个徒弟织手套的技巧,讲到小指该织多少行,无名指、中指、食指各需织多少行,织完四个指头套,再织几行辅针才能织大拇指,织完大拇指逐渐缩针多少行再织多少行收口,一只手套就算完成。虽然学花只能远远地站着,但师傅教徒时的每只手套需织的行数与方法,学花早已记在了脑子里。从此,学花的脑海里不停地浮现出每只手套的编织过程。

日有所思,夜有所梦。梦中,一个声音嘱咐学花:你光想着织手套不行,必须要想办法上机,在机器上实际操作才行。

学花何尝不想爬上机器操作一番呢?她无时无刻不在渴望能够亲手操纵机器,检验自己的接受能力呀。

踏破铁鞋无觅处,得来全不费工夫。

有一天,师傅身体不适去看医生,她交代两个徒弟必须完成 30 双手套的任务。两个徒弟织完小指、无名指,织到中指、大拇指时却卡了壳,想不起该织的行数,随意间问了问站在一旁的学花,学花了如指掌,一一作答。于是,两个徒弟很顺利地完成了手套的编织,喜不自禁地对学花说:"谢谢你,原本只是随口一问,不想你却记得这么清楚。嗯,你上机试试看。"

学花一听,心花怒放,梦寐以求的心愿瞬间得以实现。

她快步走向机器,手却摸不着织纱的把手,更够不着棉纱。她灵机一动,迅速从墙角搬来六块大红砖,左三块右三块,平整地垫在脚底下,像模像样地开始了手套的编织。每只手套的编织程序早已储存在学花的脑子里,因而编织起来得心应手。不一会儿,第一只手套大功告成。在织第二只手套时,学花心里更有底了。站在一旁的两个师姐见学花操纵自如,四只眼睛直勾勾地看着,不由得对学花产生由衷的敬佩。学花梦想成真,心里就像灌了蜜似的。

师傅回来了,见机器旁边多了两堆红砖,便问缘由。徒弟不敢撒谎,如实告之。师傅十分生气，大声呵斥徒弟把砖搬出去。呵斥的声音引来了其他的职工，她们意外看到学花织出的手套，都赞不绝口。有师傅半信半疑地说："她那么小的个头，也从未见她上机练习过，怎么可能织出这等手套呢？"

面对质疑，学花告诉大家："这就是我织的！如果不相信，我去找陈书记和程厂长来，现场再织给你们看。"说完，她就转身出去了。

不一会儿，陈书记、程厂长果然来了，她们用疑惑的眼神打量着学花，问道："你行吗？"

"只要你们让我上机，我就行！"陈书记、程厂长看着眼前这个瘦弱的丫头，不约而同地点了点头。

学花把搬出去的六块红砖又搬了回来，垫平之后爬了上去。她稳稳地操纵着手套机，编织着每一根细小的棉纱。

眼前这个从未上过机的女孩，却娴熟地驾驭着手套机，织出一只只针线均匀细密、合乎规格的手套，令在场的人目瞪口呆。就连一向歧视学花的师傅，瞬间也变得哑口无言了。

从此，程厂长给学花下达了每天完成30双手套的任务。这可把学花乐坏了，她终于可以单飞了。厂里的同事也都有相同的任务，但她们大都难以完成。学花除完成自身的任务之外，还经常帮助同事们，因而深受大家的喜爱。

针织厂扩张得很快，一下引进了几十台织布机、十几台织袜机和十几台手套机。染布坊染出的棉布晒满了县城的戏台，针织厂生产出来的各种棉织品源源不断地销往各地。

县城大街小巷的墙壁上随处可见"工业学大庆""农业学大寨""抓革命，促生产，多快好省建设社会主义"等标语。在这个大干快上的年代，针织厂也和全国的形势一样，每年都要在行业内开展多种形式的劳动比武。

一天，厂团支部组织手套班开展劳动竞赛，在相同的时间内比赛编织手套的数量与质量。团支部书记刘极红亲自为学花编织手套计时，大约4分钟时间，学花就织成了一只手套，截至下班时间，经清点验收，学花共计编织了64双手套，一天干了别人两天多的活儿。这个年纪不及15岁、身高不足1.5米、体重仅70来斤的倔强姑娘，赢得了针织厂实践操作比赛的第一名，并获得"劳动标兵"称号，且光荣地成为星子县劳动模范。从此，针织厂的宣传栏里新增了一个稚嫩的面孔，那就是伍学花。她光荣地加入了中国共产主义青年团。

图 2　星子县针织厂女工合影

一段时间以来,伍学花尽情享受着劳动带给她的快乐。一日,程厂长通知学花,星子县先进工作者(劳动模范)代表大会就要召开。届时,15 岁的伍学花将作为会议代表,同陈书记、程厂长一道参加这次大会。闻讯,学花甭提有多高兴了,工作的劲头也更足了。她盼望着这一天的到来。

那天,陈书记、程厂长带着伍学花怀着喜悦的心情步入会场。会场进门的两侧竖立着醒目的字牌,上面写着:"向全县各条战线的先进工作者(劳动模范)学习! 致敬!"

主席台上庄严肃穆,台下座无虚席。

上午 9 时,主持人宣布大会开始,雄壮的《义勇军进行曲》响彻整个会场。学花从未见识过这么隆重热烈的场面,瞬间心潮澎湃,热血沸腾。

会议内容丰富,开了三天才圆满结束。与会代表在会议期间,一日三餐均由星子饭店全程负责。饭店提供的色香味齐全的美味佳肴令学花大开眼界,原来这世界上还有如此多的美食。三天时间里,她享受着主席台上诸多领导的热切关怀与精神鼓舞,享受着从未享受过的美味大餐,享受着同龄人无法享受的劳动喜悦,享受着从未感受过的尊重。

三天的馔玉炊金,既让学花在味觉上得到满足,也给她带来了上吐下泻、腹痛难耐的痛苦。学花怎么也想不到自己会因大鱼大肉而住进医院。医生告诉她,这是暴饮暴食引起的急性肠胃炎,需要住院输液治疗。

住院期间,陈书记、程厂长亲自来到医院看望学花,还安排专人照顾。这让学花感激涕零。她在心里暗下决心：病好以后，一定要好好工作，以工作成绩来回报陈书记、程厂长以及关心自己的人。

经过治疗，学花很快就康复了。那天一大早，陈书记、程厂长来到医院帮学花办理出院手续，护送学花回家。厂领导目睹了学花家的惨状，才知道这个世界上竟有这么悲惨的家庭：一个患有先天性智力障碍的娘，一个全身浮肿、躺在破旧竹床上不能动弹的爹，两个妹妹一个眼睛快要瞎了，另一个患有严重的肺结核。

厂领导见此情景，摇摇头，叹了口气说："耳闻不如眼见。只有到了伍学花的家里，才能真正体会到什么是贫穷与不幸，才能真正体会到伍学花是多么坚强与不易！其家庭惨状令人难以想象，但她从未向组织提出过任何生活上的要求。反之，她克服重重困难做好自己的工作，并取得了优异的成绩，这让人难以置信。"

陈书记摸了摸学花的头，认真地说："孩子，还是让你的两个妹妹申请'五保'吧。不要太苦了自己呀！"

此时的学花泪流满面，她深鞠一躬，感动地说："谢谢各位领导对我及家庭的关心！是你们的帮助让我有了这份工作，我会努力工作来养活我的家人。虽然我参加工作时间短，每月只有 16 元，但我有信心维持家庭生计，决不再给政府添麻烦。纵使家庭再有困难，我也要克服。"

学花稍做歇息便来到了她心心念念的针织厂。不知何故，跛脚师傅被调离了针织厂，厂里安排伍学花担任手套班的班长，小小年纪的学花成了姐姐、阿姨们的上司。厂领导还安排学花带徒传艺：一个是蛟塘人，姓邹，大家都叫她小邹；一个是五里牌人，姓余，大家叫她余姐；还有一个横塘人，姓雄，名叫五金，大家都叫她金仔。

金仔特别崇拜学花。金仔的父亲是隘口公社的书记，他听金仔介绍过学花的家庭情况，多次提出想帮助学花的家庭。学花唯恐给雄家爸增添麻烦，多次婉拒了雄家爸的好意。雄家爸是个慈父，他待学花如亲闺女，关怀备至，让学花的心里充满了温暖。

天下没有不散的筵席。几十年之后，金仔四处寻找学花这个当年的师傅，学花的脑子里也深深镌刻着金仔全家对自己的深情厚谊。

（八）

星子县"先代会"之后，伍学花的工作劲头更足了。工作过程中，她常常要忍受莫名的小腹胀痛，还要照顾她那个贫穷不幸的家庭。

学花奈何不了的就是自己不谙世事、生活邋遢的娘。面对脏乱不堪、臭气熏天的生活居室，学花想收拾，可又过不了娘这一关。学花想洗的不能洗，想晒的不能晒。

白天，学花要上班工作；晚上回到家，要照料卧床不起的爹爹以及两个妹妹。全家人的生活担子全落在学花一个人的身上。学花身心俱疲，她多么渴望能有一个独立安静的休息空间啊！

一天，学花找到陈书记，态度诚恳地说："我家里实在太小了，五口人挤在一间房间里，而我已经长大了，确有诸多不便。而且我娘不准我打扫房间，屋里被糟蹋得臭气熏天，整夜休息不好。能否请求领导安排一个地方，哪怕是放下一个床位的房间也行。休息好了，养好了精神，才有精力干好工作。"

第二天，陈书记找到学花说："我想办法给你弄了一间小阁楼，你搬进去住吧。"学花一听，喜出望外，高兴得跳起来。她立马去找鲁妈妈一起去看阁楼。鲁妈妈听学花说有自己的小阁楼，开心极了："孩子，你现在有小阁楼住，以后就会有自己的房子，将来还会有更大的房子。干妈替你感到高兴啊！"

学花紧紧地搂住了干妈，久久地不肯松手。

"好啦！好啦！傻孩子，看把你高兴成这样，快松开手吧！我都被你搂得透不过气来了。"干妈说完，学花这才松开了手。

"我送一床旧被子给你半条垫半条盖，再给你一顶单人蚊帐防止蚊虫叮咬，睡起来也踏实。另外，你再请求陈书记给你一张床。"

听干妈说完，学花接着说："鲁妈妈，床的事我就不想再给陈书记添麻烦了。虽然只是6平方米且不规则的小阁楼，好在是地板，比起娘的床和爹爹的竹床强多了。有这么个小阁楼，我就很知足了。我一定会把小阁楼打扫得干干净净，它既是我的房，更是我的床。进房就脱鞋，好像上了床一样。"

学花的同事听说班长住进小阁楼了，都来看望。当她们看到学花竟然睡在地板上时，心里很不是滋味。她们跟陈厂长说："我们的班长伍学花天天睡在地板上过夜，请求厂长为班长配张床吧。"

同事的请求得到了积极的回应。

不久，厂里的团干部给学花送来了床架和床板。学花的心里特别激动，长到15岁，从来没有睡过像样的床，这让学花的心里产生了一种前所未有的幸福感。小阁楼成了伍学花的快乐天堂，也开启了她的新生活。

学花的一切都在悄悄地改变。

月中，针织厂发工资了。学花手里攥着自己这个月的血汗钱回到了家。她的心里早有规划：眼看爹爹的病越来越重，等自己发了工资，必须把爹爹带去医院治疗。

学花把爹爹从床上扶起来，照顾他漱口洗脸，央求爹爹说："爹爹，娃儿又发工资了，我这就带你上医院治病去。"

爹爹微微地摇摇头，有气无力地说："爹就是不想再花娃儿的钱，我这老病我自己清楚，即便花再多的钱也治不好，何必花这冤枉钱呢？"

他顿了顿，接着说："还不如买些营养品给你两个妹妹吃，你看她们面黄肌瘦，连哭声都微弱到听不见了，我不能让你人财两空啊！"

学花赶紧安慰爹爹："爹爹呀！我们家的好日子就在眼前了，你要听娃儿的话，抓紧时间把病治好。养好了身体，等着娃儿孝敬你。如果你和妹妹都不治病，我们家的人死的死，瞎的瞎，那我活在这世上还有啥意思？"

无论学花如何劝说恳求，爹爹就是不从，令学花心里很难受。

无奈之下，学花只好带着两个妹妹求医问药。经过一番折腾，学花一个月的工资也花得差不多了。

学花总爱与黄奶奶唠唠家常，黄奶奶也一直牵挂着老伍的身体。学花在黄奶奶屋里坐着，不一会儿竟睡着了。她梦到爹爹饿着肚子，带着满腔的遗憾离开了这个贫穷不幸的家庭，离开了这个世界。学花惊醒，她想：自己既然无法为爹爹解除病痛，那何不让爹爹在弥留之际吃顿好饭呢？但一想到这些，她更是悲痛欲绝。

她赶到爹爹的竹床前，此时爹爹的脸上现出从未有过的平静。学花有些担忧地探了探爹爹的鼻孔，幸好还能感觉到爹爹的呼吸，学花这才长长地舒了口气。她隐约感觉到爹爹在这个世界所剩的时间不多了，于是爱怜地抱着全身浮肿的爹爹睡了几个小时。

上班之前，学花问爹爹想吃什么。爹爹说："娃儿，与其给我买吃的，不如积攒起来给两个妹妹治病，这比买给我吃更重要啊！"

学花告诉爹爹："爹爹放心，两个妹妹已看过医生、开过药了，我会想办法为她俩治病的。"爹爹笑着点了点头,不再说什么。看得出,他已经彻底放弃自己了。

学花找到黄奶奶说:"我爹爹快不行了,我不想给自己留下无法弥补的遗憾,趁爹爹还在,我想买些好吃的东西给爹爹吃,求黄奶奶借些钱给我,以后我会报答您,给你养老的!"

黄奶奶二话没说,从枕头下面取出一个小布袋。她说:"我也不知道里面有多少钱,但这些都是你爹爹的钱。这么多年来,你爹爹帮我挑水送柴,我给他工钱,他分文不收。后来我就缝了这个布袋子,你爹爹帮我挑一次水,我就放五分钱到布袋里;上山替我砍一回柴,我就放一角……现在是用得上的时候了,你全部拿去吧。"

学花打开布袋子,里面有好多五分和一角的钱。她谢过黄奶奶,来到街上的小吃部,让厨师给做了一碗肉丝面,还买了爹爹最爱吃的酥饼等其他食品。

学花把热气腾腾的肉丝面递到爹爹的手中,催促爹爹趁热吃。爹爹双手接过肉丝面,顿时老泪纵横。他哽咽着说:"娃儿呀,你这是哪来的钱?不要为了爹爹而苦了自己呀!"

"爹爹,这些都是黄奶奶给的钱买的,你就放心吃吧。我已经承诺黄奶奶,以后我会把她当成自己的亲奶奶来抚养。"爹爹欣慰地点点头,脸上现出难得的笑容。

为了挣钱给爹爹和两个妹妹买营养品,学花下班之后还要加班。厂门关了,她就把加班的活儿带回家里做。晚上家里没有电灯,学花点上煤油灯照做不误,直到夜深人静。她料理好家务,才独自回到自己的小阁楼休息。邻居张家娘看在眼里,疼在心上。她爱怜地叮嘱学花:"女崽子,你白天上班要干两个人的活儿,晚上又要加班到深夜。长此以往,你的身体会垮掉的。你千万要爱惜身体,身体是革命的本钱哪!"

学花憨憨地笑笑,谢过张家娘的关心。

1971 年末,寒风刺骨,像针一样穿透心灵。飞鸟走兽,全都消失得无影无踪。爹爹拉着学花的手,内疚地告诉学花:"苦命的娃儿,爹爹快不行了,恐怕活不过这个冬天了。人家的父母都是传金传银传家产,可爹爹传给娃儿你的,却是生活不能自理、不知人间冷暖的娘,还有两个残疾且身患重病的年幼的妹妹,爹爹实在对不起你呀!"

学花一阵心酸,泪水忍不住夺眶而出。她极力安慰爹爹道:"爹爹不要放弃,你要努力挺过这个冬天,等春暖花开,一切都会好起来的,你要相信娃儿的话啊!"

"爹爹相信娃儿的话,可是爹爹的身体不争气呀!相信娃儿你一定会守护好家人,一定能照顾好她们三个人的生活,只是爹爹没有这个命啊!"说完,爹爹无奈地叹了口气。

少顷,爹爹用少有的深情目光注视着学花,拉着学花的手,用饱含乞求的语气说:"娃儿呀!爹爹离世之前求你两件事儿。一件事,看在你可怜的爹爹生你的分上,能不能帮你爹爹传个后?爹爹多年来耿耿于怀的就是你早夭的三个哥哥。他们的夭折断了我伍家的香火,我死不瞑目哇!若是以后你生了男孩,千万要让娃儿随你姓伍,了却你爹爹的心愿!第二件事,你要想办法去四川寻根问祖,替你爹爹完成与故乡的亲人团聚的夙愿啊!"

言毕,爹爹的眼睛无力地闭上了。他全身浮肿,病痛的折磨令他不停地颤抖,痛苦的泪水不住地往下流。突然间,爹爹的双眼又微微张开了,嘴角蠕动着,极力伸出颤抖的右手,再次拉住学花,想说什么却说不出。

学花的心碎了。她不忍心看着爹爹生不如死的痛苦惨状,更不忍心看着爹爹带着终生的遗憾离去。她一边连连点头一边说:"爹爹,我答应!我都答应!但你不能走,娃儿需要你啊!"

爹爹松开了手,他再也听不到学花的安慰了,再也听不到学花撕心裂肺的哭喊了。他的生命永远定格在1971年12月4日。

次日,学花带着万分悲痛的心情,只身来到爹爹生前的单位——星子县搬运队。她想请示单位领导为爹爹置口棺材。搬运队的人见一个黄毛丫头为爹爹讨要棺材,竟相互推诿,无人理睬。哭干眼泪的学花,无奈之下又来到居委会主任吴家娘家,恳求吴家娘以居委会组织的名义把舅舅请来帮忙料理爹爹的后事。

吴家娘二话不说,带着学花来到县城电报局,自己垫上两元钱,替学花给在海会的舅舅发了一封加急电报。学花在家里守着爹爹的尸体,焦急地苦等了三天三夜,仅相距20里路的舅舅竟然杳无音信,这令学花暗自神伤。她想:舅舅一个文化人,怎么会做出这等绝情之事呢?那死去的毕竟是你的亲妹夫啊!不看僧面看佛面,看在你妹妹以及留下的三个可怜的孩子的情分上,怎么也应该在这生离死别的关键时刻送上一程啊!

六神无主的学花只好又去找吴家娘。吴家娘领着学花来到星子县搬运队,找干部老李评理。

吴家娘是个热心肠，又是个直性子，好打抱不平。她单刀直入地说："你们单位的职工老伍死了三天，职工的娘家竟没有任何反应。老伍虽然是个普通的搬运工，可人家没有功劳也有苦劳吧。人非草木，孰能无情！你们信不信，我叫几个人把死了三天的老伍抬到你们单位来！要不然你们派个领导，我们一起到县政府说理去。"

经过吴家娘的一番交涉，搬运队不知从哪儿弄来了一口破棺材，并安排两个人把破棺材抬到了学花的家里。那棺材最大的缝隙足有五寸宽。

两个人把老伍的尸体抬进破棺材，钉上棺盖。学花站在棺材旁边，透过棺材的缝隙，爹爹的尸体清晰可见。如下葬稍不留神，尸体都有可能掉落出来，真让人担心。想着爹爹生前的不幸和死后的凄惨，学花悲痛欲绝，哭得死去活来。

吴家娘搀扶着学花，鼻子发酸，早已潸然泪下。

她安慰学花："孩子，不要难过，很多过去有头有脸、有钱有势的人死之后不也就是草席裹尸，一埋了之吗？你爹爹能有这口破棺材也算是不错了。"

吴家娘唯恐学花想不通，继续劝慰道："苦命的孩子呀！你要想开点，你一家老的老小的小，全指望着你呀！你要坚强起来，要顽强地活下去！否则，你九泉之下的爹也会不安啊！"

吴家娘的话深深触动着学花。为了不谙世事的娘以及两个可怜的妹妹，她要顽强地活下去，要养活她们。

得知老伍去世的消息，学花一个远房的舅舅送来 5 元钱。20 世纪 70 年代初，5 元钱可以保障一个人一个月的生活。学花的心里充满了感激。

在搬运队的两个人的帮助下，学花强忍着悲痛，把爹爹送上山安葬了。学花多么希望家住海会的亲舅舅能在爹爹下葬之前来见爹爹最后一面，送上最后一程啊！她多么希望亲舅舅能给这个敝衣粝食的家庭些许援助啊，哪怕是一句暖心的话也好。但舅舅未曾出现，这令学花心寒至极、失落至极！15 岁的学花对"穷在闹市无人问，富在深山有远亲"这句话有了深刻的理解，眼前的一幕幕铭刻在她记忆里，永远不会忘记。

安葬完爹爹的下午，学花顾不上悲痛，来到针织厂上班。陈书记见到眼眶红肿的学花，心里一阵感动。她摸着学花的脑袋心疼地说："苦命的孩子呀！你有什么困难，一定来找组织，不要一个人死扛啊！"

听到陈书记的亲切话语，学花的心里涌起阵阵温暖。凉透的心里，又燃起希望的火焰！她的心里亮堂多了，她决心不给领导和组织添麻烦，今后一定要好好回报关心帮助过自己的人。

当晚十点钟，学花下班回家，邻居张家娘告诉她："下午你舅舅把你娘接到海会去了，三岁的小妹冬香吵着要跟娘一起去，你舅舅不肯，冬香也因此被你娘打得哇哇直哭。大妹学梅知道娘的厉害，心里想去嘴上却不敢说。待你娘走后，学梅抱着冬香拼命地哭，吵得邻居都无法睡觉。"

大妹学梅、小妹冬香见学花回来了，犹如见到救星一般，顿时又是一阵伤心的大哭。两个妹妹的眼睛都哭肿了，足有毛桃那么大。

学花连哄带骗，学梅和冬香才停止了哭泣。

此时的学花心如刀绞，浮想联翩。她联想到几年前自己遭到娘的毒打，爹爹看不下去，遂把娘打得头破血流。外婆叫学花的舅舅，把学花的娘送进医院，再叫来警察把学花的爹爹关进了牛棚。被娘打得头破血流、躺在地上不省人事的学花却无人问津。在学花的记忆里，舅舅的眼里只有自己的妹妹，与妹夫、外甥女形同陌路。

爹爹走了，每月16元的退休工资也没了，生活更加艰难，一家人连稀饭都喝不上。

娘被舅舅派人接走后，学花三姊妹相依为命。邻居张家爸见学花白天上班，晚上还要就着煤油灯加班到深夜，深表同情，便为三姐妹安装了电灯。每天清晨，学花的脸上再也看不到乌黑的烟灰了。善良的张家爸的仁爱之心让学花刻骨铭心。她在心里暗暗发誓：一定要努力工作，等到羽翼丰满之日，必将"滴水之恩，涌泉相报"。

（九）

天有不测风云，人有旦夕祸福。学花记不清从何时开始，自己的小腹隐隐胀痛。因为要抚养两个妹妹，所以她一直无声地忍受着。

参加工作之后，腹部疼痛有增无减，以至于后来连尿都排不出来了，这时的学花才预感到大事不妙。她碍于面子不敢声张，每天都要抽空偷偷地来到县医院做导尿处理。因为有工作单位，每次治疗可以在单位开记账单，否则无钱医治就得被尿憋死。学花转而想到，排尿不畅不解决的话，不知要花单位多少钱。

有一天，学花实在胀痛得受不了，便悄悄地告诉了黄奶奶。黄奶奶也从未听说过排不出尿的怪病，说不出个所以然，只能心里干着急。学花赶忙来到县医院,进行导尿处理。排尿后的学花顿感全身轻松,迅即又投入工作中。

学花的徒弟金仔见她脸色苍白,面无血色,知道师傅生病了。金仔心疼师傅,几次诚心邀请师傅到自己家里养病。

精诚所至,金石为开。金仔的诚意让学花无法拒绝,只得来到金仔在横塘的家里。

金仔的父亲在隘口公社任书记,听说女儿的师傅来了家里,连忙赶来横塘看望。他关心地问学花:"家里吃的米够不够? 家里的生活用品需不需要我帮忙买? 只要你开口,我会尽一切努力来帮助你。"

学花性格刚强,又不想给金仔父亲添麻烦,便婉言谢绝了他的好意。

金仔的妈妈和奶奶也真诚待学花。金仔的奶奶见孙女的师傅慈眉善目,喜欢得不行,赶忙抓了一只母鸡宰了,炖汤给学花补补身子,也好尽地主之谊。

就餐时,金仔的奶奶把鸡汤端到学花面前,关切地说:"孩子,我看你身子特别虚弱,趁热吃了,好补补身子。"

学花建议大家一起吃,金仔奶奶不依不饶,说只能学花一人吃。盛情难却,学花只能恭敬不如从命。

晚上,学花的腹部开始胀痛,想尿尿不出。她强忍着不敢出声,生怕被金仔的家人发现而给他们添麻烦。夜深人静,学花小腹的胀痛有增无减,她疼得全身起鸡皮疙瘩,豆大的汗珠从额头上冒了出来,有一种生不如死的感觉。学花疼得实在受不了,甚至觉得自己大限将至。

金仔一家已睡熟了,学花顾不上同他们打招呼,只想着尽快赶到县医院。

学花只身出了门。还没走几步,学花便捂着小腹蹲了下去,几步一蹲。学花摸着黑、捂着肚子,一路走走停停,好不容易在天亮前赶到了县医院。医生导过尿后,学花才好受些,她感觉仿佛在鬼门关走了一遭。

一整天,学花不敢吃、不敢喝,满脑子都是生的绝望、死的恐惧。她极度害怕那小腹胀痛的滋味。这一次,医生告诉她,她有可能患了茄病。

学花向黄奶奶打听,黄奶奶告诉她:"茄病就是妇女生了很多小孩之后引起的子宫下垂。你还是个小姑娘,哪会得这种病呢?"

"以前我只是小便解不出,每天都要去医院导尿,但根本问题尚未解决,现在大便也拉不出来了。我有种不祥的预感,唯恐两个未成年的残疾妹妹以及不谙世事的娘无人照顾,只有咬牙死撑着,但又不知这病要熬到什么时候才会好。"

黄奶奶也觉得这样熬下去不是办法，她听说县医院的王主任治疗妇科疑难杂症是一把好手，于是建议学花去试试。

一听要去看妇科，学花的心里一时难以接受。她认为那是只有嫁过人、生过孩子的妇女才去的地方，她这花季少女竟然摊上了这怪病？岂不是令她臭名远扬，不能见人了吗？

学花的心思逃不过黄奶奶的眼睛，她继续开导："孩子呀！谁家人前不说人？谁家人前无人说？身正不怕影子斜！谣言总比不过生命重要啊！无论如何，必须查清病因，医治病根，方能保全自己的性命，才好照顾两个妹妹和你娘啊！"

黄奶奶的话情真意切，学花记在了心里。

学花的小腹胀痛得一刻也受不了了。她急着想大便，可就是拉不出来。折腾了好半天，终于挤出一点点，只见大便上留下一条类似什么虫子爬过的小沟，并带着丝丝鲜血。学花见状，吓得直哭，仿佛自己的末日就要到了。

她想起了黄奶奶的话：保命要紧！

她鼓起勇气，双手捧着胀痛欲坠的小腹来到县医院。这天是星期天，学花担心妇科专家王主任没上班，又想着等其他病人看完离开后再进去，以防泄露自己的隐私。

好在天无绝人之路！

好不容易熬到中午，眼见妇科病人陆续离去，学花这才怯怯地走进了妇科诊疗室。坐诊的医生正是王主任。

王主任打量着眼前这个花季女孩，问她哪儿不舒服。学花正欲回答，却突然间抑制不住情绪，哭了起来。王主任赶忙安慰道："不哭！不哭！你有哪儿不舒服，说出来就是。"

学花擦干了眼泪，把自己小腹胀痛、大小便不通的病情，一五一十地告诉王主任。

王主任让学花躺在妇科检查床上，仔细地做着检查，不时地询问病情。

检查完，王主任说："死女崽呀！你两年前就做了大人，来月经了。因你的处女膜闭锁，方言叫石女，导致经血排不出来。积存体内的经血不但压迫着你的子宫，还压迫着你的膀胱，所以引起肚子的胀痛并造成大小便失禁。如果再不做手术的话，你会胀痛死的。你这可怜的孩子，我不知道这两年你是怎么熬过来的，这换了谁都忍受不了呀！我现在就给你做手术，很快就能解除你的痛苦。"

学花遇到了救星，早已激动得泣不成声。她躺在妇科手术台上，配合着王主任的手术。

手术非常顺利。术后，王主任指着手术台下白桶里的黑血块，告诉学花："你这两年小腹胀痛，排不出尿，大便困难且带血，都是这大半桶死血在你的肚子里作怪！"

看着大半桶被吸出来的黑色血块，学花委实吓了一大跳，但她感觉身体瞬间轻松多了！

接着，王主任对学花说："你的子宫这两年被经血压迫得变了形，日后很可能不能生孩子了。"

刚刚死里逃生的学花又掉进了冰窟里，眼泪禁不住往下流。她曾经答应过替父亲传续伍家的血脉，如今恐将化为泡影。学花的心里犹如遭遇电击一般难受。

（十）

20世纪70年代，年轻人能够参加工作，是一件十分荣耀且令人羡慕的事。许多领导干部的子女要下放到农村去，接受贫下中农再教育。伍学花这个穷人家的女孩子，在居委会主任吴家娘的帮助下，成为星子县针织厂的工人，且当上了星子县的劳动模范，可谓独树一帜了。

学花临近16岁那年，蓼花乡一个在石粉厂工作的姓张的小伙子了解到学花父亲去世，母亲又患有先天性智力障碍，身边血缘关系最亲的人莫过于家住海会的舅舅了。于是，他去学花舅舅家求亲，舅舅托人捎话请学花去他家。学花想到在自己最危难的时刻，未曾见过舅舅的身影，甚至连爹爹去世都未见他过来打个照面，送上爹爹一程，如今却几次托人捎信带话，自己又岂能令无情无义之人随意摆布？她吃了秤砣铁了心，宁愿一生不嫁，也不能让他人做主自己的婚事。所以，但凡找舅舅登门求亲之人，都吃了学花的闭门羹，碰了一鼻子灰。

学花自大屋里降生，大难不死，靠的是左邻右舍的帮忙。毫不夸张地说，学花是吃百家饭长大的！

学花的干妈鲁妈妈生了三个儿子，都老大不小了，也到了谈情说爱的年龄。鲁妈妈眼前的干女儿不经意间已长得如出水芙蓉。虽说家境贫寒，背负累赘，可难得的是学花懂事，又吃苦耐劳，现在又有一份好工作。她心想：这看着长大的干女儿，如能成为自己的儿媳妇，岂不是两全其美？

鲁妈妈的儿子也视学花如妹妹，处处护着学花。学花也懂事，总是哥哥长哥哥短地叫着。

一日，鲁妈妈充当红娘，替干女儿与儿子牵线搭桥。鲁妈妈的儿子在外地工作，平时很少回家。鲁妈妈希望学花给儿子写信，表达爱慕之意。学花情窦初开，但转念又想：鲁妈妈只是喜欢我，并不待见我的家人，而我肯定是要照顾家人的，与其日后因此闹得离婚，不如不交往。学花掂量来掂量去，几封折叠平整的信一直未能寄出。

鲁妈妈想学花做儿媳妇的心思被居委会主任吴家娘知晓。吴家娘很担心，她怕学花与干妈的儿子结婚后被带走。这样的话，学花的娘以及两个残疾妹妹就失去了依靠，没人管了。思来想去，吴家娘找到鲁爸爸与鲁妈妈的单位领导，表明来意并陈述了学花家的实际困难，请求单位领导帮忙做通鲁爸爸鲁妈妈的思想工作，打消让学花做儿媳妇的念头。谁料鲁妈妈并不答应，她说学花这孩子跟自己儿子从小就情投意合，学花做鲁家的媳妇再合适不过。

无奈，学花只好把自己可能不能生孩子的事告诉了鲁妈妈。鲁妈妈一听就急了，为了求证消息的准确，她连忙带着学花来到县医院，找到妇科王主任。鲁妈妈和王主任都是南昌人，很谈得来。两人一阵寒暄后便切入正题，王主任从医学专业角度介绍了相关情况，言谈中流露出同情与惋惜。

学花坐在一旁暗自流泪，世界上的诸多不幸，为何总降临在她身上呢？

鲁妈妈安慰学花："孩子，不要想那么多了，只要自己的命保住了，就比什么都好。世上不能生孩子的女人多的是，并非你一个。你自己想开些就是了。"

转而，鲁妈妈又责怪起学花："你这孩子也不懂事，这两年肚子胀痛得这么厉害，也不跟我说。要是早跟我说了，我也可以早带你见王主任，及时治疗就不会落到今天这一步了。"

面对残酷的现实，学花呆若木鸡，只能默默地接受。

从此，鲁爸爸与鲁妈妈再也没有提让学花做儿媳的事了。

学花的爹爹去世之后，娘就被舅舅接走了。但没多久，学花的娘不知什么原因又被舅舅差人送了回来。

虽说印香和老伍生过六个孩子，可因其出嫁早，至老伍去世时，印香才只有三十几岁，也算得上是风华正茂的年龄。

曾有心疼学花的好心人建议："让你娘找一个人来帮你一把,撑起你这个不幸之家。"

学花想想也觉得有道理,光靠自己一个人也确实感到力不从心。自己起早贪黑,既要照顾好家庭,又要做本职工作,每个星期天还要上山捡柴……要是有一个能够看上印香的男人,以后有一个人与学花共同养家,学花自然会轻松许多。学花在心里承诺,只要后爹待娘和妹妹好,她就一定要为后爹养老送终。

学花把好心人的建议以及自己的想法告诉了鲁妈妈,鲁妈妈也觉得在理。

在好心人的撮合下,先后有六个男人来到学花的家里。前五个人看到印香以及身边两个残疾的小女儿,撇了撇嘴,没说一个字,扭头就走了。

第六位是个老男人,在建筑公司做建筑工人,也算有一份正式工作。他家住水井旁边,与学花家共饮一口井的水。老头除了有一份工作,其他条件都很差,因而年近花甲,依然光棍一条。虽然其貌不扬,但老头心地善良。学花打水时,他时常会帮助学花提,还常常送些东西给学梅、冬香吃,这一切学花一直记在心上。后来,学花托人竭力把这老头介绍给娘,没想到老头稍一接触,便逃离了学花的家。老头出门之前对学花说:"谁能养得了她们三个人? 你也不要耽误了自己!"

就这样,学花欲找一个后爹共同养家的愿望破灭了。她不得不面对残酷的现实,咬紧牙关,颤颤巍巍地用自己的羸弱之躯为这个可怜的家庭遮风挡雨……

1972 年 7 月的一天,鲁妈妈挺着个大肚子把学花找来,说:"我这几天可能要生第四个孩子,你干爸一时不在家。为以防万一,我把生孩子的生活用品都准备好了,唯恐临时来不及带上,到时你帮我把这些东西送到医院去。"

鲁妈妈边说边用手指了指,学花赶忙答应。

鲁妈妈的话也真灵验。第二天,她便要生了,忙去了医院。

鲁妈妈已经生过三个男孩,这么大年纪了,一直惦念着想生个女儿,老来好有件贴身的"小棉袄"。可没想到,这第四个呱呱坠地的又是一个大胖小子。

听说鲁妈妈又生了一个儿子,学花赶紧把鲁妈妈交代好的生活用品送了过去。

一到医院,学花见鲁妈妈母子平安,尤其见到虎头虎脑的鲁老四,很是高兴喜欢。

日后,只要一有空,学花就去鲁妈妈家帮着照料鲁老四,还常常买好吃的给他吃。

有一回,学花买了糖炒栗子,剥去壳咬碎了喂给鲁老四吃。鲁老四用小嘴慢慢地咀嚼,细细品味,吃得特别开心。他还不时地用小手将栗子肉从嘴里掏出来往学花的嘴里塞。学花眼见鲁老四这么懂事,心里一阵感动。她心想:鲁妈妈待我学花如亲生闺女,只要弟弟喜欢吃的,学花再穷也会花钱买!

看着鲁老四吃得津津有味,学花的心里很开心。

突然间,鲁老四"啊"了一声,唾液裹挟着栗子肉一起喷了出来。鲁妈妈见状立即上前,一个劲地拍打鲁老四的背部,嘴里责怪学花:"你看你,弟弟这么小,你却拼命塞这么多不消化的东西给他吃。"

鲁老四的呕吐吓坏了学花,没想到自己好心办了坏事,连累鲁妈妈虚惊一场,内疚得直掉眼泪。

为了照料鲁老四,鲁妈妈特地把自己的妹妹余杨泳请来了。余杨泳比学花大一岁,没有工作,一直在家待业。

论资排辈,学花该称余杨泳为阿姨才对。可由于彼此年龄相仿,学花又参加了工作,无形中显得成熟老到,也就直呼其名了。

在大家的悉心照料下,鲁老四长得胖嘟嘟的,十分招人喜爱。

鲁老四有了余杨泳的照料,自然也减轻了学花的负担。

眼看月底到了,学花领到了 18 元的工资。她想到亲如姊妹的余杨泳已来县城多日,自己说什么也该表示表示。于是她来到肉包店,买了 4 个大肉包。学花心里盘算着:鲁老四还小,吃一个就够了,其余三个全给杨泳吃。至于自己,以后再说吧。余杨泳接过肉包子高兴坏了,硬要学花吃一个。学花一本正经地说:"我已经吃过了,你就趁热吃了吧。"说完,她侧过身去,偷偷地咽了咽口水。

几个月后,学花发了一笔加班费,这可把学花乐坏了。对她而言,一分一厘都是她的救命钱。她可以尽地主之谊,把余杨泳请到饭馆里,阔绰地点上一大碗肉丝面,却舍不得为自己乱花半分钱。因为她要依靠自己的力量支撑起这个不像样的家。

第四章　情投意合

（一）

经过岁月的洗礼,学花已经出落成一个亭亭玉立的大姑娘,开始向往纯真美好的爱情。

20 世纪 70 年代,生活在城里且有工作的年轻人,成为人们追捧的香饽饽。

学花针织厂的同事金娥,是个地地道道的农村人,好不容易被安排在星子县城里工作。有一天,她兴奋地告诉学花,自己找了一个邮政局的男朋友。

那个年代,邮政、铁路、公路、供销等都属高大上的行业,人们趋之若鹜。骑着草绿色的邮政专用自行车的小伙子,行走在小县城的大街小巷,尤为抢眼。家有小女十七八就开始谈婚论嫁了,讲究的是"三转一响带咔嚓"。骑个自行车就像 21 世纪开了一辆豪车一般风光。

见金娥找了一个在邮政局工作的男朋友,学花羡慕极了。她在心里把自己与金娥做了对比,自己除了家庭条件比不上金娥,其他都有过之。尤为突出的是,学花是县里的劳模,大大小小的宣传栏里都张贴着她的照片,介绍着她的事迹,好歹也是县城里的小"名人"。按理说,金娥能找到邮政系统的男朋友,学花一定也能。

令学花没有想到的是,自己的所思所想竟应验得如此迅速。天公做媒,每天负责为针织厂送信送报的邮递员小伙子找到学花,略带羞涩地轻声说:"你的一个女同事找了我的同事做男朋友。我早就了解你了,你很了不起,是县里的劳模,你能看得上我吗?我俩交个朋友吧!"

这突如其来的示好,令学花始料未及。她用疑惑的目光打量着眼前这个个头不高、面相忠厚的小伙子,不知如何回答是好。

小伙子也很识趣,毕竟自己提前没有做过任何铺垫,只能骑驴看唱本——走着瞧。

小伙子走后,学花的心里既惊喜又纳闷。惊喜的是从事邮递员工作的小伙子主动找上门来,与邮递员谈恋爱不正是自己羡慕不已的吗?纳闷的是,虽然小伙子每天给厂里送信送报,可从来没有接触,更谈不上了解,这突然间从天而降的大好事,会不会是黄鼠狼给鸡拜年呢?

次日,学花就收到了小伙子的第一封信,信里讲述的都是一些让学花感到特别开心的故事。小伙子的字写得特别好,不经意间增加了他在学花心里的印象分。

见字如面。此时学花的心里如春风拂过水面,泛起层层涟漪。她在心里反复问自己:学花你不就是想找个在邮政局工作的男朋友吗? 这送上门的鸭子可不能飞了。

除了心中的青春萌动,学花内心更有强烈的渴望,她渴望能有一个踏实稳定、有责任心的好男人与她共同扛起那个贫穷不幸的家庭,共同开创美好的新生活。

没有含羞浪漫的表白,学花心里默认了他是自己的男朋友。

没过几天,小伙子骑着自行车,邀请学花一起看电影。坐上男朋友的自行车,学花的心里异常兴奋,这是她从未有过的感觉。

小伙子年长学花两岁,已 19 岁,很单纯。他和学花一样,就像一张无瑕的白纸,纯洁透亮。看电影的过程中,他们都有意识地与对方保持应有的距离。

虽然彼此有好感,但学花不敢把他带回家,怕他看到娘以及两个残疾妹妹后接受不了离她而去。好在小伙子喜欢的是学花,从未问及她的家人。

相互交往中,学花也会不时地提醒他:"我还未成年,两年后你如能接受我的家人,我就嫁给你。"

小伙子也不含糊,爽快地说:"我听你的。"

此后,小伙子更喜欢学花,但从不提及她的家人。

几个月后,小伙子给学花送来 60 元钱的礼金,这让学花受宠若惊。别看只有区区 60 元,在当时也是一个不小的数目,它相当于学花三个多月的工资了。

小伙子把钱双手递到学花的面前,学花一时不知所措,两眼茫然。都快 17 岁的年纪,还从未得过这么多的钱,她愣住了。

小伙子见状,悄然无声地把钱塞进了学花的口袋,关切地说:"用这钱去做几件合身的衣服吧! 今天正好有空,我陪你一块儿去。"

在小伙子的诚心建议下,学花跟随他来到了供销社的门市部。他们买了流行的格子呢布,做了一件格子呢春秋装,还买了一套贴身穿的棉毛衫。学花第一次穿棉毛衫,感觉很舒适,因为原来穿的贴身衣物都是打补丁的。

俗话说,佛靠金装,人靠衣装。穿上新衣的学花,一改昔日的穷酸相,漂亮极了。这是她从娘肚子里出来穿的第一件真正属于自己的新衣服,她的心里充满了前所未有的自豪。

鲁妈妈很快便知道了学花谈男朋友的事,心里就像打翻了五味瓶。学花是她看着长大的女孩,吃得了苦,受得了累,既懂事又有孝心。如果不是妇科王主任诊断说她不能生孩子,就让她成为自己的儿媳,那是再好不过的事情啊!但她又想,如果王主任诊断失误,岂不是眼睁睁看着这么好的姑娘"花落别家"吗?唉,如能缓缓再说就好了。

一天,鲁妈妈把学花拉到家里,关心地说:"你怎么找一个家在农村的男人?个子又那么矮。你虽然不是我亲生的,但想到你以后不幸福,我的心里也不好受,你知道吗?你想找一个男人,但条件一定要比你好才行,千万不要太随便了。你现在年轻,有些事情还不清楚。干妈是过来人,听我的没错。"

鲁妈妈接着又说:"你看他个头那么小,以后你俩的孩子个子也高不了。"

学花理解鲁妈妈的好意,但她也有自知之明。她诚恳地告诉鲁妈妈:"我们要求男人的个子高、家庭条件好,可我自己的条件好吗?只要人家不嫌弃我娘和两个妹妹就不错了。我现在需要找一个对我不离不弃的男人,来帮我撑起这个贫穷不幸的家,以后的生活一定会好起来的。"

学花深情地望着鲁妈妈,十分感慨地说:"我是在干妈干爸的关心下长大的,我知道你们都是为我好,希望把我身边的三个'包袱'交给政府来救济,但我实在做不到,我无法狠下心。"

学花沉思着,她想起了可怜的爹爹。爹爹的遗言犹在耳畔。她告诉鲁妈妈:"爹爹生前说过,我的命就是全家人的命,娘和两个妹妹的安危全系在我一个人的身上。如果我违背了爹爹的遗愿,为顾及自己而放弃娘和两个妹妹的话,他在九泉之下也不会瞑目的。"

听完学花情真意切的话语,鲁妈妈的心头一软,禁不住流下了两行热泪。

学花赶紧宽慰鲁妈妈:"干妈,你也别为我难过,我会努力改变自己的命运。我不能生育的事情你也清楚,我也不想给干妈干爸增添烦恼,不想拖累您的家庭,就让我做你们的好女儿吧!"

鲁妈妈的喉咙里似乎哽着什么东西,她拉着学花的手,声音中略带抽泣:"我和你干爸都认为你方方面面都好,也特别相信你的能力,所以特别看好你。现在看来,也许是我儿子与你的缘分不够,是我们家没有福气啊!"

学花赶紧回答："干妈也别这么说，二哥人好又有工作，他一定会找到更好的女孩的。"

鲁妈妈捋了捋学花的头发，勉强地笑笑，眼神里却充满了失落。

学花带着恳求的语气对干妈说："我的婚姻就让我自己做主吧！即便选择错了，我也不会埋怨任何人。"

鲁妈妈望着眼前这个饱经风霜的女孩，心情复杂。她觉得没有什么更好的语言，能够表达自己的心情。面对学花，她满怀深情地说："女崽呀！我和你干爸也没有什么好说的，你照顾好自己要紧，凡事不可强求啊！"

学花感激地点了点头。

周末，男朋友邀请学花去秀峰的家里看看，学花答应了。小伙子骑着自行车，带着学花神采飞扬地来到了家里。

一进家门，小伙子兴奋地叫了声"二娘，我回来了"，然后又指着学花介绍道："这是我的女朋友。"

二娘微笑着"哦，哦"两声，眼睛上下打量着学花，又连忙把他们让进房间，端来花生瓜子，招呼儿子陪学花一起吃。自己却顺手把门带上，退了出去。

学花剥着花生，心里纳闷：男朋友缘何称呼眼前的这位母亲为二娘呢？小伙子看出了学花的心思，解释道："二娘没生过孩子，我是过继给二娘的。"

学花同男朋友在房间里一边吃着花生瓜子，一边闲聊着家长里短。不一会儿，二娘示意小伙子出去。待他再次进入房间，学花发现他拿东西的手在颤抖，说话时也有些哆嗦。学花赶紧把二娘叫来，问她何故。

二娘没有正面回答，反而瞪着眼睛冲着儿子说："你这没用的东西，快出去吃饭吧！"

二娘前后的言谈举止让学花感到疑惑，是不是二娘没相中自己呢？

吃过中饭，学花和男朋友又一起回到了县城。走到县城西宁街坡口时，小伙子遇到了同事老张，于是两人聊了起来。学花因为厂里有事，先走了。

老张既是小伙子的同事，也是学花的邻居。学花的家境，甚至连她不能生育的情况他都一清二楚。

时光悄无声息地流逝着，平静、安详。

有一天，学花穿着男朋友给她做的格子呢春秋装，刚出门便撞上了居委会吴主任。吴主任怎么也不敢相信，眼前这个穿着时尚的姑娘，竟是她怜悯帮助的伍学花。一点没错，正是她！

　　吴主任睁大眼睛，细细打量着学花，没好气地说："你跟我来一下！"学花顿时感觉到自己的恩人吴家娘有些不对劲，但也不敢多问，便乖乖地跟着吴家娘来到了居委会。不待落座，吴主任便劈头盖脸地数落起来："有很多人向我反映，你自己穿得干干净净、整整齐齐，却从不管娘和两个可怜的妹妹。为此，我在外面还帮你解释，为你做证，说你依靠自己的工资抚养一家人。如果不是亲眼所见，我还得继续替你说瞎话！看看你家穷成什么样子，饭都吃不上，只能天天喝稀粥度日。你的娘和两个妹妹衣衫褴褛，你倒好，只顾着自己穿好的，不管你的家人死活！你那点工资，哪有钱买这么好的格子呢穿？"

　　吴主任连珠炮似的发问把学花给整蒙了。不待学花反应过来，她用手指着学花，怂恿站在门外看热闹的居民说："你们大家说说看，她家里穷得叮当响，自己却穿得这么洋气，丝毫不顾及娘和两个残疾的妹妹，不顾家人的死活，自己却穿起了格子呢！"

　　平时关心了解学花的张家娘站在旁边，虽然她知道实情，但碍于吴主任正在发火，也不敢出声。其他不知情的居民则你一言我一语地跟着指责开了。有的人说："子不嫌母丑，狗不厌家贫。你还像人吗？"还有的人说："你的工作都是吴主任和组织上给你安排的，你现在竟变成这样，这还了得？"

　　大家七嘴八舌的指责，让学花手足无措。如果眼前有条地缝，学花情愿钻进去。

　　学花没有辩解。吴主任在学花的心里举足轻重，她是学花一家人的恩人。不要说训斥责骂，就是打她，学花也要咬牙扛着。学花想到当初爹爹也因为被人误解被关了起来，心里如针扎般难受。

　　学花站在那儿，默默地经受着这突如其来的暴风雨般的洗礼。

　　风波过后，学花回到了家，她伺候娘和两个妹妹吃完饭，自己空着肚子上班去了。下班、回家，两点一线，她已记不清自己几餐没有吃饭了。她的心里空荡失落！她多么渴望自己的男朋友能在这个时候出现在她的面前，给她带来些许安慰啊！她每天都在期待那辆草绿色的自行车的出现。她幻想着坐在自行车的后座，与男朋友一道去看一场电影，彻底排解内心的苦闷。

　　盼啊盼，一个多月过去了，男朋友的影子也未出现。学花暗自伤心。

　　…………

　　学花住的阁楼下面住着一位单身小伙子，名叫小枝。小枝关注学花有一段日子了，渐渐地萌生出仰慕之情，学花却蒙在鼓里。有次驻足闲聊时，小枝对学花说："你怎么找一个送信的男朋友啊？你看看我的条件多好，我爸爸在东牯山供销社当主任，我在轻机厂工作……"

小枝的话语里带着几分自信与关心，充满了爱慕。

学花早就听出了弦外之音，但她不是那种见异思迁、移情别恋的女孩。虽然小枝的家庭条件比自己的男朋友好，个子也比男朋友高，但自己绝不可以脚踩两条船。更何况小枝各方面条件都很优越，反观自己贫穷不幸的家庭，那真是门不当户不对，可谓大相径庭。即使现在结了婚，指不定婚后哪天还得分道扬镳，美梦破碎，内心岂不更加痛苦？更不用说实现爹爹的遗愿了。

面对小枝的追求，学花无动于衷，异常平静。

1973 年的春节到了，工厂的员工都放假回家过年去了。让学花未曾想到的是，小枝把樟木做的许多精致的衣架，连同各色糖果，在大年初二送到学花居住的阁楼。学花虽心存感激，但她不动声色，只是礼节性地道谢而已。

除了这对孤男寡女，整栋楼空空如也。虽然小枝温文尔雅，不像某些风流浪子那么顽劣耍赖，但她的心里还是提高了警惕。在几番寒暄之后，学花说要去同学桂青鸣家拜年，便借故离开了。

晚上，学花唯恐小枝不走，这楼上楼下、一男一女的，一旦传出去，自己跳进黄河也洗不清了。于是，她邀了青鸣同来阁楼做伴。

图 3　参加工作后与青鸣合影

小枝送完衣架、糖果，果然没有回去，他正在自己的宿舍里等着学花呢。他见学花带着青鸣回到阁楼，便也上去坐了坐，天南海北、有意无意地聊着。从此，青鸣与小枝便认识了。

第二天晚上，学花照例欲找青鸣上阁楼做伴，可家里未见其人。她心里一阵纳闷，独自回到阁楼。她在上楼时，听见小枝的宿舍里有说话的声音。那熟悉不过的声音不就是青鸣吗？学花顿时恍然大悟。

学花没有贸然打扰他们。约莫晚上九点，青鸣自己回了阁楼。学花若无其事地提醒青鸣："时间不早了，我们早点睡觉，明天还要赶早上山捡柴。"

躺在床上，学花问青鸣："你怎么这个点过来？"

"早就来了。"青鸣略有所思，接着说，"小枝各方面的条件都很好。"

"你是不是看中他了？"学花问。

"有一点！"青鸣轻声回答。

学花惊奇地望着青鸣，半开玩笑半认真地说："你这也太快了吧！昨天晚上才认识，今天你就动心了，比坐火箭还快呀！我觉得婚姻大事要慎重，要三思而后行。你们互相了解不深，怎么就一见钟情了呢？"

"我是为你好，希望你以后能过得幸福。"学花补充了一句。

…………

学花盼星星盼月亮，就盼着男朋友来看自己一眼。可一个多月过去了，男朋友杳如黄鹤，音信全无。学花预感到，这其中必然发生了变故。

强扭的瓜不甜。学花觉得既然两人没有缘分，还不如快刀斩乱麻，当面做一个了断，今后谁也不欠谁的，彼此心里都踏实。

学花工作的针织厂成立了职工互助会，每个员工都是互助会的会员，以解会员生活中的燃眉之急。会员每月从工资中取 5 元钱存入互助会，12 个会员每月的互助金就有 60 元。互助金视会员个体的实际需要轮流使用。学花提出了要求，会员一致同意，因此头回获得了 60 元的互助金。

大年初六的晚上，学花邀请同学桂青鸣作陪，来到邮政局二楼，找到男朋友的宿舍。男朋友没有外出，见学花不请自来，难免有些惊愕，很不好意思地勉强笑了笑。

学花明白了一切。她相信自己之前的预感是正确的，于是开门见山地说："既然我们谈不下去，那就分手吧！从今往后，你走你的阳关道，我过我的独木桥，井水不犯河水。"

说完，她从身上掏出准备好的 60 元钱，递给男朋友说："这是你过去给我的 60 元钱，现在如数还给你。"

小伙子手里拿着钱，眼眶有些湿润了。他坦诚地说："男方变卦，女方是不要退回礼金的。你哪来这么多钱退给我？"

学花坚定地回答："我人穷，可我志不能穷啊！现在 60 元钱对我来说确实很多，但在不远的未来，不要说 60 元，就是 60 万也难不倒我伍学花！"

男朋友听罢，身体又开始有些微微发抖。平静之后，他用略带愧疚的语气告诉学花："你现在的做法让我不知说什么好，钱我不能收，但有两件事我不得不说。第一件有关我二娘。二娘要求我先和你在一起，等你怀了孩子再结婚。

可我知道你是一个要求进步的女孩，而且我答应了这两年不碰你，因此我不能满足二娘的要求。第二件有关你的家庭。我的同事老张知道我对你有意思，出于对我的关心，他提醒我，说我没有那么大的能力养活你家的三个残疾人。他还提醒我，医生判断你不能生孩子。就算能怀上，你瘦骨嶙峋，一阵风就能吹趴下，到时哪还有生孩子的力气，指不定因难产而死去，落得人财两空。说心里话，听了老张的话，我特别害怕，所以我再也不敢去找你了。"

听了男朋友的这番话，学花心里的伤痕暴露无遗。她彻底明白了，很坦然地说："我有一个贫穷不幸的家庭，这是有目共睹的。我既没有藏着也没有掖着，相信以后一定会好起来的。医生是说过我不能生孩子，但没像老张那样，说得那么危言耸听。我也不差你这 60 元钱，既然分手，我不想欠你的！"

说完，学花拉着青鸣赶紧出了门。一出门，伤心的泪珠就止不住地掉了下来。

很快，学花与男朋友分手的事在厂里传开了。厂里很多阿姨和阿姐关心、安慰学花："你条件这么好，不怕找不到男朋友。我们大家帮你张罗，保证找个比那小子好的，活活气死他去。"

不到一个月的时间，厂里的姐妹们果然给学花介绍了六七个小伙子，有县委宣传部的，有当教师的，有做工人的，还有在部队当兵的。不知什么缘故，学花一个都没有点头，可把厂里的姐妹们急坏了。

就在学花忙着相亲的时候，鲁妈妈要求她陪同自己去九江看望二儿子。鲁老二在九江国棉三厂工作。鲁妈妈好久未见儿子，心里自然想念。对鲁妈妈的要求，学花也是有求必应。

母子相见，分外高兴。鲁老二见是学花陪着妈妈而来，心里更是高兴。学花嘴里总是哥哥长哥哥短的，两人亲切得如同亲兄妹。

鲁老二工作上很努力，人缘关系也不错，尤其与他所在班组的组长关系好。他的组长是南昌人，由于政策原因被调到九江来了，年纪轻轻的别父离母，孤身闯荡江湖，实在不容易。

中午吃饭的时候，鲁老二微笑着对学花说："你们厂里的女孩多，能不能帮我的组长介绍一个本地的女朋友？"

既然是哥哥的要求，学花哪有不答应的道理？

回到厂里之后，学花私下问过好几个关系好的姐妹，可她们都不想找一个外地人做男朋友。学花又找到闺密素娥，素娥当时并没有异议，算是默认了。

学花特别高兴,便赶快给鲁老二写信告知此事。待学花正准备安排他们见面时,情况突变。素娥也不同意找外地人。无奈之下,学花写信告诉鲁老二,说本地女孩比较难找,要不把外地来厂工作的同事介绍给哥哥的组长。

鲁老二把学花为组长介绍对象前后波折的事,如实告诉了他的组长。组长是个直性子,他告诉鲁老二,自己不想这样来回折腾,想找伍学花做女朋友。

于是,鲁老二给学花写信,告知组长的意思。接到哥哥的信,学花也着实为难起来。因为她压根儿就不想找一个外地人做男朋友。但是鲁老二在信中说:他的组长长得高,还是老高中生,可以先接触一下。

学花想,哥哥向来说话有分寸、考虑周到,自己总不能不分青红皂白地驳他的面子,便答应了。至于何时与哥哥的组长见面,学花说等她的新工作确定之后再做安排。

(二)

20 世纪 70 年代初期,星子县针织厂由于设备陈旧、技术落后,开始下马。皮之不存,毛将焉附?厂里的职工面临着分流的难题,这也关乎所有职工的生存命运。就在大家议论纷纷的时候,学花却莫名的平静。厂里的阿姨、阿姐半开玩笑半认真地对学花说:"现在大家都人心惶惶,但你不用慌。你是厂里的标兵,又是县里的劳动模范。即使厂里的人走光了,也轮不到你走哇。"

不说则罢,大家这么一说,倒不由得提醒了学花。学花心想:针织厂的这份工作是居委会吴主任劳心费力争取来的,无论如何都不能胡思乱想,要听从组织上的安排。

早在十来岁的时候,学花就仰慕星子县的风云人物罗腊香。她是县商业局所属国营饭店的服务员,由于工作任劳任怨,服务热情周到,被评为全国劳动模范。学花还把对罗腊香的敬佩写进自己的日记里。她决心以罗腊香为榜样,因此工作上总有使不完的劲儿,取得了令人瞩目的成绩。

眼下针织厂下马分流已成定局,全厂员工都在为个人的去向问题躁动不安,学花也在静候组织的安排。

夜晚,学花照常写着学习劳模罗腊香的日记。突然,她眼前一亮,何不趁针织厂下马分流人员之机申请到自己久仰的劳模罗腊香身边工作呢?学花思来想去,罗腊香的精神占据了她的大脑,令她挥之不去,欲罢不能。她吃了秤砣铁了心,打算追随心中的偶像罗腊香。于是,她石破天惊地写了份分流申请,恳请组织把她安排到罗腊香身边，做罗腊香式的服务员，全心全意为人民服务。

很快，调令下来了。学花并没有如愿被安排到罗腊香的饭店，而是被安排在星子县水泥厂。大家听说学花被安排去水泥厂，都责备她不该写那份申请，偷鸡不成蚀把米！留在厂里静等多好，偏偏自讨苦吃。

还有几个阿姐也同学花一样被安排到了水泥厂。阿姐们唉声叹气，恨自己命苦。学花却不动声色，一副镇定从容的神态。

还未到正式报到的时间，学花打算提前去水泥厂看看，也好心中有个数。她叫上一位阿姐，第二天便去了水泥厂。

到水泥厂一看，她俩傻眼了。每个环节的工作又脏又累，工人们个个灰头土脸，没一件干净衣服，哪是女孩子能够干的活？更有甚者，水泥厂竟离县城接近10公里，每天来回就得四五个小时。

对学花而言，为了干好工作，吃苦受累算不了什么。但要把四五个小时浪费在路上，日后娘和两个残疾妹妹该如何照顾？想到这里，来水泥厂之前还镇定从容的伍学花，此时急哭了。她恨自己突发奇想、异想天开，平静的日子生生让自己搞砸了。她想到自己既没文化也没关系，更没有钱，现在掉进了水泥厂这个冰窟窿，日后怎么照顾家人呢？她的肠子都要悔青了。

转眼就是水泥厂报到的时间，学花心急如焚。她的心理底线已被突破，因而决心孤注一掷。

一大早，学花未去水泥厂，而是径直来到县委计划组，找到计划组的干部。她哭丧着脸恳求道："我叫伍学花，我不能去县水泥厂，我希望得到组织上的照顾。"那位干部看了看学花，平静地说："你这么年轻不去水泥厂，我总不能安排老太婆去吧！"

学花一听急了，差点哭了出来，赶忙说："不是我对工作挑肥拣瘦，是我有一个比别人更特殊的家庭。我的母亲和小妹患有先天性智力障碍，大妹患有严重的眼疾。这三个人本可以交由政府救济，可我不想给政府添负担，我要靠自己的努力照顾好她们。如果我去了水泥厂，她们连生存都难以保证。"

计划组的干部听学花这么一说，皱了皱眉头，陷入了沉思。

这时进来个人，是商业局的陶局长。学花一见来人，赶忙亲切地叫了一声"陶家爸"。原来这位陶局长，是学花的同学陶美琴的爸爸。

计划组的干部见局长来了，又听学花与其亲切地打招呼，好奇地问："陶局长，您认识她？"

陶局长笑着说:"认识,她是我女儿的同学,我们还是住在同一条街的邻居。这孩子很争气,还是我们县里的劳模。她的家里如果没有这个孩子,恐怕一个也活不了!"

听完陶局长的介绍,计划组的干部说:"这孩子不想去水泥厂工作,既然是这种特殊情况,要不咱们就收下她吧!"

学花一听,心中好一阵惊喜。她庆幸自己真的遇到贵人相助了。

陶局长略加思索,答应了。谈完工作,陶局长便带着学花来到了商业局,把她交给一位姓王的局长安排工作。

说来真巧,这位王局长是学花的同学王如霞的爸爸,是一位南下干部。如霞的祖辈是北方人,饮食以面食为主。如霞的奶奶对待学花特别好,又烙得一手好大饼,如霞常拿大饼跟学花换粥喝。

见到王局长,学花喜不自禁。她万万没有想到,关键时刻居然奇迹般柳暗花明了。学花早就知道自己的偶像——全国劳模罗腊香工作的单位隶属于商业局,于是她鼓起勇气,恳求王局长把她安排到罗腊香身边工作。她决心向罗腊香学习,做罗腊香式的榜样人物。

说曹操曹操到,就在学花恳求时,外面进来一个衣着朴素的妇女——罗腊香。王局长一见罗腊香来了,赶紧指着学花微笑着说:"这苦命的孩子叫伍学花,吵翻了要到你身边去工作,说要向你学习,做和你一样的人。"

罗腊香好奇地看了看眼前这个瘦弱的女孩,回答王局长:"我们公司的人员指标都安排满了。"说完,她走到学花的身边,拉起学花的手亲切地说:"你就是伍学花啊!听大家说,你是一个要求上进的孩子,也是我们县年龄最小的劳动模范,真了不起啊!你不一定非得到我身边来工作,是金子在哪里都会发光的。"

她深情地望着学花,语重心长地说:"你要服从领导的分配,无论安排到哪里都要努力工作,我相信你一定能做到。"她顿了顿,又饱含期待地说:"希望你努力奋斗,依靠自己的双手和力量,改变家庭的贫穷与不幸,努力自强不息,为国家减轻负担。"

望着自己倾慕已久的罗阿姨,学花两眼放光,频频点头。

这时,王局长对学花说:"你还是去商机厂吧,那是我们局刚办的厂子,对你们年轻人来说是一个锻炼的机会。我的女儿回城之后,也让她们去商机厂。她俩不是你小学同学吗?同学在一起更好开展工作。"

学花高兴地接受了，赶忙谢过王局长。

星子县是个小县城，城东发生的事情，很快就能传到城西。学花到商机厂上班的第一天，便惊喜地发现她的同学闵方星的弟弟闵方建也在此上班，商机厂的闵厂长就是闵方星的父亲。虽说闵厂长文化不高，可他车、钳、刨、铣等工种样样精通。闵厂长对厂里的职工温暖如春、关爱备至，对自己的家人却要求严格。

闵厂长夫妇了解到学花的家境，了解到她童年辍学支撑起风雨飘摇的家，对此深感同情，因而处处给予学花关怀。

进厂不久，学花被安排学如何使用刨床，师傅是来自上海的女知青。她手把手地教学花操作的要领。在师傅及同事们的帮助下，学花很快就能独自操作刨床进行加工了。不久，陶美琴、王如霞也都分到商机厂。美琴与学花一样学刨工，

图4　商机厂师徒合影

如霞学车工。昔日同窗今又在一起工作，三人形影不离，亲如姐妹。

星子县针织厂的工人刘木金，是学花的老同事了。他年长于学花，针织厂下马之后也被安排到商机厂。刘木金见了学花，很是亲切，俨然学花的兄长，处处关心学花，不让学花吃亏上当。在商机厂，学花的人缘很好，这让她加倍努力工作，以回报帮助、关爱她的不是亲人胜似亲人的人！男儿当自强，报国守边防。刘木金响应祖国的号召参军了。他去部队之后，心中始终牵挂着学花。他在信中反复叮嘱学花要注意身体，说身体是革命的本钱。尤其令他放心不下的，是学花时时处处替别人着想，这样自己容易吃亏。刘木金从军前已有婚约，从军半年却未给未婚妻写过片言只语。客观原因是他没有文化，大字不识一个。至于给学花写的信，都是请战友代写的。这事儿很快就被刘木金的家人知晓了，他们到处说学花勾搭刘木金。人言可畏，就连亲如学花父亲的闵厂长也误认为一向忠厚善良的伍学花破坏了别人的婚姻。直到有一回，闵厂长"截获"一封刘木金给伍学花的来信，看过信的内容，他如梦初醒，惭愧地对学花说："我

轻信了刘木金家人的话，你和刘木金没有那回事，你是真金不怕火炼。"拂去阴霾，学花的心里敞亮多了。她全身心投入工作中。正所谓"山重水复疑无路，柳暗花明又一村"。

（三）

伍学花过去所在的针织厂是一个集体企业，经过一番折腾，这个苦命的孩子应验了"苦心人，天不负"这句谚语，得益于陶局长、王局长、闵厂长等贵人的帮助，伍学花在商机厂找到了自己的位置。

商机厂是隶属商业局的国有企业，堪称香饽饽，因而学花更是令人刮目相看了。工作稳定之后，学花收到了鲁老二的组长的来信。鲁老二的组长姓陈，名言人。陈言人高大英俊，玉树临风，是个名副其实的老高中生，尤其写得一手清秀的好字。

陈言人的父亲是 20 世纪 40 年代浙江大学的毕业生，曾在津浦铁路上做工程师，后又在南昌柴油机厂负责技术工作。他把南昌柴油机厂这个破旧的厂子发展成一流柴油机的生产基地，为中国柴油机事业的发展做出了巨大的贡献。陈言人的母亲于 1937 年从九江女子师范毕业，一直在小学教育战线上奋斗。

陈言人出生在一个知识分子家庭，父母共生了 10 个男孩，他排行老五。除老七被父母送给奶娘之外，其余 9 个孩子也都生活得安稳平静。

天有不测风云，人有旦夕祸福。1968 年发生的一系列事彻底打破了陈言人一家平静的生活：他的父亲被遣送到波阳县（今鄱阳县）双港公社养猪场劳动；母亲则带着老四、老八、老九、老十下放到石城县木兰公社小琴大队劳动；老六被下放到广昌县尖峰公社插队落户；老五陈言人则被调到九江国棉三厂的印染车间。

眼看陈言人二十好几了，可依然是个光棍。他曾先后谈过五个女朋友，可人家了解到他的出身后都选择了分手。这令他痛苦不堪。

无奈，陈言人把所有的希望都寄托在了伍学花的身上。

面对陈言人的书信示爱，学花的心里感到有些忐忑，不知如何是好。她想到了朝夕相处的闺密陶美琴。

学花把陈言人给她的来信递给美琴说："我倒是喜欢他写的字，看上去清秀舒服，感觉是一位有文化的人。"

陶美琴看完书信也有同感，建议学花先书信往来，日后再做取舍。

就这样进行了几个月的鸿雁传书,国庆节的前几天,学花又收到陈言人的来信。信中说:"我们通信都好几个月了,国庆节就要到了,我们能不能在国庆节见上一面?"

学花思忖:自己在商机厂还是个学徒,这么早与男生见面多少会影响工作。还有自己的恩人、居委会主任吴家娘,她一直反对自己找外地人做男朋友,担心这样会影响家里三个残疾人。然而这尚未见面的陈言人在书信中表现出来的秀气与才气,让自己倾慕不已。考虑再三,学花还是采取了保守而稳妥的做法,放弃国庆节的见面,继续保持通信。

时间真的能够改变一切!转眼就快元旦了,两个多月的鸿雁传书让学花与言人建立了深厚的感情,学花终于同意元旦去九江与言人见面。

车到九江,学花刚下车,就看到了来接站的言人。

学花初见言人,果真如清新秀气的字迹一般,难怪有字如其人的说法。不过,言人脚上那双麻麻点点沾满了各色染料的解放鞋,吸引了学花的眼球。言人见状连忙解释:"我是在印染车间工作,我的工作服也和脚上的鞋子一样五颜六色。"言人有些尴尬地笑笑,接着说:"工作服我换了,但鞋只有一双,没得换。"

学花静静地听着,脑海里却是波涛翻滚。她想:眼前的这个白面书生,外表看起来倒是不错,可他家的生活条件比我家好不到哪里去。日后他能照顾得了我这个家吗?她又想:他家穷我倒不怕,怕的是他人不老实;如果人不老实,将来岂不是落得个人财两空的下场?

思来想去,学花认为:既然都见面了,先相互接触接触,了解之后再说。

学花是个老实人,她觉得男女相处就应该开诚布公。于是她对言人说:"我曾经谈过一个男朋友,虽然相处快一年,但彼此从未拉过手。所以你现在不能动我,等我俩相互了解清楚,再等我学徒满师。如果有缘,我俩就结婚,无缘那就做朋友吧。"

言人赶忙回答:"我一眼就看上了你,我们有缘做夫妻的。我也谈过几个女朋友,可她们了解到我的家庭之后都离我而去了,我不能再失去你!"

听言人说话这么恳切,学花唯恐误了对方。她说:"医生曾说过我可能没有孩子生,这样的话不是耽搁了你吗?"

"我家七个兄弟(言人唯恐兄弟多坏了自己的大事,故而隐瞒了两个),还怕没有后代吗?"言人以反问的语气予以回答。

说到这里,学花试探性地对言人说:"我爹临终之前恳求我,要我为他寻祖传后。如果我生了男孩,孩子要随我姓伍,以实现爹爹的愿望。"

言人肯定地回答:"医生说你没孩子生我都不在乎,至于寻祖传后你就放心吧,我都可以答应你!"

言人的回答,让学花感到踏实。

第二天,言人带着学花逛公园看电影,两个年轻人的心慢慢贴近了。

中午吃饭,言人替学花点了两菜一汤。他小心地剔除鱼刺,把大块的鱼肉夹到学花的碗里。顿时,学花的心头涌起阵阵温暖。她感觉此时的自己是这个世界

图 5　与陈言人第一次见面合影

上最幸福的人。这时,一个三岁左右、衣衫褴褛、蓬头垢面的小女孩,手拿一只掉了瓷的搪瓷碗,走到学花的身边。学花见状,立刻联想起自己童年讨饭的情景。她不由自主地把自己碗里的饭菜全部倒给了小女孩,眼泪禁不住地流了下来。

言人见学花突然间泪流满面,瞬间蒙了。难道是自己做错了什么? 学花没有出声,悄悄地擦干了眼泪,重新添了一点饭,招呼言人一块儿高兴地吃了起来。

学花该回星子上班了。言人依依不舍,目送着汽车渐渐远去。

回到星子,学花总在不断地回味与言人见面时的点点滴滴。言人有文化,字又写得好,这让学花特别喜欢。但她又担心自己没什么文化,这种文化层次的差异会不会造成他们之间的隔阂,进而产生距离呢? 他对我的家庭状况一无所知,或许误认为我是鲁老二的亲妹妹。他的脚上总穿着那双五颜六色"没得换"的解放鞋,又怎样在经济上帮助我这个家? 按我现在的条件,在星子本地完全可以找个比他综合条件好的男朋友,只是没有一个会承诺为我爹爹寻祖传后。唯有他对我没有孩子生不介意。如生了男孩,承诺让其姓伍,以实现爹爹生前的愿望。他又不是本地人,他的承诺靠谱吗?

言人依旧不断地给她写信,他把学花当作他的女朋友,如追不到她,他可能会打一辈子光棍。

分别不到一个月的时间,学花就收到言人好几封来信。她陷入深深的矛盾之中。她选择了沉默,没有及时一一回复。直到春节过后,学花才给言人回了一封信。信中提出,由于双方各自的工作,暂且互不见面为好。学花不去九江,

言人也不要来星子。

之所以互不见面，是因为学花有自己的考虑。首先是自己的工作来之不易，何况还在学徒。如果因为谈了不该谈的恋爱，被单位开除而丢了工作，既害了自己，也害了对方，岂不抱憾终身？其次，她不想因自己贫穷与不幸的家庭而拖累别人。

收到学花的来信，言人陷入了极度的苦闷之中，但转而又想，人家不是清楚明白地告诉你还在学徒吗？如果有缘，等学徒满师了，再谈婚姻不迟。这话听起来合情合理、无懈可击，但对于他这个二十好几且充满了对异性的想象与渴望的男人来说，无异于一种煎熬。

风筝虽然飞了，但线还在手上。坚持就是胜利！就这样，半年过去了。

陈言人因出身不好，之前谈的几个女友都因为他家里贫困潦倒弃他而去。他简直要崩溃了！二哥、四哥年近30岁还未找老婆，言人好不容易找到不在乎他出身、不在乎他贫穷的伍学花，他怎么能放弃？又要他熬个一年半载的，他也实在熬不下去！他没跟伍学花打招呼，一个人踏上了去星子的路程。

找到伍学花家的那一瞬间，言人蒙了。他见过鲁老二的妈妈，而现在出现在他眼前的是一个40多岁、个子矮小、目光呆滞、衣衫不整的女人。难道这就是学花的妈妈？他的脑海里突然出现一个清秀的身影，那是他心中的女神伍学花。可眼前这个女人和她一点都不像，怎么可能是学花的妈妈呢？更想不到的是，门槛上还坐着两个剃了光头的女孩，一个5岁左右，一个10岁左右。小的傻呵呵地冲他笑，大的看着脑子也不灵光，身上的衣服破烂不堪。言人的心一下子沉了下去。他望了望学花的家，这是一所老式的房子。地面是坑洼不平的泥巴地，屋顶上是木板，但木板缝可以伸进几个手指。不足20平方米的房子被几块熏得发黑的木板隔成两间，外屋放着一张随时都会塌掉的四方桌，桌上的油污好像几十年没擦洗过。桌子旁搭了一个柴火灶，灶上的灰尘有一指厚。里间不到8平方米，没有任何橱柜和箱子，仅有的一张床也是用两条破旧的长凳架着，床上堆满了破旧衣服、袜子和黑得发亮的破棉絮。看着眼前的一切，言人仿佛掉进了冰窟，他想掉头就回九江。可对学花的爱，令他又不舍得离开。为了得到心爱的伍学花，他突然不想走了。因刚上完晚班，言人便把床上的破衣服、袜子推到一边，把破棉絮铺平，躺了下来。

5月29日，学花下班回家。印香拉着学花的手说："我们家的床上睡着一个好高的男人。"学花赶忙进屋一看，她惊呆了：眼前这个穿着一件白衬衫的高大男人，正是她内心纠结不已的陈言人！这个大男人竟然不嫌弃娘和妹妹的脏和乱，泰然自若地躺在那破烂成堆、臭气熏天的破床上。

　　学花心跳加快，情不自禁地扑了过去，抱着床上的言人，感动得热泪盈眶。此刻的陈言人似乎也感受到一种前所未有的慰藉，激动得如同孩子般哭了。

　　就在这时，商机厂的闵厂长来了。他站在学花家的门前，两手撑着两边的门框，厉色地问陈言人："你是来干什么的？你千万不要影响了伍学花的前程。她是我们厂的入党对象，还在学徒期。而且看你这样子，哪有能力撑得起这个不幸的家！"

　　出于礼貌，学花连忙招呼厂长进屋坐坐。厂长没吱声，转身便走了。

　　学花望着陈言人，只见他呆立不动。由于突然间受到严厉的训斥，陈言人神经紧绷，身体微颤，一脸不知所措。

　　见此，学花赶忙解释道："闵厂长是为我家好，他怕我找了外地人，跟人家走了，谁来照顾我娘和两个残疾的妹妹？"

　　与其说是解释，不如说是宽慰，陈言人的心渐渐平静了下来。

　　学花抱怨言人："你这人也是，来之前也不打个招呼。现在家里除了有点米，什么吃的东西都没有。你既然来了，先填饱肚子再说。"

　　学花熟练地淘米下锅，生火熬粥。言人站在一旁，静静地注视着她忙碌的身影，心中的敬意油然而生。

　　学花招呼言人吃完没菜的白稀粥，既认真又坦诚地对他说："我家各方面的情况你都亲眼看到了，厂长的态度你也感受到了。你自己考虑清楚，是回去，还是留下？回去，我能理解。说实话，我也喜欢你，请你相信我，以后面包会有的，牛奶也会有的，一切都会好起来的。我自信凭自己的力量，不远的将来应有尽有！"

　　陈言人也很认真地说："我现在都25岁了，谈过几个女朋友，可没有一个愿意跟我结婚。我舍不得与你分手，我心甘情愿留下来和你一起照顾好你娘和两个妹妹。"学花静静地听着，没再出声。

　　夜幕降临，言人望着自己躺过的那张脏乱无比的破床若有所思。学花邀请言人出去走走。他们边走边聊，不知不觉来到了湖边上。湖面掠过阵阵清风，好不舒服。

　　学花问言人："我家不仅穷，还有三个残疾人，你的家人接受得了吗？"

　　"接受得了。"言人肯定地回答，"我家7个兄弟只有两个人结了婚，还有30

多岁的未找到对象。我现在能找到你这样有工作又能干的女人，父母一定会同意的。"

学花又旧事重提："我答应过爹爹，要为他传后和寻祖。"

"等你满师，只要你跟我结了婚，家里的大事小事都由你做主，一切都听你的安排，一辈子不改变。"

对学花而言，选择男朋友有两条起码的要求：一是要替爹爹传后寻祖；二是要接纳自己的娘和两个残疾妹妹。现在这一切都迎刃而解，她那颗悬着的心终于落了地。

回来的路上，他们走进星子县城唯一的一家饭店。学花本想让言人在饭店里住一宿，可一问价格，最便宜的一间房4个铺，一个铺要2.8元钱。言人面有难色，自己身上仅有1.05元返回九江的车票钱。这时正值月底，学花手上也花得差不多了。

饭店无望，言人问学花："能不能在你家找个地方坐一晚？""长夜漫漫，那怎么吃得消呢？"学花没有答应。

无奈之下，学花想到与自己同住一室的同事刘丽燕到外地参加篮球比赛去了。于是，她领着言人来到了自己的宿舍。

换鞋进入，眼前的物品摆放错落有致，房间里一尘不染，令言人赏心悦目。室内摆放着两张床，一张是伍学花的，另一张是同事刘丽燕的。

学花指着蓝底白花土布床对言人说："今晚你就暂且睡我的床，我睡丽燕的床。"

躺在学花干净并略带清香的被窝里，言人不由得浮想联翩，这是他20多年来从未有过的感觉。

睡觉还早，学花坐在丽燕的床边，娴熟地绞着手套边。为了多赚钱，除白天干好工作之外，她每天都要接些其他的活儿带回宿舍，干到深夜才睡觉。

学花告诉言人："你家兄弟多，我不在乎穷，我可以靠自己的双手赚钱。虽然现在生活贫穷，但相信以后会过上好日子。你不嫌弃我家三个残疾人，我很感动，但结婚以后也不要因为我娘和两个妹妹的事情闹矛盾。"

言人笑笑，连忙说："你放心吧，不会的。"

"还有，你承诺替我完成爹爹传后寻祖的愿望，可不能改变哦！这也是我选择你最关键的原因之一。"

"我一定帮你完成爹爹的遗愿，否则天打五雷轰。"言人对天发誓。

见言人信誓旦旦,学花的心里踏实了许多。

"你的字写得很好,我特别喜欢。"学花边绞手套边边说,"我是厂里培养的入党对象,你能不能帮我写一份入党思想汇报?"

"组织上知道我们在一起,一定会调查我的家庭背景,这样你就难入党了。"言人提示学花说。

"那我准备跟你结婚的话,我可以思想上先入党,这总无妨吧! 还有你的父母都是知识分子,眼下虽然受到冲击,但总有一天会拨云见日的。"

学花的话深深感染着言人,他没想到她的思想竟如此成熟。

夜深了,学花招呼言人早点休息,明天还要赶班车回九江。言人实在忍不住,拉起学花的手背亲了又亲,弄得学花怪不好意思的。学花提醒他:"我们还没有结婚,你千万不要碰我;你不要以为我家没人跟我做主,到时候、县工会、县妇联、厂组织都会替我做主。我也会用自己的方式,自尊自爱、自强不息地守护好这个不幸的家。如果我们结了婚,就一定要一竹竿到头,不能出现任何变故。"

言人口头上不断地应和着,心里却腾起一股对女人的冲动与渴望。他双手抱起学花,将她放在蓝底白花土布床上,重重地亲吻着学花的嘴唇。学花俨然成了待宰的羔羊,动弹不得。狂吻过后,学花的脸上满是泪花。他用手背爱怜地擦拭掉她的泪珠,又轻轻地褪去她的衣服……

言人得到了生理上的最大的满足,甚至觉得自己是这个世界上最幸福的男人,他发誓要一辈子对她好。

以后言人来星子的次数多了。有一天,言人在学花的抽屉里,无意间发现了几封信,是学花给鲁老二的情书,言人的心顿时揪紧了起来。虽然是学花的字迹,但信封上没有邮戳,显然信没有寄出。言人疑虑重重,他想去找学花问清楚,又怕惹出事来,一下子左右为难,拿着几封信呆呆地发愣。

刚好学花推门进来,看见言人拿着几封信发呆的样子,心中早已猜到一二。学花淡淡地说道:"言人,那几封信确实是我写的,但事情不是你想的那样,想知道原委吗?"言人说:"想。"

学花便把鲁爸爸和鲁妈妈如何收她做干女儿,如何想让她做鲁家的儿媳妇,如何让她写情书给鲁老二;而自己在居委会主任吴家娘的干预下,如何劝说鲁家打消这个念头,统统告诉了言人。

言人听后,心里的石头终于落了地。

（四）

伍学花找了男朋友的消息,在星子县城不胫而走。

有关心学花的同事就说:"本地的大姑娘都不愿找个外地人,你伍学花偏偏是哪壶不开提哪壶,叫人真想不通。"

还有的人说:"你看他目前的生活状况,连自己都难养活,还能帮得了你伍学花的家吗?"

就连陈言人所在单位的工会主席也警告伍学花:"这个小伙子在你之前就谈过好多恋爱,但没有一个人愿与他结婚。你可能不了解他的家庭背景,所以要三思而后行啊!"

对于工会主席善意的警告,学花的心里倒是比较坦然。之前学花要求言人帮她写入党思想汇报时,他就把自己家里的情况告诉过学花。

学花从小就向往学校,喜欢读书。读了两年,由于家庭生活所迫而辍学,不得不以稚嫩的双肩扛起了家庭生活的重担。所以,她一直认为"万般皆下品,唯有读书高"。

陈言人生活在一个知识分子家庭,正儿八经的书香门第。他不仅高大帅气、文化水平高,还写得一手颜筋柳骨的好字,看起来如行云流水,格外漂亮舒服。所有这些都让学花产生爱慕之情。

陈言人在九江工作,每月仅有 16 元的工资。他是个孝子,每月要给母亲寄 2 元钱的生活费,自己只剩 14 元。除了购买肥皂、毛巾、牙膏、牙刷等必备的生活用品之外,所剩勉强能够应付吃饭的开销。有时稍有不慎,就会陷入几天没有饭钱的窘境。有一次,他超计划开支而无钱吃饭,向远在贵州的三哥写信借 2 元钱,三哥却寄了 4 元钱给他,令他的心里充满了无限感激,终生难忘。

自从学花以身相许之后,陈言人的心里仿佛充满了阳光。除了上班,只要时间允许,他就会回到日思夜想的学花身边,与学花卿卿我我。

九江与星子相距 40 多公里路,每到周末,言人总要徒步 8 个小时左右,为的是省下 1.05 元的车票钱。学花看到言人双脚磨起的血疱时,眼泪扑簌簌掉了下来。言人每次的到来,既让学花欣喜,又让她感到压力。学花除了白天上班,晚上还要绞手套边到深夜,星期天还要上山捡柴。有时上山捡柴,学花、言人与陶美琴同行。学花心疼言人,不让言人上山,言人只好去五里牌接担。在山上捆柴时,学花巴不得多捆些。但挑到五里牌时,因肩痛又只得痛苦地煎熬着,慢慢地把柴挑回家。在五里牌看到言人来接担,学花喜出望外,心里比吃了蜜还甜。

学花除了照顾好娘和妹妹,现在又多了一个心爱的男人需要她照顾。她常常把自己的肉票省下来,留给自己的男人。

陈言人徒步40多公里,来到学花的身边,总是亲切地说:"老婆,你辛苦了,我好想你呀!"

学花欲说还羞,心里却比灌了蜜还要甜。

就餐时,学花挖空心思,总要弄些好饭好菜给言人吃。学花平日里勤俭朴素,但每次言人来,她总要买些猪肉,给他开开荤、补补身子,让言人有些乐不思蜀了。

言人的衣服脏了,学花给他搓洗干净;衣服破了,学花给他换上新的。这是她伍学花的男人,哪怕自己再苦再累也心甘情愿、无怨无悔。

言人每次返回九江,学花都不让他再走回去,都要提前替他买好车票,并责怪他:"你自己不心疼自己的身体,我还心疼你的身体呢!"言人听了,心里充满了感激。不要小看这1.05元钱路费,那可是学花全家一个礼拜吃菜的钱。言人觉得自己是这个世界上最幸福的男人!

陈言人感慨万千。他做梦都想不到,自己的人生当中能遭遇如此吃苦耐劳、顾家贤惠的女人。过去找过那么多,一听说他的家庭背景,就像躲瘟神一样离他而去。如今老天有眼!想到这些,看到不断忙碌的学花,他情不自禁地抱住她,深情地说:"老婆,你对我真好!你是天下最好的老婆了!"

学花一边干活一边回答:"谁叫你是我们家唯一的读书人呢?只要你对我感情专一,我会对你更好!"

的确是这样,为了言人,学花连自己牙齿缝里的都能抠出来!只要言人高兴,她甘愿牺牲自己的健康,就算把命豁出去也不眨下眼。

(五)

正如学花所言,言人的父母在经历了一次刻骨铭心的下放之后,遇上落实政策,重又回到了城里。陈言人与伍学花的婚事,也提上了两个年轻人的议事日程。他们初步商定,借国庆之喜气,把婚结了。

言人依然在九江上班,只有周末才能回星子与学花团聚,其余的时间都把彼此的思念寄于书信之中。

言人信中告诉学花:"方便时来九江一趟,拿床被子回星子。"

学花心中暗喜,心想言人真有心,已经在为结婚做准备了。

1974年9月9日,商机厂有车去九江送货。学花搭了余师傅的车去了言人所在的九江国棉三厂。言人告诉她,自己买了一床新包被,原来睡旧了的包被拿回星子用。学花听言人这么一说,心里顿时拔凉拔凉的。新包被竟是他自己睡了,全然未考虑结婚的事情。

学花一声未吭,全当什么都没发生,拿着言人换下的旧包被回了星子。

国庆节快到了,言人与学花商量去南昌过国庆节,也好跟父母见个面,并商谈有关国庆结婚的事。

学花所在的商机厂与星子县棉麻公司是兄弟单位,当时棉花是关系国计民生的战略物资,需要领导批条子才能购买。学花想,自己作为准儿媳,而自己的男人兄弟多,尚有四五个未结婚,棉絮是一家人不可或缺的生活物资,于是找到单位领导,以自己结婚为由,要求批给自己三床棉絮。

学花拿着领导的批条,又取出自己一年来日夜缝绞手套边好不容易积攒下的100元钱,买了三床新棉絮。她想:言人承诺替我爹寻祖传后,不在意未来生了孩子随我姓,这对于九泉之下的爹爹来说是一种告慰;相应地,这未来的孩子姓伍,对言人自己以及他家人又是一种牺牲。所以,学花觉得第一次去见公婆,花再多的钱也愿意、也值得,也算是对言人做出牺牲后的补偿。

带上三床新棉絮,带上兴奋与激动,带上一颗虔诚的心,学花随同言人一起来到了南昌。

言人的父母住在工人新村,两间房的面积加起来差不多22平方米,另有一个8平方米的厨房是两家共用的。

言人的父亲见儿子带了一个年轻漂亮的儿媳回来,高兴之情溢于言表。学花略带羞涩地见过公公,公公亲切地与她拉起了家常,甚至连家里的生活琐事都同学花讲。学花看得出来,公公没把自己当外人,已经从心里接纳了她这个儿媳妇。相见甚欢,学花心里非常高兴。

言人的父亲想到没钱给儿子置办婚礼,就想起了言人的大伯。大伯的儿女都已参加工作,而且大伯的工资挺高的,于是言人的父亲开口向他借300块钱。谁料大伯怕言人家偿还不起,直接让言人的父亲吃了闭门羹。

第二天,言人带着学花去见自己的母亲。言人的母亲在绳金塔小学工作,之前通过言人也曾了解过学花的身世经历,感觉学花与她心目中的儿媳相去甚远。

言人拉着学花的手,走进母亲的房间,一起与母亲打招呼。母亲正吃着早点,她瞥了学花一眼,不动声色地喝着牛奶,吃着油条。见此情景,学花的心里"咯噔"一下。在婆婆的眼里,自己就是个不受欢迎的人,但转而又想,这也难怪,天下哪个母亲不希望儿子找个有文化、有家教、家境好的媳妇呢?既然自己选择了陈言人,就应该无条件地接纳他的家人,包括婆婆的冷漠与歧视。而且她相信,精诚所至,金石为开,只要自己顾家尽孝,相信时间会改变一切!

学花面对言人一热一冷的父母,心里喜忧参半,但她从未在心里对这位冷漠与歧视自己的婆婆产生些许的怨恨。她觉得唯有付出真心,以滚烫的赤诚做手掌,才能焐热婆婆那铁石般的心肠。同时,她为公公能够接纳并认可自己深为感激,决心不辜负公公的期望,一定要凭借自己的勤劳与智慧把家庭经营好,让言人活出个模样来!生气无济于事,争气才是改变生活的根本。她要用行动回报公公,证明他没有看错人!

婆婆不屑与学花交流。一次不经意间,她告诉学花,自己8胎生了10个儿子,其中有两个双胞胎,除了老七被送走,只有两个儿子结了婚。学花听后有些疑惑,言人曾说自己家七兄弟,婆婆却说生了10个儿子。于是,学花不解地说:"言人说家里七兄弟。"婆婆一听突然来气了,大声说:"那就死了两个!"

婆婆与言人说法不一,加之婆婆对儿子的诅咒,让学花心里感到不安。这到底是谁在撒谎?为什么要撒谎?当然,学花最害怕的是言人欺骗自己,因为她的一生都寄托在他的身上了。

学花的公公是个开明的人,准儿媳初来南昌见公婆花了不少钱,竟连花钱都买不到的棉絮也带来了,他心里一直感动不已。他愧疚地对学花说:"你们就要结婚了,家里也拿不出一分钱来帮助你们,这里有两瓶别人送的'四特酒',你们带回去,结婚用得上。"说完,公公走进房间拿酒去了。

正在厨房切菜的婆婆来不及放下菜刀便赶忙冲进房间,说道:"这酒我留着有用,谁都不要想把酒带走!"公公执意让学花把酒带走,婆婆坚决不依,场面一度十分尴尬。

学花见此情形,生怕出事,赶忙解围:"我们没有钱结婚,这酒也用不上,就留在家里吧!爸妈也不用为我们的婚事操心了。"

虽然学花不断地安慰公公婆婆,但他俩谁也不让谁,依然争吵不休。学花的心里难过极了。

言人曾骄傲地告诉学花，说母亲很慈祥，从不骂他。学花听了婆婆的话，心里却很不舒服。她对言人说："你不是说妈慈祥吗？为了两瓶酒，竟和爸吵架，真是不可思议。"

言人却偏袒母亲说："我妈勤俭持家，没有人能从她那里拿走一分钱。她毕竟是我的母亲，在我心中，母亲做什么事都是正确的。"

听罢言人的话，学花内心无法接受，选择了沉默。她在心里反复问自己：这就是所谓文化人的知书达理吗？

同来南昌前的心情相比，学花难免有些不开心。她坐上途经德安的火车，再欲转车回星子。火车上拥挤不堪，学花只能站在通道口。快到乐化站时，有一位小伙子拍了学花一下说："里面马上就有空位子。"学花仔细一看，眼前的小伙子竟是陈言人的弟弟。小伙子见学花认出了自己，又说了一句："你千万不要说是我家的人！"

"你千万不要说是我家的人！"这突如其来蹦出的一句话，令学花羞愧难当，心中阵阵绞痛。难道说我伍学花给你们陈家人丢脸了吗？她竭力平复自己的情绪，心里反复念叨：不要生气！不要生气！气坏的是自己的身子。与其生气，不如争气！好好活出个样子给他们看看！

回到星子后，学花的心里就像打翻了五味瓶，什么滋味都有。她出生以来便吃尽了人世间的苦头，现在终于有一个深爱自己的陈言人，可自己又不被未来的婆婆接纳！婆婆的否定，甚至影响到其家人！草绳与丝线难为同类，学花与言人又何尝不是如此呢？

学花的心里充满了懊恼与矛盾，与言人的感情剪不断理还乱。她问陈言人："你妈说生了十个儿子，你却说只有七兄弟，为何要这样欺骗我？"

言人知道自己不该撒谎，他红着脸赶忙道歉："是我不对，我不该撒谎。我怕说多了兄弟，你会离我而去，我实在舍不得你呀！"

言人边说边轻轻地搂着学花，还不时地亲吻着她的脸颊。他的甜言蜜语与无声的爱抚拂去了学花心头的阴霾。在这年的国庆节，陈言人没花一分钱，没办一桌酒，与伍学花正式结了婚。睡在伍学花干净的蓝底土布旧被子里，陈言人感受到了从未有过的轻松与惬意。

（六）

在放个屁的工夫都能转上三圈的星子县城，大家都知道伍学花"裸婚"了。

陈言人依旧在九江上班,学花在星子县商机厂工作。每逢周末,言人则回到星子与妻子团聚。

学花白天除了工作,还要照顾娘和两个残疾妹妹的生活,晚上还要绞缝手套边到深夜。遇上周末丈夫回来,她更要绞尽脑汁地伺候好言人。每人每月半斤肉票她总是留着,只有丈夫回来她才舍得买肉,自己却舍不得吃一块。

学花经常想,丈夫不嫌弃自己不能生小孩,不嫌弃自己的娘及两个残疾妹妹,已经很不错了。如果她能生孩子,丈夫还承诺帮助实现爹爹的遗愿,替爹爹传后寻祖,这是许多男人做不到的。每每想起这些,学花的心里总是充满无限的满足。

丈夫周末回来,有时遇上妻子来了例假,那几天该是忌行房事的。可由于聚少离多,血气方刚的丈夫哪里按捺得住内心的冲动?为满足丈夫,只要丈夫快乐,她甘愿豁出身体,哪怕替丈夫去死,也在所不惜。

每次言人回来,学花总像是接待久违的官人。言人总是感动地说:"亲爱的,你真好!我是世界上最幸福的人。"

学花从小饱尝生活的艰辛,未曾感受到来自家庭的爱。如今好了,丈夫对她爱得专一、热烈,视学花如珍宝,捧在手里怕摔了,含在嘴里怕化了。因此她也觉得自己是世界上最幸福的人。

1975年的元旦之夜,学花进入了梦乡。她梦见满屋子大大小小的蛇,直往自己身上爬,吓得她哇哇大叫。惊醒之后,方知是场梦。

第二天,她把梦中的情景告诉鲁妈妈。鲁妈妈一听,高兴地说:"喜事!喜事!你怀上龙种了!"

听鲁妈妈这么一说,学花也分不清真假。妇科王主任不是说自己子宫变形不能生孩子吗?但愿鲁妈妈所言成真啊!

学花的心里特别激动。她迅速来到医院做妊娠检查,果然如鲁妈妈所言,学花真的怀孕了!这真是天佑学花,喜从天降啊!

清明祭祖那天,学花来到爹爹的坟前,告慰爹爹说:"爹爹,你的娃儿要为伍家传后了!娃儿求爹爹保佑,保佑娃儿生个男孩,保佑男孩健康长大。娃儿一定会为爹爹扳本,把我们这个贫穷不幸的家庭经营得不比别人家差!娃儿会像爹爹说的那样,过上富裕的日子。爹爹走时,娃儿没有能力,眼睁睁地看着爹爹睡着那破棺材,这是娃儿一生的愧疚!等以后娃儿有钱了,第一件事就是给娘做一副最好的棺材,了却我的一块心病。还有,娃儿答应过替爹爹寻祖,无论遇到什么困难娃儿都会做到。娃儿也会像爹爹一样,尽力去帮助那些需要帮助的人,把爹爹的爱心传递下去。爹爹,你在九泉之下可以安息了。"

说完,学花深深地鞠了三个躬。

学花晚上下班回家,已经过了半夜十二点。望着疲惫的妻子。言人心疼极了。言人赶快给妻子倒好了水,陪着妻子洗完脸和脚,就让妻子赶紧睡觉。妻子一上床就睡着了,言人也赶紧上床把妻子抱在怀里。言人感慨万分:妻子这么柔弱的身体内却蕴藏着这么大的能量。学花在言人的怀里发出均匀的呼吸声。言人久久注视着熟睡的妻子的脸庞,不忍睡着。忽然,言人听到妻子的梦呓:"言人,我想吃甘蔗。"言人一惊,心如刀割。妻子怀孕想吃甘蔗却舍不得买,言人心想:明天早上买菜无论如何都要为妻子买根甘蔗。早上六点,学花把言人叫了起来,两人洗漱完毕就急忙上街买菜。快到菜场时,刚好路边有卖甘蔗的,学花没看见似的走了过去。言人停了下来,挑了一根又粗又长的甘蔗准备掏钱买下。学花赶紧过来拦住言人说:"一根甘蔗好几毛钱,够一天的菜钱了,还是别买了。"言人说:"我知道你想吃甘蔗,又不舍得买。几毛钱就几毛钱,说不定你肚子里的孩子也想吃甘蔗呢!"学花抢着说:"不行! 能省的钱一定要省,我说不买就不买。"言人叹了一口气,把甘蔗放回原处,跟着妻子去买菜。

伴随着时间的流逝,学花的肚子渐渐隆了起来。但她依然在日夜操劳,丝毫没有因为隆起的肚子而影响工作。厂里的领导和同事都看在眼里,记在心里。1975年端午节前夕,学花下班回家不久,闵厂长夫妇就来了。闵厂长微笑着对学花说:"你在工作上无私奉献,为我们厂争了光! 你的工作得到了大家的认可,你家又确实有困难,厂里讨论决定补助你60元钱坐月子。"

闵厂长边说边把钱递到学花的手上,学花拿着钱激动得热泪盈眶。她深情地望着慈父般的闵厂长,半天说不出话来。

闵厂长接着说:"我们都知道你自己省吃俭用、节衣缩食,不爱惜自己的身体,却处处照顾好丈夫、娘和两个妹妹。厂里的同事看你瘦成这样都很心疼,都在为你担忧啊!"

听完闵厂长的话,学花又是一阵激动。

闵厂长的爱人也关心地说:"你这女崽没生过孩子不知道,如果月子里养不好,就会落下很多病根,而且难以治愈,会折磨人一辈子。如果你身体不好,谁来照顾你娘和两个妹妹呀。所以,我们夫妻来的目的就是提醒你,关键时刻别毁了自己的身体。"

学花不断地点头答应着,含着眼泪送走了闵厂长夫妇。

厂里的其他领导也很关心学花。学花一直与同事合住一间木板房,眼看就要生孩子,一位领导怕她不方便,便在棉麻公司仓库后面的院子里安排了两间房给她居住,并且带有厨房,这是她想都不敢想的待遇。对于组织与领导的多方关怀,学花心存感激却无法报答,她在心里反复念叨:学花啊学花!你必须要加倍努力工作,才能报答关心自己的领导和同事。

言人特别担心妻子的身体。学花挺着大肚子,上山捡柴,挑水做饭,样样都得自己干。言人对妻子说:"快临产了,要注意身体,千万别干重活了。"

学花笑笑说:"我也不想干重活啊,等我工资加到20多元,宁愿省吃俭用也要买煤买柴烧,再不去上山捡柴了,可目前我还做不到啊!"

言人听后也无能为力,只能无奈地轻叹一口气,毕竟自己待在妻子身边的时间十分有限,来去匆匆。

怀胎十月的学花近来特别容易犯困,蹲在厕所里都会打盹。一次如厕打盹儿,她的身子微微前倾,猛然间惊醒过来,想站立却支持不住,身体失衡摔了一跤。她小时候曾听人说女人生孩子很危险,好比"一条腿在阳间,另一条腿却踏进了阴间",生死就在一瞬间。她害怕极了,赶紧托人捎信给丈夫,要他立即来星子照顾自己生孩子。

言人接到妻子的口信,赶紧请了假,来到星子。学花见丈夫到来,恐惧的心理得到了缓解。谁知言人来星子一个多星期了,学花的肚子却一点动静都没有。眼看丈夫的假期快要结束了,她十分着急。

天还未亮,学花便起了床。她对丈夫说:"趁早我上山捡柴去,劳动量大了也许能把孩子催下来。"言人赶忙制止:"不行,万一在山上或是路上发动了,大人小孩都会十分危险,何况还是头胎。"

学花无奈地说:"你的假期就要结束了,我娘又指望不上。"她顿了顿,若有所思地望着丈夫,试探性地对丈夫说:"你妈妈正好放暑假,能不能请妈妈来星子?帮上几天,教教我,这样我的心里也会踏实些。"

言人回答:"我妈虽然8胎生了10个儿子,可她自己都没带过,都是请奶娘带的。要想请我妈来照顾你和孩子,那是不可能的。到时能来星子看一下你和孩子,那就不错了。"

学花听后点了点头。她心里明白,自己与言人结合,本就是门不当户不对。婆婆从一开始就没有认可自己这个儿媳妇,怎么能奢望得到她的帮助呢?这只不过是自己异想天开罢了。

（七）

1975 年 6 月 23 日,太阳炙烤着大地,温度急剧蹿升。

这一天,学花隆起的肚子隐隐有了反应。十月怀胎,算算也到临产期了,她住进了医院。同一间病房里还住着同一条街的余水香,她的爱人是一位军人,现在也来医院陪护。为了照料好妻子,余水香的爱人给她送来了桂圆鸡蛋汤,而学花喝的却是丈夫送来的无菜的稀粥。见此情景,余水香的爱人难免有些心酸,责怪言人:"你爱人临产,怎么不弄些有营养的东西给她吃呢?"言人听罢,无奈地苦笑了一下,满脸惭愧。学花却没有因此责怪丈夫,因为家里的经济状况她再清楚不过了。没有蛋,没有桂圆,学花端起稀粥开心地吃得精光。

伴随着阵痛的加剧,学花满头大汗,不住地喊叫起来。喊叫声惊动了王院长。这王院长就是曾怀疑学花不能生育的妇科王主任。她循声来到产房,见是学花,甚是惊讶。她立刻鼓励学花:"不要怕!顺着孩子出来的方向用力。"接着她又笑了笑说:"之前我还说你没小孩生,想不到还真有奇迹出现!你竟然要做妈妈了。"有了王院长"保驾护航",学花痛并快乐着,顿时心里踏实了下来。

1975 年 6 月 24 日晚 7 时 45 分,一个小生命诞生了。王院长抱着孩子调侃道:"你还真是一个好吃的主哦!一生下来就把手指头放在嘴里吃!"她边说边笑着把孩子的手指从嘴里轻轻移了出来。孩子这时"哇"的一声哭了出来,学花赶忙问王院长:"是男孩还是女孩?"王院长故弄玄虚地说了三个字:"带把的!"学花一听,会意地笑了。

这时,学花的闺密陶美琴闯进了产房。学花一见,便说:"你还是个未婚女孩,就不要守在产房里了。"美琴略带神秘地说:"我想看看宝宝是怎样来到世间的。"美琴好奇地看着宝宝在王院长的手里翻过来转过去地擦洗着,待全身干净之后放托盘秤上一称,7 斤 8 两!瘦藤上结出了大西瓜,把王院长乐得合不拢嘴。

孩子降生之后,学花如释重负,全身立刻轻松下来。她渐渐睡着了。

学花生了孩子的消息不胫而走。领导、同事、左邻右舍、鲁妈妈、吴家娘等都赶到医院看望学花。病床边的床头柜的里里外外,一时间堆满了鸡蛋、桂圆、面条、红糖等食品,弄得学花、言人不停地道谢。

出院那天,学花的同事、闺密也都赶到医院,忙着收拾东西。他们提的提,扛的扛,把学花接回了家。丈夫见这么多人关心自己的妻子,心里比喝了蜜还要甜。

言人悉心照顾着月子里的妻子,隔三岔五美琴也会过来搭把手,帮助学花洗洗内裤以及宝宝的尿片什么的,日子快乐而平静。

言人做了父亲,心里自然高兴。在十兄弟中,自己不但成了家,如今还有了孩子,比起尚未婚配的其他六个兄弟来说,也算是幸运的了。他觉得给孩子取名字是父亲的权利,况且自己是个读书人。

言人继续思考着,作为父亲,总盼望孩子长大后有出息,能够出人头地,成为杰出之才。宋代词人李清照不也说出"生当作人杰,死亦为鬼雄"的豪言壮语吗?干脆,孩子就单名一个"杰"字。至于随父姓陈,还是随母姓伍? 一时让言人犯了难。他曾承诺过妻子,替她爹爹传后寻祖。若兑现承诺,那孩子就该姓伍。他又想,自己好不容易有个男孩,如果不姓陈,岂不是丢尽了陈家的脸面? 想到这里,言人咬咬牙,拿定了主意。

儿子出生后,学花心花怒放,所有的美好都在向她扑来。领导、同事的关心,闺密的热心帮助,丈夫的体贴照顾,都让她十分知足。更重要的是,丈夫承诺过,生了孩子替爹爹传后。眼下爹爹的愿望已经实现了,这可是学花梦寐以求的大事情。

学花嘱咐丈夫趁早把孩子的户口上了,也好早点享受政府的计划红利。言人觉得有道理,爽快地答应了。

一天,言人一声不吭地从外面回来。学花问他去哪儿了,他看了妻子一眼,没有正面回答。学花察觉到丈夫的神色有些异常,第一反应便是儿子的户口。于是她要求丈夫把户口簿拿出来看看。言人没有理由拒绝,纸终究是包不住火的,只得硬着头皮把户口簿递给了妻子。

果如学花所料,户口簿上赫然写着儿子的姓名:陈杰。顿时,学花的脑子一片空白,忍不住号啕大哭起来。她想到丈夫的承诺就这样轻易改变了,爹爹的愿望在瞬间就化为泡影。她越哭越伤心,越伤心越哭。言人上前宽慰,可显得苍白无力。他一时手足无措,只请求妻子宽恕。

人怕伤心,树怕剥皮,学花两天滴水未进,彻夜未眠。她满脑子都是死去的爹爹热切期盼的眼神与绝望的哀号! 她真想逃避现实,到那无人知晓的极乐世界去! 但看看身边嗷嗷待哺的杰儿,想到不能自理的娘和两个无助的妹妹,她还是选择了面对。

在她情绪极度低落沮丧的时候,言人把闵厂长夫妇请来了。闵厂长夫妇了解了学花内心的痛楚,指责言人口是心非,承诺的事情不敢担当。两人转而又劝慰学花说:"现在你和他已经是板上钉钉的夫妻,如今又有了儿子,你要面对现实,安下心来,把儿子养大,把娘照顾好,把两个妹妹带大。你现在最关键的是要吃东西,要休息好,否则你的身体就会垮掉。如果再生气不吃东西,奶水就不够了。儿子没有奶吃,那就麻烦大了!现在就算有钱也买不到奶粉,何况你的经济条件又这么差。"

闵厂长夫妇的话,句句温暖着学花的心。学花想到闵厂长夫妇成天忙上忙下,还要为自己与言人的矛盾操心。她觉得不能有负闵厂长夫妇的关心,务必听从厂长夫妇的劝慰,调整情绪,把身体养好,这样才会有好的未来。

闵厂长夫妇说:"孩子满月后,你就把孩子的姓改过来,跟你姓伍。"学花摇摇头,说:"孩子爸违背诺言,现在我强行把孩子的姓改过来,我觉得没意思。"

言人把自己做了父亲的事,写信告知父母。父母很高兴,一同来星子看望孙子。这毕竟是陈家的血脉啊!

学花听说公婆要来看望孙子,嘱咐丈夫买些好菜,大老远来,别亏待了他们!公婆来时,从南昌买来一个大西瓜,走到星子县棉麻公司大门口时失手掉了,西瓜摔成了好多块,前功尽弃,把学花心疼得要命。尽管公婆未给儿媳生孩子带来红糖,也未给孙子包个红包,学花还是热情地招呼他们。公婆来去匆匆,看过孙子的第二天,便返回了南昌。

丈夫言人的假期也临近结束,他对妻子说:"我要回九江上班了,你身边又无人照顾,要不把我八弟叫来,帮忙照顾你。"

言人的八弟大学花一岁。请一个大男人来照顾坐月子的嫂子有诸多不便,可是又找不到其他人选。有一个人总比没有强吧。无奈之下,学花只好同意了。

八弟来星子后,做饭扫地的事情倒是做得了,可很多涉及产妇个人卫生的事,学花就不好意思让他做了。贴身衣物以及沾了血的床单等,学花统统放一边,等自己的闺密来了,叫她们帮忙洗。

孩子难免会生病。有一次,杰儿发烧,学花束手无策,急得直哭。八弟对她说:"不要担心,小孩发烧是烧不死的。"学花一听到"死"字,猛然触动了她敏感的神经,心里更加害怕。她趁八弟不注意,一个人抱着儿子去了医院。好心人都责怪她坐月子还抱着孩子到处走,说完便主动上前帮她抱孩子。学花怕麻烦人家、耽误了人家的事情，谢绝了人家的好意。

经医生检查，孩子已烧成肺炎，需要住院治疗。学花给丈夫写信，告诉他儿子肺炎住院的事。言人接到信，立即赶来星子，学花的心里才踏实些。

儿子出院后，言人对妻子说："为了你母子俩去九江有个住处，我搬进猪场住了，你还是跟随我去九江坐月子吧。一来我照顾你方便些，二来你和儿子都在我身边，少了牵挂，心里也踏实。"

言人的话有一定的道理，但学花想：自己在星子生活用品样样齐全，要用什么都方便。生孩子时，大家送了很多营养品，生活上基本不用花钱。如果去九江，丈夫刚刚搬家，生活所需样样都要花钱买，就怕闵厂长夫妇送来的 60 元坐月子的补助款都不够开销！如果不去，丈夫自然牵挂，工作上也会不安心，万一影响工作出了事，那可了不得！再说，丈夫不在身边，孩子有个头疼脑热的，自己也是六神无主啊！

思来想去，学花把娘和妹妹暂时托付给居委会的吴家娘，跟随丈夫去了九江。

下车后，言人背着两个大包，左手抱着孩子，右手提着两个小包。学花生怕丈夫累坏了，非要帮丈夫提两个小包。言人不让，说："你是坐月子的人，我绝不能让你累着。放心吧，我能行！"

从汽车站到三里街是很长的一段路，言人累得满头大汗。学花两手又着发酸发软的腰，实在是走不动了。她问丈夫："怎么还没到啊？还有多远啊？"言人告诉她："我们已经走了三分之二的路，还有三分之一的路要走。"学花心想：丈夫也太节俭了，抱着孩子不说，还背着大包小包，路又这么远，都舍不得打车。眼下还有三分之一的路要走，我受不了，他哪里又受得了啊！

于是，学花对丈夫说："不要省钱哦，不如花钱叫辆三轮车，我实在是走不动了，我更心疼你呀！"

"我身上没有钱。"丈夫回答。

学花听后，以为丈夫没带钱，只好忍着腰痛继续前行，好不容易走过路口下坡，终于到了。

这是一排用青砖砌成的猪舍，上面盖着厚厚的茅草。过去专门用于饲养生猪，如今住房紧张，便将这排猪舍改造成十几间的工人生活用房，安排了十几户人家住在这里。

言人打开家门，一股刺鼻的臭味扑面而来。学花搜寻着里面的尿桶、痰盂，竟然干干净净。见此情景，言人赶紧解释说："这间茅草屋原来是猪舍，我去星子关了几天没通风，难免有股臭味，通风之后就好多了。对不起，又让你受苦了！"

学花听罢，想想丈夫只身在九江，举目无亲，也确实不容易。眼前除了一张单人床和一张破桌子，什么也没有。这是学花之前就想到了的。看到眼前的情景，学花难免暗自神伤。

都下午五点了，言人赶紧去单位食堂买了两份饭菜，招呼着学花一起吃了。学花看着丈夫忙前忙后很辛苦，心里顿生怜惜之情。

第二天，住在宿舍的邻居以及言人的同事，都来看望学花母子俩。一个邻居说："陈言人啊，你老婆坐月子，你要买一些营养品给她吃。你老婆吃得好，奶水的质量就好，对你的儿子就好！"另一个邻居说："做饭没有煤油炉不要花钱去买，上我家里来拿就可以了，邻居间有需要什么就说一声，不要客气。"学花听了十分高兴，心想，有这么多好邻居关照，可以节省不少钱，生活起来也方便多了。

每日三餐，言人依旧从食堂买了饭菜与学花一起吃。食堂的大锅菜基本都是焖熟的，又缺少油水，哪有什么营养？渐渐地，学花的奶水也少了。

一次，学花同丈夫商量："我们不要辜负了闵厂长夫妇的一片心意，眼下奶水越来越少了，你把他们补助我坐月子的60元钱给我，我托付邻居买些鱼肉什么的催催奶。他们跟我说好了，买了鱼肉，直接做好了给我送来，省了我们很多事。"

事已至此，言人再也隐瞒不下去了。

他愧疚地告诉妻子："八弟回南昌身上没有钱，我就把闵厂长夫妇送来的60元钱全给了八弟。"学花一听，心里十分痛苦："你为了和我结婚，不是承诺了我家里大事小事都由我做主吗？我坐月子，你家没拿一分钱就算了，你千不该万不该把厂里救济我坐月子的60元钱全给你八弟带走，连说都不跟我说一声。婚后，我还以为你只欺骗了我一个人，想不到你一而再再而三地骗我娘俩，你的良心被狗吃了！现在我的奶水没有了，你又一分钱都没有，怎么给儿子买奶粉？就是有钱，也买不到奶粉啊！我听了闵厂长夫妇的话，家里三个残疾人都没有用这一分救济款。你倒好，一个人决定，把这笔钱一分不留地全给八弟带走。现在请你看在儿子没有奶吃的分上，赶快回南昌，把60块钱拿回来，让我有钱坐月子。不然，厂组织出面去南昌你家讨回这60块钱，你和你家更没面子。"

言人说："我身上10多块钱都买饭菜票了，去南昌买票的钱都没有，要不我先去车间找同事借点钱,买些东西给你发发奶。"

当时借钱也真难,同事都自身难保。言人好不容易找鲁老二借了8块钱,赶快去买鱼、猪脚来给学花发奶。说也奇怪,学花一吃鱼和猪脚,奶就有了。

言人终于明白了,这不是给老婆买不买营养品的小问题,而是老婆坐月子能不能养好身子的大事,是儿子有没有奶吃的大问题!若不是厂组织的悉心关怀,自己父母没有拿一分钱来,自己又拿不出一分钱,母子俩怎么办?幸亏鲁老二借钱给自己,否则儿子没奶吃的后果想都不敢想。自己也太自私了,只考虑自己的兄弟身上没有钱,根本没考虑老婆坐月子和儿子有没有奶吃。八弟回南昌时给他买好车票,再给他10块钱就够了,何必60块钱全给弟弟呢?言人也自责起来。

学花的奶水有了,也没有跟言人吵闹,更没有向单位领导反映。8块钱吃了几天,学花同言人商量:"我人缘比你好,比你容易借到钱。还有几天就要满月了,为了儿子有奶吃,我还是回星子吧。"

言人感到愧对老婆儿子,无言以对,默默地对老婆点了点头,算是同意老婆回星子了。

回到家里,虽说什么事都得自己做,但比起与丈夫一起住在九江的猪舍里,学花觉得不知要强多少倍。家里的锅碗瓢盆、柴米油盐等生活所需一应俱全,也正应验了祖辈流传的一句老话:"在家千日好,出外半日难。"

(八)

1975年7月的一天,学花见一个陌生的小伙子独自洗衣服却不抹肥皂,吃饭时没有菜,心想:这不是自己过去贫困生活的写照吗?虽说学花自己也没钱帮助他,可她见不得这么贫困无助的人。看着眼前这个素不相识的小伙子,学花宁可自己少吃一点、少用一点,也要接济一下他。可现实又让她犯了难,眼前的偏偏是个小伙子,而自己又是个丈夫不在身边的年轻妈妈,容易引来流言蜚语。思前想后,学花没去主动帮助他。

7月骄阳似火。有一天,小伙子口渴难耐,来到学花家里讨水喝。喝完水,小伙子与学花攀谈起来。他告诉学花,自己名叫张良,家有兄弟俩,弟弟叫长水。父亲在修水库时意外身亡。父亲死后,娘就改嫁到隘口公社桥头张家去了。因此兄弟俩由政府抚养,是姑妈一手带大的。张良初中一毕业,政府就安排他在村里教书,后又推荐他去九江读书。与他同村同姓的人在棉麻公司任经理,才把他安排在自己管辖的公司,利用暑期做些杂工,挣点学费。

学花听后,这才明白小伙子成长的坎坷。

8月26日,张良来到学花家,告诉学花:"这么久在公司做小工,谢谢你对我的照顾!马上要开学了,今天特地过来向你告辞。"

得知张良来意,学花心里甚是高兴。她真心想帮助他一把,可眼下确实拿不出钱来。无奈,她想到了自己存放在箱子里的一支自来水笔和一沓笔记本。这些都是学花年年评上先进、当上劳模的见证。她原打算给儿子长大读书用,如今拿不出什么像样的礼物,就把这钢笔和笔记本送给张良吧!他在九江读书用得上!

张良接过学花珍藏的钢笔和笔记本,百感交集,感激涕零。就在张良离开时,学花又把爱人在九江的住址给了他,叮嘱张良:"我爱人住的地方离你的学校很近,若你在九江读书,遇到什么困难,可以直接找我爱人。"

张良再次谢过学花,高兴地走了。

眨眼间国庆节到了,学花带着杰儿来到九江看望爱人陈言人。走进猪舍,学花便发现爱人的床底下存放着女人用过的香皂等生活用品。未等学花开口,言人立刻解释说:"你弟弟经常带几个同学来我这里洗澡、洗衣服。见他直呼你为姐,我便把他当成自家人,把他和他带来的同学招待好。床底下的东西是你弟弟的同学牛晓兰的。牛晓兰被带来我这之前,都不相信你弟弟有个姐夫在九江。还说书都读了一年,从未听他说有个姐姐,这不是从天而降吗?后来见了我这个姐夫,他的那些同学自然也就信了。"

听爱人这么一说,学花笑了起来,她说:"他从来还没叫过我姐姐,怎么先叫起你这个姐夫来了?"

"说到牛晓兰,她跟我还是一条街的呢。因为我家的不幸与贫穷,很多人不曾用正眼看过我。这也很正常,我从不会去计较这些。"学花说。

"是哦,是哦。"言人说,"牛晓兰一进我的屋,看到桌上你的照片,突然惊叫起来说:'这不是伍学花吗?怎么成了张良的姐姐?'这时,张良就把他在棉麻公司打小工时,怎么遇见你的故事说了出来,这才解开了大家心里的那个谜团。"

此后,牛晓兰每次休假回到星子,总会来学花家玩。

俗话说,男大当婚,女大当嫁。谈婚论嫁是茶余饭后总也绕不开的话题。那年月,天下无媒不成婚。学花很热心,她眼见同事陶师傅至今未处对象,牛晓兰人又不错，便找到陶师傅说："我给你介绍一个对象吧，你看如何？"陶师傅连忙回答："我哥哥还没找对象呢，要不你把牛晓兰介绍给我哥吧，他什么条件都比我好。"

经过私下与陶师傅的哥哥接触，学花觉得到这个善良忠厚的小伙子很不错。在学花的撮合下，两个年轻人很快结为伉俪，相亲相爱。牛晓兰后来年纪大了患阿尔茨海默病（俗称老年痴呆），她的丈夫依旧对她不离不弃，精心照顾牛晓兰的吃喝拉撒。

张良自从结识伍学花之后，鬼使神差地认为伍学花是他的姐姐。这凭空多出来的弟弟，自然又让学花牵挂。

1976 年，学花把自己养的猪卖了。她与言人商量：张良正在九江读书，没有经济来源，一个大小伙子布衣芒屦，实在显得有些寒酸。学花想用卖猪所得的钱给张良弟弟买一件的确良面料的衬衫。言人当即表示同意。

这的确良面料的衬衫，在当时高端大气上档次，就连言人也没穿过。很快，学花把猪卖了，替毫无血缘关系的弟弟买的确良衬衫的事情不胫而走，被传为佳话。

张良做梦都想不到，自己竟然有穿的确良的福气。他高兴得了不得，决定穿着这时尚的衬衫，去看望一下改嫁到桥头张家的娘，也让娘有面子，让娘高兴高兴。

自从张良娘改嫁到桥头张家之后，张家的继父待张良的娘不错。虽然继父其貌不扬，但人勤劳善良，挣的钱全交给张良的娘来保管。张良的娘也是干活的一把好手，改嫁到张家后又生了三男二女。

张良来到桥头张家，见过娘。娘喜出望外。继父一见张良衣冠楚楚，煞是惊讶，打趣地说："三日不见，当刮目相看。你是不是赚了大钱？否则，哪能穿上的确良呢？"

张良憨憨地笑笑，又略显神秘。接着，他把在县城棉麻公司打小工，偶遇伍学花的故事说了出来。

听完故事，继父以一个过来人的口吻，挑明了说："我才不相信世界上有这么好的人，自己不吃让你吃，自己不穿买给你穿。俗话说，人不为己，天诛地灭。你不会是在吹牛吧？"

伍学花的做法让旁观者匪夷所思实属正常，但她坚持认为，只要自己真心去做,何愁人心不可感化? 再说了,积德无须人见,行善自有天知;人为善,福虽未至,祸已远离!

天有不测风云,人有旦夕祸福。

没过多长日子,张良同母异父的小弟弟细佬,因病到县城医院住院。医生根据孩子的病情,要求住院治疗期间,每日三餐只能吃稀饭。当时县城的餐馆只有早餐能买到稀饭,中午、晚上就不行了,这可难倒了张良娘。张良得知情况,安慰娘不要着急,眼前的困难总有办法解决。他来到了学花家,把弟弟生病住院、每天三餐需要吃稀饭的事告诉了学花,学花满口答应了下来。

学花先去商店,买了一些适合孩子吃的营养品,然后由张良领着看望细佬。张良娘和继父见张良领着学花来了,有些诧异。待张良介绍之后,双方这才互相寒暄,亲切交谈了起来。

从此,学花除了照顾好自己的家人外,还要每天三次跑医院,替细佬送稀饭,把张良娘和继父感动得不知说什么才好。

有一天,继父突然问张良:"你姐家最缺什么?"

张良说:"我姐每个休息日都要上山捡柴,我也曾想过帮她一块儿捡,但姐坚决不同意,说外人会说闲话,对我影响不好。"

继父若有所思,微微地点了点头。

1977年大年初二,张良的继父给学花家送来一拖拉机硬柴,足有几千斤,可把学花吓得不轻,一时忍不住热泪盈眶。学花万万没想到,是张良的继父圆了自己不要上山捡柴的梦想。

张良的继父把柴一捆捆地卸下来,再一捆捆码放整齐。

他诚恳地告诉学花:"砍柴捡柴挑柴,这都是男人做的事,你以后就不要做了。我在世时,我帮你家做;我不在了,我会叫我儿女帮你做。"

学花被张良的继父朴实的话语深深地感染了,她哽咽着说:"你对我真好,就让我叫你干爹吧!"继父乐呵呵地答道:"好! 好!"

从此,学花和言人都喊张良的继父干爹,喊张良的娘干娘。学花教杰儿称他们为爷爷奶奶。两家人亲如一家人,相扶相助,其乐融融。

1978年5月,张良毕业后被分配到家乡横塘教书。

有一天,他邀请学花带上儿子去他教书的学校玩玩,领略他的家乡横塘的美丽风光,并顺便一道去隘口的桥头张家,看望张良的娘、继父。

学花答应了。她带着杰儿来到了横塘，张良热情地接待了他们，并带着学花"参观"了他和弟弟住的茅草屋。

吃过晚饭，张良对学花说："你和孩子就在我的房间里住，我去别的地方睡。"

听张良说完，学花心里难免担心。她担心好事之人说三道四。张良还是个小伙子，尚未婚配，怎么就把自己的房间让给一个带着孩子的年轻女人住？但她转而又想，身正不怕影子斜！我坐得正行得稳，任由他人舌根嚼烂又有何惧？

第二天，张良把学花带到了隘口公社桥头张家的继父家。娘和继父见学花也来了，异常高兴，像是见到远方而来的稀客，学花也是干爹干娘地叫。细佬跟前跟后，毫无陌生感，仿佛知晓生病住院时学花对他的照顾。细佬比杰儿大一岁，两人一见如故，玩得特别开心。细佬特别懂事，他说自己是杰儿的舅舅，好吃的东西自己舍不得吃，全都给杰儿吃。

转眼几个月过去了，学花去横塘时，晚上住在张良房间的事情，被人传到了县城。而张良每次来县城，总是待在学花家里。这一来二去，难免引起好事人的猜测。学花的邻居小毛是个漂亮聪明的女孩，还是闵厂长的外甥女。她比学花小几岁，称学花为花姐，眼下也到了谈婚论嫁的年龄。小毛特别了解花姐的品行，又视花姐为知己，凡事都愿与学花商量。

后来，小毛与张良相互认识了。两个年轻人一见钟情，很快便步入了婚姻的殿堂，不久还生了一个儿子。

开心的时间过得真快，转眼就到了2017年。我帮助的第一个学子张良已退休了。当年他从九江读书毕业后，分在横塘中学教化学。张良教的学生现在都奋斗在各个岗位上，他可以说是桃李满天下。张良是一个感恩念旧的人，经常带我们夫妇和他的学生聚会，分享他们的快乐。

有一天晚上，张良从上海打来电话："姐呀，我们很久没见面了，很想你和姐夫。明天我想去南昌看望你们，今后我去南昌就不去你家了。我每次来你又是买菜烧饭，又是洗晒被子，太麻烦你了，我的学生会安排我的衣食住行。我只想带姐和我的学生们见见面，一起乐乐。我从上海给你们带了一些礼物，还叫弟弟从乡下买了一些土鸡蛋给你们，这是弟弟我的一点心意。"见面后，良弟关心地说："姐姐现在生活过得好吗？如果有困难，直接找我，就像当年我有困难求助姐姐一样。"

（九）

伍学花干一行,爱一行,钻一行。她常常想,自己出生在一个贫穷不幸的家庭,如果不是居委会主任吴家娘的帮助,自己要文化没文化,要关系没关系,怎能有今天的工作?

每每想起这些,学花工作的劲头更足。因为她懂得珍惜。

1976年,学花所在的厂里兴建了新的厂房和职工宿舍。职工宿舍分配时,原则上不考虑女职工,伍学花自然不在分房之列。再说,公司已经解决过她的住房问题,在县棉麻土产公司的大院里安排了两间住房,学花对此很满足。毕竟厂里需要

图6　1976年与陈言人在秀峰

房子的大有人在,自己一个女职工,已经超出该有的享受范围了,对于新建的职工宿舍自然不存奢望了。

然而,好事总会降临到学花头上。

有一天,闵厂长把学花叫到办公室,认真地说:"厂里的干部一致同意,给你分一套新房。"

学花一听,一时激动不已。她有些疑惑地望了望闵厂长,担心闵厂长给自己分了房,会不会引起其他职工的不满,从而给他的工作增添麻烦,让他为难。于是,学花谢绝闵厂长,说:"您和厂里的干部对我的关心照顾我心领了,眼下厂里需要房子的职工太多了,您就不用照顾我,还是把房子分给最需要的人吧!"

闵厂长坚定地说:"你为厂里做了很多无私的奉献,全厂上下的人都看在眼里、记在心里,这是谁都不能与你相比的。虽说在棉麻公司给你分了两间房,但你一个女同志下晚班时黑灯瞎火的,我们都不放心。为了工作方便,你还是早点搬进新家吧。"

盛情难却,学花只能恭敬不如从命了。

第二天,学花张罗着搬进了新家,洁白的墙壁,平整的水泥地面,还带有一间厨房。这在当时算是很高的待遇了。

里里外外张罗完毕,学花把搬进新房的事,写信告诉了丈夫。始料不及的是,丈夫接信后立马赶来星子。陈言人看到光亮宽敞的新房子,高兴得搂着妻子亲了又亲。他微笑着说:"看着我们眼前的新房,想到在九江住的宿舍,真有天壤之别啊!"

晚上,言人躺在床上,两手抱着妻子,激动得整夜没合眼。

天亮了,言人该回九江上班了。动身前,他又抱着学花狠狠地亲了几口,不舍地说:"老婆,你太能干了!找你做老婆是我一辈子的福气,我实在是太开心了!要不是回九江上班,我真巴不得守在新房子里,每时每刻抱着你不放。"

说着,言人跨出了家门,一步三回头。因为,这就是他梦寐以求的家。

(十)

1977年5月,言人回家与妻子商量:"马上要恢复高考了,我是个正儿八经的高中生,参加高考是我多年的愿望,不知你的意见如何?"

学花压根儿就没想过这事。过去以为找个有文化的男人,帮助自己一块儿支撑起这个贫穷不幸的家,同时实现父亲传宗接代、寻根问祖的愿望。现在倒好,丈夫想考大学了。

面对言人乞求的眼神,学花一时不知如何是好。

她忐忑地想:如果让言人上大学,这一家三代的生活重担就全压在自己一个人肩上。仅凭自己的工资,这个家能撑下去吗?再说,言人上了大学,有了本事,会不会像断线的风筝一去不复返?如果真那样,自己全部的付出也就付之东流了。反过来想,如果不让言人上大学,白白错过这么好的机会,言人会怨恨自己一辈子的。

学花的领导和同事得知此事,也都极力反对。有的人说:"伍学花,你自己拿镜子照照,你都累得瘦成啥样了?为了这个家,你千万不要让言人上大学。否则,竹篮打水——一场空!"有的人说:"你的爱人叫陈言人,别忘了戏曲故事里有个陈世美。陈世美科举高中后便抛弃了结发妻子。可不要让陈言人成为第二个陈世美啊!"还有人帮学花分析:"你爱人上了大学,与你的文化层次就更不一样了,双方在思想认识上的悬殊更大,对你们的婚姻自然带来更大的风险。你自己要有思想准备呀!"

面对身边纷繁复杂的议论,学花的心里犹如十五个吊桶打水——七上八下。

由于家庭的贫穷与不幸,学花小小年纪就要一边上学一边支撑风雨飘摇的家,可上学不到两年又被迫辍学了。这对学花来说,是她一生的痛!

没有人知道她内心对读书的渴望与追求有多么强烈,她总是坚信"万般皆下品,唯有读书高"。方圆数十里,能出一个大学生,那是祖上积德有福,是件很光彩的事情。

到底该不该让言人考大学?虽然同事们的话也有道理,但她觉得,只有言人考上大学,毕业后找到一份好的工作,这个家才有希望,才有盼头。她的脑海里不断地浮现出爱人考上大学后被人羡慕的风光劲儿。她憧憬着爱人大学毕业之后,摆脱家庭贫困的美好未来。思前想后,她决心独自一人承担家庭的全部重担,同意爱人去报考大学。

听说妻子同意自己报考大学,陈言人欣喜若狂。他兴奋地对妻子说:"老婆,你真好!读大学是我一辈子的梦想。听说恢复高考,我的心怦怦直跳,彻夜辗转反侧。虽然我渴望报考大学,但在你面前又开不了这个口。我们家的情况我心里清楚,一家六口人,若我去读大学,剩下五口人的生活重担全压在你一个人身上。你一个女人除了要上班,还要照顾两岁多的儿子、不谙世事的母亲和两个残疾妹妹。你选择我,是希望我能与你共同承担这个家的责任。如果我去上大学,非但帮不上你,反而增添了你的负担。假如你不让我考大学,我没有半句怨言。虽然我心里有一百个不愿意,但我还是会听你的话。"

言人爱怜地望着妻子,接着说:"我曾天真地想过带着儿子上大学,但转念一想又不现实。其他人的父母求孙心切,再苦再累都乐意照顾宝贝孙子,我父母却做不到这一点。再说,我也不愿给父母添麻烦。现在我有了考大学的机会,真是久旱逢甘霖。因此,你是我们家的大功臣,是我心中永远的骄傲。老婆,谢谢你!"

说完,言人搂着妻子,给了她一个深情的吻。

(十一)

1977年8月22日,伍学花给娘和两个妹妹送饭时,看见小妹正在用双手帮娘挤脊背上的脓,还用捡来的水泥袋里的包装纸贴在化脓的伤口上。包装纸上残留的水泥粉末掉进化脓的烂肉里,疼得娘哇哇直叫。见此情景,学花赶紧上前,揭开水泥纸仔细一看,原来娘的脊背上的肌肉已经烂出了一个洞,脓水不断地往外渗出来。学花吓得赶紧背上娘,直奔县医院,找外科的王医师看。王医师看到溃烂化脓的伤口,说这是背痛引起的,责怪学花为何不早点带娘来看医生。学花有些委屈地告诉王医师,娘不许两个妹妹告诉自己,不然就打死她们。

不待细说,王医师轻轻剔除化脓坏死的烂肉,眼前一片血肉模糊。学花见状,顿时晕倒了。王医师急了,赶紧叫人把她抬到床上休息,自己则继续给伤口清洗消毒,敷药包扎。

学花娘转过身来,突然用星子方言问王医师:"我的大女儿会死不?"

这时,学花睁开了眼。

王医师赶紧说:"你的女儿是晕血。哪有你这样说话的,你女儿不是醒过来了吗?"

学花告诉王医师:"不要怪我娘,她什么都不懂。"

接着,学花又问王医师治好娘的背痈所需的时间和费用,自己也好做些准备。她发誓,即便砸锅卖铁甚至卖血,也要把娘的背痈治好。

王医师听了很感动,说:"丫头,你太可怜了,对不谙世事的母亲不离不弃,有良心有担当,实在难得!你的孝心感动了我,以后我会帮助你,每天上门给你娘换药治疗,钱就等以后再说吧。为了让化脓的伤口早点愈合,你要适当买些有营养的东西给娘吃。"

经过王医师半个月的治疗,学花娘的背痈治好了。

邻居张家娘和王家娘告诉学花:"幸亏你带娘治疗得及时,过去生背痈是会送命的!"

邻居把背痈说得这么严重,学花暗自感到庆幸。要不是王医师的仁爱之心,也许娘真就撒手人寰了。王医师的大恩大德,学花记在了心里。人间自有真情在,宜将寸心报春晖!

娘的背痈治好之后,学花请来居委会主任吴家娘,让其帮忙劝说娘不要出门捡垃圾,一来避免受热长疖子,二来避免感染其他疾病。为了让娘自愿待在家,学花每日三餐把饭菜做好送给娘吃。

王医师的善良同情,学花的铭记感恩,让彼此结缘随行。王医师经常关照学花,俨然成了学花一家的私人医生。

20世纪80年代,言人在九江教书,学花突然患病无人知晓,幸亏王医师来家,不仅给学花看病,还替她护理擦身,弄得学花很不好意思。王医师笑着说:"傻丫头,没什么不好意思,我什么东西没见过?好好休息,早点康复,一家老小还要靠你来照顾啊!"

学花无限感激地望着王医师,使劲地点了点头。

第五章　是金子总会发光的

（一）

在伍学花的全力支持下，陈言人通过高考，终于实现了他期盼多年的大学梦。这是他人生的转折点，也是他实现人生抱负的新起点。从此，学花的负担更重了，压力更大了。

1978 年 3 月，言人去九江上大学，学花独自支撑着这个家。

学花心想，自己与娘和两个妹妹分居两处，在照顾她们的饮食起居上多有不便，且耗费时间较多，不如把她们接到厂里分的新房子里一起居住，这样照顾起来方便。

学花对娘说："大妹眼睛不好，小妹又不懂事，我又隔你们这么远，照顾起来花很多的精力。不如你们都搬到我的新房子里去住，这样大家相互有个照应。"

但娘坚决不肯，头摇得就像拨浪鼓。她担心搬过去就不如现在这么自由了。现在她想干啥就干啥，天高皇帝远，没人管得了她。无奈之下，学花只好放弃。

大妹伍学梅快 15 岁了，正在上小学。为了让大妹免受娘的负面影响，学花决定把大妹接到自己身边来住，也好督促大妹养成良好的独立生活习惯。此外，大妹在身边，也好照顾杰儿。

学花在工作上非常努力。有时任务重时，她总要加班加点来完成，且从不计较任何报酬，因而多次被评为厂里的劳动模范、生产标兵。

除了做好厂里的工作，她还把绞手套边的活儿拿回家里干，经常干到深夜。

她看到商机厂的后面有一片荒地，心想荒着怪可惜的，于是翻地、施肥，种上不同品种的蔬菜。这些菜除了满足自家生活所需外，还可以送一些给邻里同事，隔三岔五还能卖点钱。

学花看到别人家房前屋后成群的鸡鸭，心里非常羡慕。她觉得适当养些鸡鸭可以贴补家用。卖鸭崽鸡崽的人来了，学花挑了些母鸡崽和母鸭崽，悉心照料它们。

学花养的鸡鸭下了不少的蛋，卖蛋的收入让学花乐不可支。她还不满足养鸡养鸭，竟饲养了一头猪。一年下来，刨去本钱，纯利润有三四百元。

言人休假回到星子，学花把自己靠绞手套边、种菜、养鸡养鸭养猪赚钱的事告诉了他。言人高兴坏了，心疼地说："这些钱来之不易，都是你自己用勤劳的汗水换来的，你就留着自己支配吧！"

学花听爱人这么一说，心里一阵感动。难得爱人这么体贴自己。

高兴之余，学花望着言人，认真地说："你一个大学生，又是一个人在外面生活，连一块手表都没有，这样很不体面。我想用搞副业的钱给你买一块手表。"

言人赶忙说："我戴不戴表无所谓，还是把钱留给家里用吧！"

学花进一步劝说："一个男人的打扮，关系到人们对他老婆的评价，我不想亏待了你而遭人戳脊梁骨。再者，你戴着我用辛辛苦苦赚来的钱买的表，意义更深。你天天看表，仿佛我就在身边，你就会时常想着我。"

言人只好同意了。

接着，学花又跟爱人商量："爹爹去世时睡的是一口破棺材。娘多次跟我说过，她死后绝不跟老伍一样睡那破棺材。所以，买完手表多余的钱，我想给娘做一口好棺材。不够的部分，我自己再想办法。你看行不？"

"难得你有这份孝心，我完全同意。"言人肯定地说。

民间有个迷信的说法：棺材就是死去的人在阴间生活的房子。这"房子"的好坏，取决于木料的质量以及师傅的手艺。选材好，手艺佳，"房子"就天衣无缝，不会漏水倒塌。此外，制作棺材宜早不宜迟，通常是早早地做好棺材，再将其悬在房梁上。如此这般，棺材的主人便会愈加健康长寿，因此棺材在民间又叫寿材。

闺密艾满珍的爱人在星子县木材公司上班。学花找到他，他告诉学花："做一口差一点的棺材，木料钱要三四百元，中等的要五六百元，好的要七八百元。"

学花与言人商量，决定为娘做 800 元钱的好棺材，加上工钱，总共需要 900 元左右。学花告诉言人："做好棺材还差 600 元，但钱的事你不用操心，我能找朋友借到，以后我会赚钱还给他们。"

棺材木料的问题解决了，就差一个技术好的木匠师傅。

学花早就听人说过，居委会主任吴家娘的爱人是做棺材的好手。学花找到吴家娘商量，后者用怀疑的目光看着她说："你哪来这么多钱啊？"

学花每月的工资，也就将将够一家人吃喝拉撒的开销。为娘做棺材却需花费900元，这在当时的经济条件下可是一个天文数字。谁都不相信伍学花有这等能耐！学花家里没有一件像样的家具，但她为了回报爹娘，哪怕付出再多的钱也值得。她想到就能做到。

吴主任的爱人姓黄，学花称其为黄家爸。黄家爸告诉学花："新买的棺材木料水分较多，加工出来的棺材会开裂变形。要等这些木料自然风干，差不多经历一个暑往寒来，来年才可以打造。"

伍学花觉得有道理，便答应下来。

（二）

伍学花是供销系统出了名的生产标兵，只要是厂里的生产任务，她都如期完成，且从不讨价还价，不计得失，任劳任怨，因而受到领导与同事的信任与尊重。除了做好厂里的工作，她还要照顾自己的六口之家——患有先天性智力障碍的娘、两个残疾妹妹和三岁的杰儿。因此，学花每天忙得就像高速旋转的车轱辘，停不下来。

1978年9月16日，学花上早班，待她中午回家做完饭再去上班时，三岁的儿子睡熟了，怎么都叫不醒。大妹学梅又上学去了，学花顿时一筹莫展。她静心想了想，为防止杰儿从高处爬出去导致受伤，她把家里有安全隐患的东西全部锁到另一间房内，然后把杰儿一个人锁在家里睡觉。

下午3点，学花下班回家，打开门一看，杰儿赤着一双小脚，靠在门边低声啜泣，嗓子都哭哑了，眼睛也哭肿了，小手和小脚丫也肿了。杰儿见到妈妈，像是受尽了委屈，一下子扑到妈妈的怀里。学花见此情景，心都碎了，眼泪像断了线的珠子哗哗地往下掉。俗话说，母子连心。孩子就是娘身上掉下来的一块肉啊！

学花心想，儿子醒来后见妈不在，肯定想开门寻找，哪知打不开门。他先是用手击打门，手被打肿了；接着用脚踢，脚也踢肿了。叫天天不应，叫地地不灵，杰儿只能放声大哭，两只眼睛哭得棉花桃似的。

学花越想越悲伤。她紧紧地搂着杰儿，无比愧疚地说："杰儿乖，不哭了，都是娘不好。别家的小孩都有爷爷奶奶看护，可杰儿的爷爷奶奶住得远，照顾不到；近在咫尺的外婆连自己都管不了，又怎么管得了杰儿呢？怪只怪娘的命不好，连带杰儿一起遭罪啊！"

杰儿听着母亲的话，似懂非懂，慢慢停止了哭泣。

晚上,学花给娘和小妹送完饭,把她们安顿好之后回到家中。她抱起杰儿,温柔地对儿子说:"杰儿呀,从明天起,早上起晚点,晚上睡早点,中午就不要睡午觉了。妈妈想了很多,只能带着你去上班。你一个人在家,妈妈实在不放心。你去了妈妈上班的地方,一定要听妈妈的话,千万不要离开妈妈的视线。妈妈让你在哪里,你就要在哪里,千万不要乱跑。车间里到处都是机床,非常危险。如果你不听妈妈的话,妈妈的领导和同事就不会允许你跟妈妈上班了。这样的话,妈妈就会担心你,也就干不好工作。妈妈的工作没做好,外婆和两个阿姨就会饿死,爸爸也就读不了大学,我们全家 6 口人都要遭殃。"

杰儿眨巴着眼睛,很认真地听着妈妈的讲话。待学花把话讲完,杰儿搂着妈妈的脖子,贴着学花的耳朵说:"妈妈,我会听话。"

听着杰儿稚嫩而乖巧的回答,学花忍不住亲吻着儿子的小脸颊,开心地笑了。

第二天,学花带着儿子,提前 10 分钟来到车间上班。她操纵的刨床就在车间的门口。学花先在离门口不远的地方用树枝在地上画了一个大圈,在圈里给杰儿放了一个小凳子。她叮嘱杰儿:"你就在圈子里玩,不要出圈子,玩累了就在凳子上坐一会儿。妈妈在这里开刨床,可以看到你。"

下雨天,学花就在车间较开阔的地方画个小圈,让儿子独自在里面玩。

按照厂里的规定,职工是不允许带小孩来车间上班的,但厂领导和同事都了解学花的实际情况,她不是刻意违反厂里的规定,实在是为生活所迫不得已而为之,而且她从未因此耽误工作,反而总是带头加班加点,不补休也不要求加班费,因此领导同事都很理解、宽容她。

有一次,供销社的领导来商机厂检查工作,看见学花的儿子在车间门外的圈子里坐着,于是打听这是谁家的孩子。当知道是伍学花的儿子时,领导关心地把学花叫到厂办公室诚恳地说:"你这样带孩子是不行的,对孩子的成长非常不利!再说这厂区到处是机床,假如孩子出了什么事,厂里担不起这种风险啊!"闵厂长插了一句:"伍学花这样做也是没办法。有时她晚上加班,我都叫老婆帮她带孩子。"

有一天,张良突然来厂里找学花。他看到杰儿在圈子里坐着,就责怪学花:"姐呀,你这样带孩子怎么行?孩子每天就这么干坐着,会坐出毛病的!"

学花一脸无奈地说:"我何尝不知道这样会束缚孩子的发展呀!我也不愿意这么做,但这是没有办法的办法呀。只要杰儿始终待在我的眼皮子底下,不出现危险就行了。"

就在学花为杰儿的成长左右为难的时候，闵厂长领着一个大姑娘来到学花的身边。他向学花介绍："这是我们厂新来的员工罗桃秀，厂里决定把她放在你身边学操作刨床。"

看到罗桃秀，学花自然想起全国劳模罗腊香，想起自己当年从针织厂分流出来，去商业局报到时，初见罗腊香的情景。那时的学花铁了心要去罗腊香身边工作，做一名罗腊香式的好服务员。罗腊香特别看好眼前的这个小姑娘，她没有满足学花的请求，而是开导她要服从组织的安排，是金子到哪儿都会发光。她还说，如学花工作做得好，会把自己的孩子放在学花的身边。

罗阿姨没有食言，现在，她果然把自己的孩子罗桃秀送到了学花的身边。

桃秀虽然管学花叫师傅，但她其实只比学花小两岁。

在桃秀的心里，学花就是她的亲姐姐。罗阿姨也经常叮嘱桃秀要帮帮师傅家，所以桃秀一来，杰儿就有福了。桃秀经常从家里带些好吃的零食给杰儿吃，还会给杰儿带一些好玩的小玩具，这样杰儿就不会天天呆坐着等妈妈下班了。杰儿与桃秀特别亲，有一天，杰儿找桃秀阿姨要吃的，桃秀故意逗他："明天我带狗屎来给你吃！"第二天，杰儿见到桃秀阿姨，直接就说："罗阿姨，我要狗屎吃。"桃秀乐得眼泪都要出来了，杰儿却是一脸的茫然。

（三）

1978 年秋，风和日丽，天气凉爽，正是造屋装修的好季节。

学花之前替娘买的上等的寿材木料也风干得差不多了。黄家爸特地上门看了看木料，觉得可以动手做棺材了。

学花告诉黄家爸："能够在百年之后睡上一口好棺材，是我娘最大的心愿。造棺如建房，慢工出细活。只要把娘的寿材做得天衣无缝，工钱我一分也不会少。"黄家爸点头允诺，夸奖学花道："你这穷人家出来的女人就是孝顺、有能耐，很多富有人家的男人都做不到，你却做到了。你不是半边天而是一片天啊！"

穷人的孩子早当家。幼年时期的学花靠捡柴讨饭、别人施舍来维系一家人的生活。尚未成年之前，家庭的生活重担全压在她的身上，这也铸就了她坚韧不拔的性格。她的心里有种坚强的信念，要努力奋斗，用自己的双手、自己的力量来摆脱贫穷与不幸，做到自强不息，为国家减轻负担。成年之后，她更是从未因为不谙世事的娘和两个残疾妹妹而给国家增添负担。她要为娘养老送终，把两个残疾的妹妹拉扯大。即便前路布满荆棘，即便赤着脚，她也要走过去。

有一天，居委会主任吴家娘把学花叫了过去，诚恳地对学花说："你娘患先天性智力障碍，生活不能自理；你的大妹有眼疾，小妹也遗传到你娘的智力。国家有政策，她们三个都符合进入政府福利院的条件，生老病死都由政府包。这要是别的人家，早就申报福利院了。可是你一直坚持照顾家里这三个残疾人，真是苦了你了。现在，你也该解脱了。"

学花感激地望着吴主任说："谢谢吴主任对我们全家的关心，我绝不会让不能自理的娘和两个残疾妹妹进入福利院。我能有今天这份工作，全仰仗吴主任和组织的照顾，我不能再给政府增添负担了。只要我在工作，我就会给娘养老送终，把两个妹妹抚养大。"

虽说学花娘不谙世事，但听觉还在。她听说吴主任想把她送去福利院，就天天吵着要去。学花送去的饭，她也赌气不吃了，也不准自己的小女儿吃饭，吃了就打她。这可把学花折腾坏了，左哄也不吃，右哄也不吃。学花本来上班就忙，还要照顾杰儿，还有一大摊子家务事要干，哪有时间陪着折腾。情急之下，学花只好把邻居张家娘和居委会吴主任请来劝娘吃饭。可是无论吴主任、张家娘如何劝说，学花娘就是不吃，一个劲地缠着吴主任要去福利院。

吴主任的心里非常清楚，学花是铁了心要为娘养老送终的，倾力为娘打造最好的棺材就是明证。但学花不同意娘进福利院的原因，吴主任可不敢告诉她，否则她会闹得天翻地覆，结局难以预料。

见劝说无效，吴主任灵机一动，故意大声呵斥学花，勒令学花退到大门之外，继而大声对印香说："该死的印香，你的大女伍学花送来这么好吃的饭你却不吃，现在我明白了，不是你大女不管你，而是你不要你大女管！"吴主任又转向大家说："既然这样，我们所有人都不要管印香，让她饿死！饿死了谁也不准给她收尸，把她丢到鄱阳湖里喂鱼去。"

没想到吴主任这一招真灵，印香一听饿死了没人管，还要被丢湖里喂鱼，吓得连忙端起饭碗，很快把饭吃完了。吴主任看着，偷偷地抿着嘴笑，然后说："这还差不多，以后再也不许这么闹腾了！"

印香低着头，坐在一边一声不吭。

事后，伍学花恳求吴主任："吴家娘啊，以后千万不要叫我娘上这里去那里去，不然我就会失去对娘的控制，甚至会闹出事情来。"

吴主任笑着说："本来你娘和两个妹妹进福利院多好，给你减少了大麻烦。

可你偏要独自硬扛着，真拿你没办法。"

1978年12月30日下午，学花上完早班回到家，南康镇的两位干部找上门来。其中一位干部说去找学花的厂长来主持公道。学花问留下来的另一位干部到底出了什么事，干部没好气地冲着学花说："你还好意思问出了什么事，等你的厂长来了再说吧。"

不久，闵厂长和那位南康镇的干部进了院门。只听闵厂长边走边说："我用党性担保，伍学花不是只管自己不管娘和妹妹的人。她娘的脑子不正常，说的话不可信，你们不能诬陷好人啊！"

几个人说着便进了屋。闵厂长直截了当地对学花说："今天这两位干部送两床棉絮给你娘，你娘死活不要，说收了的棉絮会被大女儿伍学花拿走，她根本睡不到新棉絮。她还说，要是干部不相信，可以去伍学花家看看。你娘还要求干部好好管教你，让你同意她去福利院。"

听完闵厂长的话，学花彻底明白了事情的缘由。

耳听为虚眼见为实，南康镇的两位干部也没有征得伍学花同意，便把她叠得整齐的被褥拆开包单，只见棉絮上用红头绳盘写了一个大大的喜字；接着又掀开床单，又见垫絮上同样有个喜字，这是学花和言人结婚时买的棉絮。这下，南康镇的两位干部终于明白了，显然学花娘说了假话。于是，两位干部连忙表示歉意并感慨地说："万万没想到自己的亲娘，还会诬陷自己的女儿。若不是亲眼所见，还真就相信了她。"

学花静静地站在一旁，既无欣喜之情，也无责怪之意，此时无声胜有声！

闵厂长是一个直性子，说话从不拐弯抹角。他对南康镇的两位干部说："希望你们以后把事情调查清楚后再去找当事人，以免伤了好人的自尊心。"

南康镇的干部走了，闵厂长责怪起学花来："听居委会吴主任说，你娘和两个妹妹都符合去福利院的条件，你为什么非要把她们留在自己身边拖累自己呢？换了别人，早把她们送福利院了。这本是一件求之不得的大好事，你却舍不得放手，不知你怎么想的。"

学花坦然地告诉闵厂长："厂长呀！我是娘亲生的女儿，是两个妹妹的亲姐姐。外面对我有两种说法：一种是说我不管娘和两个妹妹的死活，只顾自己；一种是说我很有孝心，有良心。其实，这两种说法我都不在意。重要的是，我要用事实来证明，只有我伍学花才能风光体面地为娘养老送终，只有我伍学花才能把两个妹妹拉扯成人。我要用自己的行动来证明我的担当，她们越不正常就越需要我。她们当然可以去福利院，可她们能在福利院正常生活吗？今天，您也看见了，娘连我都能诬陷，进了福利院，还不知要把福利院折腾成什么样子，给国家增添多少负担！我知道厂长您是真心想为我家排忧解难，但请您尊重我的想法。请厂长相信我，早晚有一天，我会活出个人样来。这也是我伍学花的人生目标。"

望着眼前这个身体瘦弱的女子，闵厂长坚定地点了点头。

（四）

1978 年 11 月 17 日，学花收到言人的来信，得知爱人患上了胸膜炎，正在南昌市第三医院住院治疗。学花一时间不知所措，急得直哭。她的闺密陶美琴来了，见学花拿着信，站在那儿独自落泪，便把信接过来。陶美琴看完信，知道学花落泪的缘由，便对学花说："我去厂里给你申请一些救济款，你好去南昌看看陈哥。"学花拦住她，求她不要再给厂里添麻烦。陶美琴不听，挣开学花的手，跑了。

第二天，陶美琴递给学花 6 张 10 元的补助金，催促她买些营养品，赶快启程去南昌。她还安慰学花，说娘和妹妹她会帮忙照看，尽管放心便是。

学花匆忙收拾行李，带着杰儿来到南昌市第三医院。刚进病房，学花便看见医师正在给言人抽取胸部积液，从背上扎针，穿透脊背直达胸腔。只见粗壮的针筒里，脓和血被源源不断地抽了出来。此时，学花觉得那针管犹如扎在自己的胸口，痛苦之情无法形容。

言人见妻子带着杰儿来了，招呼他们在病房歇息。待抽完胸腔积液，打完针，吃完药，言人便带着妻儿去父母家吃午饭。父母不在家，言人便招呼学花、杰儿随便吃了点。

见到时隔多日的妻子，言人的心里有种莫名的男人的冲动。他把妻子引到房间里睡午觉，顺手把门反锁上了。他正欲与妻子亲热，学花赶忙制止："听人说，得了胸膜炎是不能同房的，不然，会影响你的身体。何况你现在还在住院治疗，希望你理解我，我也是为了你的身体能够早日康复。"

言人听从了妻子的话，躺在床上，不曾越雷池半步。

学花一觉醒来，打开房门，只见四哥坐在沙发上。四哥见学花走出房门，拉下脸冷冷地说："他都病成这样了，你还不放过他！"

听四哥竟然不分青红皂白地说出这等羞辱的话，学花的心里充满了委屈。

她没有接话，也不辩解，默默地承受着。学花此时多希望言人出来向四哥澄清事实啊，可言人觉得这是夫妻间的事，没必要解释太多。

学花没有因此责怪自己的爱人。她问言人需要买些什么营养品，生活上还缺些什么。她把那60元补助金全部花在了爱人的身上，然后恋恋不舍地带着杰儿回到星子上班，心却留在了陈言人的身边。

1979年3月，陈言人身体痊愈，重返大学上课了。因为患病已经耽误了4个月的课程，他能跟得上吗？这是学花最担心的一件事。考完试，学花心中悬着的石头终于落了地。好在言人的底子扎实，参考科目不仅合格，而且门门优秀，这让学花感到骄傲。学花心想，爱人刚刚痊愈，在学习上我帮不了他的忙，只能在生活上多照顾他。家里的肉票买了肉，学花留出一份送到学校给爱人吃。只要是大补的，她都会买来烧好送到学校去。

言人返校上课不到一个月就请假回来与妻子商量："我妈在南昌市第二医院住院，爸爸年纪大了，只能陪护，照顾起来力不从心。兄弟有的在上班，有的也在念大学。我怕影响了弟弟的学业，决定自己请假去南昌照顾妈妈。"学花听爱人这么一说，心里急了，赶紧说："那怎么行呢？你才出院不久，身体还没完全恢复，现在又要去南昌照顾妈妈，你的身体怎么吃得消呢？"

言人坚定地说："你同意也好，不同意也罢，反正我请了假，我是一定要去南昌照顾妈妈的。"

学花了解爱人的性格，只要为了父母，他会义无反顾。想到这里，学花决定自己请假去南昌照顾婆婆。

她找到了闵厂长，说明了请假的事由。闵厂长坚决不同意，他说："你这里一大家子人都离不开你。再说了，你丈夫有那么多兄弟，凭什么让你千里迢迢去南昌照顾婆婆？如果他们对你好，你去南昌照顾老人也算理所应当。可你们结婚，他家没出一分钱；你生孩子，他们也没有照顾你一天。"

学花诚恳地说："厂长啊，他家对我不好与我爱人无关，再说那都是过去的事了，我也懒得计较。他家的人对我不好，我不能对他家的人不好啊！您看，我们厂里的钢铁都能融化，我就不信我的诚心感化不了他的家人！本来我爱人陈言人请了假，可他一个大男人去照顾妈也不方便呀！我更放不下的，是我爱人住了四个月的院，我既担心他的身体，也担心他的学业。万一考试不及格毕不了业，岂不是前功尽弃吗？当然，我也知道厂里的生产任务紧，等我婆婆出院了，我回来加班加点也要完成您交给我的任务，好吗？"

在学花的执着恳求下，闵厂长无可奈何地准了假。

去南昌之前，学花替家里买好了米和油，交代大妹照顾好自己的家。同时，学花还放了一些钱在黄奶奶家，以防急用。好在学花之前在菜园里种了很多蔬菜，大妹只要去菜园里采摘便是。

家里的一切收拾妥当，学花带着杰儿赶到南昌，见到了住院的婆婆。

为了节省开支，学花买菜在家做好之后送到医院给公公婆婆吃。她还根据公公婆婆的胃口，变着花样做吃的，既考虑营养需要，又兼顾饮食爱好。一日三餐，学花可谓煞费苦心。

待公婆吃完饭，学花便用毛巾不厌其烦地替婆婆擦洗身子，然后把二老换下的衣服带回家搓洗干净。一天下来，浑身骨头就像散了架似的。

有一次，学花给公公、婆婆做了三鲜汤和豆腐烧肉。她认为自己从小苦惯了，吃差点不要紧，因此自己和杰儿的碗里都是清炒萝卜干。吃饭时，公公见自己的碗里都是肉，杰儿和学花的碗里全是萝卜干，气得他抢过学花和杰儿的碗，把萝卜干全倒掉了。学花知道公公是为自己和杰儿好，怕自己和杰儿吃萝卜干营养跟不上。从那以后，学花为了不让公公担心，也跟着一起吃肉。

来南昌之前，学花只请了一个星期的假，原以为婆婆一个星期就能出院。谁知医师说："你婆婆年纪大了，需要再住一个星期巩固疗效。"

学花琢磨这时回星子，还得换人照顾婆婆，不如自己再请一个星期的假，直到婆婆完全康复回家，这样也能了却心里的牵挂。

两个星期以来，学花跑上跑下，忙里忙外，把公公婆婆服侍得妥妥帖帖。公公自不必说，就连婆婆也对学花心存感激，刮目相看了。

辞别了公婆，学花不顾多日的劳累，带着杰儿回到了星子。

属于学花的那台刨床静静地等待着。学花一来，日夜加班，整整半个月都没有休息，才把欠下的任务完成了。厂里许多同事劝学花要注意身体，别把身体搞垮了。学花笑笑说："我向闵厂长保证过，绝不拖后腿。否则，我哪有脸面去见闵厂长呢？"

闵厂长听了，摇摇头说："哪里见过这样拼命的傻丫头啊！"

言人回星子看到过度劳累的妻子，非常心疼地说："老婆，你太让我感动了，但也太让我担心了！"

"多亏了大妹学梅和黄奶奶，如果不是大妹帮我带杰儿，晚上我怎么能加得了班呀？要不然，我真没有脸面见我们厂的领导和同事啊！"

（五）

1979 年，国家出台了一项重要政策：一对夫妇只生育一个孩子，全民实施计划生育。

伍学花从报纸上看到这一消息，她认为必须听党的话跟党走，计划生育是一件利国利民利己的大好事。尤其像自己这种贫穷的家庭，更是摆脱贫穷的好机会。古人云：儿多母苦。儿女生得越多，不仅父母遭罪，儿女也生活在饥寒之中。如此下去，必将形成恶性循环。为了过上幸福的生活，学花只想生一个孩子。

学花迅即给爱人写信，与其商量只要杰儿一个孩子，带头去做绝育手术。她在信中说："支持你上大学，为的是摆脱我们家贫穷的境遇；我们实施计划生育，更是为了摆脱贫穷。"

言人回信说："你要带头做绝育手术我不反对，但这手术还是等我放假后再做，到时我好照顾你。"

学花告诉爱人，自己想带头在星子县第一批实施绝育手术，等到放假就落后了。再说，手术之后，厂里也会安排人员进行照顾，并嘱咐爱人不要来照顾自己，以免影响学习。

没过几日，学花自行去医院做了绝育手术。手术刚结束，言人就从九江赶来了。看到妻子手术之后，竟可以下地走路，他感到非常吃惊，之前的担心也就烟消云散了。

学花对言人说："厂里生产那么忙，闵厂长说会安排车接我出院。你既然来了，就不要厂里来接了，你陪我慢慢走回家。"言人也觉得应该这么做。

厂里的人听说学花手术出院自己走回家，大家的心里都有些纳闷。厂领导却非常感动，立即安排人过来照顾。言人难得回星子一趟，晚上陪妻子看了一场电影。学花的伤口恢复得很快，言人见妻子手术后的身体未见异常，加上厂里又安排了人来照顾，过了几天，便放心地回九江去了。

伍学花自行绝育，这是一件前所未闻的稀奇事，在星子县城不胫而走。一时间，整个县城就像捅了马蜂窝似的，各种说法都有。

受中国几千年传统思想影响，重男轻女者有之，传宗接代者有之，多子多福者有之……打破传统生育思想的计划生育政策，一时间在民间受到强烈的抵制，推行的阻力重重。

伍学花带头吃螃蟹,自然招致种种非议。有人说伍学花不学好,男人都不要她了;有人说伍学花喜欢出风头,男人不在竟做了绝育手术……

伍学花心想:哪个人前不说人？哪个人后无人说？嘴巴是人家的,你左右不了。不去理会,也就无所谓了。重要的是听党的话不会错,再说计划生育可以改变家庭的贫穷与不幸。爹娘当年生了三男三女,现在只留下自己和两个残疾妹妹。爹爹没享受过一天好日子,不堪重负地早逝了,家庭的生活重担全压在了自己身上。为了照顾娘和两个妹妹,自己吃尽了人间苦,受尽了人间累,遭受了人间各种磨难。自己再不能重蹈爹娘的覆辙,既害了自己,更害了孩子。至于外面的闲言碎语,迟早会销声匿迹的。

1979 年底,星子县召开计划生育表彰大会。会场上鞭炮声、锣鼓声响彻云霄,好不热闹! 县领导亲自为县里第一批带头计划生育的伍学花、陈言人等夫妇戴上大红花。大会结束后,县里又精心设计了披红挂彩游行的环节。伍学花与陈言人身披彩带,胸佩大红花,前面是彩旗开路,后面是震天的

图7 计划生育带头绝育后与丈夫、儿子合影

锣鼓声,两边是欢呼的人群,那场面真够壮观。

伍学花、陈言人携手并进,脸上洋溢着无比喜悦之情。

第二天,星子县大街小巷的宣传橱窗里,张贴着伍学花、陈言人等人身披彩带、胸佩红花的照片。伍学花的名字更是家喻户晓,其主动实施绝育手术的行为,给全县的计划生育开了一个好头,推动了计划生育这一基本国策在星子县的落实。

（六）

言人的父亲是个知识分子,经历了一场刻骨铭心的磨难之后,国家为其补发了几千元的工资。言人家兄弟多,父亲把补发的工资分给每个儿子300 元。

当父亲把300 元钱交到学花手上时,学花心里的那种激动难以形容。这在当年可是一大笔钱,她一年的工资不吃不喝才200 多块。这一下从天而降300

元,简直如做梦一般。

学花攥着公公给的 300 元钱,想到自己当年与言人结婚时,公公为表示自己的心意,特地向言人的大伯借 300 元钱,却吃了闭门羹。现在想来,这件事情就像发生在昨天一样。她又想到言人还有 6 个兄弟没有结婚,往后需要钱的地方还多着呢! 于是,她微笑着对公公婆婆说:"爸! 妈! 你们的好意我和言人心领了,这钱还是留给兄弟们结婚用吧!"

公公赶忙回答:"不行! 不行! 这钱你一定要收。"

言人见父亲这么坚持,只好收下了父亲的钱。

言人对妻子说:"这钱放在家里也是放,还不如拿着钱出去旅游,去看看外面的世界。"

学花从小苦惯了,她满脑子都是柴米油盐,哪有旅游的概念? 她是头一回听说"旅游"这一新鲜词。她想:旅游不就是到远处去玩玩吗? 拿这么多钱去外面玩,不值得!

于是,学花与爱人商量:"我们结婚没买一件家具,你看我们家的床不像床,随便碰一下就'嘎吱嘎吱'响,人睡在上面更响。好在我们家穷,每个人没几件衣服。不然的话,装衣服的箱子都没有。再说了,我们总得留点钱吧! 万一有个急事怎么办? 如果把这么多钱花在旅游上,我宁愿把钱花在你兄弟日后结婚上。"

学花望了望爱人,等待他的回答。言人却若有所思,默不作声。

"如果你真的很想出去旅游,也要等儿子大一些,我们再出去。钱你放心,让你存好,我保证不用一分。"

言人见妻子都说到这个份儿上了,也就不好再提出去旅游的事情。

但是,学花没满足爱人去旅游的愿望,言人嘴上没说,心里却很不舒服。学花了解爱人,他只要一有不开心的事,就会在脸上表现出来。

见爱人郁郁寡欢,学花在心里不断地拷问自己:明知爱人不开心,为什么你就不能顺从爱人呢? 我们全家 6 口人,只有他能给你幸福,关心、爱护你,你能够一味地强迫爱人接受你的意见吗?

1980 年,杰儿已经 5 岁了,言人又提出要带儿子去杭州、上海旅游。虽说学花心里仍不情愿,但为了爱人开心,她还是同意了。

人在旅途,学花依然解不开心结。她只听说过到外地出差,还从未听说花自己的钱到处游逛,把辛辛苦苦挣来的钱大把大把地撒在了路上、宾馆里、景点上。花钱还不说,这出来旅游还要白白耽误自己 7 天挣钱的时间。虽说学花身在异地游玩,心里却牵挂着娘和两个妹妹,她魂不守舍,心神不宁。但为了顺从爱人,为了让爱人和儿子玩得开心,她努力迎合着两人。

通过旅游这件事,学花对爱人有了一些新的看法。她认为,彼此存在思想认识层次上的差异与生活方式的分歧,为人处事与性格也不同。

结婚 6 年来,学花时常提醒自己:要守护好自己的婚姻,就应该忘我地付出,念念不忘爱人的好。要努力去包容,甚至忍受,这样的婚姻才能走得更远。

（七）

伍学花陪同爱人从杭州、上海旅游回来,刚上班就听到同事说,食堂烧饭的师傅辞职不干回家了,今天在食堂吃饭的职工,中午饭都吃不上了。这突如其来的变故,打了闵厂长一个措手不及。原来厂里只有十几个职工在食堂吃饭,现在厂里搞基建,二十多个民工也要在食堂用餐。食堂的师傅本是个女同志,还是个临时工,对付十几个职工的饭还凑合,现在一下子增加了二十几个人的饭,她可做不来。她找到闵厂长说:"吃饭的人多了,身体上吃不消,反正我也是临时工,干脆就不做了。"

这可把闵厂长急坏了。千事万事,吃饭是大事。且不说二十几个民工吃饭的事,就连本厂十几个职工也将忍饥挨饿。闵厂长一时寝食难安,找谁去食堂烧饭呢?

那个年代,进工厂是很幸福的,工厂里的机械工又是最吃香的,刨床对于女职工来说更是最好的工种,谁都不愿辞了刨床去当伙夫。

闵厂长掰着手指掂量来掂量去,真不知安排谁下食堂为好。

见闵厂长如此着急,学花感同身受。在她的心目中,闵厂长就像慈祥的父亲,更是一位处处为他人着想的好领导。

学花想:厂长遇到了困难,自己不能袖手旁观,应该尽自己最大的努力去为闵厂长排忧解难。同时,她又联想到《为人民服务》一文中提到的张思德。张思德同志为了人民的利益主动要求去烧炭。现在,厂里的十几号职工以及搞基建的二十几号民工吃不上饭,如果我这时选择下食堂,也是为了人民的利益呀!

想到这些,伍学花决定:下食堂做炊事员!

下食堂之前,学花找到桃秀说:"现在刨床上的活,你也拿得下来,我想让你一个人脱手干。现在厂里食堂急需一个烧饭的人,我去找闵厂长要求烧饭去。"

桃秀一听急了，拉着学花的手说："师傅啊，现在食堂要做三十几个人的饭，说句你不要生气的话，你真不知天高地厚！你看看自己的身体，你能吃得消吗？食堂每天要择菜、洗菜、炒菜，事情多得不得了，你一个女人干得了吗？何况你自家的大事小事也全靠你一个人。若你累垮了，你家怎么办？"

学花笑了笑，说："我知道你这是一片好意，但食堂总得有人去干吧！你不干我不干，那谁去干呢？"

学花若有所思接着说："菜不会炒，我可以学，我们厂里的余会计原来不是你妈单位上的炒菜高手吗？到时请你妈出面说说，让他教我几招炒菜的手艺，不就可以了吗？至于做包子、馒头，我可以去县供销社食堂找杜师傅教我。我也知道你是为我好，我非常感谢，但请你放心，世上无难事，只要肯登攀。除了文化，没有你师傅学不会的东西。如果刨床上你遇到什么问题，我还在厂里，我们可以共同解决。"

桃秀诚恳地说："我是心疼你去吃苦哦！还有，众口难调，你做得再好也会有说咸道淡的，受些莫名的气。当然，如果你执意要去烧饭，我也拦不住你，只是你干了八年的刨床就这样丢了，多可惜！"

面对桃秀的好言相劝，学花笑了笑，平静地说："我主意已定，谢谢你的好意！"

学花找到闵厂长，认真地说："现在食堂没人愿意去烧饭，我考虑过了，主动向你要求去食堂烧饭。"

闵厂长一听学花想去食堂烧饭，马上回答："那怎么行？你刨工师傅不当，去烧什么饭？我是坚决不会同意的。"

"桃秀现在已经能够独当一面了，万一刨床任务重时，我还可以晚上协助她加班加点完成，你就不用担心了。"学花唯恐闵厂长担心罗桃秀拿不下刨床上的活儿，故而补充说。

闵厂长突然脸色一沉，不耐烦地说："你这个人怎么不识好歹，刨工师傅不做，偏要吵着去食堂烧饭。"

见厂长火气上来了，学花也急了，她赶忙对厂长说："厂长啊，你不是时常教导我们，革命工作没有高低贵贱之分吗？毛主席也教导我们向张思德同志学习，张思德同志主动为人民的利益去烧炭。现在厂里没有人去烧饭，几十号人吃不上饭，这已是火烧眉毛的大事。为这事你急得吃不下饭，睡不好觉，我看着心疼，我想为你排忧解难，也想尽自己的绵薄之力报答厂里对我的关怀。再说，我去烧饭,也是为了大家的利益啊!"

闵厂长打量着眼前这个善良好强的伍学花,叹了一口气说:"三十几个人的饭,你一个女同志拿得下来吗?"

学花坚定地回答:"厂长请放心,我一定为你争气,为厂里争光。相信我,办法总比困难多。我向你保证,学花做出来的饭菜,一定会让你满意,让在食堂吃饭的人开心。"

也有人想看伍学花的笑话,对她说:"学花,你的胆子也太大了吧,这不是烧家里几个人的饭,而是要烧三十几个人的饭,你真是不自量力。你这个玩笑开得太大了,开过头了,看你怎么收场!"

伍学花最大的优点就是别人说什么,她从不往心里去。有时难免也会生气,但她始终认为,生气不如争气。辩解永远是苍白的,事实才能证明一切。

伍学花暗暗下定决心,搞好食堂对自己而言是背水一战,只能成功,不能失败。食堂搞好了,外面的种种说法与担心都将烟消云散。

学花给言人写信,她在信中说:"你的妻子终于有机会帮助闵厂长,为他排忧解难了。厂里找不到人烧饭,我决定下食堂做饭去。"

言人给妻子回信说:"你真是傻啊!放着好好的刨工师傅不干,跑去食堂伺候那么多人。那哪是你干的活啊?要是把你的身体累垮了怎么办?你不能自理的娘、两个残疾妹妹,还有我们的儿子怎么办?家里养的猪、鸡、鸭以及菜园地也都要靠你一双手,我在九江又帮不上你一点忙。你这样真让我担心。要不,晚上缝手套的活儿就不要再做了。"

学花给爱人回信说:"我去食堂做饭,招致外面种种说法,我其实并不在乎。你作为我的爱人,要理解支持我。当初闵厂长安排我做最好的工种开刨床,现在我主动去食堂烧饭,也是帮闵厂长解围。再说,我在食堂工作,可以把杰儿带在身边,再也不用给杰儿画地为牢了。

"以前给娘和妹妹送饭,时间上总是匆匆忙忙的。现在,我可以做完职工的饭,再不紧不慢地给娘和妹妹送饭去。去食堂做饭,把饭做好了,让吃饭的人满意,让厂长高兴,这是利公、利民、利己的大好事。何乐而不为呢?请你相信我,我一定会做好工作,也会注意身体。我也知道身体是革命的本钱,更懂得我自己的命也是全家人的命。"

看完妻子的来信,尽管言人内心有诸多的担心,最后还是尊重妻子的选择。

烧了几个月的饭,虽然忙得一天只能睡三四个小时,浑身就像散了架,但学花硬是挺了过来，吃饭的职工渐渐满意了。

学花到食堂后，选择用木柴生火煮饭，这样煮熟的米饭不仅蓬松甜软，而且特别香。她用煤先将水烧开然后再把菜下锅，炒出的菜脆嫩可口，颜色新鲜。

一天，学花有事去车间，看见负责厂里发电的吴师傅把一桶废机油给倒掉了。她的心里觉得挺可惜的，说不定这废机油还能派上用场呢！学花回到饭厅，看见木工在锯板，地上堆满了锯屑。她灵机一动，把废机油拌在锯屑里不是非常好的燃料吗？如果把这些锯屑和废机油充分利用起来，不就可以节省很多煤了吗？也就等于省下了很多买煤的钱。如果把省下的买煤的钱用在改善职工的伙食质量上，这不是一件大好事吗？

说干就干，学花弄来锯屑和废机油，搅拌之后装入炉子烧水，果然火力不小，不比烧煤差，水很快就烧开了。

原来的这些废机油和成堆的锯屑，还没有合适的倾倒之地，现在学花把这些难以处置的废物变成了生活中可以利用的资源，瞬间产生了莫大的成就感，仿佛自己发现了一座巨大的资源宝库，兴奋不已。

虽然锯屑和废机油作为燃料利用较烧煤麻烦些，但想到能够变废为宝，想到食堂再也不用花钱买煤，想到能够改善职工的伙食等，学花浑身就有使不完的劲。她不怕麻烦，只要能够省钱，让职工得到实惠就好。

职工们想吃包子、馒头，学花找到供销社食堂的杜师傅求教。初学时，包子、馒头发不起来，学花买来相关书籍研读。按照书上讲的，再结合杜师傅指导的，学花很快就攻克了技术关，发出来的包子、馒头又大又好。刚开始，老面都是杜师傅送的。后来做顺手了，学花自己学会了留老面，再也不用杜师傅送了。

原来食堂早餐只有稀饭、泡饭和炒饭，现在有了包子、馒头，职工不知有多高兴。不但自己早上吃包子、馒头，每逢周末还买上包子、馒头带回去给家人吃。就连原本不在食堂吃饭的职工都来食堂买饭票，就为了买学花做的包子、馒头。每天的包子、馒头供不应求，把学花忙得焦头烂额，但又乐在其中。

闵厂长听到有人到食堂买包子、馒头带回家，赶紧跑到食堂责怪学花："傻女崽，你累不死呀？如果以后大家都来食堂买，得做多少份？你一个人忙得过来吗？"

第二天，厂里贴出了通知：不在食堂吃饭的职工，不准在食堂买包子、馒头回家。这一通知可帮了学花大忙。她每天只要按照实际在食堂用餐的人数来做包子、馒头，也就没那么累了。

学花中午给娘和妹妹送完饭,自己也吃完饭,看有点时间,便在食堂周围转了转。她发现食堂后院有片荒地,这可把她乐坏了,脑海中顿时有了在这里种菜的念头。她找来于师傅、吴师傅、熊师傅等人翻地,并承诺他们,等菜丰收了,可以免费来领菜。

这些师傅的家都在农村,孩子好几个,家中老小的生活全靠他们每月几十元的工资,日子过得紧巴巴的。一听说可以免费领菜,大家的积极性一下子被调动起来。不用学花喊,只要他们一有时间,就自发地来到菜地帮学花拔草施肥。学花是个爱种菜的人,看到他们在菜地里忙活开来,心里美滋滋的。

在学花的带动下,大家都不计较个人得失,悉心地呵护着这块菜地。有时候菜种、菜秧不够,他们就从家里带来。熊师傅在家里讲起学花为大家种菜的事,妻子压根不信。在她眼里,县城里没有这种肯吃苦的人,气得熊师傅说:"不信? 我可以带你去我们食堂看看,正好也带你去县城玩玩。"

不久,熊师傅夫妇从家里带来了辣椒秧、茄子秧、空心菜秧、丝瓜秧、南瓜秧等。学花一见格外开心,赶紧从家里拿了鸡蛋和面条煮给他们夫妇吃。

看到眼前的一切,熊师傅的爱人深有感触:"要不是亲眼所见,我真不敢相信城里还有这么能吃苦的人,真让我感动。"

吃过鸡蛋面,熊师傅的爱人便帮着学花栽菜秧。学花把丝瓜、南瓜栽在围墙边早就挖好并上了基肥的十几个土坑里。熊师傅笑着说:"这些藤菜只要长起来,根本吃不完。种下去的菜,不出两个月就能吃了。"

学花帮职工们种菜,职工们看在眼里,食堂里的重活都抢着干,这让学花轻松多了。因此,她把食堂当成自己的家,越干越起劲。菜丰收了,大家都领到了自己的那一份,心里美滋滋的,对食堂的满意度自然越来越高了。

吃的菜有了着落,但大家吃饭时有站着的,有蹲着的,也有端着饭碗躲进房间的,这让学花心里很难过。明明有餐厅,可变成了锯木板的车间,里面堆满了锯屑。

学花找到闵厂长,建议他再安排一个地方锯木板,把餐厅腾出来供职工们吃饭用。另外,她还向厂长建议:能不能把之前省下的买煤钱,为食堂添置一张吃饭的桌子和四条长板凳,这样既没增加厂里的开支,又给予了职工生活上的方便。

闵厂长采纳了学花的建议,很快买来了桌子、凳子。餐厅腾出来之后,学花把成堆的锯屑储存好,把地面打扫干净。职工们围坐在饭桌四周,吃得津津有味,有说有笑。见此情景,学花心花怒放。

下食堂工作后,学花把食堂的事情当作家里的事情来做,职工吃饭的条件逐渐得到改善。但新问题又来了,天气炎热时,豆大的汗珠滴进职工的饭碗里,倒掉的剩饭剩菜明显增多,就连地里来不及吃的南瓜也会白白地烂掉。学花心想,如果把这些剩饭剩菜以及吃不完的南瓜用来喂猪,那该多好啊!这样做既节省了饲养成本,猪长大了又可以创收。如果卖了猪,又可以为食堂添置一台电风扇,大家天热吃饭就不至于挥汗如雨了。

学花把自己想养猪的事告诉了闵厂长,闵厂长很爽快地答应了。没过几天,闵厂长果真买来了一头小猪崽。他在把小猪崽交给学花的同时,还交给她一张18.6元的发票,并叮嘱学花:"等你把猪养大了,不管是卖了还是杀了,有了钱先拿这张发票到会计那里平一下账。"

学花抱过小猪崽,接过发票,迅速召集厂里的职工做猪栏。

有人说:"伍学花真是没事找事,自讨苦吃。做饭吃苦不说,现在又要养猪,真是地地道道的乡下村妇,受苦的命!"

不管别人怎么说,学花始终保持一种平静的心态。她觉得只要对职工有好处的事,干起来再苦再累也值得。既然厂长同意了养猪,就无条件地要把猪养好。不然的话,买猪崽的钱上哪儿去平账啊?说句实在话,换别人来打理食堂,肯定早就吃不消了。可学花不同,她坚韧不拔,食堂的工作再苦再难,她都能坚持下去。再加上她待人处事随和,从不与人计较,大家对她也很满意。

每天起床,学花要做几十个人的饭,种菜喂猪,照顾娘和两个妹妹,还要带好杰儿,整天忙得像转个不停的陀螺。有时猪食不够吃,她还要带上杰儿去挖野菜,煮了喂给猪吃。她凭着不到90斤重的羸弱之躯,干了别人干不了的事,令人不得不敬佩她超乎寻常的能力。

年终,闵厂长把伍学花所做的点点滴滴写成事迹材料上报到公司。公司的刘经理、崔经理看过材料深受感动,又向县供销社进行了推荐。县供销社又推荐给了星子县妇联以及星子县总工会,得到了各级领导的一致好评。

学花在食堂喂养的猪膘肥体壮,躺在地上都能滚动。大家都嚷嚷着杀猪过年。学花一看大伙的兴奋劲儿,心里更是高兴。自己的付出没有白费,让职工们分享自己的劳动成果,是一件让她再开心不过的事情了。

中午吃饭时,学花把杀猪过年的计划公之于众,引来阵阵欢呼声。学花微笑着告诉大家:杀了猪都是大家的,只是买猪崽的18.6元钱需要还给厂里。顿时有职工建议,杀了猪只需卖十几斤肉,不就平了财务上买猪崽的账吗?学花觉得有道理,就去找闵厂长商量杀猪过年的事。

闵厂长高兴地说:"你只要把财务上垫的钱还上就行。猪是你辛辛苦苦养大的,应该由你自己做主,想咋办就咋办吧!"

得到了闵厂长的"尚方宝剑",学花的心里异常高兴。中午吃饭时,她兴奋地向职工们宣布:"食堂养的猪可以杀了,卖掉少许平账,再给食堂买一台电风扇,剩下的猪肉和猪内脏全部用来给职工加餐。加餐的时间就定在厂里放假的前一天晚上。另外,我这还有一个重磅好消息……"

说到这儿,学花故意卖了个关子,停下不说了,把大家的胃口全吊了起来。

停顿片刻,她认真地说:"为了让大家吃得过瘾,加餐时请我们厂的余会计来掌勺。他在饭店干过多年的厨师,烹饪技术远近闻名。"

学花的话刚说完,食堂里立刻响起热烈的掌声和喝彩声。

20世纪80年代,生活水平相对较低,能够解决温饱已经很不错了。不掏钱,又大块吃肉,这可是大家梦寐以求的事。

加餐的那天晚上,余会计使出浑身解数,烹饪了醋熘肉丸、炒猪肝、炒猪肚、红烧肉、猪头肉等美味可口的菜肴,墨鱼排骨汤更是香味扑鼻,令人垂涎三尺。职工们在享受饕餮大餐的同时,不忘对伍学花的由衷赞美与感激。学花调入商机厂以来,第一次见证了职工们的喜悦,自然心中无比欣慰。她想:自己这么做,既让职工们开心,又有助于闵厂长的工作,还减轻了厂里的经济负担。

食堂的事就是家里的事,件件不可小觑。但食堂的东西,哪怕一丝一毫,都是厂里所有,个人无权侵占。

有一天,杰儿带了几个小孩来食堂饭厅玩游戏。学花唯恐小孩的家长不明孩子的去向而着急,因而自己掏钱给孩子们买了食堂的包子,打发小孩们早点回家。孩子们接过包子,高兴地各自回家去了。

伍学花教训杰儿:"以后不要带小朋友来食堂玩,虽说今天妈妈自己花钱买了食堂的包子给小朋友吃,但时间长了,职工们难免产生误会,还以为妈妈拿公家的东西做人情。"

杰儿很懂事,听妈妈说完便连连点头,再也没有带小朋友来食堂玩过。

几天之后,陈言人从九江回到星子。他发现杰儿的眼睛红了,赶忙把妻子叫了过来。学花一见儿子的眼睛红了,起初以为儿子患上了红眼病,便赶忙与爱人带着杰儿上县医院诊治。王医师仔细检查了杰儿的眼球,关切地问杰儿:

"有什么东西划到过你的眼睛吗？"王医师又冲着大人说："看样子像是被什么东西划伤了眼珠子，如果是金属那就麻烦了，这只眼睛能否保住就很难说了。"

学花听王医师这么一说，脑袋顿时一片空白，急得直哭。

杰儿见妈妈哭得伤心，连忙说了实话："我的眼睛是被毛竹划的。"

学花一听，赶忙问杰儿："你怎么碰到毛竹？毛竹是怎样划伤眼睛的？"

杰儿一五一十地把事情的经过说了出来。"前天下午，一伙小朋友又要我带他们去食堂玩，妈妈你又不让我带他们去。我不肯，李家的二罐就到菜园里折了一根毛竹来打我，我的眼睛就是被毛竹梢划到的。"

王医师又仔细检查了一下，建议学花："你们赶快去九江地区医院做手术吧。"

伍学花只生了一个孩子。现在儿子的眼睛受到了外伤，会不会造成失明，不得而知。二罐的奶奶得知孙子闯下了大祸，心里很是过意不去，又是赔钱又是送鸡的。学花平静地对她说："小孩子在一起闹腾，总有意想不到的事情发生。你的心意我们领了，钱和鸡就免了。我还得赶快带杰儿去九江做手术。"

二罐的奶奶眼见伍学花这么宽容大度，内心愧疚不已。从此，两家共盆换盏，往来频繁，亲如一家。

(八)

杰儿被二罐用毛竹梢划伤了眼睛，在九江市第一人民医院做手术，眼睛缝了三针，医生叮嘱千万不要染上红眼病。从此，杰儿留下了怕光的后遗症，视力下降到零点儿。罗桃秀得知师傅的儿子住院了，便从星子赶到九江看望杰儿。

桃秀见到学花，顺便带来了一个好消息。她告诉学花："师傅啊，你真有眼光，当初我反对你去食堂工作，怕你吃苦受气。谁料到，你左右逢源，把个苦差事做得风生水起，令人刮目相看！现在，你算是苦出头了！"

学花一听"苦出头"三个字，一时丈二和尚摸不着头脑。

"由于你工作出色，又是我们商业系统的生产标兵，领导准备把你调到公司干鲜果仓库工作。"

干鲜果仓库的管理工作对谁来说都是天大的好事，风不吹雨不淋的，但学花认为自己没文化，不如做点苦事、累事，这样心里踏实。

杰儿出院回到星子，学花想到不能辜负领导的一片好心和期望，决定听从领导的安排。自己虽然没什么文化，但只要努力，就没有过不去的坎。

学花不会打算盘,不会做进出货物盘点表。言人用不到一个月的时间教会了学花打算盘。干鲜果仓库的进货、出货等成了学花的拿手活儿。她也切身感受到,干鲜果仓库里的工作比厂里的工作轻松多了,打心眼里感谢领导的关心。她暗自发誓,要以仓库为家。

有一天,彭文其的父亲来到干鲜果仓库,找到学花说:"我是公司的老员工,革命工作几十年,现在退休了。儿子彭文其顶了我的职,可他工作不久就患上了精神病。他这个病只要按时服药,就不会出事。他有文化,又有力气,需要有个好心人带他做事。现在全家就指望彭文其参加工作,挣钱养家糊口。我知道你经历了各种苦难和磨难,一定能理解我家的难处。希望你接纳我的儿子,带他一道做事。只要你同意,我就去找公司的刘经理,请求组织照顾,让彭文其到干鲜果仓库与你一起工作。"

学花十分理解彭文其的生活处境,连连点头答应。

第二天,刘经理找学花谈话。他略有顾虑地问学花:"你怕不怕与一个患有精神病的大男人在一起上班?"

学花也顾不上考虑那么多,她满脑子装的是彭文其家的困难处境。她联想到当年自己找工作的情景,那时多么希望有人能够帮自己一把啊!如果当年不是居委会主任吴家娘出面协调,她哪里能找到工作?如果不是陶局长的帮助,她伍学花又怎能进得了商机厂?自己能有今天,得益于许多好心人的帮助。现在,彭文其渴望得到自己的帮助。只有学花的帮助,才可以让彭文其的家庭渡过难关。

想到这些,学花对刘经理说:"感谢领导对我的关怀和信任。如果我能带着他一起上班,他家的生活就有了保障。赠人玫瑰,手有余香。我愿意带着他,也会把他当作自己的亲人来帮助。"

彭文其,小名"老崽",和学花同住一条街。很快,老崽来干鲜果仓库上班了。他很听学花的话,主动配合学花的工作。总有喜欢占小便宜的人,趁学花偶尔不在仓库时,来找老崽进货。他们无视老崽的存在,拿起仓库里的果品便吃,更有甚者装进口袋带走。你不要看老崽表面上不言语,但他会把谁吃了什么果品,拿走了什么果品,都一五一十地记在出货单上。

待学花回来,老崽便把所记的内容交给她。学花笑着问老崽:"你这叫什么出货单呀?"老崽说:"这是让你知道,以后盘点对不上账的原因就在这里。我爸交代我,千万不要得罪人,也得罪不起人,不然就要回家,上不了班。"听完老崽的话,学花十分理解他的心情。

拿着老崽记录的清单,学花心想:个别人尝点果品,也许影响不了仓库的盘点。但人多了这样吃,那亏空就大了。

转眼到了月底,经过盘点,仓库里的果品确实少了不少。为了果品数量上进、出对等,学花自己掏钱去公司的门市部买来缺少的果品补足仓库里的数量。之后,她拿着老崽记录的清单,私下找到当事人,和蔼地说:“仓库里盘点时少了一些货,我伍学花自己掏钱买来果品补足了数量,希望以后就不要给我们添麻烦了。”学花边说边亮出老崽记录的清单。占过便宜的人都会有些不好意思,连声说“下不为例”。只要认错态度好,承诺下次不拿了,学花也就既往不咎,能放一马就放一马,所以大家见面总是客客气气的。

从此以后,学花再不敢让老崽一个人看守仓库了。如果仓库的果品再流失,自己哪里赔得起呀?

为把仓库管理好,学花先把所有果品严格分类,贴上标签,摆放有序。所有商品的品名、级别、价格等完全与财务账本上一致。有时遇上急事,她便拜托业务人员带着老崽开门发货。一年多来,仓库的账、物相符,没有出现异常情况。

每年的梅雨季节,仓库里的干货容易发霉。只要天一晴,学花便带着老崽把干货搬到太阳底下晾晒。在学花的精心料理下,仓库的货物没有出现霉变、损坏,每件果品摆放得错落有致。

老崽在学花的影响下,也能够发挥应有的作用。但学花的爱人陈言人对此很不放心,他担心老崽一旦精神病发作,会伤及老婆和儿子。陈言人见到老崽总要强调:“你千万不准打我老婆和孩子!”老崽总是肯定地回答:“我不会打伍学花这样的好人,她是我们大家学习的榜样。我的家人也讲了,如果我打了伍学花,就再也没有人带我上班了,也就没钱养我的儿子了。”

公司的刘经理、吴经理、王经理也经常提醒学花:“你带着彭文其上班,千万要防备他发病! 一旦有情况,你和孩子都离他远点,再来通知我们。只要他一发病,组织上就安排他回家。”

公司领导关心学花,可学花并不觉得眼前的老崽有那么可怕。老崽很听学花的话,叫他干啥就干啥,从不偷懒,更不顶撞她。在学花的意识里,老崽不是精神失常的人,她要尽自己最大的努力,帮助老崽走出困境。说来也怪,谁都不相信学花能把老崽带得好,可老崽在学花面前就像个懂事的孩子。外面38℃高温,学花不忍心让老崽在太阳底下翻晒果品,便让他在一旁歇着。可只要学花在晒场上劳动,他就会主动配合学花一起干,还固执地说:"只要你不休息,我就不会去休息。我们都是同事,要同甘共苦。"学花听老崽竟然说出这等感人的话,心里久久不能平静。

学花压根儿就没把老崽当作精神病人,内心里把他当成了自己的兄长。儿子喜爱吃的零食,学花也替老崽准备一份。中午趁着阳光好晒了一些果品,学花知道老崽怕热,又有睡午觉的习惯,便趁着老崽睡熟了悄悄地独自翻晒。等到太阳西下,老崽睡醒了,他们便一起收拾。

多年之后,老崽还是因精神病复发被送进了医院,但他从来没有对学花动粗,更没有伤害学花的儿子。临别时,彭文其的父亲含泪对学花说:"谢谢你这么多年来对我儿子的照顾。"

（九）

星期一一大早,言人动身去了海会师范实习。学花也赶早带着儿子给娘和妹妹送饭,然后带着杰儿去上班。

刚进公司大门,有保管员告诉学花,今天公司领导要来检查仓库工作。这时,食堂的井师傅跑过来,关切地对学花说:"把你儿子放在我那儿玩,免得经理看见你带着孩子上班。"学花问他怎么了,开始井师傅不愿意说,后来见学花心里疑惑着急的样子,万不得已才告诉学花:"看在你是大家敬重的人的分上,我告诉你实情。哪怕你的工作做得再好,还是有人在背后向刘经理打小报告,说你带小孩上班,仓库里那么多果品,你儿子不偷着吃才怪呢!好事之人还说我们领导对职工缺少工作制度上的管理。"

井师傅说完这些,又担心学花对那个打小报告的人心怀怨恨,故又补充道:"哪个人前不说人?哪个人后无人说?你不要往心里去啊!"

没想到学花却说:"我觉得那个人是为了我好。毛主席曾教导我们,有则改之,无则加勉。伍学花只有做好自己的工作,用事实来证明一切。"

井师傅听完惊讶不已,心里更是敬佩。

学花微笑着对井师傅说:"谢谢您的好意!孩子还是我带着。孩子虽然小,但可以帮我干点仓库里的活。"

学花一进仓库,便带着老崽和杰儿把烟笋搬出来晒。好在前几天,学花就已经把库存的商品码放整齐,账物核对准确无误。因而领导检查时也就不会手忙脚乱了。

吴经理、胡股长、郭股长、施会计一行领导如期来到干鲜果仓库,他们仔细查看了仓库内果品的存放及自然变质的情况,逐类进行了账物核对。领导们认为,干鲜果仓库货物的进出、质量的保管能做到这种程度是破天荒的第一次,因而对伍学花的评价很高,个个赞不绝口。高兴之余,吴经理顺手在苹果篓里拿了一个又大又红的苹果,笑眯眯地递给杰儿吃。杰儿坚持不吃,并说:"妈妈说过,公家的东西不能吃!"吴经理听后甚是感动,在场检查的领导也都点着头笑了。

　　星期五晚上开会学习时,吴经理做了报告。他在报告中对干鲜果仓库检查的情况进行了通报表扬。他说:"伍学花带着患有精神病的彭文其,把公司干鲜果仓库货物进出、保管等工作做得井井有条,账物相符,而且从没有报损的商品。大家想想为什么她能做得这么好?因为她以仓库为家,她是在用心做事。还有,彭文其的父亲跟我们反映,说多亏伍学花带着彭文其工作,处处帮助他、照顾他,不然的话,他们全家就得吃救济了!"

　　说到这里,吴经理喝了一口水,用目光注视着大家,接着说:"伍学花管理的干鲜果仓库,里面全是形形色色的果品,她却能教育自己的孩子抵制诱惑,不吃公家的东西。我拿一个苹果给她的儿子吃,她的儿子坚持不吃,还说妈妈说过,公家的东西不能吃。"

　　吴经理的表扬,给了伍学花巨大的精神鼓舞。她决心以做好工作来回报领导,是真金就不怕火炼。

(十)

　　大妹伍学梅是学花一把屎一把尿带大的,两人同甘共苦21载,算算日子足有7665天。学梅特别疼爱外甥杰儿。有时学花一家三口、大妹4个人分吃一个苹果,每人只吃四分之一。可分给学梅的那一份,她自己舍不得吃,等杰儿吃完了,学梅再把自己的给杰儿吃。

　　通过学花同事陈师傅的老婆介绍,学梅结识了一个病恹恹的男人。不知何故,学花就是看不上他,而大妹非但不听学花的话,反而发誓非他不嫁。既然大妹心甘情愿要嫁给那个男人,学花哪怕是借钱也要帮大妹准备嫁妆。那时流行电视机,虽然学花自己家都没有电视机,但她决定给大妹置办上。

　　又快到年终了,学花所在公司分来一位转业军人杨端福,任副经理。经过机构重组,学花的公司不再属于商业局,而被划到供销系统。供销社的领导是余主任、桂主任、刘主任。

1983 年底,学花参加星子县供销系统年度标兵大会。新来的杨经理带队去县供销社参加颁奖大会。伍学花也坐在主席台上,代表标兵发言。中午用餐时,杨经理对学花说:"伍学花,你真是好样的!你为我们公司争光了!"他还关心地询问了学花家的生活情况,学花如实回答。

杨经理的家住在去秀峰的路边,他每天起早贪黑地骑自行车上下班。此时,棉麻土产公司在学花家的后面选址,为经理们兴建住房,一共建了三套。

刘经理风格高,带着儿子刘海金住在办公室里,主动把新房让给三位副经理。杨广福经理分在西头,杨端福经理分在中间,崔经理分在东头。

谁都没想到,也不敢相信,杨端福经理主动提出把新房让给伍学花。这对任何人来说都是喜从天降。可对伍学花而言,她却感到承受不起。当时分房是以男性为主,学花在商机厂的领导照顾下刚分得一套新房,她已经很知足了,凭什么给经理盖的新房子,要让给学花这样一个普通员工呢?

学花觉得房子是为经理们而建,还是由经理自己住为好。她知道杨经理出于一片好心,希望把大房子让给学花住,再让学花把娘和妹妹接过来,这样就免得学花天天为娘和小妹送饭,能够减轻不少负担。但学花心里也有顾虑,担心娘和小妹不来,占着大房子旁人说闲话。她觉得自己有 1 室 1 厅住就不错了。于是,学花找到公司的一把手刘经理说:"杨经理让房给我住,我非常感谢领导对我的关心,我的房子虽然小点,但我还能住。杨经理的心意我领了,还是安排杨经理住新房吧!"

刘经理语重心长地对学花说:"杨经理把房让给你住,我没意见。你看我和儿子两个人才住这么一间房,吃的是食堂,我们共产党的干部要吃苦在前,享受在后。我觉得老杨同志让房给你伍学花是对的!需要住房的人很多,他怎么不让给别人,非要让给你伍学花呢?你回家好好想想吧!"

刘经理接着又对学花说:"本来去供销社开先代会是我带队,但我想到部队来的干部廉洁公正,就让杨经理带队。杨经理在会上了解到你的事迹之后,内心受到了深深的触动。我是个没什么文化的老干部,打个比方,我们公司是一个大家庭,我们干部是家长,你们就是我们的孩子。谁干活最多,谁赚钱多,我们心里一清二楚。我们总不能让吃苦受累的孩子吃亏呀!新房子也好,大房子也罢,让给你住,我们做家长的才心安理得!"

学花听完,被眼前的这些共产党员干部深深地感动了。

通过刘经理的劝说,学花搬进了大房子。没想到一搬进新房,好事连连。首先是大妹出嫁办酒席,原来的小房子根本无法容纳十多桌酒。现在有了两间厨房、三间房子,厨房到住房之间还有一个好大的院子,大门口还可以再围一个院子,摆十几桌酒应该不成问题。

在20世纪80年代初,学花住的新房是星子最好的房子。她高兴地对爱人说:"爸妈在南昌还没有住过这么好的房子,你赶快写信,叫爸妈来星子,到新房子里多住些时间,让老人家也享受享受。"

言人的父母看到学花和言人的新居,不知有多开心。言人的兄弟听到父母描述学花的房子多么大多么好,也都喜形于色。言人当领导的弟弟来九江出差,专程到星子看过学花的新房后感慨地说:"我这个领导还没住过这么大这么好的新房呢。"

学花在院子里栽了桃树、枣树,牵了一根葡萄藤。她还在院子的角落搭了一个小厨房,这样,套房里的厨房就可以腾出来做个小房间了。

搬进新房之后,学花开心极了,做梦都想着要做好工作,做出更大、更好的成绩,来回报领导的关心。就在这一年,学花积极递交了入党申请书,争取早日加入中国共产党。

大妹要出嫁了,虽然学花自己结婚没钱摆酒,但她决心让大妹风风光光地出嫁。她请了供销社食堂的杜师傅来家掌勺,然后阔气地摆了十几桌酒,心里这才感到踏实与满足。

席间,宾朋们都说:"伍学花真不容易,自己家里没有一件像样的家具,现在大妹出嫁,没收男方一分钱的

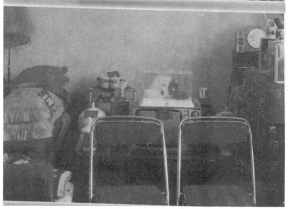

图8　学花为妹妹出嫁准备的嫁妆

彩礼，却赔上了五斗柜、樟木箱、床帐、被子以及电视机等嫁妆。"说着说着，正好学花端菜上桌，朱师母拉着学花的手说："你又当爹来又当娘，把大妹的婚事办得这么风光，你为什么不为自己想想？"学花告诉朱师母："朱师母啊，我也知道大妹找的男人家很穷，大妹又不听我的意见，非要她的婚事由她自己做主，我也拿她没办法。大妹的男人那边有婆婆、哥哥和嫂子，给大妹的嫁妆多一些，大妹自己有得用不说，也是给了婆家面子，避免她被婆家看不起。"

大妹出嫁之后，学花回想起与大妹生活的点点滴滴，心里难过极了，眼泪唰唰地流了下来。

（十一）

言人大学毕业后，先是被分在九江市第六中学担任物理老师，后调至星子县东风造船厂。

有一天，言人对学花说："小妹冬香符合进我们厂劳动服务公司的条件，我看就让她进厂吧！"

学花对言人说："如果小妹可以进你们这样的国有企业当然是好事。但你一定要听我的，首先要得到厂领导的同意。我担心小妹脑子有问题，胜任不了任何工作，会给你带来不小的麻烦。如果真的影响到你，我情愿小妹不进厂，我养她一辈子。"

言人回答："这样的机会来之不易。我提厂办副主任时不是也有人打小报告吗？说我进厂不到一年，就坐火箭提拔。如果小妹进厂劳动服务公司，肯定也有人打小报告，但我觉得小妹符合招工条件，进公司不违反政策，身正不怕影子斜！他们要告就让他们告去吧！"

学花担心地说："我好不容易供你上大学，现在正是前途一片光明的时候，你可千万不要为了我的小妹损害了自己的形象。要不，你先找一下朱厂长或厂里其他的领导。"

言人分析说："打小报告的人肯定会先找朱厂长，再找书记。如果朱厂长事先知道了，反而不好。有什么事，我一个人扛着。"

就这样，言人做主让小妹进了厂劳动服务公司，跟一个叫陶德英的女青年学电焊。陶师傅同时带了几个徒弟，别的徒弟一个月就能够独立操作焊枪，可冬香学了三个多月还不能出师。

不久，厂里果真掀起了轩然大波，说言人私自把有智力障碍的妻妹招进了厂劳动服务公司。厂领导班子决定,由朱厂长出面找言人谈话。

朱厂长找到言人说:"你妻妹进厂劳动服务公司的事,你咋不事先向厂领导报告一下?"

言人坦诚地告诉朱厂长:"我不想让你们厂领导为我担责任,所以我就没向你们汇报。"

朱厂长听了说:"虽然你的做法没有错,但有的同志还是有看法的。这样,我向书记汇报后,再去做这些同志的工作。以后有什么事一定要先汇报,让我们心中有数。"

言人非常感激地说:"以后一定会及时向厂领导汇报,三思而后行。"

此后,再也没人拿这事打小报告了。

(十二)

老恩发病回家后,学花一个人在干鲜果仓库顶着。虽然很累很苦,但她从没向领导要求增加人手。她克服一切困难干好自己的工作,领导看在眼里、记在心上。

1985年,公司为干鲜果仓库调来了一个有文化还写得一手好字的中年妇女,名叫许红英。她的年纪比学花大,学花叫她许老板。许老板对学花很好。共事期间,许老板很尊重学花,工作上的事情都是学花说了算。学花不懂的地方,她也毫无保留地教导。久而久之,她俩成了无话不说的好姐妹。但有一点,许老板从不提她家的事。学花这个人,只要别人不想说,从来不去多问。

有一次,同事们来学花家玩,她们告诉学花:"跟你在仓库做事的人,是我们供销社陶建平主任的老婆。"学花疑惑地看着她们。同事们又问学花:"难道你真的不知道?"学花连连点头。

有一回,言人在工作上不顺心,回家拿学花撒气,学花赌气不回家,一连几天都在闺密家住。言人只得找到学花工作的干鲜果仓库,向许老板诉苦,说学花不理他,求许老板劝她回家。许老板听学花说了事情的经过后,认为是言人的错,让言人当着许老板的面向妻子赔礼道歉。许老板说:"你对花花无理,她却没对我说你半点不好。你不要认为读了几天书,就觉得自己了不起,尾巴翘上了天。你老婆是一个非常优秀的女人,你千万不要再伤害她。"

言人言听计从,没有提出异议。学花为了守护好这来之不易的家,跟着言人回了家。她心里感激许老板为她出头。

有人看到学花和许老板的关系好，想通过学花找陶主任帮忙。其实当年学花虽然住进了大房子，但还是挺困难的，而她从没有找陶主任为自己办过一件事，这些只有学花夫妇心里最清楚。

有一年供销社开先代会时，陶主任对学花说："你的工作这么出色，我刚来供销系统时就听到很多人说你好，我还不相信。现在，我爱人说你好，我才相信，因为我爱人从不轻易夸人。你一个弱女子，全凭自己的力量，照顾家里三个残疾人，真的不容易！你自己没什么文化，却把仓库的账目做得一清二楚。因老崽患有精神病，仓库的鲜果和干果被人偷吃或拿走，人为造成仓库的损耗，你却经常自己掏钱买货补上；有的商品有盈余，你也如实申报到公司的账上。你家庭和工作两不误的精神让我敬佩，你的思想境界这么高，完全可以来供销社搞妇女或工会工作。"

听了陶主任一番话，学花思考了许久。对有文化的人来说，这是一件大好事，以后提升的空间就大了。对学花这个没有文化的人来说，她感到莫大的压力。她不会轻易去做没把握的事，于是回复陶主任："谢谢领导的好意，我怕辜负了领导的期望，我还是做好自己当前想做的事吧！"

1985年10月23日早晨，大妹夫告诉学花，大妹学梅要生孩子了。学花和言人赶快去了大妹家。学花要大妹去医院生孩子，大妹坚决不同意。学花立即找了星子县最好的接生婆来为大妹接生。接生婆先是检查了大妹的胎位，发现胎位不正。学花一听心里就急了，要想办法送大妹去县医院。大妹家住在星子县一条叫北门巷的巷子里，一来不通车，二来大妹夫身无分文。幸亏学花准备好了大妹生孩子的钱，她想找人把大妹抬去医院，可大妹坚决不肯。见此情景，接生婆说："如果你们相信我的话，我尽自己最大的能力接生，但不担风险！你们同意的话，我就接生，否则你们就去医院。"大妹点了点头。

学花深知大妹的性格，只要她决定的事，谁都做不了她的主。学花无奈，同意留下接生婆接生。

接生婆用右手按住大妹的肚子，左手伸进大妹的肚子里扶正胎位。大妹发出撕心裂肺的惨叫声，让学花坐立不安。经过两个多小时的折腾，大妹终于生下一个男孩。学花头上的汗珠不比大妹的少。当听到小孩的哭声时，学花扑通一声跪了下来，感谢接生婆救了大妹母子两条人命。

为了大妹坐好月子，有个好身体，学花与大妹商量，希望把大妹接到自己家里去照顾两个月。妹夫求之不得，可大妹不愿意。接生婆说："妹子呀，你姐比亲娘都好,看你家穷成这样,哪有钱坐月子呀?产妇是要补充营养的,不然,身体养不好是你一辈子的痛苦啊!再说了,母亲吃不好,孩子就没有奶吃,你还不赶快答应姐姐!"

在接生婆的劝说下,大妹这才来学花家坐月子。

学梅到姐姐家都快一个月了,有很多人问学花:"你这个姐姐咋这么好?"学花说:"我是过来人,生孩子时也跟大妹家一样穷,没有存到一分钱坐月子,更不懂得一个女人养好了身子,才是母子的幸福。学梅是我的同胞妹妹,照顾她是应该的,我准备照顾大妹两个月。"

1985年12月19日拂晓,天还没大亮,整条街上除了几盏孤零零的路灯,几乎没有人影。

学花想买条鱼给大妹发奶。过了迎春桥,走到西宁街西口粮食局的粮管所旁,看见一个男人从娘的家里出来,贼头贼脑的,走一步都要东张西望。只见他往北门巷方向走去,身影有点眼熟。

学花心想,娘家一贫如洗,看样子准是个小偷。于是,她三步并作两步想看个究竟,可人影却不见了。

学花连忙返回,跑到娘和小妹的住处,直接走到娘和小妹的床前。小妹头边有一个用棉裤做的枕头,枕头上有许多短头发。学花一看就知道不是小妹的头发,因为小妹是长发。她一气之下把小妹从床上拉到地上,厉声问:"刚才是谁睡在这里?"

小妹吓得直哭,一边哭一边说:"是二姐夫在这里睡,刚刚才走。不是我叫姐夫在这里睡,是娘让姐夫在这里睡。娘还说,姐夫一个人在家,让他在这里跟我睡。"

学花意识到问题闹大了,后悔当初不该把大妹接到自己家里来坐月子。她恨大妹的男人竟然做出这等伤天害理的事情!

学花先去公司把手上的工作安排好,然后带上小妹去医院检查。不幸的是,小妹怀孕了。

一气之下,学花带着小妹来到大妹的面前,问大妹怎么办,并说要去告大妹的男人。万万没想到的是,大妹说:"你去告他让他坐牢,我的孩子就没了爹。我一个人如何拉扯孩子长大?"

学花也想理性地处理好这件事,但小妹以后如何嫁人的问题始终困扰着她。思前想后,只有先带小妹去医院做人工流产。尽管如此,学花还是出不了心中的那口恶气,她感觉自己要发疯了。

学花和爱人商量,拿上小妹的诊断书去找大妹夫,当面好好教训教训他。

1985 年 12 月 19 日晚,学花夫妇约了大妹夫和其哥哥,在星子县教育局大门口见面。学花先是把大妹夫伤害小妹的经过告诉了他的哥哥。他的哥哥知道后,大声斥责他:"你这个该死的东西,连畜生都不如啊! 你大姨子帮你照顾老婆和儿子,你居然有脸占有你的小姨子!"

转而,他的哥哥又对学花说:"他做出这等有辱门风的事,任你处置。"

学花听罢,发了疯似的揪打着大妹夫,边打边哭,边哭边骂,并让他保证从今往后不再踏入妻子娘家半步。

第六章　辉煌的足迹

（一）

1986年元旦过后,星子县供销社决定成立县食杂果品公司,学花被调去做营业员。得知调动的消息,学花特别高兴,梦中都笑醒。进货卖东西可是学花的拿手好戏,这是她从小卖菜练出来的。

食杂果品公司的领导班子也很快配齐了。查正仁经理掌舵,又分别从隘口供销社和县供销社调来黄国宝和金春林两位经理。

三个经理一碰面,就发现了一个重要商机。公司当年有四个门店,但有一个门店占尽了天时地利人和,就是瓷器门市部。这个门市部地处百货大楼、东风商场的对面,副食品公司的隔壁,是整个星子县城闹市区人流量最大的地方。

经理们商量着让瓷器门市部和陶器门市部合并,把瓷器门市部的商品放到陶器门市部去卖,将空出的门店改为综合门市部,赶在春节前开张,抢占市场,拓展公司的业务。

说干就干。负责门市部的黄经理带领学花一班营业员热火朝天地干了起来。瓷器搬走后,店内一片狼藉。为了综合商店早日开张,必须尽快地把店面清理出来。从早到晚,大伙搬东西呀,扫地呀,整理柜台呀,忙得不亦乐乎。虽然有些人做做歇歇,但在黄经理的带领下,大家的汗没有少流。

虽然之前卖过菜,有卖东西的经验,但这毕竟是学花第一次做营业员。她心里没底,巴不得综合商店马上开张,自己也能早点适应营业员的工作,因此清理工作干得特别卖力。

到中午的时候,门面还没有整理出三分之一。学花着急地对黄经理说:“你们大伙回家吃饭去吧,我不饿,我想把楼上的活干完。”

黄经理感动地说:“要吃饭大家一起去,怎么好意思让你一个人在这干呢?”

学花告诉黄经理:“早上我安排了爱人回家烧饭,儿子会给外婆和阿姨送饭,也会带饭给我吃,我多干一会儿是一会儿。”

学花一个人把楼上剩下的活儿全干完了。下午大家来上班,黄经理上楼一看，楼上干干净净。看到学花还没有吃饭，大家心里着实感动。恰好杰儿给妈妈送饭来了，黄经理不由地夸起了杰儿，把杰儿的脸都羞红了。

过了两天，公司召开全体职工会议，突然宣布伍学花为综合商店的负责人。会议一结束，职工们立刻炸了锅似的议论起来。公司最寄予希望、最看重的一个门市部，却让一个一天营业员也没做过的人去负责，这让很多人不理解，更让综合商店的其他营业员不服气。

这突如其来的安排令学花心中忐忑，她担心自己搞不好综合门市部这摊子事。现在除了领导，没有一个人支持自己。看到这个样子，她唯恐自己做不了领头人。

晚上，学花和爱人商量："公司领导对门市部的改革是对的，因为瓷器、陶器是我们公司独家经营，全县的人买瓷器、陶器非到我们公司不可。瓷器、陶器门市部可以不设在闹市区，但综合商店让我一个没文化的人去负责，是领导考虑不周全。我需要大家的帮助，起码要熟悉了业务，得到大家的信任，才能做好工作。现在你能不能陪我去趟黄经理家，跟黄经理说，我一天营业员也没做过，又没什么文化，很多方面还得仰仗老营业员包涵、关照、指导，我怎么能去做负责人呢？就算我不是负责人，我也会尽心尽力干好自己的工作。自己一个新手，只要盘点不少钱，那就千好万好。各方面都不如别人，谁还服我管呢？"

到黄经理家后，学花对黄经理说："今天，我跟您诚恳地汇报一下，我觉得，如果公司领导培养我，让我负责，还评我先进，大家是不服气的。我文化水平不高，又没有从事过这一职业，有的人只是同情我、可怜我，并不认为我能胜过他们。也不是说大家对我不好，如果我家遇上什么困难，她们都会出面帮我向组织申请救济款。所以，我希望领导能让有经验的老营业员或者有文化的年轻营业员来做负责人！"

黄经理认真地听完，说："有经验有文化又怎样？我们要的是有奉献精神、能干好工作的人。我看重的就是你不怕脏不怕累、踏踏实实的工作精神。世上无难事，只怕有心人。只要你去努力学习，刻苦钻研业务，没有什么是你拿不下来的。相信我的眼光，有我们的支持，你还怕什么？"

为了不辜负组织和领导的信任，迫不得已，学花接受了任务，做了综合门市部主任。

刚上任的日子确实不好过，老资格的营业员不买学花的账，有文化的营业员又瞧不起她。她精心陈列好的商品，一些营业员偏偏唱反调，给她来个重新排列。学花安排向东，她们偏要向西，但学花并不计较这些，还是坚持做好自己的工作。没过多久，她终于争取到一部分营业员的支持。苦尽甘来，综合商店终于赶在春节前开张了。

老问题解决了，新问题又来了。综合商店的布匹专柜，大家都不想去。一是公司第一次卖布，谁都没经验。二是卖布难度大，尺度量松了，月底盘点会少钱；量紧了，顾客又跟你闹得没完没了。三是卖其他商品价钱好算，只要会数数，算盘会打加减法就行；卖布则不同，价钱难算，算盘得会打乘法。学花的心中也没有底，卖布对她来讲就是难上加难。学花看在眼里，急在心里。她想：要想让大家心悦诚服，就一定要迎难而上，要有不服输的精神。

为了早日掌握卖布的技巧，每天下班回家，她都用尺子反复丈量自己家的被单，还让爱人和儿子当顾客，报出买几尺几寸布和布的单价。她用算盘算布价，而且要求又快又准，经常练习到深夜。

凭着这股不服输的劲头，学花终于在综合商店打开了局面。从她担任负责人开始，心里的压力就没有小过，因为她想干好工作，认为压力就是动力。综合商店销售的商品大大小小有几百种，销售任务由原来的 6 万元涨到 30 万。为了尽快掌握销售技巧、完成销售任务，她每次亲自进货，把好验收关。她觉得只有自己做到了位，心中才更有数。

有一次，学花进货回来。刚到店里，她的老同事陶老师拿着刚买的布来找营业员，说营业员少给了她一寸半布。这位营业员慌了，不知如何应对。

学花明白了情况，立即走上前，心平气和地对陶老师说："我们是第一次卖布，如果丈量有问题，我再给你量一次。"陶老师说："你刚调来，可以做主吗？"

"如果确实少量了，我可以做主重新再量一块布给你，绝不少你一寸一厘。"

通过复量，学花发现真的少了一寸半的布。她赶紧赔礼道歉，并重新裁剪了一块布给陶老师。陶老师对学花说："本来营业员少量了布，自己心里特别窝火，又怕店里不认账，今天是准备来店里吵架的。没想到你们的态度这么好，以后买东西，一定来你们店里。"

晚上，下班回到家。学花对爱人说："今天陶老师来我们店里买布，少了一寸半。如果我不在店里，出了事咋办？我当了负责人，一没有文化，二没有经验，只能多花时间把把关。第一次盘点之前，从早上开门到晚上关门，我都要在店里。万一店里有什么事，我也清楚。以后，每天赶早我就起床去菜地摘菜，然后把早餐和午饭都烧好。娘和我的饭都上班时带去，杰儿放学回家吃中饭，你只要热一热。你一定要督促儿子把饭吃完，才能让他去上学。等我把综合商店理顺了，我就接着管儿子。你现在已经是厂办主任了，方方面面的事也很多，也不容易。我不能过多地耽误你的工作。"

爱人回答："你刚接手综合商店，心情我能理解。你放心，我会管好儿子的。"

其实，学花心里担心的就是盘点会不会少钱。她一定要想尽一切办法，不能让盘点时少钱，还要店里为公司多产生一些效益。

快到月底，要盘点了。学花紧张得一连几个晚上不能入睡。一个多月来，自己尽心尽力，不就是图月底盘点顺利吗？做过营业员的人都知道，那时做营业员不像现在有收款专柜。营业员既要管物，又要收钱。稍有不慎，就是账物不符。一旦盘点少了钱，就会闹得人心惶惶，大家互相责怪，互相猜疑。在这种情况下，部门负责人和新手的嫌疑最大，部门负责人会被怀疑中饱私囊，新手则被怀疑业务能力不过关。偏偏学花就是个新手负责人。

真是怕什么来什么。为了盘点顺利，学花把盘点表掌笔的工作交给文化水平高、能力强的老营业员王新月。学花心想，盘点表掌笔的工作太重要了，交给王新月这样有能力的人自己才放心。

盘了一天，直到晚上才统计完。学花的心里七上八下，生怕听到少钱，大家也都在耐心地等待。哪知，王新月突然高声地喊起来："了不得，少了380多元钱。"

王新月的话像一颗炸弹，把大家炸蒙了。380多元钱可不是一个小数目。当时，学花一年的工资都没有这个数。大家顿时七嘴八舌地议论起来。

有的人说："天地良心，我可没拿一分钱。"有的人说："我从没算错过钱，还要一起背这个黑锅。"有的老营业员坚持认为是学花的错："门市部盘点少了钱，只有伍学花一个人是新手，出错的不是她是谁？"也有的人认为要先查明情况："现在情况不明朗，我们不要错怪好人。我平时也注意过花花卖东西，她从来没有出过差错。你们没有证据，就不要乱说话，千万别伤了花花的心。"

盘点少了钱，店里炸了锅，营业员们也乱了套，店面更是无法营业。学花文化水平低，又没有经验，面对着几十万的账目，不知从何查起。她相信大家不会拿钱，也不会算错钱，毕竟这一个月自己一天到晚都在店里，可又不知道怎么来处理这件棘手的事情。

学花实在是想不出办法了，只好去公司找经理汇报。主管门市部工作的黄经理不在,查经理把她叫进了办公室。学花向查经理汇报:"我们盘点时少了380多块钱,我曾经说过自己没文化,又没经验,做不了这个负责人。现在,我的工作没干好,弄得人心惶惶,我愿意接受领导对我的任何处罚。"

查经理说:"你先别着急,把事情说清楚,我们共同来解决这个问题。我问你:你怀疑有人偷钱吗? 有的门市部经常会少钱。"

学花认真地回答:"每天卖了多少商品,与送到银行的钱,我都花了一个多小时对账。为了月底盘点顺利,我脑子里每天都会过问账目。我心里有数,不应该会错。"

查经理说:"这些你肯定吗?"

学花坚定地说:"我肯定! 我相信自己的同事。"

"那好办,明天我调一个文化水平高、做会计的老营业员到你店里重新盘点。如果是王新月盘点弄错了,我就请她回家去。"

第二天,果真有一位姑娘来综合商店上班,来的人是余晓琴。她个子高,长得漂亮,还能歌善舞。学花连忙上前拉住晓琴的手说:"你文化水平高,又做过会计,又是老营业员,你来了我心里就踏实了。我琢磨了好久,其他柜台应该不会出错,错的只可能是布匹柜台。"

余晓琴拿着布匹盘点表,按照表上的藏青、毛料等项目逐一查去。突然,她指着盘点表对大家说:"这是谁做的盘点表? 怎么连'米'和'尺'都分不清呢?"

大家的目光一下子转向了王新月。晓琴熟练地打着算盘,噼里啪啦的响声吸引了大家的目光。晓琴慢条斯理地说道:"由于把毛料的单位'米'错写成'尺',结果少算了200多元钱。"

学花的心里立刻轻松了不少,好像一块巨大的石头落了地。大家都意识到了少钱的原因,果然是王新月盘点出了错。

经过两个多小时的盘点,余晓琴发现:有的是把"尺"写成了"米",有的是把"米"写成了"尺"。最后统计,不但没少钱,反而多出几十元,大伙瞬间欢呼起来。

风波过后,领导不但给综合商店配了一个会计,还调了一个男同志来减轻女营业员的劳力负担。男人姓屈,叫屈荣国。

通过这次盘点,学花的威信逐渐树立了起来。如果不是公司领导的支持,她必定会半途而废。也许,回家的人是学花自己。现在全体员工真正地理解了她,大家团结一心,综合商店终于取得了一个接一个喜人的成绩。年终,综合商店被评为先进集体,学花也被评为县供销系统劳动标兵。她的眼前,阳光明媚,前程似锦。

王新月和学花是同事,抬头不见低头见。见她因盘点失误而天天待在家里没上班,学花的心里也不是滋味。学花很自责,又对新月很同情。其实,只要新月认识到自己工作出了差错,而不是觉得学花对不起她,就足够了。

就在这时,表姐来到学花家。两姐妹有半年多没见面,这次见面分外亲热。两姐妹聊起各自的趣事,学花心里的不快一扫而光。

一家人和表姐吃过饭后有说有笑,这时新月的老公敲门进来,学花连忙把他让进屋里,倒上一杯水。来人开门见山地说:"新月在家待了一个多礼拜,很想回店里上班。只要你开口,新月就能上班,你们两个人之间的误会也该消除了。"

学花心想,这哪里是什么误会,肯定是新月老公听信了新月的一面之词。于是,学花对新月的老公说:"我和新月之间不存在误会,是她自己出了差错,导致大家误会了我。我只希望她能认识到自己的过错,以后不要再发生这样的事了。何况不是我叫新月回家的,你还是去找查经理吧。"

没过几天,新月的老公又来找学花:"我老婆的脾气你也晓得,刀子嘴豆腐心。"学花考虑到自己与新月的父母都认识,而且在那次风波中新月并没有唆使大家让学花背锅,说到底还是学花自己不会盘点所致。所以,她决定帮新月向领导说情。

瓷器门市部原来每年的销售任务为 6 万元,自从改为综合商店后,年销售任务一下提到了 30 万,是原来的 5 倍。虽说店面位于闹市,可就是冷冷清清,没有什么人气。学花急得睡不着,吃不香。她跑到对面的百货公司去看,发现百货公司所有店面的生意都非常好;再转到县副食品公司卖布、卖服装、卖针织的店面,人气也很旺盛。学花找到自己的好朋友,询问副食品公司的布、服装、针织品等商品是从哪儿进的货。

通过奔波取经,学花苦思了许久,渐渐地悟出了一些道理:县百货公司经营经验丰富,进的货价廉物美,所以卖得火。综合商店原来主营陶瓷杂品、干鲜果,而进的布匹、服装、针织品远不如人家。加上公司又有硬性规定:公司的门市部只能进自己公司的货,肥水不流外人田,生怕批发差价被别的公司赚去,但自己公司的货又不如人家且货源不足,再好的地理位置也是多余,这才导致门面虽处闹市,却人气不足。学花还发现,县城里的经销商,除自己的综合商店外，都没有到自己公司进货。服装和针织品下面的基层供销社也都到县百货公司进货。百货公司进货的地方人山人海。学花心想，再也不能干等下去了，必须改变进货渠道。

她找到黄经理，谈了自己悟出的道理，并向他征求意见："综合商店能不能到百货公司进货？虽说批发价被百货公司赚去了，但我们赚到了零售差价，零售差价远远大于批发价。这其实是双赢的好事。"

黄经理说："这是商业经营的重大决策，我必须跟查经理、金经理商量过后才能决定。我个人同意让综合商店试点，打开进货的渠道，全力完成全年的销售任务。"

听到黄经理的话，学花高兴地走了。

没过几天，黄经理告诉学花说："你以店为家，处处为公司着想的精神，确实让我们公司领导感动。店里的销售任务一下子增加到30万元，你不但没有怨言，反而积极想办法，给公司提出合理的建议。公司决定，让你们综合商店试点，放宽进货渠道，希望你不要辜负了领导的期望，努力完成今年下达的销售任务。"

学花信心满满地说："听到这么好的消息，我激动得泪水都要掉下来了。黄经理，你就等着瞧吧！"

从县百货公司进货后，综合商店一改往日门可罗雀的萧条景象，人气很快上来了，营业额也节节攀升，学花的心里踏实了不少。从百货公司进的一批毛料服装，因为质量好，价格又便宜，不一会儿就被一抢而空。

她想到元旦要回南昌，就在毛料服装被抢光前给言人买了一套。

12月31日下班回家，学花把水烧好，等爱人回来洗澡。明天就要回南昌看望公婆，学花又给言人买了一套毛料服装，想到爱人身材高大，穿得很帅气，心里美滋滋的。言人回到家，学花说："明天要去南昌，今天难得有空，我们三个人都洗个澡吧！"

岂料因为天冷，言人不愿意洗澡。学花好说歹说，言人才坐到澡盆中去。洗完澡的言人试穿了那套毛料服装，果然是佛靠金装，人靠衣装。

学花一家三口来到南昌。以往到南昌，他们夫妇总是带着儿子先去八一公园、八一广场游玩。这次来南昌，学花首先想到的是去百货大楼以及中山路的店面了解市场。她站在针纺柜台前，一站就是半个小时，连爱人和儿子叫她都没有反应。

言人对学花说:"你站在这里,影响人家做生意,人家会讨厌你的。"学花回答:"我来这里就是取经的,我就想看看人家是怎么做生意的。你说我影响了人家做生意,我离得远些还不行吗? 我发现南昌人做生意有一个诀窍,就是对商品实行'三包':包修、包退、包换。'三包'可以极大地提高店里的信誉度,拓展店里的业务。我回去以后,也想在综合商店用自己的方式实行'三包'。"

20 世纪 80 年代,渊明路的"小香港"是批发商品的市场。在"小香港"进货,一些内裤、袜子等小商品比星子县百货公司的批发价要便宜多了。同一种品牌,一样的内裤,一条就要少 5 毛 8 分钱。学花想,用自己的钱在这里进些货,放到综合商店里去试销。如果畅销的话,就请示公司到这来进货;如果不好销,权当自己买了送人,反正星子的朋友也多。她就用自己的钱进了一些小商品。

学花从南昌进的小商品,在综合商店门口摆摊卖,十分畅销。她立马找到黄经理汇报情况,黄经理立马同意了她去南昌进货,还同意她去九江进针纺布匹。果然,从南昌、九江进货后,店里的营业额飞速上涨,终于顺利地完成了公司下达的 30 万元销售额的任务,而且获得了可观的利润,一年来的辛苦没有白费。

一天,学花在店里忙着,邻居来店里买东西。她一见是邻居,立即高兴地迎了上去。邻居边买东西,边告诉她一个消息:有一位住在县砖瓦厂的谢姓人家,在厕所捡到一个女弃婴,见长得漂亮可爱,就自己收养起来。哪知还没养几天,家里突发事故,谢家没有精力、心思再养女婴,正在想办法找人家收养呢。邻居对学花说:"你家杰儿都 10 岁了,就这么一个儿子,不如把那个女婴抱来,一儿一女多好哇。"学花说:"我倒是想养一个女孩,可是爱人不同意呀。"邻居说:"你先把女孩抱回家,木已成舟,或许他会同意。"杰儿也十分赞同:"妈,我们早点去谢家把女孩抱来,去晚了怕被别人抱走了。"学花这才下了决心,把女孩抱过来。

学花来到谢家,把女孩抱到店里来,买了奶粉、毯子和婴儿的衣服。店里的营业员见她抱了一个漂亮可爱的女婴来到店里,都围了过来,纷纷夸女婴长得好,还抢着抱她,店里一下子热闹起来。余晓琴更是抱着女婴不松手,说:"花花,这么漂亮的女孩,你真是捡了个宝。"

言人下班,走进学花的店里,营业员们又一起围上来说道:"陈主任,你老婆好福气,抱了一个好漂亮的女孩。"

谁知言人的脸色突然一变,说:"自己崽都养不过来,还去养别人家的野种!"

晓琴说:"女孩不正好吗?以后说不定还能做你的儿媳妇!"

言人余怒未消,他突然拖着杰儿说:"崽呀,我们回家,不要管你妈!"

一时间,店里的营业员都吓得不敢出声。

这一晚,学花没有回家,她带着女婴在邻居熊伟芳家里住了一夜。第二天一早,言人出门碰见熊伟芳,伟芳说:"你老婆怕你不同意收养女婴,昨晚都住在我家。她听说工贸公司占经理家想抱个女孩,今天一早就把女婴抱到占经理家去了。她不想因此伤了你和他的感情。"抱女婴的事终于告一段落。

综合商店生意红火,业绩节节攀升,学花的心里乐开了花。

综合商店地处闹市,布匹柜台窗外的一块小空地也成了风水宝地。这块小空地被一些修手表的师傅看中了,他们轮番争夺,都想把自己修表的桌子摆放到这里。有竞争就得有规矩,他们之间无形中有个约定,谁早谁就在这里摆摊设点。

有个小伙子,为了能占位子,每天很早就来到综合商店的窗台下,支起他那修表的桌子,不管是三伏天还是三九天都一样。偶尔家里有事来晚了,没有占到地方,他就会显得十分沮丧。

有一回,他带来一个八九岁的小男孩。这个小男孩学花认识,孩子的母亲当年也是星子县计划生育首批结扎的模范。学花还知道,孩子的父母已离婚。外面的天气非常冷,她很怕孩子受冻,便走出店门,让孩子进店里避避风寒,暖和暖和。学花顺口问修表的小伙子,这孩子是他什么人。小伙子回答:"是我哥哥的儿子。"学花的心里立刻沉重起来,这么小的孩子就没妈管了,怪不得天这么冷还穿得这么单薄。

当天晚上,学花回家找了几件杰儿穿小了的衣服,第二天一早就带到店里,交给了修表的小伙子,让他给侄子带去。后来,学花又织了几件毛衣给孩子。

过了几天,孩子的父亲带着孩子来店里对学花表示感谢。学花诚恳地说:"感谢就不用说了,你一个大男人,带一个小孩也挺不容易。以后孩子有什么困难,只要我能做得到,我一定尽最大的能力帮他。窗外修表的是你弟弟吧?"

小孩的父亲告诉学花:"我家在新池乡,弟弟不愿在家做事,就跟郭师傅学了修表的手艺。因为没钱租店面,只好到你们店的窗外口下摆个修表的桌子。你这里人来人往,修表的生意还不错,就是担心晚了位子被别人占去。"

学花给他出主意："我看你弟弟蛮辛苦的，不如晚上关店门时，我就把你弟弟修表的桌子搬进店里，早上开门时，我又把它搬出去，这样你弟弟就能确保占到这个位子了。"

小孩的父亲连忙道谢："那敢情再好不过了！"

于是，他连忙对窗外的弟弟喊道："银滚，快来谢谢伍姐。"

学花惊讶地问："你怎么知道我姓伍呢？"

"星子县才多大呢？你又是县里的名人。刚开始计划生育时，你带头一对夫妇只生一个孩子，县里为你们开庆祝会，你和爱人披红挂绿，你和孩子的大幅照片挂在橱窗里。你的大名谁人不知？哪个不晓？"

学花赶紧说："多大的事啊，被你这么一说，我都不好意思了。"

这时银滚走过来对学花说："我早就想喊你伍姐，又怕你不认我这个弟弟。我能认你这个姐姐，心里甭提有多高兴了。我哥哥自从和嫂子离了婚，和孩子相依为命。我在这里修手表，哥哥有事时我就要帮着带孩子。"

银滚的哥哥赶紧说："感谢您对孩子的关照，不如让我孩子认个干妈吧！孩子，快叫伍妈妈。"

孩子果然大声地叫了一句："伍妈妈！"

学花一听，高兴极了，一边笑一边说："好！好！今天认了两个弟弟、一个儿子，我还不知道你们姓什么、叫什么？"

孩子的爸爸说："我姓牛，叫火山，弟弟叫银滚，孩子叫牛旋。我在星子县剧团工作。"

学花说："我给牛旋的衣服，是我儿子穿小了的衣服，对我来说是举手之劳。你们这么看得起我，我很开心。以后有什么需要我帮忙的尽管说，我能做到的一定会做到。"

有一天，学花把银滚的桌子搬出去后，整天没见他来修表。快下班了，学花正准备把他的桌子搬进店里，心里牵挂着银滚——他不会有事吧？这时，她远远地看见银滚笑容满面地走来，手里提着一条大鲤鱼，后面跟着一对年岁稍大的夫妇和一个小姑娘。银滚一进店里就高兴地喊："伍姐姐，我和爸妈、妹妹说你怎么怎么好，他们非要来谢谢你，我只好把他们带来了。你看，我爸还专门为你下湖捕了一条大鲤鱼呢！"

学花见此，激动地说："今天晚上都不要走，一起到我的新房子里烧鱼吃。"

银滚的爸爸说："听说你一直关心我孙子牛旋，我们打鱼人家也拿不出什么东西来表示感谢,今天正好捞到一条大鲤鱼,想亲眼见见你这个大好人,我就提了过来。"

学花接过话茬说:"叔叔,婶婶,你们能来就是看得起我,还说什么感谢的话。正好下班了,走!我们一起回家去。"

学花怎么也没有想到,自己有了张良弟一家人,现在又有了银滚弟一家人。

旋儿来学花这里多了,也就"伍妈妈,伍妈妈"地叫开了。

一天,旋儿还没进店就大声地叫"伍妈妈"。学花抬起头来向外一看,立即惊呆了。旋儿被一个十八九岁的姑娘牵着,这个姑娘学花认识,叫利平。

学花好奇地问利平:"你怎么带着旋儿?"

利平告诉学花:"我喜欢孩子,孩子的爸爸出去了,我不放心他的叔叔带着旋儿,所以就让他跟着我。"

学花笑着说:"你一个黄花大闺女,孩子的爸爸又离婚了,你这样带着孩子,难道不怕别人说闲话吗?"

利平说:"我才不怕人家说什么呢!"

"听说旋儿的爸爸在海南找了女朋友。"学花补充了一句。

"不要说他在海南找了女朋友,他就是在天涯海角,我也要把他捞回来。"

以后,利平和旋儿会经常来店里。谁料竟惹来了一场意想不到的风波。

一天,利平的母亲找到店里来,对学花说:"谁敢给我女儿和姓牛的牵线,我就跟她没完!我这条老命就跟她拼了。"

学花连忙解释:"阿姨,我没跟你女儿牵线呀,是你的女儿来我店里跟我说,她非跟孩子的爸爸不可。她俩的事我什么也不知道,你凭什么把脏水往我头上泼?"

利平的母亲说不过,就气冲冲地走了。

事情愈演愈烈,利平的母亲坚决反对女儿跟牛火山在一起。而利平根本不理睬父母,发誓非他不嫁。利平的父母没辙,只好把气撒在学花的头上。他们又一次来到店里责怪学花成全了他们女儿的婚事,甚至出言不逊地说,如果他们女儿跟了姓牛的,他们一家人绝不会对学花善罢甘休。无论学花怎么解释,他们根本不听,最后愤愤不平地离开。

学花心想,这不是天上掉下来的祸吗?自己帮旋儿织几件毛衣还织出了事,这不是好心没好报吗?

迫于无奈,学花只好同爱人一道去找利平,希望她可怜天下父母心,在婚姻大事上能冷静一点，不要违背父母的意愿。哪知利平说什么也不听，她铁了心，哪怕与家里断绝关系，也非牛火山不嫁。

利平与火山在没有征得利平父母同意的情况下，领了结婚证。火山的家人在新池乡，利平的父母兄弟没有前来祝福。尽管学花没有插手他们的婚事，可利平与火山还是邀请了学花夫妇。学花和爱人来到火山和利平的家里，一对过来人共同祝愿另一对即将开始人生旅程的夫妻永结同心，白头偕老。经过九九八十一难之后，利平和火山终于在学花和言人的见证下完成了人生大事。言人说："今天是利平和火山大喜的日子，我们一定要开开心心。火山，你来拉二胡，我们三个人唱歌。"

"我们年轻人，有颗火热的心……"

利平和火山结婚后，利平的父母并没有来找学花的麻烦。也许他们终于想清楚了，女儿和火山的婚姻与学花没有丝毫的关系，是女儿执意要嫁给火山，任何人也阻止不了。学花心里的石头终于落地了。

近来，店里的生意红红火火，学花的心情也不错。一日，她正高兴地和同事交谈着，看见小学同学和他的妻子走进店里。学花连忙起身相迎："老同学好久不见，欢迎光临。"

同学回答："原来你在这店里，不来逛逛还真不知道。"

原来，学花的同学与妻子逛街，见综合商店人流不断，便不知不觉跟着人家进到了店里。

学花问同学："还不知道你在哪个单位上班呢？"

这时，店里的一位营业员突然大声地说道："花花，他是大名鼎鼎的县搬运公司经理，亏你们还是同学呢！"

学花笑着马上说："邱雄经理，麻烦你以后多多关照！"

邱雄也笑着说："既然是老同学，有什么事直接找我得了。"

邱雄经理走后，学花心想：搬运公司的职工很多，每年每人要发几套工作服，这是一笔不小的业务。如果能让他们公司到自己店里进布，不就为店里增加了销售额吗？

过了几天，学花和另一个同事去县搬运公司找到邱经理。她问："你们公司给职工发的工作服是买的成品，还是买布找裁缝做？"

邱经理说："工作服一贯是买的。今天看你们找上门来，就晓得你们的用意。"

学花开诚布公地说："经理同学，你们公司若到我们店里进布，不但布的质量好，而且价格便宜。再找个好裁缝店进行加工，不仅衣服耐磨，连扣子都经久耐用。这样的工作服价廉物美不说，职工们量体裁衣也都会满意。"

邱经理爽快地说："就冲你们上门为店里做生意的精神，我也要给足你面子。今年的工作服就到你们店里进布到裁缝店里加工。满意了吧，老同学？"

学花兴奋地说："经理同学，太谢谢你了。麻烦你派一个人跟我去店里挑好布的颜色、品种。"

"那就多谢老同学了！以后，也麻烦你把'经理同学'中的'经理'两字去掉，听起来怪别扭的。"

在场的人听了，都哈哈大笑起来。

学花从搬运公司回来，先把搬运公司要进的布匹的品种、颜色、数量定好，然后去黄经理那里汇报。学花说："若搬运公司的业务做好了，不仅数量多，而且年年有业务。"黄经理也很高兴，他说："哪怕是专门去南昌进货，也要把这单生意做好。"

学花从南昌进货回来，把货交给了县搬运公司，公司极为满意。这时，又传来一个更好消息，综合商店获得星子县第一个也是唯一一个"省信得过单位"。挂牌时，大家都感到无比激动自豪，就连路上的行人也都停住脚步，为综合商店的诚信叫好。

学花回想起两年多几百个日夜，自己和店里全体营业员兢兢业业，不禁感慨万千。综合商店开张以来，每个营业员都自觉遵守店里规定，不短斤少两，不缺尺少寸，价格公平，童叟无欺，终于取得了顾客的信任，获得"省信得过单位"。这对做生意的人来说是多么大的荣誉，又是多么大的鞭策啊！伍学花和爱人在南昌逛街时，曾看见不多的几家店的门框上挂着"省信得过单位"的字牌，当时心里充满了向往。

学花对爱人说："现在有了这块金字招牌，生意好做多了。"最让学花开心的是，店里各柜台每月盘点没少过钱。就凭这一点，综合商店的员工个个都是好样的。

挂完牌后，黄经理对学花说："你们店走到今天这一步很不容易，是你和大家一起努力才取得的。去年，你们辛苦了一年，年销售达到30万元。今天，星子县唯一一块'省信得过单位'的招牌被你店摘取又给你们带来了新的商机。这既说明了领导对你店的重视，也说明了顾客对你店的信任。诚信经营，这是自古以来的从商之道，你们店的销售额要更上一层楼。"

听完黄经理的鼓励，学花表态道："黄经理，有你们领导的支持，有大伙的努力，我们一定会让'省信得过单位'的招牌在我们店里生根、开花、结果，让顾客们高兴地来我们店里买东西，放心地买东西回家，让综合商店成为客户之家。"

黄经理最后说："我果然没有看错人，伍学花好样的！"

"省信得过单位"挂牌以后，不但顾客多了不少，还有很多同事想来综合商店。言人下班经过综合商店探头往里一瞧，竟然多了两张陌生的面孔。言人跨进店门，正想说什么，学花赶紧说："这是刚调来店里的营业员，叫晓玲，还有一个叫王美霞。"

言人顺着学花的手望去，晓玲身材小巧玲珑，脸蛋漂亮；美霞身材俊美，脸色白净。言人禁不住问道："你们店怎么都进些比天仙还漂亮的美女呢？原有一个漂亮的晓琴也就罢了，还要来秀气的晓玲和美霞？这还怕店里没生意做？恐怕店里的门槛都要被踩破了。"

这时晓琴接过话茬说："陈主任，你是担心自己的老婆才天天往这里跑吧？干吗说人家呢？"

言人赶紧举手做投降状："打住！打住！各位美女，请高抬贵手，告辞了。"说完，他赶紧起身离开了店里，身后传来了一阵哄笑声。

（二）

1987年，全国开始了工资改革，事业单位、企业的工资分成两条线。因此，陈言人离开了东风造船厂，调到了事业单位——星子县中学教书。伍学花的小妹冬香原本就没有编制，又因为陈言人的调出，被造船厂劳动服务公司辞退，在家待业。

一天，冬香的电焊师傅找到学花，说帮她带小孩的李奶奶家有一个儿子，这儿子有一份正式工作，与学花的小妹冬香还蛮般配的。虽说冬香遗传了娘的智力障碍，但她爱惜衣服，穿得干净整洁，外表看上去有模有样。电焊师傅还告诉学花，冬香经常去李奶奶家，李奶奶家的人也都相中了冬香，不如就把冬香许配给李奶奶的儿子，免得一个大女孩子成天待在家里没事干。

学花说："人家不知道我小妹的情况，你跟我小妹在一起这么久，应该更了解我的小妹。你作为介绍人，一定要对双方负责。那个男孩的父母能像亲人一样照顾我的小妹吗？再说男孩有一份正式工作，父母又有工作，条件比我家好得多,两家门不当户不对啊。"

电焊师傅说:"李奶奶一家人对你们各方面的情况都了解,你就不用担心了。"

学花心里还是觉得不踏实,但转而又想,自己不同意也不行,因为小妹总去男方家,怕是阻挡不住。想来想去,她还是同意了小妹的婚事。

两家人很快就开始筹备婚事了。李家的经济条件也不是太好,因此学花也没要求李家的彩礼。有了大妹学梅出嫁的经验,小妹冬香结婚也就轻松多了。学花同样请了娥姐来帮忙,又请了杜师傅来掌勺,摆了十多桌酒,准备了和大妹学梅一样的嫁妆,把小妹冬香嫁了。

学花心想,自从爹爹走后,自己含辛茹苦地把两个妹妹拉扯长大。现在两个妹妹出嫁,抬的抬,搬的搬,敲锣打鼓,有头有脸地把两个妹妹嫁出去,自己又当爹来又当娘,终于熬出头了。

图9　冬香出嫁后全家福

小妹冬香出嫁的第三天,学花就上班了。上午 8 点多钟,邱雄来到店里找学花,问:"你们店里盘点了吗?"

"还没有盘点,有什么事吗?"

"多亏你们还没盘点,我们公司的会计说,你们店里少收了 100 多块钱的布钱,我不忍心让老同学白白地赔这 100 多块钱,这才急急忙忙地赶过来,就是请你弄清楚是不是发票开错了。"

学花这才明白了老同学的来意,赶紧找到发票存根复核,果真少写了 100 多块钱。

学花连声对邱雄说:"老同学,太感谢你了,换了谁这 100 多块钱也是回不来的。"

学花重新开了一张发票,和邱雄一道去县搬运公司。

在去搬运公司的路上,学花想起了曾在搬运公司做搬运的爹爹,想起了爹爹乞求学花替自己去老家四川寻祖的遗愿。学花心想,何不趁此机会请老同学帮忙,把爹爹的档案找出来,查一下爹爹的祖籍以及亲人的相关信息。

于是,学花对邱雄说:"我个人有一事相求,请老同学把我爹爹的原始档案调出来,我想从中查到爹爹的老家在四川什么地方,家里还有什么亲人,以便我完成帮爹爹寻祖的遗愿。"

老同学说:"都几十年了,档案在哪里我也不知道。等到了公司,我找李队长问一下。现在就他是老搬运公司的人,可能知道你爹爹档案的下落。"

学花感慨地说:"我爹爹去世得早,那时候搬运公司连口好棺材都没给我们。要是他能熬到你当经理,也不至于睡那口破棺材了!"

邱雄用略带安慰的语气说:"过去的事情就让它永远过去吧!"

来到搬运公司,邱雄找到李队长一问,才知道档案全部堆在阁楼上。

邱雄对学花说:"你爹爹没有文化,还不知道填没填表。如果填了表,也不知填表的人能不能听得懂你爹爹的话。不管有没有你爹爹的档案,看在你对爹爹的一片孝心,我明天就抽几个人去帮你找爹爹的档案,但愿能实现你的愿望。"

学花从内心感激邱雄这位老同学肯帮忙。

学花去搬运公司的出纳处交了发票,领到了100多块钱,又不停地向老同学道谢后,离开了搬运公司。

回到店里没过几天,邱雄又找到学花说:"经过几天的档案整理,终于找到了你爹爹的档案。从档案中查到你爹爹的老家在四川省巴县恩阳镇伍家垭河村(此处档案记录有误,当为巴中县),还找到你的大伯叫伍崇福,大娘叫江金秀。能不能找到老家、寻到亲人,就要看你自己了。"

听完这些,学花一阵激动。自从爹爹走后,她一直想完成爹爹寻祖的遗愿。过去一直无从下手,如今终于有了目标。她再三感谢老同学,只盼着早点下班,好回家跟爱人商量去四川寻祖之事。

晚上,学花激动地对爱人说:"从爹爹的档案中查到了老家的地址,还找到了大伯、大娘的名字。"

言人也很激动,他把地图拿出来,查找着巴县的位置,却始终找不到巴县在哪里。

学花并不气馁："找不到巴县不重要，重要的是找到恩阳镇，那才是爹爹的老家呀。你和杰儿一放暑假，我们一家人就去四川寻祖。"

陈言人又在地图上仔细寻找，发现恩阳镇隶属于巴中县。

转眼就放暑假了，学花和爱人带着12岁的儿子，一家三口启程前往四川寻祖。

学花对爱人说："这次去四川寻祖很仓促，也没有存到什么钱，总共才800块钱，反正亲人也不多，我们就不要带礼物，每家送50块钱怎么样？"

言人说："好不容易去一趟四川，总应该看看四川的风光吧。若先去巴中，再返回成都、重庆，势必浪费很多时间和旅费，不如先去乐山、峨眉山、成都，再去巴中寻祖。一路过去，不走回头路，既省时间又省钱。"

学花白了言人一眼，说："爹爹的两个遗愿你都承诺过，传后的遗愿你没做到，寻祖的遗愿你再不做到，我俩愧对天堂的爹爹！我求你听我一次，我们去四川的目的是寻祖，800元钱也玩不了那么多地方。再说我这几天痛经，跋山涉水也不方便。如果你想去乐山、峨眉山、成都，等我们以后攒够了钱，一家三口再去不迟，这一次就专程跟我去寻祖。"

没想到言人很倔，他执意先去游玩，再去巴中寻祖。学花不愿跟爱人争吵，可怜楚楚地看着言人，眼神中充满了无奈。就这样，一家三口踏上了去四川寻祖的旅程。

一家人先从九江乘船去重庆。杰儿第一次坐船十分高兴，一上船就到处跑个不停，可把学花吓坏了。她嘱咐爱人一定要看住杰儿，千万不要让儿子出现意外。

一声长长的汽笛之后，轮船徐徐驶离了九江港，沿江而上。学花和爱人及杰儿站在船舷上遥望着长江，一条玉带蜿蜒曲折，令人心旷神怡。虽说一家人生活在美丽的鄱阳湖畔，但与眼前的长江美景相比，还是相形见绌。伴随着眼前掠过的美景，学花的心情渐渐有了好转。

虽然江面上风景如画，但旅客更多的时间还是在船舱里度过。船舱里的床是上、下两层铺，学花和杰儿睡下铺，言人睡上铺。刚睡时还觉得挺舒服，一摇一晃的，时间久了，渐渐有些难受，特别是睡上铺的人更加不适。如果有人晕船，那就惨了，不让你吐出胆汁来绝不罢休。船上的乘客来自四面八方，坐在一起聊着天很快也就相识了。不愿聊天的就躺在床上看书、听收音机，还有的吃零食。幸亏学花上船时买了大包小包的零食,杰儿吃饱了,渴了就自己去锅炉房倒一杯开水,真是十分惬意。

不知何时,突然有人高声叫喊起来:"江豚!江豚!"

杰儿听到叫喊声,立即跳到甲板上来,学花和爱人也跟了过去。言人生怕学花站不稳,一只手扶着她,另一只手拉住杰儿,一家三口紧紧地贴在一起向前方望去。果然有几只黑色或白色的江豚在水中戏耍、跳跃,在阳光的照射下,闪耀着点点银光,十分惹人喜爱。

杰儿饶有兴致地问:"爸爸,江豚是鱼吗?"

言人顿时化身讲解员,他告诉杰儿:"江豚是哺乳动物,自然不属于鱼。由于人类的残酷捕杀,江豚的数量急剧减少,现已被列为珍稀动物,属于国家级保护动物。你马上读初中了,学了生物你就知道了。"

这时,杰儿突然叫起来:"妈妈,你看那里也有江豚。"

学花和爱人顺着杰儿指的方向看去,果然也有几只江豚在水面上跳跃。言人说:"原来在鄱阳湖里看到过江豚,现在在长江里又看到江豚,说明人们的环境意识增强了,江豚的生活环境改善了。"

学花接着说:"我原来在鄱阳湖里看到的江豚都是黑色的,我们都管它叫江猪。怎么长江里有白色的呀?"

言人回答:"江豚有黑有白,不是更美吗?"

一家人站在甲板上,吹着江风,欣赏着江豚跳跃的优美姿态,真是赏心悦目。看着眼前的美景,学花希望自己的爱人和儿子天天这样快乐,但同时,她也时时刻刻挂念着星子的娘和妹妹。她若有所思地看向远处的江面,她此行要替爹爹完成寻祖的遗愿,她要牢记自己的使命和责任。

船过三峡,杰儿欢呼雀跃。经过三天三夜,轮船终于从九江抵达重庆。

重庆是全国著名的"四大火炉"之一,一下船就热浪袭来。因路费不足,一家三口也没有在重庆多待,直接去了乐山市。

他们来到闻名遐迩的乐山大佛前。整整一座山硬是被凿刻成一尊完整的大佛,佛脚在山脚,而佛首则在山顶。大佛的一个脚趾比一个人还要大,壮观无比,令游客惊叹不已。

一家三口下一站来到了峨眉山。

一进山,只见到处是成群的猴子。峨眉山的猴子的胆子特别大,竟敢和游客抢食物。难怪工作人员警告游人,千万不要随便拿出食物,以防被猴子抓伤。

杰儿一见猴子，玩心就上来了，又是逗猴子玩，又是跟猴子照相。言人怕天色太晚，登不上峨眉金顶，一再催促，杰儿才恋恋不舍地离开了猴群。

登上海拔3000多米的峨眉金顶，他们就感到了寒冷，连忙租了大衣。为了第二天赶早看日出，三个人吃过晚饭就睡了。

言人在庐山看过日出，一轮红日从鄱阳湖里冉冉升起，颇为壮观。在峨眉金顶看日出就更带劲了。一丝红光冲天而起，刹那间整个红日在彩云的依托下腾空跃起，彩云随之漫开，宛如自己在彩云之间腾云驾雾一般。学花情不自禁地惊叹道："天上的仙境也不过如此啊！"杰儿更是激动得拍手跳跃。

下山时，学花的痛经又犯了，实在走不了路。言人心疼妻子，想背她下山。杰儿说："让妈妈坐滑竿下山吧！"言人同意了。谁知抬滑竿的老乡走惯了山路，健步如飞。只有12岁的杰儿生怕妈妈被人家抬跑了，紧紧地跟着滑竿跑。言人也追得上气不接下气。

这时，由于惯性，跟在滑竿后面的杰儿控制不住自己的脚步，继续往下冲。眼看就要坠下山崖，千钧一发之际，只见一位抬滑竿的壮汉子顺手将杰儿拉住了。言人被吓出了一身冷汗，他拉住儿子说："崽呀！千万不要抢快，要靠着山崖这边走，刚才要不是这位伯伯拉住了你，那就麻烦了。接下来还要过九十九道弯，每一道弯都很危险呀。"

杰儿说："爸爸，抬滑竿的人走慢些，我就不用拼命地追了，也不用担心妈妈被人抬跑了。"言人赶紧请求抬滑竿的老乡走慢些，一家三口心里也踏实多了。

下山后，言人算了算账，已用去300多块钱，因此三人在成都只匆匆地看过杜甫草堂就离开了，过了都江堰就直奔巴中县。

早上5点多火车到站，一家三口没顾上吃早饭，就立即转长途班车去巴中了。当时正是三伏天，炎热无比。从达县到巴中是一条泥巴公路，天晴时，车过之处尘土飞扬。倘若打开车窗，外面的灰尘劈头盖脸地往身上灌，连眼睛都睁不开。无奈之下，只好关门闭窗。天气本来就热，再加上关上车窗，车厢里温度高达40℃，像个大蒸笼似的，每个人都热得大汗淋漓。幸亏开了两个小时左右，司机会停下来，让大家下车透透气，否则全车人都要中暑。经过近8个小时的煎熬，汽车终于到达巴中县。

大家都抢着下了车。学花一家三口，赶快找到自来水冲洗，买了三碗茶水，一口气喝了下去，这才缓了过来。

马不停蹄，学花和爱人赶快去打听恩阳镇伍家垭河村的大伯伍崇福。没想到才问第一个人，居然就认识大伯伍崇福。想到大伯还有一点知名度，学花乐坏了，顿时把旅途的劳顿抛在了九霄云外。虽然是一天中最热的时候，学花和爱人还是决定立即坐车去恩阳镇伍家垭河村找大伯伍崇福。

从巴中县到恩阳镇，虽然坐车只要一个多小时，但路况更差。除了尘土飞扬外，公路还崎岖险恶，一边是陡峭的山崖，一边是万丈深渊。坐在车子里不但热，而且令人恐惧，一颗心都提到了嗓子眼，生怕司机稍有不慎，就连人带车翻下深渊。

车窗外到处是一片翠绿，可学花根本不敢抬头望窗外。她的头俯在爱人的腿上，始终不敢抬起来。头上的汗水伴随爱人腿上的汗水，沿着爱人的大腿往下流，把座位下的地板都打湿了。幸亏杰儿不吵不闹，只是不停地用手抹着脸上的汗水。

汽车终于开到恩阳镇。下车时，三个人身上都湿透了。他们迅速找到自来水龙头，简单冲洗了一下。虽说已极度疲劳，但想到马上就能完成爹爹的遗愿，内心的喜悦鼓舞着学花。

学花来到大伯伍崇福的家门前，见到了大伯，高兴地说道："大伯，我是伍崇先的女娃儿！我为爹爹找家人找了几十年，他自己没有能力来四川，临终前要我帮他完成寻祖的心愿。我为了完成爹爹的遗愿，不辞辛苦，冒着炎热的天气找你们来了。"

万万没想到的是，大伯伍崇福竟不认学花一家人，没有让她一家人进屋，甚至没给他们一口水喝。虽然学花一眼就认出了曾经在照片中见过的大伯，但大伯死活不肯相认，不由令她感到心酸。

学花清楚地记得，那是在20世纪50年代初，大伯曾给学花的爹爹写过信，寄过照片。爹爹把信和照片当宝贝一样留着，并告诉学花："大伯没生过孩子，来信要我把自己的儿子过继给他，我没答应，从此大伯就再没写过信。信里寄来的那张照片是我大哥伍崇福和大嫂江金秀。虽说我生过三个男娃，但都早夭。我要知道是这个结果，当初还不如送一个男娃给我大哥，那样的话也给我们伍家留了个后。是我对不起我的大哥呀！"

回到眼前，学花心想自己的命真不好，亲舅舅从不来自己家，现在亲大伯又不相认。学花着急地说："大伯，你的名字叫伍崇福，大娘的名字叫江金秀，我爹爹的名字叫伍崇先，这总没错吧！我还亲眼看过你和大娘的照片，我找到你是从爹爹单位的档案里确认的。"

这时,有一位村民大娘走了过来。村民大娘责怪伍崇福:"你怎么不认亲人?你和你老婆的名字,这娃儿说得一字不差,你不认还说得过去吗?"

学花接过大娘的话说:"你不认我们没有关系,我千里迢迢来到祖籍四川,不相信还找不到一个亲人?麻烦大伯带我到伍家垭河村去。"

也不知道什么原因,大伯并没反对就带路了。去伍家垭河村的路上,大伯走在前面,一声不吭。学花对爱人说:"大伯的身材、走路的姿势跟爹爹一个样,看见大伯我就想起了苦命的爹爹。晚上,我们请大伯吃饭。虽说大伯不认我们,可他是爹爹在信里无话不说的亲人,只有我能理解苦命的爹爹的心情。"

到了伍家垭河,大伯领着学花一家来到一间土砖土瓦的房屋前。门口有一个少妇抱着一个孩子,学花上前向她询问知不知道"缝娃子",她摇了摇头。学花一家跟着大伯进了屋,大伯跟一个男人在说着什么。学花上前问那个男人:"你听过'缝娃子'吗?这是我爹爹的小名,我爹爹叫伍崇先,我是他的女儿。'缝娃子'被抓了壮丁,几十年都没回家,1971年死在江西,我替爹爹寻祖来了。"

那个男人点了点头说:"是有这么回事,我是你房下的大哥,你的亲姑姑还在,离这里有几里路,我去把你亲姑姑找来。"

大伯跟着大哥走了。30多岁的学花,为了寻祖吃了无数的苦,可眼前的大伯相见却不相认。好在房下大哥跟她找亲姑姑去了,学花一家三口便在这土屋里等着。

屋里是泥巴地,坑洼不平。一般夏季傍晚时分蚊子才开始活动,哪知这屋里白天就有蚊子,而且有小苍蝇那么大,叮得言人满腿都是包,难受极了。再加上又热又渴,别人又不待见,言人终于按捺不住了,他说:"你还说一家送50块钱,结果人家都不认你,水也没喝上一口,还不如走人!"

学花流着泪对言人说:"我也没想到大伯不认我们,我们三个人不应该在这里坐等。你是我爱人,本来你应该跟着他俩一起去找我姑姑的。亲爱的,为了你的老婆心安一点,请你再忍受一下!只要你这次为我爹爹完成了寻祖的遗愿,今后我做牛做马来报答你。"

还没等到大哥把姑姑找来,言人就走了。钱全在言人身上,学花实在是没有办法,只好赶紧跟上,离开了爹爹的老家,与姑姑擦肩而过。

更让学花难过的是,言人没有尊重自己先寻祖后游玩的旅程安排。现在身上的钱也花得差不多了,最多只够回家的路费,想留下来则可能因囊中羞涩而尽失脸面,反而得不偿失了。

无奈之下,一行三人回到巴中县的一个旅馆。吃晚饭时学花没去,趴在床上号啕大哭,哭得全身发抖。她一边哭一边说:"陈言人啊陈言人,爹爹两个心愿,都要被你毁掉。到了我爹爹的家门口,都不让我与姑姑相见。来寻祖之前,我说了钱不够,玩不了那么多地方,你不该拿着我寻祖的钱去游玩呀!玩得有意思吗?这么多年来,我为了让你开心,为了家庭美满,辛苦赚的钱都给了你。本来夫妻间应该好好商量,多为对方着想,哪知你这样不讲道理!日后我一个人来四川寻祖,再不要你来了。我就不信,凭我一个人的力量完不成爹爹的遗愿。"

杰儿也觉得不应该这样,他对言人说:"爸爸,明天带着妈妈再去找吧,妈妈到这里来就是为了找亲人,你这样回家怎么对得起妈妈呀?"

言人坐在床沿上,一言不发。许久,他从钱包里丢出几张票子,说:"要找你俩去找,我先回去。还有 300 块钱,我留 120 块钱回家,你俩拿 180 块钱去。"

区区 180 块钱既要给老家的亲戚送礼,又要留些作为路费,这显然是不够的。迫于无奈,学花和杰儿还是跟着言人一道返回了江西。

(三)

四川寻祖无功而返,学花晚上常常在睡梦中哭醒。眼看就要见到自己的亲姑姑,却生生被言人搅黄了,心里的那股怨气常常让她堵得慌。通过这次寻祖,学花觉得任何事情都只能靠自己,她要多赚钱,自己存着以后为爹爹寻祖。她要做一个女强人,做娘的好女儿,做妹妹的好姐姐,做杰儿的好妈妈。

当时,学花想的就是先做好自身的工作。晚上一回家,她积聚在内心的气又没地方出,只好把自己封闭在一个房间里。

言人非常担心她的身体,但又不好意思去劝她。言人这时后悔死了,后悔当初不该那么冲动。如果让学花与姑姑见个面,就不会发生今天这样的事。要是听了杰儿的话,第二天再回伍家垭河,也可以满足学花替爹爹寻祖的心愿。

言人越不放心学花,就越想知道学花独自待在屋里做什么。他悄悄地透过房门上方的缝隙看到学花每天都在伏案写着什么东西。

有一天,趁学花不在的时候,言人偷看了她写的东西。他知道了,那是学花在给伍家垭河村的孙书记写信,她求助组织帮忙寻找自己的亲人。孙书记回了好几封信了,说找到了学花的亲姑姑和房下的哥哥姐姐。言人还知道学花与姑姑及房下的哥哥已通过信，四川老家的情况基本摸清了，就等攒够了钱再去四川老家认亲。

有一回，言人坦诚地对学花说："近来我的心里就像打翻了五味瓶。是我做得太过分了，对不起你！从现在开始我会好好表现，争取得到你的谅解。要是再去四川寻祖，还是带上我同去吧。"

随着与四川亲人鸿雁传书，学花的心情也逐渐好转，家里也恢复了往日的平静。

1987年11月底，综合商店盘点，学花早上买的菜到中午都没送回去，一直放在店里。言人在家等她买的菜烧晚饭，左等右等，总不见学花的身影。直到晚上八点多钟，学花才回家，此时她已十分疲乏。言人急忙上前询问，才知道学花今天疲乏至极的真正原因。

本来这天盘点较顺利，学花可以早点回家的。谁知回家的路上，一个女孩骑自行车被汽车撞倒了，躺在地上昏迷不醒，开车的司机早已经逃之夭夭。此时围观的人很多，但没有一个人伸出援手。学花心急如焚，叫了旁边几个人帮忙把女孩抬到县医院。学花身上没带钱，但她心里只有一个念头——必须救活这个女孩！她马上找到自己的恩人王医师，向她借了30元钱，帮女孩办了住院手续。

女孩的父亲很快得知孩子被车撞了，急急忙忙赶来医院，学花这才知道女孩是县城里送牛奶的王师傅的女儿，叫王茶花。学花见女孩的家人来了，也没跟他们打招呼就悄悄地走了。

学花回到家，言人问其早上买的菜，学花这才想起家里等着自己的菜下锅，可菜也不知丢到哪里去了，结果全家人吃了一餐没有菜的饭。学花说："虽然吃了一餐没菜的饭，但拯救了一个女孩的生命，值得！"

晚上睡在床上，学花试探性地问言人："万一人家找不到我们，那借的30元钱怎么办？"

"那可是我们全家六口人一个月的伙食钱啊。"言人有些着急地说。

"你不要急，我可以想办法多缝些手套，把30元钱赚回来还给王医师。"学花宽慰言人说。

"我才不忍心你那么辛苦地缝手套，万一人家找不到我们，那借的30元钱能救一条命也值得！"

学花这才放心地望着爱人说："谢谢你的理解！"

过了三天，女孩的母亲找到了学花的家里，她说："若不是你及时把我女儿送到医院，医生说后果不堪设想，特别是你自己没带钱还借钱帮我女儿交住院费，又悄悄地离去。你真是一个大好人。"

学花淡淡地说："举手之劳，这是我应该做的事，换了别人也会这样做的。"

快过年了，有一位中年男子来店里给孩子买布做衣服。他对学花说："我男孩女孩都有，想给他们买些布做几套新衣过年。我不懂，我看你很在行，能不能帮我做个主，买多少布，选什么花样，你看着办就好了。"

学花看他模样像是一个有文化的人，就向他推荐店里新到的毛料中山装。学花对他说："你拿这一套样品试穿一下，如果喜欢且合适的话，我再到里面给你拿一套没开封的给你。"

男顾客试穿了毛料中山装，突然惊奇地说道："你怎么看得这么准？就好像是量身定做的一样。"

男顾客付款时，学花说："快过年了，我看你是一个好父亲，也肯定是个好老公！总不能你穿着毛料，老婆却没有吧？也跟老婆买一套，夫妻过年一起去拜年，多好啊！"

他说："我老婆又没来，怎么知道她喜欢什么？我也不知道她穿多大的尺码。"

学花说："你只要告诉我，你老婆的胖瘦高矮。要不看看我店里的营业员，哪个身材和你老婆差不多，我就知道你老婆穿几号的女式毛料装。万一回家你老婆试穿不合身，或者不喜欢，可以拿到店里来换。如果毛料服装卖完换不成，那我自己得你退回来的这套毛料。你放心，我们店里早晚也要实行'三包'。"

男顾客听了以后，高兴地为全家买了600多元的商品。

春节，学花夫妇带着杰儿去南昌过年。其间，学花也不放过对南昌商店经营的考察。她看到一些商店里的货卖不出去，而同样的货在百货大楼却卖得异常火爆，甚至百货大楼的价格还略高。这是什么原因呢？她试着在百货大楼买东西，才发现其中的奥妙。原来百货大楼的营业员服务态度好，而且百货大楼买东西实行"三包"，顾客买商品，虽然多花了钱，但买得实在，买得放心。她迫切地觉得需要在自己的综合商店推行"三包"。

正月初五回到星子上班，同事们跟她说："学花，你不得了啦！"她有些惊讶，赶忙问道："什么不得了啦？"同事们说："你知道吗？金经理在大会上点名表扬你了！"

"金经理表扬我什么？"

"金经理说，他的一位同学讲了自己在综合商店买毛料中山装的经过。金经理问他是在哪个店哪个营业员手里买的，他说在省信得过单位，一个脸上有几粒雀斑的营业员手里买的。金经理一下子就猜到是你伍学花了。他为自己的公司有你这样优秀的营业员感到自豪。金经理还说，公司决定，为了表彰伍学花以店为家无私奉献的精神，给予150元的红包奖励。这150元的红包，是非常了不起的奖励，县里各单位先进工作者的奖品不过是脸盆、枕巾、床单或热水瓶之类，哪里值得这么多钱哦！"

学花听后心里挺感动的，她想到综合商店能走到今天这一步，成绩是大家共同努力所取得的。她又联想到之前闵厂长也是每年都把员工请到自己家里，因此决心像他一样，把同事当成自家人。于是，她大声地通知全体店员："去年公司领导把大新房让给我，现在又发了150元的奖金，这都得益于大家对我的支持。今天晚上，大家都到我家去聚餐！全体营业员在一起过个团圆年！"

顿时，掌声、欢呼声四起，学花的脸上洋溢着欢乐喜悦之情。

言人回到家里，也开始忙碌起来。他和学花一起动手，一桌丰盛的美味佳肴呈现在大家的面前，令人垂涎欲滴。

饭桌上，大家频频给言人敬酒并开玩笑："当劳模的老公真好，有我们这么多美女给你敬酒。"

…………

单位优化组合，王新月主动要求离开综合商店，跳槽到陶器门市部卖布。王新月年轻有文化，智商也高，学花认为她一定能干得比综合商店好，给公司创造更多的经济效益。哪知天有不测风云，和王新月搭伙的营业员生孩子去了，本应两个人的卖布专柜，只剩下她一个人，稍有不慎一大捆毛料布就被人偷走了。按公司的规定，王新月要全额赔偿。

新年过后，公司又开始重新优化组合。黄经理找到学花说："王新月请求我把她调回到综合商店工作，我问她：'为什么想走就走想来又来，说说你的理由。说得在理，我再去做伍学花的思想工作。'王新月说：'自从上次盘点出错后，不论跟谁搭伙，只要柜台盘点少钱少货，自己就会成为被怀疑的对象，纵使跳进黄河也洗不清。'她觉得你大公无私，工作又认真负责，几年来店里盘点从来没有少钱少物，所有的收益又如实上报，跟你一起工作，不用担心盘点出错。这就是她的理由，你觉得如何？当然，她能不能来综合商店上班，由你说了算！"

学花听后说："去年新月去陶器门市部,也许是我哪方面的工作没做好,不然她怎么会跳槽呢? 现在她能主动找您请求与我共事,这也是对我的信任。再说,我是党组织培养对象,帮人排忧解难也是我应该做的事。只要新月是真心想回综合商店,我也不会为难她,毕竟大家都是同事。我也希望她工作不再出差错,把公司的损失尽快弥补回来。"

黄经理高兴地说:"那就让她回你们综合商店上班吧!"

(四)

学花心里刚刚舒坦没多久又出事了。小妹冬香出嫁不久,冬香的婆婆李奶奶就要她上街卖茶叶蛋。原指望她赚几个钱,可冬香不会算账,两毛钱一个的茶叶蛋,人家给五毛钱,她反倒找人家一块钱。最后蛋卖光了,不但没赚到一分钱,连本钱都赔光了。

学花的大妹学梅认为小妹卖茶叶蛋有一个熟悉的过程,开始几天赔钱情有可原,往后卖顺了就能赚钱。为了小妹能在婆家正常生存,在小妹开始卖茶叶蛋的头几天,她偷偷地给小妹钱,好让小妹在婆婆那里交差。

冬香的公公和大姑子也怕冬香赔钱挨打,会暗地里给她一些钱,让她去应付婆婆。哪知这婆婆见儿媳真能卖茶叶蛋赚钱,而且从不向她要一分钱花,心里乐开了花,以为儿媳很能干,越发起劲地让儿媳一天卖三四盆。

其实,学花早就知道自己的小妹遗传到了娘的智力障碍,根本干不了买卖活。她私下找到小妹,叮嘱她:"以后不管你婆婆怎么说,你都不要去卖茶叶蛋了。"

学花也找到小妹的公公和大姑子,让他们不要指望自己小妹赚钱。她还嘱咐自己的大妹,以后不要再给钱给小妹了。

冬香卖茶叶蛋卖得越多亏得也越多,学梅他们再也堵不住卖茶叶蛋亏本的漏洞了。赔钱的事终于被婆婆发现。婆婆心疼钱,有气没地方出,冬香挨打终究难免。婆婆打完觉得不解气,还唆使儿子打老婆。冬香的丈夫也是个傻瓜,下手不知轻重。冬香的公公怕打出人命,赶紧来综合商店找到学花,要求她出面阻止。

学花找到小妹的婆婆说:"当初小妹没出嫁前我就跟你们说过,她只会吃,还要穿好的,什么活都干不了。丑话说在前面了,你们也都保证会把我小妹当成自己的女儿一样来养。不然,我也不会把小妹嫁到你家来。现在,你对我小妹你想打就打，想骂就骂，我不会坐视不理的。"

冬香婆家的母子看到学花这个姐姐出了面，自然心虚害怕，收手了几个月。然而好景不长，几个月后，李家母子又开始打冬香。冬香的公公生性胆小，生怕冬香真的被打死，全家也脱不了干系，再次找到学花，要她去制止打人的母子。

学花心想：小妹的命就没有娘的命好，小妹和娘一样都患有先天性智力障碍，娘命好，遇上了对她不离不弃的爹爹。想到这些，学花一气之下将李家母子告到南康镇，镇里的司法员警告李家母子："你们这样殴打妇女是要负法律责任的，到时候吃不了兜着走。"

冬香的婆婆当时吓坏了，可只是风平浪静了几个月，李家母子对冬香的殴打变本加厉。冬香的公公不得已，第三次找到了学花。

学花深知自己的妹妹无能，但又不忍心李家母子对她施暴。像小妹这种心智不全的人，只有她这个姐姐来养，方能生存。因此，她想到了把小妹接回来，与李家一刀两断。

学花再次找到南康镇的司法员，商量以后怎么办。司法员说："你小妹的男人恐怕跟你小妹得的是同一种病，两个人是不可能过下去的。真正要解决你小妹的生存问题，唯一的办法就是让你小妹离婚。"

在镇里司法员的支持下，这对夫妻离婚了，冬香重又回到了大姐学花的身边。

这一年，学花的儿子陈杰13岁了，上了初中，可还改不掉儿时的劣性。过年时的鞭炮，杰儿都存了起来。他把鞭炮一个个地撕开，再把里面的火药集中倒在一张纸上，趁老师转身在黑板上写字之时，将火药点着。只听"砰"的一声，老师和全班同学都被吓了一跳，气得老师放学后把他关在学校不让其回家。

晚上六点半，不见杰儿回家，学花心急如焚，不知如何是好。正在她万分焦急的时候，杰儿的同学——邻居大罐找到家里来，告诉学花："陈杰在学校里搞恶作剧，放学后被老师关在学校里。"

言人听完大罐的话，急忙跑出门，想到学校把杰儿接回来。学花赶紧追上去拉住他说："老师关了我们的儿子，这是对儿子负责，是为儿子好，你千万不要冲动，千错万错是儿子的错。你也是个老师，要正确引导儿子好好读书。杰儿虽是我们的独生子，但千万不要娇生惯养。'子不教，父之过'啊！"

言人气得连忙说："我父母从来没管过我和兄弟们，我们兄弟还不照样成才了吗？"

言人虽然嘴硬,但脚步还是慢慢地停了下来,最后转身回了家。

过了一个多小时,杰儿自己回家来了。学花见杰儿回家,责骂道:"你不好好读书,还要影响全班同学!"

打在儿身,痛在娘心。学花没有打儿子,而是罚他不准吃晚饭,让他跪在搓衣板上好好反省,想通了再起来。

言人见杰儿跪着,很是心疼,但又不便说什么。直到晚上九点多钟,学花借故出门,言人赶紧唤起儿子吃饭,对儿子的惩罚也告一段落。

谁知没过几天,杰儿上课时玩邮票,影响了课堂纪律,邮票被老师当场没收。

班级召开家长会,陈杰的同学告诉班主任,说陈杰不怕爸爸怕妈妈。于是,老师指明要求学花来开家长会。开会时,老师对学花说:"你的儿子不是一般的顽皮,这样下去会断送他的前程。"最后,老师把杰儿的邮票还给了学花。

学花回到家,难过地对言人说:"杰儿这样顽皮下去,真的读不好书,邮票再也不能给他玩了。"

言人说:"孩子的玩心重,你如果阻止他玩,容易适得其反。孩子喜欢玩邮票,还是让他玩吧。"

"总不能上课也玩邮票吧!"学花退了一步。

言人说:"那就规定只能星期天玩。"

最后,学花和言人达成协议,杰儿只能在星期天玩邮票,星期一到星期六碰都不能碰,邮票交由学花保管。

…………

小妹冬香回到学花身边后不久,印姣妹的老公找到学花,说他有个表弟叫健,人还不错,虽然个头矮了点,人长得丑一些,户口又在农村,但什么活都会干,冬香跟了他起码有一口饭吃。

学花心想:只要健真心对小妹好,结了婚就把健的农村户口弄到娘的户口上来,让健和小妹在娘屋里住下来,一来可以管管小妹,二来也多个人照顾娘。小两口住在县城,在我的眼皮子底下,他也不敢欺负小妹。

想到这里,学花就对印姣的老公说要见见健。她征求小妹的意见,小妹也同意了。

印姣的老公把健带来县城。经见面了解,学花才知道健没有娘,家里很穷,模样还真磕碜,所以很难找到老婆。学花感觉健这个人蛮灵光的,便同意让他和冬香先交往。

健和冬香交往了几个月，男方要求年前张罗婚事，于是请学花去朝阳公社商谈。

临走之前，学花不忘提醒爱人："杰儿的邮票我已锁在房间里，平时千万不能让他玩邮票，否则不但影响了他的学习，还会影响同学们上课。你千万不能让杰儿玩邮票，要不我跟老师也不好交代。我一办好事就回来。"

小妹冬香离婚后，一直住在姐姐学花家里。没想到，学花前脚刚走，后脚就有一个女孩找上了门，说是冬香的小学同学。学花不在家，言人又急着要去上班，且看到是一个女孩子找小妹，也就没有多注意，小妹很快被这个女孩带走了。

言人中午回到家，陈杰见妈妈不在，就吵着爸爸要邮票玩。言人告诉杰儿说："邮票都被你妈妈锁在另一个房间去了，我也拿不到。"

杰儿又说："我就中午玩一会儿，之后你再拿进去，妈妈也不会知道。"

虽然学花走之前把房门锁了，但房门上面的摇头窗却是开着的，要爬进去并不难。向来溺爱儿子的言人一见心中暗喜，对杰儿说："我爬进房间里帮你把邮票拿出来，但你只能中午玩一会儿，千万不能把邮票带到学校去。"杰儿连连点头。

中午吃饭时，父子俩才发现冬香还没回来，连忙到附近寻找。找了半天也没有见到冬香的人影。

言人找不到小妹冬香，哪有心事管儿子的事，可把杰儿高兴得不得了。言人下午要上班，顾不上把杰儿的邮票重新放进房间里去，就匆匆出了门。杰儿趁机把邮票放进书包带到了学校。

晚上，言人回到家，依然未见小妹冬香，心里不免有些焦虑。

学花一回家，言人连忙对她说："小妹被同学带出去玩了一天，还没有回家。"

学花感到有些不妙，赶快找到大妹学梅来问认不认识小妹的同学。学梅说："小妹有个姓赵的小学同学，她到安徽去了，听说最近回星子来了。"

学花听后立即找到赵家，哪知赵姓女孩的母亲说，小妹跟她女儿到安徽去了。学花说："你的女儿怎么能把一个身无分文、心智不全的女孩带去安徽呢？"赵家女孩的母亲竟气势汹汹地说："脚长在你小妹的身上，她愿意跟着去，谁也管不了。"

学花这才意识到小妹凶多吉少。

学花赶快找到居委会吴主任，说小妹被赵家女儿带去安徽了。吴主任一听，立即去赵家找到女孩的母亲，要她立刻派人去安徽，把伍家的女孩带回来。

起先赵家还不肯，吴主任说："你们不去把人带回来，我就叫伍学花把你们告上法庭，判你女儿拐卖人口罪，到时你家哭都来不及。"

赵家这才慌了。吴主任要求赵家五天之内把人从安徽找回来，否则后果自负。第四天，冬香被赵家女儿和母亲从安徽带回了星子。

听冬香的描述，学花猜测小妹被赵家女儿卖给了安徽深山老林里一个找不到女人的跛脚老头。眼下证据不足，小妹冬香也回来了，学花就没有再找赵家的麻烦。

学花主动找到健家里说："小妹出了这档子事，婚事就算了。"哪知健家里的人说："虽然你家小妹出了这档子事，但我家不在意。"

最后两家决定，婚礼还是如期举行。

小妹冬香第二次出嫁，学花又置办了不少嫁妆，只是没办酒席。

学花心想，只要健看在自己的分上，对小妹不打不骂，让小妹生活得好就可以了。

刚结婚时，冬香和健在一起也确实比在李家好多了。银滚父亲时常到县城卖鱼，没卖完的鱼也经常存放在冬香家。

小妹冬香的事刚告一段落，星期五，杰儿的老师直接来到综合商店，说杰儿上课又玩邮票，影响其他同学上课。老师还批评学花曾经保证协助老师管好陈杰上课不再玩邮票，责怪学花怎么不采取措施呢？

老师走后，学花一肚子的怒气无法发泄，索性请了假坐在家门口，等杰儿回家。杰儿一到家，学花就要求他把邮票交出来。杰儿不给，还不服气地说："邮票是爸爸拿给我的，凭什么要交给你？"为这事，母子俩竟扭打了起来。没想到儿子长大了，又有父亲护着，学花伤心透顶，真不知怎么办才好。

言人这时回到了家，学花便将所有的苦水全吐向了言人。学花气愤地说："平时不让杰儿玩邮票是我们的约定，你为什么出尔反尔做那梁上君子？你这样纵容儿子，不配合老师和我管教杰儿，仅靠我一个人怎么管得好？这样下去，儿子被你惯坏了！"

言人诡辩道："是你自己没插好窗户上的插销，不然我怎么爬得进去？你自己也有责任。"

学花一听更来气了，她从杰儿的书包里把邮票抢了过来，一把火全烧了。虽然邮票被烧令杰儿很生妈妈的气，但后来杰儿没有再惹事了。

（五）

学花从1985年开始负责综合商店到1989年，综合商店年年都是公司的先进集体，为公司创造的利润连年攀升，她也连续几年被评为县供销社标兵、县总工会劳动积极分子、县妇联女强人。

学花和言人谈恋爱时，就已成为商机厂的入党培养对象。当时她既要照顾幼小的儿子、娘和两个妹妹，还要供言人上大学，她唯恐自己受这些因素的影响干不好工作，工作没干好又谈何入党。她要求自己一旦入了党，就一定要做一个优秀的党员。所以她想等一等，在照顾好家人、干好工作后再申请加入中国共产党组织。

经过十多年的不懈努力，在1989年7月1日，她终于举起了右拳，站在党旗下庄严地向党宣誓，成为一名光荣的共产党员。

领导越是看重她，她越是感到自己做得不够。

为了打开销售局面，她经常去九江、南昌进货。领导的支持、同事的信任是她源源不断的动力。为了进到物美价廉的商品，她走遍了省城南昌的大街小巷。南昌的"小香港""万寿宫"等批发市场和百货大楼等各大商场都留下了她的足迹。她经常说："不懂行不识货不怕，只要虚心向人请教，取长补短，货比三家；只要肯多跑腿，何愁进不到货真价实的商品呢？"就凭她的这股韧劲儿，综合商店的营业额还上不来吗？她的工作精神被公司领导表扬，业务能力也得到了大家的一致认可。她进的货，十有八九畅销。

1989年春节即将来临，为了让全县人民过个好年，县供销社要求所属公司、基层供销社准备充足的货源，迎接春节。以前各个公司、基层供销社的采购员，都只是到九江、南昌进货。这次县供销社为了拓宽进货的渠道，决定组织人员直接去浙江义乌进货，义乌小商品市场迅速发展，已成为全国小商品批发中心。县食杂果品公司根据县供销社的指示精神，也抽调了几个业务股长去义乌进货。为了进的货能畅销，还特地调了学花一道去义乌。她心里既高兴又担心，高兴的是领导器重自己，自己一定要好好干；担心的是责任重大，千万不能办砸了。

学花虽然去过北京、上海、杭州、四川等地，但那都是跟着爱人一道出去旅游,自己不用考虑事情。这次去浙江义乌,虽然有同事同行,但心里难免有些紧张。她和同事一来到义乌小商品批发市场,眼前的景象让她惊呆了:批发市场大得惊人,光大门就有几十个,里面的商品琳琅满目,前来采购的人川流不息。人一进批发市场,融入人山人海之中,分不清东南西北,就像刘姥姥进了大观园。

学花一进义乌小商品市场,就被眼前的商品吸引住了。

常言道:"内行看门道,外行看热闹。"各式各样的服装,五光十色的布匹,各种靓丽的商品,令她目不暇接。

她的眼睛不停地看着,手上不停地摸着,嘴里不停地问着。她生怕自己文化水平不高,记错了价格,还特地用笔把自己看中的商品的品种、产地、颜色、价格记录下来,好回到旅馆和同事们商量。

学花只顾埋头看货,加上市场内人多,无形中被同事落下了。等感觉到自己掉队了,她顿时傻眼了。眼前人头攒动,却没有一张熟悉的面孔。她找到刚才看货的门店,哪里还有同事的影儿。她跑向大门,可几十个大门模样相同,她也弄不清是从哪个大门进来的。

找不到同事怎么办?学花的心里特别着急。这么大的批发市场,找人如同大海捞针。那时又没有手机,根本联系不上同事。公司的同事也很着急,怎么偏偏把一个女同志弄丢了?他们留了一个人等在进来的大门口,一个人去旅馆等候。

学花急得六神无主,好在她从小就练就了认路的本领。小时候上山捡柴,她都会选一些鲜明的物体作为参照物,今天她从旅馆出来时就把旅馆的地址牢牢地记在了心里。她想,同事找不到自己,早晚会回旅馆,于是打了一辆出租车返回,果然同事在旅馆等她。见到同事,学花高兴得跳了起来。

这次进货,虽然出了一点小插曲,但学花通过和同事们反复探讨、对比,进的货都很不错,畅销星子市场。所有进的货,在春节期间很快一销而空,学花的心里陡然升起生意好做的念头。综合商店和食杂果品公司其他商店的销售额又比往年更上一层楼。

…………

陈杰转眼间就读初三了,他对父母说:"我初中毕业就不读书了。"

言人一听杰儿的话,心里感到非常震惊。读书在言人的心中是至高无上的。曾几何时,他为了追寻大学梦,付出了多么艰辛的努力。现在杰儿赶上了读书的好时代,却不想读书了。

他什么话也没有说,一个人走到另一间房间,坐下来批改学生的作业,以此慰藉一下自己那颗痛苦不堪的心。

他后悔当初没有听从老婆的忠告,去多管管杰儿的学习,导致杰儿现在厌恶读书。自己小时候,父母没有管自己,不照样成人吗?哪晓得杰儿要管,现在真担心杰儿。

学花更是着急。自己因家里贫穷,从小辍学养家,没有读到书。现在把读书的希望寄托在儿子身上。哪知道家里条件好了,儿子反而不愿意读书了,她的心里实在受不了,坚决不同意杰儿的想法。

学花眼泪汪汪地说:"你爸爸在那么艰苦的条件下都想读大学。为了你爸上大学,我一个人不辞辛苦地养活一大家子人,全家所有的事都是我一个人扛着。我心甘情愿圆你爸上大学的梦,是想让你爸读了大学再来教你,我吃苦的目的是让你也能上大学,这就是我对你父子俩的梦想。你倒好,你是我唯一的儿子,有条件读书,现在反而不去了,你这不是拿刀子往你娘心口上捅吗?"

杰儿的脾气也倔,无论学花好说歹说,就是不听。学花气得要动手打杰儿。

隔壁邻居熊伟芳听到学花家里闹出很大的动静,连忙走了过来。她看见杰儿抓住娘的手不放,赶紧上前掰开杰儿的手。她又看见学花的手都让杰儿弄青了,气愤地对言人说:"陈老师,娘俩都打成这样,你在房间里还坐得住吗?"

老婆和孩子打架,言人认为这是自家的事,如今外人插手数落他,言人的面子上显然挂不住了。他冲到杰儿身边,拉住杰儿的手说:"崽!做作业去,不要理你妈。"

学花看到儿子不读书,老公又不站在她这边,心里憋着一肚子委屈,气得跑了出去。

平时言人不管杰儿读书,杰儿的老师有事都是找学花。学花在店里暗自伤心,这时杰儿的老师又找上门来,责怪学花不管儿子的学习。学花情不自禁地哭诉着家里发生的事情,求老师开导杰儿。老师说:"初中的孩子正处于叛逆期,是人生一个重要的转折点,家长和老师都要正确地引导孩子。孩子读不读书,不仅是家中的事,还是社会上的事。孩子读了书,有了文化,有了本领,对个人和国家都有利。你也不要心急,今天回去还是和孩子好好谈谈。明天上学,我也会找他推心置腹地谈一次,尽一个老师的职责。孩子的父亲是一位优秀的老师,我相信他会正确地处理好这件事。"

学花回到家,父子俩似乎都冷静了不少。言人拉着杰儿走到学花的跟前说:"对不起!老婆,刚才是我错了。"

熊伟芳见学花回来了,过来劝言人:"陈老师,杰儿动手打了娘,你不闻不问,这样做既无益于陈杰读书,更是伤了老婆的心。你要协助老婆管教好儿子,夫妻配合教育,让孩子多读书,成人成才。"

学花接着说:"杰儿年纪小不懂事,他不想读书。黑发不知勤学早,白首方悔读书迟。你当父亲的必须配合我,而不是偏袒孩子。杰儿不读书,是过不了我这一关的!"

杰儿这时也意识到,动手打娘是不对的,没等父母开口,就主动认了错。

言人对儿子说:"虽然你认了错,但你太让妈妈伤心了,以后绝不能再做这种不孝的事。初中毕业后,书还是要读的,你必须写一份保证书,向你妈保证绝不再犯,我同样也要向你妈写保证书。"父子俩同时提起了笔。

言人写完保证书赶到学校,杰儿的老师对他说:"于公于私你都要好好教育陈杰,你老婆很不容易,你一定要管好儿子。"

言人说:"我的父母从没管过我和诸多的兄弟,我们照样成才,所以自己也放松了对儿子的管教。现在还非得花大力气补课,我打算把杰儿调到自己教的初三一班,一是这个班学风好,对杰儿有积极的影响;二是我亲自教他,随时可以掌握陈杰的学习状况。"

老师说:"你把陈杰调到一班我不反对,但一班的班主任可能不会接收。"

言人说:"这事我去办。"

果然,一班的班主任坚决反对。班主任说:"听说陈杰不想读高中,何必调到一班来呢?这会影响重点班的学习氛围。"

言人说:"我以老师和父亲的双重身份担保,我的儿子绝对不会影响这个班。"

班主任说:"陈杰考不上高中,来了一班也白搭。我反正不答应。"

言人说:"你凭什么随便断定我儿子考不上高中呢?"

两人一时间剑拔弩张。

事情很快就闹到了校长那里。一班既是学校的重点班,也是教工子弟班。按理说陈杰初一就应该进这个班,只不过之前言人对儿子的学业不闻不问,才致使陈杰进了普通班。如今既然言人提出要求,校长满口答应,只有一个条件:陈杰的学业必须跟得上才行。

下班后，言人回到家对杰儿说："从明天开始，你跟我去一班去上课。从今天开始，即便你不为自己争气，也一定要为我争口气。学校的老师都不看好你！离中考还有两个月，我们父子共同努力，争取考上高中，千万不要让别人看我们的笑话。"

杰儿点了点头说："爸，我一定会努力的。"

这让一旁的学花开心极了。学花心想，虽然爱人管教儿子晚了点，但杰儿不是读不进书，而是心思没有放在学习上。孩子没有读好书，当然是做父母的责任。假如杰儿从现在起认真读书，加上有一个当老师的爸爸引导和管教，还是来得及的。作为母亲，虽对儿子有过恨铁不成钢的抱怨，但看到儿子能重新发奋读书，学花对这样的结果很满意。

晚上睡觉前，学花找到儿子说："生气不如争气，老师不看好你，是你之前不用心读书导致的。读好了书，自己一辈子受益。"

教育完孩子，学花又转而对爱人说："班主任不让杰儿进一班，要怪还是怪我们的儿子不争气，平时顽皮没读好书。我们做父母的对此负有不可推卸的责任，尤其是我没文化，辅导不了儿子的功课。如果班主任的话能激发你正确管教儿子，又能激励儿子认真读书，未尝不是一件好事。希望你和杰儿的老师们共同管好我们的儿子。"

看到杰儿和言人全身心地投入备考，学花也心花怒放。她决心把家里的大事小事全承担下来，比如平常杰儿帮外婆送饭、爱人饭后洗碗的活儿，学花都义不容辞地承担下来。她认为，只要杰儿努力考上高中，自己再苦再累也值得。

杰儿还真的努力了。数学、物理、化学几门功课的成绩很快赶了上来，全是80分以上。语文也有70分，只有英语一时赶不上来。这样看来，杰儿考上高中是十拿九稳了。

中考结束公布分数，杰儿超录取线40分。学花心里清楚，对成绩优异的孩子来说，这点分是不值一提的，但对自己顽皮又不爱读书的儿子来说，只要他能考上高中，学花眼下就知足了。

杰儿放学回家，吃晚饭时笑着告诉父母，说今天班主任也对他凭自己的能力考上高中表示赞许。然而话锋一转，杰儿竟然对父母说："考上高中只是为了争一口气，我还是决定不去读高中。"

睡觉前，学花对爱人说："要彻底解决杰儿不想读书的问题，必须换个环境。虽然在这里工作、住房样样都好，哪怕我实在不想调南昌，但为了杰儿，为了尽到母亲的责任，你和儿子还是先调回南昌吧。娘和妹妹还要我管着，我一时是走不了的。"

言人说："调动不是说调就调的，还是先说服杰儿读高中吧！"

学花表示赞同："事实证明，你辅导儿子学习还是有一套，今后儿子的学习你要多过问，只要能使儿子学习有进步，我都支持你。"

新学年开始，言人教高一重点班的物理。至1990年5月，他接到星子县教育局的调令，去县教育局任人秘股副股长兼教研室的化学教研员。

（六）

冬香出嫁后，学花再一次要把娘接来自己家里住。可印香就是不肯，非要一个人住在西宁街。迫于无奈，学花只好烧好饭给娘送去。

有一次，她给娘送饭，娘不肯吃。无论她怎么劝说，娘就是坚决不吃。隔壁邻居张家娘、对面邻居蔡家娘见学花娘不肯吃饭，也过来劝说。张家娘说："印香，每日三餐你自己不用动手，女儿给你烧好饭送到嘴边，你还不吃饭！你真是有好命不晓得活，有福不晓得享啊！"

眼见大家都劝不动，学花只好去找居委会吴主任。

吴主任说："南康镇新建了福利院，我找你娘谈过，你娘想去。"

学花谢绝吴主任说："当年那么苦，为了不增加国家的负担，我都是靠自己的力量养活她们。你也知道我娘不能自理，只要我活着，我不养娘谁养我的娘？我的娘我自己养定了。我要像儿子一样赡养娘，绝不会让娘去福利院，给国家增添负担。"

吴主任开导学花说："你对娘的孝心在星子县城是出了名的，不管是刮风下雨还是下雪，哪怕是冰天雪地，你都坚持给娘送饭。但对老人家光孝敬还不够，百孝还不如一顺，你娘想去福利院，也有她的道理，福利院的老人多，不会感到孤独。再说，人家想去还去不了呢，你娘是符合条件的，她去福利院还能给你减轻经济负担。"

学花笑着说："谢谢吴主任的好意！当务之急还是去劝劝我娘要吃饭，不能饿着。"

吴主任见学花执意不肯，只得跟着学花来到娘的住处。

吴主任故技重施，说如果不吃饭，连居委会也不管印香，让她饿死，然后丢鄱阳湖喂鱼。此举果然奏效，印香一听心里有些担心了，这才端起碗来把饭吃了。

…………

陈言人调星子县教育局后，工作一忙又放松了对杰儿的管教。刚进高中时，杰儿读书还算认真，但只要父亲的监管一放松，他便约束不住自己，经常约上几个小伙伴不上课踢足球。杰儿的同学大罐、杨春都找到学花告状，学花赶紧和爱人商量杰儿的事。

言人找到杰儿的老师了解情况，才知道杰儿经常不去上课，成绩直线下降。

回到家里，言人气愤地对学花说："怎么总有一些不求上进的孩子带坏杰儿！"

学花冷静地说："不要怪人家的孩子，只怪我们自己没管好儿子，怪自家的孩子不争气。"言人听了，眼神里流露出太多的无奈。

学花若有所思，她对言人说："该给杰儿下猛药了。我也只能忍痛割爱，把儿子放到南昌去读书吧。你家兄弟的孩子都很会读书，去南昌也能有个好的学习氛围。"

言人点了点头。

学花接着说："这件事得抓紧办。我看分三步走：第一步先把杰儿送去南昌读书，断了他不想读书的念想；第二步你再调去南昌，先去照管杰儿；第三步，我把家里和单位上的事安排好，再调去南昌。近几天我们就动身去你家商量杰儿读书以及我们调南昌的大事。"

学花用自己存了半年的 200 多块钱买了星子的特产和三床棉絮带给父母及兄弟，恰巧言人的父母去广州旅游了。夫妇俩在父母家住了两天，父母旅游才回来。父母回家后，言人有的兄弟也回家了，大家一起商量杰儿来南昌读书以及言人夫妇调南昌工作之事。

言人的大弟说："我有个同学在海南当老总，要我给他推荐一个副总。要不让五哥去海南，等赚到了钱再调南昌。陈杰可以住在我家读书。"

学花的公公听老六这么一说，立马表示反对："孙子来南昌读书总不可能父母不在身边，这样也难于管教。而且，在教育局工作不比当什么老总好？干吗要让你哥去蹚这浑水？"接着，公公又对学花说："为了家的完整，不要让言人'下海'。我的儿子我清楚，他不能有钱、有权，不然的话，你是守不住他的。"

婆婆一听就不高兴了："老六也是为了老五好，哪有你这样说儿子的，和群乡巴佬待在星子能有什么出息！"

家里的空气瞬间就凝固了。

学花夫妇来南昌四五天了，准备回星子。公公见学花买了那么多东西带来南昌，就拿出四五包从广州旅游买来的糖果，说："正好你们回来了，也没什么别的，带一包糖果回星子吧。"

学花刚要接，言人走过来把糖果又放回柜子里去了，说道："家里的兄弟多，还是留给其他兄弟吧！"

学花知道，言人所说是为了让妈妈高兴。因为他过去跟学花说过：我们搬来金山银山，妈妈不会嫌多；如果要拿走家里一分一厘，妈妈也不开心。

学花理解爱人对母亲的孝心，但让她不解的是，时隔多年，儿子都已经上高中了，为什么婆婆对自己依然冷嘲热讽。琢磨来琢磨去，学花只怪自己做得还不够好，决心更努力地做好儿媳该做的事，让时间来改变婆婆对她的认识。

言人的大弟很快给杰儿联系好了南昌八中，并承诺包杰儿吃住。虽然杰儿极不情愿，但父母的决定不可违背。言人本来在星子县教育局很受领导的重视，县委组织部部长还找他谈过话，准备提拔他。可为了杰儿，他不得不调南昌。他联系了南昌市青山湖区的湖坊中学，对方见他各方面的条件不错，很快就同意把他调进来。

杰儿进了南昌八中，言人调进了湖坊中学，学花还在星子县综合商店工作。

陈杰和陈言人去南昌后，学花每个月把四个星期天的假放在一起休，就是为了方便去南昌。杰儿离开星子后，学花对儿子的思念与日俱增。每个月不去南昌看儿子，心里就不踏实。

杰儿住在叔叔家，免不了给叔叔婶婶增添麻烦，学花总想着每月去弟媳家帮忙做些家务，以缓解内心的愧疚不安。此外，她还可以借机去南昌各大商场转转，看看对综合商店的发展有没有可供借鉴之处，再就是看望一下公婆，为老人们做点什么。

有一次，学花和爱人商量，准备买些肉、鱼和新鲜蔬菜，做给这一大家子人吃，让公公婆婆感受一下天伦之乐。

学花万万没想到由此惹出一场不愉快。吃饭时，婆婆端来两盘剩菜，可杰儿只挑新鲜的好的吃，对奶奶端出的两盘隔夜的剩菜不动筷子。因为平时在家吃饭时，学花总是把新鲜的菜留给儿子和爱人吃，还要留给娘和妹妹吃，自己总是吃些残羹剩饭，所以杰儿早就习以为常。学花悄悄地对儿子说："好菜要多留一些给长辈吃。"

杰儿的奶奶眼见孙子这副吃相,冲着学花吼道:"你怎么教育你儿子的?把我孙子教得这么不懂礼数!"

说着,婆婆把几盘好菜一股脑儿倒给言人。见自己母亲眼里只有儿子却没有孙子,更不要说儿媳了,言人当场冲母亲发起了脾气:"你是想把我撑死,还是舍不得你儿媳和孙子吃点好的?"

婆婆一时怔住了,只能转而揶揄学花:"现在你的男人和儿子都来南昌了,你有什么打算?哪个单位会要你?"

婆婆的话语夹枪带棒,学花的心里在流泪,可为了守护好这个家,她选择了隐忍。

学花语气平和地说:"妈妈请放心!我相信,凭我的能力,一定能够调到杰儿的身边。这您就不用操心了。"

弟媳此时也在一旁提醒学花:"你在县城,五哥在省城,又是大学生,听说在学校很受女老师欢迎呢,你得赶快调南昌来。"

如此看来,陈言人的家人都不看好学花,这点学花心里很清楚,但她劝自己:任由她们说吧,自己一定要努力活成一个女强人。

学花从南昌返回星子后就径直去了县供销社。她找到程海南主任,略带哽咽地说:"我工作以来没向组织提过要求,现请求组织帮我出面联系南昌的单位,看有没有单位能够接纳我。"

程主任安慰学花:"不要着急,我一定为你想办法。"他还特别叮嘱学花,暂时不要外传,以免事情办不成失了面子。学花听后,非常感激地点了点头。

随后,程主任派出占经理和王妮奔赴南昌,找到有业务往来的单位商洽接收事宜。王妮就是学花敬爱的老师章仁娟的女儿。

1991年底,星子县食杂果品公司又开始双向选择,程海南主任也来了,坐在主席台上。程主任跟公司经理说:"伍学花想调到省城老公及儿子身边,最好不要让她继续任职。"

黄国宝经理说:"选举是职工的权利。如果她的调令来了,我当天就会安排人接替她的岗位,她第二天就可以走。"

一个要调动的人竟获得全票通过,伍学花当选综合商店门市部主任并当场颁发了聘书。她的心里既激动又感动,激动的是大家对她的信任,感动的是谁都知道她要调南昌,还照样投了她的票。

占经理和王妮找到省供销社工业品公司的邓副总,向他郑重地推荐了伍学花。邓副总说："让伍学花来南昌，我带他去见江西省供销总公司的朱总经理。朱总是一个爱才的人，伍学花这么优秀，他一定会同意、接受的。"

伍学花马上赶来南昌，同邓副总去见朱总经理。朱总是一个非常和蔼可亲的人，他听说了伍学花的故事，看了伍学花的档案材料，立马叫邓副总带伍学花去找胡总，还说："胡总和小伍都是劳模，有着劳模的情结，胡总一定会接受小伍的。若真遇到了什么情况，小伍直接找我，我来处理。"伍学花听到朱总的一番话，感动得热泪盈眶，多么好的领导，多么平易近人。自己和他素不相识，他竟然这么热心地帮助她。

学花不由得脱口而出："朱总，你真是我的大贵人，我会铭记你一辈子，我会努力工作，做一名对人民有用的人。"

胡木桂总经理是江西省劳模，听说伍学花是星子县劳模、供销系统的标兵，还是县供销社作为人才输送到自己公司的，很快便同意伍学花来公司试用半年，试用合格才能正式调进公司。

一天，伍学花找到大妹伍学梅说："这半年时间，姐要全身心地扑到新的工作岗位上去。只有靠自己的努力，争取早日得到省工业品公司的认可，才能调进南昌。这半年就辛苦大妹照顾好娘，等姐正式调去南昌，在南昌安好了家，我就把娘接去南昌。"

1992 年 7 月 16 日，伍学花接到省供销社工业品公司的正式调函。黄经理果然说话算数，立即安排了人接替学花的工作。综合商店的全体同事不约而同为她送行，这一天正好是伍学花 37 岁的生日。

在欢送会的酒席上，伍学花说出了自己的肺腑之言。她说："从 1985 年至今，整整 7 年承蒙在座的各位鼎力相助，才使得综合商店取得了如此辉煌的业绩。在这 2000 多个日日夜夜，没有一个职工旷工、迟到、早退，没有接到一个顾客的投诉；特别是月月盘点，没有出现一次亏损；更值得一提的是每个月的升溢，我都如实报升，却没有一个同事提出把升溢钱留下来以防亏损。虽然有的门店盘点时会有少钱发生，在有升溢时再来补贴亏损的钱，但综合商店所有的同事思想觉悟都很高，没有一个反对我如实报升。全体人员心往一处想，劲往一处使，我们综合商店各个方面才会一年比一年好。临走之际，我再一次深深地感谢大家！"

大伙儿一致说："这都是你伍学花带了好头！你这一走，我们还真舍不得啊！"

余晓琴站起来激动地说："今天对花姐来说是个双喜临门的好日子，让我们共同举杯,祝花姐37岁生日快乐！祝花姐去省城南昌实现自己人生新的梦想！干杯！"

（七）

调回南昌之后,言人通过家人的帮助搞到了两间房,一来不忍心杰儿在八中读书长期住在叔叔婶婶家,给叔叔婶婶添麻烦；二来学花来到南昌也该有个落脚之地。

20世纪90年代初期的房子,几乎都没有设计单独的卫生间,黑不溜秋的厨房也是几家共用。因为公共厕所离得远,晚上每家每户都用痰盂大小便。本来厨房的窗口旁有一个平台,可偏偏有些人家为了省事,把痰盂里的大小便倒在平台的下水管里。倒痰盂的次数多了,整个平台臭气熏天,绿头苍蝇嗡嗡乱飞,让人恶心得想吐。人们在平台旁的厨房捂着口鼻炒菜,锅中的菜香和平台上散发出的臭气混杂在一起,分不清是香还是臭。

言人在九江三里街住猪棚的时候,虽然房子里也有猪屎尿的臊味,但那是冲洗过后遗留下来的,自然淡了不少。可如今,他却很怕去厨房,只好从街上买一些糕点充饥。

学花来到南昌之后,一家三口的饭是要烧的。她只好先找一块木板把厨房的窗口挡住,眼不见为净。但臭味依然挥之不去,她只能屏住呼吸炒菜煮饭,并迅即端进房间关上门来吃。

学花借调到省工业品公司,虽说家是完整了,但和星子的住房条件相比,简直是一个天上一个地下。没有吃饭的场所,也没有洗衣的地方。一个礼拜的脏衣服全要等到星期天带去公婆家洗涤晾晒,当天就要把洗好晒干的衣服带回家来。

言人的母亲思想比较前卫,她不喜欢任何人去打扰她,认为抚养、教育子女是父母的事,而不是爷爷奶奶的义务,因此拒绝带孙辈。

深知公婆的生活习惯和为人处事方式的学花,只要老人需要,她就千方百计去讨好。如果会惹老人不高兴的事,学花绝不开口,自己的困难自己克服。公婆不开心的事绝对不做,公婆不爱听的话坚决不说。

有时,学花夫妇在公婆家洗晒衣服,做完了家务事,也不想麻烦公婆烧饭,就到外面随便吃点面食。总之,学花不让公婆费心,全心全意让公婆开心,这也令言人感到很欣慰。

学花调进省城有一段时间了，但她还不适应大城市里的生活，常常在梦中哭醒。

学花分到江西省工业品公司的百货科，上班地点位于井冈山大道 271 号一楼，百货科丁科长安排学花开票。科长是一位漂亮的中年妇女，和学花的年龄不相上下，还有两位副科长，中年男女各一位。学花在星子县食杂果品公司综合门市部负责时，每年的销售额才 30 多万元。而省工业品公司百货科面对全省的各个市县，每年的批发额有几千万元。学花才读了两年书，电话都没摸过，一下子遇到这么大的数字，而且业务联系全凭电话，还真有点力不从心，感到非常不适应。幸亏来昌之前，她因不会打电话，心里急得睡不着觉，曾向邻居陈三娥请教过怎样打电话。

三娥告诉她："长声'嘟……嘟……'说明电话已通；急促的'嘟嘟'说明是占线忙音。遇忙音先把电话放好，过一会儿再打。"

经三娥这样一培训，学花的心里才有了底。

邓副总见学花有畏难情绪，耐心地开导她："你刚来公司，业务又不熟，有一个适应的过程。千万不要抢快开错了票！"

科长见学花业务不熟，主动指导她开票。在她需要帮助时，科长和同事都热心相助，但她因文化水平低，字写得也不好看，所以很不自信。哪怕大家都对她好，她的心里总有一种自卑感。为了弥补自身的不足，她每天上班总是早到半个小时，打扫卫生，灌灌开水，把能做到的尽量做好。

图 10　在省工业品公司百货科工作状态

两个月后,公司通知各科室盘点。虽然是省级公司,但除了财务科,其他业务科室的人几乎没有做过盘点表。学花在星子县食杂果品公司十多年来,盘点没出过一次差错。盘点对她来说轻车熟路,是拿手好戏。

这两个月来,学花认真负责的工作态度让大家有目共睹,因此科长把百货科盘点的工作交给了她。这次盘点不但要把当月的盘点表做好,还要把前几个月的盘点表补齐,工作量极大。她在上班时做不完,只好带回家做。言人看到妻子废寝忘食,十分心疼,对妻子说:"不要急,明天星期天我会帮你的忙。"

学花天生性子急,只要什么事没做完或者没做好,准保吃不进睡不着。言人一觉醒来,见妻子还在灯下做盘点表,只好从床上爬起来。就这样,夫妇俩熬了一个通宵,终于把盘点表做好了。

星期一早上,学花把盘点表交给丁科长。科长瞪大了眼睛,惊讶地夸赞道:"你这么快就把盘点表做出来了,真不简单呀!"

突然,科长又叫了起来:"好漂亮的字呀!"

学花有点羞愧地说:"我爱人的字!"

丁科长听后说:"我现在就去找胡总,告诉她你伍学花工作这么认真,这么能吃苦耐劳,以科为家,试用期不用半年,两个月就够了。"

丁科长找到胡木桂总经理说:"伍学花不愧为劳模,不但自己做好工作,还把老公带动起来帮科里做工作,这个人我们科里要定了。"

在学花的努力下,工作了两个月的她就得到了公司的认可。公司为她办了正式的调令,她顺利地调进了南昌。

学花没调南昌之前,杰儿在南昌八中借读。一家三口都调来南昌后,就把杰儿从星子县中学正式转到南昌二十中。

学花正式调到百货科后,丁科长见她话不多,便引导她:"你很多方面有优势,但你不太愿意说话,也就不能向客户介绍科里的商品,这对做业务的人来说是不小的欠缺。"

胡总也把学花叫到办公室,鼓励她说:"你是县供销社领导输送的人才,我是看了你的档案才了解你的。你是一块金子,无论在哪里都会发光!相信自己,努力加油!大家都相信你伍学花!"

学花对胡总说:"我还有很多需要学习的地方。感谢胡总对我的认可和关怀,我一定为百货科及公司争气争光!"

她又对丁科长说:"科长,我来公司两个多月,有些业务还不熟悉,我怕讲错了不仅惹人笑话,还影响公司的形象。我心里很着急,也一直在努力,望您再给我两个月的时间,等我业务熟悉了,一定会把科里的业务推广出去。我相信自己一定能干好百货科的工作。"

学花来南昌三个月了,对娘的思念和不放心与日俱增。

一个星期六的晚上,她迷迷糊糊地进入了梦乡。梦中,她见到娘卧病在床,大妹家有老有小,根本没有能力照顾娘。学花情急之下突然梦呓:娘,我来啦!

言人赶紧把妻子唤醒。学花说:"我梦见娘在大妹家得了重病。"

言人安慰妻子说:"梦是反的,没有那回事。你是日有所思,夜有所梦。"

学花和言人商量:"你明天一早买票去星子,把娘接来我身边治病吧!"

言人回答:"这就是个梦,何况你娘有大妹照顾,不要瞎操心,睡觉吧。"

学花坚持要去接娘,说:"大妹自己病了都没钱去医院,她在星子连钱都借不到!娘如果生病了,就会像爹一样被活活拖死。如果你不去星子接我娘,就给我80元钱,我自己去把娘接来。倘若你反对,我就调回星子去。"

谁都不知道学花有多辛苦,在南昌住得有多不适应,但这些她都能扛得过去,唯有对不能自理的娘放心不下。男人不肯把娘接过来,气得她不断地自己打自己。

这时,隔壁邻居余师傅突然敲门进来,对学花说:"你们俩的争论我在隔壁听得一清二楚,你的孝心连我都感动了。今晚我就开车送你去星子把娘接过来。"

学花让丈夫给100元钱,可余师傅说什么也不收钱。他催促学花道:"什么都不要说了,赶快准备吧。"

学花夫妇感动得手足无措。他们搬来南昌才几个月,跟邻居也谈不上什么接触,只不过是上下班打个招呼而已。现在余师傅挺身而出,学花感动地连声说:"谢谢你,谢谢!"

凌晨四点,余师傅开车把学花和娘接到了南昌。学花的娘果然生病在床。言人见状,感到非常内疚:"都怪我不理解你的心情,20多年的夫妻还不如几个月的邻居。我心里不是滋味,还请老婆多多谅解!"

学花顾不上来回的困顿,赶紧帮娘洗澡换衣服。天一亮,她就打电话给丁科长请假,带上娘去市三医院看病了。

从医院回来,她又是煮饭又是烧开水,直到娘把饭吃了,把药喝了,这才又赶去上班。她没有精力和时间跟爱人说什么,自己的娘只有自己来照顾。只要爱人不反对她做的一切,她就很知足了。

星期一早上,突然下起倾盆大雨。言人穿着雨衣,骑着自行车去湖坊中学上课。学花心想,哪怕爱人对娘再不通情达理,自己也要用真情感染他。因为他是儿子的父亲,学花要的是一家人的幸福。

于是,她叫住爱人:"你到湖坊中学骑车要四五十分钟,这么大的雨,肯定全身都要湿透,湿了没衣服换会得病的。我这准备了一包衣服、一双鞋和袜子,把这些带到学校换上,娘你就不用担心,我上班的地方离家里近,中午我会回家管娘。"

言人听罢,心头一热,感动地对妻子说:"你也辛苦了! 为娘奔波劳顿不说,自己还要上班,还要牵挂着我,我的心中充满了愧疚啊!"

印香刚来南昌时,知道自己病痛难忍,只有大女儿学花才能带她求医问药,让她免遭病痛的折磨,因此很听学花的话。等病痛一好,她就全然不顾了,一天到晚吵着要回星子,甚至影响到邻居的休息。

言人与妻子商量:"娘的病已经好了,成天吵着要回星子,你百般挽留又不成。为了不影响你的工作,我将功补过,星期天亲自把娘送回去。"

学花考虑再三,觉得也只能如此,勉强地点了点头。

(八)

伍学花在省工业品公司百货科干的是开票工作,丁科长对她特别关照。那时,基层供销社的业务员来百货科进货,科长及科里的员工都会热情接待,倒茶端水,嘘寒问暖。特别是丁科长,她熟悉每个业务员的家庭情况,和业务员聊起家长里短来宛如一家人。

每次业务员来省城进货,丁科长总会安排工作餐给予招待。吃饭时,丁科长总忘不了把学花叫上一起作陪。

她对学花说:"现在市场竞争激烈,省城有很多的进货渠道,我们百货科要想抢占市场,就得多一些感情投资,努力提高我们的服务质量,用我们的热忱与诚信取信于基层单位,博得基层业务员们的认可与信赖。"

那个年代,缝纫机是市场上的紧俏商品。上海生产厂家供货江西的负责人来百货科时,丁科长为了公司的利益,不惜自己花钱买菜,把上海生产厂家的客人请去家里招待,以争取到更多的商品数量。

那时丁科长还不太会烧菜,学花自告奋勇说自己在星子县商机厂当过炊事员,正好派上了用场。学花的厨艺让上海来的客人赞不绝口,丁科长也是乐得面如桃花。

夏天的南昌,气温高达40℃,是全国有名的"火炉"。百货科不是独立核算单位,没有钱给科里的员工买防暑降温物品。丁科长就想办法卖掉缝纫机的废旧包装箱和废品缝纫机脚,然后用卖废品的钱给科里人员买饮料,解暑降温。丁科长对员工的关爱成为员工干好工作的源源不断的动力。

那时做生意都是先发货,然后基层供销单位才会陆续把货款托收过来。随着市场竞争的加剧,有的基层供销社有意无意地推迟结算托收款,发展到后来竟要上门催款。丁科长就亲自带队,分几路人马下到基层单位催款,学花总是跟随着丁科长。

听说科长来催款,各基层供销社都会热情接待,通常还会交付一部分货款。即使暂时无钱交付货款,基层的经理们都会承诺一旦有钱就会立刻给科里托收过去。

经过和丁科长一道催款,学花熟悉了很多的业务知识。

不久,学花又同科里的吴荣华会计一起去九江地区对账催款。九江供销社为了尽地主之谊,除了必要的接待,还邀请吴会计和伍学花参加舞会。她俩都不会跳交谊舞,尽管有人带着跳,但总是踩着人家的脚。

学花从九江回来,下决心学跳交谊舞。她对爱人说:"星期天我俩去八一公园学跳舞吧,一来可以锻炼身体,二来必要时也能应酬。何况跳舞也不是什么难事,不相信学不会。"就这样,学花为了工作开始学跳舞了。虽然一开始爱人并不希望她学跳舞,但在她的耐心开导下,还是同意了。

有一天,学花上班时突然晕倒,可把科里的同事吓坏了。大家七手八脚地把她抬到沙发上休息。

丁科长急急忙忙地走过来,见此情景,立即和吴会计一道把学花送进南昌市第二医院检查治疗。

经医师检查诊断,学花患的是眩晕症,需要住院治疗。丁科长安排吴会计留下来照顾学花,自己工作忙先走了。

学花的眼前天旋地转。她想,吴会计在科里的工作都忙不过来,还要照顾自己,这样势必影响科里的工作。再说,自己的身边有言人和杰儿,甚至还有公婆和兄弟们。过去公婆生病、爱人住院,哪一次离得开学花的照顾呀!自家的困难应该由自家人来克服。所以,学花让吴会计给爱人打了一个电话。

快到中午了，学花对吴会计说："我爱人已经知道我在住院，他一定会赶来的。不如你先回家给孩子烧饭，下午就不要来医院，直接去科里上班吧。再说，我爱人家还有那么多的亲人，我平时待他们都很好，调南昌后我也是头一次住院，我这里你就放心吧。"

吴会计早上11点离开，直到晚上7点多钟，学花一直在期盼爱人早点出现。

吴会计离开后，她没喝一口水，没吃一口食物，医生送来的药也没有吃。因为她的眼睛不敢睁开，一睁开就天旋地转，房子几乎都要倒塌。不要说她是一个病人，就是一个正常人，一天到晚没吃也受不了啊！

同病房的一个老太太与学花同病相怜，老伴给她送来了猪脑子蒸鸡蛋。老太太见学花一个人躺在病床上暗自神伤，身边也没人照顾，不要说吃饭，水也喝不上，怎么家里就没有一个亲人？于是，老太太就从自己的碗里分了些猪脑子蒸鸡蛋给学花吃。学花吃着吃着，眼泪止不住地掉进碗里。

好不容易等到晚上9点，言人才姗姗来迟。他一到医院就直奔医生办公室，询问学花的病因，医生回答是由于营养不良造成的。

了解病情之后，他走进了学花的病房。刚好丁科长及其爱人也来看望伍学花。

丁科长笑着问："陈老师，你给老婆送了什么好吃的？"

他告诉丁科长，自己今天工作忙，现在还没有吃饭，来的路上买了两份盒饭，准备和学花一起吃。

旁边的病友插话问："你家难道就没有其他的亲人吗？"

"有！还有很多人。但我不想麻烦父母和兄弟们。"

丁科长惊愕地说："陈老师，平时你都会帮着老婆给科里做事，你怎么能一天都不来医院，还不想办法安排家人来医院照顾一下？你这样任由一个不能动弹的病人躺在医院里无人问津，你老婆的心里该有多难受啊！就算你忙来不了医院，也总得有个交代呀！"

言人说："都是我的错，是我不想麻烦家人。"

丁科长夫妇以及周围的病友都不理解陈言人，几双大眼惊讶地瞪着这个男人，都觉得有些匪夷所思。

丁科长夫妇走后，老太太的老伴对言人说："一天没见你来医院，我还以为你们夫妻关系不好。刚才那科长说你老婆对你和你的家人都很好，我就不理解今天发生的事！我是过来人，说一句掏心窝子的话，夫妻双方不论哪方生病住院，另外一方一定要有责任和担当，想方设法都要到医院照顾对方。为了你们夫妇情感和谐，你的一些想法和做法要改正。你知道老婆在住院，自己却没有及时过来，还不想麻烦家人，难道亲人还不如同事和朋友吗？人与人之间都会相互帮忙，何况你们还是一家子呢！"

老太太老伴的一席话，让言人联想到自己及家人生病住院时，老婆总是送钱出力去医院照顾。想到这些，他的心里似乎明白了什么。自己和老婆为人处事的方式还是存在很大的差距，心里难免感到惭愧。

学花住院期间，星子县的老邻居、老同事来南昌进货。她们听百货科的人说学花刚出院在家休养，于是商量着一同来到学花家。

学花见老邻居、老同事登门看望自己，心里一高兴，病都好多了。她立即陪同她们去万寿宫、洪城大市场进货。回到家里，大家都累了，坐的坐，躺的躺。学花不顾劳累又赶去买鸡、买鱼、买肉，然后一个人杀鸡剖鱼，忙得不亦乐乎。

余晓琴说："花姐今天买这么多好菜，你这个月哪还有伙食费哦！等我们大伙儿一走，我看你要吃一个月的萝卜干腌菜稀饭喽。"

说完，众人哄堂大笑。

星子县来了八九个人，进的货把两间房都堆满了。人多了，家里的床睡不下，大伙儿就搭地铺挤了两天。

回星子前，邹姨对学花说："到别人家里，人家爱理不理，给你脸色看，你就再也不会去她家里了。如果你去的人家对你非常热情，好得过分，那你就不好意思再来。"

学花说："我的性格就是这样，热情待人是我的习惯。你们来就是看得起我，我心里就开心！你们千万不要误会了我的本意，要是看得起学花，就常来！"

邹姨说："那我们心里有数了，以后还要打扰你。"

在一片欢笑声中，学花把大家送到了客运车站，挥手道别了。

（九）

省供销大厦在一阵锣鼓鞭炮声中落成了。在当时，这是一座名副其实的标志性建筑物。大厦雄伟壮观，共有十几层高，上下楼有电梯，装有中央空调，冬暖夏凉，这在当时的省城可以算得上真正的"高大上"。那时闻名遐迩的百货大楼都没装电梯。

于是，省供销社的下属单位争先恐后地搬进了大厦。省工业品公司自然不甘落后，百货科也从井冈山大道271号搬进了供销大厦的5层办公。能到大厦里上班是一件非常有脸面的事，学花和大厦里的每个人一样，内心充满了自豪。

大厦1—4层用于各种商品的零售。开张的那一段时间，大厦里人山人海，柜台里摆放着琳琅满目的商品。进入大厦的人，不知是看人还是看商品。为了享受电梯带来的刺激与快感，抑或过把坐电梯的瘾，人们径直踏上电梯来到大厦的5层——省工业品公司所在地。

省工业品公司的百货科、家电科、五交化科、针纺科、综合科等，原先分散在各处，现在一下子聚集在一起，各科批发的商品也算是门类俱全。坐电梯来到5层的顾客，一见应有尽有的商品，而且都是批发价，比起零售便宜多了，好像发现了新大陆，立即蜂拥而至，抢购批发商品。科室里员工们的亲朋好友听说公司有物美价廉的商品，也都接踵而来。顿时，5楼的批发人气比零售要旺得多，经常挤得水泄不通。

学花心想，如果自己被安排在针纺科该有多好，因为自己做生意只有针纺业最有把握，可偏偏自己是百货科的人，怎么可能去做针纺科的业务呢？

时值学花的公公分得一套2室1厅的住房，离省供销大厦很近，站在家里窗户边可以清楚地看到大厦。自从学花到省供销大厦上班之后，公婆也由此十分关注起大厦来。

有一天，学花来到公婆家洗衣服，婆婆对她说："小儿媳妇现在不得了，发了2000元的年终奖呢。"

学花红着脸，略带自信地说："妈妈，2000元不多呀！"

婆婆有些愕然地问："2000元不多，那你发了多少呢？"

学花回答："妈，你还是问言人吧！我的奖金全给了他。"

婆婆转而望向儿子，言人回答："妈，我老婆发了4000元奖金！"

婆婆惊讶地瞪大了眼睛，望着她一向不看好的儿媳妇。

这时，学花正忙着洗衣服。她唤言人帮忙把漂洗干净的衣服上的水拧干，再晒到阳台外面去，这样能节省一点时间。

谁料婆婆很不满地说："你现在可了不得了，还要我的儿子帮你晒衣服！你上班是高楼大厦，空调、电梯不说，年终奖一发就是四千，当人家一年的工资。我的儿子还在湖坊中学教书，现在你俩是门不当户不对。你在天上，我儿子在地下，相差十万八千里。"

学花听完婆婆的讥讽话，心中有说不出的不快。自从与言人结婚以来，婆婆就一直没认可她这个儿媳妇。虽说自己没张口向公婆家要一分钱，没伸手向公婆家要一样东西，更没想过住像样的房子或搬到公婆这里来住，可婆婆还这样奚落自己。

学花没有顶嘴，任凭婆婆冷嘲热讽，她从来没有怨言，只把苦水往肚子里咽。

星期天一过，婆婆对公公说："伍学花上班的大厦就在旁边，我俩不如去看看她办公的地方，也去饱饱眼福，看看儿子说的是真还是假。"

于是，公公婆婆拄着拐杖直奔省供销社大厦5楼。不凑巧的是，学花去下面基层供销社催货款去了。单位听说是伍学花的公婆来了，科里的小柒连忙起身接待，又是赐座又倒茶，弄得婆婆不由地感慨地说："我儿媳的人缘好，即使人不在，科里的同事也能这么热情地接待我们老人家，我心里很感动。"

婆婆回家之后，对言人说："昨天我和你爹爹去了你老婆的单位，想不到你老婆不在，她科里的同事把我和你爹爹当成亲人。我终于晓得你老婆会做人，科里的领导与同事才会如此厚待我们老人。"

言人说："妈，我老婆不光科里的同事对她好，连不跟她一个科室的陈跃琴，每个星期天还总是邀请我们去她家玩。"

婆婆说："你和老婆刚来南昌也不容易，不但居住条件差，连个洗衣服的地方都没有。将来我和你爸百年之后，你们不能连间像样的房子都没有。我们之前住的房子就给你们住吧。"

言人听后心中暗喜。他是个孝子，想到父母生了这么多孩子很不容易，父母从没要求儿子儿媳出钱给他们养老，就是变相地帮助了他们。如果能同父母一起住，那该多好啊！他又想，自从与老婆"裸婚"到现在，老婆硬是凭自己的能力撑起了这个家。虽然调到南昌以后，住在既没有厨房又没有卫生间的又黑又暗的房子里，但妻子从未打过父母2室1厅的主意，倒是自己惦记着父母空着的那套房。

想到这里，言人对妻子说："老婆，你知道我最敬佩你什么吗？我最佩服你为人处世的方式，否则我夹在娘与老婆之间很难做人。到现在我才明白以前对老婆忽略了太多，有你这样的老婆是我的福气。之前我妈是对你有看法，今天终于有了转机，她答应让我们住她以前那套房子。"

学花听到婆婆说房子给自己住，心想儿子结婚就不用为房子的问题操心了。

学花的肚子不知怎么有些偏大,想去医院查个究竟,便请假要言人陪着去省妇幼保健院。

早上8点不到,两人就来到了医院。医生建议进行B超检查,谁知在B超室前等待检查的人排成了一条长龙,初步估算至少要在11点以后才轮得上学花。学花心想,与其在这里干等,还不如先回科里上班,再来医院做检查,这样可以做到工作、看病两不误。

夫妻俩一同来到科里,只见科里忙得不可开交。学花见科长这么忙,立马坐下来开票。科长关心地问她:"你不是去看病了吗? 怎么又来上班了?"

学花把医院排队的情况简单说了说,说只要上午11点之前赶去医院就不耽误看病,因为不想浪费时间,所以赶来科里做点事。

上午10点半,来科里开票的人陆续离去,学花准备去医院了。科长问她:"你喝了开水吗? 做B超前要多喝开水,否则结果不准确。"

学花回答:"还没来得及呢。"

科里的同事见她来不及喝水就急着要去医院,赶忙上前替她倒水。刚从暖壶里倒出的开水哪里喝得进口,同事们有的帮着用嘴巴吹散热气,有的找来两个碗,把开水从这个碗倒进那个碗,再从那个碗倒回这个碗……

丁科长把摊凉的开水送到她的面前,接着黄思群也把一杯吹去热量的开水送到她跟前。这时言人走上前,略带醋意地问:"黄思群,你多大年纪?"黄思群大大咧咧地笑着说:"四十多了,比伍学花大两岁。"言人又接着问:"你为什么对我的老婆这么好?"黄思群这才反应过来,说:"科里的同志都关心伍学花,她现在去医院检查的时间紧,大家都在为她凉开水,我也要尽一份力。只要不做亏心事,就不怕半夜鬼敲门。"

科里的人听到这里不由得哈哈大笑起来。言人方知自己失礼,连忙满脸通红地拉着妻子离开了百货科。

第七章　巾帼不让须眉

（一）

百货科批发的主要业务是缝纫机,20世纪90年代的缝纫机很紧俏,时不时地会断档缺货,可销售的货款下面基层供销社也不托收上来,有的基层供销社竟用其他商品,如针纺类衣服等充抵缝纫机货款。因此,百货科也就不得不卖些针纺类的商品。

为了百货科的经济效益,也为了改变这一被动局面,伍学花向丁科长还有两位副科长提出了自己的合理建议。

学花说:"供销大厦开张以来,1—4层的人气旺得很。我们科里的亲朋好友又这么多,有这么好的机遇,我们却在这里干等着。不如利用这个时机到外地去进一批服装来卖。如果不是下面基层供销社拿针纺类商品抵货款,我们百货科还不好去进针纺类的货。外面进货的价格我心里有本账,只要我们科里对外批发的价格比零售的价格低,服装业务就一定能做出来,无疑也能给科里打开一条新的业务渠道。"

丁科长回答:"反正歇着也是歇着,不如试着做做,或许行得通。伍学花,你真的有把握吗?"

学花回答:"我在星子县做服装销售好多年了,服装生意方面的门道我还是晓得的,心中不但有底气,而且有把握!只是科里不要因服装批发销量多了,而贪图一时的高额利润,急于求成把批发价定高了。要采取薄利多销的策略,让资金快速周转才能给科里产生更大的经济效益。"

几天之后,丁科长找到学花说:"伍学花,科里的同志都说你的想法不错,我也同意你去进一批服装来卖。科里制定批发价格时也请你参与,待我请示胡总后,再告诉你最后的决定。"

很快,胡总同意了。

丁科长安排俞副科长和学花一同去上海缝纫机厂联系业务,同时顺便进了一批羊毛衫。

伍学花对丁科长说："我原来进货渠道是浙江义乌、温州，广东广州，福建石狮等地，上海进货的渠道我没把握。"

丁科长说："上海方面的事多听副科长的。能否进些羊毛系列的产品？还要进哪些服装？到哪里进货？具体由你和副科长商量着办。"

在上海的业务进展得很顺利，副科长和伍学花商定：从上海去温州进服装。到温州进货，一是温州离上海较近；二是从温州回南昌顺路。

"学花，你还没坐过海轮吧？"未待学花回答，副科长接着说，"我俩从上海坐海轮去温州好吗？"学花点了点头。

刚上船时学花感觉蛮好，心情舒畅！哪知道船开之后，不久就摇晃得厉害。学花和副科长虽然躺在下铺，但都头昏眼花，没过多久就呕吐起来，而且吐得一塌糊涂。学花的上铺睡了一名军人，见学花和副科长晕船很厉害，赶紧下来安慰她们。

他说："晕船没有什么可怕的，只要心里稳住，不要急不要慌，更不要害怕，安安静静地躺着，挺一挺就过去了。有我在你俩身边，一定不会有事的。"

学花说："感谢您的好意！你不用管我们，不要弄得自己也晕船。"

军人说："我是飞行员，这摇晃的船对我来说是小菜一碟，你们要勇敢点！"学花点了点头。

一路颠簸，终于见到胜利的曙光——轮船抵达温州。

说也奇怪，一踏上温州的土地，学花和副科长头也不晕了，眼也不花了。她俩顾不上旅途的疲劳，也没去找旅馆，而是直接去了服装批发市场。幸亏学花来过几次温州，没费什么工夫，她俩就找到了批发市场，学花马上被各式好看的服装吸引住了。

副科长提醒她："进服装我心里没底，你要多多考虑！考虑好了再进货，千万要慎重。我们不做服装生意都没关系，如果进了服装一旦积压卖不出去，那到时候你就要负很大的责任了。"

学花胸有成竹地说："放心吧，我做服装生意七八年了，我在星子进货都能为我们食杂果品公司做出贡献，为公司产生可观的效益，进服装这事我心中有数。"学花进了一大批服装，然后全部托运到南昌。

服装一到南昌，学花同丁科长及两位副科长提议，服装的批发价不要定得太高，只要能赚钱就行。她进的服装式样好、款式新，价钱又便宜，不出两个月就售罄。百货科赚了钱，全科的人都感到高兴。

工业品公司决定到新余市展销,大家都忙得不亦乐乎。各科室的展销商品由大货车运抵,科室人员坐火车前往。

学花正准备同百货科的同事乘车去新余,却被胡总叫住了。胡总要求学花坐她红旗牌小轿车一同去新余,还说沿途有事跟学花谈。学花想和科里的同事一起坐火车热热闹闹、开开心心地走,如果坐胡总的小车,反而觉得浑身不自在。学花就对胡总说:"科里已经给我买了火车票,大家都在等我,要不等展销结束后我再去找您。"

胡总说:"既然科里已经买好了火车票,你就坐火车去吧,但回来就不要买火车票了,坐我的车回南昌,我有话和你谈。"

学花找不到任何理由拒绝,连忙应答:"好的! 谢谢胡总!"

一到新余,百货科的同事就忙碌了起来。学花更是如鱼得水,上上下下地忙个不停。从小跟爹爹卖菜的经历,再加上星子食杂果品公司领导对她的培养,让她练就了不少的技能。她的吆喝声"走过路过千万不要错过",不仅吸引了路人,还震惊了科里的同事。同事们好像现在才真正认识她。大家原先以为她内向,话不多,担心她开展不了业务。哪晓得她进货有一套,销售也有一套。这次展销,学花一下子把自己的才华全都展现出来,科里的同事这才切身感受到她是个经商人才,都用崇拜的眼光打量她。

下午 3 点,百货科运来的展销商品全卖光了。小柒高兴地对学花说:"伍学花,好样的!"

回南昌的车上,胡总微笑着对学花说:"听丁晓华科长说,你主动承担责任风险,去外地进货为百货科拓展了业务,创造了不错的效益。通过这次展销,我更进一步地了解了你,你不愧是星子县供销系统输送的人才。是金子在哪里都会发光,快到年底了,各个科室的领导都要重新任命,针纺科还没有科长人选。我考虑了很久,想让你把针纺科抓起来。"

学花听后心里非常激动,对胡总说:"我只做了我该做的事情,领导就这么看重我。今后我只有更加努力地工作,才对得起领导的培养和关怀。"

回家后,学花兴奋地对爱人说:"我为科里进了一些适销对路的服装来批发,给科里带来了经济效益。这次在新余展销,胡总对我的工作能力很满意,还准备提拔我做针纺科的科长。"

言人一听,心里咯噔一下,连忙说道:"你现在做个普通科员就经常在外面催款回不了家,如果当了科长,还有各种应酬,更没法顾及家里了。你不管我和儿子不要紧,如果爸妈有个头疼脑热的,或者你娘身体不舒服,你到时候无法尽孝,我怕你自己后悔一辈子。"

言人口头上这么说,其实他的心里还有另一个想法。自从与学花结婚以来,他自知不是一个好丈夫,母亲也不认可自己的妻子,导致妻子得不到归属感。他担心学花提拔后,自己与学花的差距越拉越大,让他这个大男人丢了面子,被人说"吃软饭"。不过他的话倒让学花有了一丝触动,是啊,娘和妹妹始终是她最大的软肋。

言人思前想后,感觉不能再等了。他必须立即找到胡总,让她千万不要提拔伍学花当科长。言人没跟妻子商量,背着学花找到胡总。他对胡总说:"胡总的厚爱我们将永远铭记,但为了我这个来之不易的家的牢固,恳求胡总千万不要提拔我的妻子做科长!她做员工时,为了科里的工作,经常在外面催款回不了家,一旦做了科长,更是忙得无法回家了。她是一个有困难不声张的人。胡总可能还不了解她,她有一个百事不知、生活不能自理的娘和两个残疾妹妹。如果不是她,那个家早就家破人亡了。她是个孝女,梦到娘生病都会连夜回星子,我真怕她家人有个三长两短,会影响到工作。"

胡总默默地听着,皱着眉头陷入了沉思。

无奈之下,胡总找到学花说:"苦命的女人呀!人家都希望自己的家人得到重用提拔,偏偏你老公坚决反对提你做科长。说句心里话,我也有责任啊!之前对你家关心得不够,你老公说你娘不能自理,两个妹妹都是残疾人,这都是真的吗?我权衡了好久,你老公的话有一定的道理,我也不好驳他的面子,但去不去针纺科做科长,我还是尊重你个人的意见。"

学花心存感激地对胡总说:"我家的困难是客观存在的!我真的担心娘和妹妹在家中有个什么闪失,从而分散我的精力,影响到公司的发展大局。再说,我没什么文化,要当好这个科长也是力不从心。谢谢胡总对我的信任与关爱!"

(二)

陈言人正式调入青山湖区教研室不久,其父母住的房子实行房改,扣除父母工龄折款外还需补交8000多元钱,这房子才算父母的私有房产。当时父母手头上只有4000元,要凑足4000多元才能拿下现住的套房。

言人把父母欲买断房子的事跟妻子说了。学花说:"妈妈曾经说过,兄弟中就我们没住房,连个洗衣服的地方也没有,等父母百年之后就把房子让给我们。

你去跟兄弟们商量,如果大家同意,不如我们出钱帮父母把房子买下来。爸妈不喜欢被打扰,二老在世时,我们绝不搬进去住,以免影响老人的生活。以后房子空了,让杰儿去住。"

于是,言人找到母亲说:"学花调南昌以来,她自己住房再困难,从没有想要你的房子,也从来没有任何怨言。只是妈说过我们住房条件最差,答应以后把房子让给我们住。若兄弟们不反对,就由我们夫妻出钱,帮你们把房子买下来。"

母亲显然变卦了,极不情愿地说:"凭什么给你家房子? 手心手背都是肉,我和你爹的遗产是你们所有兄弟的,我不能把房子给你一个人。虽然我买断房子还差4000多元钱,但只要你们兄弟每人借给我500元,问题就迎刃而解。"

言人回家跟妻子说了母亲的意思。学花说:"妈妈的想法我能理解。平时父母没要求过你们兄弟出钱为他们养老,现在父母要求每个儿子借给他们500元钱,我认为就是给爹妈500元钱也是合情合理的。我想办法准备500元钱,你明天就给妈妈送去。"

最后的结果,爸妈买房还差1000元钱。言人听说后很着急,于是找到妻子商量:"你的朋友多,求求你再帮我妈借1000元钱。"

学花心有顾虑,说:"我们的儿子已到了谈婚论嫁的年龄了,老人们常说,生儿不给儿子成家是我们父母的过错。将来我们的儿子结婚,虽然比上不足,但比下总得有余吧。到现在我们儿子结婚的钱在哪里? 结婚的房子在何方? 我们该出的500元钱,我第一个出,你兄弟有人没出,干吗非要我去借钱? 我原想贷款买房给父母住,可妈妈不领情。既然妈妈说房子是兄弟们共有的,那就应该共同出钱。在买房这件事上,我理解老人,可为什么妈妈不理解我们呢?"

言人因急着替父母借钱,经常莫名地与学花发生争吵。学花不愿与之吵架,有时因心里实在难受就跑了出去。她的工资和奖金全部交给言人保管,跑出去之后又因身上没钱而辗转徘徊,不知哪里才是落脚之处,心里着实感到悲凉。思来想去,她决定去公司沙发上和衣打发一宿。

学花来到公司敲门,守夜的万婆婆应声开门。万婆婆一见学花,用疑惑的口气问她这么晚来公司干什么。学花面露难色地说:"万婆婆,今晚我想在科里的沙发上凑合一夜,你看行不?"

万婆婆一看学花的神色,加上自己又是过来人,一下子就猜中学花和家人闹矛盾了,便赶紧招呼学花进来。待学花坐下,她劝道:"家里闹矛盾千万不要过度伤心，那样是会伤身体的。现在天气这么冷，你一个人在沙发上过夜会着凉的，不如跟我挤一宿吧。"

学花知道，万婆婆素来干净整洁，她的床一般都不肯让人坐一下。正好自己又来了月经，万一弄脏了她的床可怎么办？学花只好委婉地推却，哪知万婆婆非要学花与她同睡不可。学花恭敬不如从命，就脱衣和万婆婆一起睡了。

第二天起来，学花还真把万婆婆的被子弄脏了。学花不好意思，一定要帮万婆婆洗被子。万婆婆对她说："你来了例假是不能下冷水的，还是我来洗吧！"学花一下子感动得不知如何是好，只能一个劲地表示感谢，还叮嘱万婆婆千万不要对别人说自己跟家里闹矛盾的事。

言人见妻子气得离家出走，虽然心里着急，但又不知到哪里去找，就坐在家里干等。哪知等了一个通宵，也不见学花回来。次日他去教研室上班，心里一直不踏实，中午还没到下班的点，言人就赶往丁科长家找学花。碰巧丁科长不在家，他就只好让丁科长的妈妈转告："伍学花不理我，昨天一晚上都没回家。"

学花向来信奉家丑不可外扬，虽然与丈夫闹了矛盾，但离开万婆婆她就上班去了。

中午，学花还是没有回家，午休时间和三个科长打起扑克来。正打牌时，丁科长接了一个电话，之后把学花叫到电梯口，责怪地问："昨晚去哪里了？你干吗和陈老师吵架？我妈刚才来电话说陈老师找你找到我家去了。我妈还说陈老师好可怜哦，叫你不要这样对待丈夫。"

因为丁科长不了解学花家的实情，学花顿时觉得委屈。她难过地说："丁科长，你若真的关心我，今晚你们夫妇把我送回家，你亲自去问问你妈说可怜的那个男人对我怎么样？"

晚上，丁科长夫妇果然护送学花回了家。丁科长问学花为什么吵架，学花指着言人说："他要求我找你们这些朋友借钱给他父母买房。我为了省钱，早上5毛钱的拌粉都舍不得吃。今天我不怕你们夫妇笑话，为什么我伍学花这么节俭？我结婚生子，没有一个家人帮过我一分钱，我还要养活自己家的三个残疾人。1977年他想读大学，我一个弱女子扛起了全家的重担，供他上大学，自己饿得晕倒在地都没向任何人借钱。现在就让他说说我俩为什么闹矛盾吧。"

言人只好把父母买房的经过说给了丁科长夫妇听。丁科长这才了解了真相，她指责言人说："你老婆这一生很不容易，她从小苦惯了，从来不舍得花钱。她跟我们出差，我们让她管钱，她总是省着花。虽然大家吃得很差，但我们没有一个人责怪她。你这次做得就不对了,你妈买房子,这房子以后是兄弟共有的,你俩该出的钱已经出了,谁没出钱你妈去找谁呀!你怎么能叫老婆再去向朋友借钱呢?借钱是要还的,这不是增加了你俩的经济压力吗?夫妻间,凡事要商量,你老婆跟你闹矛盾,谁都没有告诉,要不是你到我家去,我还不知道呢。"

言人沉默良久,冷不丁地蹦出一句话来:"我娘要我借钱,我再难也得去。"

丁科长说:"你也要量力而行啊!你一个大男人借不到钱要让你女人帮你去借,你觉得这像话吗?你也要站在你老婆的立场上想想,她的工资和奖金全交给你,你到哪里去找这样好的女人?"言人这时才不作声了。

丁科长夫妇再三叮嘱言人不要跟老婆吵架,说你老婆很不容易,一定要善待老婆。言人点头答应了。

丁科长夫妇正欲离开,学花对丁科长说:"丁科长,昨天晚上我在哪里,请你主持公道,问问值班的万婆婆就明白了。"

丁科长说早就知道了,难得你们夫妻一场,再也不要吵了。

学花望着热心肠的丁科长夫妇离去的背影,心里觉得他们比自己的亲人还要亲。

第二天上班,科里的同事都知道学花和陈老师闹矛盾的事,都劝伍学花存点私房钱,为娘和两个妹妹着想,避免因用钱与陈老师闹矛盾。

百货科要清理存货,化妆品销量一直不好,还有很多积压在仓库里。学花和小柒商量,利用星期天一起去菜市场推销化妆品,也许能帮科里减少些库存。丁科长听后感动得不行,有这么好的职工主动放弃星期天的休息,放下国有企业的架子,去菜市场摆地摊,为科里推销滞销商品。丁科长非常高兴地答应了学花和小柒。丁科长叮嘱她俩千万不要因争地方摆摊位而和人家发生冲突,一定要注意自身安全。

星期六下班,学花就把化妆品运到自己的家里。

第二天一早,小柒就来到了学花家,准备与学花一起出摊。这时,小柒才知道言人和学花闹矛盾了。小柒诚恳地说:"陈老师,花花真的不容易,为了家庭和工作操碎了心!她身体又不好,还在科里晕倒过,我们科里的同事没有一个人不为她担心。特别是眼下科里的经济效益不好,我和花花要去菜场摆地摊,帮科里卖化妆品。在这样的关口下,你们夫妻一定要团结一心,千万不要闹矛盾伤害对方。"

听完小柒的肺腑之言,言人无言以对。言人深知:虽然小柒外表清瘦文雅,内心却有一副热心肠,无论科里谁家有事她都会主动帮忙。她孝顺父母和公婆,非常疼爱自己的丈夫和女儿,是一位贤妻良母。小柒的劝说,对言人的触动很大。言人信誓旦旦地向小柒保证:他绝不会再伤害学花了。

过了几天,为了帮学花和言人和好,小柒想办法弄到两张戏票给夫妻俩送去。谁知言人对戏曲不感兴趣,进戏院不到10分钟就睡着了,鼾声如雷。学花怕影响旁人,赶快叫醒言人,与他一同离开了戏院。

丁科长、小柒等人对学花的关爱,言人感同身受,可又无以为报。言人就琢磨发挥自己的优势,利用星期天的时间,上门为他们家的孩子补课,时间长的有六七年,短的也有两三年。

(三)

放暑假了,言人在家休假,学花一早要去上班。言人对学花说:"你们食堂的饭菜没有我烧的好吃,正好我放假在家,不如我做好饭和菜,给你们四个中午打扑克的送去。"

学花说:"这么热的天,你中午送什么饭? 我和科长几个人在食堂吃自在些,免得外人嚼舌头说我使唤老公做事,更不喜欢人家说我们做表面工作。"

言人说:"丁科长、小柒都要我关心爱护你,我还跟小柒做了保证,你总得让我在科里的同事面前表现表现吧! 你还是不爱我,如果你爱我的话,就会巴不得时时刻刻看到我。反正我在家休息,不如给你们做一回服务员,替你们打扑克的几个人做饭送饭。"

学花听到丈夫说话如此诚恳,也就默许了。学花临出家门时,言人再三强调:"你们中午千万不要去食堂吃饭,我会早早地把饭给你们送去。"

中午时分,言人果然如约把饭菜送到了百货科。科里几个打扑克的人都夸陈老师是模范丈夫,饭好菜香。言人心里也着实高兴,这么多年来,自己从没在外给过老婆一个面子,今天总算扳回了一城。

…………

有一天晚上,学花从梦中醒来,说娘又病在床上。言人说:"梦哪里次次都准。"而学花坚信自己的梦一贯很准,于是与丈夫商量,是自己请假去星子接娘来南昌,还是丈夫去接?

言人说:"反正我在家休息,还是我去星子接娘吧。"

学花千叮咛万嘱咐,叫丈夫下午去星子,坐最后一班车把娘接来南昌,接到之后千万不能离开不能自理的娘半步。为什么要下午去呢？因为学花考虑到自己白天要上班，傍晚接回家正好可以帮娘好好洗个澡，换身衣服，第二天干干净净地去看病。

没想到言人一大早就去了星子，娘果然卧病在床。

言人上午就把娘带来南昌了。娘一到家就要上厕所，可家里又没有卫生间。再说娘来过南昌好几次，每次都是学花带娘上公厕。言人没想那么多，便让娘一个人去了公厕。

哪知过了好久，不见娘回来。言人急了，赶紧去公厕找人。他自己不方便去女厕，就请了一个老太婆去女厕看看娘在不在里面。老太太出来说，里面一个人也没有。

言人一听这话，眼前一黑，整个人都蒙了，心想出大事了，娘走失了！他立刻到厕所四周寻找，没有一个人说见过娘模样的人。厕所周围被言人找遍了，也不见娘的一点踪影，娘好像突然间消失了。他又急忙跑回家，正好杰儿回家了，他对杰儿说了这事，杰儿说："爸爸，这下可糟了，星子老家的人肯定会说你是为了甩包袱，故意把外婆弄丢了。"

言人既后悔又后怕。他恨自己不该不听老婆的话，早上就动身把娘接来南昌。老婆悉心照顾娘几十年，明知道娘分分秒秒都不能松手，自己就那么大意把娘弄丢了，何况娘身患重病。

言人心里害怕得不得了，急忙赶到妻子上班的供销大厦。此时，百货科里有好多人在等着开票。学花抬头，见言人来了，生气地说："我忙成这样，手上的工作还没做好，你咋这么早就把娘接来了？我的工作还没做完，哪能回家呢？"

言人结结巴巴地说道："娘走丢了，我到处都找不到。"

学花一听他的话又气又急，一下子晕倒在地。其他同事见学花晕倒了，全都停下了手头的工作，有的人赶忙把学花扶到沙发上躺下，有的人张罗着给学花喂水，还有的细心地询问言人怎么回事。

丁科长说："一方有难，八方支援。伍学花的娘走丢了，这是我们全科人的大事。除了开票发货的同志留下来，其他的人都跟我去她家周围寻找。我们以学花家为中心，向四周辐射搜寻。"

整整一个下午没有任何消息，学花夫妇只好让科里的同事先回家去。丁科长临走之时，安慰学花说："你娘一个老人家肯定走不远的，一定在你家附近。这几天你就不要上班，安安心心找娘吧。"

科里的同事一走,学花赶紧到派出所报案,并去电视台联系播出寻人启事。学花来南昌不久,房子又旧又破,家里没有装电话,而偏偏播出寻人启事需要联系电话。幸亏学花平时与邻居关系融洽,一旦有难邻居都会出手相助。余师傅的父母对学花说:"你家没有电话,你就把我家的电话号码作为联系方式。我家24小时不离人,一旦有消息立马通知你。"

妻子与左邻右舍的和睦相处,令言人耳濡目染,感慨颇深。他由衷地说:"老婆,我对你的敬佩油然而生,我为人处事的能力与你比起来真是差了十万八千里啊!"

伍学花没有心思在乎这些,因为娘音信全无。她继续带着杰儿跑遍南昌市的大街小巷张贴寻人启事。忙完这些已至深夜,一家三口又继续在漆黑的夜晚沿街呼喊。那凄凉的喊声,在寂静的夜空中回荡。

就这样找了4天,始终未见娘的身影和消息。4天里,学花家里没做过饭,实在饿得不行,一家人就买几个馒头或几根黄瓜充饥。4天的时间漫长而煎熬。

百货科的同事及其家人上街,只要看到蓬头垢面的老太太,就会主动上前询问是不是伍学花的娘。言人的心里犹如压着一块沉重的石头,自己一时的大意铸成了今天的大错。更让他后悔的是,他没有按照妻子的安排行事。现在不但自己的家人得不到安生,还给百货科里的同事和邻居带来麻烦。

踏破铁鞋无觅处,得来全不费工夫。哪知第5天,娘像一阵风,突然自己回到了家里。学花上前一把搂着娘,眼泪唰唰地夺眶而出。

"娘呀! 这么多天你身无分文是怎么过来的啊? 你重病在身又语言不通,我们真担心你会活活饿死!"

娘毫不在意地笑了笑说:"我身上有钱,我来你家之前你妹妹给了我30块钱,她叫我不要告诉你老公,等你休息时再带我去买东西吃。"

说完,娘又把塞在裤兜里的硬得能打死狗的包子馒头给学花看,说这是过路的人看她可怜买给她吃的。她口干想喝水,但没有人听得懂她的话,自然没有人买水给她喝。她口干,吃不进这些包子馒头,放久了所以才硬成这样。

学花见娘的嘴唇干得发裂、出血,心疼得不得了,连忙倒了一大杯凉开水给娘喝。娘"咕咚咕咚",几下就喝了个底朝天。她又赶紧给娘煮了一碗面条,看着娘把面条吃完了,脸上有了红晕,她悬着的心这才彻底落了地。接着,学花烧水给娘洗澡,发现娘的脚底起了很多血疱,有的已经溃烂。虽说大妹给了娘30元钱,但娘不会用钱,即便坐在粮仓里都会饿死,这正是学花最担心娘的地方。

学花在给娘洗澡时，小柒带着女儿前来慰问。小柒一边上楼一边对女儿说："希望能出现奇迹，但愿你大妈的娘能自己找回家。"

当小柒看到正在帮娘洗澡的学花时，她高兴坏了："花花，你真是好人有好报，这真的可以说是人间奇迹了。"

小柒转而叮嘱学花娘说："老娘下次千万不要乱跑，你这一走丢，我们没有一个人过得安宁。你总算平安找到了回家的路，真是谢天谢地！"

言人站在一旁，更是激动地说："托大家的福，娘终于回来了，不然我得内疚死。"

娘回来后，学花带着她看了一个多月的病，经过学花的精心照顾及调养，娘的身体很快恢复了，又吵着要回星子。学花拗不过她，只好亲自把娘送回了星子。居委会吴主任见了学花，又旧事重提，说送她娘进福利院。学花心想，如果下次娘卧病在床无人知的话，就危险了，去了福利院至少有事会通知自己，于是答应了。不过学花依然坚持："娘我是一定要养的，等我退休了就接娘去南昌。"

言人的性格较为内向，不喜欢家里来客，喜欢一家三口在一起的宁静。而学花性格外向，喜欢热热闹闹，总希望家里有客人来。有一回她在家正感到孤寂之时，余晓琴来家做客了，学花高兴极了。

吃完晚饭，晓琴与学花畅谈正酣。晓琴说："你们大城市还不如我们小县城好玩，吃完晚饭我们就会去广场跳舞，你们大城市怎么反而死气沉沉的？"

学花说："附近有个孺子亭公园，公园里有个舞场，既然你那么爱跳舞，那我们就去孺子亭公园跳舞去。"

说走就走，临行时学花和晓琴把言人也叫上一道去。

学花和吴会计从九江出差回来就学会跳舞了，还是在言人的陪同下在八一公园学会的。言人对跳舞不感兴趣，加上又没有文艺细胞，因而总学不会，一个学期之后也只能跟着舞伴走几步。学花可不一样，同样在一个班学跳舞，她不但会跳慢四步，还学会了快步舞。

学花和晓琴、言人来到孺子亭公园，舞场的人还真不少。学花对晓琴说："你会跳舞，你就带着陈老师跳。"言人本来不准备下场，只是跟来看看。眼下晓琴邀请自己，言人不好拒绝，只能跟着晓琴笨拙地走起舞步来。

言人在跳舞的同时，想看妻子在哪里。他把目光投向了舞场中央，忽然看见学花正跟一个老头转着快四，那曼妙的舞姿令他的心揪了起来，产生莫名的醋意。言人把晓琴一推,自个儿退出了舞场,径直回家去了。

晓琴迅速跑到舞场中央,找到学花说:"陈老师突然生气回家了。"

学花停下舞步追到言人,说:"那位大妈叫我跟她老伴跳个快四,你发什么脾气?"

言人还是听不进学花的话,九头牛拉不回地回家了,学花和晓琴也赶紧跟上。家里只有两间房,一间准备给学花和晓琴住,另一间言人和儿子住。言人一进房间,见杰儿睡了就把房门反锁,学花和晓琴的牙膏、牙刷、毛巾、脚盆等都没有来得及拿出来。

学花和晓琴回家后使劲地敲门,大声地说要拿洗漱用具,言人就是不开门,还不准杰儿开门。学花和晓琴遇到这个书呆子,真是一点办法都没有。

学花因为小时候家里脏,长大后特别爱干净。晓琴也特别爱干净。现在两个爱干净的人既不洗脸又不洗脚,那别扭的劲儿真是甭提了,浑身上下没有一个地方自在,好不容易才睡着了。

天一亮,言人醒了,想到晓琴是来做客的,老婆又没做错什么,自己这样一闹让老婆丢尽了脸面。他感到愧疚,就去把学花、晓琴睡的房门打开,抱着妻子说:"老婆,我错了!"

言人的举动把晓琴吓得一个劲地往被窝里钻。小琴说:"陈老师,你太不应该了,现在谁不跳舞?你老婆偶尔跳一下舞,还把你带在身边。没有人跳舞会把老公带在身边,只有你老婆这样。你千万不要对我花姐这样,否则伤了夫妻的感情你后悔都来不及。你晓得今天来赔礼道歉,何必昨天生气闹事呢?我老公每天拿摩托车送我去广场跳舞,散场后又来接我回家。"

学花和晓琴起床后,杰儿对妈妈说:"妈,以后你和阿姨去玩就不要带上爸了,以免弄得你伤心,晓琴阿姨还以为我们家不欢迎人家,搞得大家都不开心。"

学花回答:"我是想带你爸出去锻炼身体,你爸的一个同学和他爱人就是以跳舞来锻炼身体的。再说,妈也不想同别人跳舞,若你爸学会跳舞了,我便跟你爸一起跳,一起锻炼身体,也省得别人说三道四。俗话说得好:秤不离砣,公不离婆。你爸这样一闹,搞得我一点面子都没有。晓琴阿姨今天就要走,我送送她。"

杰儿对言人说:"爸你也真是的,妈妈的朋友来了,你不能有事没事就这样吵架,弄得阿姨有想法,妈妈又没面子,大家都不开心。"

听了儿子的话,言人惭愧地说:"现在想想,你妈也不容易。从星子调来南昌,因为我,你妈也少交了不少朋友。为了陪我,喜欢热闹的你妈也不去跳舞。来了朋友难得跳一次舞,还被我搞砸了。我知道你妈很在乎我,不管她到哪里都喜欢带上我,不知为什么我总是有事没事跟你妈无理取闹,过后又知道自己错了。我也知道这样做不好,但就是一时控制不住自己,我以后一定要认真地改改这个臭毛病。"

(四)

1994 年底,学花回星子满珍家做客。见面交流时,满珍的娘关心地对学花说:"学花,你为了撑起不幸的家,千磨万难终于挺了过来,别人不知道但我是知道的。几十年来,你吃尽了苦头,好不容易养大了两个残疾妹妹。两个妹妹结婚且小妹结婚两次,都是你出钱,出嫁时还置办了那么多嫁妆,只可惜小妹不幸走了。"

想到小妹,学花的眼泪又像断了线的珠子往下掉。本来冬香和健两情相悦,不想冬香在鄱阳湖边洗衣服不幸失足落水,打捞上来时已经断了气。健的爷爷将为自己准备的棺材腾了出来,厚葬了冬香。

满珍娘停了停,突然想起一件事。她对学花说:"你知道不,你的大妹想收养一个女儿。正好有家人去年生了一个女儿,现在又怀孕了,他们若再生个女儿,就抱给你大妹。"

学花把满珍娘对她说的话告诉了言人,言人一时也不知说什么好。学花感到事情比较棘手,自己照顾娘和大妹,儿子又没参加工作,住房都没有,内心感觉到自家生活负担很重。学花真的没有能力帮大妹去养别人的孩子。大妹家穷在星子县是出了名的,大妹没有经济基础,又身患眼疾,没有生活能力,之前每个月也是靠学花接济,哪能把别人家的孩子养大? 于是,1995 年清明节,学花给父亲上完坟,便去了大妹家。因为特殊的节日,学花不便带什么吃的给大妹的儿子秋军。看到大妹残疾的儿子,学花这个大姨心里难过极了。她从口袋里掏出 50 元钱给了外甥,没想到外甥几句话以及不经意的举动,令学花感动不已。

外甥对学花说:"大姨呀,你很不容易,既要照顾外婆,又要照顾我和妈妈。"

"今天大姨没买什么给秋军吃,你留着这 50 元钱,想吃什么就让你妈妈买给你吃,好吗?"

秋军说:"我帮大伯大妈们干活,赚了很多钱。"

于是,秋军从被子下面拿出几百元钱给学花看,告诉学花这都是自己劳动赚来的。接着,秋军又说:"现在我家还不是最困难的时候,我绝不能收大姨的钱,等到我家困难时我再向大姨要。"

学花在外甥身上仿佛看到了自己的影子,秋军甚至可能比自己还苦,因为他是个残疾人,没有读过书。学花被感动得热泪盈眶。

学花对大妹说:"听说你跟别人说好了抱个女孩,你的眼睛不方便,没有能力养好别人的孩子,我在南昌又帮不上你的忙。你一定要听姐的话,不要收养别人的孩子。等我儿子结了婚,我才能抽出时间来照顾娘和你们家。你儿子很懂事,你不要让他因为生活压力而不去念书。"

过了两个月,大妹还是在家门口捡了一个女婴,取名叫余志娟。大妹为了抚养余志娟,受到了家人和外人的指责,但她心甘情愿做这吃力不讨好的事。

言人的大哥大嫂有一套1室1厅的房子在包家花园闲置着,他们见学花一家因拆迁没房子住,就同意借给他们一家暂住。

学花搬来包家花园后,好友陈跃琴来电话说要来贺乔迁之喜。学花马上起床,同时又把言人从被窝里拖出来。她认为,总不能同事来了,男主人还在睡觉吧。

言人素来有起床气,被生生搅了美梦后,他烦躁地说:"还让不让人睡觉了!"说完,他赌气躺在了地上。

学花赶紧将丈夫从地上拽起来说:"人家陈跃琴夫妇对我俩多好,哪次去他们家不是热情接待我们?这次人家上我们家来是看得起我们,哪里见过你这样烦客人的?我现在去买菜,你自己看着办。"说完,学花出门买菜去了。

买菜回来之后,言人赶紧过来帮忙择菜洗菜。在一片忙碌声中,家里又恢复了和谐与欢乐。

(五)

杰儿参加工作以后一改儿时顽皮的劣性,在工作单位表现良好,还被评为先进,并与高中时期的女同学谈起了恋爱。

有一天,杰儿回家对学花说:"妈,我找了一个女朋友。"

学花忙问:"叫什么名字?在哪里工作?多大年龄?"

"是我的高中同学,叫曹微,跟我同年,没有正式工作。"

学花对杰儿说:"只要你相中了,妈不在乎她有没有工作。但有一点,结婚以后你千万不能嫌她没有工作！你们俩必须一根竹竿好到头。今后哪怕穷得只有一碗稀饭吃，你也要给她一大半，不能嫌弃她，更不能离婚，这就是我们的家风。只要你能做到这点，妈妈支持你！"学花意犹未尽，接着又说："杰儿，你看什么时候方便，把你的女朋友带给妈妈看看。你也要告诉你的女朋友，你的外婆是一个不能自理的人，还有一个残疾的阿姨需要我们家照顾。我们把丑话说在前头，她若不嫌弃，那是你俩的缘分。"

不久，杰儿果真把曹微带到了家里。曹微身材高挑，漂亮大方，一看就是正经人家的孩子，学花心里十分满意。

1997 年回迁新房，学花请了张良的大妹夫小林来装修。小林吃了几个月的苦，新房终于大功告成。学花夫妇调来南昌后，经过 5 年的打拼，终于有了自己的新家。

省工业品贸易公司不景气，付不起省供销大厦的房租，不得已从省供销大厦搬出，转移到省储运公司在洛阳路的商铺里。

星子县综合商店的男营业员屈荣国来公司进货。小屈本应与学花打个招呼，可小屈一到公司，竟不声不响地坐在学花的办公桌旁，一双手放在桌子上，头枕在手上，眼睛斜视着学花许久。学花发现后有些不安地对小屈说："你一个男同志怎么这么看人？搞得我怪不自在的。"

小屈说："学花呀，你不愧是女中豪杰，家破人亡你还若无其事地一心扑在工作上，你真坚强！我刚才盯了你半天，你对所有的顾客都笑脸相迎，自身的痛苦却埋在了心里，我真佩服你！"

学花莫名其妙，整个人都如坠云雾。她疑惑地问："谁说我家破人亡？"

小屈说："你不是离婚了吗？星子县都传遍了。王新月本想亲自来看你，临时有事特地拜托我，要我一定找到并安慰你：没有过不去的坎，一定要想开些。人无千日好，花无百日红。日子还得过，还要好好地活给那个抛弃你的男人看。"

学花这才反应过来说："你说的根本就是子虚乌有，我和丈夫一家三口不是过得好好的吗？"

耳听为虚，眼见为实。小屈如释重负，说："这造谣生事的人怎么说得这样有鼻子有眼，活灵活现。今天我左看右看，你怎么也不像家中出大事的人。要不是我亲自来，我怎么会相信你没有离婚？"

学花笑着说："好了，其他的事就不说了，你赶紧把事办完，中午我请你吃饭。调来南昌四五年了，我一直想念星子的老同事，中午吃饭时咱俩好好聊聊。"

吃饭的时候小屈告诉学花："在星子县城，说你夫妇什么的人都有，关心你的人只能为你惋惜，幸灾乐祸的人巴不得你家出事，甚至还无中生有，以致一传十十传百。"

学花对小屈说："你跟我共事那么久，别人不了解我，你还不了解我吗？不然你怎么会从星子来南昌关心我？我天生就是被别人说三道四的命，家里穷被人看不起，我想改变自己贫穷的命运，人家又说我出风头。我想自己养大两个残疾妹妹，照顾不能自理的娘，别人又说我傻，说有政府供养她家三个残疾人，她却非要抢着自己养。其实，他们哪里知道我伍学花得到了很多人的帮助，所以暗暗决心：自家的困难一定要自己克服，用自己的能力养家，这不会有错。虽然传什么话的人都有，但我都不在意。请他们放心，我会用诚心守护好我这个来之不易的家。虽说至今我还没得到婆家的认可，但我相信不远的将来，他的家人一定会认可我的。"

片刻，学花又说："外界传伍学花的不是，这不重要，那是因为他们对我不了解。我从小立志向雷锋同志学习，做一辈子好事。小屈你理解我吗？我不是说自己思想觉悟高，也不是想出风头，我觉得自家的残疾人就该自己养。我出生在一个不幸的家庭，娘患有先天性智力障碍，爹爹常年卧病在床，幼时的我跌进火桶中，差点被活活烧死，是充满大爱的邻居将我救起，替我疗伤。1971年，爹爹死了三天没人管，15岁的我哭着寻求居委会的帮助，是党的好干部吴主任帮我安葬了爹爹，还帮我找了工作。这许许多多的好人我都记着，我发誓我也一定要做个好人。"

学花回家把小屈来看她的事告诉了丈夫。言人说："为了这事，我觉得应该去星子问问王新月，究竟是谁在刻意造谣？"

夫妇俩去了星子，王新月对学花说："是你大妹伍学梅老公的嫂子舒会计说的，说伍学花的老公不要她了，已经和她离了婚，还说伍学花现在是最痛苦的时候，要我关心关心你。"

言人这才想起当年还没有调南昌时，他有一次跟学花拌嘴，一时说了"离婚"的气话，没想到被好事者添油加醋一番，时隔多年又一次伤了老婆的心。

工业品贸易公司和全国的部分企业一样，经济效益逐渐下滑。公司先是撤销了针纺科等科室，随后又发不出工作人员的工资。职工们面临着下岗的风险,大家都在另寻出路。有能力的丈夫都把妻子调到事业单位,言人人微言轻,根本解决不了学花的工作问题。工作几十年,一贯踏实肯干、吃苦耐劳且获得各种荣誉的伍学花,最后也没能逃脱下岗的命运。

就在学花一筹莫展之际,公司的邓副总向她伸出了援手,让她去自己办的公司上班。他说:"我一直很欣赏你的人品,你来我公司做出纳,你的好友陈跃琴在我这里做会计,今后你有什么不懂的地方,我和陈跃琴都会帮你。"

邓副总言辞恳切,学花盛情难却。学花从没做过出纳,陈跃琴就手把手地像教小学生一样教学花,学花的心中充满了无限感激。

邓副总的公司效益也不是很好,但他安慰学花,即便公司留下一个人也非学花莫属。学花怕拖累邓副总,也想凭自己的双手做点生意,就离开了邓副总的公司。

晚上,学花同言人商量:"今天我在万寿宫遇见了老同事查姨,查姨劝我待在家里让老公养着,如今生意不好做,但我又不想让你养着我。我们上有娘和大妹要照顾,下有还没成家的儿子,靠你一人也难以支撑,我想去广东看看。"

言人知道妻子的想法后,心里非常难过。他恨自己没用,在妻子下岗之时帮不了妻子,但他还是坚决不同意学花去广东。虽说夫妻患难几十年,但言人从未真正走进妻子的内心,处理事情率性随心,因而难免会出现分歧甚至争执。

1996年,朋友郑老板找到学花,说他儿子刚刚从学校毕业,想学做生意,而自己忙于应酬没时间教,想让有营业经验的学花帮着带带,进货本金不用学花出,是赚是赔也与学花无关。当然,选择学花更重要的原因是,郑老板夫妇敬重学花吃苦耐劳、工作敬业、品德好。不过,当时学花自家的事都没处理好,哪有精力带郑老板的儿子做生意呢?

现在,学花下岗了,家庭生活捉襟见肘。所以,她决心要加倍努力,实现自己的价值。等自己赚到了钱,有了一定的经济基础,才能让娘和大妹过上幸福的生活。

学花不甘心坐以待毙,她想起了郑老板。于是,学花拨通了郑老板的电话,商量好第二天带郑老板的儿子上广州玩具城做市场调研。

学花知道言人肯定反对,于是没和他打招呼,也没留下一张字条,带着家里的4000元钱,匆匆踏上南下的列车。

晚上,言人见妻子没回家,急得直跺脚,四处打听均未得到妻子的消息。言人只恨自己不会说话,又惹老婆生气了。

学花来到广东汕头澄海玩具城转了一天。这里的商品琳琅满目,应有尽有,就好像到了玩具世界。她一下子就被许多商户开出每月 2000 元工资招聘店员的信息吸引了。

在 20 世纪 90 年代末期,2000 元的月薪是一个天文数字,这让她动了心。她想,是帮助郑老板带儿子做生意,还是留下来做店员呢? 于是她跟郑老板商量,能不能带着郑老板的儿子在这里坐店呢? 如果在这里坐店,那郑老板可以省去投资的钱,学花也没有任何压力。等学花和他的儿子有了经验,再回南昌开店不迟。郑老板说:"你真是一块做生意的料,我看行,留广东还是回南昌由你定。"

和郑老板商量后,学花觉得自己出来两天了,应该给言人打个电话。电话刚一接通,言人就不住地道歉,他央求学花回家,并说不会再惹老婆生气了。言人的低声下气,让学花心里也不好受。她又想到不能自理的娘和不幸的大妹一家,认为赚钱固然要紧,但她还是要尽到一个好母亲、好妻子、好姐姐、好女儿的责任和义务。

一个星期后,学花用郑老板投资的 3 万多块钱从广东运回一货车的玩具。他们在洪城大市场租了一个仓库和一个店面,准备装修。学花在洪城大市场转了一圈,发现电动玩具很抢手,但自己一样电动玩具都没进。于是,她和郑老板商量:"这次进货都是你们出的钱,现在我身上有 4000 元钱,我想投 4000 元钱的股份,明天趁你们在这装修,我去广东进 4000 元的电动玩具来。你们放心,今晚我就动身,一进好货,明晚我就返回南昌,后天我们正常开张。"郑老板听后感动地说:"本来说好的我出钱你出力,赚了钱我们对半分。我赞同你去进电动玩具,你放心地去做,千万不要有压力。你先用 4000 元钱进货,等销了货,款我一定还给你。"

开张的第一天,果然生意不错,学花夫妇和郑老板父子高兴得不得了。没几天,郑老板把进货的 4000 元钱还给了学花,学花做生意的梦想就要实现了,不到二十天,郑老板 3 万多块的本金全部收回来了。没想到的是,好花不常开,好景不常在,工商局的人突然找来了,他们对学花说:"这里是卖鞋区,不能卖玩具。"他们要求学花立即关门。这犹如晴天霹雳,一下子把学花炸蒙了。学花赶紧说自己不知情,现在与老板签了一年的合同,能不能请工商局的工作人员高抬贵手,让她卖一年。工商局的工作人员坚决不肯,不要说继续卖一年的玩具,多卖一天都不行。

学花赶紧给丈夫打电话。言人接到电话后，连忙对妻子说："我有个熟人，我去洪城大市场找找他。"通过熟人的帮忙，学花获得再卖一个月玩具的期限。幸好做这生意没亏，不然怎么对得起郑老板的期望。店主刚开始不肯退款，通过工商局的同志调解，店主才退了 8000 元钱。学花把两个月来销售的货款和 8000 元的租金全给了郑老板。郑老板感动得不得了。没地方卖玩具了，自然不能花钱租仓库，剩下的玩具郑老板和学花一人一半，学花只好把分给自己的玩具放到自己住的房子里。

在学花最失落的时候，她又想到老同事查姨对自己说过的话："现在生意很难做，你就坐在家里让老公养着吧。"但她并不想放弃，于是每天白天去洪城大市场进衣服和小商品，晚上就到街上摆地摊，卖衣服和玩具。有一天晚上，好不容易卖到了 10 块钱，这时天气突变，一阵狂风吹来，80 斤重的学花连站都站不稳，她赶紧收摊骑自行车回家。她摇摇晃晃地骑着自行车，突然一下子被风吹倒了，衣服、发卡、玩具散落一地。辛辛苦苦赚到的 10 块钱也不知被风吹到哪儿去了。她忍着痛，好不容易爬了起来，把摔坏的商品一样样捡了起来，顶着风，推着已经不能骑的自行车，流着泪艰难地往家走去。10 块钱丢了，自行车摔坏了，卖的东西也破损了，一个晚上白干了，自己还跌伤了。学花像掉进了冰窟里，心里冰冰凉。

学花家是刚搬的回迁房，干妈鲁妈妈送来 200 元钱贺喜。干妈见到在家养伤的学花，难过得落下眼泪。学花强忍着痛说："你的干女儿再苦再难也不能用你老人家的钱。"她谢绝了干妈的好意。

伤好后，学花依然天天摆地摊卖玩具。有一天，一个素不相识的小伙子对她说："阿姨，寒冬腊月你还吃苦摆地摊，看你的手都冻得流脓流血，吃这么大的苦受这么大的罪。现在哪还有人摆地摊？我在这里观察了几天，你吃苦耐劳，做生意又童叟无欺，你的精神感动了我。我给你指点一条发财的路，你可千万不要外传。你这玩具电话才卖三块多钱一个也太便宜了，而且也不好卖。你暂时不要卖玩具，等到过年去万寿宫摆地摊卖，我保证你能赚钱。大年初一到初三，万寿宫是没有人做生意的，希望您去试试，到时候就怕你没有那么多货卖哦。"

学花心里将信将疑，但还是一个劲地道谢。小伙子说："你不用谢我，赚了钱是你自己劳动所得，更是好人有好报，不过你千万不要对外人说，否则大家都去万寿宫摆地摊了。"

陈杰下班回到家,学花把这事跟杰儿说了。杰儿说:"妈,天上哪有馅饼掉下来,即使有馅饼掉下来也轮不到我们捡,不可能有这样的好事。"学花说:"过年小孩子身上有压岁钱,总要找一个地方买玩具,我们摆地摊正好。我觉得那个小伙子说得有理,没准瞎猫碰上死耗子呢。"

1998年大年初一凌晨5点,学花就起床做早餐,想吃得饱饱的去摆地摊。学花和丈夫在8点之前就赶到了万寿宫,万寿宫冷冷清清,没有一个人。夫妻俩心里直打鼓,莫非真如杰儿所说,白白忙活?尽管如此,两人还是迎着寒风摆好地摊,期盼着今天能够有收获。随着各家各户开门大吉的鞭炮声不断响起,万寿宫的人气一下子旺了起来,学花卖玩具的地摊前围满了人,只见她一手递玩具一手接钱,忙个不停,连喘气的工夫都没有。一会儿工夫,挑来的玩具就卖得差不多了,言人只好回家去取,一取来就销售一空。下午3点,学花累得腰都伸不直了。这时,杰儿带着没过门的媳妇微微来了,见爸妈又累又忙,立即过来帮忙。学花见杰儿和未过门的儿媳来了,赶紧叫杰儿去买一点吃的。微微见学花还没有吃饭,主动"请缨"帮学花卖玩具。言人取玩具,杰儿吆喝,微微递玩具,学花收钱,一家四口忙得不亦乐乎。收摊回家算了一下,全家人都吓了一跳,一天卖了3800多块钱。初二、初三两天更是"战果"颇丰,一共卖了1万多块钱,家里的玩具卖掉了一大半。当时,1万多块钱可是一个天文数字,虽然全家累了三天,但那兴奋劲久久没有散去。学花对爱人说:"过年赚了钱不如给微微打一条纯金的项链。微微这么好的女孩,千万不能亏待了她,要对她好,让杰儿早点结婚,也让我们尽早抱孙子。"

(六)

伍学花调来南昌工作之后,星子县食杂果品公司综合商店的同事卫晓玲一直和她保持联系,逐渐成为非常要好的朋友。

1998年年后,随着各家商铺逐渐开业,学花的地摊又没有了人气。晓玲的大弟在吉安市吉水县承包了米粮大厦,晓玲邀请学花一道承包米粮大厦的歌舞厅。

学花心想自己也下岗了,玩具又没办法卖了,不如去吉水闯一闯,也许能闯出一条路来。于是,学花决定与晓玲两人一同去吉水经营歌舞厅。

来到吉水县,学花左等右等也没有等到晓玲,等来的是晓玲的老公。晓玲的老公易老大告诉学花,晓玲有事来不了,他先来和学花一道把承包歌舞厅的前期工作做好。

没见到晓玲，学花本想打道回府不干了，但又觉得放弃这个机会很可惜。既来之则安之，她和易老大两人做起歌舞厅开张前的筹备工作。

易老大比较马虎，连装修歌舞厅的钱也随手乱丢。学花及时提醒易老大："钱不能乱丢，万一少了钱很麻烦。我们最好一个管钱，一个记账。"易老大也没反对，两人合作很愉快，很快就把歌舞厅装修好了，易老大也就离开了吉水。

学花起初还以为易老大回家换老婆晓玲来，因此开心得不得了，谁知道易老大把他的堂弟易晓林差来吉水和学花一起经营歌舞厅。

易晓林是个涉世未深的小伙子，刚来吉水时还比较听从学花的话，歌舞厅的生意也好。后来，学花发现易晓林不对劲，做了很多影响歌舞厅生意的事，还不听学花的劝告，依然我行我素。学花与易晓林的矛盾越来越大，甚至到了不可调和的地步。

不久，易晓林的母亲也来到了吉水，参与歌舞厅的经营。她没有客观地教育儿子，而是一味地护短。学花觉得这种合作很难继续下去，便给晓玲打电话，请她来主持公道。

晓玲来吉水后，学花当着晓玲夫妇和易晓林母子的面说："我来吉水承包歌舞厅，是因为晓玲是我要好的朋友，我对朋友充满信任，才决定合伙做生意。万万没有想到，我不辞辛苦、没日没夜地在歌舞厅干，你晓玲压根不来。先是让你老公来，后又换成你老公的姐姐和她不懂事的孩子易晓林。易晓林不但不懂经营，而且惹事影响了生意，这母子根本不是做生意的料。如果不是我在这里进行方方面面的维护，歌舞厅早就被社会上的小混混折腾得关门了，哪里还谈得上赚钱呢？"

晓玲夫妇静静地听着，脸上露出不屑的神色。

见此情景，学花觉得多说无益。她略做思考，围绕歌舞厅的合作经营方式，提出了三种方案：1. 晓玲留在吉水，按原约定与学花继续合作承包；2. 学花单独承包，易晓林母子退出；3. 易晓林母子承包，学花退出。因为是晓玲最早提出合作承包，因此学花让晓玲拍板。

考虑到歌舞厅自开张至今生意红火，又考虑自己的实际，晓玲选择了第三种方案。歌舞厅能有如今的局面，学花功不可没。她愿意与晓玲合作，共同获利，毕竟她们是好朋友；如果晓玲拒绝合作，她希望由自己承包。

现在，晓玲没有考虑学花的意愿，考虑更多的是自己的利益，这让学花大失所望。

之前由于学花与晓玲是要好的朋友，两家的关系也不一般。晓玲的爱人易老大有个弟弟叫易老二，易老二的女儿兰兰上高中了。为了提高兰兰的成绩，言人义不容辞，发挥自己教学的特长，从初一开始就替兰兰补课，已经补了四年。

然而出了这档子事，易老二也不好开口继续麻烦言人。兰兰毕竟是个孩子，她冲着父亲说："我不管陈老师和大伯家有什么矛盾，我还是要去找陈老师补课。"

晓玲的父母得知学花离开歌舞厅的事情，纷纷责怪女儿："伍学花对我们家有恩，我们家的大事小事她都会像家人一样伸手相助。既然你说好了与学花一道去吉水承包歌舞厅，怎么又打退堂鼓？竟然还让易晓林娘俩留下承包歌舞厅，天下哪有这样的道理？你这样做既失去了朋友又丢失了道义。"

…………

学花大妹的儿子秋军患的是遗传性肌肉萎缩症，学花夫妇多次带秋军到南昌治疗。医生私下里痛心地说："这孩子很聪明，可惜活不过 13 岁。"

医生说的这一切没能瞒过秋军。秋军 13 岁时叮嘱妈妈："我和爸爸都得了绝症，如果我们俩走了，你身无分文，无依无靠，和妹妹两个人怎么办？你千万不要把妹妹送给别人，更不要送给大伯家。只有大姨对我们是真心、诚心的。大姨多次给我钱，我都没要。我对大姨说，等我们家有困难时我会求助大姨的。"秋军停了停，接着说："妈，你要相信我，在我们家最困难的时候，只有大姨才会挺身而出帮助我们，你千万要听我的话。"

大妹的心里一阵感动，她对儿子说："娘就是你大姨一手拉扯大的，你大姨还处处接济我们家，你这样说我很开心，我会听你的话的。"

没过多久，秋军还是抵挡不住病魔，于 1998 年正月二十二日永远地离开了人世。

学花从吉水回到南昌后，大妹托人带信，说她老公得了癌症，要学花带他来南昌看病。

学花虽然对自己这个道德败坏的妹夫又恨又气，但想到人之将死，计较他曾经对小妹的伤害已经没有多大的意义，还是去星子县把他接来南昌寻医问药。看到大妹夫痛苦不堪的样子，学花省吃俭用，哪怕镇痛的药再贵，她也毫不吝惜。

　　几经辗转，大妹夫的病回天乏术，学花只好把他送回星子，他不久也去世了。

　　大妹一年之内失去了儿子和丈夫，心里极度悲伤。

　　学花对丈夫和杰儿说："你们去星子为大妹夫送葬，大妹这时是最痛苦的，什么安慰都没有用。她还收养了一个女孩志娟，大妹遭此大难自己都管不了，哪能管志娟呢？不如你俩把那可怜的孩子带来我们家，反正我也下岗了，替大妹照看一段时间。"

　　言人和杰儿把志娟接来了南昌。学花见志娟剃了个光头，头上又长满了大大小小的疖子，不由联想到自己悲惨的童年，于是心痛不已。学花连忙给孩子洗澡，再带她去医院打针吃药。经过一段时间的治疗调理，志娟头上的疖子痊愈了。

　　志娟在学花家生活了一段时间，逐渐习惯了。也许出于天性，志娟很会讨好家里的人。家里的人进门时，她会拿好拖鞋给进门的人穿，再把脱在外面的鞋子放到鞋架上；家里人出门时，她又会把鞋架上的鞋拿下来，再把拖鞋放进鞋柜里。她平时叫学花大姨，叫言人姨爹。她看见言人洗碗时，总会撸起袖口对言人说："姨爹，我来。"言人初次听到，心里不免"咯噔"一下，怎么也想不到这么小的孩子竟然会说出这样懂事的话，心里顿时涌起一阵感动，这孩子太乖巧了。寄人篱下的孩子的生存能力格外的强。学花看到这些更是觉得志娟就是自己童年的缩影，幼小的孩子过早地懂事，为的是要适应环境，好让自己生存下去。

　　几个月后，学花考虑大妹一个人孤独，准备把志娟送回大妹家里去。

　　谁知一进大妹的家门，志娟居然哭个不停，一边哭一边叫："我不要妈妈，我要大姨。"

　　志娟悲伤的哭声，震颤着学花的心，她赶快把志娟带到旅馆里住下。学花把大妹叫到旅馆，在卫生间对着大妹的耳朵悄悄地说："白天我不忍心听着志娟的哭声离开，还是明天天亮之前趁着志娟没醒，你再抱她回家。"

　　晚上，学花带着志娟上床睡觉。志娟说："大姨，你千万不要扔下我啊！"说完，志娟慢慢地入睡了。睡梦中，志娟几次惊叫："我要大姨！我要大姨！"

　　还不到凌晨4点，志娟又从梦中惊醒，爬起来坐在床上，用祈求的目光看着学花。

　　其实学花也难过得一夜没睡着。如果志娟跟着大妹，就得吃苦。她惊愕地问志娟："你为什么不睡觉啊?"志娟说："车来了,我想早一点回大姨家。"

早上大妹来旅馆时,志娟抱着学花的脖子,一刻都不松手。学花想到自己幼年时讨饭的情景,终究下不了狠心,又把志娟带回了南昌。

晚上,学花对丈夫和杰儿说："志娟今天的命运就是我小时候的命运,志娟我养定了。虽然我知道自己家里并不富有,杰儿还没有结婚,我又下了岗,还靠你们养着,但我会靠自己的能力养大这个孩子。"

言人和杰儿自然都不同意,但父子俩知道学花不是在跟他们商量,而是已经决定了。学花一旦做了决定,谁都不能改变她的想法。

学花平静地说："你们反对,我不怪你们,但我不能眼睁睁地看着志娟吃苦受罪。请你们理解我,我不想自己童年的不幸再次发生在志娟的身上,何况她还是大妹的养女。你们动摇不了我养她的决心。"

不知什么缘故,就在这时,易晓林的父亲找到学花,请求她无论如何都要帮忙把吉水的歌舞厅接下来。他告诉学花,自己的老婆和儿子根本不是经营歌舞厅的料,如果现在娘俩不退出歌舞厅,易晓林早晚要被吉水的小混混打死。他恳求学花不看僧面看佛面,一定要去吉水接管歌舞厅,让他娘俩退出来。

晓玲的妈妈也亲自登门赔礼道歉,责怪自己的女儿太过分了,不应该这样对待朋友。学花连忙说："伯母千万不要这样说,我去吉水还不行吗?"

学花不顾家人的反对,给言人丢了几句话："我不相信凭自己的力量养不大志娟。我决心把志娟培养成人成才,让她过上幸福的生活,将来传递我的爱心,感恩回报社会。"学花带着三岁的志娟踏上了去吉水的路途。

(七)

学花第二次去吉水之前,先去了一趟星子县,委托朋友帮忙在星子县的点将台周围物色一套铺面房。1998 年星子县的房价便宜,七八万块钱就可以买到临街的三层楼房,一楼还可以开店做生意。

学花第二次来到了吉水县。她很快就做好了交接工作,歌舞厅又重新开张了。

开张的当天晚上,10 多个小混混闯了进来,而且都是未成年人。歌舞厅的包厢和跳舞休息区的座位都被混混霸占,零食和啤酒也被他们一抢而光。学花这时才明白,如今的歌舞厅成了一个烫手的山芋。

为了第二次回吉水创业,学花投入了 3 万块钱。如果眼下这种情势得不到改善,她投的钱就打水漂了。学花不甘心,于是决定找朋友帮忙。

第二天,学花给南昌的朋友打了一个求助电话,朋友马上与吉水县的有关部门通了电话,吉水县派出所的民警很快便来歌舞厅了解治安情况。见民警来走访,米粮大厦的人也都纷纷反映小混混太多了。于是,派出所决定派几个民警晚上来维持秩序。

晚上7点不到,这些混混又来到了歌舞厅,并学着电影里古惑仔的模样冲着学花龇牙咧嘴、张牙舞爪,把志娟吓得直哭。学花一脸平静地走进包厢,找到混混的头头,说:"你们还是赶快离开这里吧,待会儿警察来了。一旦有了案底,你们今后的生活就麻烦了。"

混混的头头小明以为学花是吓唬他们的,不屑地说:"你当我是吓大的哦!赶快给我们上啤酒!"

晚上7点半,值班民警果真来了。两个民警把前后门一关,来了个"瓮中捉鳖"。混混们吓坏了,他们本都是未成年人,哪里见过这种阵仗,连跑都没来得及就束手就擒。值班民警假意说要带他们去公安局做笔录,混混们听了生怕自己惹事让家人知道,纷纷向学花求情。学花这时站出来对警察同志说,希望能够以和平教育的方式解决问题,避免这些懵懂的青少年受到法律的制裁,也避免伤害他们的父母与家庭。

民警对这些小混混进行了教育,并叮嘱他们要么回学校读书,要么找一份工作,不要成天游手好闲,无所事事,影响社会治安。小混混们点头称是。

警察走后,小明跑来拉着学花的手说:"大姐,你真的好仗义,我们来砸你的场子,吃你的喝你的,弄得你开不了舞厅,你不但不恨我们,还提醒我们警察要来。开始我还以为你是唬我,哪知道你是真心为我们好。我看到你为了谋生还带着一个幼小的孩子,真是对不起!如果大姐以后遇到什么困难,只要吱一声,我的这帮兄弟一定会为你挺身而出。"

从此,小混混们再也没有来歌舞厅闹事。

学花从当地人那里了解到,小明家在农村,父亲早逝,是母亲将他拉扯大的。学花觉得小明的家能够维持下去,小明的妈妈很不容易。她不忍心看着小明误入歧途,于是决定去小明家看看。见到小明含辛茹苦的母亲,学花感同身受。她没有向小明的母亲说小明在县城当小混混的事,而是说小明在自己的歌舞厅帮忙,令小明的母亲高兴不已。临走时,学花见小明家新盖的房子连下水都没有做,便慷慨地拿出一千块钱给了小明的母亲。

第二天，小明带着他的兄弟来到歌舞厅，说要帮学花做一些摆货、卸货的事，学花没有拒绝，并支付给他们工钱。她很欣慰这些孩子能在自己的开导下走上正途。

为了打开歌舞厅的经营局面，学花对经常消费的或消费量大的顾客赠送消费券，歌舞厅的生意蒸蒸日上，她再也不用担心歌舞厅开不下去了。

负责米粮大厦装修的良经理，经常会来歌舞厅过问一些事情。学花有很多自己做不成的事，他都会帮忙解决。学花把志娟带在身边，经常叫她"阿妹"，良经理却听成了"阿咪"。学花也觉得"阿妹"没有"阿咪"好听，从此志娟的小名"阿咪"就叫开了。

图11　开歌舞厅时阿咪在吉安拍照留念

学花来吉水已经几个月了，歌舞厅大大小小的事她都处理得得心应手。学花见小明脑子灵光，就带着他去各个单位联系业务；而他的那些兄弟则天天帮着打扫卫生、卸货，忙得不亦乐乎！学花非常开心，这样看来，要不了两年，自己在星子买铺面的梦想就能实现了。

1998年7月8日，学花的呼机接到了丈夫的信息。丈夫留言："老婆，我错了！没有你的日子，我度日如年。从今往后，我再也不反对你抚养志娟。我好想你，我想去吉水帮帮你。"

学花回复："我的同事刘阿姨也想来吉水看看。你俩约好，看哪天同来吉水吧。"

7月12日，言人与刘阿姨一同前往吉水。他们本想来为学花做点什么，以减轻学花的负担，可他们一来，歌舞厅反倒没了生意。

学花对他们说："正好不忙，我可以带你们去吉水的风景区转转。"

他们哪里知道开歌舞厅的门道：如果学花白天不去单位活动，歌舞厅晚上哪有生意？

言人和刘阿姨在吉水待了几天，歌舞厅冷冷清清，只好打道回府。言人回到南昌的当晚就给学花打电话报平安，哪知学花忙得连接电话的时间都没有。歌舞厅散场之后，学花赶紧打电话给言人，说："你俩一走，今晚的生意火得不得了，简直忙不过来，一个晚上光现金就收了 860 元，还有两张签单。"

言人有感而发："老婆，你真是个劳碌招财的命啊。"

…………

学花和阿咪睡在床上，阿咪摸着她脖子上的金项链说："大姨，你这金项链好漂亮啊！"

"等你长大了，大姨送给你。"

学花没想到的是阿咪接着说："大姨，你的那条白金项链更漂亮。"

学花心里忽然难过起来，阿咪小小年纪，思想就不对劲了。

她想了想，对阿咪说："大姨小时候一贫如洗，靠自己的力量养大了你妈和你小姨，结婚时睡的都是自己的破被子。大姨的今天都是靠自己的努力奋斗得来的。现在大姨下岗了，还决心把你养大成人，改变你不幸的命运。你一定要像大姨一样自尊自爱、自强不息，从小就要养成凡事靠自己的习惯，才能改变自己的一生，创造幸福的生活。"

歌舞厅生意正跑火之时，学花以前的领导胡总打来电话说："小伍，你一个女人独自在外打拼，还帮大妹养女儿，真是不容易！听说你一个人管那么大一个歌舞厅，从早到晚地干，又没有一个帮手，我的心里感到非常不安。现在我已调省供销社任副主任，可以想办法给你安排一份工作，让你重新上岗。"

学花激动地说："胡总，感谢你的关心，我现在经营的歌舞厅是签了协议的，还投入了 3 万块钱。如果我现在离开，赚钱与否不说，还要因违约赔偿对方的经济损失，就连投进去的 3 万块钱也得泡汤。我还是想在这里履行完协议，努力把投进去的本钱赚回来。"

一眨眼，学花在吉水歌舞厅干了快半年了。见歌舞厅赚钱，晓玲将自己的弟弟和弟媳放在了学花身边，美其名曰来向学花取经。学花心里跟明镜似的，但她并不点破。一天，言人的弟媳打电话来劝学花说："你还是赶快回家吧，不要在外地赚钱了。我去过你家两次，都碰到一个年轻貌美的女人。万一哥哥经不住那个女人的诱惑,你辛辛苦苦经营的家庭就会崩塌了,到时后悔都来不及。你说你赚那么多钱又有什么意义呢?"

9月的夜晚,学花和阿咪在房间里睡觉,只见桌子上有两只发亮的眼睛,吓得学花赶紧开灯,原来是一只非常漂亮的猫头鹰,飞进房里飞不出去了。学花壮着胆子上前把猫头鹰抓住,小心翼翼地将它放飞。猫头鹰一抖双翅,飞向了夜空。

这时,学花的心里感慨万千。马上要到中秋节了,虽然忙于赚钱,但是对家人的思念与日俱增。弟媳的话一直在学花的耳边回荡,以至于深夜也不能入眠。难道自己就不要回到南昌家人的身边了吗?

半年的合同期已满,投进去的钱已全部收回,还赚了不少。虽然歌舞厅还能继续赚钱,但弟媳的话无时无刻不在学花的耳边萦绕。夜深人静的时候,她坐在窗边深思:是回南昌维系一个完整的家,还是留在吉水继续赚钱?

此时,言人又打来电话说:"你一个人在外太辛苦,每天从早到晚都不得休息,还要带阿咪。没有你在身边,我和杰儿更难过,我们都想你回家。一家人生活在一起,总比分开强。"

1998年中秋节,中午吃饭时,晓玲的弟媳小曹有意无意地向学花透露了晓玲和她都想接手歌舞厅的事。此时归心似箭的学花索性做了个顺水人情,从承包歌舞厅中解脱了出来。

学花带着阿咪晚上11点就睡了,很快进入了梦乡。她听到有个声音说:"见好就收吧。累了这么久,也该回家休息了。"

1998年10月的一天,阳光灿烂,言人一早就赶去长途汽车站接学花和阿咪。当牵着阿咪的小手走下车的那一瞬间,学花突然觉得与带着阿咪去吉水时的心情大不一样。今天接站时夫妻相见的那一幕,仿佛他们第一次在九江车站相亲似的。

言人的心里也有同样的感觉。他傻傻地站在那儿,激动得不知说什么好。直到学花把阿咪递给他,他牵到了阿咪的手,这才清醒过来。

一家人吃过晚饭把阿咪安排睡了,学花对丈夫说:"明天把借来做本钱的3万块钱还了,赚的这几万块钱留给杰儿结婚用。阿咪上学的钱你不要急,我会想办法去赚。"

丈夫拿着这么多钱对学花说:"老婆啊,我真怕你赚了钱就把我忘了。"

学花说:"如果你不求我回南昌,我准备留在吉水再赚几万块,因为我要把阿咪抚养成人,还要照顾大妹和不能自理的娘,这些都需要钱。等我拿到了退休工资,我就把娘从福利院接来南昌,我自己来赡养,减轻国家的负担。"

学花刚回南昌,晓玲就打来电话,说她儿子晓剑在星子不好好读书,经儿子的叔叔千方百计帮忙,终于转到了南昌一中,吃住在叔叔家。晓剑有很多坏习惯,引起了叔叔家的矛盾。眼看晓剑在叔叔家待不下去了,现在不知道怎么办好。晓剑的学籍已经转到南昌一中,如果不能在叔叔家住,不但白白丢掉了几千元的借读费,而且耽误了孩子的前程,得不偿失。

学花听后不计前嫌地说道:"那就让晓剑在我家住吧。"

学花心想,自己刚从吉水回到南昌,目前还没找工作,且身边已经带了一个阿咪,再带一个晓剑也不会多出什么事。

就这样,晓剑住进了学花的家里。一来二去,学花发现他的坏习惯真的太多了,她暗下决心要管好晓剑。

为了晓剑的进步,学花每个星期都要去学校两次,找班主任了解情况,及时加强沟通引导。

有一天,学花安排晓剑做作业,晓剑不但不从,还跑到房间里去睡觉。杰儿看到之后对晓剑说:"你父母让你住到我家来就是为了读书,如果你不想读书,还不如让父母接你回家睡觉去。"

从此以后,晓剑再也不敢去睡觉了。

自从晓剑住进学花家,言人每天晚上都要给他补习功课。不到两个月,晓剑的学习成绩有了很大的提升,成为学校的"进步之星",照片都贴进了宣传栏里。

有一次,晓剑的父亲易老大来学校,老师问他经常来学校了解晓剑情况的人是谁。易老大笑着说:"是我爱人的朋友。"老师惊讶地说:"天底下还有这么好的朋友? 很多学生的亲生父母都做不到对孩子这么负责任。"

后来,易老大高兴地告诉父母:"你们的孙子住在南昌伍学花家里,现在成绩进步很大,还得到了学校的表扬。"

爷爷奶奶听说自己唯一的孙子成绩进步的事,高兴得合不拢嘴。为了对学花一家表示感谢,他们亲自去鄱阳湖钓鱼,亲自送到南昌学花的家里,同时还送来了猪肉,以至于学花家里的冰箱都塞不下了。

（八）

1998年10月28日,杰儿下班回家对母亲说:"我们公司有个店面租赁期满,公司照顾家属,可以减免一半的租金。这个店如果是别人租,每个月要1000元租金;如果是你去租,只要500元。我知道妈妈会做生意,接下这个店面肯定赚钱。"

学花考虑到店面就在八一公园旁边,又是旅游胜地,就同意把店面租下来。美中不足的是店面离家较远,骑自行车要20分钟。

几天后,学花想带阿咪去看店面。她骑着自行车带着阿咪,经过三岔路口时,为了安全学花就推着自行车走。阿咪调侃地说:"大姨,你也怕死啊!"学花看看阿咪,顿时哭笑不得。

由此,学花想起了阿咪从小就有很强的自我保护意识。

阿咪刚来学花家时,最怕孤独。有一次她睡着了被爆竹声惊醒,恰巧学花下楼倒垃圾去了,阿咪爬起床隔着铁栅门和经过门外的邻居说话以壮胆。

学花从吉水回南昌后,她的老邻居、好姐妹毛姨、火英、兰香等5个人约好和学花一起去洪城大市场进货。学花牵着阿咪的手边走边看货,阿咪一边走一边打瞌睡。只要学花的手牵着,阿咪就不吵闹。一到批发商铺,阿咪立即找椅子或小凳子坐下来休息,两只眼睛盯着学花转,嘴里还"大姨……大姨……"叫个不停。只要学花一转身离开店铺,阿咪就会迅速蹿起来,奔到学花的身边,紧紧地拉住她的手,生怕学花丢弃她。

那时阿咪经常生病,两三天就要打一次点滴。阿咪为了让医生打针时轻一点,就对医生说:"大妈,你打针轻一点,我长大了会买好多好吃的东西给你吃。"

学花开玩笑地说:"阿咪啊,你去医生大妈家好吗? 那么打针就不疼了。"

还没等阿咪说话,医生就点着阿咪的鼻子,开玩笑地说:"我才不要你这赔钱的孩子! 你知道吗? 要好多钱来给你治病,还要好多钱把你养大成人。"

阿咪瞪着一双小眼睛,落魄地望着医生。学花知道,阿咪很在意医生的话,她怕自己要花大姨好多钱,大姨会不要她。从此以后,阿咪打针时,学花就让她抱紧自己。

没过多久,阿咪又发烧了,高烧到41℃。学花心里担心,不敢带阿咪去其他医院,直接去了江西省儿童医院。在等待各种检查结果出来之前,学花想带着阿咪去省妇幼保健院取一下自己的检查报告单,但又唯恐天气热,阿咪受不了,就对阿咪说:"大姨去拿报告单,你就在这等着大姨回来,千万不要走动。"阿咪拉住学花的手说:"大姨,你不要看我得了重病就不要我了,你要早点回来带我回家。"说完,她的眼泪便哗哗地往下流,眼神中充满了悲伤。学花忍不住抱起阿咪说:"阿咪乖,大姨不去拿报告单了,陪阿咪等结果,再带阿咪回家。"阿咪的眼泪突然止住了,发烫的脸上绽放出了微笑。

从此,阿咪渐渐放下戒心,俨然成为学花家庭中的一员。坐公交时,虽然两只小手会抓紧扶手生怕摔跤,但她会对学花夫妇说:"大姨、姨爹,我们坐的士去吧,那小车没人坐,这大车挤死人。"学花此时就会教导阿咪说:"打车要好多钱,我们能走路就不坐车,能坐公交就不打车,要从小养成不乱花钱的好习惯。"阿咪似乎听懂了大姨的教导,连忙点了点头。

学花和丈夫经常带阿咪一起吃早点,三人买了三碗肉饼汤、两笼小汤包。阿咪对学花说:"大姨,小包子我吃不饱,我要吃大包子。"学花和丈夫并没有责备她,也许是孩子的天性,加上大妹把好吃的都留给孩子,以至于使孩子养成了挑食的习惯。学花对阿咪说:"阿咪,大姨一定会让你吃饱,但千万不能浪费。大姨与姨爹不吃汤包,都给你吃,好吗?"阿咪吃了几口,说:"大姨,我吃了一碗肉饼汤,吃了 5 个小包子,好像吃饱了。还有这么多包子,你和姨爹吃吧。"

听到阿咪这么一说,学花夫妇都笑了。

…………

学花接手店面之后进了不少商品,进货、摆货架都是她一个人,连原来卖剩下的玩具也摆上了柜台。店面虽然不大,但商品摆放整齐,给人一种琳琅满目、耳目一新的感觉。经过她的艰辛努力,食品杂货商店终于开张了。学花不但要站柜台卖东西,还要去进货,还要带阿咪、管晓剑,还要搞卫生、洗全家人的衣服。学花这时的辛苦是没有人能感受得到的。虽然她想过让人家送货上门,可有的货人家是不送的,她只有赶早去洪城大市场进货,再赶回来坐店,忙得早饭都没有时间吃。

邻居伍小秋夫妇看到学花忙不过来,就主动到店里帮忙。阿咪隔三岔五生病,小秋夫妇主动帮学花带阿咪去医院看病打针。

食杂店开张以来生意一直很好。商店附近有一个环湖宾馆,宾馆里的宾客经常来学花店里买零食。特别是朝鲜来的客人,常常把火腿肠、方便面、袋装奶、夹心饼干等食品一抢而空。杰儿的公司就在商店的楼上,公司里的人都会照顾店里的生意,只要能到店里买,绝不到其他地方去。原来的玩具因公园里孩子多也卖到了好价钱。店里一部公用电话也成天响个不停。光这部电话机，赚的钱就够店里的租金和各种税收。学花高兴得不得了，开店两个月她忙得不可开交，老同事和朋友都来店里看望她。

有一次，吴荣华、陈跃琴、陈建英等人来到店里，学花忙得连和她们说话的时间都没有。看到店里的生意如此兴隆，吴荣华她们既为学花高兴，又心疼学花。高兴是因为这个店给她的生活带来了转机。可这样高强度从早干到晚，她的身体怎么吃得消？

每天晚上和每个星期天，言人也会来店里帮忙，学花这才得以松口气，但又要回家照顾晓玲的儿子晓剑和忙家务活。言人白天上班，下班后还要帮忙守店，也感到很累。他想到老婆一大早进货，白天站店，晚上还要回家做家务以及照顾两个孩子，心里就为学花担心。

言人对妻子说："不要为了赚钱，连命都不要了。要不我辞职跟你一起经营食杂店，或者干脆把店转出去。"

学花说："你是我们家旱涝保收的基础，千万不能胡思乱想。不管家里有多大的事，只要有你的工资，我们一家人就能生存下去，你是绝对不能辞职的。再说，现在店里生意这么跑火，我才不同意关店呢。"

言人心疼地说："这也不行那也不行，钢筋做的人这样下去都会垮塌，何况你还是血肉之躯。"

"儿子还没结婚，就是结了婚，我们还要照看孙辈。阿咪眼看也要读书了，家里还需要很多钱。我这样是累点，现在有时上厕所都打瞌睡，但我还能撑住。你听到我叫过一句苦，喊过一句累吗？"

言人说："怕你累倒了，我们这个家就要倒塌啊。"

学花说："我知道你是心疼我，要不我们请个人帮忙站柜台。如果请到人，我真要好好地睡上几天。"

言人觉得也只能这样了。

11月底，恰巧一个永修县的女孩来店里咨询，学花说正准备请一个人。那女孩告诉学花，她与人家签了合同，年底到期，过了元旦就来上班。

正常情况下，言人晚上7点就会来店里替学花回家。1998年12月30日晚，因为言人替侄女补课，晚上10点多才赶到店里。这时，店外刮起了狂风，还下起雨来。言人关店门时，被风一吹，人摇晃得站都站不稳，他连忙叫妻子不要回家，担心她在这恶劣天气下出现什么闪失，干脆就在店里住一晚上。

学花坚持说:"不行呀!晓剑明天要参加学校组织的冬游,我要回家给他添加衣服,准备好要带去的吃的。"

"你看现在风大雨大,怎么走啊?如果不是有个孩子在家里,我是绝对不会让你回家的,店里又不是没地方住。"言人说完了看妻子,希望妻子能够留下来,可学花执意要回去。无奈之下,言人怕妻子冷着,就把自己身上穿的工作服脱给妻子穿,眼看着妻子顶着狂风大雨,艰难地骑着自行车渐行渐远。直到看不见妻子的身影,言人这才进店里,关好了店门。

阿咪早已经熟睡,此时店里一片寂静,言人的脑海里尽是妻子摇晃着骑车回家的身影。在担心之中,言人渐渐地睡着了。

第八章　生死一线

（一）

　　一阵清脆的电话铃声瞬间响起，言人从睡梦中惊醒。他在黑暗中摸索着抓起话筒，话筒那端传来了父亲颤抖的声音："你老婆出车祸了，在状元桥附近的医院。"

　　言人的大脑顿时一片空白，话筒从手中滑落下来，撞击着桌子，发出沉闷的声音。他半天才缓过神来，说："骑着自行车出去时还是好好的，深更半夜咋就被撞了？"

　　他立刻开灯看了看手表，已经12点半了，连忙又抓起掉在桌子上的话筒，给杰儿打了一个电话，要他赶紧去医院。言人给阿咪盖好被子，锁好店门，在夜幕中急忙向医院奔去。

　　医院的大厅里没有一个人影。他的目光迅速向四周扫去，只见大门背后一张光秃秃的桌上躺着的正是自己的妻子。元旦前夕，这么冷的天，妻子的身上什么也没盖，只穿了一件自己的工作服，身边没有一个人。

　　望着纹丝不动的妻子，言人的眼泪不由自主地滚落下来。这时杰儿冲进大厅，扑向母亲，急促地叫唤着："妈，你怎么啦？"

　　只见学花无意识地两次睁开了眼睛，望了望杰儿又闭上了。言人和杰儿不约而同地跑向急诊室的窗口，要求医院救人。值班医生告诉言人，要先交3000元押金。

　　杰儿为了争取抢救妈妈的时间，求医生："先把我的BP机押在这里，我爸回家拿钱，你们先救人。"可是医院有医院的规定，要先交押金才能办理入院手续。

　　这时，言人的四哥、八弟、九弟，学花的同事吴荣华都已赶医院。九弟建议说："要不还是送到对面的省伤科医院吧，我认识那里的副院长，而且我刚刚问了，他今天正好当班，找熟人抢救总要方便些。"

　　言人几兄弟一商量，都同意九弟的意见。杰儿找医院借来一副担架，几个人抬着学花急匆匆地向对面的省伤科医院走去。学花的同事吴荣华也在一旁跟着。言人激动地对她说："荣华姐,谢谢你这么晚还赶过来,现在有我们,你就放心回家吧。"

此时,躺在担架上不省人事的伍学花小便失禁,把担架弄湿了,言人的心里既焦急又难过。

到省伤科医院已是凌晨 2 点钟了。副院长先给学花做了一个脑部 CT,发现脑出血量并不大。等把病人安置好,已经凌晨 3 点了。副院长见病人依然不省人事,觉得有必要再次给学花做了一个脑 CT。这一做可把副院长吓坏了,学花的脑内这时已大量出血,省伤科医院又没有脑外科。

容不得副院长细想,他立即拨打省人民医院脑外科主任刘建民的电话,原来副院长是从省人民医院调来的。副院长说:"这边有一个脑内大量出血的车祸患者需要马上动手术,请刘主任立即做好手术前的一切准备。"

刘建民主任翻身起床,立马给科里值班医生打电话安排手术,自己也风驰电掣般地朝医院赶去。

救护车载着学花向省人民医院疾驰,终于在凌晨 4 点赶到了省人民医院。剃头师傅早已等候多时,只待伍学花被抬下车,剃头师傅就抢先剃光学花的头发。剃头的同时,参与抢救的护士开始采集血样,所有参与抢救的医护人员有条不紊,配合默契,那场面令人动容。

言人和杰儿看见医生和护士都在争分夺秒,才意识到亲人的生命危在旦夕。他们都在心里默默地一遍又一遍地为亲人祈祷,祈祷亲人能够挺过这一关。

值班医生翻开伍学花的眼睛,仔细检查之后,十分遗憾地说:"没救了!人已经不行了,两只眼睛的瞳孔都散开了。"

言人哭着对医生说:"求求你们!救救孩子的妈妈!"

医生说:"一只眼睛的瞳孔散开了或许还有救,现在两只眼睛的瞳孔都散开了,这在医学上来说已宣判了死亡,是没有救的。"

言人不放弃,恳求医生说:"救救我老婆!救救孩子的妈妈!"

医生说救过来也是植物人。这时,言人几乎要跪下来,他乞求医生说:"我老婆为了这个家历尽了千辛万苦,昨天晚上 10 点多还在开店,咋说没就没了呢?我怎么受得了?死马当活马医吧!"

这时,刘建民主任浑身是汗地赶来了,他急促地说道:"救人要紧!快!快!把人推进去抢救!"

清晨 5 点,学花被推进省人民医院脑外科的手术室抢救,从出车祸到进手术室已过了整整 7 个小时。

言人怕阿咪一个人在店里睡醒了害怕,又让杰儿去店里把她接来。不懂事的阿咪还不知道大姨命悬一线,还在睡梦中跟姨爹捉迷藏,对姨爹说:"姨爹,我在这里呢。"

经过难熬的三个小时,早上 8 点,学花终于被推出了手术室。此时的她除了眼睛和鼻孔外,整个头部被纱布裹着,从头部引出的管子和夹子纵横交错,布满了头部、身上,就连手上也插满了管子。

言人和杰儿急忙迎上前去,还没等言人开口问,刘建民主任就对言人说:"正常的开颅手术要在天灵盖上钻 4 个洞,把头盖骨拿下来后再做脑手术。这次手术为了抢时间,直接把你老婆的头盖骨敲碎了。手术非常成功,脑部淤血已全部清除,脑内出血也已经止住。如果你老婆能挺过接下来的 24 小时,还是有希望活过来的,希望出现生命的奇迹。你老婆若能活过来,半年的恢复期也很重要,你老婆的康复期还得靠你。"

言人听完刘主任的话,口里不住地说着:"谢谢刘主任!谢谢刘主任!"

学花随后被推进了抢救观察室。言人让兄弟们先回去,他们都辛苦了一夜,接着又让杰儿去南湖交警大队了解情况,自己给学花的大妹和好友晓玲分别打了电话,告诉她们学花出了严重的车祸。

学花的公婆很快也来到了省人民医院,荣华姐又来了,肇事车主也来到了医院,言人这才知道车祸的经过。

昨晚 10 点多,学花顶着狂风、冒着大雨,摇摇晃晃地骑着自行车。在经过状元桥时,被打算在元旦开张的一个大商场的汽车撞倒了,当即不省人事。车上坐着许多商场职工,司机没有逃逸,把学花送到了就近的医院。医院要求司机交 3000 元押金,司机没带钱,只好把学花放到大门后的一张冰冷的桌子上,再送员工走了。

这时的伍学花浑身冰凉,已经奄奄一息。

碰巧有个好心人,看到躺在冰冷桌子上神志不清的学花,就在学花的身上搜寻到一本电话本。好心人先给伍学花的公婆打电话,告知他们伍学花被车撞了。因为家里人平时都叫伍学花"小华",所以公婆怕是电话诈骗,便匆匆挂了电话。继而好心人又按照电话本中记录的号码,给伍学花的同事荣华姐打了个电话,告诉她伍学花出了车祸,请她赶快来医院。

电话打了一圈，善良的好心人还是不放心，再次给伍学花的公婆打电话说："我没打错电话，我现在拨通的电话号码在伍学花的电话本上记录的就是爹爹妈妈的电话。"

公公大惊，这才颤颤巍巍地打电话给几个儿子，让他们赶紧去医院救人。言人这才知道妻子遭遇了飞来横祸。如果当时不能及时联系上伍学花的家人，再耽搁10分钟，学花就算不因脑内大量出血死亡，也会因寒冷而冻死。

伍学花的生命在死亡的边缘徘徊。

亲朋好友们赶来医院探望伍学花。他们看到头上缠着绷带、身上插满管子沉睡不醒的伍学花，无不感到悲伤和难过。他们共同呼唤着伍学花的名字，共同给予冥冥之中的伍学花战胜死神的力量。

一拨又一拨探视伍学花的人群，个个都怀着同样的心情，真不知伍学花活不活得过来。言人的心情更加沉重，他抓紧妻子的手，嘴里不停地呼唤着爱妻。从昨晚妻子出事到现在，言人没喝一口水，没吃一口饭，他只想亲自守护妻子，渴望妻子不放弃生命，能够坚强地挺过这24小时，出现生命的奇迹。

伍学花的大妹看到车祸后的姐姐，难过得说不出话来。晓玲赶紧从言人手里接过学花的手，坐在她的身边，不断地轻声呼唤着学花的名字。

整个上午，大家心情沉重，没有人顾得上阿咪，只有杰儿中午给她买了一份盒饭。迫于无奈，言人忍痛要大妹把阿咪带回星子。

言人包了一辆出租车把大妹和阿咪送走，还买了很多零食给阿咪，好让阿咪顺利地跟学梅回星子，岂料阿咪死活不从。阿咪的两只小手死死地扒住的士车门，大声地哭喊着："姨爹，我不想走，我要大姨。"

大妹强行把阿咪的手掰开，拖进车里，但阿咪凄惨的哭喊声一声高过一声。三岁的阿咪又怎么知道她的大姨此时此刻正在鬼门关外徘徊。的士司机赶紧开动车子，随着车子逐渐远去，阿咪那近乎绝望的哭喊声才渐渐消失。

听到这撕心裂肺的哭喊声，言人的心似乎被人狠狠地挖去了一块，这一刻他才联想到妻子曾经送阿咪回星子，结果又把阿咪带回南昌，以至于不顾家人的反对决定抚养阿咪的缘由。看到眼前这令人撕心的一幕，他才真正理解了妻子。阿咪的哭喊声一直在言人的耳边萦绕，他整个人瘫软得站不住，跌坐在地上，好长时间都爬不起来。

晓玲从中午到晚上8点钟一直陪伴在学花的身边。8点后，她对言人说家里有事，想回星子。尽管言人多么希望妻子醒来能有要好的朋友陪在她身边，但还是一边感谢一边答应了。他极度悲伤地对晓玲说："没想到出了这么大的事，我只有在医院里陪伴她。阿咪也去了星子，我的心也被撕裂了。晓剑放假了本来可以在我家好好读书的，现在学花生死未卜，我也没有精力帮你照顾孩子，你能否把他带回星子？"晓玲点了点头。

晚上9点，晓玲回去了。学花从手术室里推出来已经过了13个小时，但一直处于昏迷不醒的状态，言人急得一天一夜没进食。他根本没想到饿，这是他第一次如此担心一起生活了20多年的妻子，他时时刻刻地陪伴着妻子，不停地呼唤着妻子，渴望奇迹的出现。

言人对杰儿说："你也累了一天，还是回家睡一觉吧。"

杰儿不肯，非要爸回家休息，但最终还是听了言人的话，让父亲留下来陪伴着沉睡的妈妈。

1999年的新年钟声敲响了，言人陪伴着尚未醒来的妻子度过了黑色的1998年，迎来了新的一年。随着秒针的跳动，伍学花在抢救观察室里度过了极其漫长、令人难熬的24小时。尽管人依然昏迷不醒，但生命体征平稳了。医生高兴地说："奇迹！奇迹！人终于活过来了！"言人更是激动得不能自已，大颗滚烫的泪水像断了线的珠子不停地往下掉。他哽咽着对医生说："谢谢你们救了我的妻子，也救了我的家。"医生说："这是好人有好报！你妻子的情况已经稳定了，她一定会醒过来的。从现在起，她可以转到普通病房了。"

（二）

学花转到普通病房后，样子甚是吓人：两眼呈青紫色；脸肿得好大，像个大熊猫；头上、身上、手上，依然被各式输液管、监测的夹子缠绕着。刘建民主任每次查房都是第一个来到学花的床前，看到学花还没清醒，他心里非常沉重，但总是坚定地对言人说："你老婆一定会醒过来的。"主治医生也一日三次到学花的床前诊治，让人为之感动。

学花从早到晚24小时不停地输液，有消炎的，也有增强体质和补充营养的。言人一个人照顾着妻子，杰儿几次想换爸爸回家休息，都被爸爸拒绝了。都一个星期了，学花还没醒来，言人的心里非常焦急，生怕妻子一直这样沉睡不醒。但他相信刘主任，相信刘主任团队的每一位医护人员。他们都说学花能醒过来，那就一定能醒过来。虽然言人每天只是在杰儿来医院时，趴在学花的床边睡上一会儿，但他仍然不觉得累。他有一种预感，这两天妻子就会醒过来。

一个多星期后,伍学花终于醒过来了,言人飞跑过去把医生叫来。从都昌来进修的曹医生对学花说:"你知道你从哪里来吗? 你从鬼门关里过来了,你的生命出现了奇迹,你跟死神赛跑,战胜了死神活了过来。"病房里七八个病友一下子也都围过来说:"真是老天保佑,你从死亡线上逃回来了。"

学花睁开眼,看到丈夫站在身边。她有气无力地说:"孩子爸,赶快帮我把发卡取下来,我的头好痛。我做了好几个梦,自己也不知道去了哪里,我梦到爹和小妹,他们叫我回去,说有阿咪要你养,有不能自理的娘要你养,有大妹要你照顾,还有许许多多帮助过你的人你还没去看望……"

刘主任听说伍学花醒了,也赶了过来。他对伍学花说:"我第一眼看到你的时候,也认为你不行了,但医务人员的责任感令我们不放弃一丝希望。你太坚强了,坚强到让死神都对你望而却步。"

言人说:"刘主任,你们太伟大了,真是华佗再世。你们拯救了我妻子的生命,救了我的家。"

刘主任对学花说:"勇敢点,祝愿你早日恢复健康。"

伍学花看着慈眉善目的刘主任,微微地点了点头。

突然间,学花问言人:"我的阿咪呢? 我想见阿咪,快叫阿咪来跟我说说话,我的头痛得受不了了。"

言人目瞪口呆,半天说不出话来。过了好一会儿,他才说:"老婆,你出车祸了,阿咪没人带,我叫大妹把她带回星子了。"

杰儿马上安慰母亲说:"妈,你好不容易活了过来,应该高兴才是! 等你的身体恢复了,我们再把阿咪接过来就是了。"

学花爱美,一直留着披肩长发,头发上总是夹着各式各样漂亮的发卡。她不停地叫丈夫把头上的发卡拿下来,说是发卡顶着她的头好痛。可她哪里知道,自己被剃了光头,其实是插在头上的排液管让她疼得受不了,还以为是发卡在作怪呢。

言人感同身受,他的心里何尝不一阵痛过一阵呢? 还好妻子醒过来了,这比什么都强。

小柒来看望学花,她看到面目全非的学花,心里十分难过。为了鼓励学花尽快好起来,小柒四处奔波,只要是认识学花的人,小柒都建议他们来探望,希望更多的人给学花生活的力量和信心,希望车祸之后身体遭受重创的伍学花能够重新站立起来。

凡是看望过伍学花的人都为她的生命担忧，她的整个脸肿得完全变形，醒过来好长一段时间，走起路来就像蹒跚学步的小孩，一摇一晃，嘴角的口水流得半边脸都是。人们担心伍学花没有勇气活下去。荣华姐更是担忧学花，她对丈夫说："花花的现状不是常人能够承受的，我真担心她丧失活下去的信念。"

　　言人的领导和同事得知他的妻子出车祸之后也都来医院探望，学花的街坊邻居、同事朋友只要有空就会来医院看望。一时间，送来的营养品多得床头柜和床下都塞满了。病友们还以为学花的身份不一般，其实她只是一个平凡的普通人。

　　学花出车祸之后，店里没人站柜台。之前那个永修的女孩找到杰儿，说和学花谈好了元旦后来上班，杰儿立即把她安排到店里。哪知女孩心术不正，站店不到半个月，就出现了账物不符的情况，账面亏空严重。杰儿把女孩辞退后，寻思还是把店关了吧，这样开下去老本都要赔光。虽说关了店，但租金、税收一样不能少，而且店里几万块钱的货也不知怎么处理。

　　就在杰儿一筹莫展之时，陈跃琴同陈建英来医院看望学花。说起食杂品商店的事，学花不由感叹道："好端端一个赚钱的店，硬是被人弄得亏损，也不知道自己何时能够康复，重新把店开起来。"

　　陈建英本是一个生意人，也多次去过学花的店里，深知店里生意兴旺。因此，她接过学花的话说："这个店能否转让给我妹妹的朋友？"

　　学花虽说舍不得，但考虑到自己的身体一时半会儿康复不了，只能忍痛割爱把店转让了。

　　自从学花醒过来之后，很长一段时间行动不方便，走路东倒西歪，嘴角流着口水，双眼重影看不清东西。特别是少了头盖骨以后，右边脑袋会凹陷下去，凹下去的窝窝里可以放一个大包子。表弟来看望她时，送给她一个红包，里面有600块钱，红包上写了字：祝表姐早日康复。看到表弟的祝福，学花又增添了战胜病魔的勇气和信心。

　　言人四嫂的妹妹国英和荣华姐就住在省人民医院附近，经常送骨头汤、鸡汤、鱼汤给学花补身体。在亲朋好友的精心照顾和鼓励下，学花的身体有了好转，但由于没有头盖骨保护大脑，她只能时时戴着帽子，就连下地上厕所，言人都不放心，时刻扶着她，生怕她摔倒或碰伤，尤其怕伤到她的头部。为了保护好大脑，学花必须再做一次手术，用硅胶做一个人造头盖骨。

　　医生建议第二次手术要等三个月后学花的身体恢复了才能做。眼下学花已住院近两个月,马上又要过年,医生同意先让学花出院,等身体恢复得差不多时再入院做第二次手术。

在办理出院时要交清欠费,肇事商场又想赖账,气得言人的弟媳妇们直接找到商场的领导责问:你们自己的车子出了车祸,哪有连住院费都不想出的道理?商场领导这才答应先付住院费,其他费用等交警划定事故责任之后再付。

伍学花的一条命总算保住了,同言人回家过年。毛姨、火英、兰香三位大姐到南昌来看望她。她们看到学花生活不能自理,什么都要丈夫照顾,心痛万分。毛姨的丈夫杨经理也出过车祸,她深知出车祸的痛苦。毛姨流着泪对言人说:"为了这个家,学花吃尽了苦,一个正常人变成这样,你一定要细心地照顾她。"

过年以后,言人要上班了。每天上班之前,他总是把苹果削好放在碗里,拿好药,倒好开水,到时学花只要吃就行。可学花却连削好的苹果也拿不起来,放在床边的药也拿不住,更不要说端碗喝水了。虽然言人中午也会回家,但他不在家的时候学花什么都做不了。学花心里既悲伤又痛苦,她对家人说:"就算门口有金子,我都没有能力起身去捡。"

学花家的大门是铁栅栏,里面看得到外面,外面也看得到里面。一日,学花坐在家门口,突然门外经过一个老妇女责怪学花坐在家里,不赶快去把交通事故处理掉。学花这才知道这人是肇事司机的家人。

学花说:"我哪里不想把医院的账结清,不把交通事故处理完?我哪想拖着?你看我这头……"说着,学花把头上的帽子取下来。那老妇女一见,吓得跑掉了。

言人下班后听说此事,不放心学花一个人在家里,便求助万婆婆来照顾半个月。直到学花能自己喝水、吃药、上卫生间,万婆婆才走。

胡总、邓经理、丁科长来家看望学花。胡总说:"小伍,你真是了不起,当初我们还怪你什么人都结交,连年纪大的值班的万婆婆也交,现在看来还是你做得对。关键时刻,我们个个都要上班,想帮你的忙都无法帮。像万婆婆这样细心照顾你的人,是花钱都请不到的。"

伍学花虽然活了过来,但担心第二次手术出问题,担心自己不幸倒在手术台上,因此特别想在第二次手术前,去星子县看望帮助过自己的陶局长、吴主任、王医师、娘和阿咪。她听说陶局长得了重病,考虑到自己行动不便,便想着亲自给陶局长织一件毛衣。

鲁妈妈从星子来到南昌看望学花,她对学花说:"你自己都成了这样,首先要做的就是照顾好自己,你娘到现在还不知你出了车祸,经常咒骂你:钱不来钱,人不来人。"

学花最牵挂的还是阿咪,她叫丈夫一个人先去星子看阿咪。

言人来到大妹家,拿香蕉给阿咪吃,阿咪不理姨爹也不接香蕉。三岁多的小阿咪的眼里流露出一股对他的怨恨,阿咪离开南昌时哭得死去活来,几个月之后完全变了一个人。姨爹知道阿咪恨他,但眼下的确分身乏术。

大妹说:"阿咪在星子县中心幼儿园,老师对她评价是聪明、漂亮,但是很邋遢,从不梳头、扎辫子。"

言人回到南昌后,跟妻子说起阿咪之事,妻子不相信,但又不得不信。自从学花知道阿咪被送回大妹家,她打了很多电话给大妹,叮嘱大妹说:"只要你没上班,就一定要把阿咪带好。只有你亲自带阿咪,才会有感情。如果你自己还是省吃俭用请人带阿咪,那么就像过去一样,你带阿咪三年,还不如我带几个月亲。如果姐活不了,你就带阿咪来南昌投奔你姐夫,你姐夫和外甥都会同意的。"

又过了一段时间,学花同丈夫商量:"我们借几千块钱,你陪我去星子县走一趟,我怕自己过不了第二次手术这一关。"

学花虽然看东西模糊重影,走路东倒西歪,嘴角流口水,但在丈夫的陪同下还是来到了星子县。她与丈夫去看阿咪,并对阿咪说:"大姨带你去买一双皮鞋。"阿咪说:"谁要你的皮鞋!"学花终于知道,自己和丈夫在阿咪的心中留下了很深的伤痕,但她心里又暗自高兴,现在大妹亲自带着阿咪,终于有了感情,这也了了自己的心愿。

到星子的第二天,学花把自己在生活不能自理的情况下为陶局长赶织出来的毛衣和一些营养品带上,同丈夫一道去看望恩人陶局长。

她对陶局长说自己一直想来看望,可力不从心,自己下岗后连家人都养不起,但她不会忘记陶局长的恩情。她说,这一次车祸能抢救回来是出现了奇迹,唯恐自己第二次手术挺不过去,所以想在有生之年看望陶局长,了却一桩心愿。

看到伍学花出车祸之后的模样,听完她的肺腑之言,陶局长心痛不已,感慨万千。他想,原先自己帮助伍学花没有帮错,她知恩图报,在遭遇车祸大难不死之时还念念不忘来看望癌症晚期的自己。激动之下,陶局长滚烫的泪水滑落下来,学花的泪水也情不自禁地往下淌。两个在生死线上挣扎的人,见了人生的最后一面,既充满了人间的情谊,又充满了对人生的留恋。不久,陶局长永远地离开了这个世界,学花因做第二次脑部手术,没能参与送葬,留下了永久的遗憾。

看望陶局长之后,学花对丈夫说:"孩子爸,我娘不会用钱,我想拿1000元钱放在居委会吴主任那里,让吴主任代我娘买东西。一来吴主任对我娘最好,二来我娘只听吴主任的话。"

言人同意了妻子的意见。

学花告诉吴主任:"我出车祸之后,身体明显吃不消了,还要做第二次脑部手术,我怕自己活不下去。我娘又不晓得花钱,大妹连自己都管不了,就别说管娘了。"

说着,学花用颤抖的手从口袋里掏出1000元钱,递给吴主任,恳求说:"这1000元钱,麻烦吴主任代我娘保管,逢年过节替我这个做女儿的买点东西给我娘吃。我娘年纪大了,不能多买,多买她就多吃,万一吃多了生了病,不但没钱治病,还没人照顾。"

吴主任感动地说:"学花呀,你拖着残疾之躯,又在生死关头,想到的还是自己的娘。你千万不要想那么多,你自己一定要坚强地活下去,你也一定能活下去。只有你活下去,你娘才有靠山。前不久我们居委会的人去福利院看望你娘,她对大家说,我的大女儿在南昌吃好的、穿好的,就是不来看我这个娘,人不来,钱也不来。当时我也不知道你出了车祸,从而对你产生了误解和不信任。南康镇那里,我为你娘争取到了一些福利补助,这些钱我都给你娘存了起来。"

说完,吴主任拿出一个存折,上面是"饶印香"的名字,里面存有386元钱。

吴主任把存折交给学花,说:"你娘有钱我没告诉你,这就是我给你娘存的钱,现在交给你。你说你退休后要把你娘接去南昌,所以你无论如何都要活下去,不能食言。你娘在福利院生活得很好,你自己眼下更需要钱,这1000块钱就留着做手术吧。"

学花的心在一阵阵地颤抖,自己的亲人本来就少,像吴主任这样的好干部俨然成了自己的亲阿姨,对自己既信任又关心。

学花死活不肯接过存折,吴主任硬是把存折塞到她的手里,并嘱咐她好好调养身子。学花情绪激动,一时站立不稳,言人赶忙上前扶住了她。

言人轻声对妻子说:"老婆,世上没有爬不过的山,没有蹚不过的河。为了娘和妹子,为了我们四世同堂的家,你一定要勇敢地活下去。"

学花既伤感又欣慰,她对丈夫说:"我为了这个不幸的家历尽千辛万苦,但还是遭到一些人的误解。今天吴主任和我推心置腹说的那些话,让我死也瞑目了。"

学花停了停,若有所思,心里还有一件事放心不下,那就是娘和大妹生病了怎么办? 于是,她带着丈夫找到外科医师王彩文。

学花感激地对王医师说:"王医师,这几十年来您一直为我们家每一个人免费治病。现在求你再帮我一个忙,我怕自己再也照顾不了可怜的娘和妹妹,故放 1000 元钱在你这里,以供我娘和妹妹日后治病之用。"

王医师握着学花的手不肯接受,并劝慰道:"你自己都伤成这样,如果你真想管好娘和妹妹,首先就要管好自己。你自己从小吃苦,为这个不幸的家劳心劳神,现在又出了车祸,自身性命难保。你要多为自己着想啊。"

这时,大妹生病住院的一幕幕浮现在学花眼前。当时,大妹病情未见好转,住院费却花光了,医生建议续费继续治疗,否则前功尽弃。于是,大妹找朋友欲借钱再住几天院,可未能如愿。

学花想到这里,继续哀求王医师把钱收下。

王医师无奈地叹了一口气,说道:"你这个人固执得让我感动,我替你暂时把这 1000 元钱收下,如果没用掉的话我再还给你。"

谢过王医师,学花带着丈夫来到隘口看望干娘。隘口有很多人认识学花,今天见到的学花令他们个个感到诧异,这真的就是他们过去羡慕的伍学花吗? 原来的学花穿着得体,漂亮大方,是星子县城响当当的一个人物。

满满嫂子疑惑地说:"学花,你之前到隘口来时年轻漂亮,那时的你要脸蛋有脸蛋,要身材有身材,穿什么像什么,现在咋成了这个样子呢?"

言人说:"学花出了车祸,身子还没有恢复。"

见过干娘,干娘对言人说:"学花是为了这个家变成现在这个样子的,我心里很难过。你千万不能对她发脾气,对她要有耐心,要让她安全地做完第二次头部手术,尽快康复。"

学花这次回星子,想看望的人都看了,心里踏实了许多。她安心地回到了南昌,坦然地面对第二次手术。

(三)

学花的大妹夫生前为环卫所在编人员,其去世之后的编制可以照顾配偶顶替。为了大妹能顶上编制,学花曾找过县里的领导,后来又叮嘱县劳动局的朋友帮她关注这件事。

一天，劳动局的朋友给学花打电话，告诉她那个编制被环卫所所长的老婆顶了，等过两天进编手续办好，就没办法更改了。

大妹此时和一个叫王老三的男人好上了，学花赶忙给大妹打电话，让她叫王老三过问此事。没过半个小时，男人在城建局工作的哥哥回电话，说环卫所的编制本应归他们城建局管，但是他们没有听说这回事，而且就算城建局插手，也需要局长出面。言外之意就是困难重重，不好办理。学花告诉他，这次指标没有通过城建局，是县里直接拨到劳动局的，并提醒他三天期限已经过了两天，就差最后一天确定人员，然后交钱进编。

学花急得又打电话给大妹说："在你一生最关键的时刻，若男人家不出面帮忙，你就不要嫁给他，不然你下半辈子根本指望不上他。如不行，你就带阿咪来南昌投靠我，等我退休后把娘接来南昌，一起享受四世同堂的天伦之乐。"

王老三的哥哥不得已出面跟城建局局长说了他未来的弟媳顶亡夫编制的事。在局长的监督下，指标才重新回归大妹，但要交1900块钱进编。大妹只有400元，还差1500元，只好打电话向学花借。

居委会吴主任听说学梅要找学花借钱，找到她说："你姐现在性命堪忧，你还向她借钱。你姐养你这么大，你有良心吗？你担心过姐姐吗？"

学花曾听到大妹的邻居说，大妹为找这个王老三，把好吃的都让给他吃，还没结婚就同居了。王老三说要是大妹怀孕生个男孩就结婚，否则免谈。现在交钱进编，王老三以没正式结婚为由，不出一分钱，反倒要大妹找学花借。

言人听后，气不打一处来。他对妻子说："车祸的事还没处理，对方还没给钱。第一次住院的钱，一部分是弟媳妇们去商场讨来的，另一部分是东拼西凑和亲朋好友送的。眼下还要做第二次开颅手术，手术钱都不知从哪里来，是你妹妹进编要紧还是救你的命要紧？"

学花知道丈夫是为自己好。她不怪丈夫，然后神秘地对言人说："你千万不要着急，手术前我会给你意外的惊喜。"言人猜不到学花口中的这个惊喜是什么，他觉得现在没什么比学花第二次手术成功更让他感到惊喜的了。

这时杰儿回来了，儿子这次站在了母亲这边，他说："妈妈的命要救，大姨的指标也要买，不然大姨老了连退休工资都没。我也知道家里没钱，我可以晚点结婚，去帮大姨借这1500块钱。"

令学花一家始料不及的是，王老三第二天竟厚着脸皮直接来南昌了。学花对他说："这钱本来就该你出，因为这份工作是你们以后的生活保障。钱我可以借，但只要有我这个姐姐在，你就休想骗我大妹。现在还没结婚，你一边想和我大妹生孩子，一边连大妹进编的钱都不出，那以后结了婚，你还能为她付出什么？我大妹跟着你能幸福吗？"

在做第二次开颅手术前，医生找言人签字，言人担心手术有风险，心里忐忑不安。医生明确告知，任何手术都有风险，只是风险的程度不同而已。如果学花的身体对人造头盖骨产生排异，就势必要做第三次开颅手术，再把人造骨取出来。

这时，学花站在门口清楚地听到了丈夫与医生的对话，顿时产生巨大的心理压力，以至于一个晚上都没睡着。她想，第二次开颅手术就够让人提心吊胆的了，万一要做第三次开颅手术，那就死定了。

第二天，学花赶紧找到杰儿商量："妈不想做第二次开颅手术，万一我的身体对人造头盖骨产生排异的话，那还要做第三次手术，这反复折腾的痛苦妈实在受不了。"

杰儿宽慰母亲说："身体对人造头盖骨排异的概率非常小，如果大脑没有头盖骨的保护，就会变得异常脆弱，很容易感染。如果第二次开颅手术成功，身体又不排异的话，就可以一劳永逸，再也不用担心大脑的安全了，我看还是做手术吧。"

言人和杰儿都希望学花做第二次开颅手术，但她的心里还是很紧张，每天都要丈夫陪自己到外面走走，特别是没吃过的小吃她都要去尝尝，生怕自己到时候下不了手术台。

言人安慰妻子说："这个手术对刘建民主任来说就是一个小手术，绝对不会出问题的，你千万不要太紧张，我和杰儿都会陪在你的身边。"

手术前一天晚上，学花对丈夫说："明天就要做手术了，我之前说了要给你惊喜的。"

"什么惊喜？"

"我们家装修的那3万块钱你知道是哪里来的吗？"

"不是你说向晓玲借的吗？"

"我没向晓玲借钱，是我辛辛苦苦存了20多年的钱。丁科长、陈跃琴、吴荣华、晓玲都知道这事，你若不相信可以打电话问问丁科长。"

言人的眼中流露出半信半疑的神色，心想：老婆每个月的工资、年终奖金都给了我,甚至到洪城大市场批发玩具赚的钱也给了我,她哪里还有3万元钱?自己一年的工资不到1万元,那可是自己整整三年的工资啊!

学花笑着对丈夫说:"让我细细对你说这些钱的来历。调南昌之前,我在星子县帮人家打毛衣到半夜,虽然没收人家的钱,但人家也会送些东西,我将这些东西换成日常生活用品,无形中减少了家里的开支。我一贯生活节俭,决心多存钱,完成爹爹寻祖的心愿。调来南昌时,我已存到8000元,在人们常说的那个万元户的年代,我伍学花已经很知足了。去四川寻祖失败后,星子的朋友们都劝我,千万不要把钱全交给你,只有自己留些钱,才能完成父亲寻祖的遗愿。刚到南昌时,这8000元钱可以在洪城大市场买一个店面,但我怕家里有急着用钱的地方。我不是今朝有酒今朝醉,而是细水长流未雨绸缪。我就把这些钱存在公司以求获取利息。

"调到南昌后,领导和同事们知道我还要照顾娘和大妹一家,都劝我要攒一点私房钱。胡总和丁科长让我去催公司遗留下来的死账。公司有规定,催回死账有奖励,我努力催账,得到了不少的奖励。我们出差有补贴,并规定节约归己,所以每次出差,人家早餐都是炒粉、肉饼汤,而我只吃两毛钱一碗的粥。我知道你喜欢管钱,喜欢记账,所以把工资、年终奖以及商店赚的钱都交给了你。我文化水平低,有时白天用的钱到了晚上就记不清了,经常有几分几毛对不了账,为此我俩曾发生争吵,但我还是支持你记账的。

"我调来南昌后,星子县的亲朋好友经常要我帮忙进货,然后托运给他们。我利用节假日和午休的时间帮大家的忙。后来时间长了,大家觉得不好意思,每次给我50块钱。在那时,这可不是小数目。在给朋友进货的时候,我也批一点商品,下了班摆地摊出售。胡总和丁科长不但在公司里照顾我,还会买我进的商品,甚至带人来买我的东西。加上我买理财产品赚的钱以及我生活上节约出来的钱,连同调来南昌之前存的8000块钱,我总共存了3万块。我曾嘱咐荣华姐,万一我有个三长两短,请她转告你:家里装修的3万块钱不是向晓玲借的,存私房钱不是学花的本意。那时如果我把钱全交给你,你就会想着去旅游。你喜欢旅游我不怪你,但为了完成爹爹的遗愿,为了照顾不幸的娘以及唯一的妹妹,我不能不给自己留条后路。现在,儿子长大了,还要成家买房,这些都得用钱,所以我还是决定先把钱取出来装修房子,我相信自己一定能创造和谐幸福的四世同堂家庭。"

听到这里,言人恍然大悟。他的心里激动不已:多好的老婆,总是一个人苦苦地撑着这个家，一个人拼了命地赚钱。原来自己担心借晓玲那么一大笔钱不知如何归还，现在真相大白，压在心头的债务就像一块沉重的石头终于落了地。

言人连忙给丁晓华科长打电话说："丁科长，谢谢你！谢谢你支持我老婆存了那么一大笔钱！"

眼看学花就要被推进手术室，可杰儿因单位有事还没赶到医院。学花多想在进手术室之前见杰儿一面啊。

第二次开颅手术实施的是局部麻醉，因而整个手术过程学花都一清二楚。医生先把她第一次缝合的头皮撕开放在她的头边，然后刘主任指挥医生把煮熟的硅胶从锅里拿出来，还特地让学花摸了摸。刘主任告诉她："你不要看硅胶现在这么软，等它冷却后比你的颅骨还要硬。"

医生照着学花颅骨的大小修剪好硅胶，然后在颅骨和硅胶上钻洞，再用钢丝把硅胶固定在颅骨上。

学花的颅骨钻起洞来较为容易，但在硅胶上钻洞却需要很大的力气。钻洞时，医生须趴在她的头边。刘主任万分谨慎，轻声且不断地提醒："小心点！千万不要碰到神经……"

局部麻醉只管两个小时，眼下早已不管用了。这时，钻洞仍未完成，学花痛得哇哇直哭。刘主任说："坚强一点！坚强一点！"

在刘主任医疗团队的精心操作下，学花的手术进入尾声。医生正准备把头皮缝好，刘主任发现她的头上有一个地方不平整，于是赶紧补平处理。还说不把这地方补平，以后梳头不好梳，还不好看。在没有麻醉的情况下，刘主任再次进行了完美的修补，学花却痛得呼天唤地。不大一会儿，刘主任如释重负地说："好了，好了，全好了！"

学花终于被推出了手术室，言人、杰儿、万婆婆见她疼得嘴都在打抖，眼睛都哭肿了。杰儿说："妈，不要哭，丑死了。"

刘主任告诉杰儿："你母亲很坚强，局麻过了很长时间，手术还需要一个多小时，这种割肉的痛苦谁能受得了？你母亲硬是挺了过来。"

这次手术由刘主任主刀，做得很成功也干净利落。学花的身体没有对硅胶产生排异，她不用担心要做第三次手术了。大家悬着的心终于落了地，几个月来的担心忧虑，一下子烟消云散。

20 世纪 90 年代末，学花曾帮扶过一个叫辉儿的男孩，当时他在南昌飞机制造公司工学院（今江西航空职业技术学院）读书。学花通过辉儿得知，南昌大学有个叫梅丫的女同学家庭贫困,学费都是她父亲四处借来的。为了让孩子多读点书,她父亲帮人家做工四个多月,才把借的钱还清了。钱刚还清,她父亲就不小心把脚摔伤了。家中没了生活来源,外人都劝她父亲不要再让梅丫在省城念书了,她父亲也放弃了最初的想法,准备让梅丫辍学找个婆家嫁了。从小做梦都想读书的学花,决心要帮助这个奋发向上的孩子。学花瞒着所有人,给了梅丫两个红包。这两个红包一个是大哥在学花出车祸时送的,包了600块钱;另一个是群表弟送的,同样包了600块钱。这两个红包上都写了祝福的吉言。大哥的祝福是"花妹早日康复",群表弟的祝福是"祝表姐身体尽早恢复健康"。学花一直舍不得拆开,这不光是钱,更是他俩的真心啊。梅丫看到红包上的吉言,顿时明白了这笔钱的由来,感动得热泪盈眶。学花承诺梅丫,每年资助她2000元,分上、下学期给,每个学期给1000元,一直帮扶到她大学毕业。在当时,这笔钱可是天文数字啊。为了兑现自己的承诺,后来学花拖着残疾之躯去星子县开酒店赚钱,资助梅丫。梅丫是个争气的孩子,读大三时,她就勤工俭学,在学校里承包了一个洗衣房。第一次拿到自己挣的钱,梅丫高兴得不得了,首先帮学花买了一条很漂亮的裙子。学花对梅丫说:"我不高兴你在我身上花钱。"梅丫说:"老妈呀,如果不是当初你帮我渡过难关,哪儿有我的今天。"学花说:"我的付出是不需要任何人回报的,以后你有能力了,希望传递我这个老妈的爱心,那可比你买吃的、穿的给我还要让我开心啊。"梅丫大学毕业后去深圳工作了。梅丫是个孝顺感恩的孩子,经常给学花发来视频:"向老妈学习,我也在做志愿者了,但是老妈呀,我给你买的保健品一定要按时吃。愿老妈身体健康,这样才能去帮助更多需要帮助的人。我给你买的衣服,你也一定要穿,那可是女儿的一片心啊。我想老妈穿着我买的衣服,穿得漂漂亮亮的,愿老妈开开心心、健康长寿。"

(四)

陈言人为了妻子能够早日康复,想尽办法来调节妻子的心情,他教妻子打麻将,鼓励妻子去跳舞。

1999年国庆节,学花和微微的母亲商量杰儿与微微的婚事。只是杰儿的婚房还堆满了卖剩下的玩具,学花和言人都很着急,一时不知怎么处理。

言人的弟媳妇建议,尽快把玩具便宜点批发给在万寿宫开店的人,学花觉得有道理,便和弟媳约好时间一起去万寿宫。

来到万寿宫,学花从包里拿出玩具的样品,对老板说想低价推销。老板竟然说:"价格再低也没有人要,只能当废品卖,按重量每斤4分钱。"学花一听,像从头到脚被浇了一盆冷水,心想:每斤才4分钱,我宁愿丢掉也不卖给你。

晚上,学花同丈夫商量:凭着自己经商几十年的经历,认识好多地方的经理,只是不想麻烦人家。今天下午听万寿宫的老板的话,满屋的玩具只能论斤卖,心里很是不甘,决定去找宁都县百货公司的陶明俊经理。

学花与陶经理是过去通过公司的业务认识的。她去宁都找到陶经理,说明所求助的事情,陶经理满口答应帮忙销售,只是要等他有时间来南昌进货时,顺便把玩具带回宁都。

学花的性子急,她直接告诉陶经理等不了,儿子正等着家里腾出堆满玩具的房间结婚。陶经理也没多说什么,只是对学花盛情款待,极尽地主之谊,并亲自把学花送上回南昌的汽车。

令学花万万没想到,第二天,陶经理就赶来南昌。陶经理正在感冒,一把鼻涕一把眼泪地把玩具运走了。半个月后,陶经理打来电话,叫学花去宁都拿回几千元的货款。

学花已经下岗,又出了严重的车祸,家里住房仅50多平方米,儿子又要结婚。在这个当口,陶经理出手相助,可谓是伍学花的贵人,令学花永远铭记在心。

2000年,学花的身体还没有完全恢复,杰儿和微微已准备结婚,全亏了学花的亲家母,儿子与媳妇的新房都是亲家母姐妹俩来布置的。

杰儿和微微的婚礼在南昌的和平大酒店举行,摆了30多桌酒,用了8辆小车把儿媳妇风风光光地接来。学花夫妇和家人都到了场,星子县的同事、街坊邻居和朋友也来了。学花感叹自己当年和丈夫"裸婚"成家,现在杰儿结婚能有今天这个样子,总算没有辜负自己的一片苦心。

在南昌办完婚礼,星子那边还有一些亲朋好友需要回礼,学花夫妇便携同杰儿夫妇去星子县请客。一到星子,微微看见阿咪蓬头垢面,头上全是虱子,身上的棉袄脏得不能入眼,便上前把阿咪的棉袄脱下扔到了垃圾桶里,然后把自己身上的呢子大衣脱下披在阿咪身上。学花看到被扔掉的棉袄,发现这是她给阿咪买的新棉袄,心里实在有些舍不得。微微看出了学花的心思,笑着说:"妈,这棉袄太脏洗不干净,回南昌我给阿咪再买一件新的。"

在星子请完客,学花带着娘、大妹、阿咪一道回到南昌。她首先挨个儿跟娘、大妹、阿咪洗澡,隔壁邻居小乐看见阿咪喜欢得不行,见阿咪头上有虱子,便帮阿咪捉。虱子没捉住,都爬到她的白棉袄上面去了。

学花的娘、大妹和阿咪在南昌住了几天就准备回星子。学花不放心阿咪,阿咪曾被王老三带到乡下时被自行车轧伤,至今脚上还有一道疤。学花对大妹说:"千万不能让王老三一个人带阿咪去乡下,你要把阿咪带在身边,一定要保护好阿咪。"大妹说:"我可管不了她,人家说给她买个饼或者买根棒棒糖,她就跟人家走了。"学花听大妹这么一说,赶紧蹲下来,拉着阿咪的两只小手说:"阿咪,妈妈说她没能力管得好你,你是想在大姨家里读书呢还是跟妈妈回星子读书?"

学花怎么也不会想到,才被大妹带走不到一年的阿咪说:"大姨,我还是跟妈妈回家读书。"

虽然还不到 5 岁,但现在的阿咪俨然一个小大人:她左手挽个袋子、右手挽个袋子,还想再提两个袋子。学花流着眼泪望着大妹把阿咪带走了。

学花第二次开颅手术之后,视线模糊,目光迟滞,走路抬不起头来。言人的心中隐隐作痛,生怕妻子长期这样会痴呆。他考虑良久,决定教妻子打麻将,还劝她去跳舞。过去,他十分不愿意妻子打麻将和跳舞,但现在为了让妻子早日康复,言人特地到单位借了一副麻将,一对一教学。此外,言人还鼓励头上还没长出头发的妻子去舞厅跳舞。学花说:"我这个样子,谁也不会跟我跳。"言人说:"你可以跳集体舞啊。"

一段时间之后,学花的身体果然有些好转。言人很高兴,可随之新的问题又来了。一开始,学花总是和言人、杰儿、微微在家打麻将,可家人们还有工作,也就只有周末才有时间。于是,白天在家无聊的学花开始和邻居饶奶奶、苏奶奶、张奶奶打麻将。学花的大脑还没有完全恢复,反应迟钝,加之本就是新手,所以输牌是在所难免的。学花每次打麻将回来都对丈夫说:"我今天又交了学费。"虽然邻居间打麻将每天的输赢也就几块钱,但学花输的次数多了,言人就开始心疼起钱来。

一天,言人的徒弟小胡从星子来学花家里玩。小胡对她说:"师母,你打麻将赚过钱吗?"

"我没见她赚过一分钱,天天送钱给别人。"言人抱怨。

学花听后也没好气:"过去我既不会打麻将也不想打麻将,是你非要我学打麻将,说打麻将要多动脑,有助于康复。现在我每天输几块钱算什么,看一场电影也要 20 块钱。"

杰儿下班回家，听到爸妈在争吵，上前劝爸爸："你让妈妈学打麻将，不就是想妈妈早日康复吗？那就一定要让妈开心，千万不要为了几个小钱伤害我妈。"说完，杰儿又去房间安慰母亲："以后输了钱千万不要跟爸爸说，也不要生爸爸的气，您打麻将的几个钱，你儿子包了。"

经历了一场生死劫，学花的情感也比之前脆弱了不少。她越想越伤心，第二天竟一声不响地回星子了。学花一走，言人就后悔了。他深知自己的做法又伤害了妻子。他辗转反侧了一个晚上，天一亮就去隘口干娘家，把妻子接回了南昌。

2001 年，儿媳微微在单位做临时工。俗话说：洗的碗多，打破的碗也多。微微做的事越多，挨批的次数也就越多，钱自然发得越少。微微心里不高兴，不想去单位上班了，想重新找工作，可找了几天还是没有找到合适的单位。

就在微微找工作的时候，学花接到微微单位的领导的电话。电话那头说希望微微回单位继续工作，单位培养一个人不容易，要好几年才能上岗，他们是真心希望她能回来。但他们也没有强求，说如果微微找到了好工作，那就恭喜她，毕竟人往高处走，水往低处流嘛。

自从微微回家重新找工作，学花认为杰儿是一个好丈夫，他理解自己的老婆工作得不开心，让老婆重新选择工作，这是对微微的尊重。学花一贯希望儿子和儿媳生活得好，相敬如宾，她这个妈妈也不会反对孩子们的决定，但是今天接到电话后，她的想法就不同了。

晚上，全家人吃晚饭时，学花对微微说："崽呀！处处的太阳都晒人，我知道你工作敬业反而受了好多委屈。今天你们单位的领导打来电话，希望你星期一能回去上班。妈觉得你在单位干了这么多年，工作又有经验，还是回原单位上班好，有什么不开心的事不要去想，忍一忍就过去了。再说，在行政单位上班不是谁想去就能去得了的，妈希望你珍惜。何况领导亲自打电话，你去上班既是给领导个台阶下，也是给自己个台阶下。万一还是干得不开心，你再回家，我俩去开个店做生意。"

微微说："我再考虑考虑。"

这可把学花急坏了，为了微微的前程，她拉着丈夫去找微微的父母，双方家长一起劝说微微回原单位上班。

晚上进房睡觉前，学花还在极力劝说微微，这时言人有些不耐烦了，他责怪学花:"孩子的事自已能处理好,我们多管闲事干什么?"学花气愤地说:"这哪叫多管闲事,这是为了孩子的前程。"

争着争着,夫妻便吵了起来。房子小,言人的声音又大,学花不想微微发现他们吵架,就一个人无声无息在客厅里坐了一夜。早上 6 点钟,微微起了床,学花对微微说自己去深圳玩几天,说完便出了门。

7 点钟,微微准备出门,对言人说:"爸,妈去深圳了。"言人说:"昨天因为你回原单位上班的事我说了她几句,她又跟我赌气了。她哪里是去深圳,肯定是回隘口干娘家了。"

第二天,学花依然惦记着微微是否上班,心里特不踏实。她在隘口干娘家给杰儿打电话,询问微微去单位上班了没有。干娘听说此事后,打电话责怪言人:"陈言人,你不是承诺不再伤害学花吗? 怎么又跟她吵? 还不快到我家把学花接回去!"

言人不敢怠慢,马上去星子将妻子接回南昌。一到家,杰儿就责怪言人:"妈也是为了微微的前程考虑,又没有说什么伤害微微的话,我和微微都没抱怨,你和妈吵什么! 妈刚刚死里逃生,你不要总惹她生气,气出毛病来怎么办?"

(五)

万婆婆照顾学花已经半个月了,学花要付钱给万婆婆,可她坚决不肯收钱,并说你要付钱我就走,学花只好作罢。

学花知道万婆婆喜欢喝酒,只要家里来了客人或是买了好菜,学花就会把万婆婆请来喝酒。万婆婆性格豪爽,喝酒必醉。虽然言人每次都会把喝醉的万婆婆送回家,但他觉得这样下去早晚得出问题。言人对妻子说:"万婆婆年岁大又喜欢喝酒,她在我们家喝高了,万一有个三长两短,我们和她家人也不好交代。不如我们隔段时间买点好菜、带上好酒,去她家看望她,一醉方休。"

学花其实心里也有相同的顾虑,现在丈夫的提议不失为两全其美的法子。她对丈夫说,自己早已把万婆婆当成亲人,因为在自己最困难的时候,她总是帮助自己。不要说请她喝点酒,她的后半生自己管定了。

快到五一劳动节了,吉安的赵经理夫妇邀请学花一家去做客。吉安人好客,又喜欢喝酒。学花想到万婆婆也喜欢喝酒,为了感谢万婆婆对自己的照顾,就邀请她一道去吉安游玩。万婆婆一听立马答应。

赵经理夫妇安排学花一行参观游览吉安的各个景点。游玩两天后,赵经理为学花一行摆酒接风。酒席上，赵经理给万婆婆敬酒，万婆婆脸上乐开了花。

酒过三巡，菜过五味，主宾依旧相谈甚欢。不知不觉间，万婆婆不胜酒力，身体晃悠，拉着赵经理满嘴胡话，说什么也不肯离席。言人和杰儿费了好大的劲才将万婆婆搀扶下席，一行五人这才得以去赵经理家里休息。

随后，赵经理又用车把学花一行送去吉水，吉水米粮大厦歌舞厅的杨经理和学花拯救的失足青年小明又轮流请客。餐餐有鱼有肉，顿顿有茶有酒，万婆婆有些乐不思蜀了。

"五一"假期过了，赵经理夫妇想挽留学花一家多住两天，学花考虑到言人、杰儿、微微都要上班，而且这个长假本就给赵经理夫妇添了不少麻烦，心里实在过意不去，于是就让丈夫买了回南昌的车票。

上火车后，万婆婆因不愿回南昌而生气，不知躲到哪节车厢去了。学花一家人担心万婆婆的安全，杰儿在整节车厢里找了一个遍也没有找到。到达南昌站时，学花让丈夫和杰儿抢先赶到出站口，在那里等待万婆婆出站。果不其然，万婆婆被杰儿顺利"截获"了。

为逗她开心，杰儿对万婆婆说："婆婆，今天我陪你喝酒。"

万婆婆一听杰儿陪自己喝酒，脸上一下阴转晴，嘴里一个劲地说"好哦好哦"。于是，在老福山的一家馆子里，杰儿买了一瓶白酒，言人、杰儿陪着万婆婆喝，万婆婆喝得十分开心。

学花对万婆婆说："如果以后吉安的朋友来南昌，我买酒买菜到你家去，你陪他们喝酒好吗？"万婆婆说："你可要说话算数哦！"

言人和杰儿陪万婆婆喝完了一瓶酒，万婆婆不出意外又喝醉了。言人像往常一样，把万婆婆送回了家，一家人也结束了这次吉安之旅。

学花在3楼平台晒太阳，做钟点工的邻居邹姐同她闲聊。邹姐问她："你知道哪家要请钟点工吗？"

学花心想：自从离开娘家之后，自己就一直非常爱干净。出车祸前，家里的卫生都是自己搞，压根儿没想过请钟点工。出车祸到现在，家里快一年没人搞卫生，到处又乱又脏。自己有心想把家里打扫干净，可是既不能爬高又不能低头。自己搞不了也不好叫丈夫和儿子儿媳搞，毕竟他们上班已经够辛苦了。但是看着堆得乱七八糟的家，学花的心里不是滋味儿。

1999年请个钟点工，每个小时只要5元钱，包月才60元。学花对邹姐说，自己想请她做钟点工，商定每个星期天上午搞一次卫生。

　　晚上,言人下班回家,学花高兴地对丈夫说:"老公,今天我请了一个包月的钟点工,一个月只要 60 元钱,星期天上门。因为家里实在太脏了,我又搞不了卫生,更不忍心看到你们辛辛苦苦上班,回到家里还要搞卫生。"

　　不料言人当即表示反对:"我们家已经富裕到连打扫卫生都要请人吗? 人家看到了肯定要对我指指点点,说我在家不做家务。这样吧,星期天我来打扫,你当监工。"

　　言人的话有一定的道理,学花只得把邹姐辞了。

　　星期天到了,言人兑现自己的诺言——自己动手搞卫生。可他一个文弱书生,哪里是做家务的料? 以前学花搞卫生都是接一大盆水,然后需要的时候用桶子舀一点水,打湿抹布后开始干活。等桶里的水脏了,就倒掉再去盆里舀一桶水,这样也避免了浪费。言人却直接用桶子装水,往里面加了些洗衣粉,用手搅拌了一下便开始操作。

　　言人喜欢关注国家大事。他右手拿块抹布不停地擦窗户,左手还不忘拿一张报纸看。学花好久不见言人换水,凑到跟前一看,言人手里的抹布已经脏得不像样了,可桶里的水却异常干净。

　　学花埋怨道:"做事就一心一意地做,做完了事再一心一意地看报纸。哪有你这样搞卫生的? 一边看报纸一边搞卫生。人家抹窗户是从上往下抹,而你是从下往上抹,这样岂不是把下面抹过的地方又弄脏了吗? 而且你抹布不用搓洗的吗?"

　　言人目光不离报纸,满不在乎地说:"我可搞不到你那么干净,我就是按我的方法来。你这个监工要点评也得等我打扫完卫生再说,不要中途指手画脚影响我!"

　　学花觉得很委屈,她没好气地说:"我搞得了卫生还要你做呀! 我没出车祸之前,家里的卫生不都是我打扫吗? 现在家里乱成一团糟,我想请人搞卫生,你又是舍不得钱,又是怕丢了面子。"一气之下,学花一脚踹翻了家里的落地扇。

　　言人也头脑发热,把热水瓶往地上狠狠摔去。

　　家里顿时一片狼藉,学花赌气跑到楼下邻居银秀家去了。

　　看到瘫在地上的电风扇和满地的热水瓶碎片,言人不由心痛起来。这摔掉的东西远不止 60 元钱,自己还和老婆闹了一个天翻地覆,真不值得。老婆的身体还没康复,自己容易上头的脾气什么时候能改改? 想到这里,他决定将功补过先打扫好卫生,然后连忙跑到银秀家跟老婆赔礼道歉。

星子县渊明酒家的服务员小艾与伍学花是多年的同事和邻居,相互知根知底。她欣赏学花对工作认真负责,特别是学花的为人令小艾一直很佩服。现在星子县渊明酒家对外招标,她很想去中标,但自己资金不够,因而来南昌想邀请学花一道去承包渊明酒家。

小艾来到学花家,当面向学花表明了自己的来意。

学花说:"我的身体还没有康复,走路都摇摇晃晃的,看东西都歪头斜视。这个样子哪里开得了酒店?"

小艾恳切地劝说:"又不要你做重活,你只要验收店里进的货、坐坐店,咋就做不了呢?"

学花想到娘还在星子,自己去了星子可以照顾娘,加上心里惦记阿咪,也就动了心。但她也有所顾虑,于是对小艾说:"真要我去承包酒店可以,我有几个要求:一是我不出去拉客源,星子县很多领导、同事、朋友、邻居都有恩于我,我不想因开酒店挣钱而麻烦他们;二是不出门催款;三是老板的身份不对外。"

小艾满口答应下来,然后说:"承包酒店要 14 万,二一添作五,我俩各 7 万。"

学花说:"我出车祸,对方除了承担治疗的钱,还赔了 7 万块的营养费和精神损失费,我可以把这钱入股。既然我俩投这么多钱,那么我们一定要想办法挣钱。我给你推荐一个人,我们不要她投资一分钱,因为她开过几年酒店,有经验,也有老客源。我这人不计较能挣多少钱,但是一定不能亏本。我相信吃亏是福,重要的是合作开心,所以决定赚了钱,你拿你应得的那一半,剩下的一半我和她平分。如果你同意的话,明天我就去请她,她叫小迟,还在上班。"

学花提出的合作方式,小艾和小迟都同意了。就这样,小迟没出一分钱,就成了拥有四分之一股份的老板。

言人对妻子说:"你的身体还没康复,我不准你去开酒店。"

但学花想到能照顾娘和阿咪,又想到大妹和王老三在一起这么久,王老三还不肯结婚,担心大妹上当受骗,想去星子帮大妹把婚事处理好。因而,她决定不管困难多大,都要想办法克服,便拿定主意去星子开酒店。

学花对丈夫说:"老公,你还是让我去吧。"

言人见学花执意要去,就叮嘱小艾要照顾好妻子。小艾说:"放心吧,我一定会照顾好她的。"

临行前,学花向宁都县百货公司的陶明俊经理透露了她准备去星子开酒店的事。陶经理说，不要说三个人合伙开酒店，就是亲戚甚至父子开酒店，最后都会闹得不欢而散。

之前和晓玲合伙开歌舞厅的不快还历历在目，但学花考虑到能照顾娘和大妹一家，还是不顾一切地去了星子。

渊明酒家的大厅设计了吧台，2楼和3楼是客房，后面是厨房和餐厅，餐厅的面积占了一大半；大厅和餐厅之间有一条通道，通道的一旁是一个大院子，大院里可以停车；通道的东头有两间四五平方米的小柴房，房间只有一扇报纸大小的窗子，又不通风，还西晒，中午过后房间里很热，根本不能住人，平时用于堆放杂物。

送妻子来的言人说："你是来当老板的，这么大的酒店，就不能安排一间房间给你住？你这人好说话，自己住在员工都不住的柴房里。我要去找她俩评评理。"

学花拉住了丈夫说："现在是创业初期，我个人的困难可以克服，等生意做好了再说，好吗？"

学花来到星子后，首先找到大妹。得知大妹有7个多月的身孕，但王老三还是不肯结婚，非要大妹生的是儿子才肯结婚，学花心里那股无名火噌地蹿了起来。她想，大妹有正式工作，而且怀了孕，现在这个没有工作的男人，吃住都靠大妹，居然还不肯结婚，天下哪有这样的道理！万一大妹生了一个女儿，王老三不认的话，岂不是孩子一出生就没有爸爸？

学花找到吴主任、王医师和干妈，4个人一道去找那男人的大哥。幸亏他的大哥还算通情达理，马上主张他弟弟和伍学梅结婚。

大妹告诉姐姐，王老三的大嫂很喜欢阿咪，想把阿咪过继给她家，问姐姐同不同意。

"只要送给有能力保护阿咪的人家，我都同意。"学花对大妹说，"你现在怀了孕，阿咪还是放我那里，我帮你养着行吗？"

渊明酒家的对面是星子县第一小学，学花把阿咪放到县一小的学前班读书。

渊明酒家开张的那天，热闹非凡。星子县不少单位的领导以及渊明酒家老板、员工的亲朋好友都来贺喜。小艾、小迟身着彩妆，脸上充满了喜悦，兴高采烈地以老板的身份剪彩，学花却以一个普通员工的身份忙碌着。那天言人也去了酒店，他看到妻子忙碌的身影，心里感慨万千：明明妻子自己是真正的老板，却拖着一副残疾之躯，做着普通员工的事，还住在闷热的小柴房里。

学花的老领导程主任听说她做了酒店老板，也赶来了。学花看到程主任的背影也不好打招呼，程主任还以为伍学花不请他还躲着他。程主任下楼找到学花，学花这才不好意思地解释说，自己的娘不肯去南昌，非要待在星子县福利院，若公开了自己老板的身份，怕人家误解说闲话。自己投资酒店完全是为了娘和阿咪，但又不方便对外说，也就不好意思出面去请老领导。自己心中的苦衷，请老领导千万谅解。程主任这才明白了学花的心情。

俗话说，穷在闹市无人问，富在深山有远亲。学花在渊明酒家做老板的消息还是传开了，不少同学来看望她，有小时候读书时欺负过她的同学，还有不知是不是同学的人。他们的眼光中充满了敬佩与羡慕，再也看不到过去鄙视的眼神。他们异口同声地说："学花当了老板，要请客。"

学花回想起自己小时候与同学陈明、桂青鸣捡柴、捡破烂的情景，心中难以平静。她曾对陈明说过："虽然我现在这么可怜，但伍学花不会一辈子都捡柴、捡破烂，总有一天我会挣钱买柴，过上与正常人家一样的好日子，让那些瞧不起我的人对我刮目相看，你等着那一天。未来，我还会让你美美地吃上一顿你没吃过的东西。"想到这里，学花对同学们说："要请客可以，但你们要把陈明夫妇找来。"

没过几天，他们果真把陈明夫妇请来了。刚好言人也来到星子，学花没有食言，在渊明酒家开了一个包厢，只要大家喜欢吃什么尽管点，吃得高兴、玩得开心就好。

学花认为，对大家来说是吃一顿饭，可对自己来说是实现了当初的诺言，再则也是感谢自己的发小在自己最困难的时候给予的帮助。其他的人无论帮过自己与否，毕竟都是四十多年没见过面的同学，借此机会聚聚也未尝不可。

陈明给学花夫妇敬酒时说："因家里的干涉，几十年没和学花接触，后来学花又成了星子县的名人，自己在星子县搞床单营销，曾去过省工业品贸易公司针纺科，碰巧看见学花正忙着开票。那时围着学花开票的人太多，自己又不忍心打扰学花，就这样断了与学花的来往。人是三节草，不知哪节好。现在看到学花生活得好，心里着实敬佩。学花靠自己的努力奋斗才有了今天，真不容易。三十年河东，三十年河西，学花境况好了，还没有看不起我们这些老同学，这正是学花的可贵之处……"

话没说完，酒席上就响起了雷鸣般的掌声。

小迟是老师,平时要去学校上课,只有节假日和下午下班之后才有时间到酒店来;小艾又喜欢打牌,只要有人叫打牌,她就会立即去,有时还占用酒店的客房打。

渊明酒家有几十张餐桌,有两层楼的客房。偌大的一个酒店,有时只剩下一个出了车祸、身体还没有康复的伍学花。学花没开过酒店,又不愿意应酬,难免有些事情处理不当,考虑不周。另外两个老板从不自我检讨,反而责怪学花不会办事。为了和睦相处,大事化小,小事化了,学花忍着没跟她们争论。

不久,渊明酒家的三个老板就有了矛盾。小艾和小迟都说学花工作不负责任,这也不行,那也不行,把酒店弄得一塌糊涂。这些话传到学花的闺密陶美琴那里,美琴对她们说:"我和学花从同学到同事先后几十年,我是最了解她的。她是一个做事不怕吃苦、不在乎自己吃亏的人。她工作一贯认真负责,所有领导和同事都有目共睹,何况现在这个店她还有股份。你要说别人也许有人相信,但你要说伍学花,我们大家没有一个人会相信。"

陶美琴到渊明酒家找到学花,转述听到的传言。学花说:"大头蚂蚁倒上树,打牌的打牌,上班的上班,有事还怪到我头上来了。我一天到晚忙得连送阿咪去上课的时间都没有,幸好有一个负责客房的员工周香莲,她人很乖巧,做事非常麻利,做完自己的工作后,看我累得够呛,就帮着我接送阿咪。"

小艾和小迟的儿子来酒店都是单独炒菜吃,但阿咪从没单独吃过,都是跟着大伙儿吃工作餐。小艾的儿子心肠好,经常会夹些好菜给阿咪。学花教育阿咪:"你不要跟他们比,他们若是大姨的孩子,大姨也不会单独给他们炒菜吃。大姨是个讲原则的人。"

学花去星子开酒店有段时日了,杰儿和微微要去星子看望母亲,言人也一同前往。学花是渊明酒家的老板,难得丈夫、儿子、儿媳一道来酒店看望自己,心里非常高兴。本来吃饭由她安排一个包厢是没有问题的,可她总以为另两位老板会帮着安排,何况当时酒店的包厢都是空着的,谁知到了饭点竟无人过问。见此情景,学花心生了撤资的念头。

中午时分,学花打电话给程局长说:"我儿子儿媳来星子了,为了感谢您一直以来对我的帮助,我想请你全家和我全家聚聚。"

程局长听到学花的儿子和儿媳来了,连忙说:"远到是客,应该是我请你们全家,我去把毛姨全家也叫上。"

就这样,学花的邻居都知道学花的儿子儿媳来了,家家都争着请客招待,盛情难却。有人说："我想请学花的家人都去家里住。"但问题是，住李家，张家有意见；住张家，王家不乐意。

学花既感动又诚恳地说："他们明天就要赶回南昌上班，白天你们怎么安排都行。但有一点，他们晚上一定要去渊明酒家住，不能麻烦你们。"

毛姨等人表示，住酒店可以，但是房费得由她们出。第二天，学花的丈夫和儿子儿媳离开酒店结账时，两个老板连一句类似免单的客气话都没说。

杰儿回南昌后，打电话给妈妈说："妈！你在酒店做老板有一半的股份，我看你是在那吃苦受罪，哪有老板住柴房的呀？你的儿子去了，那两个老板装作没看见，最后还要邻居帮忙买单，你不觉得是天大的笑话吗？我不理解你为了啥。妈，你人缘这么好，那些老邻居们排着队请我们吃住，但你是酒店的老板啊，我们没理由让别人来招待啊。你干脆别做了，把股份退出来吧，爸单位集资建房正需要钱。再说了，你那里吃饭大多是记账，如果股份退晚了，恐怕你入股的钱全都变成白条了！"

杰儿的话说到了学花的心坎上，她当下决定回南昌。

学花和两位老板谈了撤资的事，二人也没有过多挽留。交接完工作，学花就带着阿咪绕道九江，把鲁妈妈二儿子的女儿也带去南昌。

三个人坐火车去南昌。快到德安时，学花和侄女打牌，阿咪一个人在玩。忽然阿咪晕车想吐，旁边一位中年男子赶紧从包里拿出晕车药和一瓶水递给阿咪。学花马上站了起来，抱起阿咪，推开了中年男子递来的药和水。中年男子也意识到学花对自己不信任，尴尬地笑了笑说："我不是坏人，我是关心孩子，这是我的名片。"

学花接过名片，才知道男子是江西日报社九江分社的杨社长，戒心这才消除。她让阿咪吃了杨社长给的晕车药。吃完药，阿咪的精神好多了，杨社长就和阿咪玩了起来。

杨社长问："小姑娘，你长大了想干什么？"

"我长大了要像大姨妈妈一样做老板。"

"大姨妈妈？"杨社长还从未听过这种称呼。

"我有三个妈妈，一个是生我的妈妈，是她把我扔掉了，我不知道她是干什么的；一个是捡我的妈妈，是环卫工人；还有就是养我的大姨妈妈。"

杨社长将目光转向了学花，眼神中流露出疑惑。他问道："小孩说的三个妈妈是真的吗？你怎么能告诉这么小的孩子她被遗弃的事实呢？"

学花回答："我出生在一个贫穷且不幸的家庭,爹爹患重病卧床不起,娘生活不能自理,还有两个残疾的妹妹。是邻居、同事和领导救了我家人的命,让我懂得感恩回报社会。尽管我现在下了岗,1998 年又出了严重的车祸,死里逃生,但我仍然自强不息。我告诉孩子这些,就是为了孩子不忘记自己的身世,一定要回报帮助过自己的人……"

杨社长听完学花的话,说:"你的故事很感人,能不能接受我们的采访?"

"我做的事不喜欢张扬,关于采访的事要跟丈夫、儿子商量。"

杨社长沉思片刻,又对学花说:"我可以带记者来采访阿咪,把她的故事登在《江西日报》上,可以帮助阿咪在南昌上户口,读书不要交借读费。"

学花对杨社长说:"如果阿咪的故事登了报,会不会伤害阿咪幼小的心灵?如果会对阿咪造成伤害,我宁可自己省吃俭用供她上学,想办法为她转户口。我坚信没有克服不了的困难,没有过不去的坎。"

杨社长同意了学花的决定,不将阿咪的事登报。

学花退出酒店股份之后分得了很多之前顾客赊账的账单,但有一万多块钱的账单被她不小心弄丢了,她的心里非常难过。去九江群表弟家时,群表弟一家也为她感到惋惜。他们怕学花一时受不了,提出借点钱给学花去应付家里,学花谢绝了他们的好意。

虽然丢了账单,但学花凭着自己的智慧与人脉关系,以阿咪读书需要钱为由,挨个去找星子县用餐单位的签单人补单,再去结款。经过她的努力,分到的账单都换成了一沓沓的钞票,而且一分不少。

(六)

2001 年 8 月底,阿咪要读小学一年级了,由于户口在星子县,在南昌读不到公办的小学,所以一家人都为阿咪读书的事忧心。

言人找到区教研室的齐教研员,请他帮忙解决阿咪读书的问题。齐教研员为人热情,他对言人说:"你家附近有一个石头街小学,我认识学校的校长,我帮你找校长去。"

言人赶紧与其来到石头街小学,校长见是齐教研员带来的人也不好推辞,就答应了阿咪进校读书,但提出必须缴纳每年 600 元,六年共计 3600 元的借读费。

阿咪的入学手续总算办好了,石头街小学就在学花家的旁边,走路只要几分钟,而且不要过马路。言人回家把阿咪到石头街读书的事一说,全家人一片欢呼。

2001年9月1日,学花送阿咪高高兴兴地去上学。从某种意义上来说,从这一天起,学花不顾一切抚养的阿咪终于在南昌扎下了根。

学花从星子县渊明酒家撤资回到南昌后,张良找到她说:"姐,我知道你是一个好强的人,又有事业心,坐在家里肯定不好受。我介绍你认识一个人,我相信你帮他厂里推销产品是一把好手。"

"是不是晓琴做副总的那个厂?"学花问。

"是的,但是要经过总经理许可才能工作。"

学花心想,当年自己帮助的张良弟,在自己最困难的时候,竟能够帮自己找事做。她决心不辜负张良弟的信任,一定把工作干好。

不久,张良把枣糕厂的徐总带来南昌与学花见面。张良对徐总说:"我姐是当年星子县的女强人,品行好,工作又负责,而且大公无私,帮你厂里推销枣糕一定行。"

"对你姐我早有耳闻,她是星子县劳模,又是供销系统的标兵,她能帮我们推销枣糕我是一百个放心。"徐总笑着说。

张良对学花说:"徐总说,你推销枣糕,厂里是没有固定工资发给你的。南昌大学对面有个锦绣谷商场欠了厂里好多货款,你要兼职催款。只有催到款,每个月才有600元的工资。你看有意见吗?"

学花说:"行,就这样吧。"

为了打开枣糕的销售局面,学花全身心地扑在枣糕上。她经常买些小商品,开展买枣糕送小商品的促销活动,使得枣糕供不应求。厂里的几位领导都很满意学花的工作。徐总、晓琴等人来南昌视察工作,午餐时大家坐在一起喝酒很开心。徐总问学花多大年纪,学花告诉他是1955年7月16日出生,属羊。徐总露出惊喜的目光,他从口袋里掏出身份证递给学花,学花一看,竟然跟自己是同年同月同日生,两人越发亲近起来。

晓琴赶紧站起来,举起手中的酒杯说:"老乡见老乡,两眼泪汪汪;老乡加老庚,更是泪流淌。让我们这些志同道合的朋友,为共同做好枣糕事业,干杯!"

枣糕销售形势非常好,但锦绣谷商场的货款很难催回来。节假日,学花经常在商场搞促销,可还是接不到货款。

2002年7月2日下午,伍学花依旧在锦绣谷商场搞促销活动。杰儿打来电话说:"妈,微微突然发动即将生产,被送进了南昌市第一医院。一家人都在紧张地等待宝宝的诞生,你也赶快来医院吧!"

晚上,阿咪来到医院,不时地向微微产房里探望,嘴里一直说:"姐姐的小宝宝怎么还没生下来?"

到了7月3日下午,微微还没有把宝宝生下来,全家人都急了。医生在检查后提出要剖宫产。家里人一商量都同意了。随着一声婴儿的啼哭,一家人都兴奋起来。学花更是开心得不得了,她终于实现四世同堂的梦想。

医生问杰儿,孩子叫什么名字。杰儿说,我们早就想好了,如生女儿就取名叫陈可。

2002年国庆前夕,学花准备搞一次促销活动。星期天一大早,学花抱着三个多月的孙女陈可去锦绣谷商场催款。她对部门负责人说:"我快一年没发工资了,还是天天到你们柜台上班,你们看那些货款能不能尽快还上?"

锦绣谷商场的出纳、会计都被她感动了。

部门负责人更是说:"我们不仅补上你的工资,还保证你每个月600元一分不少。如果我们的职工都像你这样就好了。"

学花卖光了货但厂里还没有货运来,她只好主动辞职,与厂里结清了账。

青山湖区教育局的集资房交房了,学花一家人商量要不要马上装修,请谁来装修。杰儿说:"现在家里的人都没时间来料理装修的事,我和微微、爸爸都要上班;妈妈既要照顾来南昌看病的外婆,又要照管才几个月的陈可,还经常做小生意,纵使有三头六臂也无法分身去管装修的事。更何况我们家两套房子,一套在城西,一套在城东,坐公交来回跑也要两个多小时。我看暂时就不要装修了,等外婆病好了,陈可大点,再考虑装修的事。"

言人说:"我们家好不容易才有了这么一套大房子,谁来装修我都不放心。只有张良的大妹夫小林来,我才会同意,否则就暂时不装修。"

学花想到一家四代七口人住在50多平方米的小房子里实在是难受,她想克服一切困难,求助小林来家装修。学花给小林打了个电话。小林一接到学花的电话,立即回话说,再重要的事也比不上给姐家装修重要,约定过了年就来给学花装修房子。

2003年春节一过,小林便带着洪老来了,这可把学花忙得焦头烂额。上有老下有小,买了装修材料还要买菜做十多个人的饭。做了城西家里的饭,还要抱着不到一岁的孙女去城东新房子做饭。好在孙女不吵不闹,帮了学花的大忙,不然学花真不知道怎么办? 不到九个月的孙女,每天跟着她乘几趟公交车。

家住星子隘口的张良的娘,也就是学花的干娘,实在不忍心学花这么吃苦。虽然自己的孙子也才一岁多,但她还是抛开自己的孙子不管,来南昌帮学花带孙女。说也奇怪,平时陈可除了学花这个奶奶外,别人都带不了,不仅又哭又闹,而且不吃不喝。可学花的干娘带陈可时,陈可却异常乖巧。

2003 年 3 月 2 日,学花、娘、干娘、言人、杰儿、微微、阿咪和陈可一家八口齐齐地聚在一起。装修房子以来,一家人难得在一起有说有笑。特别是阿咪,总是逗陈可玩。桌上已摆满了热气腾腾的饭菜,学花还在厨房里忙活着。

微微平时话不多,她看着婆婆忙碌的身影也由衷地感慨道:"我的一个同事说她公婆两人退休在家带一个小孩都觉得好困难,我说我婆婆上管生病不能自理的娘,下管我的女儿,她自己出过严重的车祸,还要管高新一套房子的装修,什么事都是她一个人担着,从没听到她叫苦叫累。同事们没有一个人相信,都说除非你婆婆有分身术。今天真该把她们叫来家里,让她们看看我妈做事的样子,看她们还信不信。"

小林见姐忙得不可开交,又是敬佩又是心疼。他心想,姐一个人做那么多的事从不叫苦叫累,硬是自个儿挺了下来。幸亏自己的丈母娘帮姐带孙女,否则真担心姐的身体会累垮。所以一些小件零散的装修材料,小林从来不让姐费神。只有买大批的装修材料,小林才会把姐叫上。买装修材料往往需要一整天,材料买回来后人都累散了架,可学花还要做了东头小林、洪老的饭,再去做西头全家八个人的饭。学花想到一家人马上就要住上大房子,就算自己再累,心里也是高兴的。

小林、洪老把给学花家装修的事当成自家的事,从早到晚没日没夜地做。也许是太累,小林的胃病犯了,学花急得四处找名医给他看病。她带小林去看了专家门诊,然后坚持天天给小林熬药炖汤,直到小林的病好转为止。

装修时,学花家在经济上还是很困难的,连小林、洪老每人每天 30 元的工钱都常常付不起。还没等学花开口跟他俩商量,二人就主动提出工钱可以晚个一年半载。张良老婆深知学花家的经济条件,主动借钱给学花。有了这笔钱,学花才把小林、洪老的工钱付清。

2004 年年后不久,学花的婆婆病危住院,一家人心急如焚。婆婆千辛万苦把九个儿子拉扯大,现在生活好了自己却病危,兄弟们的心都提到了嗓子眼。经过医生的抢救和兄弟们的日夜守护,母亲的病才稍有好转。从长远考虑,大伙合计各家轮流照顾。

学花对杰儿说："奶奶病危,不管是否轮到我们家照顾,你和微微都要经常带孩子去医院看望。奶奶养大这么多孩子,一辈子不容易,她现在的愿望是儿孙绕膝。"

杰儿、微微很听话,他们常和爸妈一道来看奶奶。奶奶看到儿孙满堂其乐融融的情景,满脸都是笑容,心里不知有多高兴。

学花对婆婆说："妈,我来帮你擦身子、换衣服,好吗?"

学花刚给婆婆擦完身子,微微便细心地帮奶奶穿上衣服,奶奶一脸安静祥和舒适的神情,似乎在感受孙媳妇的浓浓亲情。

学花的弟媳清楚地知道婆婆一贯以来对嫂子的态度,眼前的现实让她感到不可思议。她笑着对学花说："你咋对妈这么好? 不但自己来看望照顾,还把杰儿、儿媳及孙女都带来了。"

学花说："妈过去不理解我,但我理解老人家。再说,每个人都会老,尊老本是一种美德,这更是我们做儿女的义务。"

2004年3月10日,婆婆感觉到留给自己的日子不多了,她不想再住院。兄弟们不敢违背娘的心愿,把娘接回了家。这天晚上,兄弟们、妯娌们、孙辈、曾孙辈都来到老人家的床边。老人家的目光似乎在搜寻着什么,忽然,老人的手颤抖地抬起来,嘴里发出"学花……学花……"的轻微喊声。学花立即上前握住娘的手喊道:"妈,我在这!"婆婆用极其微弱的声音说:"学花……娘……对不起你! 自从你嫁到我们家后,我一直看不起你,反对你和我儿子的婚事。这么多年来,你对娘没有怨气没有恨意,为我付出最多的人是你。你努力为自己争气,也为我争光,娘为你感到高兴。"

婆婆转身又对言人说:"你要跟学花好好过日子。"

学花感动地说:"妈,不要说了! 31年来,我一直在等待妈妈的认可,今天终于等到了! 我过去即便再苦再累也值了。"

婆婆反复地说:"我以前总是责怪你、苛求你,你却没有半句怨言。我知道你是打掉门牙往肚里咽。"

学花安慰婆婆说:"妈,要怪只怪我的命不好,谁叫我出生在那个不幸的家庭呢? 换成我的儿子,我也会担心。我一直理解你,才不会怨恨你。"

2004年3月12日晚上8点,伍学花的婆婆永远地走了! 一位桃李满天下的人民教师,带着对人世间不尽的留恋,离开了他的儿孙们。

老人过世的第三天，她工作的学校举行了隆重的追悼大会，来自各条战线的学生有好几百人参加，有不少厅级干部，还有省级领导。言人为母亲致悼词时，会场泣不成声。悼念者都在为失去一个伟大的母亲、一位受人尊重的人民教师而感到悲痛。

送走了母亲，再不能让爹爹独居一处。兄弟们商量来商量去，觉得爹爹跟学花一家人住在一起比较合适。言人马上表态："好哦！高新的那套房子，有一百几十平方米，而且环境优美。天刚一亮，鸟语花香，空气新鲜，很适合老人居住。"

言人找到学花说："兄弟们想爹爹到我们家住。"学花说："好哇！我早就想把爹爹当成自己的父亲来照顾。为了老人进出方便，虽说是刚装修的房子，虽然我爱干净，但为了老人，进出房屋以后就不用换鞋了，爹爹觉得怎么方便就怎么来。我一贯不羡慕人家有钱有势，我最在意的是家中有老有小，几世同堂过着和美的生活。"

言人非常感动，自己没跟老婆商量就答应把爹爹接来家里，老婆不但没有反对，还非常乐意接受爹爹。他动情地说："老婆，你太好了。"

学花说："爹爹是婆家最早接受我的人，我早就想把爹爹妈妈接来家里享受四世同堂的生活，只是怕兄弟们有想法。现在好了，妈妈认可了我，兄弟们也同意爹爹住在我们家，我当然高兴。虽说这是我们的责任和义务，但也是家人们对我们夫妇的信任。"

谁知爹爹还是坚持要住在娘过世的那套房子里。兄弟们拗不过父亲，只好轮流去陪伴。爹爹虽然没去学花家生活，但还是感受到学花的孝心。白天，爹爹一个人在家难免会感到孤独，故经常去学花家串门。学花总是留爹爹在家吃饭，让爹爹感受家的温暖。有时爹爹怕学花受累，便邀请学花全家到酒店吃饭，点菜时爹爹说："学花，多点些你没吃过的菜以及你不会烧的菜……"

学花一家四代人坐在一起，感到特别温馨。爹爹看到曾孙女陈可活泼可爱的模样，常常露出慈祥的微笑。

（七）

学花的老同事伟兰，她父亲是学花过去单位的经理。伟兰去医院检查，发现得了肠癌，需要去南昌一附医院治疗。伟兰心中的压力很大，感到十分恐慌。她找到同事查姨说："我这么年轻，孩子又这么小，就得了癌症，心里害怕得不得了，很想立即去南昌治病，但南昌没有一个熟人，因此，我想去找伍学花。记得我父亲去世时，她还来送父亲最后一程，并安慰我母亲和我要坚强地活下去，没有过不去的坎。但是学花在星子时，她家里无论发生什么大灾大难我都没有去她家探望过，尤其是她调去南昌以后，她儿子结婚我没去，她出车祸我也没去，现在哪还有脸去见她？"查姨说："伟兰，你想错了，伍学花的为人你大可放心。只要是和伍学花相处过的人谁不知道，她是个省己待客的人，宁肯亏自己，也绝不亏别人。不要说你曾经是她的老同事，就是素不相识的人找到她帮忙，她都会挺身而出。伍学花就是这样的人啊！"

听了查姨的话后，伟兰便和丈夫来南昌找学花。学花见到老同事来异常高兴，又是倒茶又是拿点心。听说伟兰患有肠癌，学花就劝伟兰放宽心，说自己也是从死亡边缘逃回来的。出车祸的时候，自己九死一生，凭借着对生的渴望硬是挺过来了。何况伟兰的肠癌还没有确定是早期还是晚期，很多癌症晚期患者都活过来了，若是早期就根本不用担心，做手术割掉就没事了。伟兰说："学花姐，经你这么一说，我的心里好受多了。看来到南昌来找你真的没有找错。"学花说："没有蹚不过去的河，更没有跨不过去的坎。只要正视疾病、积极配合治疗，就一定能战胜病魔、恢复健康。"

伟兰去一附院检查，医生说需要立刻手术。学花对伟兰说："手术是好事，说明你的病能治。"手术当天，学花和伟兰丈夫守在手术室的门口，心中默默地祈祷手术顺利成功。当伟兰被推出手术室，医生告诉她丈夫："手术非常成功。"那一刻，学花的心情是何等激动。

手术后，学花总是问伟兰放了屁没有，因为只有肚子通了气才能进食。学花赶早去为伟兰买乌鱼，回家后去鳞，洗干净，炖好，再给伟兰送去。见到学花姐这样为自己忙碌，伟兰的眼中涌出了泪花。学花还想着法子给伟兰送肉饼汤，期待伟兰的刀口早日愈合。伟兰激动地说："学花姐，你不是我的亲姐姐胜似我的亲姐姐。"

伟兰出院回星子后，学花也一直牵挂着伟兰的身体。得知伟兰身体康复，像正常人一样，学花心中的一块石头才彻底落下。

吴主任的小儿子冬儿退伍后，经常来学花家做客，这无疑让两家的关系越走越近。那边伟兰刚走，这边吴主任的大儿媳苹果就打电话说请学花帮忙找一个老中医给她治病。学花说："你先来南昌，我一定想办法给你找一个有名的老中医。"

苹果来到学花家后，学花果然给她找了南昌有名的老中医。老中医说苹果的病是疑难杂症，一时半会儿很难治好，要细心调养，稍不注意就要出大问题。苹果心里一时很乱，拿不定主意。学花劝说："既然老中医已经开了一个月的药，你就安心在我家调养，试试老中医的药有没有效果，我会尽心尽力地照顾你。你给家里打一个电话，说我会照顾你就行了，请丈夫和女儿放心。"学花又打电话给吴主任说："我一定会像对待亲弟媳一样对待苹果，克服一切困难，调理好苹果的身体，请家人放心。"

苹果在南昌学花家治疗一个多月，病情没有好转，无奈回家。走的时候，苹果要给生活费，学花坚决不收。学花说："不要说你婆婆对我家有恩，就是素不相识来求助我的人，我也会尽心尽力。"

苹果回星子后，医治无效，年纪轻轻就永远地离开了人世。

不久，周香莲又来到南昌学花家。香莲本在渊明酒家负责客房管理，学花离开渊明酒家不久，酒店就因经营不善转让，香莲被迫离开了渊明酒家。香莲本来就下了岗，很长一段时间没找到事做，心情自然就不好了。这时，香莲想到了学花，准备来南昌碰碰运气。

香莲看上去很瘦弱，但手脚麻利，非常能干。香莲在学花家住下后，总是在学花一家人没起床前就把家里的卫生搞好了。言人有些熟人是开厂的，学花夫妇就带着香莲一家又一家地拜访，看有没有适合香莲做的事。香莲看中了一家服装厂，包吃包住，还按月发放工资。厂长看在言人的面子上，给香莲弄了一个很大的房间独住。学花夫妇带着香莲去工厂各处转了转，也都很满意。香莲和服装厂签订了合同后，就一个人在厂子里住下。学花夫妇也就放心地回家了。结果晚上，学花夫妇就接到香莲的电话，她说一个人住在大房子里，周围没有人，心里好害怕。学花赶紧安慰香莲，叫她别怕，关好房门，然后马上去接她回家住。

虽然服装厂没去成，但在学花的帮助下，不久香莲还是找到了工作。学花夫妇经常去看望香莲，香莲也抽空来学花家坐坐，学花和香莲形同好姐妹。半年后，香莲的朋友开药店要香莲回星子帮忙。临走时，香莲拉着学花的手激动地说："感谢伍姐和姐夫在我最困难时帮我渡过难关，我一辈子都不会忘记你们的大恩大德。"后来香莲想在星子买房，但钱不够，学花知道后，想办法到处为她借钱。

办完了人家的事，也要办自家的大事，学花找到荣华姐说："阿咪都读四年级了,再过两年就要读初中,户口还在星子没转过来,到时还不知道去哪里读初中。"恰好祖华姐夫说他认识学花辖区的民警,他想去找这位民警,讲述阿咪的故事。

不久,祖华姐夫打来电话说民警听了阿咪的故事,很感动,让学花亲自去找他。学花找到那位民警后,他对学花说:"你自己下岗,又出了严重的车祸,真不容易。你是星子县计划生育的模范,儿子早已办了独生子女证,所以你不能收养阿咪,但你可以以阿咪大姨的身份让阿咪寄宿在你家生活、读书。你把阿咪的证明材料交给我,等批下来了,你就可以去星子给阿咪办理户口迁移手续。"

学花赶快把证明材料交给民警。不久,民警打电话说阿咪转户口之事批下来了。学花心想,这下可以改变阿咪的命运了。学花教导阿咪,永远不能忘记这么多好心人对她的帮助,一定要好好读书,将来好好工作,做一名对社会有用的人。学花赶紧去两地派出所办理阿咪的户口迁移。从此,阿咪在南昌有了正式户口,将来读书就业没了后顾之忧。2005 年,学花夫妇的心情特别好,心情好的原因有两个:第一,学花工作了 28 年,又下岗了 8 年,现在终于领到了每月900 元的退休工资。虽然金额不多,但自己一个人吃饭绰绰有余。言人说:"有了退休工资和医保,老婆这一辈子也没啥可担心的了。"第二,阿咪的户口从星子县转来南昌。学花自己虽然没有什么文化,但给阿咪上户口时,学花还是给阿咪取了一个特别好听且有意义的名字。首先,阿咪要跟学花大妹姓伍,这样伍家总算有了后,也算以另一种方式完成了爹爹传后的遗愿。其次,姓伍的阿咪自然成为学花的梦想和希望,于是取名伍梦莉。

有一回,阿咪回家跟学花说:"大姨,你怎么给我取了一个这么好听的名字,大家都说我的名字很好听!"学花说:"大家说什么不重要,我只在乎你喜欢不喜欢自己的名字。你的名字有外公传后的遗愿和我对你的梦想,希望你一辈子幸福、快乐。"

2005 年 7 月 16 日,学花迎来了 50 岁的生日。学花再也不是没有工资的下岗员工,而是月月有工资的退休职工。

学花每年会主动前往社区,跟党组织一起送温暖。学花将省吃俭用存下来的钱为孤寡老人、残疾人和需要帮助的人买毛衣、棉衣、内衣,为贫困学子送钱送物。

从这天起,学花的社保、医保都有了着落。陪同学花去办理退休手续的言人,心里更为激动。老婆下岗八年来,那么多的苦难经历鲜明地印在言人的脑海里。几千个日日夜夜，言人无时无刻不在为老婆担忧：万一自己有个三长两短，老婆的生活怎么办？为了老婆老有所养，他为学花缴纳了全部的社保，包括应由单位缴纳的那部分。冬去春来，终于盼来了春天。今天学花终于正式退休了，言人心潮澎湃。现在他捧着学花的社保证和医保卡，心中的阴霾一扫而空。言人高兴得放声高歌："天是蓝色的天，生活比蜜甜……"

谁都不知道学花在想什么。现在学花已经拿到了退休金，也不要上班了，学花早就想把娘和大妹接来，可是大妹已嫁人，娘又不听话，靠学花一个人的力量是接不来娘的。

2005 年 8 月的一天，学花夫妇带阿咪和孙女陈可去文教路口工商银行办理包月公交卡。排队时，有一个戴帽子的志愿者将一份宣传单递给学花。学花一看宣传单，心中大喜。宣传单上说血源紧缺，志愿者献血年龄从 55 岁延长到 60 岁。学花一直想志愿献血，可是因为出了车祸，吃了很多药，血化验过不了关，献血的志愿一直实现不了。如果志愿献血延长到 60 岁，学花献血不就有希望了吗？公交卡包月手续办完后，学花对爱人说："志愿献血是利国利家利己的事。我以前就想献血，但因为当时在服药，所以献不了血。目前我停了药，我想再去化验一次血，看能不能献血。"言人说："你这么大年纪，又出过严重车祸，差点儿连命都丢了，我担心你的身体吃不消。"学花说："如果可以献的话，我还是想献血。"言人见学花拿定了主意，便不再劝说，算是默许。三岁的孙女陈可问道："奶奶，你干吗要献血？"学花对孩子说献血可以救人家的命。孙女说："奶奶，我也要献血救人家的命。"学花说："乖孩子，你现在还不能献血。等你长到 18 岁时，才可以献血。"陈可失望地说："还要等长大啊！"祖孙四人一起来到文教路的省血液中心。血站的医务人员见退休老人来志愿献血，都感动得不得了，很多年轻人都做不到的事，退休老人却带头做了，这是多么可贵的精神。医务人员赶紧让学花等人坐下，又是端茶又是拿表。言人帮学花把表填完，医务人员就来给学花验血。血检报告一出来，学花的心里乐开了花，她的血液符合献血标准。学花高兴地说："想不到退了休，这么大的年纪，还可以为社会做点有意义的事。"收表的人说："大妈，你年纪这么大，又是第一次献血，就献 200 ml 吧！"学花说："献 200 ml 跟没献一样，还是献 400 ml 吧。"抽血的针管很粗，陈可吓得手发抖。她怕奶奶疼，就用颤抖的手蒙住奶奶的眼睛，嘴对着学花的耳朵轻声地问："奶奶，疼吗？"学花说："奶奶想到自己的血能救病人的生命，就不疼了。"受学花影响，阿咪 18 岁就开始无偿献血。

　　献完血后，医生要学花休息 15 分钟并嘱咐学花要多喝些汤汤水水，几个小时不能洗澡，不能拿重物。陈可听后马上说："奶奶，我来帮你提东西。"

　　祖孙几人坐公交回家，公交车上有两个空座位，言人让学花和孙女坐了。南大公交站上来了一位老太太，学花连忙让座。孙女拉着奶奶的手亲了亲说："奶奶，我们两个挤在一起坐。"车子到了长春村，上来了一个孕妇，学花对孙女说："乖，快把座位让给有宝宝的阿姨坐。"孙女说："你站起来时，千万要扶住，别摔倒了。"

　　晚上，儿子、儿媳下班回家。吃晚饭时，学花对大家说："现在我退休了，有时间在家，我想把娘接来南昌安享晚年。我再也不想为了生活不能自理的娘而麻烦组织和他人。"杰儿说："金窝银窝，不如自家的狗窝。你百孝不如一顺，外婆的生活习惯与你不一样，她是不会愿意来南昌的。"学花对杰儿说："虽然我刚生下来时就差点葬送在你外婆的手上，但你外婆生下了我，我就有责任和义务赡养她。我最近正在筹划如何顺利把你外婆接来家赡养。你放心，我一定会让你外婆亲口说来南昌。"

　　言人说："杰儿说得没错，对老人有孝还不够，还要顺。你忘了，上次娘来南昌失踪了几天，全家人都吓蒙了。如果娘来南昌又走失了，谁能保证一定能找到？到时候你连后悔都来不及！再说，你把娘接来南昌，县福利院那边就得退掉，如果到时候她又吵着要回星子，退路都没有了，怎么办？"

　　学花说："你们站在我的角度想想，现在我退休了，我有时间照顾生活不能自理的母亲，不然我睡不着，吃不进，心情不好。虽说我在南昌，但是我脑海里想到的全是我那可怜的母亲，如果不把母亲接来养老送终，我良心不安。虽然母亲在福利院有组织的照顾，过年过节还有很多好心人送钱送物，对正常人来说是送温暖，但对于我那不谙世事的母亲来说未必是好事。母亲不知道怎么用钱，她想吃什么，就拿一个几百的红包给别人帮她买，一买就是一大脸盆，没有吃完又舍不得倒掉，时间久了就会发霉变质。福利院的好心人多次把母亲送去县医院，通知我送钱去给母亲治病，哪一次不得花几千块钱？母亲不能自理，身上有病痛才念起大女儿的好。母亲常常对别人说，我大女儿学花一到，我的病痛就没了。"

　　母亲是一定要接来南昌照顾的，如果家人想不通，在丈夫、儿子、母亲三人中选择一人，学花宁愿选择母亲。因为丈夫离开了学花还可以生存，儿子长大已成家立业，孙女已经能上幼儿园了，但是母亲不同，她离开了学花，一个人不能生活下去。

杰儿说："妈坚持接外婆来南昌,我也同意。但是您这一辈子吃尽了苦,现在退休了,总该享享清福吧!你就不要再日夜织毛衣了,这也是我做儿子的一点建议。"学花说："崽啊,你这样心疼妈,我就知足了。妈见你骑摩托车,怕你手脚着凉,两年前辛辛苦苦为你织了一条毛裤,可你一次都没有记起穿,在箱子里放了两年。后来,我把毛裤送给社区的孤寡老人,人家感动得流泪,一个劲地道谢,这也让我领悟到要去帮助那些需要帮助的人。帮助了人,我才感到活得有意义,感到很快乐。你妈别的不会,就会织毛衣,我希望用我的一技之长,去帮助更多需要帮助的人,哪怕再苦再累。"

陈可出生后,一直由学花带。陈可小,常常撒娇,不肯吃饭,阿咪就会给陈可唱歌："一只哈巴狗,坐在大门口,尾巴摇一摇,向你点点头,啃着肉骨头……"唱着唱着,陈可一边笑一边把饭吃完了。陈可长大了一些,非要阿咪边唱边跳,每每听到阿咪唱"我独自走在郊外的小路上",陈可才肯吃饭。

陈可又长大了一些,学花便带陈可去菜场买菜。菜场有很重的烂菜叶的气味,陈可不肯去,可家里的人上班的上班,上学的上学,让陈可一人在家里,怕不安全。学花教导孙女说："农民伯伯一年到头种菜、叔叔阿姨卖菜都不怕气味,我们买点菜还怕气味吗?去菜场,奶奶还可以教你认颜色,红辣椒的颜色是红色的,白萝卜的颜色是白色的,青菜叶的颜色是绿色的。"

学花的生日刚过,又传来一个好消息:儿媳为陈可争取到省八一保育院的一个指标。学花又高兴又激动,生怕陈可去保育院适应不了,就找了家附近的四方幼儿园让陈可提前适应,她天天陪着孙女在四方幼儿园体验生活。去幼儿园的路上,要经过菜场,学花又教孙女算数,比如来了几只黄狗,走了几只黑狗等。

9月1日,微微和学花送陈可去省八一保育院,陈可还是大哭起来,哭得惊天动地,边哭边喊："奶奶,你要第一个来接我。"下午接小孩时,学花果然站在铁门的最前面。铁门一打开,学花就冲了进去。接小孩的家长特别多,前面的人还没有进去,后面的人又挤了过来。学花被挤倒了,手都磕破了。学花没顾得上处理,马上爬起来向孙女的教室跑去,因为她承诺了要第一个接孙女。孙女一见到奶奶,哭着大声地喊："奶奶,奶奶。"学花心疼地把孙女抱起。陈可突然发现奶奶的手出血了,问："奶奶,你手上怎么流了那么多血啊?"学花说:"奶奶惦记着你,为了第一个接到你,总是排在最前面。后面的人乱挤,我一不小心摔伤了。"孙女说:"奶奶,以后千万要小心。"学花见孙女如此关心自己,高兴极了。她跟孙女商量:"可可,奶奶以后能不能不第一个来接你,刚才太可怕了,差点被后面的人踩伤。以后奶奶让大家进完了,再跟着进去,也晚不了几分钟的。"孙女点了点头。

陈可小时候扁桃体发炎,学花经常带她去打点滴。有一次,亲家母对学花说:"你没有白疼可可,可可说奶奶最好。"学花听了,心里感到比蜜甜,抱起孙女亲了又亲。

有一次接孙女回家,走在路上又是打雷,又是闪电,紧接着下起倾盆大雨。孙女有点怕,学花一边抱着孙女,一边打着伞。学花希望孙女不怕风,不怕雨,不怕困难,于是对孙女说:"别怕,奶奶给你唱一段《毛主席语录》,我们肯定很快就能到家。"学花坚定有力地唱:"下定决心,不怕牺牲,排除万难,去争取胜利。"雷声、雨声渐渐地小了,但那一道道闪电却照亮了孙女的一生。

第九章　寒冬更知春风暖

（一）

以前杰儿有很多小毛病,学花夫妇都管不好。学花从心里感谢儿媳把自己的儿子带好了,现在陈杰是学花夫妇的好儿子,是一位好女婿、一位好丈夫,更是一位好父亲。

有一次,跃琴打来电话说:"下午到你家附近办事,想来你家玩玩,看看你宝贝孙女。"学花知道跃琴喜欢打麻将,就拨通了邓经理爱人的电话叫她来家里玩。下午四点左右,跃琴接到了爱人的电话,听说是在学花家,跃琴的爱人说:"那我也过去。"学花听到他来家,非常高兴,赶快去买菜做晚餐。没想到,学花做了一大桌子菜,结果饭点的时候,儿子、儿媳连个招呼都不打就带着孙女出去了。吃饭时,饭桌上的气氛十分尴尬,学花知道是自己的家人无礼,怠慢了客人。送走客人后,儿子、儿媳和孙女都回来了,学花虽然没说什么,但一个晚上都没睡着。早上,儿媳上班去了,学花把儿子叫起床说:"昨天妈买了那么多菜,你夫妇无理地出去,那几个人都是我们的恩人,跃琴的爱人还帮助了你。他们是看得起妈才来我们家,你们如此无礼,冷落他们,有你们这样做人的吗? 不是他们的帮助,哪里有我伍学花的今天。没有妈的今天,哪里有你的今天?"

杰儿说:"事情已发生了,妈,那可怎么办?"学花说:"昨天晚上我都想好了。今晚你带老婆回家吃饭就好了,剩下的事我来处理。"

学花当着儿子的面打电话给跃琴,请她和爱人再来学花家,又打电话给邓经理请他和爱人来家里玩,电话里一个劲地对昨天儿子儿媳的无礼道歉。傍晚,陈杰和微微下班回家,跃琴说:"陈杰,对不起,我们又来打扰你们了。"杰儿说:"姑姑,这是哪儿的话,昨天我答应了带可可出去玩,是我怠慢了姑姑,招待不周,还请见谅。"说着,杰儿走进厨房,让学花去陪客人,自己来炒菜,还叫老婆带女儿。吃饭时,杰儿还一个劲地给长辈们夹菜、斟酒,大家的心结都解开了。

2008 年,陈可 6 岁了,眼看就要读小学。一家人坐在一起讨论陈可去哪个学校读书。儿媳说:"按地段分,陈可该去石头街小学,但我希望女儿读一所名校。"杰儿说："爸爸,你能不能想办法让陈可去育新学校读书,那可是东湖区的名校,离微微上班的地方又近,她还可以照顾陈可。"言人说："试试看吧!"

虽然一波三折,但是在一名校长的帮助下,陈可如愿以偿进入了育新学校。

(二)

学花从星子县商机厂调到县果杂品公司后没多久,学花心中的楷模——全国劳动模范罗腊香带着女儿、学花的徒弟罗桃秀调回了自己的老家沙河,学花在星子时还去沙河看望过罗腊香和罗桃秀。之后,各家都忙于生计,特别是学花调南昌后,工作更忙,压力更大,家里上有老下有小,经济也不是很宽裕,就和罗桃秀一家失去了联系。学花出车祸后,经历了生离死别的她,脑海里常常想起关爱自己的罗腊香。那时自己是多么渴望去她身边工作啊,没想到她那么相信自己,竟然让她唯一的女儿桃秀来跟学花学徒。学花又想起罗腊香勉励自己的话："你要努力奋斗,用自己的双手,靠自己的力量,摆脱不幸和贫困,做到自强不息,为国家减轻负担。"这38字箴言成为学花的座右铭,是学花一辈子追求的目标。2000年以后,学花的身体逐渐恢复,对桃秀一家人的思念更强烈了。

在言人的陪同下,学花踏上了去沙河寻找罗桃秀和罗腊香之路。好不容易找到商业局宿舍,由于房屋搬迁改造,早已面目全非。她询问了许多人,结果没有人知道他们搬到哪里去了。学花并没有泄气,不相信自己有心寻找的人找不到。学花想到群表弟是九江毛织厂的保卫科科长,肯定和派出所很熟,不如去求助群表弟,到沙河派出所查找罗桃秀的爱人在哪里。皇天不负有心人,群表弟没多久就联系到罗桃秀的爱人。当群表弟把这一喜讯告诉学花时,学花激动不已,连夜和言人赶去了沙河。当学花与桃秀见面时,两人喜极而泣。二十多年前她俩还风华正茂,历尽沧桑,如今都是年过半百的人,桃秀的老公小陈赶紧招呼学花夫妇坐下,并端茶倒水。

桃秀说："自从我来沙河以后,我和妈都很想念师傅。妈叫我去星子找过你,听人说你调到南昌去了,不知住在什么地方。现在见到你身体健康,心中有种说不出的高兴。"学花问桃秀："你母亲身体还好吗?"桃秀的老公小陈说："妈得了重病,临死前非常痛苦。为了减轻妈的痛苦,我时常把她抱在怀里,妈是躺在我怀里离开人世的。她离开人世前,非常关心你,说桃秀的师傅这一辈子很不容易,还说你很敬业,很努力,很争气。妈交代我和桃秀:今后如有能帮得上桃秀师傅的地方,一定要帮帮。"听到这里,学花的眼泪又止不住地往下淌。多么好的老人啊，在弥留之际还关心她。

言人问桃秀："你儿子呢？"桃秀说："儿子硕士研究生毕业后在成都工作。我退休后想去成都，但我爱人还差几年。等他退休了，我们再一起去成都。"

言人说："这是你盖的楼房吗？"桃秀说："商业局的房拆了以后，我们盖了这个房，还弄了点地种菜，日子过得还可以。杰儿在哪里工作？"言人说："杰儿结了婚，女儿都上小学了。"桃秀笑着说："时间过得可真快啊，记得杰儿小时候，一天到晚向我要狗屎吃呢。"大家一起哈哈大笑起来。

辉儿在南昌大学读书，认识了女朋友小刘。小刘早辉儿一年毕业，先去深圳打拼，紧接着辉儿也下海去深圳。

这时，学花接到毛姨打来的电话："我们要去深圳开个电话超市，还差5000元钱。我从九江坐火车到深圳，途经南昌，务必请你想办法找到我所在的车厢，给我送5000元钱。"学花想尽办法给毛姨送上了5000元钱，毛姨非常高兴。

2007年8月，毛姨又打电话给学花，邀请学花去深圳玩。学花喜欢有伴，不愿独行。刚好星子县的邻居兰香准备去深圳看望儿子，于是学花给兰香打电话，说好一同前往深圳。兰香买了卧铺从九江上车，学花回家和儿子、儿媳商量，想带孙女同去深圳玩。杰儿起初不肯，但还是拗不过母亲，只好同意学花带陈可去深圳。学花本可以买卧铺，但她考虑到兰香夫妇买了卧铺，若把孙女放在兰香那里，一来有地方睡觉，二来可以和兰香的孙女玩耍。学花想，既然孙女还没到需要买票的身高，那么自己没有必要买卧铺，熬一夜就过去了。于是，学花买了坐票。谁知那天，火车上人山人海，不要说从学花所在的车厢去卧铺车厢，就是倒开水、上厕所也寸步难行。幸亏言人来送她们，学花找到自己的位子后，言人又将孙女送到兰香所在的卧铺车厢。

天气炎热，车厢内的人又多，列车停靠的时间又短。言人为了学花和孙女顺利上车，两头跑，浑身上下都湿透了。好不容易等到火车开动，他正转身准备回家，忽然被前面一高一矮两名便衣拦住了。两人请言人去铁路派出所一趟。言人说："凭什么我要跟你们去派出所？"他俩说："就凭你在火车站跑来跑去，跑得满头大汗，就值得怀疑。"言人说："我送我老婆和孙女上车，一个在卧铺车厢，一个在硬座车厢，我不跑来跑去能行吗？"两人坚持要将言人带回所里了解情况。一到派出所，他们立即打通了言人户籍派出所的电话，挂完电话连忙赔不是，让言人回家了。

这边言人刚刚回家，那边陈可又出幺蛾子了。火车还没有开出江西，一个乘务员找到学花说："你孙女自从上车以后一直号啕大哭,要找奶奶。几个车厢的乘客都被你孙女弄得无法入睡。我们怕孩子哭晕,所以才请你过去。"学花一听孙女要哭晕,忽然着急起来,也顾不上自己的行李,跟着乘务员来到卧铺车厢。陈可一见到奶奶,像见到了救星似的,立即扑向奶奶怀里。学花见孙女认生,只好抱着孙女返回硬座车厢,将孩子带在自己身边。

陈可跟学花回到座位上,再也不肯离开学花,也不肯睡觉。陈可怕奶奶再走开,就紧紧搂着奶奶不撒手。乘务员见小姑娘不肯睡觉,于是对陈可说:"小朋友,到阿姨的乘务室睡觉好吗?"陈可还是坚决不肯,哭着说:"我要跟着奶奶,我不睡觉。"好心的乘务员马上想到了办法,她到广播室广播:"有一位奶奶带着一位小孙女,急需一张卧铺。有哪位好心的乘客能否把卧铺让给这个天真可爱的小姑娘及这位奶奶?"

听到广播后,有一个小伙子主动来跟学花换了卧铺。学花教导孙女:"今天,奶奶和你得到了乘务员阿姨和让卧铺的叔叔的帮助,才能安稳地睡上一觉。你长大以后要向他们学习,去帮助那些需要帮助的人。"孙女点点头,哭累了的她很快就抱着奶奶睡着了。

在毛姨那里住了两天,陈可玩得很开心。学花给辉儿打了一个电话,才知道辉儿也住在宝安区,而且离毛姨家很近,只有几站路。辉儿与小刘忙来毛姨家将学花和孙女接去他家。

辉儿已买了房,正筹备婚礼。学花买了一床毛毯,送给辉儿。学花说:"红色能给你们带来一生的幸福,祝你们的生活也跟毛毯一样红红火火。见到毛毯就会想到阿姨给你们的祝福。"小刘说:"这毛毯只有我跟辉儿睡,不会让别人睡,睡在毛毯里就能感受到阿姨给我们的温暖。"辉儿与小刘对学花和孙女的照顾可谓是无微不至。学花和孙女去欢乐谷、新世界游玩,都是辉儿接送。辉儿还非要请学花、兰香和毛姨三家七个人去肯德基。学花对辉儿说:"你现在买了一套小房子,我觉得你应该贷款买一套大一点的房子,这样以后你爸妈来了也住得下。如果钱有困难,我可以借给你们,也不用你们急着还。如果你开公司资金周转有困难,我也可以帮你想办法。"后来,学花果真借了几万块钱给辉儿买第二套房。买房的第二年正月,辉儿自己开车,全家五口人来学花家还款,还要付几千块钱的利息。学花夫妇坚决不要利息,学花说:"很多东西是用钱都买不到的,更何况我们的缘分这么深。"

学花第二次来到辉儿家时,辉儿的大房子已经交付并装修好了。想到辉儿又添了家产，学花就特别开心。辉儿的父亲说："你们不要看辉儿买了这么大的房子，但都是空架子，每月还要还款，都不知道得多久才能还完。"学花说："贷款买房不要看当下，要看房子的升值空间。深圳的房价肯定会提升，到时候值几百万都有可能，你就偷着乐吧。"

小刘时常给学花送来灵芝胶囊、牦牛骨粉、燕窝等高档补品，去香港时还会经常给学花带活络油。学花和言人去辉儿家时，辉儿拿出一沓钱对学花说："阿姨，这钱你们拿去用，想怎么用就怎么用。"学花说："看到你们的生活越来越好，阿姨的心里可高兴喽。你们的心意，我心领了，但是这钱我们不能要，这次我们来深圳自己带了钱。等阿姨没钱，阿姨会主动找你们要，到时候你们别舍不得给哟。"说完，大家都笑了。

学花退休后在家经常看电视，最喜欢看江西五套的《五哥帮忙团》《目击者》《有理你就说》等节目。2008年春节刚过，学生开学了。学花在电视里看到一些困难学生，心里感慨万千。她又想到自己小时候的不幸，在自己最无助的时候，爹爹死了三天，亲舅舅不闻不问，若不是党的好干部、居委会吴主任挺身而出帮自己走出困境，就没有伍学花的今天。在《目击者》节目中，记者小欣采访了一个家境贫寒的大学生。孩子的母亲患有精神病，蓬头垢面；父亲患有脑瘫，百事不知。就是在这样困难的环境下，孩子不屈不挠，背着父亲上大学。多么懂事又有孝心的孩子啊，这让学花回想起自己小时候，母亲患有先天性智力障碍，父亲常年卧床不起，自己的家庭和这个孩子有着惊人的相似。学花看着看着，不由得泪流满面。言人看到妻子流泪，劝学花道："我知道你想帮助他，但帮助人要量力而行。你一个月的退休金才900多元，而且你出过严重车祸，身体没有完全恢复，不能过度劳累。"学花心里何尝不清楚自己的能力有限，但想到孩子那么孝顺，学习又那么刻苦上进，学花决定要伸出援手，帮帮这个不幸的贫困学子，哪怕是为他父子俩洗洗衣服、做做饭或照顾贫困学子的脑瘫父亲也行。这一夜，学花没有睡，她给学子写了一封信，信中介绍了自己小时候的不幸遭遇以及好心人对她的帮助，希望激励学子不要放弃学业。

第二天一早，学花就对儿子说："昨晚江西五套播了一个背着脑瘫父亲上大学的孩子，他们的家境和妈小时候一样，妈妈很想去他们家做义工，可能阿咪和可可要你多费心了。"杰儿说："妈，那个报道我也看了，很受感动。既然你下定决心要去帮助他家，那就去吧。爸爸那边我来做工作。不过记住一点，你千万不要劳累过度，一定要注意自己的身体。"学花说："我们家七口人，加上那孩子和他父亲九口人,家里买了菜,我就要省出四分之一给他们俩吃!"

学花打电话给《目击者》节目组,主持人听了学花的诉说,非常感动,立刻与摄影师、学花一同前往在省医学院旁边的一间小屋里,贫困学子永儿就住那里。学花提着给永儿的衣物与食品,主持人也买了牛奶等,正好看到永儿趁下课十分钟赶来给父亲接屎接尿,学花和主持人都十分感动。学花把写了一夜的那封信递给永儿,希望永儿能够坚强,努力改变自己的命运。学花对永儿说:"我会烧好饭菜给你们送来,帮助你照顾脑瘫的爹爹,让你把全部精力投入学习上,多学知识将来好回报社会,也改变自己的命运。"

学花帮永儿时还经常带着阿咪、陈可,那时陈可才6岁,阿咪也不过13岁。祖孙三代去帮永儿脑瘫的父亲洗澡、搞卫生。学花叫阿咪帮忙将永儿的父亲抬到澡盆里,学花来给永儿的父亲洗澡。小屋里满是臭味,永儿父亲的床上都是屎尿,两个孩子都捏着鼻子。孙女说:"奶奶啊,好恶心,你羞羞脸。"学花说:"孩子啊,永儿叔叔这么信任奶奶,我们一定要尽心尽责,不能让病人受罪。他是病人,我们像医生一样给病人治病,没什么羞羞脸的。永儿叔叔在这么艰苦的环境中坚持读书,还背着脑瘫的父亲上大学。你们一定要向永儿叔叔学习,努力刻苦学习,将来成为国家的有用之才。"两个孩子很听话,立即和学花一起搞卫生,帮助学花照顾永儿的父亲,给病人喂水喂饭。

学花教导孩子们做了好事千万不要张扬。学花参加工作以来,帮助了很多人,但她从不喜欢张扬。这次也一样,学花不希望有人说她出风头,故央求电视台不要报道她帮助永儿的事。永儿见学花辛苦地帮他,又不张扬,很受感动,就把记者采访他家的光碟送给学花做纪念。

永儿的故事一经播出,就受到了江西医学院的关注。医学院的食堂主动承担了永儿父子的一日三餐,还有不少好心人送钱送物。但是,永儿爹的屎尿还是拉在身上、床上,一天要洗几床被褥,碰到下雨天,晾晒不方便,就满屋子的霉臭味。学花听说卧床不起的人可以穿开裆裤、坐轮椅,这样就可以减少病人屎尿拉在身上、床上的次数。她立即上街买布、买纱,为永儿的父亲做了几条开裆裤,还买了一辆可以拉屎拉尿的轮椅。从此以后,永儿的爹身上干净多了。

2008年端午节,学花怕永儿在食堂吃饭,营养跟不上,便带上阿咪、孙女和永儿去吃肯德基,买了一大桶。学花对阿咪、孙女说:"你们经常吃,让永儿叔叔多吃点,吃个够。"永儿说:"我还是第一次吃这么好吃的鸡。"

永儿非常感谢学花,听说学花的母亲生病来南昌治疗,就想去看看。他带上好心人送给他的一箱奶来到学花家，学花便留永儿吃饭。永儿坐下来开电视看，谁知却没有图像。学花说："不要急，过个十来分钟就有图像了。"永儿很感动："伍大妈帮我们父子这么大方，却舍不得换一台已经老化得不能看的电视机。您出过严重车祸，还没有完全恢复，经常头痛，却既要照顾自己的娘又要照顾我的父亲。"

有一次，永儿打来电话："资助我的梁老板想见见伍大妈。"学花不想去，何况家里的事情太多了，但是永儿坚持要让她见见好心的梁老板。学花经不起永儿的劝，又想到梁老板对永儿的资助，觉得梁老板是个好人，便同意了。但是学花提出，不去其他地方见，只在永儿住的房子里见面。

学花准时赴约，万万没想到永儿驮来一位双脚残疾的人。这一幕让学花深受感动。早知道梁老板是位残疾人，应该是学花去见梁老板，而不是让梁老板来见学花。一瞬间，他俩的眼睛里都流露出对对方的敬佩。学花主动上前握着梁老板的手说："向你学习。"梁老板感动地说："我应该向你学习，帮助贫困学子，捐款捐物的人很多，但是帮永儿脑瘫的父亲洗澡、喂水、喂饭、搞卫生的，只有你一个人。这是常人做不到的事，你不但捐钱捐物，还带领子孙三代无偿帮助非亲非故的脑瘫病人。听永儿讲你自己也不富有，家里电视老化得看不清图像都舍不得换掉，还花钱为永儿的父亲买轮椅。你既要照顾自己的母亲，又要照顾永儿的脑瘫父亲。你让我最敬佩的是，你做了这么多却不肯接受采访，还教导子孙不张扬，带领子孙三代默默地做好事，实属罕见。"

2008年7月16日，永儿从医学院毕业，要去外地参加面试，但不放心将父亲一个人留在南昌。看到永儿就要工作了，学花很开心；想到孩子这么孝顺，学花很欣慰。学花说："孩子，把你的父亲交给我，你放心地去面试吧！"永儿说："交给伍大妈，我放心。"

（三）

大妹学梅不听学花的劝阻，和王老三结了婚。2001年，38岁的大妹竟然又喜得一子。大妹有眼疾，生活习惯又与众不同，尽管有公婆帮忙带小孩，但儿子亮亮还是养成了很多坏习惯。亮亮十分顽皮，在读小学前，不听家长劝阻，竟在玩耍时冲到马路中间，被车撞伤脑袋，至今还留着伤疤。

妹夫的大哥带着他的母亲来南昌找到学花，让她帮忙找医生给母亲看病。看病之余，学花给妹妹的婆婆买了衣服，还请他们吃饭。吃饭时，学花把阿咪、孙女也带去了。大哥说:"你带的孩子这么优秀,这么乖,能不能帮忙管教小梅的儿子,她儿子亮亮没有教养,骂爷爷奶奶,打外婆,无法无天,我们全家都担忧他长大后怎么办。小梅根本没办法管好这个儿子。"

学花同言人商量亮亮的事,言人说:"大妹的生活方式同母亲差不多,母亲其实更愿意和大妹住在一起,这不是一举两得的事情吗?我们管好大妹的儿子,大妹管好母亲,免得你总为母亲牵肠挂肚。"学花说:"嗯,我们要帮亮亮改掉坏习惯。"从此,一到暑假,亮亮就来学花家,年年来,从未中断。

亮亮第一次来南昌时,天气正热。教师公寓大门处十分凉快,清晨大伙儿都会去大门口乘凉,学花便把亮亮也带去。亮亮喜欢做恶作剧,见邻居张司机喝完牛奶将奶瓶随手放在一边,便趁其不注意将奶瓶扔进了垃圾桶。张司机起身回家时不见了奶瓶,四处找都找不到,问邻居,说是被一个小男孩丢垃圾桶里去了,于是来找学花理论。学花只好不停地赔礼道歉。

中午,学花带亮亮、阿咪、陈可去吃东西,吃完后,又带孩子们去象山南路的洪客隆三楼的儿童乐园玩,孩子们在里面玩得开心。学花自从出过严重的车祸后,人容易疲倦,而且头还有些痛,就坐在一个角落里打瞌睡。不一会儿,一个塑料圆凳从天而降,正好砸到学花受伤的头上,学花一下子就眼冒金星,头晕眼花。学花睁开眼睛一看,亮亮正高兴地喊"打中了,打中了"。学花想到大妹就这么一个儿子,便不好发作。这时,一个少妇拉着一个两岁左右的孩子过来责怪学花:"你这么大的孩子怎么可以打我这么小的孩子?"学花只好又一个劲地跟对方赔礼道歉,然后拉着三个孩子离开。

陈可比亮亮小一岁,过马路时,怕亮亮出事,还总牵着亮亮的手过马路。陈可对学花说:"你不要管我,你去管好亮亮吧!"

吃晚饭时,亮亮看到阿咪和陈可的碗里都是精肉,把碗一推说:"我们家的精肉都是我一个人吃,凭什么姐姐和陈可都有精肉吃。"学花接过亮亮的碗说:"你看大姨吃了精肉吗?"亮亮说:"大姨没有吃精肉。"学花说:"这就对了,大姨为什么没吃肉,就是为了让你们大家都可以吃到精肉。"这时,懂事的阿咪和陈可赶紧把自己碗里的精肉夹给学花。学花接着说:"你看,姐姐和陈可会夹好吃的给大姨,你也应该学会有好吃的留给大家吃,特别是要留给长辈吃,你一定要懂得尊老爱幼的道理。"亮亮眨巴着眼睛,似乎听懂了学花的教诲。

学花发现亮亮有很多不好的生活习惯,比如,手指甲、脚指甲,他都是用牙齿咬,学花就给他买指甲刀,教他剪指甲,教他爱干净。

陈可喜欢吃肉脯，学花的母亲看见陈可吃肉脯也想吃。其实，学花也知道母亲肝管堵塞，消化不了肉脯，可是看到母亲这把年纪，这么渴望的眼神，学花的心一软，不忍心，不想让母亲失望，赶紧叫陈可喂一块肉脯给母亲吃。母亲吃了一块后，赞不绝口地说："好吃，好吃，我从来没有吃过这么好吃的东西。我回星子时，多买几包让我带回去吃。"说完，她又向学花要肉脯吃。学花只好再开一包肉脯，撕成很小很小的碎片给母亲吃。学花说："妈啊，我不是舍不得你吃，是担心你不能吃。"母亲说："等我有钱了，我要买一脸盆肉脯吃。"可是，没过一个小时，母亲就肚子痛，痛得叫天叫地，学花赶紧送母亲去医院。医生说："你是要你母亲吃得舒服，还是要你母亲的命？"经过医生的救治，母亲又缓过来了。在学花的精心照料下，母亲的身体再次恢复，母亲又提出要回星子。

胡总到家里看望学花的母亲，母亲一见有客人来，更是起劲，吵着要回星子。胡总对学花说："百孝不如一顺，你母亲想回星子，就让她回去吧。"杰儿说："外婆，你什么时候想走我就送你走，你什么时候想来我就接你来。"听完胡总和杰儿的话，学花无奈，只好说："趁外婆在，我们一家四代人去照一张四世同堂的全家福吧。"于是，2008年4月12日，一家人喜气洋洋地去了中山路的照相馆，照了一张全家福。

学花自从退休以后，日夜不停地织毛衣。隔壁邻居培风和卢大姐奇怪地问："你织那么多毛衣，穿得完吗？"学花总是淡淡一笑："这是我的心愿。"其实学花是在打毛衣赚钱，不过这钱赚得很辛苦。打一两毛线才赚5元钱，一天最多只能打二三两，打一件毛衣至少需要一个星期，还赚不到100元钱。学花赚钱不是为了自己，而是送给孤寡老人、贫困学子、残疾人等需要帮助的人。社区领导夏腊香非常感动，让人给学花拍照，想对外宣传这感人的事迹。学花委婉地谢绝了社区的好意，说："我是一个老党员，做一点力所能及的事情，千万不要张扬出去。"

学花帮助别人很大方，自己家的生活却很俭朴。学花结婚的床单包被用了快40年，仍然在睡。学花身上穿的内衣裤，几乎都是补丁。言人看到学花晒出去的内衣，实在看不下去了，就收了起来。学花误以为被风吹掉了，不得已才去买新内衣。看到学花晒的内衣，左邻右舍都忍不住说："你太节俭了，辛苦了一辈子，千万不要亏了自己。"学花总说"能多穿一时是一时"。学花还不想买洗衣机，她对言人说："洗衣机洗的被单只能用十多年，可我用手洗的被单可以用六十年，甚至一辈子。"

　　家里吃剩的瓜皮，学花都舍不得扔掉，洗干净炒炒就是一道菜，端上桌后，一家人还抢着吃。家里买了好菜，一定要等人来齐了再吃。遇到因事有人不能回家吃饭，学花就会把好菜放进冰箱里存放，待人都回家了再吃。只要是孩子喜欢的菜，学花从不动筷子，尽量让孩子多吃些。阿咪、陈可看到学花把好菜留给她们吃，总是懂事地说："您不吃，我们也不吃。"

　　虽然天气炎热，但为了节约电，不到36℃以上，家里不开空调。学花对家里人说："能开电扇就不要开空调，哪怕现在有30℃。想当年，能有一个电风扇就不错了，不也过来了吗？"即便是开空调，为了节约电，通常是全家老少挤在一个房间里睡。

　　有人说学花喜欢多管闲事，学花就是在一次多管闲事时结识了淑六丫。有一次，学花上了18路公交车，到墩子塘时，有个男人将一个漂亮女孩的挂包划破准备行窃。眼看女孩的钱包就要被偷去，千钧一发之际，学花从自己的座位上勇敢地站起来，迅速地走到女孩身旁，拍了一下女孩的肩膀说："崽啊，到站了，下车吧！"然后，她拖着女孩下了车。女孩莫名其妙："你怎么强行拖我下车？"学花说："看看你的挂包！"女孩急忙翻看挂包里的东西，立刻恍然大悟，幸亏钱包还在里面。女孩激动地说："阿姨，你真好，留个电话吧！"

　　从此，女孩淑六丫就俨然成了学花的孩子。虽然淑六丫住在广东，但过年过节总会来看望她的伍妈妈，平时也常常打电话报平安。素不相识的俩人，竟比母女还亲。淑六丫常买东西给学花寄来，总是写伍妈妈收，至今淑六丫都不知道学花的名字。

　　有一次，她来南昌到学花高新的家，因为学花在中医院住院不在家，她便打电话："妈妈，你在哪里？我到了家门口。"听到学花在中医院住院，她便急急忙忙地赶到医院，左手提一个包，右手提一个袋子的营养品，累得满头大汗，见到学花时连话都说不清。学花看在眼里，疼在心里。因为学花做了手术，行动不方便，她又是帮学花擦身，又是帮学花洗脚。没过一会儿，她又给学花买来了电动洗脚盆。学花感动得直流眼泪。淑六丫对学花说："妈妈呀！这都是我们晚辈应该做的呀！比起你对我的关爱这算不了什么，我一定向老妈学习！我会把我们家的家风传承下去。"她走到学花的病床前，抱着学花依依不舍地说："我马上就要回广东上班了，老妈要保重身体。"

　　学花看电视，看到《抓壮丁》中悲惨的壮丁，联想起父亲的苦难生涯，心中极度悲伤，伤心的眼泪止不住地往下淌。伤心过后，学花对父亲的思念油然而生。

想到父亲的遗愿,学花立刻打电话给杰儿,说自己要去四川寻祖。

正当学花准备去四川寻祖,"爱的颂歌"比赛即将开始。江西五套《目击者》节目的主持人帮学花领了爱心会员卡。只读了小学二年级的学花决心参加这次活动。为了将对父亲的爱表达出来,将对父亲的情感朗诵出来,学花不辞辛苦地到处找资料,躲在房间里写了一个星期,硬是没向言人这个大学生请教一个字。碰到不会写的字,她问读初一的阿咪。言人不知道学花是江西五套的爱心会员,只知道学花成天在屋子里写些什么。具体写什么,他也不知道。

言人不理解学花过了这么多年为什么仍然执着于完成父亲的遗愿,学花也不愿意跟他理论。学花自己去新华书店买了几本诗歌朗诵的书,在阿咪和孙女的帮助下,终于完成演讲稿。比赛开始了,主持人说学花的故事真实感人,如果脱稿一定能得奖。但学花出过严重车祸,手中没有稿,脑中就一片空白。学花心想,得不得奖不重要,重在参与。学花精神饱满,吐字清楚,抑扬顿挫地朗诵着自己写的散文诗《不幸的父亲》:

在战争年代,硝烟四起,生灵涂炭。在乱世之中,父亲被抓了壮丁。父亲不忍心自己人打自己人,做了一名逃兵,从四川老家,逃到了江西。

不幸的人,是父亲。搬运队队长收留了父亲……

经人介绍,队长把自己生活不能自理的妹妹嫁给了父亲……

父亲只想生儿,为家传后。父亲连得三个儿子,拼命地赚钱,租了独栋的房子。大儿子四岁时,母亲把门锁上出去了。父亲下班回家,只见儿子一个人吃了满口玻璃,躺在地上,早已死去。之后两个儿子也因意外离开了人世。父亲通过这一切的不幸,了解了母亲,但父亲并没有嫌弃或者抛弃母亲,父亲是一个伟大的男人……

"爱的颂歌"的参赛者都参加了赈灾捐款义演。当参赛者将各自的捐款庄严地投进捐款箱时,涓涓细流立刻汇成了爱的洪流流向了汶川大地。学花的几百元爱心捐款也成了这洪流中的几朵浪花,随着爱的传递,流向了震区的百姓。

义演的舞台上全是小姑娘、小伙子,唯有学花一位老太太。主持人非要让学花站前排中央。学花说:"刚刚拿到的诗稿,有几个字我不认识,还是站在后排的好。"

晚上,陈可看到电视中的奶奶,惊讶地叫道:"快来看啊,奶奶上电视了。"言人赶过来一看,朗诵的全是年轻人,只有妻子一棵不老松,但学花的风采一点都不输给年轻人。言人这才知道妻子这些天都在忙活些什么。他内心非常感动，那就是他朝夕与共的妻子。面对着四千万江西人民，学花满怀激情地朗诵着发自内心的对祖国、对人民、对灾区百姓的爱：

> 爱，在这里流泪。
>
> 爱，在这里呼唤。
>
> 爱，在这里流淌。
>
> 爱，在这里绽放。
>
> 爱，在这里汇集。
>
> 爱，在这里凝聚。
>
> 这里是十三亿爱的一角。
>
> 这里是四千万江西百姓爱的大本营。
>
> 中华一家血脉连。
>
> 奉献爱心共前进。
>
> 红五套，爱相随。

吃饭时，陈可说："奶奶教导我们不许张扬，怎么自己上了电视啊?"学花对孩子们说："这不是张扬，而是一个老共产党员的义务。"

（四）

2008 年 8 月 8 日，北京奥运会开幕了。全国各地为了迎接奥运会，都举办了庆祝活动。吉祥物贝贝、晶晶、欢欢、迎迎、妮妮的玩偶令孩子们爱不释手。

学花在帮永儿的时候，认识了江西五套《目击者》主持人小剑。有一天晚上，陈可在电视上看到小剑团队正在送福娃，便对学花说："奶奶，叔叔要敲我们家的门就好了，我喜欢福娃迎迎。"学花对陈可说："你和姑姑、奶奶帮助了很多需要帮助的人，一定能够如愿以偿。"

过了几天，有人来敲门，陈可去开门，只见小剑叔叔手里捧着福娃迎迎进门了，陈可惊讶得说不出话来。小剑叔叔拍拍陈可的头说："喜欢福娃迎迎吗?"陈可赶紧点点头。小剑说："送给你，小姑娘。"陈可连忙接过福娃迎迎，高兴地说："叔叔，谢谢你。"学花从房间里出来见到这动人的一幕说："太谢谢你了，这孩子想福娃迎迎想了好久，今天你终于满足了孩子的愿望。"陈可高兴地跑到学花的身边说："奶奶，福娃迎迎来了。"学花说："这下高兴了吧?"陈可突然蹦起来在学花脸上亲了一下，抱着福娃迎迎到房间里去了。学花和小剑都开心地笑了。

小剑说:"伍阿姨,我们还给你送来几本书,有《中国最红的爱心传媒》,这是我们江西五套的册子。我还给你们送来了几把小扇子,现在天气热,出门时带上扇子也方便。"学花说:"真难为你们了,这么热的天,还为我和孙女送东西。"小剑说:"看到陈可这么高兴,我们开心,再热我们也值得啊!"

2009年暑假,学花靠织毛衣挣的钱已经存到了1000元,当时学花一个月的退休金才900元,家里一个月的生活费也才1000元。

这1000元在学花身上放了一个多礼拜,如果是两三百块,学花早就捐出去了。钱存得越多,她就越想捐给那些更需要钱的贫困学子。

8月的一个晚上,学花在电视上看到一位父亲去世、母亲改嫁、由外婆抚养长大的贫困学子考上大学却交不起学费。学花翻开小剑送来的江西五套的宣传册,拨通了上面的联系电话。接电话的人说:"我会安排记者去见你。"

没过几天,江西五套《五哥帮忙团》的主持人五哥和叶记者便来到学花家。学花讲述了自己苦难的童年,说自己小时候渴望读书,希望有人帮自己交两块钱的书杂费,圆自己的读书梦。可现实是残酷的,那时大家都穷,谁也帮不了谁。迫于无奈,自己只读了两年小学就不得不辍学。现在,自己想尽力帮贫困学子圆自己儿时无法圆的读书梦。说着,学花取出那1000元,并告诉记者,这1000元是自己织毛衣赚来的。五哥和叶记者听后都非常感动,说伍阿姨这样的好人好事真的要好好宣传报道,可学花拒绝了。叶记者说:"希望伍阿姨支持我们的工作。"五哥说:"伍阿姨捐资助学,帮助寒门学子是正能量的事,为什么不能播?现在社会上需要更多像伍阿姨这样的人来帮助需要帮助的人,请求伍阿姨支持我的工作。"学花这才接受报道。

两天后,邻居小钟找到她说:"伍大姐,昨天晚上七点钟,我和老公在江西五套《五哥帮忙团》节目里看到你。我老公说你好伟大,真了不起。"听到这里,学花想起了去年给永儿的父亲送饭的场景。当时小钟从电梯里出来,拖着学花要她上楼打麻将,说三缺一。学花说:"家里的人都没吃饭,一家老少还在等我回家做饭。"小钟问:"那你这是给谁送饭?"学花说:"一个可怜又孝顺的贫困学子和他父亲。"小钟问:"他是你的亲戚还是你的家里人?"学花说:"电视上看到的,我能帮就帮一下。"小钟当时很不理解,说:"你傻啊!自己都舍不得吃好的,还给素不相识的人送吃的。"学花当时只是笑笑而已,如今也没有解释那么多,只是说这都是自己应该做的。

又过了一年,学花问叶记者:"凯四丫现在怎么样了?我常常牵挂她,还想继续资助她大学毕业。"叶记者表示联系不上，学花就到凯四丫的学校，在不惊动其他人的情况下，找到凯四丫问："你在学校有什么困难吗?"凯四丫回答："阿姨，我在学校里搞了一个洗衣房，能赚钱读书了。现在政策好，万一赚不到钱，还可以免息贷款读书。"从凯四丫的身上，学花看到了小时候的自己，自强，自立，不屈不挠，学花的心安了。学花也明白，现在有这么好的贷款免息政策，只要学子自身刻苦、勤劳，就能读完大学。

快到 11 点了，凯四丫要学花吃完了中饭再走。学花说："家里还有一家老小等着我去为他们烧饭，假如你有什么困难，记得给阿姨打电话哦!"

阿咪转眼就要念初三了，学花参加她的家长会时，班主任陈老师对学花说："阿咪明年就读初三了，现在到了最关键的时候，可阿咪的成绩一直上不去，英语是我教，平时我抓得紧，还有七八十分。可令我纳闷的是，她平时的数学、物理作业都会做，一到考试就不及格。"

学花回家一问，才知道言人见阿咪每天写作业到深夜，心疼阿咪，帮阿咪做了。学花对爱人说："你自己也是一名老教师，怎么能帮阿咪做作业呢? 如果阿咪不会，你应该教她解题方法和思路，而不是代劳。"

出车祸以来，学花一直很感谢爱人，也决心加倍对他好。可没想到，学花越想对言人好，言人越不希望学花对他好，说什么他以前总是伤害学花，觉得对不起学花。学花越想越不对劲，经了解，她知道言人还和前女友许莉馨、徐莉有来往，于是向言人摊了牌。言人见老婆发了火，自知理亏，决定搬出去住几天。

言人回到老房子住了一个星期，天气突然变冷，学花叫杰儿送去一床毛毯和一包衣服。言人盖着毛毯，身上和心里都感到暖和多了，深深地感受到学花关爱自己的情意。自己最困难的时候，最牵挂自己的还是学花。天气凉了，是妻子给自己添衣加被;肚子饿了，是妻子给自己端汤送饭。几十年来，妻子无微不至的关心历历在目，言人彻夜难眠。第二天，天还没亮，言人就抱着毛毯，提着衣服向妻子负荆请罪。他承诺不再联系前女友，并全心全意和学花一起守护这个家。而当务之急就是帮助阿咪补课，让阿咪考上高中。

永儿从江西医学院毕业后，应聘到新余钢铁厂医院。不久，永儿给学花来信，说父亲还是卧床不起，生活不能自理。母亲不但有精神病，而且走路很不方便，要扶着凳子才行。父母由他一个人照顾，虽然既要上班，又要照顾父母感觉很累，但心情好多了，感到很充实。信中还说，他打算让母亲动手术，然后送母亲到省精神病医院治疗。学花看到来信后，对永儿赞不绝口，称永儿有良心，有孝心。学花决定帮助永儿渡过难关。于是学花回信说："你们到南昌来遇到什么困难，一定要打电话给大妈。"

过了几个月，永儿打电话对学花说："我今天送母亲去省精神病医院看病，当天还要赶回新余上班和照顾父亲，没有时间去大妈家，希望大妈到医院来见上一面。"学花立刻去了医院，帮助永儿母亲办好入院手续，请永儿下馆子吃了午饭，才依依不舍地送走了永儿。

又过了几个月，永儿来电话说："大妈，我今天来南昌接母亲出院，碰到难题要大妈帮忙。"学花说："不要急，有什么事等中午吃了饭再说。"吃饭时，永儿说："母亲出院，东西又多，母亲走路又不方便，上不了公交，又打不了的士，真不知该怎么办。"学花对永儿说："打的士我有经验，你放心，我有办法。你现在大学毕业，又参加了工作，大妈为你高兴。你母亲几点办出院手续？"永儿说："越早越好，父亲还等着我回去照料。"吃完饭，学花给言人打了一个电话，让他一个小时之后，打一辆的士到省精神病医院来接学花。学花和永儿在一小时之内，办好了出院手续，把所有的东西都放在路边，学花、永儿扶着永儿的娘。的士一到，言人下车帮永儿把行李装上车，学花赶紧把永儿的母亲扶上车。在长途汽车站，学花夫妇把永儿母子送上了去新余的车。言人说："从家里打车到医院再到车站，蛮贵的。"学花说："能帮到永儿母亲，我们出再多的钱也是值得的，我非常快乐！否则耽误了永儿母子回家，他在家脑瘫的父亲怎么办？等这些孩子学业、事业有成时，你就会理解我做的一切，我相信你会支持我的。"

晚上，永儿动情地打来电话说："大妈，你和陈老师今天真让我感动。今天，如果没有你们夫妇，光靠我母亲扶着凳子移动，加上出院一大堆东西，肯定赶不上回家的车了。母亲吃大苦、遭大罪不说，父亲一个人在家，那真是叫天天不应，叫地地不灵。我再一次深深地感谢你们的真诚帮助！请大妈拿电话给陈老师。"言人接过电话，那边传来永儿的声音："陈老师，感谢你和伍大妈的真诚帮助，让我们母子俩得以顺利平安到家。"言人说："感谢的话就不要说了。从你和我爱人的身上，我看到了一种难能可贵的精神，这种精神会激励人们不畏艰险，朝着人生最美好的目标奋勇前进。人们常说'久病床前无孝子'，对你和伍大妈来说是真情永久在，'久病床前有孝子'。"

（五）

2009 年的冬天很冷，学花担心永儿一家三口挨冻，便不知不觉加快了给永儿织毛衣的进度,并寻思着给永儿的父亲做一些开裆裤。一个星期天,学花带孙女上街买布,然后去裁缝店,请师傅做开裆裤。师傅问:"你家怎么做大人穿的开裆裤?"孙女说:"不是我家的人穿。"师傅又问学花怎么回事,学花说出了真相。师傅说:"你咋这么好?"做完开裆裤,学花准备付工钱。师傅说:"你也让我黄春风做一件好事,工钱就不收了,也算是我对他们家的一点心意,以后你找我做开裆裤免费。"黄师傅的话不多,但很朴实,让学花感动。谁家没有困难的时候,如果都能像黄师傅这样伸出手来帮一把,还有过不去的难关吗?离开裁缝店后,孙女拉着学花的手说:"奶奶,这下你省了十几块钱。"学花说:"乖乖,这不是十几块钱的事,这是裁缝师傅的善心与爱心。只要人人都像黄春风这样献出自己的爱心,那世界就会变得更加美好。你长大以后一定要传递爱的精神。"

陈可在育新学校读一年级,每天下课学花都要去接孙女,因此无法抽身去新余给永儿送衣服,一时又想不出其他办法。学花接孙女走到文教路天桥下时,向右一看,一块"新余钢铁厂驻南昌办事处"的牌子跃入眼帘。学花脑子飞速旋转,高兴得跳了起来。学花对孙女说:"给永儿叔叔送衣服的办法有了。你看,这就是叔叔厂里的办事处,奶奶去请他们转送。"孙女说:"万一人家不理你呢?人家不认识你,会帮你做事?我才不相信。"学花说:"孩子啊,那里的人都是永儿叔叔单位上的人,你奶奶能帮助叔叔一家人,他们一个厂的人还不会帮忙吗?奶奶给叔叔一家送去冬天的衣物,奶奶相信人家一定会帮这个忙的。何况奶奶有江西五套的爱心会员卡,你不要看这小小的一张卡,这是奶奶的爱心通行证。"

第二天,学花接孙女之前,左肩一个大包,右肩一个大包,先去了办事处。办事处的保安对学花说:"这里没人买你的东西,大妈不要进来好吗?"学花耐心地解释:"江西五套爱心节目播了你厂老职工的一个孩子背着父亲上大学的动人故事后,我深受感动,自愿帮助他们一家。孩子现在在你们厂医院上班,他父亲是你们厂的老职工,现在,因患脑瘫生活不能自理,母亲又患精神病。照顾重病父母的担子全压在孩子一个人身上。我想尽微薄之力,帮帮他家,我给他家人做了一些过冬的衣物,想麻烦你们转交给他家里,这是孩子的姓名和电话。"保安听完,对学花的敬佩之情油然而生,连忙热情地说:"对不起,是我错怪了大妈,大妈有这么高的境界我自愧不如。来,跟我来,上楼去,跟办事处的同志谈谈,看看这事怎么办。"有一位姓毛的先生接待了学花。当他听完了学花的叙述后,感动地说:"大姐,你非亲非故却对我们厂的职工这么好,你委托我们的事,我们一定尽心办好,决不让大姐失望,你放心吧!"过了两天,永儿打来电话,说衣服已收到。永儿还说:"想不到大妈还有这么灵巧的手。织的拉链毛衣外套,邻居都说我穿上又漂亮又合身。"

言人退休后,应聘到南昌实验学校做教研室主任兼教初三的物理。学校的待遇不错,在专家楼里分给言人一套有空调、浴霸、家具的房子,还不收房租、水电费,食堂吃饭也不要钱。学校每个月发给言人五千多块钱工资,言人干的是老本行,得心应手,学校的人都很器重他。

阿咪读初三后,学花总是跟阿咪说:"如果书读得好,将来可以出国深造,到那时就是砸锅卖铁也要送你出国。"言人双休回家更是一个劲地给阿咪补课,阿咪的成绩终于有了起色。2010年中考,阿咪果然不负众望,超出普高线10分。一家人既高兴又担忧,高兴的是阿咪考上高中了,担忧的是普通高中能考上大学的人寥寥无几。学花夫妇听说八一广场在搞中考咨询,便带着阿咪前去。江西护理学院的招生人员接待了他们,并诚恳地说:"中考上普高线的考生都可以报考我们学校,录取后可以中专、大专连读,五年就能毕业。"学花夫妇觉得护理学院挺好的,连忙征求阿咪的意见。阿咪也认为护理学院不错,于是三人决定报考。虽然报考的人数不少,但阿咪还是顺利被江西护理学院录取。

为了阿咪一心一意地读好书,学花要求言人紧抓阿咪的学习,自己则在生活上给阿咪创造良好的条件。夫妇俩各负其责,把阿咪的思想、学习、生活管好。最后,学花要阿咪读书期间不能谈恋爱,要努力学习,争取以优异的成绩拿到大专毕业证,再自学本科毕业,毕业时一定要考到护士证。为了给阿咪一定的压力,学花夫妇还和阿咪签了协议书。

阿咪读书的事一落实,学花就想起父亲的遗愿,要第二次去寻祖。第一次寻祖失败后,学花就给伍家垭河的孙书记写了寻祖的求助信,麻烦党组织帮助寻找自己的亲人。在孙书记的帮助下,学花了解到老家还有亲姑姑伍崇香和她的两个女儿刘光华和刘秀华。刘光华的男人是上门女婿,所以生下的女儿姓刘。还有四代的堂哥伍兴华、二哥伍兴来,以及堂姐妹。学花已经与他们联系上了,还通了电话,学花第二次寻祖显然是有备而来。

全家人一起吃饭的时候,学花对杰儿说:"阿咪放假在家,亮亮也在我们家,我想让你请假陪我带三个孩子一道去四川老家寻祖。这次我不想带你爸去,担心他又坏我的事,免得你外公的遗愿又不能实现。"言人说:"杰儿你不要去,还是让我陪你妈去。不然,我对你妈的两个承诺,几十年了,一个都没有兑现,心中有愧。这次我想将功补过,在有生之年,兑现我的承诺。"杰儿说:"这次去四川的钱是妈辛辛苦苦赚的,钱还是让妈妈管,爸爸就不要随心所欲了!"过了一会儿,杰儿还是不放心,对学花说:"妈,2008 年汶川大地震,把四川的地都震松动了,这两年夏天又是涨大水又是泥石流,大姨就亮亮这一个儿子,我也只生了一个女儿,假如出了什么事,我们全家都活不成了。您看能不能缓缓,等不涨水、没有泥石流的时候再去四川寻祖。"学花说:"我已经打了电话给我哥哥,哥哥说老家没有涨水,也没有泥石流。"杰儿见母亲第二次寻祖去意已决,只好同意。动身之前,杰儿千叮咛万嘱咐父母:半夜到达州后,安全起见,千万不要打的士,也不要住小旅馆。反正天气热,就待在车站的广场上,等到天亮再去打车。

学花一行五人终于踏上了第二次寻祖之路。经过二十多个小时,凌晨两点左右到达四川省达州市。下火车出站在广场刚坐下,学花就接到杰儿的电话,要爸妈轮流照看三个孩子和行李,千万不要俩人同时睡着了。言人说:"我一个人顶着,你跟孩子们睡会儿吧。"学花说:"我睡不着,我一直想完成爹的遗愿,这次再也不能落空,我心里还有一些不踏实。老家跟我最亲的是姑姑家的孙子,我想跟他通个电话,告诉他我是江西的姨妈,已在达州火车站,问问他如何去找家人。以前我跟他通过电话,他在巴中开的士,对老家的地址应该了如指掌。"言人说:"杰儿说不能打的士,你表姐的儿子的的士,我们可以打吧!"于是,学花迫不及待地给姑姑的孙子打了电话。也许是有代沟,或是其他原因,当学花表明来意后,对方竟十分冷漠。学花生怕他们跟之前大伯伍崇福一样不认亲,心情又变得沉重起来。

有一个按着肚子的少妇,在学花面前转来转去,终于把一个旅行箱和几个时髦的大包、小包摆在学花的面前说:"阿姨,麻烦你帮我看一下东西。"学花说:"我俩素不相识,你就不怕我拿走你的东西?"那少妇说:"你慈眉善目,一看就是好人。我把东西交给你,你还提醒我,更说明你值得信赖。我肚子痛,要上茅房,请阿姨帮忙照看一下。"过了十多分钟,少妇上完茅房,向学花千谢万谢地把东西拿走了。言人对学花说:"不知道为什么,认识你的人和不认识你的人都那么相信你,你的身上是不是真的有一种看不见的力量吸引着周围的人呢?"

天亮了,学花同言人商量,汽车站就在火车站旁边,大家不如先去汽车站,坐车到巴中市再说。坐上去巴中的车后,学花想起兴华哥哥的话:"我把我家座机号给你就是为了让你放心。"虽然学花的心忐忑不安,但她寻根问祖的决心丝毫没有减弱。于是，学花给兴华哥哥家打了个电话，是嫂子接的电话。

到巴中后，有一个女人开的士来接学花一行，还说是伍军叫她来的。学花不知道伍军就是兴华哥哥的儿子，又想起了杰儿的话，千万不要打的，于是有些不放心。女人说："你不相信可以打个电话问问。"学花又给伍兴华哥哥家去了一个电话，脸上这才渐渐地露出了笑容。原来的士真是兴华哥哥家里安排来接他们的，而这位女司机是兴华哥哥的邻居。

的士开到一栋新的三层楼房前停下。司机说："到家啦。"朝思暮想的家找到了，学花不由兴奋起来。一晃二十多年了，她又一次来到了这里，与上一次的不欢而散不同的是，这一次老家人正张开双臂欢迎自己。学花赶紧下车，一股旧地重游的感觉油然而生。这地方怎么这么熟悉？学花来过这里，楼房右边一片翠竹丛生，左边有一条长长的台阶，台阶上还残留一间土墙瓦房。天哪！这不就是第一次寻祖时伍崇福大伯带他们来过的伍家大哥的土屋吗？原来二十多年前学花就找到了兴华哥哥的家，真可谓"有缘万里隔不断，二十多年又相逢"，可惜学花的亲姑姑、姑父及帮助学花寻亲的孙书记都不在世了。

一声"妹妹"打断了学花的思绪，从没见过面的哥哥、嫂嫂迎上前来，学花的双手被哥哥、嫂嫂紧紧握住，一股暖流从心头流过。学花的眼眶不知不觉湿润了，大颗的热泪滚落下来，哽咽地说："哥哥，嫂嫂，我终于找到你们了。"

一行五人上了二楼，憨厚慈祥的哥哥、嫂嫂热情有加，又是让座，又是端茶倒水。言人身上的疲惫早已被哥哥、嫂嫂的热情化解，取而代之的是舒坦的心情。

吃饭时，学花说："我上次寻祖就到过你们家的土屋。"兴华哥哥说："我原来是个裁缝，改革开放后，我借了两千元，只身一人去北京，摸清了外面的形势。看到北京的出租车，我就想起了回乡搞客运。回家后，我贷款买了大巴，开始搞客运，是全村第一家。那年，你找到我们家的时候，我和你嫂子刚好出车去了，不在家。你们到屋里碰到的是我的哥哥，屋里还有一个小孩就是我的儿子伍军。我一回家就听说了伍家有人来寻亲，我还赶去车站找过你们，哪知你们已经离开了。"听到这里，言人的脸上黯然失色。还未吃完饭，兴华哥的弟弟兴来从恩阳镇赶来见学花，学花不免又是一番激动。

下午，兴华、兴来兄弟俩邀请伍家垭河的长辈和晚辈来家与学花见面。面对着这么多的伍家亲人，学花想到自己终于完成了父亲寻祖的遗愿，泣不成声地说："爹，你生前日思夜想的亲人，女儿给你找到了。"

就在大家沉浸在学花的感慨之中时，兴华哥哥的儿媳红梅买回了一台空调，打破了沉重的气氛。有一位伍家长辈有感而发："我们山区凉快，用不上空调，目前还没有哪家买这东西，你哥嫂怕你们热着，今天就把空调买了回来。"为学花寻亲把这么多亲人请到家里，学花夫妇俩早就感受到兴华哥哥一家人的深情。

学花同兴华、兴来商量，说她明早就去祭拜爷爷、姑姑与伍家所有的长辈，还有帮自己找亲人的孙书记。她说，自己与孙书记素不相识，孙书记仅凭一封求助信就肯为学花寻亲，是孙书记把自己寻根问祖的信交给了兴华哥哥，才让自己得以完成爹爹寻祖的遗愿。学花悲伤地对嫂子说："嫂子，明天你能不能陪我去买些爆竹、香烛、纸钱？我想祭拜伍家的祖先与亡人。"言人悔恨万分，若不是当年自己的固执，妻子不早就见到了自己的亲姑姑，也不至于如今阴阳两隔了。亡羊补牢，犹未晚矣，他决定明天一定要诚心祭拜祖先与亡人，将功补过。兴华哥哥这时站起来说："各位长辈和亲人，邀请诸位后天上午再来我家为妹妹寻祖接风洗尘。"客人走后，学花对言人说："哥哥家做新房，按照江西的惯例，应该送上一份贺礼。我们不知情，没有准备礼物，要不就送 600 块钱算是乔迁之喜的贺礼！"言人点头同意。

学花姑姑的大女儿刘光华家离兴华哥哥家不远，学花想先去表姐家看看，说："我想先去姐姐家，然后买祭品给爷爷、姑姑上坟。"

兴华哥哥说："要的。"学花就和兴华哥哥去了光华姐家。姐夫兰继强说："我们两家是最亲的表姐妹。"学花心想，自己来老家寻祖就是想找最亲的人。与表姐的聊天中得知，表姐生了三儿一女，大儿子婚后给她生了孙子。

学花请表姐夫带路去爷爷、姑父、姑姑的坟上，表姐夫答应了。表姐家在去恩阳镇的路上，自己就去路口等嫂子一起去恩阳镇买祭品。

学花买了 600 多块钱的爆竹、香烛、纸钱，由哥哥、嫂子领着，来到伍家垭河的祖先坟上。四川老家的坟与江西的坟不同，没有葬在各家的山头，很难寻找，但学花决心很大，决定一一跪拜。每到一个坟头，嫂子都会大声喊叫："当年逃壮丁的缝娃子的女儿伍学花为了完成父亲的遗愿，寻祖四十多年，今带着祖孙三代来祭拜伍家祖先，求祖先保佑她一家人身体健康。"来到孙书记的坟头，嫂子又喊："孙书记，我的妹妹伍学花来看你了。今天，他们祖孙三代人来感谢您，求孙书记保佑她的儿孙好好读书，学业有成。"

祭拜完伍家祖先和孙书记后，学花一行人跟着表姐夫祭拜姑姑、爷爷。在爷爷伍常元的坟前，伍学花放声大哭："你的孙女伍学花带着祖孙三代给你烧香磕头了，愿爷爷安息，求爷爷保佑孙女全家平平安安，顺顺利利。"言人和嫂子怕学花哭坏了身子，赶紧把学花扶了起来。

祭拜爷爷后，准备回家时，学花的徒弟桃秀从成都打来电话说："儿子在成都已经成家立业了，自己过来帮带孙子，得知师傅来四川寻祖，特邀请师傅来成都做客。"学花说："等在老家的事一办完，我就会成都看望你们。"桃秀说："师傅，一定要来。"学花说："放心吧，一定去。"

第三天，兴华哥哥为学花洗尘。从第三天起，兴华哥哥、兴来哥哥就陪同学花三代人走访各家亲戚。学花爷爷伍常元有两个兄弟，分别叫伍常泰、伍常顺。这哥仁儿共育有三男两女：五人中的大哥就是学花第一次寻祖时遇到的伍崇福，已经离世；伍兴华和伍兴来哥哥属于伍常泰一支，是伍崇兴的儿子；学花的亲姑姑伍崇香生了刘光华和刘秀华两姐妹；学花的堂伯伍崇顺只生了一个女儿，招了个上门女婿，因为这个上门女婿为伍家延续了香火，所以大家尊称他为大爹。伍家的亲戚不多，所以兴华哥哥说："不要说妹妹来寻祖，只要是姓伍的来伍家垭河，我都会热情招待。"

走访的最后一家是大爹家。大爹的老婆，也就是学花的堂姐，忙上忙下，没有一刻停歇。大爹悠然自得地跷着腿喝茶，和学花聊天。大爹能在伍家有这样的地位，就因为他儿子姓伍。学花血管里流淌着爹爹的血液，为爹爹传后一直是学花的心愿。学花流着泪，抱着堂姐说："我没法完成爹爹的遗愿，儿子没姓伍。"言人听到老婆的话后说："对不起，我没有兑现杰儿姓伍的诺言，不知道你们伍家人对姓氏看得这么重，给你造成很大的伤害。"

快离开老家时，学花同言人商量，要把这么多亲戚都请到江西去做客也不太现实，何况有的都八九十岁了。学花想走之前在恩阳镇大酒店请几桌酒，感谢老家亲人。言人说："在这段日子里，各家都'姑父长，姑爷短'地喊我。每餐吃饭时，总是让我坐上座，心里甚是感动，宴请他们是应该的。"

嫂子听说妹子要请客，不但想方设法为妹子省钱，而且事事出力，买烟、买酒都是嫂子出面。兴华哥哥和嫂子陈大知生有两男一女，大女儿伍秀云在山东省济南市工作，三女儿伍秀琼在达州宣汉县南坝中学教书，儿子伍军和儿媳郭红梅为兴华哥哥和嫂子添了两个孙子伍良和伍洋。兴来哥哥和嫂子陈永秀生了一男一女，女儿伍菊华在西昌，儿子伍波与儿媳生了一男两女。伍秀琼听说姑姑来老家寻祖，赶来恩阳镇给姑姑送行。

学花请酒的这天，能来的亲戚都来了，坐了满满三桌。言人动情地说："这些天来，承蒙各位亲人盛情款待，感谢之情自不必说。今日备些薄酒，略表心意。我们的父亲在过世之前，要我的妻子完成他寻祖的遗愿。为了寻祖，这四十多年来，我的妻子含辛茹苦，赚钱凑足路费，不远万里跋山涉水，两次来老家寻祖。虽因我第一次寻祖失败，但我的妻子并没有泄气，而是坚持不懈地努力寻祖，克服了种种难以想象的困难。皇天不负有心人，在兴华哥哥、兴来哥哥的帮助下，我们得以和各位亲友相见。今天，妻子终于可以告慰父亲的在天之灵。学花不愧是爹爹的好女儿，伍家的好后代。"接着兴华哥哥说："一个出嫁之女，寻根问祖四十多年，这是没有人能做得到的事情。学花妹妹凭借着坚韧不拔的毅力，找到了老家，找到了亲人，这样的妹妹了不起啊！"

为了表达对亲人的情谊，学花让孙女陈可演奏了小提琴。因没有琴架，伍洋为陈可捧着乐谱，让陈可演奏。

亲人们聚在一起，拍了许多照片。学花给阿咪几百块钱，让阿咪和秀琼一道去冲洗照片，好分给各家。侄女秀琼坚持不肯姑姑出钱，洗照片的钱她全出了。

天下没有不散的筵席，学花一行五人在伍家的热情欢送下离开恩阳镇去巴中。学花把行李装在一个蛇皮袋里，嫂子一个人背着大蛇皮袋，送学花去恩阳车站。阿咪和言人几次要接过蛇皮袋，都被嫂子拒绝了。兴来哥哥和红梅一直将学花夫妇送到巴中。兴来哥哥和红梅要买家乡的土特产送给学花，学花说："我们还要到成都我徒弟那里去。东西多了，路上不方便。"虽然学花谢绝了兴来哥哥和红梅的好意，但是他们还是买了些车上吃的食品，强行要学花带走。学花一行五人依依不舍地同兴来哥哥、红梅告别，坐车离开了巴中。

（六）

学花一行人从巴中坐车到达州，再去成都。半夜在成都车站下车，学花一行五人正不知所措时，桃秀的儿子开车来接他们了。学花很受感动，半夜开车来接母亲的同事，一般年轻人很难做到。车开到家，桃秀已经准备好了洗澡水，铺好了床。洗完澡后，学花夫妇和三个孩子很快就入睡了。

第二天起床后，学花对言人说："老公，这次来老家，你表现得不错。我知道你喜欢游山玩水，我这里还有点钱，我们去九寨沟，满足一下你的愿望。"言人一听，立马同意。学花同桃秀说："我们准备去九寨沟。"桃秀说："九寨沟不急，我叫儿子给你们联系一个旅游团。这几年成都变化很大,我带你们去成都各处转转,然后你们再去九寨沟。"

在成都待了几天,欣赏了成都的景色后,学花夫妇带着三个孩子前往九寨沟。学花生活在风景秀丽的庐山脚下,出门就是鄱阳湖。到九寨沟后,感受到的是另一番清秀。庐山重峦叠嶂,云雾缥缈;九寨沟清秀芬芳,流水和池水清澈见底。一潭潭的池水有红,有黄,有绿,甚至一潭水中竟有红褐色、翠绿色、橘黄色等颜色。因为九寨沟的人对海的渴望,所以把这一潭潭、一池池的清水唤作"海子"。在九寨沟,白天游玩,晚上品尝当地小吃。2010年8月12日晚上,学花夫妇带着三个孩子来到一个山坡前,拾级而上,进入一个可以容纳几千人的礼堂。礼堂里挤满了游客,五个人好不容易找到座位,开始喝奶茶,品尝鲜牦牛肉。刚好这一天有选"寨主"和"压寨夫人"的娱乐活动。几十个座位区各推选了一个男人,又从这十几个男人推选了一名"70后"的年轻人做"寨主"。主持人说要为刚选的"寨主"挑选两位"压寨夫人"。问"寨主"喜欢什么号码,"寨主"说他喜欢吉利的数字。大夫人就选"888,发发发",二夫人就要"666,顺顺顺"。阿咪和陈可一看,学花的座位号正是8区8排8号,立刻把学花从座位上推了起来,大声地说:"888号在这里呢!"礼堂里立刻响起了雷鸣般的掌声。学花上台换了身"压寨夫人"的服装,站在"寨主"身边。阿咪和陈可笑得合不拢嘴。学花跟着"寨主"、主持人回答问题、跳舞,做了一个多小时的"压寨夫人"才回来,一脸开心。要是搁当年,言人早就拂袖而去,如今看到老婆喜气洋洋地回来,言人对老婆说:"我就知道我老婆是个有福之人,为什么几千人偏偏选中你做'压寨夫人'?说明你的人生不同凡响啊!"

黄龙海拔4000多米,上黄龙时,学花感到不适,需要吸氧。学花对言人说:"孩子们来一趟不容易,你带孩子们上山去玩,慢慢玩,我一个人在这里慢慢等。"言人带三个孩子上山,心里不踏实,很快就下山了,发现学花高山反应很强烈,人很不舒服。在三个孩子的帮助下,言人有时搀着学花,有时背着学花,下山后坐车回到了九寨沟。

从九寨沟返回成都时,果真如杰儿所料,到处发生泥石流。车子开到半路,因为前面的车遇到泥石流,大巴不得不停车让游客去旅馆休息,然后改道回成都。在路上,车上游客的心都提到嗓子眼了,生怕遇到泥石流,发生意外。直到车开到成都,游客才放下一颗悬着的心。

回到桃秀家的第二天,学花夫妇要带孩子们回江西了。桃秀的儿媳买了很多零食和童话故事书送给孩子们。童话故事书让孙女陈可和亮亮爱不释手。离开桃秀家时,阿咪感动地说:"阿姨,你们家的人太好了。"

学花从四川老家回来对杰儿说:"这次从老家回来,感受最深的是伍家的亲情。这更坚定了我把母亲接来南昌赡养的决心,我现在有一种强烈的感觉,不能再让母亲待在福利院了。我也知道你们怕外婆跟当年一样跑掉,让人家误解我们家故意把外婆丢弃。外婆不但不听话,还不愿意来我们家,我也不知道该怎么办才好。母亲的事不落实,我吃不香,睡不好。"

杰儿说:"妈妈,外婆的生活习惯你是了解的啊!我还是认为百孝不如一顺,你的金窝银窝,还不如她自己家的狗窝。"

言人说:"由国家抚养不是更好吗?我也还是那句话,我们把母亲接来,以后母亲吵着要回星子,连退路都没有。母亲之前吵着要回老家的时候,胡总也劝你百孝不如一顺。何况如果母亲在南昌又走失了怎么办?你不要没事找事好不好?"

其实,学花不是没事找事,虽然学花没得到过母爱,但是学花认为,身为一名共产党员应该全心全意为人民服务,可如果连自己的母亲都不能照顾好,自己哪里有资格为人民服务啊!

学花给言人算了一笔账:如果让母亲继续留在星子的话,每年光治病的钱就要上万块,而且这笔钱都是由学花出;如果接母亲来南昌,学花的退休工资够母女俩吃喝,学花的悉心照料也能让母亲少生病或不生病,其实在无形中就减少了治病的开支。学花甚至想过把母亲的户口也转来南昌,一旦上到南昌户口,母亲就可以办理城市居民医保。言人这才意识到老婆想得这么长远,于是不再有异议。

学花打电话跟大妹商量:"我和你姐夫都拿了退休工资,再也不能让母亲由国家抚养。"大妹说:"亮亮暑假要去你家,我把母亲接来我家,否则的话你既要管亮亮,又要照顾母亲,太辛苦了。母亲的事等暑假过了再说。"学花说:"我有三条建议。第一,如果母亲愿意,我把母亲接来南昌赡养,不要你出一分钱。第二,如果母亲觉得跟你生活习惯相同,要到你家住,那我每月给你五百块钱,你帮我照顾母亲。第三,如果我们两家母亲都不愿住的话,那我就和你姐夫去星子租一套房。星子的习俗是租房不能过老,所以只能让母亲留在县福利院,我给母亲洗衣做饭,一日三餐给母亲送饭。"大妹没有反对姐姐的建议。

学花又同南昌的朋友、同事商量母亲的事该怎么办,她们都说学花的三条建议不错，一个出嫁之女，难得有这样的孝心。学花又到星子县找到居委会吴主任、老邻居和福利院的院长商量，自己想办法把母亲从福利院接出来养老送终，需要福利院出面，断了母亲想回福利院的念头。她希望院长对学花母亲说："老人有儿女赡养的话不能留在福利院，要接走。"

邻居张家娘说："印香没儿子，快80岁了，还有女儿来接她去大城市养老，哪个都没有她的福气好。你母亲是残疾人，吃低保，你千万记得要把母亲的低保转过去。"学花说："谢谢张家娘，现在我有退休工资，孩子也长大了，我不想让母亲用国家的钱，女儿赡养母亲也是应该的。"大妹老公的二哥住在母亲原来的老屋子里，听到学花的话后，对张家娘说："想不通，伍学花是不是钱多得没地方花呀，国家把她母亲养得好好的，非要自己养。"但是吴主任和老邻居都一致支持学花的做法，对学花的做法赞不绝口。

2010年下半年，易老大对学花夫妇说，他接到一项工程，承包修江铃那里的一段路面。没过多久，易老大打来电话说他的一名工人在工地做事锯伤了自己的脚，求学花帮忙借救命的钱。学花一听到这事，联想起自己出车祸时如不是抢救及时就没命了，于是没跟言人商量，向所有的同事、朋友、邻居借钱，并主动为易老大作保。学花说易老大不但会还本金，还会付利息。学花为易老大借了十几万元，赶紧把钱送去医院。

学花解了易老大的燃眉之急，让易老大心存感激。之前两家因为合伙开歌舞厅之事弄得心存芥蒂，如今所有的不快都烟消云散了。易老大知道学花夫妇每年要去星子做清明，就主动开车去接学花夫妇。每次学花家的人到星子，易老大和晓玲都热情款待，并安排住宿。

2011年过年前夕，言人的九弟得了再生性障碍性贫血，医院下发了病危通知书，情况相当危急，兄弟们心急如焚。言人打电话同学花商量怎么办。学花说："九弟的病一定要全力抢救。他家应不惜一切代价救人，哪怕倾家荡产。钱不够的话，我这里存了三万块钱准备为娘养老，先拿去救九弟的命。"言人说："你对我弟弟太好了。"学花还给八弟和十弟打了电话，说了自己的意思。弟弟们说："五嫂，我们兄弟也在积极想办法，若实在不得已，我们再向五嫂伸手。"医生说："病人可能要换亲人的骨髓。"学花说："先让弟弟的儿子配型，直系亲属希望更大。若不行，让杰儿去配型。再不行，还有我这个女人。"杰儿说："医生说六十岁以上的人不能捐骨髓，叔叔伯伯们的年纪都大了，还是捐我的吧！"

当时言人在南昌县银河学校教书，离医院很远，只有双休日才能去医院看望九弟。又是学花不辞辛苦,不是送鳜鱼就是送鸭子汤给九弟吃。以往回星子做清明,都是言人和学花同行;这一年,学花让言人留在南昌照顾九弟,自己独自一人去星子为父亲上坟。

放暑假了,亮亮被送到学花家来了。8月17日晚上,学花正在督促亮亮做作业,大妹哭着打电话来说:"姐姐,我的男人叫母亲滚,还把我身上打伤了。"学花问大妹缘由,大妹说:"男人要买空调,我想到电费都是我交,就不同意买。想不到他竟以此为由赶母亲走,还动手打我。万一我要是被他打死了,姐姐你要为我报仇啊!"

学花一气之下,同言人去星子接母亲。在大妹家,学花夫妇、大妹夫妇和母亲五个人,当面锣对锣、鼓对鼓,谈起赡养之事。学花把自己之前跟大妹提出的三条建议,又加重语气叙述了一番。然后,学花问母亲是跟自己去南昌,还是跟学梅一起住,还是留在福利院。母亲说:"我不住学梅家,她老公叫我滚;现在我也去不了福利院,那里的干部说有儿女的老人,不能留在福利院;我跟大女儿回南昌。"听到母亲亲自跟大家说"跟大女儿回南昌",学花可高兴了,这也是学花的工作做到位了。她想,这下好了,上能照顾好母亲,下能照顾好阿咪和孙女,心想事成,圆了四世同堂的梦。大妹的男人生怕母亲被接走后,学花不会管他家,于是说:"落叶归根,还是让母亲住在我这里吧!"学花白了他一眼,没有回话。

回到南昌后,言人对学花说:"现在娘接来养老了,但娘的生活习惯说实话我们接受不了。我看不如到附近租一套房子,我一日三餐给娘送饭都行。"学花当即表示反对:"我们家有三室两厅,又不是没有母亲住的房间。你忘了母亲当年是怎么跑掉的吗?母亲不但不能单独住,还要24小时不离人。以后就算有天大的事,母亲身边都要留一个人。"

第二天,学花带着亮亮去为母亲买了一辆轮椅,花去了六百多块钱。学花对亮亮说:"这里面有三百八十块钱是吴主任给母亲存的钱,也是吴主任的一片心意。"于是,母亲就开始和学花一家人一起生活了。晚辈们对老人都很孝顺,杰儿和微微不是买好吃的,就是买衣服。阿咪帮着学花给老人喂饭、剪手指甲和脚指甲、洗澡。天气炎热时,由于母亲不习惯睡空调房,因此学花就让她吹电风扇单睡一间房。从母亲喜悦的脸上,看得出她在学花家里过得很惬意。

（七）

有一天，门卫刘师傅对学花说："你不是很想种菜吗？告诉你一个好消息，一块长十五米、宽两米的地，一年才五十块钱的租金。你要不？我俩都去租一块地来种。"种菜是学花的拿手好戏，她调来南昌这么多年，做梦都想拥有属于自己的一亩三分地。一听说有地租，学花开心极了，立马拉着刘师傅去看地。

一到菜地，学花就傻眼了，这哪里是菜地，杂草、荆棘丛生，芦苇比人还高，各种有刺的、没刺的茎藤乱七八糟地相互缠绕着，一看就荒了几年，要想把地开垦出来，绝非易事。学花想到帮自家装修过的小金师傅年轻且有力气，又是农村来的，不如请他合伙租地种菜。小金如约而来，俩人信心十足地干了起来。谁知不到一个钟头，小金就一屁股坐在地上。他对学花说："姐啊，锄草、翻地的事儿太苦、太累了，我不干了，我看你也不要干了。"话还没说完，他就溜了。"死了张屠夫，就吃混毛猪"，学花不信邪，便一个人甩开膀子干了起来。虽说是早春，天气还很凉，可学花的衣服被汗水湿透。铲去芦苇、刺藤，她发现地里还有一种草。这种草的生长速度极快，生命力超强，若不把它斩草除根，危害是芦苇、刺藤的几十倍，将给蔬菜带来灭顶之灾。学花赶紧向菜农借来四齿耙，把草连根拔去，并抛到离菜地很远的荒坡上去了。学花辛辛苦苦干了一个多星期，终于整出了菜地的模样，心中久久不能平静。

学花认为自己整出来的地很不错，哪知"天外有天，人外有人"，过了两天去刘师傅的菜地一看，刘师傅不仅把菜地整了出来，还围着菜地挖了一圈很深的蓄水沟，甚至用泥巴给菜地筑了边。学花也不甘人后，在刘师傅的帮助下，将菜地整得有模有样。

学花下午要去育新学校接孙女，再把孙女送到儿子家，然后返回高新，一个来回要两个多小时，菜地里的事容易被耽搁。得知这一情况后，学花在南昌的朋友们都来帮学花。星子的亲友们还专门给学花送来一套种菜的农具。

结拜的小弟海滚得知姐种菜后，亲自开车从星子隘口送鸡屎到学花家来。大妹也给姐姐送来了麦葱种子。菜地东头的荒坡，学花也没有放过，打洞搭架种起了苦瓜、丝瓜、扁豆、刀豆，种了一长溜。菜地从南向北分别种了麦葱、辣椒、茄子、青菜和芽白。辣椒和茄子中间还播插了红薯藤。辣椒、茄子下面原本要铺草，防止肥料和水分流失。现在，长起来的薯藤既给辣椒、茄子的根遮了阳光，还可以做菜吃，真是一举两得。水沟旁种了空心菜。菜地的东头、西头还种了玉米和芥菜。

言人从银河学校回家，看到长势喜人、生机勃勃的一片绿油油的菜地，从心里发出感叹："老婆，你真了不起，菜种得这么好，比蔬菜队的菜都要强。你种菜，我也帮不了你。你一个人吃这么多的苦，我非常难过。"学花接过言人的话说："我正有事要找你商量。我问你：你是宁愿赚几十万元给孙女，还是用你的一技之长把孙女的学习搞上去？依我看，不要说赚多少钱，就是金山、银山也要坐吃山空。你若把孙女培养出来，那就不是几十万、几百万的事，而是孙女幸福一生的事，孙女已经三年级了，我这个文化只能教他算鸡算鸭，其他的我一窍不通。我看你还是辞掉银河学校的工作，安心回家，把孙女的学习管好。"言人说："总得把今年初三的学生送上高中才好回来。"学花说："老公，你也老了，都退休几年了，难免有些力不从心。我记得你跟我说过，你在黑板上写字时，有一个同学因迟到喊'报告'，你没听见，足足让他在教室门口站了几十分钟。我听后，心里难过了很久，我感觉你年纪大了，胜任不了教师工作。你现在也跟不上时代了，人家教学都用多媒体，你上课还是一支粉笔。你虽然在外面教书赚了钱，但是孙女请家教还要花钱。再说，我俩都有退休工资，不愁吃不愁穿。钱多多用，钱少少用，你还是回来吧！"言人这次听了学花的话，同意回家管孙女的学习。

学花种的麦葱长到一尺三，一片芥菜叶有六七两，一窝红薯有四五个。学花不但种菜能吃苦，还知道什么时候种什么菜。10月一到，她就赶紧买了十斤大蒜籽。家里没有尿桶，就用空油壶装尿，浸泡大蒜籽。种大蒜时，先挖沟，铺一层鸡屎做基肥，盖一层薄土后，再放大蒜籽，最后撒上一层土。学花默默地干着，从早上起床一直干到下午两点，才把大蒜籽播种完。大蒜长到三寸时，学花又在大蒜地里种了菠菜，撒上菊花菜籽，不到两个星期，菊花菜、菠菜都从大蒜中间长了出来，菠菜长得像小青菜一样大。小郭等邻居来到学花的菜地，看到学花种的菜，惊讶地说："我们从来没看到哪家的菜和葱长得这么好。"

种萝卜时，菜地和水沟有三尺多深，沟边是斜坡，学花利用斜坡种了四排萝卜。菜农经过时，笑着对学花说："这哪是种菜，这是搭积木。"沟边的萝卜不到三个月都长大了，最大的一个有三四斤。菜农见学花的萝卜长得这么好，都伸出大拇指夸赞学花，并好奇地问："搭积木的萝卜比我种菜卖的萝卜都好看，你种菜有什么诀窍？怎么你的菜长得那样好？"

学花对他说："我种的萝卜比你种的萝卜好吃一些。倘若不信的话，你拔两个回家吃吃看。我种的萝卜都下了基肥，还有充足的水源，长得又快又好吃。"

一到星期天，学花就带领爱人、阿咪、孙女到菜地劳动。虽然阿咪、孙女干不了多少活，但学花希望她俩可以感受劳动的辛苦和丰收的喜悦，更重要的是让她俩从小就懂得有耕耘就有收获。

邻居笑笑奶奶看到学花因种菜，身上很多地方都晒脱了皮，就好心地劝说："你这是何苦呢？又不愁吃，又不愁穿，干吗非要吃苦去种菜？"学花说："一是自己喜欢种菜，做梦都想种菜；二是自己种的菜无公害，自己吃得安心。"

言人对学花说："菜地这么多的菜怎么吃得了？大蒜虽然好吃，但是，天天吃就不好吃了。"学花说："我想把菜送给住在这菜地附近的孤寡老人和残疾人。"

高新区有一位于老师，他身残志坚，自学成才。于老师的事让学花非常感动，学花毫不犹豫地把自己织毛衣赚的五百元钱捐给了于老师，还从菜地摘了很多蔬菜给于老师送去，并说要向于老师学文化。

有一天，邻居小郭问学花："你上有老，下有小，还要种菜做义工，你的身体哪里吃得消。如果哪天你要送菜给孤寡老人和残疾人，也带上我去给他们做点好事。"学花说："我每个星期六都在帮残疾人于老师搞卫生，也会送些菜过去，到时候我喊你。"

星期六，学花和小郭帮于老师搞了一个下午卫生。小郭做事又快又好，不然学花一个人要做一天，学花心里很感谢小郭。星期六晚上，学花把于老师的衣物全都带回家。言人一看就说："这哪里洗得干净？还不如给他买新的。"学花说："于老师的自尊心很强，我帮他洗衣服他也许还能接受，要是我买新的，也许就进不了他家的门了。我们一定要顺着他的意思。"言人说："这床单、被子估计三年都没有洗过，还是给他买一床新的吧，到时候我们把旧的洗好，和新买的一起给他送去，他想用旧的就用旧的，想用新的就用新的。"

星期天，学花听了言人的建议，将东西全带给了于老师，并帮于老师把床铺好。面对着铺好的新床单和洗干净的被子，于老师感动地说："姐啊！三年多了，我今天才睡到这么整洁舒适的床。"

省慈善基金会有十台电动轮椅，价值不菲。学花为于老师去基金会奔波了好多次，终于为于老师争取到一台电动轮椅。轮椅非常沉，要从基金会所在地红谷滩运到于老师高新的家中绝非易事。学花正焦虑之时，海滚弟打来电话说他带儿子在南昌住院。学花立刻到一附医院照顾海滚的儿子，并请求海滚帮忙开车把于老师的电动轮椅运到他家。轮椅送到时，院子里围观的群众很多。一个人说："我们还不如拐子，拐子吃的、喝的、用的样样有人送，还有人帮着洗晒衣物，现在又有人送来电动轮椅。"

寒冷的冬天，学花和阿咪给于老师送饭。从于老师家出来时，学花鞋带脱了，学花弯腰去系鞋带，向后一看，后面一位邻居老太太朝着学花指指点点。学花说："我们做什么值得她指指点点？我真想去讨个说法。"阿咪说："我们做我们的，人家说人家的，管他们怎么说。"

学花又带小金去于老师家帮忙。于老师的隔壁邻居是小金的朋友，她问小金："你到这里来干什么？找拐子干什么？"小金说："你们小看了于老师，他是个才子。虽说他拐了脚，但比很多腿脚正常的人更强。"

学花很不理解，这些人非但自己不帮助有困难的人，还对帮助别人的人说三道四。学花觉得，大家都应尊重有困难的人，并去帮助他们。无论是谁，都会遇到困难与不幸，有人伸出援手，也许就会给他人带来一生的幸福。学花希望少一点闲言碎语，多一点关怀。学花相信，总有一天人们会明白这个道理。

又一档节目让学花震撼。有一个三口之家，没有一个人有工作。孩子的父亲是残疾人，走路不方便，一家人靠低保生活。天有不测风云，孩子的母亲查出宫颈癌晚期，对这一家无疑是雪上加霜。孩子又小，还在十九中读初三。癌症晚期的母亲痛苦不堪，父子俩束手无策，只能暗自流泪。眼看母亲就要因无钱医治而在家等死，关键时刻，电视台又一次发挥了媒体的力量。在爱心人士的关爱下，孩子的母亲得以在省妇幼保健院接受化疗。

学花对言人说："这家人真不幸，孩子才十五岁，真可怜。我要把这孩子当成自己的孩子，尽最大的力量来帮助他，让他走出困境，改变他的命运。我织毛衣又赚到了一千块钱，准备给孩子交高中的学费。目前离中考还有一个多月的时间，你也发挥下你的一技之长，帮孩子补习功课，让孩子考上好一点的高中。"

言人说："孩子的情况我不了解，不知补课有没有效果，但我一定支持你，双休日一定会去帮他补课。其实我们家现在也不富裕，上有老下有小，阿咪还在读书，平时就是靠你的勤俭持家才攒下一些钱。你自己千方百计地省钱，一块新毛巾剪成两块用，用过的餐巾纸留着继续擦灶台，可你帮助人时出手就是上千块，这令我难以理解。"

学花说："我们家生活再紧巴也比人家好多了，我也知道自己家不富裕，所以我也会在不影响家里生活的前提下去挣钱帮助这个不幸的孩子。这个孩子我帮定了，他读书需要我的帮助。想起自己因家中无钱被迫辍学的情景，我更要帮他。"

2010年5月，在电视台记者的带领下，学花给宏儿送去了一千块钱。宏儿是学花帮助的第10个贫困学子，她一直把宏儿当成自己的孩子看待，资助他直到大学毕业。天气变冷时，学花给他织毛衣。中考临近，学花怕他营养跟不上，又是买肉又是买鱼，还从菜地里挑选蔬菜给宏儿家送去，并亲自下厨给他们烧饭炒菜。

2010年6月21日是阿咪15岁的生日，学花做了很多好吃的菜，并请了阿咪的大伯和宏儿。阿咪大伯说："你们家帮助宏儿真不容易，我要向你们学习。本来我是送600元钱给阿咪过生日的，今天就捐给宏儿吧。以后我也会尽自己的绵薄之力帮助宏儿。"阿咪大伯回家后，学花开导阿咪说："大伯是来送600块钱给你过生日的，结果捐给了宏儿，你是怎么想的？"阿咪说："因为宏儿更需要这600块钱，我觉得大伯的做法是对的。"

言人没有食言，中考前的双休日，他一天不落地去帮宏儿补课。宏儿也没有辜负言人的一番苦心，考到了省重点建设中学二十中。

得知学花在做公益事业后，各大媒体都来到象山社区找到夏腊香主任，想采访热心公益，帮助孤寡老人、残疾人，资助贫困学子的爱心妈妈伍学花。学花的故事感动了记者。尽管学花当时没住在都司前，但记者还是不嫌麻烦跑到高新学花的家中。

当踏进学花家时，记者惊呆了。原来学花家并不富有，家境还不如一般人。夫妇都已退休，既要负担阿咪读书，又要赡养重病在床的老母亲。学花靠着没日没夜织毛衣挣的手工钱资助永儿、凯四丫、宏儿这些贫困学子的动人故事，无不触动着记者的心弦。很快，南昌一套新闻播出了《爱心妈妈上了笑脸墙》的动情故事。

（八）

孙女陈可小时候睡觉吵闹，要学花带她睡，而且特别喜欢握着奶奶的手，听奶奶讲故事。学花就把自己小时候和杰儿小时候的事编成故事讲给孙女听，一天讲一个故事，孙女百听不厌。孙女说："奶奶，你讲的故事很感人，我最喜欢听了，奶奶可以写书啊！"学花想，自己没有什么文化，哪能写书呢？学花便问孙女："崽啊，奶奶没文化，怎么写书啊？"孙女说："你去餐厅讨饭、去船厂拾柴、去影剧院捡破烂的故事，具有很好的教育意义。还有你和爷爷、爸爸两次去四川寻祖的故事也很感人。如果你把这些故事原原本本地写下来，就是一本很好的书。奶奶，我相信你一定能把这本书写出来。"

学花认识高新的于老师之后，每年都会给他买棉衣、裤子、鞋子，还给他打毛衣、毛裤，后来两人就以姐弟相称。平时学花烧了一点好吃的，或是地里的蔬菜收获了，都会给于老师送去。有一次，学花和于老师闲聊起自己之前的遭遇。于老师说："姐的事迹非常感人，能不能送给我作为写作的素材？"学花说："我孙女说我的故事可以写书，我想自己写，到时候还要麻烦弟弟帮我修改。"

2011年12月26日下午，学花母亲的肝管堵塞又发作了，学花打电话把小金叫来帮忙。打完点滴回家，学花赶紧给母亲洗澡。天气寒冷，洗澡很不方便，阿咪见状赶快过来帮忙。好不容易给母亲洗完澡，安顿好母亲睡觉，一家人才吃上饭。言人突然想起一件事，对学花说："微微要去井冈山开会，可可早上起来要梳头扎辫子，这些杰儿做不了，想请你去他家住，帮忙照顾孙女。"

学花走了还不到两个小时，言人打电话来说："母亲突然吵闹起来，我上前询问母亲哪里不舒服，母亲没理会我，口里胡言乱语。忽然，母亲跟我说要把你叫回家，她要交代后事。"学花以为母亲不行了，赶紧买了纸钱、香烛、爆竹等祭品，匆匆往家里赶。

学花一回家，母亲就向学花痛哭，满嘴胡话，一会儿说东，一会儿说西。好一会儿，学花才弄清楚，原来母亲是想星子的亲戚和吴主任、王医师了。学花一听母亲的话，心里犯了难。她要见的这些人都八十多岁了，怎么让人家从星子赶来南昌呢？学花的心里非常难过，不知道该怎么办才好。过了一会儿，学花对言人说："当务之急是稳住母亲，不能让她胡思乱想。从今天晚上起，我俩轮流到母亲房间里睡。"言人这时有点抵触情绪，他表示自己的娘生前他都没这么服侍过。学花见状说："桃秀的母亲是在桃秀老公的怀里断气的。难道你就不能和我共同护理我的母亲吗？"

这时，杰儿领着陈可也赶来了。杰儿一进门，就听见爸妈为了外婆的事在争吵，赶紧过来说："爸，现在外婆需要你和妈，就像将来你们需要我一样。如果将来我不照顾你，你会做何感想？妈这时候是最难过、最伤心、最痛苦的时候，你千万不要和妈争吵。妈为了这个不幸的家庭操心劳累，还为外婆担心，你再惹她生气，妈哪里受得了？如果爸觉得不方便，那么就由我和妈来照顾外婆。"

言人心疼儿子，哪里舍得让杰儿既上班又照顾外婆。他终于答应和学花一道轮流照顾母亲，杰儿这才安心地带着女儿回家去。

学花想到母亲生病要住院，高昂的住院费给家里带来巨大的经济压力，若能把母亲的户口迁来南昌，再去社区为母亲办理居民医保，一切就迎刃而解了。于是，学花找到了分管学花片区的肖警官。肖警官说："你家的情况我了解，你为了减轻国家的负担，毅然把母亲接来自家赡养，不要说你是女儿，就是儿子也做不到。你想把母亲的户口转来南昌，我们公安民警有责任帮你解决困难。你写个申请报告，我在报告后附上意见，报所里批准，大概个把礼拜，你就可以去星子迁你母亲的户口了。"

听了肖警官的一席话，学花心里非常高兴，立刻写好申请交给他。学花想到母亲四五个小时就要换一次尿不湿，如果自己去星子转户口，拖得时间长了，母亲又要吃苦受罪。为了节省在星子待的时间，学花给大妹夫打了一个电话，说一个礼拜后去星子替母亲迁户口，为了不耽误时间，请他骑摩托车去星子车站接上她去南康镇派出所办理母亲的户口转移手续，然后再送回星子车站。大妹夫爽快地答应了。

过了几天，派出所批准了学花的申请。母亲的户口准迁之后，学花又打电话给大妹夫，告知明天去星子为母亲迁户口，请准时来车站接她。

第二天，学花上车后又给大妹夫发信息，说自己一个小时后就到星子了，请他来接站。车子开到德安时，学花接到大妹的电话："我从来都不相信我屋里的男人，你偏信。他说话不算数的，他说他朋友的家人生病，去九江探望病人去了。"接到大妹的电话，学花气不打一处来，打电话给妹夫的大哥讨要说法。大哥说："你不要急，我一定想办法找到弟弟。"不到十分钟，妹夫打来电话说："姐，你到了车站没？我已经到了。"

学花一下车，妹夫就赶紧迎上前来。学花说："你不是去九江看病人去了吗？"妹夫嘿嘿地笑着，也没有说话。学花又接着教育他："今天你来接我，是因为你哥给你打了电话。你一点也不管娘的死活，有你这样做女婿的吗？你怎么没有一点责任和担当！"

在肖警官的帮助下，学花很快给母亲上了南昌的户口，接着又在社区主任夏腊香和社区干部喻学勤的帮助下，办好了母亲的医保。夏主任告诉学花，国家规定：上了60岁又无工作的老人，每月可以领到55元的补贴；超过80岁的老人每月还可以领到80元的高龄补贴。学花的母亲符合这两项，可以填表申领。在夏主任等社区干部的无私帮助下，学花帮母亲领到了这两笔补贴。学花心中感谢党和政府，让自己赡养母亲没有后顾之忧。

学花和言人在母亲的房间里打地铺。两个人扶着母亲解完手,替她擦抹干净,扶母亲到床上躺下睡好,这才安心地睡着了。万万没想到,母亲突然起床,把床上的被子扔到地板上,坐在被子上拉屎拉尿,把被子搞得一塌糊涂不说,还用手把地板上抹得到处都是屎。学花和言人惊醒后,见床上、地板上到处都是屎尿,连个下脚的地方都没有,顿时苦不堪言。母亲不但晚上乱拉屎拉尿,白天也一样。尿液常常顺着地板缝流到地板下面。学花家里只要一开门,上下楼的人都捏着鼻子。有人劝学花:"你把你母亲的手绑住,让她动弹不得,不就干净了?"学花不忍心束缚母亲的手脚,让母亲感到不舒服,她宁愿自己苦点、累点。

言人说:"母亲倒是舒服了,可我们大家都快受不了了。我看还是给母亲单独租一间房吧,省得家里臭气熏天。"学花说:"不行,如果你硬要母亲搬出去,那我就和母亲一起搬出去,咱们分居。"

言人以为学花说的是气话,岂料第二天一大早学花就带着母亲不辞而别。学花先去银行取了钱,然后把阿咪从学校叫回来,让她一起扶着外婆去敬老院。学花心想,既然言人不想和母亲住在一起,那就只能送母亲去敬老院,还好自己为母亲准备了一笔钱,也够母亲在敬老院的花销了。好不容易找到长春村敬老院,谁知母亲死活不依,她要跟学花住家里。学花正一筹莫展时,言人打电话来向学花赔礼道歉,说以后再也不会向老婆发脾气,主要是自己心疼老婆太辛苦,才说了不该说的话,请老婆一定把母亲带回家来。

学花说:"我父亲走了,只剩下母亲,我不想让她吃苦,你不理解我和母亲的亲情。虽说我没有得到一天母爱,但母亲怀胎十月,我吃了母乳,就必须亲自管好母亲的晚年。"

言人说:"我这个人脾气不好,一上火就胡说八道。今天我终于悟出一个哲理:人们常说女儿对母亲好,还要女婿好,其实是说只要女儿真心对母亲好、孝顺母亲,女婿就会被感动,也会跟着学,也会对老人好。你已经感动了我,从今往后,我会和你一起伺候母亲。"听到言人的表态,学花也没有再说什么,便和阿咪把母亲带回了家。

学花正在跟母亲洗澡,突然接到易老大的电话:"晓玲到广东女儿家护理月子去了,现在我的父母都得了癌症,在省肿瘤医院。屋漏偏逢连阴雨,我母亲又拉肚子,换洗衣服都没有。你能送条裤子过来吗?顺便帮我照顾下母亲。"

学花联想到自己的母亲有困难时,是易老大帮学花渡过了难关,现在易老大家遇到了困难,学花决定去肿瘤医院去帮易老大母亲。学花赶紧给母亲洗好澡,把母亲安顿好,连忙找了一些自己的棉内衣裤,连饭也顾不上吃,就朝省肿瘤医院奔去。

学花赶到医院,见到易老大的父母亲,学花大吃一惊。易老大的父母亲一贯肤色红润,现在却脸色蜡黄,眼中无光。易老大三兄弟陪伴着父母,眼中流露出不安的神色。食堂打来的饭菜,易老大的母亲一口也没吃,原封不动地放在床头柜上,还在冒着热气。学花一看就知道易老大的母亲因病咽不下食堂的饭菜。学花的心里感到阵阵的疼痛,对易老大说:"这样的饭菜,伯父、伯母怎么吃得下去? 二老的饭菜还是我来送吧。"易老大感动得不得了:"学花,你母亲也在生病,我实在不好意思要求你做更多。我三兄弟不会忘记你的大恩大德。"

虽说学花母亲一刻都不能离人,但是为了帮朋友排忧解难,学花还是将自己掰成两半,买菜、烧菜、送饭、照顾母亲,忙个不停。学花的忙碌,易老大三兄弟看在眼里,记在心里。后来有一次,学花和言人带着孙女三人半夜要从星子回南昌,易老二二话不说,开车将三人从星子送到高新的家中。

(九)

学花在电视中看到,自己在都司前的房子附近有一栋大房子发生火灾,有一个叫夏娟的女孩不顾自己的安危,勇敢地冲进火中去救老人。这让学花联想起一岁的自己被邻居从火中救起的情景,女孩火中救人的光辉形象久久地在学花的脑海中不能散去。学花一直想为女孩做点什么,想来想去,最后还是决定给夏娟织一件毛衣。快过年了,毛衣织好了,学花还买了些衣服和年货,拜托社区夏腊香主任转交给勇敢的孩子。几天过后,学花接到夏娟父女感谢的电话。学花说:"不用感谢,这是我对夏娟的一点心意,是发自内心的。以后读书遇到什么困难,大妈一定帮你。"

学花天天去育新学校接孙女,等孙女放学时就坐在校门口打毛衣,一打就是几年。接孩子的爷爷奶奶都认识这个打毛衣的奶奶。

有一天,言人陪学花去接孙女,两个人在育新学校侧门等候。这时,一位奶奶走过来,往学花的脸上轻轻地拍了两下,学花觉得莫名其妙,惊呆了。那个奶奶问:"你认识毛女吗?"学花和言人正疑惑,那人又问:"你认识桃吗?"学花说:"桃咋不认识? 我昨天还给孙女讲孙悟空大闹蟠桃会的故事呢。"学花猛地想起,眼前这位不正是毛女吗? 不就是春桃的姐姐春梅吗? 小时候,学花和春桃、春梅是住在一栋大屋里的闺密,时光捉弄人,几十年来相遇竟认不出来。春梅天天接外孙,学花天天接孙女。春梅说:"天天看见你在这里织毛衣,我们天天见面,硬是没有认出来。今天看到陈主任,陈主任的样子还没变,我才敢大胆上前相认。"

学花马上和春梅聊起来。学花说自己把母亲接来南昌抚养了。春梅说她母亲已经过世了,想去看看学花的母亲。学花说:"你的好意我心领了,你就不要来看我母亲了,她现在什么事都不知道。"春梅说她现在一定要去看望学花的母亲,看到学花的母亲,就像看到自己的母亲一样。

过了几天,春梅果然来了,还拿了一百块钱给学花的母亲买营养品。她对学花说:"给多了你也不会要,就让我表示一点心意。"

从此,春梅常来看学花的母亲。春梅家住在省水利研究所,离学花家不远,走路也只要二十多分钟。这对闺密又开始了密切的交往。

2012年12月6日,学花突然接到老同事黄思群家人的电话,说黄思群刚刚在铁路医院过世。学花一下惊呆了:黄思群刚拿退休工资,才60岁就走了。学花和黄思群相处的一幕幕浮现在学花的脑海里。

学花和黄思群虽然只共事了几年,但相处得很好。后来黄思群下海,在洪城大市场开了个电器批发公司。有一天,学花去看丁科长,巧遇黄思群。黄思群说:"你怎么这么面熟,你姓什么?"学花哈哈大笑起来说:"真是贵人多忘事,我俩是省工贸公司百货科的同事,我夫妇俩去过你家,我还向你爱人请教过怎么勾鞋呢。"黄思群突然不好意思地说:"我记起来了,你叫伍学花。"学花说:"你公司现在怎么样?"黄思群说:"挺好的。"学花说:"工贸可不行了,一点效益都没有!"黄思群说:"在工贸时,我对你的印象最好,你大公无私,品德好,能吃苦。特别是你有经营头脑,业务能力又强,还有客户。我看你不如帮我跑业务吧。"

2003年,学花抱着孙女,牵着阿咪还真去了黄思群的电器公司,学花同黄思群商量,希望黄总不要给自己任务,让学花不带任务跑业务,能跑多少算多少。黄总爽快地答应了学花的要求。在黄总和他爱人的关照下,学花一个下岗员工,一边带人,一边跑业务,一个月能赚一千多块钱。黄总的爱人还总留学花祖孙三代吃饭,有时送货时,还帮学花照看两个孩子。

黄总对人情深义重,他在抚河桥对面子安路买了一套新房,还专门把胡总、丁科长及学花夫妇请去他家做客。黄总顾不上生意繁忙,与爱人一道买菜做饭,陪着老领导、老同事打麻将。从上午到晚上十一点,大家都玩得很开心。

学花立即赶到铁路医院。黄思群虽然安详地躺在病床上，但已与世长辞了。学花的眼泪止不住地往下淌。黄思群的家人告诉学花，他们跟黄思群原来工作的公司打过电话，但公司散了，找不到人，他们知道学花是黄思群最好的同事，就打电话给学花。学花忍住悲痛，打电话告诉胡总和丁科长黄思群已经去世的消息，两人不巧都不在南昌，只能委托学花送份礼。

学花代表公司给黄思群送了个花圈，和言人一道去瀛上参加黄思群的追悼会。追悼会上有人问："黄思群工作的单位怎么没人来参加追悼会?"学花挺身而出："我代表公司和领导来参加追悼会。"就这样，学花夫妇送了黄思群最后一程。

学花有一个邻居小龚，她年龄没有杰儿大，却有一副热心肠。她对学花说："伍阿姨，我在电视里看到你织毛衣赚钱捐资助学，为残疾人、孤寡老人做义工的事，让我夫妇感动，我要向你学习，为公益事业出力。以后你为残疾人、孤寡老人送衣送饭，碰到天气不好就打电话给我，我开车送你。你织毛衣赚钱捐给贫困学子，我可以帮你找织毛衣的业务。"小龚的爱人小杨也对学花说："你做的事很感人，以后我朋友的公司有伍阿姨能做的赚钱的活儿，我一定介绍给你。"

小龚、小杨夫妇还真的说话算数，介绍了不少事给学花做。考虑到学花上要管老，下要管小，还让学花包工在家做就行。有时学花没时间去公司领工钱，小龚夫妇会主动把工钱送到学花家来。

县里的邻居、朋友来南昌看病，学花都乐意帮忙。

有一次，张良的老婆小毛打电话来，要学花帮着找省儿童医院的医师给孙子看病。学花在小毛来南昌之前，就帮她联系好了一位专家。小毛带孙子来南昌后，学花忙上忙下，跑前跑后地带小毛孙子看病，看完病又请祖孙俩吃饭。在餐馆吃饭时，学花对小毛说："我母亲想见你，满足一下老人的心愿好吗?"言人对学花说："你母亲有你这样的女儿真是她的福气，想见小毛，马上就可以见，你母亲真是心想事成。只要是你母亲想的，就没有你这个女儿做不到的。"

虽然母亲百事不知，但她对帮助自己的吴主任和一辈子无偿为自己看病的王医师心存感激，总想她们来看看自己。学花在星子工作时，对培养帮助自己的老领导也怀有感激之情。为了完成母亲的心愿，学花想到了电视台。她希望请记者随自己去星子，对帮助自己的家人做一次感恩采访，然后让母亲看采访画面，完成母亲想见吴主任和王医师的心愿。

在江西电视台一楼大厅，许多人说学花的想法不现实。正好这时主持人五哥走进大厅,他连忙走上前来跟学花打招呼。学花把来意跟五哥说了,五哥说:"这事要找我们的刘主编,我一定尽全力帮伍阿姨的忙。"学花与刘主编素不相识,在五哥的引见下,学花见到了刘主编。刘主编非常热情地接待了学花。在五哥声情并茂地介绍完伍学花后,刘主编破例地同意了学花的请求,安排了缪记者和熊记者同学花前往星子专访。

学花和海滚弟把两位记者接到星子县王医师的诊所,又将程主任夫妇、星子县食杂果品公司老领导杨端福经理、从火中救出一岁多的自己的方英姑姑的婆子,以及居委会主任吴家娘和老邻居张家娘等人,请到王医师的诊所。程主任一到诊所,就被熊记者的镜头对准了,程主任赶紧拒绝录像。缪记者连忙上前询问程主任:"伍阿姨是不是你原来单位的员工? 现在伍阿姨捐资助学,帮扶孤寡老人、残疾人和需要帮助的人,你是否清楚?"在场的人纷纷说:"不知道伍学花所做的一切,只是在电视里看过她的好人好事。"大家都对学花为了减轻国家负担,独自把母亲接去南昌抚养赞不绝口。程主任了解了事情的来龙去脉后,接受了记者的采访。他感慨地说:"伍学花是家庭、工作两不误的优秀员工。"

中午吃饭时,熊记者向学花敬酒时说:"谢谢伍阿姨让我们搜集到方英姑姑的婆子砸门火中救小孩、杨经理新房让标兵、吴主任对人真诚无私的关爱、王医师几十年无怨义诊以及程主任夫妇对先进标兵伍学花的培养等一系列真实的素材。伍阿姨的事迹,再一次说明人间的真善美。"

过了一星期,刘主编打来电话,说晚上七点半以前,让学花带着母亲看她想看的人。在节目的尾声,五哥说:"伍阿姨做了好事从不张扬,不声不响、无声无息地帮助别人,三十多年来,连老家的父老乡亲都不知道,令人感动不已。"刘主编帮学花母亲完成了心愿,还叫台里将这期节目录在一盘光碟里送给学花,做永久的纪念。

（十）

2013 年元旦,突然下起大雪。鹅毛般的雪花铺天盖地,能见度不到几米。人们深一脚、浅一脚的鞋印,片刻就被大雪覆盖。路面上是厚厚的一层积雪。少数几辆公交车蜗牛似的在雪地里爬行,的士早已不见踪迹。

学花的母亲病情突然加剧,不能进食,好不容易喂进几口,马上又吐了出来,生命危在旦夕。面对这样恶劣的天气,学花和言人束手无策,不得已给杰儿打了电话,要杰儿无论如何也要找一辆车,把外婆送去医院。

早上八点不到,杰儿和同事开来一辆车。学花和言人早已准备好母亲住院的物品。杰儿一来,就抱着外婆上车。杰儿的同事赶紧抢着拿物品,还对学花说:"伯母,你年纪大了,冰天雪地的,走路也要注意,千万不要摔倒。我们年轻,有事让我们做。"一家人很快就上了车。同事尝试着发动车子,哪知车子在雪地里打滑。杰儿和言人连忙下去推车,才让车向前爬行。同事开着车,不敢太快,以蜗牛般的速度向医院驶去。

杰儿的同事对学花说:"我听陈杰说你这一辈子很不容易,吃尽苦中苦,还专门帮助有困难的人,热心公益事业,做义工捐资助学,是一个很了不起的人,让我很感动。"杰儿同事的话让学花感触很深,虽然学花做好事从来不求回报,但她坚信自己的好事不会白做。这不,母亲进医院急需人的帮助,儿子的同事就挺身而出,不顾天气恶劣,不顾大雪封路,仍然开车送母亲去医院。

一到医院,杰儿就抱着外婆上楼找医师。医师检查后,立马下了病危通知书。在学花的努力争取下,学花母亲住进了高级病房。病床是电动的,房间里有空调、电视机,还有陪护床。外面冰天雪地,可房间里温暖如春。

学花赶紧打电话把大妹从星子叫来。大妹对杰儿说:"虽说我家里的条件没你们这里好,但我们家乡讲究落叶归根。我想把母亲接回星子,让母亲在家里安详地走。"

学花一听说大妹要把母亲接回星子,不进医院,马上反对。学花说:"落叶归根,我可以接受,但你把重病的母亲接回去放在家里,母亲又吃不了东西,这不明摆着眼睁睁看着母亲死吗? 母亲留在医院可以减轻她的痛苦,虽然她现在吃不了东西,但可以靠输营养液来维持生命。而且县医院没有省医院好,还是让母亲留在省医院吧。我亲自照顾母亲,陪伴母亲度过这最后的时光。"学花不想母亲带着痛苦离开。

母亲虽然见了小毛,还从电视里看到了吴主任和王医师,但念念不忘的还是她的哥哥和侄子。舅舅已经八十五六岁了,学花爹爹过世时,他不闻不问,现在还会来南昌医院看望妹妹吗?

思索良久,学花还是打电话给大表弟,告诉了母亲病危的情况。第二天,大表弟就赶来了。离开医院时,大表弟对学花母亲说:"姑姑,快过年了,我们要开会搞活动,等我忙完了,再来看你。"大表弟还打电话把他姐从深圳也叫来了。表姐对学花说:"我姑真有福,能住到条件这么好的高级病房。"学花说:"为了让母亲人生的最后一程不痛苦,我宁愿多花钱。"

表姐来时已是下午六点,言人拿药去了,护士又马上要来为母亲换药。也许是母亲晓得亲人来了,学花和表姐喂芝麻糊给躺在床上不能起身的母亲吃,母亲居然吃了半碗。

学花对母亲说:"母亲啊,你要吃,吃了才能康复,一定要挺住。最少挺过年后,万一挺不过去,你也要选好日子,子孙才能全部到场送你最后一程。"

元月 16 日,医师查房,对学花惋惜地说:"老人就这几天了。"学花对言人说:"大妹夫也是半个儿,叫他来医院跟母亲见上最后一面。"第二天早上,学花把毛巾、牙刷、早点送到医院等候妹夫,可等到九点钟,人还没有来。学花生怕母亲走了,还没见到二女婿,于是又拨了一个电话,妹夫说:"有事,来不了。"

元月 19 日,学花同言人守护着母亲。见言人很疲惫,学花同言人商量,想给妹夫的大哥打电话,让他督促妹夫来医院。言人说:"早要他来,他不来,现在要他来干什么。"学花说:"你和我太辛苦了,你是半个儿,他也是半个儿,要让他尽到自己的责任和义务。"

学花回家做饭,杰儿打电话来说:"爸打了电话给我,他看不惯姨爹的做法,不想姨爹来南昌,希望妈顺着爸的意思。"其实学花知道,既然叫了两次大妹夫都不来,那他在母亲去世前就不可能来了,何况眼下没有必要为了他而让言人不高兴。

学花平时总跟人讲,对母亲一定要厚养薄葬。学花和大妹商量,只要母亲在一天,就要让母亲开心一天。她提出,母亲百年之后,就自己和大妹家九个人,加上母亲的侄子、司机和八仙给母亲送葬就行了,不要惊动其他人。大妹提出,灵堂设在她家,从她家出葬,也好让星子的亲戚祭拜,学花同意了。大妹又提出,自己的公公婆婆会按家乡的风俗,为母亲守灵三天。对此,学花马上拒绝,她说:"母亲走后,不能让年纪和母亲相仿的人来守灵或者送葬,万一有个三长两短,不好交代。"

2013 年元月 20 日清晨,母亲终于安详地走了。母亲这一辈子不听学花的话,这一次,还真听话,在孩子们考试前三天去世,让孩子们送了她最后一程,大妹夫也连夜从星子赶来了,见了母亲最后一面。学花、大妹及表弟商议,先送火葬场,然后把母亲的骨灰送回星子与爹爹合葬。杰儿安排了两部车,隘口的海滚和印佬也开车来帮忙,学花特别叮嘱海滚、印佬,不要告诉别人母亲过世的消息。

小林打来电话,说他搭海滚、印佬的车来姐家送老人最后一程。学花见小林已经知道母亲去世的消息,便没有阻止。21日晚,学花安排表弟、海滚、印佬和小林在家里休息。表弟说:"表姐,你也太辛苦了,我们四人的住宿你就不要管了。我带他们去住酒店,到了时间我再把他们带过来。"

22日凌晨两点,张良的老婆小毛估计是从小林那里得知学花母亲过世的消息,打电话过来责怪:"学花姐,你们哪里能偷偷地送葬,你相信不相信我现在就可以把你星子的朋友、同事、邻居一起叫来,租一辆大巴去南昌为你母亲送葬。"学花连忙解释道:"我一贯主张厚养薄葬,这次除家里人、司机和八仙,我没有通知任何人,请多多见谅。"小毛说:"无论男女老少,有困难到你家,你都乐意帮助别人。你出钱出力,跑前跑后,把人家的事当自己的事。你平时对朋友、同事、邻居那么无私,现在反把他们拒之门外。你让人家做何感想?我会把应该知道的人都通知到。"

学花想起自己之前接母亲来南昌时承诺过许多好友,母亲百年之后,一定通知他们,于是无奈地说:"三点钟母亲就要送火葬场火化,南昌就不要来了,你真要通知的话,让他们到我大妹家路边等,然后再一起去送葬。"妹夫听到小毛和学花的通话后,马上打电话给他的兄弟姐妹,说:"姐的朋友都来送母亲,请你们也一定要到场,接我的丈母娘。"

八仙说:"到星子葬母亲不能超过正午十二点,因为母亲在南昌火化一定要赶到头炉,一是抢时间,二是骨灰不会搞混。"同母亲告别时,言人说:"几十年都没有看到母亲穿得这么整洁干净。"进炉前,大家都跪在炉前号啕大哭,学花更是哭得撕心裂肺。孙女说:"奶奶,你不要这么悲伤,我的眼泪都止不住了。"学花看了一下泪流满脸的孙女,这才止住了哭声。

学花母亲的骨灰一到星子,就在大妹家落位,大妹家一下子挤满了进进出出给母亲送葬的人,各家都送了礼。学花同言人商量:"妹夫姊妹家送的礼,我们不要收。他们家本来就比较困难,不要让大妹出钱。"

妹夫同学花商量:"你从南昌带了一个八仙,我兄弟也做过八仙,星子就不要再请八仙了,我们兄弟帮着葬母亲。"

有人早就劝学花:"今后政策变了,你母亲不能棺葬,只能火葬,你给母亲做了几十年的棺材不如卖掉,还可以卖个好价钱。"杰儿说:"那么困难的时期,妈都想着为外婆做这么好的棺材,既然是为外婆做的棺材,就烧给外婆。"

葬母亲和烧棺材同时进行,棺材足足烧了两个多小时。看着妹夫和他的兄弟一锹一铲地葬母亲，学花心存感激，之前的不快也暂时抛在了脑后。张良兄弟妹七个都来送母亲，送完礼，葬完母亲，有的饭也没吃就回家了。海滚、印佬出钱出力，开车送母亲，学花按常规返礼一条香烟，可他俩坚持不肯收。学花心中感慨万千，母亲的最后一程走得如此顺利，没有遗憾，真是多亏了亲朋好友的无私帮助。

（十一）

过年以后，还下了几场雪，学花想到外面冰天雪地，于老师在这样寒冷的天气出门买菜肯定有困难，于是就准备帮于老师买菜。学花天天从北边的大士院走到南边的老福山，就为了货比三家，买到新鲜的蔬菜。言人心疼地说："老婆，你干吗不坐车？"学花笑着说："只当散步一个多小时，还可以锻炼身体。"

有一天，学花在象山南路旺中旺买菜时，突然发现爱心钱包被盗。她立刻打电话给社区肖警官。肖警官很快就赶了过来，打开监控，见一个光头模样的人把学花的钱包偷走了。肖警官说："我好像没见过这个人，估计是流窜作案。若他继续作案，我一定想办法抓住他。"肖警官接着又问学花钱包里有多少钱，学花说："钱包里有我准备捐资助学的一千多块钱，本来买完菜就要给贫困学子送去。"肖警官连忙安慰说："伍阿姨，这一千多块钱是你一针一线织毛衣赚来的，真不容易，我会想办法破案。"说着，肖警官伸手到口袋里掏钱，然后毫不犹豫地将所有钱交给学花说："伍阿姨，这五百块钱虽然不多，也是我的一片心意，就请伍阿姨帮我捐给贫困学子，让伍阿姨现在捐资助学的想法不落空。"刚才还在为钱包被偷难过着急的学花，一下子就被肖警官的真诚打动。学花激动地说："谢谢你，肖警官。"

社区主任夏腊香听说学花爱心钱包被偷之事，也找到学花说："你关爱贫困学子、孤寡老人、残疾人，你的钱是帮助他们的。虽然你的爱心钱包被偷了，但你的爱心不能丢。尽管我这里只有两百块钱，也请你帮我传递爱心。"多好的社区主任，多好的社区警官啊！学花感动地说："夏主任，我一定把你的钱转交给贫困学子，传递你的正能量。"

2013年3月中旬，永儿给学花打来电话，非常兴奋地说他马上要结婚了。学花一听永儿结婚的消息，高兴得大声说好。永儿是大学生，又是医生，本来条件不错，找一个爱人应该不成问题，可家中有一个脑瘫的父亲和一个精神有问题的母亲。哪个父母愿意把自己的女儿送到这样的家庭中呢？学花一直担心永儿的婚姻,希望永儿早点找个贤内助,来和永儿一道照顾父母,让永儿腾出时间更好地工作。学花想到自己刚工作时既要管母亲,又要养两个妹妹,也想找一个男人帮衬自己。想到这里,学花立即答复永儿,下个月自己和言人、阿咪抽空去新余祝贺新人。

学花一下火车,永儿夫妻就骑着摩托来接站了。言人第一次见到永儿的老婆,一眼就能看出是正经人家的孩子,不由为永儿感到高兴。

到了永儿的家,永儿的父亲还是坐在轮椅上,母亲依然显得不知所措,这里动一下,那里动一下。房间里的味道同学花母亲在世时家里的味道一样,有一股臊臭味。永儿的老婆小廖一进屋就掰了一根香蕉给永儿母亲吃,然后动手做起饭来。小廖的手脚麻利,不一会儿就把菜洗好、切好了。正准备炒菜时,永儿的母亲不知是吃了香蕉,还是受了凉,突然拉了一身。小廖不得不停下手中的事,去为永儿母亲换洗擦抹。见到这情景,言人想起老婆母亲在世时,老婆总是为母亲擦洗身上的屎尿。自己的老婆为母亲吃了一辈子的苦,现在永儿的老婆小廖刚进这个家,就要吃苦。永儿对父母的孝和他老婆的贤惠,让他们成为天造地设的一对。自己同老婆生活了一辈子,也做不到永儿夫妇这样,不由感到万分惭愧。

晚上,永儿夫妇把婚床让给了学花一行睡,他们夫妇不知道跑到哪里去睡了。第二天早上刚起床,永儿的老婆就准备好了煎饺,而永儿夫妇吃的却是昨天的泡饭。言人感到震撼,他认为学花和永儿亲密无间,相互鼓励,是因为他们有相似的不幸、苦难、贫穷的家庭以及家庭所带给他们的切肤刺骨的激励。学花和永儿有共同的责任和担当,他们遇到再大的困难,也要守好家庭,对家庭不离不弃。现在,永儿的老婆又加入这支队伍中来了。

学花一行要回南昌了。言人对小廖说:"你跟伍大妈一样,要跟贫穷、重病、不能自理的父母生活在一个屋檐下。虽然你现在管永儿的父母很辛苦,将来你们有了孩子,孩子们一定知道个中的辛酸,一定会像你们一样有孝心,孝顺你们。同时你也将得到永儿一生的爱。"小廖说:"我能理解永儿的经历、思想和孝心,不然我们就没有认识的缘分。"

借着跟言人清明去星子扫墓,学花和同学陈明去看望了小学班主任章仁娟老师。章老师十分高兴,非留学花夫妇在家吃饭不可,章老师的女儿王妮还把学花的好友刘灵芝也叫来了。吃饭时,章老师穿着学花给她织的毛衣出现在大家面前,大家都夸学花心灵手巧,织的毛衣好看又合身。

吃完饭后，大家在一起闲聊。刘灵芝对言人说："学花这一生很不容易，我俩都是星子县供销社的标兵，我是碰上了机遇，可学花是苦干出来的。我们是邻居，知根知底。我家苦，但是父母好歹能养活自己。她家更苦，如果她不努力奋斗，就无法消除人们的歧视。她坚韧不拔、自强不息、无私奉献的精神，终于得到了大家的认可，我们大家都敬佩她。好人有好报，她找到了一个好老公。"言人听后，心中有愧，自己真不像传说中的那么好。

学花和言人看过章老师，又去隘口看干娘，在干娘身边住了几晚。有一天出太阳，干娘叫言人和学花帮忙搬箱子晒衣服。干娘拿出一件毛衣对学花说："这件毛衣是你1992年调南昌时为我织的，我一直舍不得穿，怕穿破。21年来，我年年拿出来晒，这是干女儿给我的念想，看到毛衣就像看到你一样，现在我都80多岁了，穿这枣红色的毛衣，颜色鲜艳了点，你身边有好多需要帮助的人，不如你把这件毛衣送给没衣服穿的人。现在家里的条件都好了，儿孙们给我买了好多衣服，我都穿不过来。"言人说："干娘，你一定要穿，这是学花的一片心。干娘，你穿着毛衣，让我看一看。"

干娘去屋里换上了学花织的毛衣。言人说："好看好看，一点儿也不艳。干娘，学花给你织了毛衣，你就穿；你穿了，学花就开心。"

学花到了隘口，就想到住在横塘的陶主任，也想去看看老领导。学花和言人一到陶主任的家，陶主任在省城工作的弟弟刚好也回家，连忙起身端茶倒水。陶主任的母亲已九十高龄，看到学花夫妇来了，赶快去杀鸡。学花看到老人为自己忙活，过意不去，便跑过去帮厨，摘菜、择菜、洗菜、炒菜，好像在自己家一样。陶主任见老部下来看望自己，十分开心，还说："你们来得正好，中午我女儿陶蓉一家三口也会过来吃饭。"20世纪90年代，陶蓉在读省工商行政管理学校时，周末学花都会去学校接陶蓉来家吃饭，改善陶蓉的伙食。陶蓉从小就跟学花很亲热，她认学花做干妈，经常给她的花妈妈打电话嘘寒问暖。一眨眼陶蓉都有孩子了，听说陶蓉要来，学花很高兴。

吃饭时，陶主任九十岁的母亲还陪言人喝酒。言人感动地说："陶主任，当年我俩对酌一瓶白酒，现在你母亲又陪我喝酒，愿我们两家的情谊天长地久。"

饭后，陶主任对言人说："伍学花这一辈子真是亏了自己，现在快六十岁了，身体也不好，生活也不富裕。你要让她享享福啊。"言人说："是我让她操劳了一辈子，我有愧。她现在还在织毛衣、做护工、做钟点工赚钱捐资助学，帮扶孤寡老人、残疾人和需要帮助的人。"陶主任劝学花："你该感恩的都感恩了，你该奉献的早已奉献完了。现在年纪大了，你也该为自己活了。"

回南昌的路上，言人想：这次扫墓，学花看望了章老师、干娘、老领导。看似平凡的小事，从中都流露出了人间的真情。

学花在电视上看到董记者在超市义务卖奶，并将卖奶的钱捐给一个贫困学子。学花从节目中了解到：这个家庭只有女孩的父亲种田一个收入来源；孩子的母亲身患重病，靠注射器向口里注射食物维持生命；孩子的两个哥哥都患有先天性智力障碍，还有一个年事已高、卧病在床的奶奶需要赡养。学花想到自己小时候的遭遇和这个女孩如出一辙，就打电话给刘主编："这家人病的病，傻的傻，只有一个读书的小女儿是正常人，看到她我就想起了自己苦难的童年。虽然我身边有几位贫困学子需要帮助，但我不忍心小女孩因贫困而辍学，想帮助小女孩。"刘主编马上安排董记者和学花去女孩家。

女孩的叔叔早就在村口迎接学花一行，他见学花又是送年货，又是帮扶他侄女，心中非常感动。学花说："我小时候家里和你侄女家一样困难。我小时候，为了父母和两个残疾妹妹不饿死，我只读了两年小学就不得不辍学，挑起了全家人生活的重担。你做叔叔的要和她爸爸商量好，一定要让女孩读书。"女孩的叔叔连忙点头。学花又问女孩的叔叔："你生了几个孩子？"女孩的叔叔说他生了两个儿子，大儿子今年考上了江西农业大学，小儿子明年参加高考。学花说："如果你的小儿子考上大学，一定要告诉我。我最看重家境贫困的有出息的孩子，我佩服你两个儿子有志气。你做父亲也不容易，哪怕省吃俭用，我也要省出钱来帮助你的儿子。"

两人边走边聊，不一会儿一个一贫如洗、破烂不堪的家出现在学花眼前。两个傻孩子竟然当着众人的面在厅堂里拉屎拉尿。一阵悲哀袭上学花的心头，这和自己童年的家没有什么两样，女孩小云就是童年的自己。学花赶紧把衣服和钱送给了小云的父亲。

从小云家回来不久，学花就接到刘主编的电话，说是有一个叫小婷的女孩，考上了江西农业大学，但她的父母刚刚离婚，而且她父亲本就是个患有小儿麻痹症的残疾人，偏偏这时又出了车祸……没等刘主编说完，学花就说："考上大学是光耀门楣的事，也是改变孩子一生命运的起点，我一定资助她念大学。"为了方便自己记忆，学花将小云唤作云八丫，将小婷唤作婷九丫。为什么这么命名？因为她俩是学花资助的第八和第九个女孩。

当学花和董记者来到婷九丫家时，婷九丫的父亲还躺在床上不能动弹，婷九丫连忙招呼客人坐下。学花对婷九丫的父亲说："一定要送婷九丫去上大学。我每年都会尽自己最大的努力帮助婷九丫念完大学。"说完,学花拿出织毛衣赚的钱和退休工资送到婷九丫的父亲手上。婷九丫的父亲感动得热泪直流,他感慨地说:"姐,你这是雪中送炭,你是我女儿的再生父母啊!"

学花认识婷九丫后,一到暑假,就给婷九丫送学费,过年还会给她家送油、送肉、送年货。婷九丫很争气,大学毕业后又考上了江西师范大学的法学硕士。

后来,学花办的免费文化辅导班的家长要她找一个学业有成的学生来辅导班讲克服困难读好书的经历。学花马上拨通了婷九丫的电话,请她来给孩子们上一节教育课。婷九丫说:"妈妈,我感到很荣幸,我一定准时参加。妈妈总说,人人为我,我为人人。如果不是妈妈当年资助我上大学,哪有我今天的成就?等我以后有能力,我一定做像妈妈一样的人。"

这一年,大学毕业的凯四丫过年来看望伍妈妈。学花一直把凯四丫当自己的孩子看待,见凯四丫来看自己,非常高兴,便安排凯四丫和阿咪一起睡。凯四丫见阿咪待在家里,就对阿咪说:"姐带你去打暑假工,好吗?"阿咪马上高兴地答应了,去胜利路步行街和凯四丫一道卖衣服,开始了她人生中的第一次打工赚钱。

转眼母亲节就到了,凯四丫买了各种各样的礼品来看望学花。学花对凯四丫说:"下次来千万不要花钱买东西,你工作那么忙,就不要时时来看我了。只要你们心里记得我,过年过节时打个电话报个平安就行了。你是一个很争气的孩子!"

凯四丫说:"女儿再忙,来看望妈妈也是应该的啊!我承诺过,以后我有能力了,一定将妈妈的爱心传递下去。"

没过多久,永儿的老婆小廖给学花打电话,说她快要生了。学花问:"买好摇床了吗?"她说:"看了很多,还没选中。"学花说:"摇床还是我这个做奶奶的来买。"学花叫阿咪打开电脑到网上选样式。阿咪说:"既然是送给永儿哥孩子的,那就买个牌子货。大姨,你看'好孩子'的牌子怎么样?"学花点了点头说:"就选'好孩子'的摇床。"学花和阿咪挑中了一个样式,又打电话给永儿夫妇,请他俩看看这款摇床喜欢不喜欢。小廖说:"这个太贵了,不能让您破费。"学花说:"只要你们夫妇喜欢就行,我这就叫阿咪下单。"小廖说:"我的孩子有你这个好奶奶,真是孩子的福气。"

（十二）

2014年春节临近,天气持续低温冰冻。学花想到这样的恶劣天气,孤寡老人、残疾人的生活尤为困难,于是带上买的食物、衣服,同象山社区夏腊香主任、黄菲书记一道走访困难户。夏主任见到不认识学花的困难户就介绍说:"这是我们社区的老党员伍学花同志。"学花叮嘱他们要注意保暖,及时添加衣服。困难户对学花的热心帮助连连表示感谢。

图12　春节走访慰问贫困老人其一

图13　春节走访慰问贫困老人其二

图 14　春节走访慰问贫困老人其三

学花问夏主任:"我们社区有没有吃低保的困难户?家里有孩子在念书的。"夏主任说:"有一个姓万的女孩,父亲不幸去世,母亲又跟人家跑了,从小跟爷爷奶奶生活,奶奶又没退休金。女孩在重点学校读高一,成绩不错,是一个非常优秀的女孩子。"学花同夏主任约好,下次去走访她家。

当学花和夏主任来到女孩家中时,女孩的爷爷奶奶早就听说伍学花捐资助学的美名,对她赞不绝口,说她品德高尚,看得起这些孤寡老人、残疾人和困难户。这次学花准备了一千块钱送到万十丫家,不巧万十丫上学去了。万十丫的爷爷激动地说:"你也是退休职工,还来关心我家的孙女。我孙女对我非常孝顺。她跟我说要考上医学院,将来做一个医生,能为天下有病的人治病。"学花说:"孩子有志向是好事,这是给孩子读书的一些钱,希望对孩子有所帮助。"万十丫的爷爷动情地说:"谢谢你们。"

2014 年春节全家人在一起吃年饭时,杰儿说:"我和微微都觉得妈妈这辈子吃尽了世上的苦,结婚时没办一桌酒,生我时也没请一位客,现在家里的生活也不像当初那么艰难,为了不给我俩留下遗憾,想给妈妈做六十岁的生日酒。南昌人一般做九不做十,妈妈如今刚好五十九岁,我俩想今年给妈过生日。"学花说:"不要浪费这个钱。"杰儿说:"妈妈也要理解我们夫妇的心愿,六十岁生日一定要做,我们想请两桌酒,我们家人一桌,微微家人一桌。"学花说:"我能有今天源自许多人的帮助、关心、栽培。如果不是大家伸出援手,也就没有我伍学花的今天。如何真要摆酒的话,我希望借此机会感谢那些帮助过我的人。"杰儿说:

"只要您开心,您说咋办就咋办。"

大年初二,荣华姐打电话叫学花夫妇去她家做客。学花在荣华姐家说:"7月杰儿给我做六十岁生日,到时你们夫妇可得赏光。"荣华姐说:"妹妹做寿,我当姐姐的必须去!"祖华姐夫说:"我不但要同你姐去吃酒,我还要用葫芦丝吹几首曲子,为你的生日助兴。从现在起,我就操练起来。"言人说:"姐夫为学花的生日吹葫芦丝助兴,真令我感动。看样子,我也得准备为老婆吟诗一首。"

清明节,学花和言人去星子给父亲、母亲上坟。上完坟后,学花就想着把过生日的客人都请了。学花首先想到去请自己的恩人吴主任,哪晓得去吴主任家几次,都没找到吴主任。找到吴主任的女儿家,才知道吴主任在九江市住院。接着,学花又去小学班主任章老师家,刚好晓琴、晓玲、灵芝都在章老师家。学花说:"7月份儿子给我做六十岁的生日,想请星子的一些人去做客,拜托晓琴负责召集大家一道去南昌。"晓琴说:"吴主任八十多岁了,听说心脏不太好,现在在九江住院,我可不敢负这个责。"章老师也说:"抱歉,7月份我要去国外。"学花最想感谢的两个人都有可能参加不了她的生日,不免让她有些失落。灵芝看出了学花的心思,对学花说:"吴主任的事还没定呢,她现在由儿子照料,我们先征求下她儿子的意见。"

学花和言人坐着灵芝安排的车来到九江,找到医院看望吴主任。吴主任的儿子看到学花夫妇从南昌赶来星子,又从星子赶到九江来看望自己的母亲,还听母亲说学花夫妇年年来看望她,心里非常感动。学花把吴主任的大儿子叫到外边说:"当年,如果不是你妈无私地帮助我,也没有我的今天。今年7月,我过生日想请你母亲去南昌,但是又担心你母亲的身体不好,不敢对你母亲说。"吴主任的大儿子说:"母亲不是什么大病,主要是年纪大了骨头痛,去南昌应该没什么大问题。我们不会要你们承担风险,你对我母亲这么好,我们做儿子的支持母亲去你家。"

学花说:"我会安排车来接送你母亲,请你们放心。"吴主任、晓琴、晓玲、王妮、灵芝去南昌的事情说好后,学花又和县供销社的老领导程主任、原来枣糕厂的徐总、海滚弟落实了去南昌之事,才放下了心里的石头。

过生日请客的事情敲定后,学花想到还有很多有恩于自己的人,因座位有限,去不了南昌,只好提前在星子请了两桌酒。学花怕说过生日请酒大家会送礼,只说:"我从来没有请过酒,但是非常感谢大家这么多年来对我的关心、帮助。今天我备些薄酒表表心意。今后,无论是谁,有什么困难,需要我帮助,我一定会挺身而出,全力以赴帮助你们。"

学花从星子回南昌后,给四川的哥哥伍兴来发出了邀请,希望兴华哥哥能同兴来哥哥、光华表姐、秀华表姐一道来南昌参加自己的六十岁生日的宴会。学花还给省工贸公司的老领导胡总、邓副总、丁科长,同事陈跃琴、柴丽君以及帮助过自己的龚晓庆,朋友沈书记,徒弟罗桃秀,社区主任夏腊香提前打了招呼,让他们安排好时间,按时来喝自己的生日酒。最后,学花请了江西五套的辜总监、刘主编、叶记者以及自己资助的永儿和宏儿。学花的生日是 7 月 16 日,星期四,她怕工作日有人来不了,就把酒席的时间定在了 7 月 12 日星期天。

(十三)

江西都市频道在象山广场开展"社区一百"活动,要求身边的好人讲述感人的故事。为了节目办得成功,爱心妈妈和其所帮扶的贫困学子要同时登场,传递正能量。象山社区推荐了伍学花,伍学花在台上讲述了自己应该做的事情,宏儿也道出了感谢伍阿姨的心声。

学花和宏儿之间的感人故事,赢得了观众的阵阵掌声。活动过后,学花被江西都市频道评为"社区英雄"。捧着"社区英雄"的奖状,学花暗暗下定决心,要不负"社区英雄"的称号,今后帮助更多的人。

2014 年 7 月 10 日,兴华哥哥和嫂子带着女儿秀琼、孙子伍良、伍洋从四川巴中赶来南昌。秀琼一下车就拉着学花的手说:"姑姑,12 日吃了你的生日酒,中午我就坐飞机回四川,我有一个两岁不到的小女娃朵朵,脱不开身,回去的飞机票都买好了。"这时,朵朵打来视频电话要找母亲,秀琼就在电话里让朵朵叫学花姑婆,把学花乐得合不拢嘴。秀琼的姐姐秀云也从山东济南赶来南昌,这让学花的心里难以平静。哥哥一家三代六口人,千里迢迢来南昌为自己过六十岁生日,这是多么深厚的情谊啊。虽然兴来哥哥、光华表姐、秀华表姐抽不开身,但兴华哥哥一家的到来,让学花心里感到莫大的慰藉。

学花早就有了打算,兴华哥哥一家人一到南昌,学花就带着他们坐车直奔星子。大家先去祭拜学花的父亲、母亲。学花告诉爹爹,兴华哥哥一家就是爹爹朝思暮想的四川老家的亲人。爹爹寻祖的遗愿,经过几十年的努力,终于实现了。

吃完午饭,学花带兴华哥哥一家去鄱阳湖和庐山风景区游玩。隘口有一座历史悠久、闻名中外的东林寺,那里环境优美、幽静。秀琼深有感触地对学花说:"星子风景宜人,历史文化气息浓厚,比我们四川一点都不差。"晚上在东林饭庄吃饭,易老大和晓玲热情地招待了众人。易老大说:"你们难得来我们这里,一定要吃好,玩好。只要哥哥一家人玩得开心、吃得开心,我就开心。"

第二天一早,海滚弟又请大家去桃花源的溪水中漂流,自上而下,沿途风景秀丽,令人舒心惬意。

庐山以风景秀美而闻名天下,自古以来,不知多少文人墨客游览庐山。山上的风景不说,山下就有秀峰、观音桥、白鹿洞书院、三叠泉……让你流连忘返。因摆酒的时间临近,学花只好承诺下次一定带哥哥全家游遍庐山。

回到南昌的家中后,学花把哥哥一家安排在主卧。晚上吃完饭后,兴华哥哥与言人交谈。兴华哥哥说:"自从孙书记把学花寻亲问祖的信交给我后,虽然还没见到学花妹妹,我就从心里佩服她。一个出嫁之女,仅仅凭着父亲的一句话,为父亲寻祖几十年,这是多么难得的孝心。第一次寻祖没得到你的理解,还能坚持几十年不动摇,我的妹妹是一个了不起的女人。她这一生不容易:童年就要照顾父母;青少年时期就要养家中的三个残疾人,还要供你上大学;中年时又要带儿子、带外甥女、带孙女,她一个女人守护好了四代人。眼看孩子们都长大了,苦尽甘来,但她还想着回报社会,又选择了一条最难的路:做公益,还要去管好更多的家。虽然学花不是我亲妹妹,但我一定会把她当成自己的亲妹妹。"兴华哥哥一口气说了好多话,言人不住地点头。言人说:"我也佩服她这种执着的精神。"哥哥又接着说:"这次来南昌,到星子住了两天,我就能感受到大家对我妹妹很好,这也是我妹妹平时对大家无私付出的回报。我打开你家的衣橱,看到一件件折叠得非常整齐的衣服,就知道我妹妹不但为人好,而且很懂得持家,是一个一丝不苟、非常严谨的人。所以,我叫你嫂子和两个女儿向我妹妹学习。"言人感叹地说:"还是哥哥独具慧眼,没过几天,就琢磨出妹妹的可贵之处。也许是家庭、性格上的差异,四十多年来,我从来没有像哥哥这样清晰地剖析过学花。只有像哥哥这样和学花有一样的思想、孝心、良心和善心的人,才会有对她的为人处事有如此深刻的理解。"

言人对学花说:"今年你工资加到1200块钱了,之前有结余的钱你都捐掉了,这个月的工资刚发还没动。不如拿出1000块钱去买一件品牌衣服明天穿,正好也陪哥哥嫂子去街上逛逛,看看南昌的夜景。"学花说:"你说拿1000块钱给我买衣服,让我感到很幸福。但我觉得,这1000块钱如果不是用在买衣服上,而是用于帮助那些想读书而又没钱读书的孩子,我会觉得更幸福。不如让我把这 1000 块钱，拜托叶记者带给宏儿的父母。"

2014 年 7 月 12 日，学花一生中最为激动的一天到来了。面对着从四面八方赶来为自己庆贺生日的亲朋好友、领导、同事和街坊，学花的眼泪夺眶而出。多少年来终于盼来了幸福的今天，当八十多岁的吴主任，过去领导程主任、胡总、邓副总、丁科长以及社区夏主任、邻居龚晓庆夫妇等人依次与自己握手，祝贺自己生日快乐时，学花激动得不能自已，哽咽得说不出话来。一个往日被瞧不起的穷女娃，今天受到了大家如此的器重，学花的心中万分感激。几十年的努力奋斗，自己无愧于毛主席的教导和党的培养，无愧于关心、爱护她并给予她帮助的所有好心人，无愧于自己的人生！

辜总监、叶记者、摄影师代表电视台向伍学花献上生日礼物，祝贺伍阿姨生日快乐。生日酒席的气氛一下子进入了高潮，全场响起了热烈的掌声，摄影师的镜头拍下了这动人的瞬间。阿咪、陈可也不甘人后，拿着照相机忙上忙下，为学花留下了永久的回忆。

学花激动得热泪盈眶，说不出话来。言人代为感谢各位来宾！酒席一开始，言人就朗诵了为妻子过生日写的诗。

春去夏至

一眨眼

迎来吾妻五十九

苦水中泡大

汗水中成长

终于结成硕果

为了不幸的家庭

你付出了全部青春、智慧和精力

儿时

父亲病重，母亲痴呆

家无隔夜之炊

一家人挣扎在死亡线上

为了父母不饿死

你小小的年纪就要去捡柴

有柴才能熬粥充饥
遇到下雨无法拾柴，只能乞讨
平时还要捡破烂、挖野菜
为两个残疾妹妹治病
稚嫩的你
点燃全家人生活的烛光

上小学时
顺路带个竹篮拾柴
有的同学竟和你拉扯着
强行丢掉你拾柴的竹篮
深深地刺痛了你幼小的心灵
你不想乞讨
只好选择辍学
幼小的你
就这样与知识擦肩而过
儿时的梦想
祈祷有一个美好的童年
竟像肥皂泡一样破灭

十五岁那年
父亲撒手人寰
你面对的是
痴呆的母亲和两个残疾妹妹
你感到无助
欲哭无泪
是居委会吴家娘
伸出了她那温暖的双手
帮你葬了父亲，安排了你的工作
工作单位的领导
根本不了解你的不幸

竟要你伸出十个指头

看看能否数得清

你暗下决心

绝不让人歧视

你刻苦学习文化

期待着,有一天

也能成为文化人

你自尊自爱、自强不息,工作努力、业务上进

十六岁的你

竟也成了阿姐、阿姨的带班人

小小的年纪

出人意料地成为人们羡慕的县劳模

各种各样的桂冠接踵而至

你的努力

再一次彰显了自己的魅力

工作过的单位

人人夸你

那熟悉的算盘声

精细的账本

早已超越了你自己

为了抚养两个妹妹

还要照顾母亲

想找一个帮手,减轻国家的负担

十八岁的你

毅然地嫁给我

面对着你家的贫穷

你怕我犹豫

大声地说

离开了我,你会一辈子永远后悔

贫穷并不可怕，可怕的是没有志气
相信我，面包会有的，牛奶也会有的
一切都会有的
你对我的担心完全多余
我的出身不好
更怕你不要我
我满脑子里都是你
哪怕会有半点犹豫
你的话，感动得我热泪盈眶
你是我心中的宝石
是我一辈子的骄傲
你深深地知道
没有知识，没有文化是不能脱贫的
你把全家的重担扛在自己身上
送我去读大学
为了响应党的号召
全县第一个带头计划生育
很多人说你傻
人人都想生几胎
但你坚信
计划生育是利国利民利己的大好事
是改变家庭贫穷的决策
绝不后悔

你含辛茹苦
养大了两个残疾妹妹
你执着，对这个不幸的家庭不离不弃
工作再忙
也要为母亲和妹妹烧饭送饭
你像一根擎天大柱
撑起了这个随时会倒塌的家庭

你勤劳善良、省吃俭用，为了贴补家用

你起早贪黑

缝手套、养猪、养鸡、养鸭、种菜

我还不知好歹

让你伤心落泪

还执着地做自己想做的事情

你嫁走了两个妹妹

养大了儿子

还帮助大妹养育她的女儿

如今阿咪已长大成人

辛勤的汗水

终于结出丰硕的果实

你期盼的四世同堂

终于实现

五十九年来

帮助你的人很多

你感恩，回报社会

你深知文化的重要

甘愿做文化人的铺路石

你用自己勤劳的双手

织毛衣赚钱

资助贫困学子

圆你儿时无法读书的梦想

你心胸宽广

省吃俭用的钱

扶助孤寡老人、残疾人和需要帮助的人

践行行善助人的准则

你勤劳善良和感恩的品德

将流传给子孙后代

希望他们做一个有益于人民的人

成为你心中永远的骄傲

五十九年的风风雨雨

让我知晓你做的一切

我心服口服

原谅我迟到的认识、理解

为你祝福，为你鼓掌，为你喝彩

祝你五十九岁生日快乐

祝你身体健康

一辈子吉祥

接下来是兴华哥哥为妹妹送上祝福。兴华哥哥说："妹妹寻祖几十年感动了我，也感动了伍家垭河所有的人。妹妹的人缘很好，又做了这么多的公益事业，得到你们大家的帮助，才有了今天来之不易的生活，我代表妹妹感谢大家。各位来宾有时间去我们那里参观，我们伍家垭河的人会张开双臂欢迎你们。"大家报以热烈的掌声。

哥哥祝福完，祖华姐夫吹奏葫芦丝，把欢乐的气氛又一次推向了高潮。

最后孙女陈可向奶奶献花，陈可带着稚嫩的声音说："奶奶，祝你生日快乐！"顿时全场响起了"祝你生日快乐，祝你生日快乐……"的生日歌。学花情不自禁地吻了陈可。五十九年，在历史长河中不过是一瞬间，但在学花的一生中却是漫长而又可贵的。经历了人生的辛酸苦辣，终于迎来了今天美满的生活。

酒席开始后，大家频频向学花敬酒，一场生日宴会进行得十分顺利。祖华姐夫对杰儿说："乖崽，真孝顺妈，办这么丰盛的酒席。能请到四面八方的人真不容易。"杰儿说："这都是妈妈平时人缘好，我哪里有这么大的能力。"宏儿想送贺礼给伍妈妈，学花没收。宏儿就找到杰儿，说要送生日贺礼。杰儿说："钱不能收，心意到就行了。上班的干好工作，读书的好好学习，比买什么给我妈都好。干好工作，读好书就是对我妈最好的回报。"

宏儿大专毕业后，分配在公安局工作。他妈妈的宫颈癌有了转机，他的残疾父亲有了妈妈的照顾,一家三口终于恢复了正常人的生活。宏儿每到节假日,都会打电话向他的伍妈妈问好。有一次,宏儿在电话中说:"妈妈!我托人在婺源买了些茶叶,想给妈妈早一点送过去。"学花对宏儿说:"改日吧,近期我很忙。以后千万不要为我花钱买东西。"宏儿说:"我家遇难时,是妈妈无私帮我们渡过了难关,您的恩情我铭记一辈子,我永远记住妈妈的教导:敬业,爱岗,孝敬父母。以后,我有能力了,也要像妈妈一样去帮助别人,做一个对社会有用的人。"

永儿在学花家住了一夜,一直没说送礼的事,这也是学花所希望的。杰儿晚上和永儿谈心,杰儿就像永儿的亲哥哥一样希望永儿干好自己的工作。杰儿说:"我妈说,永儿是她帮助过的最苦的孩子,看到永儿的成长,她最开心。"第二天,永儿吃过学花的生日酒,带着学花给他老婆小廖织的毛衣,以及带给他父亲用的轮椅,依依不舍地和伍大妈一家人道别回新余了。

永儿离开时,留下了一个红包。杰儿说:"妈,永儿弟的钱一定不能收,他们家还没有摆脱贫穷。他虽然回新余去了,但钱我们要汇过去。"学花连忙打电话给永儿,要他把账号打过来,永儿说:"不急,过段时间小廖会带宝宝到你家住一段时间,就权当她俩的生活费。"学花说:"宝宝到奶奶家来,还要你们出钱吗?"永儿说:"伍大妈对我家的帮助,用钱是回报不了的。"他终究还是没报账号来。原来永儿夫妇早已商量好:伍大妈六十岁寿辰,一生只有一次,讨六六大顺的好口彩,给伍大妈包6000块钱的红包。学花只好等永儿的老婆来南昌,想办法把钱还给永儿的老婆。

永儿夫妇是一对孝顺的孩子,虽说学花一直为他们送衣服,但是小廖也经常给学花夫妇做保暖衣。看到他们家的日子过得紧巴巴的,学花就想起码得给小廖工钱,永儿夫妇坚决不收。永儿说:"大妈一直无私帮我们家,我们尽一点心意,怎么还能收钱?"前几个月,永儿的母亲得了重病,学花从微信转了500元钱,让永儿买一些营养品给母亲。当晚,永儿打来电话说:"大妈,你的心意我领了,但是钱我不能收,只要我能赚钱,只要我有一口饭吃,我就不能要您的钱。我知道您身边还有许多需要帮助的人,您还是把钱捐给比我困难的人吧。当年,您那么苦,还要帮我家。如果不是您当年帮我家,我哪有精力读好书,哪能顺利大学毕业。大妈对我的好,我会记一辈子。我也会教导孩子将大妈的爱心传递下去。"

人生难得几回醉,学花过生日,邀请的人都到了,大家喝得十分开心。言人也不例外，和祖华夫妇畅饮，喝得不省人事。幸亏杰儿和学花没醉，迎送客人，安排海滚弟开车先把侄女秀琼送到飞机场，再把吴主任和妹妹几人送回星子。

因前日的酒店坐不下这么多人，学花第二天又请了一大桌酒。吉安赵经理一家三代五口人、小金夫妇、于老师前来贺喜，又热闹了一番。

学花也没有忘记生日前的决定，散席后，她让叶记者把1000元钱转交给宏儿的父母。

（十四）

生日后不久，学花和言人去社区办事。有一对吃低保的夫妇找夏主任要钱，说家里的病人想吃猪肝没钱买。学花见状，立即叫言人从口袋里掏出一百块钱给了这对困难夫妇。夏主任感动地说："伍学花真是我们社区的好党员呀！"

7月下旬，光华表姐的二儿媳从四川老家打电话来说："妈妈不行了，在医院里抢救。"没几个小时，二儿媳又打来电话说妈去世了。

学花同爱人商量："虽然我过生日表姐没来，但表姐去世了，我这个表妹还是要去。"言人说："我脱不开身，陈可和亮亮都在家里，我要替他们补课。你身体也不好，一天一夜的车也很难坐，买卧铺也舒服些。"学花说："哥哥嫂子来南昌全是买坐票来的，我也买坐票来回，这样可以省五六百块钱。"

第二天一早，学花就买坐票，风尘仆仆地赶往四川，送表姐最后一程。

2014年8月，南昌一套《新闻说报》节目播出了《才子和他的寒门妻》，故事的主人公正是陈言人和伍学花。

这篇报道说陈言人和伍学花是海鸟与鱼相爱，纯属一场意外。一个是书香门第的大学生，一个是贫苦人家的穷女娃，家庭、文化、思想、性格天壤之别的两个人，牵手迎金婚，无怨无悔。报道中提到伍学花只读了两年书，没有什么文化。为了圆儿时无法读书的梦想，从2005年退休以来，只有900元退休工资的她，靠织毛衣、做护工、做钟点工赚钱资助寒门学子，帮扶孤寡老人、残疾人及需要帮助的人。陈言人起初因为心疼出过严重车祸的妻子，对妻子的行为不理解，最后还是被妻子的精神感化了。特别是当看到贫困学子由于妻子的资助，一个个完成学业、走出困境，和妻子成为亲人之时，他感到平凡的妻子身上的伟大。

其实这篇报道的问世也纯属意外。几天前，当学花和言人听闻资助的学子坤儿考上大学的喜讯时，夫妻俩激动得相拥而泣。从最早的张良弟到坤儿，学花已经资助了 12 个贫困学子。言人不禁想写一本书，记录妻子的日常和善举，也是对妻子的一种肯定和爱。正当言人挥笔疾书《我的寒门妻》时，南昌电视台的辛记者上门采访。辛记者认为之前媒体的报道主要是说伍学花捐资助学，没有对她的家庭进行深入采访，而言人和学花一路走来的经历本就是很好的新闻素材，于是便有了《才子和他的寒门妻》。

暑假过去了，好事连连。陈可小学毕业，被分到知名的南昌市第二十八中，班主任又是名师。阿咪暑假两个月打工挣的钱，给姨爹买了一件羊毛衫，给大姨买了一条项链。学花夫妇捧着阿咪买的礼物，笑得合不拢嘴。学花高兴地说："现在好了，我的阿咪长大了，也晓得疼姨爹和大姨了。以后赚了钱，想给姨爹买什么就买什么，但大姨的就不用买了。"阿咪说："那以后过年，我孝敬您一千块钱吧。"学花说："你给我一千，杰儿和微微会给我两千，加上我织毛衣挣的钱和工资攒下的钱，这些钱就作为我的爱心基金，随时捐给需要帮助的人。"

2014 年 11 月 11 日，《江南都市报》刊登了一篇题为《一针一线，倾注着温暖人心的力量——象山社区热心伍阿姨设立"爱心基金"引人称赞》的文章。

文中详细地介绍了学花织毛衣赚钱帮助贫困学子渡过难关的事迹。"一件毛衣要织十几天，有时她织得腰酸背痛，眼睛模糊看不清，但想到织毛衣赚的钱能够帮助别人，就不觉得累了。""一件毛衣才卖一百多块钱，她把这些钱攒起来，设立'爱心基金'，遇到有困难的人，就把这钱捐出去。""平时总是捐助六个贫困学子，一到开学，每个孩子一千块钱。给上门求助的贫困学子捐几百元也是常事，有时还会帮人做做家务、煮煮饭。""见到和自己一样遭遇的孩子，学花的同情之心便油然而生，有一种非要帮这孩子不可的决心。只要身上有钱，哪怕是亲朋好友送她的生日贺礼，她也会送给这些孩子。如果身上没有钱，就是去做护工、做钟点工赚钱，她也要帮助这些贫困学子走出困境。也许这些钱是杯水车薪，但能解燃眉之急。"

文章最后用学花的话结束："我今后还会继续织毛衣赚钱，我想把退休工资的十分之一和孩子每年的孝敬钱以及退休的补发工资用于公益事业。这是我的愿望。"

邻居小刘出差，在火车上看到《江南都市报》上刊登的伍学花捐资助学的报道，立即打电话给老婆，要她看这天的《江南都市报》。他老婆看过后，立即打电话给学花说："你上了报纸也不告诉我，还是我老公出差九江，从火车上打电话给我，要我一定找到今天的报纸看。嫂子，你真了不起，又是上电视，又是上报纸，让我们都沾了光。"学花说："其实我也没做什么，只是做了我应该做的事，圆了我儿时无法读书的梦想。"邻居小乐的儿子感叹地说："伍大妈省吃俭用，热心公益事业，伍大妈的境界很高，不是一般人能做到的。"

2014年11月底，江西教育电视台严记者看到《江南都市报》关于伍阿姨的报道，心中非常感动。一个退休女职工，出过严重车祸，每月仅900块钱的退休工资，还时时想帮助有困难的人，忍着肩周炎和车祸的后遗症，夜以继日地织毛衣，用织毛衣的手工钱捐资助学。严记者通过社区夏腊香主任联系上了学花，他想亲自采访伍阿姨。

言人第一次见到严记者时，觉得他非常年轻，就好像大学刚毕业才参加工作不久的人。哪知严记者工作起来，那严谨、一丝不苟的工作态度，连言人这个工作了几十年的老教师都自愧不如。从选镜头到拍摄，为了达到理想的效果，严记者不厌其烦地一次、两次、三次地拍摄。为了把学花织毛衣的辛苦还原给观众，严记者甚至趴在地板上拍摄。为了更真实地报道学花，严记者同象山社区徐主任实地拍摄了学花给四户社区困难户送温暖的情景。当学花把自己亲手织的毛衣和自己买的棉衣、棉裤送到各位孤寡老人、残疾人和困难户手中时，双方激动相拥的场景被永远地留在了严记者的镜头里。最后，学花捐资助学万十丫的动人情景，又一次感动了在场的人。

2014年12月1日，江西教育电视台两次报道伍学花捐资助学、扶助困难群众的事迹。2015年春节过后，当学花得知万十丫的爷爷已经肝癌晚期，家境雪上加霜后，希望发动大家的力量帮万十丫渡过难关。她在街办的微信公众号中写道："凭一个人的力量是有限的，希望有更多的人参与帮助这个不幸的家庭，让孩子走出困境。"象山社区得知万十丫的爷爷病危后，夏主任、黄书记、徐主任亲自带头为万十丫家募捐。

社区另一个孩子小云，学花管她叫云十一丫，她父亲是精神病患者，大姐好不容易考上大学，结果遗传到了父亲，在校期间突发精神病，被迫退学。母亲又没工作，一家四口靠低保生活，家里根本无法供云十一丫读书。学花得知孩子家的遭遇，为孩子织毛衣，送钱给孩子，春节给她家送肉和买学习用品。学花同言人商量，从今往后多资助云十一丫。

第十章　破窑烧好瓦

（一）

2015 年 3 月的一天下午,学花和言人在路上接到永儿的电话。永儿告诉学花,他父亲过世了。学花惊讶地问:"你怎么这么晚打电话给我,不知道现在有没有车去新余。"永儿说:"从 2008 年至今,这么多年来多亏了大妈对我爸的关心。每年接到大妈托人带来的衣物,特别是专门为我爸织的开裆裤时,我的泪水就会情不自禁地流下来。大妈也不再年轻,身体也不是很好,还一直牵挂着我们家人。我对大妈的感激无法用言语表达。我爸明天很早出殡,大妈就不要急着赶来新余了。"挂电话后,学花好久没有说话,一个老人就这么走了。想起以往,每到冬天,她就要托新余钢铁厂办事处的好心人转托衣物给永儿,还曾托管医生转交。

管医生和学花是做志愿者时认识的,管医生的家在新余钢铁厂,听到学花帮助的人也是新余钢铁厂的,俩人的距离一下子就拉近了。管医生看到学花的爱心电视节目,深受感动,当即掏出两百块钱,委托学花捐给云十一丫。

后来,管医生打电话给学花说:"我要去新余参加家人的婚礼,大妈坐我的车一道去新余吗?"学花说:"我要管孙女,去不了新余。能否麻烦你帮我把给永儿母亲和孩子的衣物带去?"学花把永儿的手机号给了管医生,管医生爽快地答应了。过了几天,永儿来电话告诉学花说衣物已收到。过年时,学花给管医生打电话拜年,并感谢他帮自己带衣物之情。几个月后,管医生来电话说:"托大妈的福,我妻子怀了双胞胎,在计划生育的年代,生双胞胎可是头等的喜事。家人们都说我这是好人有好报,若不是跟着伍大妈做好事,兴许就碰不上这样的好事。"

2015 年 3 月底,南昌市评选最美家庭,学花收到象山社区发来的短信和电子申请表格,自己的家庭成为被推荐的对象。每个被推荐的家庭要提供不超过1000 字的文字材料和三张照片,每张照片要附 100 字以内的文字说明。学花见社区推荐自己家庭,总觉得自己尊老爱幼、勤俭持家、热心公益事业的路走对了，但自己不会用电脑，只能叫阿咪打字。阿咪说："姨爹、大姨，南昌市五六百万人选几十户最美家庭，无异于大浪淘沙，我看没什么希望。"言人说："老婆，听我的，你所做的一切都是传播社会正能量，在你的带动下，我们一家人都在朝着这个方向努力。有几个能拿自己的退休工资去帮助需要帮助的人？有几个生活不富有，自己还出过严重的车祸，要养身无分文的母亲五十多年，还带领祖孙三代去为贫困学子的脑瘫父亲洗衣服、洗澡？老婆啊，不要说是南昌市的，如果党组织知道你做了这么多好事，就是江西省最美家庭、全国最美家庭也评得上。"

文字材料由言人来写，三张照片由言人来挑。

学花说："我从来不去想能获得什么荣誉，我做的点点滴滴，天知地知，对得起自己的良心就可以了。"言人说："我理解你的想法。当年，若不是电视台播出你的节目，很多朋友都不理解你，说你傻，但你宁愿当傻子，也不张扬。如果社会肯定你，就能让更多的人和你一样去帮助需要帮助的人。能评到'最美家庭'，何乐而不为呢？"

言人首先挑了一张四世同堂的照片，附上伍学花为了减轻国家负担，把母亲从县福利院接来自家养，带阿咪和孙女三代人去为永儿的脑瘫父亲洗衣服、洗澡以及学花教育子女努力学习、勤俭节约的文字说明。

第二张照片，言人选了学花无偿献血证书的照片，配的文字说明是：伍学花出车祸后，一直想无偿献血，因车祸后体内药物含量过高，到退休后才终于得偿所愿。身教重于言教，在学花的影响下，阿咪从 18 岁就开始无偿献血。儿子杰儿、儿媳微微也参加到无偿献血的队伍中来。

第三张照片，言人选了学花资助贫困学子的照片，配的文字说明是：伍学花扶助孤寡老人、残疾人，还资助了 22 名贫困学子。有 12 人已大学毕业，摆脱困境。目前又在资助 6 名贫困学子。

言人写好了 1000 字的文字材料，叫阿咪做成申报材料发给了象山社区。

（二）

伍学花家庭终于被评为南昌市"最美家庭"。邻居龚晓庆高兴得拍手称快。她对学花说："10 月 18 日颁奖那天，我早上开车到都司前来，送你一家人去老市委党校参加颁奖大会。"学花连忙谢绝："路不远，我们一家人走着去就行了。"她说："伍阿姨，你总是为别人做好事，就让我为你做一次好事吧。"学花不得已才答应了龚晓庆。2015年10月18日早晨,晓庆真的如约而至。谁知开会的人太多,把路都堵了,车开不进会场。晓庆开车绕了好多弯路,才把学花一家人送到会场。学花感动得一个劲地说:"谢谢你,谢谢你。"

学花夫妇和阿咪、陈可都来参加颁奖大会,但"最美家庭"每户只有一个代表在前排就座,学花身披"南昌市最美家庭"红色彩带坐在第二排正中,言人和阿咪、陈可坐在她身后。

大会开始后,市妇联黄主席在台上发言,她的声音柔和,富有磁性,语速不快,娓娓道来。会场内响起阵阵掌声。

激动人心的时刻到了,领导宣布南昌市"最美家庭"的名单,一共有三十户,紧接着就是颁奖仪式。学花的心情非常激动。通过自己努力进取,昔日被人看不起的最穷、最差的女娃,今日成为南昌市"最美家庭"的女主人。六十年来,今天是学花最激动、最开心、最幸福的日子。当学花手捧着市领导颁发的"最美家庭"证书,脸上洋溢着从未有过的笑容。学花的目光在会场里搜寻着阿咪和孙女。阿咪和孙女早已奔到主席台,用摄像机对准了学花。就在学花饱含激动眼泪的目光看到阿咪和孙女时,阿咪和孙女快速地按下了快门,留下了学花幸福、快乐、开心的一瞬间。

南昌市"最美家庭"颁奖大会过后两天,南昌市西湖区妇联又召开了区"最美家庭"的表彰大会。学花和言人前往会场参加会议,心情不亚于荣获市"最美家庭"时。学花作为两名发言代表之一率先讲话。学花同言人商量,怕自己出车祸有后遗症,到时激动得讲不出话来。如果有情况,就让言人赶紧上台帮学花把发言稿念完,免得下不了台。

表彰大会由年轻、端庄的区妇联卢主席主持。当请伍学花家庭代表发言时,台上台下响起了热烈的掌声。学花既兴奋又紧张,不知道要讲些什么,也看不清手中的发言稿写了什么。学花坐在话筒前,有几十秒脑海中一片空白。掌声过后,全场寂静得连一根针掉到地上都听得到。所有的人都期待着伍学花的发言。激动的泪水从学花的眼中滚落,像突然打开了大脑中的记忆闸门,学花颤抖的声音刹那间响遍了整个会场。学花激动地说:"各位领导、来宾,下午好!我做梦也没想到,今天我能坐在主席台上向大家讲述自己苦难的童年和幸福的今天。"接着学花叙述了自己不幸的家庭以及自己感恩回报社会,做了一些自己应该做的事情,有幸被评为"最美家庭"。"从一个被人看不起的乞丐女娃、苦孩子,成为有七八十万人的西湖区的'最美家庭'的一员。我感到无比的骄傲与自豪。"学花讲完后，会场上的掌声经久不息。最后，梅主席代表市妇联祝贺表彰大会圆满成功。梅主席肯定了伍学花勇于进取、自强不息的精神，说伍学花自己的家庭并不富有，却有一颗善良的心，靠着微博的退休工资以及织毛衣赚的手工钱做公益事业，做好事、善事，感恩回报社会。梅主席要求全市妇女向伍学花同志学习，学习伍学花"滴水之恩当涌泉相报"的美德，学习伍学花甘为人梯的精神，学习伍学花无私奉献的高尚品德。听完梅主席的讲话，言人的手紧紧地握住学花的手：自己的老婆有这么好，自己是多么幸福啊！

又过了两天，西湖区在绳金塔庙会会场对学花等十二户"好家风家庭"进行了颁奖。这次颁奖规格很高，区里几套班子的领导都参加了。大会有颁奖，还有文艺表演以及名人字画义卖。义卖所得款全部用作公益事业和"好家风家庭"的奖金。

学花和言人参加颁奖大会，工作人员早就安排好了座位。言人对工作人员认真负责的精神感到敬佩，不住地道谢。工作人员说："不要谢我们，是你老婆做得好。"

学花捧着"好家风家庭"荣誉证书从主席台下来时，有人问："有钱吗？多少钱？"学花说："荣誉是金钱买不到的。"学花心想：钱不重要，关键是自己尊老爱幼、勤俭持家、不甘人后、努力进取、热心公益事业的家风得到了党组织认可。虽然颁发了 800 块钱的奖金，但是自己绝对不会用这 800 块钱，一定会把这 800 块钱用于公益事业。

颁奖大会结束后，言人和学花从绳金塔回家。言人有感而发："老婆，你真了不起，还不到一个星期，你就荣获三项大奖——西湖区'最美家庭'、西湖区'好家风家庭'、南昌市'最美家庭'，你传递的都是满满的社会正能量。"伍学花说："这里面也有你的一份功劳，还有杰儿、微微、阿咪、陈可的功劳，荣誉是社会对我们家的肯定，但也是一种鞭策。关键是我们始终要有一颗感恩的心。"

天气冷了，学花日夜为于老师织毛背心和毛裤。学花对言人说："快下雪了，我要去为于老师买松紧布鞋，他的脚有残疾，只有穿这种鞋才舒服。春节前，我就把衣服和鞋送去。"言人问："怎么这么久没见你把于老师的衣服带来家里洗，也没见你帮他买菜？"学花说："现在好了，他的外甥一家四口搬去于老师家同住。现在洗衣、买菜、煮饭都是他甥媳妇做，我也放心了。"

（三）

2016年2月19日,大妹打来电话说:"我被电动车撞伤了,在医院救治。"学花一听说大妹被撞住院,心急如焚,恨不得立即坐车去星子。杰儿听说大姨被车撞了,也火急火燎地找到学花说:"妈,你去看大姨,把我这600块钱带去。如果大姨伤得严重的话给我打电话,我请假去星子。"

学花赶到星子,一进大妹的病房,发现病房里人山人海,挤得水泄不通。大妹老公的兄弟姐妹很多,今天都来看大妹了,学花深受感动。大妹的大姑子、小姑子一见到学花来了,立即把学花拉到病房外。小姑子对学花说:"三嫂子被电动车撞断了腿,没有四五个月不能下地走路。我就住在她家楼上,但我一个人照顾有些力不从心。她一楼的房子是空着的,不如让我大姐住进来帮助照顾,大姐也同意了,这样会方便些。"学花说:"我同大妹商量,但不知是否说得通大妹? 我妹妹从小脾气倔,未必会听我的。"学花走进病房,当着大伙儿的面对大妹说:"你不如让大姑子住到你家一楼,两个姑子一起照顾你也方便些。"谁知大妹还没有等学花把话说完,便坚决不同意,学花也只好作罢。学花就跟妹夫家的兄妹商量:"大妹住的这十几天时间,妹夫就辛苦些,也麻烦大家帮忙照顾。妹夫不会烧饭,孩子亮亮也请你们安排好,等到大妹出院,我就安排大妹去南昌,直到大妹能生活自理为止。暑假我也会把亮亮接去南昌。"大家一致认为这样安排合情合理,说这十几天不但会管好大妹,暑假前还会安排好亮亮,请学花放心。看过大妹,学花当天安心地回南昌了。

学花一到家就和言人商量,说大妹出院后没人照顾,要把大妹接来南昌养伤。言人说:"大妹有困难,我们照顾她本来是应该的,但是她一点都不听话,叫她存点钱又不存。如果存到钱不就可以请人照顾吗? 照顾父亲、母亲是天经地义的,但她的退休工资比你都高,老公又不是卧病在床,凭什么要你这个60岁的姐姐来照顾?"言人心里藏不住事,有事总挂在脸上,还唉声叹气。学花劝导说:"妈妈走了,就剩下一个同胞妹妹了,护理妹妹的事,我一个人来干。大妹来了,你可不许板着脸。"

学花考虑到大妹接来后,自己脱不开身,可能没什么时间去杰儿家,于是准备带言人和阿咪去杰儿家过元宵节。下午三点刚到杰儿家,学花就接到大妹的电话。大妹哭着说:"姐,明天就要做手术,今天我还在发高烧,饭都没吃,想喝一口水、拉一下尿都没有人帮我。手术前还要擦洗身子,我一个人不知道怎么办。"

学花着急地问："你老公到哪里去了？"大妹说："打麻将去了。"学花想到大妹下不了床，身边又没有一个人，就连忙带着阿咪赶到洪城客运站，想坐车去星子。平时下午五点还有车，可这天是元宵节，四点不到就没有车了。

第二天清晨，学花带阿咪赶去星子。赶到大妹病房时，大妹已经进手术室了。学花忍不住打电话给妹夫的五弟，把昨天的事说给他听。五弟赶来医院，并把学花的妹夫叫来。当着病友的面，五弟把王老三痛骂了一顿："你当老公的责任和义务到哪里去了？你老婆身边没有一个人，不要说吃喝，就是拉屎拉尿也没人管，你叫她一个病人怎么办？怪不得病友都说你不是人，你哪有脸面来见你的大姨子？"王老三缩在角落里不吱声，他知道学花这次是来接老婆去南昌的，索性丢下不能自理的老婆去外地做事了。

学花为了兑现自己的诺言，便把大妹从星子接来自己家养伤。学花每天细心地照顾大妹，帮大妹洗脸、洗脚、洗澡，还换着花样熬乌鱼汤、骨头汤给大妹吃。刚刚一个月，学花就带大妹到医院检查。医生看了片子后，说大妹的腿养得很好，很快就能下地慢慢走路了。每过一个月，学花就会带大妹去医院检查。每回都是杰儿背着大妹去医院。杰儿还不停地问大姨："大姨，这样背腿疼吗？注意，千万不要碰到了。"杰儿的每句话都温暖着大姨的心。大妹感动地说："还是外甥背得舒服，在家里老公背几次就不乐意了，还骂我。"高新医院虽然离家不远，但杰儿胖，中间要休息三四次才能把大姨背回家。邻居看见杰儿背大姨，都称赞杰儿对大姨好，还说："有的人对父母都没有这么好。"

端午节前几天，妹夫打来电话说："老婆，我好想你。我回家打的把你从南昌接到家里来。"大妹说："你把我接回去几天，到时候又跑了，那我怎么办？"学花实在是忍不了，抢过电话教育他说："你这个男人的责任到哪里去了？你想老婆也要等我大妹的脚完全康复了，能下地走路才行。"妹夫在电话里恶狠狠地说："你现在不让我去接老婆，我就拆了你家屋。"学花心想：我帮他照顾老婆，他还要拆掉我家屋，天下哪有这个道理？于是，她给妹夫的父亲打电话，说："我帮你们王家照顾儿媳，你儿子还要来我家闹事。到时候别怪我报警不讲情面。"

也许是他们家人的劝阻，妹夫没来学花家。学花给大妹买了一副拐杖，鼓励大妹勇敢地下地走路。经过学花这几个月的悉心照顾，大妹终于康复，能下地走路了。

快到暑假了，大妹的儿子亮亮每年都要来学花家补习功课。学花也得知妹夫又去外地打工了，于是同大妹商量接亮亮来南昌，希望大妹和儿子再住两个月。大妹原本同意过完暑假和儿子一同回星子，但没过几天就不辞而别，这让言人很恼火，赌气说不要亮亮来南昌补习了。一天，大妹打电话给学花说："姐，你是亮亮的大姨，今年暑假亮亮还是去你家，让姐夫给他补课吧，麻烦姐夫再吃两个月的苦。"学花对言人说："没办法，我就这一个妹妹，你就让亮亮来吧！"言人点头同意了。

大妹同亮亮来南昌没几天，四川老家秀华表姐的儿子来电话说母亲病重。学花对大妹说："我俩得去看望一下。"言人和学花、大妹和她儿子亮亮决定一起去四川。学花叫阿咪用手机买票，哪知亮亮的身份证是刚办的，手机上买不到票，只能去窗口买票。阿咪和陈可就说先在手机上买三个大人的票，亮亮的票去车上补。学花说："那怎么行，要坐二十多个小时的车，多不方便。安全更重要，亮亮不跟我们坐在一起，我不放心。还是去火车站买四张坐在一起的车票。"阿咪见大姨要去火车站买票。赶紧自己买票去了。阿咪刚出门，陈可就为姑姑"打抱不平"和"伸张正义"。陈可责怪奶奶说："外面这么热，非要我姑姑吃这样的苦。"学花说："奶奶原本是打算自己去的呀，是你姑姑心疼奶奶。奶奶觉得你姑姑做得对。买一次票也能叫吃苦吗？"陈可外表文静，很多爷爷和奶奶曾对学花说："你的孙女真漂亮，又优秀，我有这么好的孙女，就是自己累死了也甘心。"可陈可发起脾气来也挺吓人的，陈可不依不饶地说："你们这么多人去四川，叫我姑姑送你们去，还要她到时候去接你们！"陈可全然不顾长辈的身份，喋喋不休地指责几个大人不把姑姑当人，气得学花当场打了陈可，真是恨铁不成钢。学花把杰儿叫来，杰儿教育女儿说："爷爷、奶奶、姨婆没有错，亮亮跟你不同，他没出过什么门，万一被人带走怎么办？买票一定要买在一起。"陈可果然没有再争论了。杰儿又来房间劝学花说："妈啊，我只有这么一个女儿，我看她和阿咪的感情很深，还能为了姑姑挨奶奶的打。阿咪有陈可这么维护她，我们应该感到高兴才是。"

第二天早上，陈可拿出买的面包，不好意思地说："奶奶，我错了，不要生我的气，吃面包。"学花当然知道陈可是用这种方式向自己认错，自己自然不会和孙女斗气。学花说："奶奶不吃，给亮亮吃。"风雨过后，学花还是教她怎么做人的道理，祖孙俩和好如初。

学花四人去四川，带了好多东西。上火车时，学花怕言人拿多了闪了腰，就背了个大背包，左手提一个包，右手提拉杆箱。言人看不过去，就争着多提一个包。学花说："你最近腰痛、脚痛、腿痛，你是我们家的重点保护对象，还是由我来提。"言人也不好再争了。下台阶时，拉杆箱要提着，学花一个女同志，背着一个大包，左右手还拿那么多包，根本提不动。这时，大家都在争先恐后地抢时间上火车。学花怕和言人他们走散，正为难之际，一个中年男子把手中的行李交给他的同伴，迅速地走近学花，伸手接过学花的拉杆箱说："大姐，我看你提不动箱子，我来帮你。你放心吧，我不是坏人。"学花还没有反应过来，他就已经提着箱子下了台阶，学花只好跟着他走。言人正准备上来帮学花提箱子，见有一个素不相识的男子相助，心中非常感动。他想，自己六十多年从来没有碰到素不相识的人出手相助，何况老婆又没有求助，为什么人们会主动帮助她？是不是她身上散发出亲和力和凝聚力，吸引人们主动向她靠拢？怪不得学花平时总是乐于助人，这不正应了我为人人，人人为我？

学花四人风尘仆仆地赶到秀华表姐家，秀华表姐很高兴。表姐的儿子、儿媳都非常热情，让大家感受到了浓浓的亲情。秀华表姐的儿子开了一家美容美发店，就在兴来哥哥家的后面。学花同兴来哥哥的老婆去做头发，外甥媳不但服务周到，还坚决不肯收钱，甚至把亲戚请来作陪，在自己的理发店里请学花一行吃饭。

在学花去四川前，邻居张奶奶突然病危。学花对言人说："不知从四川回来还能看得到张奶奶吗？"学花四人从四川回来后不久，张奶奶就过世了。学花同邻居小乐等人去吊唁。张奶奶的儿子看在眼里，记在心里。阿咪说："我也要去送张奶奶最后一程。"出殡的那天，学花和阿咪很早就去张奶奶家，没想到半夜张奶奶就送去火化了。

张奶奶的儿子小毛感激邻居对他母亲的好，特别安排老婆王老师接学花和小乐去他家玩。在小毛家里，王老师对小乐说："小毛说学花看得起他母亲，总陪他母亲打麻将，让母亲开心。小毛是孝子，只要对他母亲好，看得起他母亲的人，他就感激人家。今天就是小毛要我特意请你们。"晚上，虽然小毛工作繁忙，但还是抽出时间开车送学花、小乐回家。

云八丫是学花2013年就开始资助的贫困学子，当时学花与孩子的叔叔交谈，得知叔叔有两个儿子，大儿子已经考上江西农业大学，小儿子2014年参加高考，而且叔叔想把云八丫接来自己家抚养，便提出要资助孩子读大学。

2014年和2015年，学花给孩子们捐了三千块钱，并发动好友捐了一千块钱。2016年，学花又打算给两个读大学的孩子捐钱，没想到八丫叔叔的儿子们说:"我们再也不能接受伍阿姨的爱心捐款了。她靠退休工资生活,又出过严重车祸,还要日夜织毛衣、做钟点工赚钱帮助我们,我觉得伍阿姨太辛苦了。爸爸,如果你供我们三个孩子读书有困难的话,现在我们可以去帮别的孩子补课赚钱。"

学花把这事儿跟之前的上司胡总说了,并表示现在的孩子很有志气。正好胡总的小儿子从上海回来,他听说学花资助了很多学子,便对学花说:"伍阿姨以后要帮助那些没成年的贫困学子,尽量少帮助那些能自立的大学生。大学生能拿到学校的免息贷款和助学金,还能做暑期工赚钱。"学花听了,觉得很有道理。

10 月 8 日晚,象山社区夏主任打来电话,通知学花 9 日参加"夕阳红"活动。9 日上午学花参加完社区活动,合影留念后想到要请于老师吃饭,便去象山广场对面的公交站坐车。车上的人很多,相当拥挤,学花站在车厢尾部稍靠前的位置。车子开动还没一分钟,就在干家前巷三岔路口紧急刹车,学花没有站稳,从车尾被甩到中门的垃圾箱处,幸亏是左手和屁股先着地,后脑壳再着地,不然不堪设想。即便如此,学花的头还是剧烈地痛,她想这下完蛋了。车上的人见学花躺地上一时无法动弹,都怕她有生命危险,说要拨打 120。过了一会儿,学花试着动了一下,并深吸了一口气。她心里牵挂着行动不方便的于老师,便挣扎着爬起来。大家见状,赶紧把学花扶到座位上。学花疼得满脸泪水。车上的人议论纷纷,有的老人说:"年轻就是好,要是我们七老八十的人,还不摔个半死。"有的年轻人说:"司机开车也太猛了,谁经得住这种急刹车。"这时,司机过来说:"阿姨,要不要我送你到医院去?"学花说:"快到 11 点半了,我已经约了人在南镇村吃饭。只要还能走,我就不能爽约。如果有不舒服,我再来找你。"司机一听,马上写下自己的手机号和车牌号给学花。一下车,学花赶紧来到大润发的黄焖鸡米饭店。学花流着泪,把还流着血的左手给于老师看,说:"今天差一点没命请你吃饭。"

下午,学花回到家后,头和脚痛得翻不了身。傍晚,阿咪和杰儿回了家,阿咪赶紧打电话给司机,说要去医院检查。当时司机还没交接班,说稍等一会儿。左等右等不见司机来,杰儿觉得不能再拖了,就说:"司机没时间,我送妈去医院检查。"刚出门,司机便打来电话,问去哪个医院。学花想到司机跑了一天的车,很辛苦,对司机说:"儿子带我去医院检查,如果是小问题,就不麻烦你了。"司机说:"那怎么行? 您的受伤是我造成的,你们去哪个医院,我一定要带您去做检查。"学花告诉他去一附院。学花想到司机跑了一天的车，一定还没有吃晚饭，这全身检查弄完至少也得到八九点钟，就叫阿咪装了一盒饭、一盒菜带给司机吃。阿咪说："人家都让你摔成这样，你还担心人家饿着。"学花教育阿咪，这是意外，司机也不是故意的。

经医院检查，学花的身体并无大碍，虽然有一些擦破皮的外伤，但好在没有伤筋动骨，学花头痛更多是车祸后遗症引起的。杰儿对司机说："这次真是万幸，我妈是出过严重车祸的残疾人，做了两次开颅手术，半边头盖骨都是硅胶。"司机听闻，赶紧从口袋里掏出几百块钱塞给杰儿，说是给大妈的营养费。杰儿说："人没有事平安就好。既然我妈没什么大碍，我就不能要你一分钱，请你收回去。如果我收了你的钱，我妈是会指责我的。"司机只好一个劲地道歉，还说："我今天是遇到好人了。"

跃琴在东湖区环保局工作。学花去单位看她时，跃琴对学花说："儿媳临产，可我们都要上班，坐月子要请月嫂到家帮忙。请不熟悉的人来家带人，家里人都不放心。你能不能来我家帮帮忙？"

学花想到跃琴夫妇以前真心对自己好，无论是帮学花借钱，还是帮学花的儿子，都二话不说。学花夫妇心里深知，跃琴夫妇是他们家的大恩人。学花二话没说，满口答应。

学花去跃琴家半个月，跃琴跟学花说："外面请月嫂多少钱，我就给你多少钱。"学花说："钱我不能要，你原来无私地帮助我们家，我也可以帮你把宝宝带到三岁。"跃琴的家人说："又不是帮着带几天，不要钱怎么好意思呢？"结果一个要给钱，一个不肯收。最后，跃琴还是托人到中介找了月嫂，但希望学花有空多去她家照顾宝宝。学花答应了，一有时间就去跃琴家看望宝宝。

邻居小郭跟学花说过，他们家也想帮扶一个贫困学子。她看到了学花发给南浦街办发动大家帮助万十丫的微信，对学花说："我很想资助这个孩子。"学花立即打电话给夏腊香主任。夏主任说："孩子要上课，为了不影响孩子上课，等孩子放学后再去她家。"

小郭的女儿傍晚开车送妈妈和学花去象山社区。路上，学花和小郭说起捐款之事，建议每人捐1000元。小郭的女儿说："伍阿姨身边有很多贫困学子，她不能再多捐钱。妈妈，你应该多捐些。你身上带的钱不够的话，我包里有钱。"学花听后心里很感动，心想这孩子有这么崇高的思想真难得，为了帮扶贫困学子，又是开车送妈，又是捐款。路上堵车很厉害，到系马桩时，小郭一看时间，已经七点半了,便叫学花打电话给夏主任。话音未落,夏主任就打来电话。小郭说:"你们的主任怎么这么敬业?都七点半了还在工作。"学花说:"我们的主任一贯是这样,想人之所想,急人之所急,估计现在还跟我们一样没吃晚饭呢。"

学花、小郭母女和夏主任一行四人去了万十丫的家,谁知家里没有人,等了半天只等到孩子的奶奶。小郭的女儿将钱捐给了孩子的奶奶,夏主任也把募捐的钱送到孩子奶奶的手中。听说孩子的爷爷在第九医院住院,小郭的女儿赶紧开车将孩子的奶奶送去。

陈明夫妇带着两个孙女来学花家做客。陈明说:"庐山管理局、星子县、海会镇统一划归庐山市管理,庐山市政府设在星子,把蓼花镇改为星子镇。2016年5月30日,庐山市正式挂牌,以后就没有星子县了哦!"

2016年11月6日,跃琴给学花打电话:"带孩子的阿姨肩周炎疼得很厉害,住院去了,希望你能来帮忙带宝宝。"学花本想立即去跃琴家帮忙,但言人说:"大妹要来南昌复查,无论如何你也要先带大妹去医院。"学花只好叫跃琴再请两天假,等学花把家里的事安排好了,再去跃琴家带宝宝。学花听取了言人的建议,先带大妹去医院做了检查,发现已无大碍,就立即赶到了跃琴家。

学花在跃琴家里帮忙带宝宝。学花表姐的女儿出嫁,表姐来电话请学花去老家吃喜酒。学花说:"我正在帮朋友带宝宝,去不了你那里,礼我会托人送去。"表姐说:"妹啊,带人责任重大,你千万要细心。我们这里有一句方言,'宁挑一担谷,不抱一坨肉'。"学花说:"我家能有今天的幸福生活跟好朋友跃琴的帮助是分不开的。"

跃琴的儿子和儿媳都是独生子女,目前只生了这一个宝宝。他们既然把带宝宝这一重担托付给学花,那么学花就一定会像带自己孙女一样尽心尽责。

学花对杰儿说:"你对陈可要多费心,管好她的学习,妈这几个月要去跃琴阿姨家帮忙带宝宝。"杰儿说:"妈,跃琴阿姨之前对我们家有恩,你去帮忙可以,千万不要收钱。"学花听到儿子的话,很开心。

本来学花只是帮着带宝宝,可偏偏宝宝的曾外祖父摔倒病重住院,跃琴全家都要赶到老家丰城去,不得不把宝宝交给学花一个人带。日夜照顾一个婴儿,辛苦自不必说,学花更感到责任重大,而且深深地感受到跃琴一家人对自己的信任重于泰山。

不久,学花因为言人坚持要出书的事和言人闹了别扭,请家人和朋友调解都无效。她想到之前市"最美家庭"颁奖时认识的市妇联黄主席,便怀着忐忑不安的心给黄主席打去了电话。2016年12月24日下午两点，学花见到了黄主席。她就像见到自己的亲人一样，恨不得向黄主席一吐为快。黄主席心平气和地和学花交谈，问学花有什么解不开的心结。学花说她绝不同意言人出书。黄主席说："你一贯热心公益事业，如果你丈夫不理解你，那你也别怪他，每个人都有自己的想法。你丈夫是文化人，他想写书是文化人的梦想。说说你不想让你丈夫写书的理由。"学花说："我没什么文化，大道理也不懂，但我听说很多人成名后抛妻弃子，我不希望一大把年纪了，夫妻感情还节外生枝。为了家庭的稳定，为了守护好这个'最美家庭'，我才希望他不要出书。而且他的书里写了很多家里的丑事，俗话说家丑不可外扬，我不希望人家拿我们的家事作为茶余饭后的谈资。"黄主席说："你丈夫说，书里面主人公的素材是你。万一他出了名心怀不轨，你可以曝他的光，大家都会为你伸张正义。我觉得，你丈夫靠写你的事迹出了名，只会更珍惜家庭，对你更好。你不但要支持他写书，还要存钱帮他出书，完成你俩各自的梦想。"

黄主席又问学花："今年你丈夫多大年纪？"学花说："陈言人六十六，我六十。"黄主席说："你俩的年纪这么大，还闹什么别扭。不要说你俩吵架，就是我父母吵架，我们都是劝他俩大事化小，小事化了。看在儿女的分上，几十年的夫妻，要多想想对方的好。"

黄主席又说起学花平时最爱听的话："你很会找老公，找了一个有文化、智商高的老公，不然，你的子孙怎么会这么优秀？"孙女是学花的心头肉，说到儿孙，尤其是说到孙女优秀，学花的心情渐渐好了起来。黄主席的话解开了学花的心结。学花说："黄主席，谢谢你。你跟我说了这么多，我心情好多了。"

下午学花一回到家，就跟言人说："黄主席跟我说，叫我和你好好过日子。无论遇到什么大小事，夫妻都要沟通，家和万事兴。我们家现在是'最美家庭'，要起模范带头作用。所以我思考再三，还是同意你出书。"言人听后，猛地把学花抱起来激动地转圈，然后拉着学花就往街上跑。学花连忙问："你要干什么？"言人说："做锦旗去，我要给黄主席做面锦旗，是她做通了你的工作，让我完成写书的梦想。"

言人对学花说："你去跃琴家带宝宝的这些天，我没有一夜睡得安宁。我时时想起你这六十年来为亲人而活，为他人而活，就是没有为自己活一天。你常说要在有生之年帮助更多需要帮助的人。你还跟子孙说：'人总是要死的，如果假如我得了老年痴呆或到了另外一个世界，你们一定要用实际行动延续我的爱心。'我又想起四十多年前你不顾一切地嫁给我,独自挑起全家的重担,供我上大学……这一件件、一桩桩对我的好,我一辈子也忘不了。"

言人接着说:"今天是平安夜,借此吉时,我们家从今天开始,平平安安,顺顺利利。我要用自己的身心和热血来维护你的尊严和家庭的安宁,决不食言。让我们共同努力,迎接我们金婚的到来。"

《江南都市报》的刘记者看过南昌一套《新闻说报》的《才子和他的寒门妻》,觉得陈言人和伍学花很值得报道。虽然她之前报道过伍学花一针一线织毛衣,不图回报、攒钱成立"爱心基金"资助贫困学子,但言人这么大年龄写书,依然让她感动。刘记者于是采访了陈言人,并将陈老师写书的报道刊登在报纸上。

看到这篇报道以后,言人决心争取在2016年底完稿。刘记者对陈老师说:"叔叔,书出了,一定要告诉我啊!"

(四)

2015年清明节,学花夫妇回星子祭扫时,意外遇见了利平。利平透露她的叔子银滚在高新罗万村开了一家印刷厂。学花当时就惊呼起来:"我就住在高新,时常到罗万买菜。"当年亲如姐弟的两人,自学花出车祸在南昌一别后,竟中断了联系,没想到居然做了多年的"隔壁邻居"却不自知。

银滚很快就联系上了学花。当年学花在老家综合商店为银滚搬修表桌椅占摊位的举手之劳,银滚铭记在心,一直未忘记寻找学花。如今时隔多年重逢,两家来往更加密切。银滚总是邀请学花的家人去他家做客。银滚的老婆火珍对学花夫妇更是亲热,姐姐、姐夫叫个不停,还在厨房里忙上忙下,烧出来的菜好吃得让学花和言人赞不绝口。

2015年底,银滚开车请学花一家去老家吃鱼。一路上,大家有说有笑,特别是看到银滚现在开了厂,当了老板,事业有成,生活好起来了,学花夫妇心里更高兴。车开到永修时,学花问银滚:"你的父母现在怎么样了?"银滚难过地说:"父亲过世了,母亲健在,我们做儿女的为母亲盖了新房。"学花知道银滚是孝子,便提出要去看望银滚的娘。学花对银滚说,她知道他们一家在找自己。银滚很纳闷,学花说:"大妹曾对我说,银滚的妹妹阿华在找我,还说是银滚的爸妈要求的,说老娘总是念叨我的好。其实我做的都是举手之劳。"学花让银滚把车开到农贸市场,然后对银滚说:"我去买点菜,今天中午就让我来下厨,孝敬孝敬老娘。"学花弄了一桌子菜，银滚的母亲见到学花，别提有多高兴了。

银滚对学花说："伍姐，你在县里的朋友多，请你吃饭都要排队。其实你吃了东家，得罪西家，今天你听我安排，先吃鱼，晚上给你家在宾馆开几间房。"学花说："晚上就不要花钱在宾馆住了。"银滚说："伍姐，落叶归根。你年年来家里，何不在老家买一套房子呢？我有一个朋友，帮南昌的一个老板搞管理，他手里有'湖滨星都'抵押债款的房子，只卖成本价。"言人说："就是成本价，一套一百平方米的房子也要二十七八万，加上简单的装修少说也要三十万。"银滚说："先去看房，如果你想买，钱不够，找我老婆火珍拿，我又不催你还钱。"言人听到银滚一番话，不免感慨一番。虽然老婆帮别人时不图回报，但人家回报，那又另当别论。老婆帮银滚一粒芝麻，现在银滚回报一个大西瓜。学花赶紧说："我和你姐夫都退休了，还不起钱咋办？"银滚开玩笑地说："我不晓得找你们的崽还啊？"学花说："你是做生意的，万一印刷厂资金周转不了，我一下子还不了你的钱，拖你二十多万，你不急，我心里急，到时候睡都睡不着。我宁愿不买房。"银滚说："放心吧！找火珍去，那些钱影响不了我的生意。"学花说："我原来的邻居毛姨和王新月也说过想买房。"银滚说："那就叫他们一起去看房！"

学花叫了毛姨、新月、晓玲、张良一起去看房。大家都说房子好、价格便宜，买下划算。张良跟学花说："姐，你应该买一套电梯房，年纪大了上下楼也方便，每次回老家也可以不要到别人家落脚。"学花说："我总不能找银滚借二十七八万买房吧，你能否借点钱给我？我不想只借一家人的钱。"张良说："姐，你需要钱还不是一句话。"学花说："我只跟你借五万。"张良说："我借的你不用急着还。"言人说："老婆，张良弟都这么支持我们买房。我看，这房前面是鄱阳湖，后面是庐山，两边还有两个公园。听说星子县马上要改庐山市，那就买一套吧！"学花说："这地方就是当年爹爹到庐山秀峰砍柴的必经之路，也是爹爹挑柴回家喝水的地方。有一次，爹爹砍柴受了伤，我给爹爹洗伤口，爹爹对我说，娃儿你长大后不要住破屋，你记住爹爹的话，我的娃一定有能力买大房、买新房。"言人说："老婆，你爹爹都希望你买新房。一号楼不错，就在一号楼买一套房，实现爹爹的遗愿。"

晚上吃鱼，银滚的哥哥和嫂嫂、晓玲、余晓琴、王新月都来了。大家开开心心地说笑着。银滚说："当年在综合商店窗前摆摊修表，伍姐不认识我，也不图我什么，每天帮我把修表的桌椅早上搬出去占摊位，晚上搬进店里，省得搬到我哥家，还帮我侄儿打毛衣、买衣服。在我创业最艰难的时期，是伍姐帮助了我，我从心眼里感谢伍姐，总想着怎么才能报答伍姐。"余晓琴说："你就记得伍姐帮你，我们也帮你抬过桌子你就不记得了？"这话说得银滚不好意思起来。

第二天吃过中饭，银滚还不肯让学花回南昌。学花说："陈可要去学校上课，今天一定要回去。"银滚只好对学花说："我叫老板买了些鱼给你带回南昌，这都是鄱阳湖里没有污染的鱼。"接着，银滚又开车把学花一家人送回南昌。到家后，学花让言人、孙女、阿咪去睡觉，自己一个人把鱼剖了，洗干净放进冰箱里，累得实在不行了，才上床睡觉。

言人对杰儿说起准备在老家买房之事，杰儿说："爸啊，你不要让人家骗了，我是搞房地产的，现在两千六买一平方米，连成本都不够。"言人说："放心吧，你银滚叔不会骗我们。"

过了几天，张良弟老婆小毛打电话来说："姐啊，听说你要买房，我这里有两万块钱，你随到随拿。"儿媳微微对杰儿说："妈要买房，不要省钱，等下老人家为此不开心可不是闹着玩的。我卡里有几万块钱，你趁早给妈送去。"

永儿、辉儿得知学花买房，也赶紧把原来他们买房借的钱还给了学花。辉儿还问学花："阿姨，你买房还需要钱吗？"

2016年过年前，在银滚弟、张良弟等人的帮助下，学花凑齐了买房的二十三万，另外五万块钱，过几天也会到账。马上就是小年了，言人对学花说："好不容易把买房的钱凑齐，不能再等了。万一过完年，房价涨了，岂不是白忙活一场？"学花说："买房要同银滚去，人家现在是老板，忙啊！"言人说："明天再不去买房，年前就甭想了。"

银滚经营一家印刷厂，手底下有几十号人，年前有多忙可想而知。为了伍姐，银滚还是在阴历二十四这天亲自开车，从南昌带上"湖滨星都"的会计和手上有房的老板，同学花夫妇来星子买房。学花夫妇正式签了购房合同，学花爹爹的又一愿望终于实现了。还真如言人所料，年后房价就涨了。

2016年春节前，董记者来学花家采访。刚进学花的家门，董记者就吃了一惊。家里摆满了衣物，洗得干干净净，叠得整整齐齐，用袋子装好，还贴上了标签，写好了地址、姓名。原来这些衣物都是学花儿子、儿媳、孙女、亲家和邻居小乐的衣物。学花把这些衣物一件件洗干净，又一件件晾干，最后折叠好，送给需要的人。董记者得知后，也被伍阿姨这种吃苦耐劳、无私助人的精神感动。学花对董记者说，自己打算把西湖区"好家风家庭"奖励的八百元全部捐出：拿出五百元，加上自己织毛衣赚的三百元以及管医生捐的两百元，共计一千元捐给强四、坤五、十丫;剩下的三百元,准备跟象山社区的干部一道送温暖,给社区的孤寡老人、残疾人买肉、买油、买衣服。

2016年2月20日,江西五套播出了董记者采访的伍阿姨热心助人的故事。

南昌三套得知伍阿姨家并不富有,阿姨还出过严重的车祸,却依然热心帮助孤寡老人、残疾人,捐资助学,便要对伍阿姨进行专题采访。

2016年大年初三,南昌三套《情动八点》节目播出张记者采访的《针线传情织就一生幸福》的专题片。

> 伍阿姨手中线,学子身上衣,为了儿时无法实现的梦想,虽然自己家不殷实,但伍学花用自己的善良去帮助贫困学子。十一丫就是其中一个,寒来暑往从不中断。十一丫的父亲感动地说在他女儿读大学最困难的时候,是伍阿姨伸手援助他女儿,好比他女儿的再生父母。

> 伍阿姨和陈老师一路走来,也有过坎坎坷坷,但夫妻俩共同面对,相互支持,默默付出。针线传情,织就"最美家庭"。伍阿姨,好样的!

之前邻居小郭在学花的带动下,也积极投身公益事业,给十丫捐了一千块钱。大年初二,十丫的爷爷与世长辞。十丫的奶奶为了感谢学花与小郭,送来两盒南昌县三江口的特产腌菜和萝卜干。

2016年"三八"妇女节,南昌一套的梁记者得知学花把阿咪孝敬学花的一千块钱,通过象山社区夏腊香主任转交给十丫的奶奶,又一次感受到伍学花海纳百川的胸怀。南昌一套在新闻中播出了《热心助人,爱意满满》的短片,又一次赞美了伍学花助人为乐的品德。

南浦街办专门为学花出了一期好人榜,详细地介绍了学花出身贫寒、努力进取、回报社会的事迹。紧接着,南浦街道又举办身边好人大会,学花被评为优秀志愿者。学花还被南昌市妇联、南昌市教育局评为南昌市家庭教育先进个人。

学花经常对言人说:"不理解我的人,说我大把大把地给别人钱是傻子,不晓得自己吃、自己穿、自己花。我想,如果帮助需要帮助的人是傻子,那么我宁愿当傻子。"

有一次,学花见天气转凉了想多买些菜,就拉着买洗衣粉赠送的拖车包去筷子巷的农贸市场。走到卖馄饨的店门口,见有玉米卖,学花就挑了几根玉米,付完款拉车离开。还没走两步,后面跟来一个七十多岁的老太太,把学花的拖车抢去。学花感到莫名其妙,跟老太太评理。没想到,从馄饨店里又冲出一个八十多岁的老头说:"你这个不要脸的女人,还偷我俩的车。"学花想自己只有一张嘴、两只手,而对方两张嘴、四只手,老头的口水都喷到自己的脸上了,自己是争不过他们的。学花想,反正这车也不是花钱买来的,抢去就算了,于是走开了。还没走几步,系着围裙的馄饨店老板过来拉着学花的手说:"那两个老人的车在我店门口后面,跟你的车一模一样。"学花简直哭笑不得,当时围观的人立即像炸了锅似的议论开了。有的人说:"自己的车被人抢了,还一声不吭,被人骂了就这样走了,天底下哪有这样的人。"也有的人说:"她大智若愚,这样的人有智慧,聪明。"学花回家,把这事说给言人听,言人说:"你又没有拿人家的车,凭什么让人家抢走?"学花说:"我是想大事化小,小事化了,不是有一句话叫'秀才遇到兵,有理说不清'吗?再说他们是老人,万一他俩气倒了怎么办?"

学花车祸出院时,医生说:"你要做好思想准备,也许你的头有时会剧烈地痛。"言人当时就说:"你织毛衣不分日夜,长期下来,不发病才怪。"一语成谶,有一天,学花的头突然剧烈地痛起来,痛得她从床的这头滚到那头,喘不过气来。学花痛在头上,言人痛在心里。言人连忙打电话叫杰儿过来。言人、杰儿和阿咪三人把学花送去医院急诊,可值班医生开的药不管用,学花痛得一夜都没睡,言人只能心痛地陪着。

第二天一早,三人又将学花送去医院,并找到了当年为学花做手术的刘建民主任。刘主任对学花说:"你的头痛主要是血液流通不畅引起的,我给你开扩张血管的药,你一定要坚持吃三个月,但这个毛病可能会伴随你终生。"吃了刘主任开的药后,学花头痛的症状缓解了很多,但有时劳累过度,还是会时不时头晕头痛。杰儿对言人说:"爸,今后不管妈到哪里,你都要跟着妈。你千万不要让妈一个人上街,万一有什么情况就危险了。"从此,学花买菜,言人就跟着去。一旦碰到特价菜,学花就想多买一点。学花将菜装进两个袋子,和言人一人提三四斤。言人怕累到老婆,总是抢过来自己一个人提。

学花的头不痛时,又急着打毛衣。言人说:"你不要命了,自己痛得打滚,还要打毛衣。"学花说:"谢谢你关心我,如果不打毛衣,就赚不了钱,孩子们的学费就没着落了。"言人说:"不管怎么说,你先要养好自己的身体。"学花对阿咪说:"万一大姨痛死了,如果你还念大姨的好,就继续完成大姨帮助人的心愿,同哥哥一起带领陈可,将我们家的好家风传承下去。"

（五）

2016年清明，学花和言人到余晓琴卖衣服的店里吃饭。晓琴说要把店转让，去山东做生意。一个这么好的店面转让掉，学花夫妇既为她感到惋惜，又为她感到高兴，说不定晓琴去山东闯出一番事业，那也是件好事。

5月的一天，晓琴邀请学花和晓玲去山东游玩。晓玲和学花欣然答应，并邀上了灵芝。

火车快到青岛时，晓玲说："我们要不先去青岛玩几天？"灵芝同意去青岛玩。学花心想：去玩又要多花钱，8月份捐助贫困学子怎么办？于是学花说："我们是来看望晓琴的，不是来这里玩、那里玩的。"晓玲说："看晓琴不也是玩。"学花不好扫她俩的兴，只好陪同她俩去了青岛。学花着急，不晓得要玩掉多少钱。

晚上，三人下榻宾馆。洗完澡晾晒内衣时，晓玲和灵芝见学花的内衣又破又旧，就说："破成这样的内衣还穿什么？丢掉，快丢掉。"学花舍不得。

第二天，晓玲、灵芝提出要去坐游轮、逛风景区，学花想到坐游轮要几百元，风景区门票又要钱，便对她俩说："你俩去玩，我在宾馆里织毛衣等你们，我这毛衣也等着交货。"

学花就是这样，内衣舍不得换新，旧鞋子舍不得丢掉，就连织毛衣的标签和各种包装纸盒她都舍不得丢掉，留给自己写书打草稿用。有时言人见学花又存了几箱废纸，便问学花："老婆，能不能让我给孩子补课时帮你用掉这几箱废纸？"学花这才答应。

对朋友，学花却很舍得。学花自己出省从不接打长途电话。晓玲和灵芝逛完回到宾馆后，灵芝的手机不见了。学花却不顾长途贵和漫游费，立即用自己的手机拨打景区工作人员的电话，帮忙寻找灵芝的手机。

到晓琴家后，正巧原来枣糕厂的老庚徐总和崔总也来看望晓琴。朋友见面，分外高兴，大家约好结伴回江西。学花和灵芝、徐总、崔总四人在火车上打牌。学花说："我家现在搬到象山南路，你们若到南昌，就去我家做客。"徐总说："我有个好朋友，他1968年下放到星子农机厂，现在也住在象山南路。以后我去他家，就顺道去看望你。"学花觉得这个世界太小了，自己的表姐、表姐夫在农机厂，徐总的朋友也在农机厂。学花又想起言人说的一件事。言人说："象山广场有一个跟我一起跑步的人说认识我们，还说在星子和我们住一条街。"学花好奇地想:徐总的朋友会不会就是和言人一起跑步的人? 于是,学花向徐总要了他朋友的电话。

回南昌不久,学花叫阿咪发了一条短信给徐总的朋友万鹏程,第二天又打了一个电话,万鹏程问学花是谁。学花说:"我是徐总的朋友,大家算半个星子老乡,以后多多关照。"万鹏程还不放心,便问徐总:"你给我介绍什么样的人?"徐总说:"我给你介绍的是我们星子的好人、了不起的人。你可以放一万个心。"从此,学花就与万鹏程成了朋友,经常互发信息问候。

学花和大妹商量,要去九江看舅舅和舅母。学花从南昌到九江,大妹从庐山市去九江。两人先是约定在九江汽车站见面,但学花又怕车不进站,担心找不到大妹,就想坐车去庐山市,亲自带大妹去九江。大妹来电话说:"免得姐姐跑来跑去,还是找小李陪我去九江。"学花说:"既然你邀请小李同行,那我们就约定 10 月 20 日 10 点左右在火车站的售票处等。"

到九江时,天正下着大雨。学花与言人一出车站,就看到大妹和小李夫妇。学花开玩笑地说:"大妹的面子真大,看一下舅舅、舅母,小李夫妇都来陪你。"小李的老公小陈说:"我刚下晚班,小梅姐就和我老婆就说要来九江。我想,小梅姐有点文化,但眼睛看不清;我老婆眼睛看得见,但没有文化,所以就跟着来了。"

大家对九江的公交线路不是很熟悉,于是就请表妹饶芳在离家最近的公交站等候,再一起去看舅舅、舅母。舅母睡在床上,瘦得只剩皮包骨,幸亏有女儿饶芳悉心照顾。想当初,舅母也是一个年轻、漂亮、精明、能干的女人,随着时间的流逝,竟变成了这个样子,学花夫妇和大妹的心里非常难过。

到了中午,饶芳请学花一行去酒店吃了饭。饶芳说女儿上大学,丈夫到外地打工,自己留在家里照顾父母。大家一致认为饶芳护理两个八九十岁的老人很不容易。

2016 年 12 月 5 日,大妹打来电话,说下个月同学去南昌时会给学花捎些红薯和蔬菜。学花则在电话里说她帮亮亮买了几双鞋,到时候让同学带回。

12 月 8 日,学花和言人在家,万师傅打来电话,说 12 月 10 日他和同事开车去庐山市看望师傅和朋友,还有一个空位,问学花去不去。学花心想,正好可以把亮亮的鞋子带去,于是满口答应。言人在旁说道:"万师傅和他的同事与我俩年纪相仿,如果不是受了人家的帮助,哪会这么大年纪特意开车去看望。用你的话来说,就是去感恩。"

10日早上，万师傅带学花去他同事周姐家。果如言人所料，周姐的丈夫说："我们今天去星子主要是感恩。当年我在部队时，我老婆带孩子在星子农机厂，老婆的师傅和朋友帮助了我家。现在朋友的丈夫病重坐轮椅，我们此行就是去看望师傅和病人的。"学花说："对于帮助过我们的人，我们必须怀有一颗感恩的心。我这两天跟着你们，若要买东西送礼，也算我一份。"

万师傅一行从周姐的师傅和朋友家出来已是傍晚了，学花同周姐一家去找旅馆，开了两间房。两个男人躺下就睡了，学花和周姐一直聊天到十二点，两人觉得相见恨晚。周姐要睡觉了，学花问："能不能不关灯？"周姐说："无所谓，为什么要开着灯？"学花说："晚上三点想起来织毛衣，到时候开灯怕吵醒你。"学花一上床就睡着了，还打着呼噜。周姐认床，睡不着。三点一到，学花就起来织毛衣，周姐问学花："现在几点钟？"学花说："三点啦。"学花织毛衣时尽量不影响周姐。早上六点不到，周姐就醒了。她突然惊叫起来："昨天还是半成品，今天就只差一只袖子了。你这么拼命干吗？"学花说："想到明天就能接到八十块钱的手工钱，想到可以帮助别人渡过难关就不觉得辛苦了。"

2016年春节前夕至"三八"妇女节，学花又捐款四千多元，本来9月开学之前，学花都要给孩子们送学费，但因车祸后遗症复发，上医院花了几千块钱，前段时间又头痛织不了毛衣，也就没钱资助贫困学子。这让学花心急如焚。

幸亏9月底以来病情有所好转，学花又靠织毛衣卖给店里赚到一千多块钱。本想12月之前捐给孩子，但店里拖了工钱，到2017年元月5日才拿到工钱。学花同言人商量："我今年因病没赚到什么钱。今年我补发的退休工资希望你同意给我作为爱心基金。全年退休工资的十分之一，加上杰儿和阿咪孝敬我的四千块钱，就有八千块钱了。我准备捐给婷九丫、老十宏儿、云十一丫、老十二坤儿、老十三雄儿等贫困学子。"

言人听后心里波澜起伏，对学花说："老婆啊，2016年，你捐款一万多元，是你全年退休工资的一半。很多孩子在你的资助下，已经毕业。你所有的精力都放在帮助别人身上，这是一般人做不到的。"学花说："如果我从小生活在衣食无忧的家庭，和你一样顺利地读书工作，或许就体会不到那些需要帮助的人的心情。正因为我从小在恶劣的环境下吃尽了苦头，知道知识能够改变命运，没有书读是多么可怕，所以才会这么义无反顾地去帮助那些贫困学子。"言人感慨地说："环境造就人，你真是'破窑烧好瓦'啊。"

第十一章　筑梦未来

（一）

学花在为南钢学校的贫困学子罗小华捐款后，觉得光为贫困学子捐款捐物还不够，还要想办法提高这些贫困学子的学习成绩。只有他们都能考上大学、找到打一份好工作，才能真正扭转命运。学花便回家跟言人商量："我们象山社区也有贫困的孩子，希望你发挥当老师的一技之长，为社区的贫困学子办一个免费的文化辅导班。"言人同意了。学花向南浦街道象山社区的领导申请为社区的贫困学子办免费文化辅导班，社区的夏主任和黄书记同意了学花的申请。为了给孩子们讲好励志的故事，为了提高讲课的水平，学花还打算去南昌老年大学深造。

2017 年高考后，学花想到万十丫今年高考，就给十丫的奶奶打了一个电话，问十丫考得怎么样。十丫的奶奶说："考上大学啦。"学花感到很欣慰，十丫寒窗十二年，没有辜负爷爷的希望，终于考上大学了。学花这边刚给十丫奶奶打完电话，那边就接到邻居小郭询问十丫考得怎么样的电话。学花说："十丫上线了，我马上到你家商谈十丫考大学资助的事。"

在小郭家里，学花说："十丫好不容易考上大学，要钱读书，现在是她最需要帮助的时候。急人所急，我们要资助她上大学。"小郭说："我老公说你还要帮助很多贫困学子，十丫的学费，就不用你操心了，我们全包了，一直供她到大学毕业。"学花听了感动极了。

2017 年 8 月 18 日，南浦街办举办"铸就梦想，成就未来"金秋助学协议书签订大会。

这次助学是一对一帮扶，几乎都是企业助学，只有学花一个人是个人捐款。学花身边还有八个贫困学子以及孤寡老人、残疾人需要帮助。这次学花资助的贫困学子叫涂小渝，在黑龙江读大专，家住石头街。他父亲是烈士，母亲离家出走一直未归，小渝由爷爷奶奶抚养，家里吃低保，艰难供其念书。能为这样的贫困学子捐钱，学花觉得值。

2017年6月29日下午，社区夏腊香主任打电话通知伍学花过几天去街办开座谈会。学花要求带丈夫一同出席。7月1日，学花和言人来到南浦街道党群服务中心，只见街道党工委吴书记正在讲解党群服务中心开办的目的和宗旨。突然，吴书记讲到伍学花的名字，学花顺着吴书记手指的方向看去，旁边的榜样墙上挂了6张大照片，其中有一张就是自己家荣获南昌市"最美家庭"的照片。

吴书记讲解完后，组织听讲解的骨干党员开座谈会。想到我们有这么好的干部，有这么好的场地，学花暗下决心，一定要支持领导的工作，多为南浦街道和身边的人做些实事。座谈会上，学花首先发言，提出自己在象山社区开办的"筑梦未来"免费文化辅导班能否借用党群服务中心的一方宝地。吴书记肯定了学花的想法，并给予了支持。

会上，很多同志对学花夫妇免费办辅导班的做法给予肯定，大家对学花的讲话报以热烈的掌声。

言人在会上也立即表态，承诺发挥自己的一技之长，教好孩子们数理化。学花也表示会为孩子们讲励志故事，培养孩子们爱党、爱人民、爱祖国的思想，激励孩子们学好文化知识，将来报效国家。

在南浦街办领导的大力支持下，2017年9月3日，"筑梦未来"免费文化辅导班正式开班了。学花上第一节课时说："同学们，家长们，大家好！今天奶奶老师只想给你们讲讲读书的重要性。希望你们从小就能多读书、读好书，希望读书能够改变你们的命运，帮助你们走出困境，成为一个对国家有用的人才。俗话说：'吃得苦中苦，方为人上人。'虽然你们要经历十年寒窗，但你们学到的知识会让你们受用一生。下面讲讲我一家读书的故事，相信对你们有所启发。

"童年的我，为了养活父亲、母亲和两个残疾的妹妹，不得不去讨饭，只读了两年书就不得不辍学。那时的我，是多么想读书啊。看见别人家的孩子背着书包去上学，而我只能提着一个破篮子去拾柴、捡破烂，我的心里多么痛苦啊。我不甘心这样活下去，我没有钱买纸和笔，就用树枝和石头当笔，以地面为纸，天天在地上抄写《毛主席语录》。从书中，我懂得要靠自己的力量，不给国家增添负担。于是我养大了两个残疾妹妹，还把不能自理的母亲养到83岁寿终正寝。

"1977年，我丈夫很想读大学，我不顾家里的重重困难，坚决支持丈夫参加高考。当时，我才21块钱一个月，要管一个不谙世事的母亲、两个残疾妹妹，还有一个才两岁的儿子。为了丈夫能读大学，我挑起了家里全部重担，宁愿苦累自己一人。丈夫大学毕业后,在我和丈夫的共同努力下,我们全家才摆脱了贫穷。

"我妹妹的丈夫、儿子相继去世,有眼疾的妹妹根本无法照顾女儿。我让外甥女来南昌读书,给她创造良好的学习环境,更重要的是教会她做人的道理。现在我已经60多岁了,虽然已近夕阳,但我一刻也没有放松学习,还要圆我文化人的梦。我去老年大学深造,就是为了能更好地给你们讲自己和别人的励志故事。孩子们,你们要珍惜这大好时光,珍惜这读书的大好机会。最后,我送你们一句话:世上无难事,只要肯登攀。"

2017年教师节,学花和言人正在给孩子们上课,南浦街道党群服务中心值班的同志捕捉到了这一瞬间。学花觉得这张照片很有意义,党群的同志就把照片发在了微信朋友圈。《江南都市报》的一位记者看到了这张照片便想来采访伍阿姨。起初,学花觉得自己的免费文化辅导班才刚刚开班不久,没有什么成就,便婉拒了记者。哪知记者说:"今天是教师节,也是星期天,你们两位老人还在为孩子们免费补课,这是很感人的。我把这件事报道出来是希望有更多的人来帮助这些孩子。"学花一听能让更多的人投身公益事业,便欣然应允。

图15 陈言人给贫困学子补课

学花这几年带动了老邻居、朋友捐资助学,除了小郭一家资助十丫外,还有许许多多的孩子得到了资助。学花身边现在还有9名贫困学子,这些孩子有的是学花从小学就开始资助的,她希望这些孩子都顺利考上大学,然后将他们的励志故事讲给免费文化辅导班的孩子们听。

2017年9月7日晚,学花对阿咪说:"我好紧张,睡不着,明天就要去老年大学上课了。我想到自己还有许多事情要做，比如早上还要帮社区的残疾人买菜。我怕我第一天上课就迟到，让老师和同学们误解我读书不专心。"

第二天，学花怕上课迟到，提前一个小时就坐车去上课。谁知遇上堵车，虽然学花心急如焚，但最终还是迟到了。走到教室，学花找了最后一个空位子坐下。

老年大学的万老师要每个同学做自我介绍，并说明来老年大学学习的目的。轮到学花时，她说："我虽然没什么文化，但我想做有文化的人做的事。我想给贫困学子补课，让他们好好读书。我是来学知识的，也是来学普通话的，只有学好知识，才能更好地为孩子们上课。看到贫困学子因为学习成绩上不去而着急，我很理解他们，想为他们铺路架桥。我的丈夫是一名退休人民教师，于是，我和他办了一个免费的文化辅导班。"学花说完，万老师和同学们都为她鼓起掌来。

2017年9月15日，学花第二次去老年大学上课。这次，她第一个到校。有一位大姐对学花说："我要找一个为留守儿童上课的同学，听说她就在你们班上。"学花说："其实我就是你要找的那位同学。我和我爱人为南浦街道象山社区贫困孩子、单亲孩子办了免费的文化辅导班，我给孩子们讲励志的故事，丈夫为孩子们补习数学。"听学花说完，这位大姐自报家门说自己姓石，退休前是一名老师，希望去学花的文化辅导班听课。学花说："辅导班才刚刚起步，没取得什么成就，太多人去旁听会影响孩子们上课。"石老师说："你们夫妇做的事很有意义，你放心，我是以你同学的身份去旁听，而且不会大肆宣扬。"学花只好答应了她的请求。

两天后，石老师来到南浦街道，她给学花夫妇赠送了米和油，感谢他们为孩子们免费上课。她还送了每个孩子一个中国结，希望孩子们心中永远有自己的祖国。

学花听石老师的普通话很标准，声音又好听，就说："石老师，你可以和我一道为孩子们辅导语文吗？"石老师爽快地答应了。石老师还跟来旁听的孩子家长交流怎么正确教育孩子，家长们都感慨："石老师，听君一席话，胜读十年书。"

2017年9月14日，学花给老年大学的班主任赵老师和授课的万老师写了一封信。信的大意是：我在做公益事业，有时要帮残疾人做饭，免不了上课之前要买菜，然后大包小包地带进教室，甚至上课迟到。我担心老师和同学们误解我学习不认真，所以给老师写这封信，希望老师能体谅我的难处。学花在信中还表示，为了象山社区"筑梦未来"辅导班的孩子，她会想尽一切办法不迟到，学好知识，不辜负老师的期望。

2017年9月20日，老年大学播音主持班的班主任赵老师给学花回了短信："伍学花学员，你好。我看了你的信，非常受感动。很高兴播音主持班能有你这样充满正能量的学员，你勤奋好学，又乐意助人，相信在你的带动下，我们全班同学都能积极向上，丰富自己的生活，同时为社会贡献自己的力量。我大学学的是师范教育，受你感染，也愿意参与到给孩子们补课的慈善事业中，如果你们有需要，可以联系我。"

学花于是给赵老师回信：目前英语老师欠缺，希望能给孩子们找一个英语老师；时间为每个周日上午，上课时间为一个半小时，需要从初一补到初三；教材和补习资料老师自备，课后要布置并批改孩子们的作业，定期对孩子们进行考试，随时掌握孩子们的学习情况。学花满怀期待，她想，如果能给孩子们找到一个英语老师，那该多好啊！

2017年10月2日，学花的好友刘灵芝全家从庐山市来南昌看望学花，这让学花心里很感动。

灵芝的弟媳对学花和言人说："伍学花现在是名扬天下，你只要打开百度搜索'伍学花'三个字，里面全是有关伍学花的报道。"因为学花和言人从不开电脑也不会打字，所以并不知道自家的故事已经在网上传开了。阿咪回家后，学花赶紧让她打开电脑，才知道中国新闻网、中国文明网、东方网、凤凰网等网站都在转发学花夫妇为社区贫困学子办免费辅导班的故事。《中国妇女报》更是专题报道了学花家捐资助学，无偿献血，祖孙三代为贫困学子的脑瘫父亲喂水喂饭、洗衣洗澡，帮扶残疾人、孤寡老人的动人事迹。

看了网上的报道后，学花并没有很开心，她说："我并不想做什么轰轰烈烈的事，我只想做好实实在在的事，尽心去帮助贫困学子。"

2017年10月6日，又是学花夫妇为孩子们上课的日子。开班一个多月了，言人今天准备了一张数学卷子，他要摸清孩子们的学习情况，为以后上课做准备。令他欣喜的是，孩子们的考试成绩十分理想，这既说明辅导班有效果，又说明孩子们的确在认真学习。

在数学考试前，已逾古稀的石老师给孩子们讲了怎么写好作文。当孩子们在认真考试时，石老师坐在一旁为孩子们批改作业。石老师的眼睛高度近视，学花见她批改作业时，眼睛几乎要贴到作业本上，很心疼，便劝石老师要注意保护视力。石老师说："和你夫妇做的事比起来，我这不算什么，只要孩子们能有所收获，我就心满意足了。"

（二）

10月15日，给孩子们上完课后，言人夫妇、石老师和孩子们一道选了两位班长，一位是女同学小齐，一位是男同学小磊。小齐的妈妈见言人上课写字时总要用手扶着黑板，就赶去万寿宫买来黑板架。学花要给钱，可小齐妈妈说什么都不肯，她说："我女儿在这里上课，我也想为孩子们做点好事。"

国庆节前，象山社区夏腊香主任对学花说："南昌电视台《新闻说报》的郜记者要采访你，我帮你安排在10月15日上午了，那天正好还有其他的活动。"10月15日，夏主任安排学花给志愿者讲好家风和最美家庭的故事，学花刚忙完，郜记者就来了，采访一直到中午12点多才结束。

这天晚上，学花想到自己的辅导班还缺一名英语老师，于是发消息给郜记者，请她在《新闻说报》节目中向社会上的志愿者求助。郜记者很快就回了信息："本来我们是定在10月18日召开党的十九大的当日播出你们给孩子们上课的故事，现在由于您临时要求向社会征集志愿者来做英语老师，那我们办辅导班的新闻只能推迟到10月19日播放了。"学花说："采访的新闻什么时候播都不要紧，当下最要紧的是赶快给孩子们找到英语老师。"

2017年10月19日上午，夏腊香主任打电话给学花："有一位女人找到象山社区，非要见你。"学花心想：不知是谁又遇到了什么困难，想要我为她排忧解难。这段时间，学花又搬去高新住，去象山社区，坐公交车要一个多小时。但学花接到电话后，立马放下手中的活，打车去象山社区。

一到象山社区，学花就着急地问夏主任："找我的人在哪里？"夏主任说："你怎么这么快就来了？"学花说："怕找我的人有急事，我打车来的。"离学花不远处的一位女同志连忙走上前来，拉着学花的手说："你怎么把我忘记了？1972年你一个月的工资才18元钱，要养活一大家子，还买包子给我吃。后来，你领到了加班费，又买了面条给我吃。我常对家人说，伍学花是一个大好人，世上都找不到第二个。我整整找了你45年啊！有心栽花花不发，无心插柳柳成荫，终于让我找到你了。前几天，我在《江南都市报》看到了一篇报道《西湖区南浦街道象山社区的活雷锋伍学花》，我才找到象山社区来，今天终于见到你了。"学花说："你说了这么多，但是抱歉，我出过车祸，还是记不起你是谁。"那位女同志说：

"我是你鲁妈妈的妹妹余杨泳啊。"学花这才恍然大悟,连忙说:"杨泳?我们多少年没联系了,你让我想得好苦啊。"亲如姊妹的俩人多年后重逢,那场景令在场的人都为之动容。大家都说,学花可真是个好人,不然怎么有人会寻了她45年。

下午5点钟,郜记者发来消息,说今天晚上南昌电视台《新闻说报》要播学花夫妇办辅导班的事情。这天晚上学花没有去散步,原本跟学花一同散步的七八个姐妹听说晚上有学花的新闻报道,也来学花家看电视。

电视开始播学花夫妇及七十多岁的石老师给孩子们上课的场景,大家都赞不绝口。这时,不少学花的亲朋好友打电话来:"恭喜你学花,你终于实现为孩子们上课的梦想了,还感染并带动了你丈夫和身边的人一起为孩子上课,真了不起,为你们点赞。"老年大学的班长也用手机拍摄节目视频发到微信群里:"快来看啊,我们播音主持班的伍学花上电视了。"

学花依然觉得,自己只是做了自己应该做的事,希望孩子们替她圆自己儿时无法实现的读书梦想。学花觉得自己做得不够,还想用自己的力量帮助更多的贫困学子、孤寡老人、残疾人。帮助需要帮助的人,这也是一个共产党员的责任与担当。

2017年10月20日,这天上午是老年大学播音主持班上课的日子。下午班长组织同学们去KTV唱歌。在欢乐的气氛中,班长非要学花唱两首,不得已,学花唱了《朋友》和《少年壮志不言愁》。

因为前一天晚上班长在群里发了消息,大家纷纷来跟学花交流。学花感受到同学们的尊重,也感受到同学之间火热的感情。有的同学说:"学花连唱的歌都是正能量。"还有的同学问学花:"你办了什么企业?"学花爽快地回答:"我什么企业都没有办。我捐资助学的钱,是自己的孩子孝敬我的钱,是我退休工资的十分之一,是我织毛衣和做护工、钟点工赚的钱,是平时勤劳节俭出来的钱。"同学们听后,无一不感到惊讶。他们敬佩学花的胸怀和境界,自己家一点儿也不富有,却能慷慨大方地捐资助学。

通过这次活动,原本还较为陌生的同学们彼此一下就认识了,班长说这都是学花那篇报道的功劳,硬要学花说几句。学花说:"我提议,今后无论谁家有困难,都要告诉我们。我们都要挺身而出,帮助排忧解难。"班长高兴地说:"伍学花的提议太好了。"

（三）

学花理发时，理发师傅对学花说："我也想帮助一位孤寡老人。我可以帮老人烧烧饭、做做家务、买买东西、聊聊天，以免老人孤单。"

学花想起理发师傅的话，便将理发师傅的愿望向西湖区妇联的卢主席说了。卢主席说："正好有一位92岁高龄的孤寡老太太需要照顾。"

学花对理发师傅说："我通过西湖区妇联的卢主席，给你找到一位叫陈梅秀的老人。她丧偶，今年92岁，没有子女，没有退休金，家住团结路，每月的收入只有高龄补贴200元和低保370元。卢主席说12月底左右，会邀请你和陈梅秀老人见面。"

没想到理发师傅打了退堂鼓，她说："这么大岁数的老人我害怕，不敢一个人去探望。我还以为是大家一起去敬老院帮助孤寡老人。"

学花跟言人商量："我们把陈梅秀老人接下来。"陈小妹听说后也决定加入。学花说："我们每个月16日去看望老人，帮老人做点事，尽我们的一点心意。"

2017年11月30日晚，江西五套《五哥帮忙团》播出了一则另类的"寻人启事"，寻找一个19年前打电话给车祸受害者家属的好心人。主持人在节目中举着言人的书《春秋配——我的寒门妻》，寻找书中学花出车祸打电话告知学花家人的救命恩人。当时言人正准备去三眼井儿子家为孙女补课，无意中看到节目，便赶紧拉着学花坐下来看。学花想，自己之前无意中跟记者提了一句当年的救命恩人还没有找到，没想到记者居然记在了心上。她希望早日找到那个好心人，除了自己要当面道谢外，也不枉江西五套的记者和主持人们的一片好心。

从10月份起，学花又开始考虑捐资助学的事了。每年学花都会把贫困学子的家长请来家里，捐完款后，再请家长和孩子们在家吃一顿饭。不过，今年的贫困学子太多了，全到场的话，不要说吃饭了，连站都站不下。学花想让"筑梦未来"免费辅导班的孩子亲身感受，就想将捐资助学放在象山社区党群服务中心进行。学花和石老师、家长商量，石老师说："既然放在社区，我看不如搞个仪式，活动名称和横幅我来准备。"

石老师说她年底要回广州，捐资助学仪式的时间就定在2017年12月24日。小齐妈妈说："如果有一个优秀的贫困学子来给我们的孩子讲克服困难、努力学习的经历，那效果会更好。"学花当晚就打电话给永儿，永儿很快订了来南昌的火车票，为了辅导班的10多个孩子，学花尽量做到有求必应。

学花想到妇联就是自己的娘家，就和言人一道去了区妇联找卢主席。领导听说学花捐资助学的事后说："你只需负责 6 名贫困学子的捐款，剩下的辅导班的 12 个孩子每人 400 元的资助款由我们妇联负责。"

言人本想主持这次活动，但学花希望卢主席从妇联派一个人来主持。晚上，卢主席来微信说她亲自主持活动，这可把学花高兴得不得了。不久，卢主席又打来电话："你捐资助学的事迹令区关工委的领导很受感动，区关工委的余主任也想参加捐款仪式，区关工委还决定给辅导班的孩子每人送一份 200 块钱以内的礼物，孩子可以把自己需要的礼物报给关工委，礼物在捐资助学活动当天能送给孩子们。"得知这个好消息，学花更高兴了。这一晚，学花和卢主席敲定了活动中的许多细节，一直聊到深夜。

学花为了这次活动，让永儿头天来到她家。永儿抱着女儿来到南昌，给孩子们讲他在逆境下发奋读书的故事。

2017 年 12 月 23 日晚，学花家里一下子来了很多贫困学子，学花只好安排男的睡一间房，女的睡一间房。第二天，大家一起去了党群服务中心。

2017 年 12 月 24 日 9 时 30 分，西湖区"助力春蕾计划，圆梦七彩人生"资助贫困学子仪式正式开始。这一天参加会议的人真不少，有区关工委的余主任、区妇联的卢主席、南浦街道党工委的吴书记、6 名学花资助的贫困学子，还有辅导班的 12 个孩子及他们的家长等人。《江南都市报》和江西五套的记者对此次活动进行了采访。

活动开始时，陈言人向区关工委的余主任郑重地赠送了一本他写的书《春秋配——我的寒门妻》，余主任翻了几页非常感动。主持人卢主席高度评价了伍学花一家人的善举。在发完了捐款和贫困学子的礼物后，陈言人讲了十五分钟的话，陈言人的讲话感动了在场所有的人。在吴书记对伍学花全面肯定之后，余主任说："中央电视台有个节目叫《感动中国》，伍学花所做的一切感动了我们所有的人。刚开始做公益时，伍学花的退休工资一个月才 900 元钱，却用打毛衣、做护工赚的钱几千几千地捐给有困难的人。现在，她的退休工资一个月不过 2400 元，一年却要捐一万多元钱。几十年来，她捐助了 36 名贫困学子，其中有 14 人已大学毕业。现在，她又和丈夫陈言人办起了免费文化辅导班。"之后是辅导班家长代表小齐妈妈发言。轮到陈小妹发言时，她流着眼泪说："这个年代谁还穿打补丁的衣服、睡打补丁的被子啊？伍学花对自己就是这么节省。她每年捐一万多元给贫困学子，还要出钱出力去帮扶孤寡老人和残疾人，以及遇到大灾大难需要帮助的人。一个人做点好事并不难，可伍学花做了四十多年好事，她是一位了不起的人啊。伍学花自己吃腌菜、萝卜干，把肉和鱼等好吃的食物送到医院，省给需要帮助的人吃……"说到这里，陈小妹已泣不成声。陈小妹最后表态，说要向伍学花学习，尽自己的力量帮助贫困学子，还要和伍学花一起照顾孤寡老人陈梅秀。

活动结束时，余主任找到言人问："还有没有书？"言人说："你需要多少？我送到区关工委去。"余主任说："找一个时间，过几天还是我去你们家里。"

12月25日上午，南昌老年大学播音主持班的班主任赵老师给学花打来电话，说："你评上了2017年度老年大学的'最美老年学员'。"赵老师在电话里还说12月26日晚就要正式颁奖，要学花25日下午赶去老年大学彩排。

在正式的颁奖典礼上，学花叫阿咪帮自己拍照片，可阿咪去不了台上。学花只好给石老师打电话，请她帮忙。石老师拍的照片还真不错，学花把照片发到群里，大家都说学花光彩照人，学花听了心里美滋滋的。

图16　南昌老年大学"最美老年学员"颁奖典礼

12月27日上午，学花和言人在家等西湖区关工委余主任的到来。上午9点多钟，余主任一行来家了，并送来了米、油等物。随后，言人取出之前电视台赠送的刻录光盘，和余主任兴致勃勃地观看了《筑梦未来　大手牵小手》《一针一线总关情　爱心毛衣暖人心》《针线传奇织就幸福一生》等宣传报道伍学花的节目。快11点了，学花和言人想留余主任在家吃饭，被余主任拒绝了。余主任临走前时说要送市关工委领导书，言人立即拿出7本书交给余主任。

区妇联卢主席打来电话,说司马庙社区有对孤儿需要帮助,问学花有没有余力帮助黎嘉丫、黎响两姐弟。学花一听又有孩子需要帮助,马上答应了。没过一会儿,象山社区又通知学花 2018 年元月 11 日上午参加西湖区的颁奖彩排活动,下午 3 点正式颁奖,地点安排在区政府 8 号楼礼堂。学花想早点去跟卢主席落实和黎嘉丫、黎响两姐弟帮扶结对的事,彩排完就找到卢主席。卢主席对学花说:"恭喜你又拿了西湖区'三风十佳榜样人物奖',我们区也获得了市里的集体奖。"言人下午来为学花拍领奖照片,看到南浦街办的宣传板报上有伍学花帮扶 22 名贫困学子以及伍学花夫妇作为"三风"榜样人物的事迹。颁奖过后,南昌电视台要求采访伍学花。学花说:"我出生在一个贫穷与不幸的家庭,没有读到书,不希望自己的遭遇和不幸在贫困孩子的身上重演,自己宁愿做护工、织毛衣挣钱资助贫困学子,哪怕再苦再累,也是感到幸福的。"

当天晚上,经卢主席介绍,学花联系上了司马庙社区的刘主任,约好 12 日下午 5 时去黎嘉丫、黎响姐弟家。12 日下午 4 时,学花夫妇就到了司马庙社区,刚到不久,一位爷爷带着一位五六岁的小男孩来到社区。学花忙上前询问:"这孩子是叫黎响吧,你是他的爷爷吗?"果真让学花猜对了。孩子还小,似乎并没有意识到家里遭了大难,但是爷爷却一把鼻涕一把眼泪地向学花哭诉。没过多久,刘主任来了,大家一道去了黎响家,给了两个孩子 200 元的压岁红包,还送了 300 多元钱的年货,言人还检查了一下黎嘉丫的作业。

图 17　学花夫妇捐助孤儿姐弟黎嘉丫、黎响,并给孩子补课

2018 年元月 16 日清晨,学花夫妇和陈小妹在朝阳街办工作人员的带领下,去团结路陈梅秀老人家。学花买了苹果和蔬菜,想给老人做饭。谁知老人不开火,每天都是邻居送饭给她吃。应卢主席所托,学花把黎响爷爷送给卢主席的葛粉转送给陈梅秀老人,陈小妹还带去了一个大蛋糕。在和老人的交谈中,学花见老人身上的毛衣很旧了,便主动提出帮她织一件毛线开衫,还许诺大年初一就给老人织好送来。回家后,学花

对阿咪说:"大年初一跟我去给陈梅秀老人拜年,我要为她织一件毛衣送去。"阿咪一听,赶紧说:"让我也为老人尽一点心意吧,买毛线的钱我来出。"

学花感到自己很幸福,她资助贫困学子,帮扶孤寡老人、孤儿及残疾人,有领导的支持,还有言人和自家孩子的理解和参与。看到言人和自己一道做公益事业,学花的信心更足了。

(四)

余主任打电话给言人,邀请言人参加区关工委报告团,报告团的成员都是老干部、模范和先进个人。言人答应了,并表示一定和报告团成员一起传递正能量。

2018年元月17日上午,学花和言人一起去参加区关工委2018年系统联席会议。会上,余主任说:"伍学花和邱娥国一样,一辈子做好事、做善事。她每年资助6名贫困大学生,毕业一个,又增加一个,从不间断。她还和丈夫一道为社区贫困学子办免费文化辅导班。南浦街道有邱娥国、伍学花这样的人物,真是我们的荣幸。"

元月25日下午,学花接到社区邹主任的电话:"本周日上午9时,你们夫妇要去区政府8号楼参加'幸福微时事'投票启动模式。"学花说:"星期天上午是给孩子们上课的时间。"邹主任说:"能不能换下课?'筑梦未来'辅导班也参与投票。"学花只好跟家长和孩子们商量换课。

学花给小齐妈妈打了一个电话,和她商量:"我和陈老师星期天要去区里开会,课能不能换到星期六或星期天下午?"小齐妈妈说:"这三九寒天,冰天雪地,我们担心爷爷奶奶老师年纪大了,在雨雪中行走危险,要不停一次课?"言人说:"虽然天气恶劣,但只要孩子们能来上课,哪怕只有一个孩子,我都要去,就定在星期六上课。"

又一个孩子的妈妈打电话来问学花:"这么冷的天,要不要上课?"学花说:"爷爷老师说了,哪怕只有一个孩子,他都要去上课。"孩子的妈妈感动地说:"这么冷的天,天上下着雪,地上结着冰,你们还坚持来给孩子们上课,我还有什么理由不叫孩子去上课? 明天不管有多大的困难,我一定要陪孩子去上课。"

元月27日早上,风雨雪交加,电线上都挂着长长的冰凌,走路稍有不慎就会滑倒。家长们看到言人夫妇、石老师安全到了南浦街道党群服务中心,都感动地说:"孩子们,这么恶劣的天气,老师们这么大的年纪都赶来为你们上课,你们一定要加倍努力学习,迎接期末考试,千万不要辜负了爷爷奶奶老师和石老师对你们的希望啊!"

元月28日,学花和言人早起赶往区政府。这一天的天气比昨天还要糟糕,天气更寒冷了。会上,陈言人代表南浦街办的居民发言,获得了主持人和民政局吴副局长的称赞。吴副局长听完了言人的讲话后,为学花夫妇摄了像,还说以后要去学花家访问。南昌电视台的记者要采访陈言人,言人说:"'幸福微时事'是利民、为民的好事、实事,我的妻子做了四十多年的公益事业,今后我会和妻子一起继续做好公益事业,为幸福西湖增光添彩。"

陈言人还和区委、区政府的领导们一起启动"幸福微时事"投票仪式,并和学花为"'筑梦未来'辅导班"投下了神圣的一票。

2018年2月8日,学花邀请了石老师一起去看望黎嘉丫姐弟,还看望了孤寡老人陈梅秀。石老师把学花所做的事发到"筑梦未来"免费文化辅导班的微信群里。马上有几位家长说:"请奶奶老师务必带我们去帮老人家做些事。"

因为学花承诺陈梅秀老人,大年初一要把织好的毛衣送到她手上。所以学花坐车、走路都在织毛衣,每天织到深更半夜,早上四点钟又起来织毛衣。其间,学花还在庐山市装修房子,真是太累了。有时候学花担心自己撑不下去了,但是一想到93岁的孤寡老人陈梅秀需要她,就觉得精神百倍,终于把老人的毛衣织成了。同学陈明的老婆章琴感慨地说:"你真能吃苦,寒冬腊月搞装修吃尽苦头不说,还织成了一件毛衣。如果不是我亲眼所见你带来的是毛线,现在带回南昌的是这么好看的毛衣,简直不敢相信。你不但能吃苦,还能合理安排时间。这么大的年纪,还出过严重车祸,想不到你还有这么大的能力,办这么多的事。"

庐山市的房子装修好了,学花打算2月7日入宅,2月5日和6日请客。南昌这边,微微的父母和乐添的父母都来了;老家这边,隘口的干娘也来了。干娘说:"女儿入宅,我高兴。"细佬吃完饭留下来一直帮忙到晚上12点多钟吃了过屋面才回去。陈明高兴,喝得醉醺醺的,执意一个人回家。凌晨两点,章琴打来电话说:"陈明还没回家。"学花夫妇吓得连忙起身去找。走到半路,章琴打来电话说:"陈明到了家。"学花和言人一颗悬着的心才放了下来。

学花正与朋友、邻居、同事聚餐,西湖区妇联卢主席打来电话:"请你参加区妇联组织的与孤儿黎响、黎嘉丫的联欢会,时间定于2月8日下午。"江西教育电视台严记者之后也打来电话,说需要辅导班上课的镜头和孤寡老人的视频,要对永儿进行采访,还要全家福的照片。不得已,学花和言人提前回南昌。

2月8日早上9点,严记者就赶来拍上课的镜头。小齐的妈妈把孩子们都通知到了,孩子们都来上课了。严记者不久前出了车祸,脚伤还没好,拍视频时一瘸一拐的。严记者上午拍完辅导班,下午又马不停蹄地赶去拍黎嘉丫、黎响姐弟,接着又去拍学花和陈小妹帮扶93岁孤寡老人陈梅秀的视频。晚上,学花请石老师和大家吃晚饭。吃完晚饭,严记者为学花家拍摄了全家福,一直忙到晚上11点才到家。

学花对言人说:"为了拍摄真实的效果,不能再麻烦永儿来南昌,我们亲自去新余一趟吧,刚好小廖之前多次邀请我们去她家新房看看。"第二天,当学花夫妇出现在永儿家,小廖别提有多开心了。

快过年了,学花和言人忙得连轴转,手机响个不停。这边夏腊香主任要他们11日上午给辅导班上课,因为区委书记要去辅导班课堂检查工作;那边卢主席又来电话要学花11日上午10点30分参加区里的团拜会。刚挂电话,象山社区又通知他们11日下午参加支部委员选举。

2月11日这天可真忙。陈言人8点半去党群服务中心上课,学花10点半去参加团拜会,中午夫妇俩碰头后又打车赶去红谷滩喝喜酒,还没散席就提前去社区参加选举。选举过后,学花向邹主任递交了全国"最美家庭"材料,一直忙到下午5点多。学花递交的全国"最美家庭"的材料是头一天晚上和严记者一起改好的,严记者改视频一直改到凌晨1点多钟。

2月13日,学花走访了残疾人于老师,晚上回家时,路上都结冰了。之后两天,全国人民都在为过年忙活,学花夫妇也终于可以清闲下来,安安心心地在家里搞卫生。

大年初一,学花、陈小妹和阿咪一早就去孤寡老人陈梅秀家。学花和陈小妹约好,每月16日来老人家,一是看望老人,二是买些老人喜欢的东西,三是帮老人做点家务。学花炒了三个菜,陈小妹炒了三个菜,阿咪买了周黑鸭,一道前往陈梅秀老人家。老人一见三人来陪她过大年,十分高兴。当学花拿出为老人织的毛衣和毛袜时,老人更是笑得合不拢嘴。当老人听说阿咪是医务人员,连忙说自己的脚疼得走不了了,要阿咪帮她看看。学花和老人说好,这个月学花就安排车,带老人去医院治脚。

图18　给陈梅秀老人送去亲手织的毛衣　　图19　给陈梅秀老人试穿为她织的袜子

　　从陈梅秀老人家出来，学花和言人终于可以安排自己的行程了。初一下午，学花和言人去微微的娘家拜年，初二又赶到庐山市给干娘鲁妈妈拜年，并带鲁妈妈去看了自己的新房。

　　初四，大妹夫五弟的儿子结婚，邀请学花和言人参加。还有庐山市的同学陈明等人，学花夫妇这次也一一上门拜访。有很多人问学花："你哪来的那么多精力南昌、庐山两头跑？"学花说："都是关心帮助过我的人，给他们拜个年让他们知道，我伍学花是个感恩的人，不会忘记别人对我的好。"

　　初六，学花夫妇回南昌，下午三点就去银滚家拜年。学花很想见陈跃琴家的宝宝，于是初八便去了陈跃琴家。年就这样过完了，似乎很平淡，但又充满了人情味。

　　2月11日，学花夫妇去吃付老师儿子的结婚喜酒。学花与付老师结识还是因为言人的《春秋配——我的寒门妻》。付老师看了言人的大作后，对书中的主人公小华(学花)的遭遇十分同情，并被学花做公益的事迹所打动，便主动联系了学花。当他得知学花从2007年开始就在写书，准备出一本自传，便主动提出帮学花修改书稿，并在2020年11月10日前完稿。

　　散席后，付老师送学花夫妇出门时说："我的工作有可能调动，担心改书时间跟不上。"听完付老师的话，学花以为这是付老师不帮自己改书稿的委婉说法,心里很难过,十多天吃不进、睡不着。言人对学花说:"不要急,付老师有自己的难处,我们要多多理解。"

2月26日,学花夫妇俩看完严记者为学花摄制的参选全国"最美家庭"的视频后,觉得拍得很真实、很到位,也增添了她被选上的信心。学花原来做好事、做公益,从不张扬,所以很多人不了解实情。2014年,当言人将学花几十年来所做的一切写成材料上报社区时,学花还很不理解丈夫的做法,认为言人就是想出风头。舒老师在2017年底的捐款仪式上曾半开玩笑地对学花说:"学花是正能量的'罪人',陈老师才是正能量的功臣。"后来学花反复思考这句话,终于明白如果没有言人的那些材料、那本书、那些演讲,单凭自己小学二年级的文化水平是很难将自己的事迹讲明白的,也就结识不了付老师、舒老师这些朋友。

学花现在依然认为不应过度宣传报道,但同时她的想法也在发生转变。尤其是当她看到自己的事迹经电视台播出后,身边的人从不理解到理解,现在已经形成了一个捐资助学、帮助残疾人的团队,她这才意识到只有发动全社会的人献爱心、做公益,那些需要帮助的人才能得到更好的帮助,光凭自己一个人的力量是远远不够的。而"社区英雄""好家风家庭""最美家庭"等一系列荣誉既是对学花的肯定,也是对她的鞭策,更是她在捐资助学、热心公益道路上的不竭动力。

换作以前,这段视频学花自己和言人看看就可以了;但是现在,她希望分享给付老师和舒老师,得到两位老师的宝贵意见。那一天转发视频后,学花夫妇就睡了。

学花很早就醒了,心想:老师们看了视频,有什么感想?学花早上5点钟起床写书,打开微信,就听到了付老师的语音留言。付老师说:"视频我看了很多遍,很具有代表性,拍得非常好。我这两天在象湖,请姐和姐夫去我家做客。"学花的不愉快顿时都抛到九霄云外去了,但她还是战战兢兢地打通了付老师的电话:"上次您说您没时间,我真担心付老师不再为我改书稿。我希望您为了传递正能量,咬牙帮我一把,替我改好书。"付老师说:"姐,我工作确实要调动,但是我一定会尽力帮你改书稿的。"学花和付老师约好了时间,付老师说会让舒老师在公交站迎接学花夫妇。

学花一行来到付老师家后,付老师忙上忙下,备了一大桌的菜。学花想帮老师打打下手,可付老师坚决不让。付老师和舒老师是同事,学花夫妇曾去过付老师的学校,学校的舒校长向学花夫妇介绍付老师和舒老师如何关爱学生,如何敬业奉献,令学花夫妇非常敬佩。在谈话之中,舒老师说:"在伍大姐的感染下,今年过年我给班上的学生们发了三百多元的学习用品,我觉得这些钱比自己用了还开心,还有意义,这也是向伍大姐学习的实际行动吧。真是近朱者赤啊。我们的社会需要传递正能量。"

在付老师家吃饭,学花很开心。言人时刻提醒她,下午三点还要去参加市妇联"巾帼团队"的拍摄,千万不要迟到,别辜负了人家的好意。从付老师家坐公交要一个多小时才能到南浦街道党群服务中心,下午两点钟一定要动身出发。

学花于是起身向付老师敬酒,说:"实在不好意思,来您家前接到参加拍摄'巾帼团队'的电话,必须得走了。有您帮我改书稿,一定会让我的书增色不少。祝老师身体健康,一生平安,好人有好报!同时也给老师拜个晚年,祝老师全家生活幸福美满,吉祥如意。"

下午三点,学花准时赶到南浦街道党群服务中心,到了才发现自己不来还不行,巾帼团队是以学花为中心的。在拍摄时,学花原本站在后排,但是主持人要学花站在第一排,还把话筒递给了学花。

3月3日下午,阿咪的未婚夫乐添不但开车送陈梅秀老人治病,而且老人上下楼,都是乐添背。老人的医药费由阿咪买单,买了5盒头孢和2只软膏。学花看到乐添还没和阿咪结婚,就跟着自己一道做公益而且尽心尽力,心里十分高兴。

图20　学花领着阿咪、乐添,带陈梅秀老人看病

（五）

学花装修房子时，九江的徒弟桃秀打来电话，邀请学花年前去她家玩。学花说："年前我要进新屋，现在抓紧装修，年前去不了你那里。"桃秀听说学花要进新屋，马上说："进新屋一定要通知我。"可是在学花进新屋前几天，桃秀打来电话说那天不能赴约了，所以想提前来看看。2月3日11时，桃秀一家带着进新屋的礼品，来到学花的新房。学花正好在请师傅量平台天窗的尺寸，准备用以前买多了的三匹布做窗帘。这三匹布的颜色不一样，而且样式也已经过时了。学花想，自己在庐山市待的时间短，在这里住时，就把窗帘取下来；回南昌的时候，就把窗帘装上去，只要能挡住阳光，不晒坏家里的东西就行。桃秀看到后说："师傅不要太节俭了，这三种颜色的布做窗帘太难看了。这么好的新房子，也该配一副好看的窗帘，我送给师傅。"

学花回南昌后，跟言人商量，过完元宵去看望桃秀的父亲。2018年3月4日，学花和言人坐火车去九江，一下车，就见桃秀的爱人小陈来接站。

一到桃秀家，桃秀94岁的老父亲便与学花夫妇握手表示欢迎，老人不但行动自如，而且思维敏捷，可见他在女儿家生活得很舒适，这也多亏桃秀和她爱人的照顾。

桃秀说罗腊香其实是她的姑姑兼养母："我过继给姑姑家，姑父姓王。"桃秀的老公小陈说："我的儿子既是陈家的孙子，也是王家的孙子，名字还上了王家的墓碑。"听到这里，学花的心结终于打开了。在给爹爹立碑时，儿子陈杰曾说："为了妈妈完成传后的遗愿，可以把我的名字刻为伍杰。"当时学花觉得行不通，所以没有同意。现在桃秀的儿子给了学花启示，学花的儿子既可以姓陈，也可以姓伍。纠结了学花大半生的传后遗愿在这一刻终于彻底放下了。

桃秀为学花夫妇准备了一顿丰盛的午餐，午饭过后，桃秀陪学花夫妇去了中华贤母园。也许是天公作美，他们去时阳光灿烂，回时倾盆大雨。贤母园中的岳母馆是为纪念岳飞的母亲而建的。这里不但风景秀丽，而且气势宏伟。每天有很多人到这里旅游，多的时候一天能接待上万游客。岳母刺字、岳飞精忠报国的故事，千百年来广为流传。学花今日见到岳母的雕像，联想到现在提倡的"三风"，这不是一脉相承的吗？

3月31日，学花很早就起来写书。言人6点多也跟着起床，因为今天是辅导班第二学期的第一堂课，他们怕起床晚了赶上堵车迟到。为了上好课，学花提前几天就去买了教材,还复印了试卷;言人前几日也忙着备课。

学花和陈言人提早半个小时就赶到了南浦街道党群服务中心,站在"教室"门口迎接孩子。孩子们也都按时到齐了。好久没见到孩子们,学花心里特别高兴,跟孩子们打过招呼就开始上课。一下课,学花夫妇就赶去了黎嘉丫、黎响姐弟家。

黎嘉丫、黎响的爷爷、奶奶对孙子孙女的学习抓得很紧,让他们补习英语去了。言人和学花等到下午,两个孩子才回来。于是,言人马上为两个孩子补习数学,直到晚上六点半才回家。虽然这天十几个小时都在外面奔波,但想到为贫困学子解决了实际困难,学花夫妇很快乐。

3月16日又是学花和陈小妹去看望陈梅秀老人的日子。一到老人家,学花就问:"你吃了药后脚好了一些吗?"老人说:"还没有好,脚还是很痛。"学花一直为老人的脚痛担心,真是痛在老人的脚上,急在学花的心里。其实学花这段时间脚又痒又痛,为了不耽误看望陈梅秀老人,她坚持等看过老人再去医院医治。学花此前皮肤瘙痒等问题,都是找江西省皮肤病医院的陶医师医治。陶医师医术高超,每次药到病除。更巧的是,陶医师和学花是星子老乡,自然亲近不少,但学花从来没有向陶医师透露自己捐资助学的事情。

这天,陶医师一见到学花就说:"你真厉害,做了那么多好事。"学花有些丈二和尚摸不着头脑。陶医师说:"我在南昌一套新闻里看到了你。你真了不起,做公益事业四十多年,资助贫困学子三十六名,十四名贫困学子大学毕业。我们要向你学习!"陶医师接着说:"我去请示领导,为你这个好心人免费提供物理治疗。真没想到好人就在我的身边,像你这样的好人,看病应该优惠。"

学花觉得自己腿脚利索,看病还有医保,没有必要麻烦皮肤病医院和陶医师,倒是陈梅秀老人的脚痛得不能行走,而且吃药、敷药都不见好转,需要医院能给予帮助。学花一夜都没睡着,又恍恍惚惚地过了一天,也没想出个办法。星期天,学花给孩子们上完课后,突然想到南昌一套的郜记者,于是在微信里给郜记者留言:"有一位93岁的孤寡老人病了,需要医生上门义诊,希望借助媒体的力量。"郜记者一听,马上回复:"好哇,这也是我们真情组关注的事情。"收到郜记者的回复,学花的心里踏实了许多。

言人给黎嘉丫、黎响姐弟上完课后,学花请孩子和他们的爷爷、奶奶吃了中饭。这天天气不好,下着很大的雨,学花和言人的鞋子都湿透了。学花把黎嘉丫、黎响姐弟送回家已是下午三点多钟了,学花怕医生下班,和言人赶紧去医院请求陶医师帮陈梅秀老人义诊。学花赶到医院,见等着陶医师看病的病人排起了长龙,以为陶医师会推托,没想到陶医师很爽快地答应了。从医院回到家里已经五点多钟了,学花连湿透的衣服都来不及换,就赶紧跟郜记者联系明天为陈梅秀老人义诊的事,并希望郜记者安排车下午两点钟去皮肤病医院接陶医师。为了传递正能量,采访到位,郜记者要求学花和陈小妹上午赶到老人家,并要学花通知帮老人送饭的邓梅英老人也到场,还要学花通知社区上午就可以拍摄,下午两点再去接陶医师。

为了不耽误郜记者的时间,学花头天晚上联系上了第二天要到场的所有人,第二天又起了个大早去陈梅秀老人家。下午一点钟,南昌电视台来车,学花和郜记者一行四人去接陶医师义诊。经诊断,陈梅秀老人的脚上长了鸡眼,被肉刺刺破后溃烂了,必须去医院做术前的各种检查,再做手术把鸡眼割掉。

2018年3月22日晚8点10分,几个朋友打电话告诉学花,南昌一套《新闻说报》在播她的新闻。学花连忙打开电视机,果然是他们帮助陈梅秀老人的一幕幕。学花赶快打电话让陶医师看节目。不久,郜记者就把完整的视频发过来了:

《耄耋老人不孤独,半路儿女亲如家人》:邓梅英老人81岁了,还在关照93岁的陈梅秀老人。陈梅秀老人年轻时,经常帮助邓梅英老人的家人,还帮助过不少人,帮人带孩子就是陈梅秀老人年轻时一直在做的事。邓梅英老人感恩回报陈梅秀老人,几十年来一直照顾着陈梅秀老人。

故事中的陈梅秀老人很幸运,能有81岁的邓梅英老人照顾。更幸运的是,伍学花和陈小妹也成为陈梅秀老人的女儿,她们不但照顾陈梅秀老人,还为老人织毛衣、帽子和袜子。

为了给老人看病,伍学花还专门请了江西省皮肤病医院的陶医师来为老人义诊。

不久,陶医师发来信息,学花打开一看,是他即兴创作的一首小诗:

这个世界很大

如果没有缘分

即使我们之间距离很近

有可能是永远没有交集的平行线

这个世界很小

因为心中有爱

即使相隔很远

我们也彼此感知对方

在视频中,陶医师回顾了自己与伍学花相识的经过:

一个巧合,伍大姐带病友找我看病,从他们的聊天中知道,我们都是星子人,于是觉得格外亲切。这次,她自己有点皮肤病,又过来找我看,还说想请我帮个忙,去帮一个老人看病,我问:"伍大姐,这个老人是你什么人?"她说:"这个老人是一个孤寡老人。"虽然之前通过电视节目,我已经了解伍学花其人其事,但当她请求我为孤寡老人义诊时,我才感到伍大姐是多么的不平凡,我对她产生了崇拜之情,当即约定一起去给老人治疗。如果有机会,我还会跟伍大姐做点力所能及的事情。

2018 年 3 月 25 日,学花和言人照例上午给"筑梦未来"辅导班的孩子上课,下午去黎嘉丫姐弟家给孩子"开小灶"。言人为黎嘉丫补课时,黎嘉丫的爷爷说:"丫头眼看还有四十多天就要升初中了,也不知道二十七中哪个班比较好。"言人说:"不要急,过几天我同你们一起去找二十七中的一个数学老师,她原来是我的同事,看看能否帮到忙。"

3 月 27 日,学花和言人一大清早就出了门,去象山社区交党费,刚好邻居程小平老师也顺路一同前往。交完党费,学花夫妇说要去黎嘉丫家,程老师表示希望一同前往。一到黎嘉丫家门口,就见她的爷爷、奶奶正在焦急地等学花夫妇。学花夫妇二话不说,赶紧带着孩子的爷爷奶奶匆匆赶去二十七中。在二十七中门口,言人提出要找罗老师,但保安按照规定不允许他们进入。不得已,言人只好打电话给罗老师,让罗老师到校门口来。

言人向罗老师说明了黎嘉丫的家庭情况后,请罗老师给孩子提前安排一个好班。罗老师表示,既然孩子小学成绩优秀,就应该报考学校的零班,考试科目是语文、数学和英语,必须上线才行。罗老师跟言人说,进零班的考试比"小升初"要难,让孩子现在就开始准备,准备的时间越充分,考上的希望就越大。罗老师还说,如果孩子万一没考上,她再和学校说明孩子的情况,看能不能把孩子安在一个好一点的班上。在场的程老师感慨:"你们夫妻俩真是诚心帮人,黎响、黎嘉丫遇到你们夫妻,真有福气。"

学花刚回家就接到郜记者的信息，说有人捐轮椅给陈梅秀老人。学花连忙表示自己买了一些面包和生活用品给老人，正好一道送去。

（六）

2018年清明节这天，学花夫妇和儿子一道开车去庐山市，一来是给学花的父母扫墓，二来是为给言人七十大寿做准备。言人的生日是5月2日，儿子担心"五一"长假住不到旅馆，便提前预订了三间房，还定制了生日蛋糕。言人每个月会给学花零用钱，学花自己舍不得用，全部存起来，除了资助贫困学子外，这次她把剩下的钱全部取出来，去亨得利给言人买了一块瑞士尼维达机械手表，想给爱人一个惊喜。

办完事后，陈言人和儿子先回南昌，学花留下来和亲朋好友聚聚。4月7日和4月8日，学花住在小学同学陈明家。他们一家人对学花很亲切，陈明的两个孙女一天到晚花奶奶长、花奶奶短地叫着。去年学花装修新屋时，就住在陈明家，大孙女陈晓云天天陪学花睡，陈明的爱人章琴早上5点钟就起床为学花熬稀饭。早上喝着稀饭，吃着章琴做的家乡的酸菜、豆腐乳，学花很开心。

学花很敬重章琴。章琴真是一个任劳任怨的好主妇，儿子、儿媳、两个孙女、女儿和外孙，有时女婿也住在她家里，全家九口人和睦相处。2013年，学花曾带着自己帮扶的残疾人在陈明家住了二十多天，其间都是陈明背上背下，而章琴则负责大家的一日三餐。陈明和学花宛如一家人，只要学花家有什么困难，陈明家就会挺身而出。

学花和陈明在1966年就认识了，俩人是同学，陈明经常帮学花捡破烂、捡柴。学花总对陈明说："卖了破烂，我买珍珠糖给你吃。"可那是自己家救命的钱，学花没有买过一颗珍珠糖给陈明吃。学花自己也觉得对不起陈明，何况后来因为搬家、工作等原因，学花和陈明竟断了来往，直到学花与人合伙去星子开酒店，两人才重新联系上。一晃三十多年没见，陈明见到学花就开玩笑："你总说买珍珠糖给我吃，到现在我还没见过珍珠糖的影儿。"

现在学花忙得不可开交，只好又麻烦陈明一家了。王润花、程老师等一群南昌的朋友听说学花在庐山市，便在微信群里嚷嚷着要去学花的家乡看看。学花和章琴商量，能不能让陈明接待自己的姐妹们。陈明说："花姐的朋友就是我的朋友，我一定招待好花姐的姐妹，保证完成任务。"在陈明的陪同下，姐妹们玩得很开心。陈明的手痛，在学花的朋友来庐山市的第二天，还带她们去秀峰游玩。邻居程老师恐高,一开始不肯去,但学花说:"秀峰是庐山十分重要的旅游景点,值得一去,很好玩的。"从秀峰归来后,程老师对学花说:"谢谢你,秀峰真的很好玩。如果没去,我就白来了。"

回南昌的时候,姐妹们凑了一千块钱给学花,学花坚决不肯收。学花说:"好姐妹来我家玩是看得起我,我可不会收你们的钱。"王润花说:"我们知道你不会收这钱,但这钱不是给你的,是我们让你帮忙捐给贫困学子和孤寡老人的,也让我们献一份爱心。"学花这才把钱收下,并承诺回南昌就把钱捐出去。

学花没有陪南昌的姐妹们去游玩,是因为家乡的姐妹们的应酬一个接一个。在聚餐时,王妮对学花说:"希望你帮我找一个贫困女孩,我来一对一帮助她。"王妮的同学华云也有相同的愿望。学花代表贫困学子感谢了两个好姐妹,并决定不辜负她俩的嘱托,努力办好这件事。

转眼间,学花在家乡已经待了近半个月了。4月15日中午的饭桌上,学花对大家说:"今天下午我一定要回南昌,明天就16日了,是我和陈小妹看望陈梅秀老人的日子。"一个朋友说:"花姐你为什么一大把年纪还要去帮扶孤寡老人、残疾人呢?你自己并不富有,还资助三十六名贫困学子,圆了十四个贫困学子的大学梦。今天你的回答让我们大家满意,你就可以回南昌;如果你的回答不能让我们满意,那我们就不让你回南昌,因为你还有几个人的饭没吃,我请你吃饭都请几年了。"

学花感慨地说:"我为什么要这样做,首先得感谢在座的同事、朋友、邻居以及党和各位领导对我的关心、培养、帮助和照顾。正是你们让我和我的家人渡过了难关,我心存感激,觉得应该回报社会,去帮助孤寡老人、残疾人和那些需要帮助的人。其次,我小时候没读到书,一生吃了没有文化的苦,没有文化给我的工作带来了很多困难,所以,我不想让自己儿时的悲剧在贫困学子身上重演,我希望他们能够替我圆儿时无法读书的梦想。虽然我并不富有,但我愿意省吃俭用去资助他们;虽然我出过严重车祸,做过两次开颅手术,后遗症让我苦不堪言,但只要我的手脚还能动、人还活着,我就会通过织毛衣、做护工赚钱,去帮助更多的贫困学子。"学花说完,大家情不自禁地鼓起掌来。

4月15日下午,学花回到南昌。4月16日上午,学花便和陈小妹买了老人爱吃的东西,去看望陈梅秀老人。眼看快下班了,学花想到王妮让她帮找贫困学子的事,怕耽误了,赶紧打车来西湖区妇联找卢主席。学花决心办成这件正能量的大好事。

4月12日，学花在晓玲家接到区妇联打来的电话，要求学花把申报全国"最美家庭"的视频长度由五分钟改为三分钟，学花只好求助严记者。没想到严记者一个晚上就把视频改好了。因为在外地，学花把妇联的电话直接转给了严记者，希望他亲自发给妇联。严记者把学花的事当成自己的事来对待，让学花很感动。

学花回到南昌后，严记者把改好的视频发给了学花，学花觉得视频改得很好，就把视频发到微信群里，与好姐妹分享。程老师发微信给学花："我儿子想请你们夫妇去南昌工程学院做报告。"看到程老师的微信，学花觉得，越来越多的人开始意识到社会需要这种正能量，但奈何最近自己很忙，要为两个贫困学子联系爱心妈妈，还要给陈梅秀老人找医生治脚。学花答应，等自己办好了这两件大事，5月20日以后再和言人去做报告。

4月29日上午，学花和言人照例上午给"筑梦未来"辅导班的孩子们上课，下午又去黎嘉丫家帮姐弟俩补课。学花想到爱人七十大寿的日子近在眼前，便叫爱人打电话通知兄弟们去庐山市，结果二哥在厦门，三哥在贵阳，四哥夫妇正好去英国女儿家，都来不了。4月30日那天，大嫂、六弟夫妇、八弟媳和九弟夫妇六个人来到庐山市。学花觉得在家吃饭更热闹，便请了章琴来家帮忙，在新房里弄了一大桌菜。

六弟看完新房对学花说："嫂子把家弄得这么好，我们都敬佩你，你真了不起。"

大嫂对学花说："学花，你这附近有商店吗？我们都没买什么东西来，总要表示一下心意吧！"学花说："都是一家人，买什么东西？我只希望你们玩好，吃好，睡好。"

学花敬酒时说："欢迎兄弟、大嫂、弟媳来我老家，感谢兄弟几十年来对我们家的帮助，让我们共同举杯，迎接更加美好的明天。"

杰儿为了大家吃好，向学花提出要炖一只真正的土鸡，学花只好打电话找干娘帮忙。干娘竟然把自家下蛋的母鸡，还有几十个土鸡蛋送来。学花想到六弟夫妇还要去上海儿子家，就把土鸡蛋送给了六弟媳。

5月1日上午，言人和杰儿陪同大家去秀峰游玩，学花则去酒店安排午饭。当蛋糕送到酒店时，学花才告诉大家言人今天做七十大寿。兄弟们这才知道言人一家请他们到庐山市团聚的用意。六弟当场拨通了十弟的电话，递给言人。言人接过电话，哽咽着对十弟说："我只想同兄弟们见见面。"

做寿完,言人和阿咪坐班车回南昌,学花一个人留了下来。她此行还有一个重要的目的,就是与王妮和华云商谈捐资助学之事。5月7日,学花联系王妮,王妮说:"等我有时间,一定来南昌跟贫困学子见面。等孩子9月份上课,我一定每月资助孩子200元买学习用品。"学花听了,心里踏实了很多。

5月3日,学花在老家接到严记者的电话,说参加全国"最美家庭"评选的3分钟视频已剪辑好。此次江西省一共推出九件作品,学花团队的视频是省里推荐的二号作品,所有视频将在全国范围内播出。学花真没想到,自己只是做了一些应该做的事,竟然能够让全国的观众看到。

5月9日,回到南昌的学花突然想到这周日就是母亲节了,虽然自己的娘已经离世,但还有很多孤寡老人需要伍学花这个"女儿"。

5月10日,学花夫妇和陈小妹,买上陈梅秀老人喜欢吃的清汤、面包、香蕉,提前给老人过了母亲节。一个月前,学花和郜记者帮陈梅秀老人送去轮椅,当时老人还很开心,可这天老人对学花说:"我坐轮椅不方便,请把轮椅送给需要的人。"在征得郜记者的同意后,学花想到了社区的王大姐,她弟弟行动不便,正好需要轮椅。于是,学花和王大姐约好16日去老人家拿轮椅。

5月16日,学花临时有事,便通知陈小妹早点去陈梅秀老人家,看老人需要什么,自己随后就到。学花约上王大姐去老人家,王大姐买了几斤香蕉和一个蛋糕去看望老人。老人看到这么多人来看她,不知道有多高兴。虽然时间很紧,但学花还是耐心地问老人有什么需要。老人欲言又止,支支吾吾地说好久没洗头洗澡了。学花一听,马上烧水给老人洗头洗澡。老人说:"你给我洗头时的力道正合适,洗得真舒服。"学花给老人洗完澡,并替老人穿好了衣服,再把换下来的衣服都洗了。临走时,陈梅秀老人的眼睛一直期盼地看着学花,仿佛在说:"你还会来看我的,对吧?"学花对老人说:"现在我还要去帮助那些渴望读书的孩子,等我有时间,我会常来看您。"

（七）

2018年5月14日下午3点半,2018年度全国"最美家庭"揭晓专题节目在人民网一号演播厅举办。江西省有30户家庭获此殊荣,学花的家庭也在其中。

从1975年起,学花就开始帮助贫困学子。她默默无闻地做了几十年,从不张扬,怕外人说三道四,怕家人见风就是雨,闹个不停。有人说学花傻,尤其是当学花帮助男残疾人或帮助贫困男孩时,不理解的人,就会指指点点、说三道四。但学花从没有因为这些外部因素而停下捐资助学和做公益的步伐。世人不理解自己，学花就用自己的方式和方法去赢得世人的信任。只要自己所做的一切是对的，学花就会执着地去做，她希望用事实感动身边的所有人。

学花觉得自己只是做了一些应该做的事情，真没想到党和政府给了她这么多、这么高的荣誉。她暗下决心，要不骄不躁，不能躺在功劳簿上，要继续前行。

5月23日，学花去大润发买菜，突然听到程老师叫她。程老师对学花说："我儿子说，伍阿姨做这么多公益事业，主要是她吃过苦、受过难，只有经历了各种磨难的人，才能真心实意地帮助别人。他问你们明天下午能不能去他学院为学生做报告。"虽然学花夫妇做公益事业很忙，但想到程老师的儿子对公益事业的认可和理解，为了传递正能量，便答应了邀请。

程老师的儿子告诉学花，24日下午3时35分在南昌工程学院瑶湖校区C102教室做报告，下午2点30分他会开车来接学花夫妇。

5月24日上午，《江南都市报》杨记者来学花家采访学花家荣获全国"最美家庭"的事迹，并谈了他读《春秋配——我的寒门妻》的感想。学花对他说："我和陈老师下午要去南昌工程学院给学生做报告，你要不要一起去？"杨记者很爽快地答应了，并对言人说："《春秋配——我的寒门妻》这本书很励志，越看越想看下去。"

程老师的儿子如约来接学花夫妇了，在车上交谈时，学花才知道他是博士毕业，在南昌工程学院负责马克思主义教研室。当下正在进行思想政治课的改革，他把学花和言人请去做报告，就是把思政课理论引向实践。马克思主义学院的领导很重视这次报告，专门来跟学花夫妇见面，许书记还从头到尾听完了报告。

陈言人做了一个小时的报告，学生们听得很认真，也很受感动。学花夫妇还和学生进行了互动，实事求是地回答了五六个学生的提问。因为时间有限，学花和言人最后依依不舍地和学生们告别。

程老师的儿子把学花夫妇送回家，下车时，程老师的儿子对学花说："麻烦你们把身份证号和银行卡号发给我，我会把做报告的1000元辛苦费打给你们。"学花说："钱就不要了，我们是为了传递正能量才去的。"程老师的儿子说："这是你们应该得的报酬，是学院要求给的，是符合政策规定的。"

到家后，学花对言人说："今年为了贫困学子跑东跑西，忙于做公益，我连做护工、打毛衣的时间都没有。我想把2017年'好家风榜样人物'的奖金和慰问金2000元,还有刚才程老师儿子打来的1000元通通作为自己的爱心基金,到了年底捐给需要帮助的人。这些钱取之于民,用之于民也是我们的初衷。"言人想都没想就答应了。

5月25日早上,杨记者打来电话:"《妻子织毛衣、做护工捐资助学,陈老师帮忙为社区孩子辅导功课　爱心夫妻上榜全国最美家庭》这篇报道在今天的《江南都市报》刊登了。"学花赶紧让杨记者拍照发给自己,并转发朋友圈。当天,亲朋好友看到学花的朋友圈后,纷纷转发并点赞。

5月28日,南浦街办夏腊香主任打电话邀请学花去党群服务中心讲廉洁家风。为了传递正能量,学花答应了。6月1日是南浦街道机关党支部的党员活动日,这一次的主题是"学全国最美家庭榜样兴家风",十几个社区的几十名党员骨干来听学花夫妇讲课。

学花和言人根据自己的亲身经历,讲述自己家的家风故事,廉洁修身,廉洁齐家。故事有浓郁的生活气息和真挚的情感,受到了大家的欢迎。

第二天早上,学花又要接待客人,这次来的是好姐妹们和新结识的钟老师。王润花听说学花家荣获全国"最美家庭",说一定要来庆祝一下,所以学花将家里收拾整齐后,烧好了沏茶的开水,洗好了水果,摆好了餐具,静待朋友们的到来。

学花不忘提醒言人:"9点钟去大门口接钟老师,千万不要让人家久等。"8时50分钟左右,学花正在厨房洗菜,听见楼下有人喊"陈老师、伍老师",原来钟老师提前到了。

学花将钟老师领进客厅,言人招呼钟老师在阳台坐下,随后自己也坐了下来。学花给他俩端茶水时,发现他们聊得很投机,像是多年的老朋友。原来钟老师和陈言人是老庚,都是1977年恢复高考后考上的大学,都是江西师范学院的学生,言人在九江分院物理系,而钟老师在南昌本部中文系。

陈言人送给钟老师一本《春秋配——我的寒门妻》。钟老师很惊喜地翻看,说这有五六十万字吧。言人说:"四十万字,写了五年,正像序言作者王永鸿先生说的,这是我的第一本书,也将是唯一一本书。"钟老师对陈言人说:"五年写一本书真不容易,不过我觉得你这本书写得真不错,你还可以继续写。"言人谦虚地回答:"不行了,不行了,我是理科生,写一本书比我上一辈子课都累。不过我老婆现在在写,她也想写一本书。"

学花听到钟老师和言人在说自己写书,便接过话茬说:"我织毛衣十几年,那些标签纸、包装纸，以及各种废纸，我整理了十多箱。哪怕是写一个小故事，我都要写三四张纸，能废物利用我很开心。老公写书的草稿纸和我自己写书的草稿纸，都是这些废纸。我从2007年开始写书，想把自己的经历、对生活的感受以及人间的大爱通通写出来。由于白天要忙着做公益，我通常是早上四五点钟起来写书。"钟老师问："虽然你们用废纸打草稿写书，但是如果用电脑的话，修改起来不是更方便吗？你们会用电脑、会打字吗？"言人摇摇头说："不会。"钟老师说："学电脑不难，如果伍老师要出书的话，还是要学会电脑打字才行。"

其实，学花早就叫言人去老年大学报个电脑班，但言人总以自己学了一辈子，现在年纪大了，什么都不想学了为借口。他甚至只会用手机接打电话，而不会发短信，更不要说玩微信了。言人对钟老师说："时间不够用啊！我和学花在南浦街道办了一个免费的文化辅导班，每个星期天上午辅导12个困难家庭的孩子，下午还要辅导一对孤儿姐弟，而且现在孙女已经读高一了，要帮着管一管学习。另外，我们家获得了全国'最美家庭'，经常有单位邀请我们做报告，讲家风、家训的故事。"钟老师听后表示理解。

钟老师和学花夫妇相谈正欢，王润花等学花的姐妹来了。王润花见来的人太多了，就提议将桌子摆在楼下，大家在楼下吃饭，为学花家庆祝。

这天中午，学花家那栋楼非常热闹，场面不亚于过年。学花的姐妹王润花、毛毛、王姐、纪姐、郭妹、道妹每人炒了一个菜，学花也炒了5个菜，姐妹们跑上跑下，将菜摆了整整一大圆桌。学花还请了同一楼栋的邻居小章和门卫邓师傅夫妇。此情此景，学花感慨万千：小时候自己家是星子县最差、最被人看不起的家庭，如今凭借自己的努力，伍学花家庭已经成为全国"最美家庭"。姐妹们和邻居摆酒为学花家庆祝，学花怎能不高兴？言人也高兴，眼看就要喝醉，才被学花拉下桌。

一天，小齐妈妈找到言人，不太好意思地说："我们的孩子初二就有物理课了，我看了您写的书，您擅长教物理。"言人知道小齐妈妈的意思，但他有自己的考量，因此没有表态。有一次石老师在给孩子上课，小齐妈妈等家长又向言人和学花提起给孩子补习物理的事。言人考虑良久，说："物理和数学不同，有的孩子补了也没用，不如我给你们几个成绩好的孩子补物理。"

回家后，学花对言人说："你补几个孩子是补，补十几个孩子也是补。我们不搞特殊，还是给所有孩子都补吧。"言人听了学花的意见，觉得学花考虑得很周到。

6月3日,学花夫妇和小齐妈妈商量补物理的事:"一个上午要补习语文、数学、物理,孩子们学多了也会心烦,不如语文半天,数学、物理半天。我们家住在高新,来回一趟要两个多小时,有的时候要三个小时,省得来回跑两趟。"学花对言人说:"石老师的年纪比我们大,把困难留给我们自己,无论是上午,还是下午,都让石老师优先。请小齐妈妈发一个通知,6月10日上午11时开家长会,顺便决定什么时候补物理。"

6月10日11时的家长会上,石老师表扬了小磊、小杰、芊芊三位同学,还说小宇和小菲有进步。接着,她谈了给孩子们多一点课外时间,最好补半天课,请孩子们发表意见。言人说:"除了石老师提到的孩子,小然和小齐也进步不小,补课的时间优先照顾石老师,但时间还是要多一些,数学、物理时间少的话,作用不大。"最后,学花发言:"首先,补课要孩子们自愿,家长们支持,我们不强迫孩子补课。其次为了鼓励孩子们读书,我把爱人为大学生讲课的1000元、姐妹们给我乔迁的礼金1000元捐出来,加上我自己的1000元,合计3000元发给孩子们。每人200元,多的钱买学习用品。"

为了照顾年长的石老师,最后大家一致决定上午补数学、物理,下午补语文,事情终于圆满结束。

6月16日又是学花和陈小妹去看望陈梅秀老人的日子,两人在珠宝街碰头,然后一起去看望老人。端午节快到了,钟老师和蔡老师来南浦街道党群服务中心听学花和言人给孩子们上课,蔡老师给孩子们带来了棒棒糖,意思是孩子们都是棒棒的。而孩子们的家长则为学花夫妇准备了粽子和茶叶蛋。为了不扫孩子们的兴,学花和言人只好收下。

(八)

2018年7月2日,西湖区召开庆祝建党97周年大会。为了开会不迟到,学花早上5点半就起床,吃完早饭便和言人去赶公交。文件上说9点半开会,与会人员要提前15分钟进场。学花和言人赶到区政府时9点还不到。

象山社区黄书记头一天跟学花约好到区里见面。学花四处寻找都不见黄书记,只好先进了会场。找到位子坐下后,学花见黄书记发来几条微信,告诉学花她进不了会场,叫学花赶紧进去。学花在微信里回复:"我已进入了会场,坐在前两排。"

学花在会场遇到了《江南都市报》的杨记者。杨记者见到学花高兴地说:

"伍阿姨又要领奖啦。"说完,他便为学花拍了几张照片。果然,在大会的颁奖仪式环节,学花作为优秀共产党员戴党徽、挂奖牌、披彩带,好不风光。大会一直到快 12 点才结束。

下午,学花又和言人赶到象山社区参加社区的党庆活动。街办请了省委宣传部的李老师给大家讲党课。会议结束后,学花和黄书记等人一起拍了照,还吃了蛋糕。恰好小杰的外婆也在,言人关心地问小杰期末考试怎么样。他外婆说:"数学考了 113 分,这都是你们的功劳。刚刚进辅导班时,孩子数学成绩中等,120 分的卷子从没有超过 100 分,现在数学成绩好了,只是外语才考了 60 多分。"学花说:"数学成绩再好,外语考 60 多分也是不行的,是考不上重点高中的。我们辅导班现在还没有找到合适的英语老师,我们会想办法,让孩子的英语成绩也能提高。"小杰外婆不住地道谢。

正好街道党工委的吴书记来了,学花起身向吴书记问好,吴书记把学花介绍给李老师说:"伍学花家是全国'最美家庭',为社区贫困学子免费办了'筑梦未来'文化辅导班。她家里并不富有,仍然捐资助学,帮扶孤寡老人、残疾人和需要帮助的人。"李老师听后说:"这种精神可贵,应该报省文明办。"吴书记说:"她家已是南昌市首届文明家庭。"

7 月 16 日,正好是学花的 63 岁生日,学花买了蛋糕和清汤去和陈梅秀老人分享快乐。学花一到老人家,就烧水帮老人洗澡。陈梅秀老人对学花说:"天气很热,家里的空调不好操作。"学花说:"老娘,你不要急,我会安排人来帮你修空调。"由于言人身体不适,学花要赶回高新去。见学花要走,老人拉住学花的手说:"你带领陈小妹、陶医师那么多人来帮我,这是用钱也买不到的呀。"

言人身体好转后,学花忙里偷闲,随晓玲、刘洪夫妇、张爱妹等朋友去北京游玩了一趟,一行人随学花回南昌。这一天很热,学花对言人说:"为了朋友们舒适,我们还是到睡觉的空调房去吃饭,也只好把床当桌子。虽说我们家客厅没有空调,但我绝不会让朋友们热着。"张爱妹对大家说:"伍姐不是买不起立式空调,她是把钱省下来去资助贫困学子以及需要帮助的人啊!"学花说:"我身边已有 37 个贫困学子,还有孤寡老人、残疾人和需要帮助的人,能省就省吧!"晓玲听学花说完,当即表示希望学花带她一起去帮助需要帮助的人,刘洪夫妇也表示愿意加入。学花立即提议:"你们就帮助我辅导班的孩子吧,跟我一道做公益事业。"

学花和晓玲是几十年的朋友,学花从没有要求过她和自己一道帮扶他人。

学花总认为每个人有自己的想法，就是再好的朋友也不能强求他们走她走的路。只要自己做好公益事业，让更多需要帮助的人走出困境，摆脱贫穷的命运，学花相信身边会有更多的人来和自己一道做有意义的事。所以当晓玲他们提出想去帮助人时，学花并不意外，她知道这是朋友们耳濡目染的结果。学花希望他们能一对一帮助免费文化辅导班的三个贫困学子，并和他们约好辅导班新学年的开课之日来辅导班看望孩子。他们一致同意学花的意见，说要帮3年，每月100元。学花想到这么多人参与到自己的爱心事业中来，心里特别开心。学花觉得她要多同人沟通交流，不然即便朋友们有捐资助学的意向，她也不知道。

当初学花做公益事业，家人和朋友也不理解。学花坚持用行动、时间和事实来得到大家的认可和支持，学花祖孙三代都一直在做公益事业，而学花也知道好友晓玲等人的良苦用心。他们为学花买衣服，学花就能省下买衣服的钱去帮助需要帮助的人，朋友们是在用另一种方式支持学花。学花为自己有这样的家人和朋友感到幸福和骄傲。

学花想请江西教育电视台的严记者帮忙寻找合适的贫困学子，想尽自己的微薄之力来资助贫困学子。严记者很热心，很快通过九江市关工委联系到一户父亲为失语者、母亲手有残疾的贫困学子。学花之前就给自己定过一个目标，每年要资助六个贫困学子，但由于学花夫妇从2017年开始为社区的贫困学子办了一个免费文化辅导班，班里有十几个孩子全要学花夫妇帮扶，加上学花夫妇还帮扶了黎嘉丫孤儿姐弟，所以学花也感到有些心有余而力不足了。

严记者帮学花找到的这个孩子十分优秀，高考考了622分。学花决定大学四年每年资助她两千元。2018年7月14日，学花夫妇同严记者去看望被帮扶的孩子，车开到庐山市委，学花才知道，孩子不在九江市，而是自己老家庐山市的。

庐山市法院的颜主任来接大家，并把大家领到单位。学花这才知道，庐山市关工委非常重视自己的帮扶。查主任、徐主任、严书记等人亲自出门迎接学花一行。通过交谈，学花了解到孩子叫小敏，是白鹿镇梅溪村人，今年高考考了学校第六名，庐山市法院已帮扶了她两年。

在庐山市关工委和法院领导的陪同下，学花来到了小敏家，梅溪村的李主任和庐山市电视台的记者也一同前往。小敏对学花说："我今年报考了中国科技大学和四川大学。"学花心里默默祝愿她心想事成。随后，学花掏出一千块钱给小敏,希望她好好学习,为自己、为父母、为梅溪村争光,不要辜负社会上许许多多好心人的希望,成为一个对社会有用的人才。

2018年8月2日,西湖区妇联卢主席来电话,说她领到学花家全国"最美家庭"荣誉证书,决定三天后亲自给学花家颁发证书。学花跟言人商量,证书颁发仪式同捐助仪式一起进行。学花算了下,捐助仪式上准备给辅导班的孩子和黎响姐弟三千多元,给李小英一千元,给小敏两千元,给小云一千元,剩下的一千多元给陈梅秀老人和两位残疾人。

8月4日晚和姐妹散步时,学花问大家明天去不去陪她一起领奖。姐妹们一听,高兴得不得了,都说:"我们不但要参加,还要穿红裙、白衬衣,统一着装。"

李小英本来有一个幸福的家庭,父母只生了她一个女儿,一家人其乐融融。但天有不测风云,2008年李小英的父亲遭遇了严重的车祸,从此瘫痪在床,一家人的重担全落在了李小英的肩上。

为了捐资助学,学花在医院做护工,无意中认识了李小英和她的父母。2016年10月9日,学花一家三口去南昌县李小英家看望她父亲。因为出车祸,她父亲已躺在床上八年了。学花自己出过严重车祸,因此对车祸受害者深表同情,但她觉得自己比李小英的父亲运气好多了。幸亏李小英的母亲多年不离不弃,李小英的父亲才能够活下来。李小英夫妇生了四个孩子,仅靠夫妇俩打工养活一家八口人,生活实在是困难,所以学花带着家人去帮忙,做自己力所能及的事。

李小英的娘拉着学花的手,泪流满面地说:"我们一家人遇见你这么一个大好人,真是我家的福气。一个素不相识的人,能这么无私地帮助我家排忧解难,我们一家人永远忘不了伍大妈夫妇的恩情。"李小英的丈夫打工回家后,得知学花也出过严重车祸,从口袋里掏出一把零钱给学花。学花坚决不肯收钱,说:"我来你们家帮忙,不是为了赚钱,而是为了帮助你们渡过难关。"

2017年10月28日,学花夫妇又去李小英家帮忙,并送了钱和衣物给她的四个孩子,言人还将自己写的书送给李小英夫妇,鼓励他们咬牙坚持。不久,李小英的丈夫打电话给学花,口口声声地叫着"干娘",弄得学花丈二和尚摸不着头脑。后来,李小英的丈夫继续把话说完,学花才搞清楚了来龙去脉。原来李小英的丈夫看重文化人,他经常和村里小学的舒校长、舒老师、付老师一起交流,还把学花夫妇送给他的书给三位老师看。付老师只看了前言、序和后记,就对他们说:"这样的大伯、大妈值得用心去交。"所以李小英夫妇就想认学花做干娘,不过学花还是婉言拒绝了。

2017 年 12 月 24 日,学花在南浦街道党群服务中心搞捐款仪式,当时就邀请了李小英夫妇参加。李小英的丈夫对学花夫妇说:"大妈、大伯认识这么多记者,我家里这么困难,能不能叫记者到我家采访,希望有更多像伍大妈这样的好心人来帮助我家。"学花说:"我从来不为自己叫记者采访,我是江西五套的爱心成员,这些记者都是社区或者妇联等单位推荐给我的。我可以把你家的情况介绍给记者,看他们有没有采访的意向。"

2018 年过完年,学花夫妇又去李小英家捐款捐物,给四个小孩每人一百块钱。听说李小英丈夫的奶奶已经 90 多岁,学花夫妇还买了酒和牛奶去看望老人家,恰好舒校长、舒老师和付老师也在,学花夫妇和三位老师的交往就多了起来。

在全国"最美家庭"颁奖前一夜,学花想起自己大半年前对李小英丈夫的承诺,便与江西五套《五哥帮忙团》取得联系。刘主编听说学花家要领全国"最美家庭"的荣誉证书,马上让陈记者联系学花。学花对陈记者说了李小英的家庭情况,并表示希望能在明天领奖后去她家看看。陈记者说明天中午要去高安吃喜酒,要不早上早点去李小英家,然后再去参加颁奖大会。8 月 5 日一早,陈记者便赶到了李小英家,报道了李小英家的困境。

当天 9 点,西湖区妇联卢主席亲自为学花颁发全国"最美家庭"荣誉证

图21　被授予全国"最美家庭"

书。虽然学花家此前获得过西湖区、南昌市和江西省的"最美家庭",但再没有被评为全国"最美家庭"更让人激动的了。看着金灿灿的全国"最美家庭"奖杯和沉甸甸的荣誉证书,学花发誓自己要不忘初心、牢记使命,在公益事业的道路上继续前进。

（九）

2018 年 7 月 16 日,学花接到四川嫂子的报喜电话,说大孙子伍良考上了大学。学花对言人说:"我做六十岁生日时,哥哥祖孙三代来南昌贺寿,特别是秀琼侄女,吃完寿宴就坐飞机赶回四川。现在伍家孙辈第一个考上大学,我们也要去四川贺喜。"

学花夫妇从四川回来后,8 月 18 日晚,南浦街道"兴家风、淳民风、正社风"活动之老曲填新词文艺会演在里洲小区广场举行。表演节目有诗朗诵《赞社区榜样人物——伍学花》。陈小妹打来电话说:"18 日晚我夫妇在散步,正好看到演嫂子的节目,可惜没有带手机,要不可以把节目拍摄下来。"

晓玲和刘洪夫妇之前说好要来南昌一对一帮扶贫困学子,但还没有落实到位,这令学花有些忧心。学花想回老家和他们商谈什么时间来南昌与贫困学子家长见面。路上,晓玲打来电话,说她去广东女儿家了。学花心想,晓玲不在家,补习班三个贫困学子捐款之事,暂时办不成,便和刘洪说好 9 月 2 日来南昌跟贫困学子和家长见面。

学花一回庐山市,就先赶到庐山市关工委,打电话给查主任。她有事来不了,请法院颜主任接待学花夫妇。学花见关工委没人,与万秘书长交谈才知小敏 8 月 26 日才去学校报到。

8 月 20 日,大妹一家来到学花在"湖滨星都"的家,给学花带了很多南瓜粑,学花连忙烧菜煮饭,还送了她一条四川买的连衣裙。当学花得知大妹的公婆身体不好时,就提出要买些礼品去看望。大妹说:"东西就不用买了,送钱就行了。姐,麻烦你帮亮亮找一个心理医生,他总是自言自语。"亮亮说:"找什么心理医生,妈妈,你还是自己过好日子吧。爷爷奶奶有那么多儿子和女儿,他们个个条件都比我们家好,现在爷爷奶奶住在我们家不说,凭什么要你这个有眼疾的人日夜照顾。"亮亮接着说:"上次我跟大家说'我妈哪是你们大家的保姆啊',你还骂我不该这样说话。你不准我说,免得你不开心,我只有自己对自己说啰。"学花听了,知道孩子是心疼母亲。虽然她理解孩子说的话,但依然开导孩子,说你妈妈孝顺老人是应该的。学花何尝不心疼大妹?大妹平时自家的家务都做不好,她一个眼睛看不见的人还要来管公婆,其中的艰辛可想而知。吃完午饭,学花觉得还是应该去大妹家看看。盛夏烈日当头,又没有公交,更打不到车,站在 40℃ 的户外真要中暑。正在这时,一辆小车开到学花的面前,学花以为是私自载客的黑车。谁知司机说："我看你们老的老，小的小，这样的大热天，怕你们走路要中暑，我送你们一程吧。"下车时，学花要给司机30元钱，对方坚决不肯收钱。大妹说："我姐姐家是全国'最美家庭'，她做了一辈子好事。今天，我们大家又遇上了你这个好人，我们要向你和我姐姐学习，多做好事、善事。你跟我姐姐加个微信吧。"学花加了司机的微信，看到对方的昵称"心有阳光"，不由得会心一笑。

在大妹家，大妹的婆婆拉着学花的手号啕大哭："这么热的天，你还来看我。如果没有你大妹这个儿媳，我早就没命了。我也不想到你大妹这里来住，他们兄妹非要我到你大妹这里来住。我活着不能自理，还不如死了的好。"公公说："每天晚上老婆子要上厕所五六次，都是你大妹照顾我们。每天早上，她都会扶着老婆子在房间走动，吃了早饭还会用轮椅把老婆子推出去吹吹风、晒晒太阳。刚来时，老婆子动都不能动一下，现在还能坐轮椅在房间里动动。"公公还说："学梅这么好，是学花你教导有方，不然，我怎么遇得上这么孝顺的儿媳啊？她真是比我的女儿还要好，哪怕自己不吃，都要给我俩吃。她照顾我俩从不发脾气，任劳任怨，这是我俩几辈子修来的福分啊。现在没有她，我俩真活不了。"学花听到两个老人的心声，心里难过极了。她既为两位老人病成这样感到难过，又为大妹日夜辛苦感到难过。下午3点了，学花还要急着去办房产证，大妹请楼上的小姑子照看一下公公婆婆，说要送送姐姐。学花和妹妹步行来到"湖滨星都"，两人谈了很多。大妹对学花说："姐，真对不起，娘我都没尽孝，让你一个人吃苦赡养娘。我也知道你是一个无私的姐姐，现在你又要照顾那么多残疾人和孤寡老人。我希望你能理解我为什么要照顾好公婆。说实话，丈夫的兄弟们也说要拿一点钱，我想来想去，还是决定不收他们的钱。姐姐你连非亲非故的孤寡老人和残疾人，都无私地出钱、出力，就算我是向你学习吧，不跟他们计较。如果两位老人都下不了床，我一个人忙不过来时，他们能来帮一把就行了。"得知大妹也受自己的感染，能自愿担起责任，乐意照顾公婆，学花真为大妹有这样的孝心而高兴。

到家不久，小敏发来信息："我家想请你夫妇吃饭。"学花说："不要为我夫妇破费了。你现在刚进大学，急需用钱。"小敏说："那明天上午，我和奶奶来你家看看你。"

8月22日，小敏和奶奶来到学花家，学花又捐了一千块钱给小敏，履行了她每年给小敏捐两千块钱的诺言（之前7月14日已经捐了一千）。给小敏捐完钱,学花就跟着朋友方冬梅做钟点工去了,一个下午又赚到了一百块钱。学花心里真高兴,自己六十三岁了,还可以赚到钱。

8月23日,庐山市关工委邀请学花夫妇参加8月24日的捐款仪式,并安排了学花夫妇发言。8月24日,学花夫妇准时参加了捐款仪式,夫妇俩的发言得到了乡镇关工委领导的好评,庐山市教育局关工委的段书记还邀请学花夫妇为中学的孩子讲课。8月25日,学花夫妇赶回了南昌。

9月2日是"筑梦未来"文化辅导班新学期的第一堂课,学花和言人上课,晓玲、张爱妹、刘洪夫妇四人开车来了,跟三个贫困学子一对一地进行爱心捐款。学花为朋友们的爱心所感动,又为接受捐款的贫困学子感到高兴。捐完钱,刘洪夫妇忙于工作去了,学花"湖滨星都"的房子要装空调,她便和晓玲、张爱妹三人坐班车回到了庐山市,学花衷心感谢朋友对自己做公益事业的支持。

班车开到半路,学花突然想到,自己要带来的一桶油不见了。原来进站检票时,张爱妹好心帮学花提油桶,结果验完身份证后忘记将油提上车了。张爱妹马上说:"我家正好有一桶油,不用找了。"但学花觉得哪有朋友好心帮自己做事,结果油忘记提了还要朋友赔的道理?学花相信油还会找得到,起码自己得想尽办法去找。

学花打电话给言人,让他赶快去徐坊客运站,找忘记带的一桶油。学花打电话被班车司机听到,他让学花给下一趟班车的司机打电话,看油是否还在验票处;若还在的话,麻烦司机帮忙把油带回庐山市。不久,班车司机就找到了油,他让学花在终点站等他把油带来。一桶油失而复得,学花由衷感谢这位素不相识的班车司机。

9月3日上午,学花请电工把电扇和空调搞好了。刚弄好,方冬梅就打来电话,请学花去她家吃饭,然后去文化馆做钟点工。学花说:"吃饭就不去了,下午跟你去赚一百块钱。"11点半,晓玲邀学花去家里吃午饭,学花一到就急着喊开饭,晓玲不解。学花说:"我要先吃饭,12点一刻我还要跟方冬梅赚钱去。"晓玲说:"大中午的,外面这么热,我家开着空调,烧饭时我都觉得热,你这么大的年纪还去吃那苦值得吗?万一碰到熟人,被人误解你在南昌混不下去,才到老家来做钟点工咋办?谁知道你是为了帮助贫困学子?我看你还是不要去了。"学花说:"能赚一块是一块,凭着自己的双手和能力赚钱,我才不管别人怎么说我,更没什么不好意思。"晓玲见学花执意要去,赶紧叫儿子开车把学花送到了与方冬梅约定的碰头地点。刚到没一会儿,方冬梅的女儿便开车把学花和她妈送到了庐山市文化馆。两人从一楼打扫到五楼,因为五楼装修,卫生很难搞,所以又来了一位钟点工。三人中,学花年纪最大,方冬梅处处都关照学花。她知道学花为什么来做钟点工赚钱,深受感动,所以,重活都不让她做。这天气温很高,三人挥汗如雨,汗珠有黄豆般大小。一直到下午 5 点,三人才将卫生全部搞完,身上的衣服都湿透了。学花想到方冬梅经常做这种事,真不容易,赚的都是辛苦钱。虽说,方冬梅自己开了家钟点工公司,但因为她能吃苦,活又干得好,顾客都点名要她亲自干。第二天,方冬梅给了学花一百元工钱。学花想,半天赚一百元钱,一天就能赚两百元钱,于是打定了回到老家就跟方冬梅去做事赚钱的主意。

学花离开南昌才几天,象山社区黄书记就打电话让学花回来,说梨视频的李记者和黄记者、南昌电台的秦记者要来学花家采访。

9 月 7 日晚上 7 点左右,老家的老邻居郭兰香打来电话,问学花有没有时间。学花一听到兰姐的声音,高兴得不得了,叫她一定来家。可兰姐说:"我在二附医院住院,南昌的小儿子明天要去开会,身边没人,希望你陪我做全身检查。"学花心想,兰姐有事需要自己帮忙,自己一定尽心尽力地照顾好兰姐。

9 月 8 日,学花和言人在 8 点前就赶到了医院。学花见兰姐没精打采的样子,心里很难过,便问兰姐哪里不舒服,兰姐说大概是昨天晕车,还没有恢复过来。学花让言人陪兰姐说话,自己去领号排队。做 B 超、肝功能等检查不能吃东西,由于医院人多,兰姐快到中午都没有排上,学花生怕兰姐饿坏了。做最后一项检查要憋尿,医生见兰姐尿量不够,要兰姐喝两瓶水,吃一些东西,并在半小时内回来做检查。学花赶紧带兰姐去医院边上的馆子吃了碗肉饼汤,并喝下两瓶水,然后赶回检查室。

兰姐的小儿子一开完会,就连打几个电话询问检查结果如何,中午还陪妈妈和学花夫妇吃了饭。

(十)

9 月 7 日,南浦街办给学花打电话,说要为学花家拍微电影。学花和李导商量后,说好 9 月 9 日上午先拍摄几个给孩子们上课的镜头。正当学花和言人又要上课又要拍电影,忙得不可开交时,学花接到凤姐打来的电话,说兰姐接电话时不说话,只一个劲地"嗯嗯"。学花担心兰姐的检查结果,上完课就往医院赶。路上,学花赶紧打电话给儿子,儿子说:"妈,要不要我去医院帮忙?"学花说:"忙就不要帮了，你来看望一下你兰妈妈。"学花见到兰姐，悬着的心终于落了地，原来兰姐是因为做了口腔检查才说不出话来，真是虚惊一场。

杰儿很快也赶到了医院，并给兰妈妈六百块钱，兰妈妈说什么也不收。杰儿见兰妈妈不方便吃饭，就给兰妈妈下了碗面条送去。

为了庆祝兰姐身体无碍，学花和前来看望兰姐的凤姐和英姐提议，大家都去洪城大市场买红红火火的唐装。9月12日中午，兰姐的小儿子和兰姐的丈夫赶来二附医院，想到兰姐有丈夫和儿子的照顾，学花也就放心了，凤姐和英姐也回庐山市了。不久，兰姐的儿子打来电话说："我妈已办了出院手续。"学花心里默默地祝福兰姐身体早日康复。

9月11日晚，李导发信息称"12日的微电影改为13日拍"，并约好了早上6点来学花家接学花夫妇去李小英家拍镜头。

学花买了苹果、糖包子、肉包子，还带了一些衣服去。看见躺在床上的李小英的父亲李永生，学花的心情很沉重。十多年了，病人躺在床上，又不能起床，全靠李小英的母亲护理。虽然有了学花的帮助，但学花希望有更多的好心人来帮助这个家庭。

在李小英家，舒老师给学花夫妇和两个编导买了四瓶可乐，学花舍不得喝，将自己的可乐给了李小英的儿子。受学花感染，言人和两个编导也将手中的可乐给了李小英的另外三个孩子。学花见他们喝着可乐脸上绽放出灿烂的笑容，觉得比自己喝了还要开心。

2017年，一起散步的姐妹们对学花说："什么时候也带我们去陈梅秀老人家，帮老人做点事。"学花说："等以后我和陈小妹忙不过来时，就把你们叫上，一起去帮扶孤寡老人陈梅秀。"

2018年9月12日，学花坐车经过子安路时，想到天气炎热，便下车买了东西去看望陈梅秀老人。学花一进门，见陈梅秀老人的头摔破了，赶紧问是怎么回事。老人褪去衣衫给学花看，全身都摔青了。老人已经一个多星期没洗澡了，学花赶紧帮她烧水洗澡。想到老人的伤口还在流血，如果进了水，怕伤口发炎；加上老人全身淤青，碰上就喊疼，学花觉得自己一个人服侍老人洗澡有些力不从心，便让老人再等几天，等16日多叫些人来帮忙。当天晚上，学花同姐妹们散步时，跟姐妹们说起老人摔伤之事，学花说："16日我再去老人家，你们去年说想帮老人做点什么，现在机会来了。老人全身淤青，碰上就喊疼，我怕一个人弄疼她，所以想请姐妹们去帮帮忙。"姐妹们都说去，还提出要买点零食给老人送去,并帮老人打扫卫生。

9月15日晚,电视台的李导恰好打电话说希望明天去陈梅秀老人家补些镜头。学花说:"明天是我定好去老人家的日子,我的好姐妹们也会去。"

9月16日,学花和姐妹们9点多赶到老人家。学花安排有的姐妹洗水果,有的姐妹打扫卫生,自己则和小郭帮陈梅秀老人洗澡。洗好澡后,小郭和学花小心翼翼地将老人抱起,岂料老人非要学花抱,还死死抓住门框不松手。学花劝说了好久,才好不容易把老人的手掰开。学花给老人穿好了衣服,经历了刚才那一出,豆大的汗珠从学花的脸上一直往下掉,汗流到眼睛里,眼睛都睁不开。纪姐连忙用纸巾帮学花擦汗。她对学花说:"你真不容易啊。"跟老人穿完衣服后,学花正准备帮老人洗衣服,纪姐说:"你身上都湿透了,热成这样,还是休息一下吧,衣服让我们来洗。"学花的姐妹们洗衣服的洗衣服,晾衣服的晾衣服,很快就把该做的事都做完了。陈梅秀老人见这么多人来看望她,帮她做事,开心得不得了,笑得合不拢嘴。她笑着对学花说:"真是感谢你,托你的福,希望你保重身体,活到120岁。"学花问老人饿了没,便起身煮馄饨给老人吃。

西湖区妇联卢主席跟学花说:"9月份要给你们安排四次巡讲。"本来是每个星期巡讲一次,因街办要为学花家拍微电影,所以四次巡讲必须在9月18日和19日两天完成。

这一次由西湖区妇联组织的巡讲的主题是"全国'最美家庭'——伍学花家庭事迹巡回报告会",听报告的是全区街办、社区的妇女干部。

2018年9月18日上午9点半在南浦街办会议室,由学花夫妇做报告。学花的报告讲述了学花的童年、婆家的认可、感恩回报社会、勤俭持家等。言人的报告分为五个方面:一、苦难的童年,造就了坚韧不拔、自强不息、顽强拼搏和无私奉献的一生;二、不图回报,热心助人;三、受人滴水之恩,以残疾之身,涌泉相报,感恩回报社会;四、尊老爱幼,以身作则,教育子孙勤俭持家;五、身边亲朋受感染,组建热心公益的团队。

9月18日下午3点,巡讲在桃花镇会议室召开。区妇联卢主席和区关工委余主任参加了会议,卢主席和余主任都对学花做了很高的评价。

9月19日上午9点,在十字街街办会议室,同样是由学花夫妇做报告;下午3点的巡讲则是在丁公路街办六楼会议室。巡讲前,学花夫妇应邀来到丁公路街办书记办公室。学花夫妇一见到书记,大吃一惊,原来是南浦街办的彭主任,半个月前调来丁公路街办当书记。彭主任非常热情地招待学花夫妇,她对学花说："你爱人写的书，我一字不漏地看完了，令我深受感动。我常以你家为榜样，教育有过分要求的上访群众。"学花夫妇与彭书记重逢，心中很有感触。

9月19日下午4点，巡回报告会圆满结束。听众都为学花夫妇感动，由衷地称赞学花夫妇。

9月20日下午2点，学花家的微电影终于拍完了。见编导和摄影师们工作废寝忘食，从早上一直忙到现在，学花十分感动，说什么也要请他们吃饭。吃饭时，王导说："伍阿姨的事迹很感人，伍阿姨做了四十多年的公益事业很不容易。过段时间等公司业务不繁忙的时候，我们也准备加入你的团队，跟着你一道捐款，做一些有意义的事。"

中秋节这天，学花早上5点半就起床，买了月饼和馄饨，叫上陈小妹一道去陈梅秀老人家，帮老人洗澡、洗衣服、搞卫生。到了8点，西湖区妇联卢主席和她爱人也买了很多礼品来同老人过节。

第十二章　有求必应

（一）

2017 年底，学花接到一个叫王健辉的人的电话，说自己是学花老家人，家里很困难，希望能得到学花的帮助。于是 2018 年春节，学花夫妇和陈明夫妇便去王健辉家走访。学花到他家一看，顿时愣住了：王健辉父亲脚有残疾；爱人躺在床上，身上插了尿管；儿子生病刚刚用去一万多块钱……一家人的困难可想而知。

8 月 24 日，学花夫妇在庐山市关工委捐款仪式做报告前，又接到王健辉的电话。学花关心地询问了他家最近的情况，还对他说："我跟你大伯商量还准备捐些钱给你家，现在你在哪里做事？"他说："我在八一公园对面的南昌卫校食堂做炊事员。"

10 月 6 日中午，学花夫妇去南昌卫校食堂找到了王健辉。学花说："健辉，春节去你们家，见到你家的真实情况我真是说不出的难过，我想再捐两千元钱给你。"王健辉听说学花还要捐钱给他，急忙说："大妈啊，去年我老婆和儿子相继生病，在家里最困难的时候，我抱着赌一把的心态，打电话给素不相识的你。结果你为我家跑前跑后、送钱送物，帮我家渡过了难关。我深知你捐给我的钱，是你日夜织毛衣、做护工赚的辛苦钱，虽说我现在日子过得紧巴巴的，但只要我能干活，我就不能接受你的捐款。"学花万万没想到，王健辉这孩子，这么懂事，这么有志气。

10 月 9 日，学花去陈跃琴家路过西湖区政府，刚好又遇到了卢主席。卢主席说："我们中秋节去看望陈梅秀老人时，老人还是希望我们帮她把脚治好，得尽快想办法。"第二天，学花便去江西省皮肤病医院找到了陶医师，商量为陈梅秀老人治脚的事。

朋友小宋上次送学花夫妇回家，在学花家看到了满面墙的奖状，很有感触，对学花说："以后你做公益也带上我。"学花便和小宋说了陈梅秀老人治病需要车接送的事，她毫不犹豫地答应了。

10月11日，南浦街办打来电话："上次拍的电影，街办没通过，要重拍，你明天上午到党群服务中心和新编导见面，商讨重新拍电影的事。"10月12日，学花夫妇来到党群服务中心，见过王导，看过电影脚本，说好第二天来学花家拍镜头。王导说："我们现在就去阿姨家看看，明天就知道该带哪些道具去拍摄了。"一进学花家，只见客厅摆满了大包小包的衣服，乱糟糟的。学花解释说："这些衣服都是我儿子和邻居小乐及爱心人士送来的，等我消毒、洗干净、缝好扣子、绞好边后，过年送去给贫困人家。为了协助你们拍好微电影，我准备今天晚上就把它们消毒、洗干净，然后明天一大早就晒到楼下去，绝不会影响拍摄。"

王导说："不行，不行，为了明天的拍摄，您一定要保证充足的睡眠。如果有黑眼圈，就会影响表情效果。您一定要休息好，要不我们一起来帮您洗晒这些衣物。"学花一听编导来洗衣服，赶忙婉言谢绝了。学花熬惯了夜，每晚只睡两三个钟头。晚上，她让言人和阿咪早早睡下，自己一个人安心地整理。一直到凌晨，学花才把客厅整理好。

第二天，街办的工作人员和编导一进屋就觉得很舒心。王导说："阿姨辛苦了，家里这么整洁，让我们非常满意，跟上次的镜头太不一样了。"摄影师从早上一直拍到晚上10点多。他们还想要学花把她曾经帮助过的贫困学子、残疾人、孤寡老人请来协助拍摄。学花表示不想打扰自己帮助过的人。

10月15日上午，南昌市关工委罗副主任、黄秘书长等人来到濠上街社区党群服务中心。这一次是市关工委的领导检查工作。学花汇报了自己所做的事情，主要谈了自己用织毛衣、做护工、做钟点工赚的钱资助了37名贫困学子，现有15人已大学毕业；还为社区贫困孩子办了一个免费的文化辅导班。学花还说了自己帮扶黎响姐弟和陈梅秀老人，并形成了一个做公益事业的团队。学花承诺，虽然自己家荣获全国"最美家庭"，但一定要带领家人，继续做好公益事业，做好关心下一代的工作！市关工委罗副主任做总结时勉励学花："苦难的经历让你懂得感恩回报社会。一个人做点好事并不难，难的是一辈子做好事，我们大家要向你学习。"市关工委的领导走后，街办领导对学花说："区纪委要你们夫妇11月初，为全区科级以上干部宣讲。"学花心中不由得又激动起来，自己当初一个苦命的孩子，现在竟要上台来为全区科级以上的干部讲话。

10月16日是学花每月去帮扶陈梅秀老人的固定日子。考虑到这天是陶医师专家坐诊的日子，学花就想带老人去江西省皮肤病医院看病。学花想起郜记者跟自己说过，老人有困难可以找她，于是打电话向她求助："我想送老人去医院治脚,考虑到老人上下不了楼,没有人背,而我的孩子又要上班,只好打电话求助你,你能否找一个人来背一下93岁的孤寡老人?"

郜记者很快安排人和车,把老人送到省皮肤病医院,卢主席安排的社区工作人员也打车赶到了医院。陶医师为陈梅秀老人免费做了脚的物理冷冻治疗,学花出钱为老人挂了号,并为老人买了药。快下午的时候,学花把老人送回了家中。在医院时,陶医师叮嘱老人千万不要洗脚,否则脚会发炎,搞不好会烂掉。学花不放心,反复跟老人交代,一直守到下午五点多钟才回家。

学花此前与夏主任一起走访了象山社区的一位病残老人和一位残疾人,当时学花身上只有三百元钱,但她毫不犹豫地把所有的钱都捐了出来。老人的腰痛得不行,学花给她按摩,还许诺过几天送止痛药膏给老人。临走时,学花留了自己的电话号码给老人,希望老人有什么困难就打电话给学花。

10月29日,老人接连打了三个电话给学花,说家里停电了,她一个病残老人不知怎么办。当时,学花在老家庐山市为贫困学子联系一对一帮扶。老人的事让学花心急如焚。学花只好打电话给夏主任,请她找电工上门为老人检修线路。夏主任答应了学花的请求,并请学花放心。第二天,夏主任打电话告诉学花,老人家来电了。学花这才放下心来。

(二)

2018年11月9日10点,西湖区妇联在铁路文化宫广场召开"社区文化艺术暨弘扬志愿服务文化　巾帼队伍传递爱心暖心活动"。活动由区妇联卢主席主持,学花在活动上发了言,西湖区志愿服务联合会吴会长还为"西湖区伍学花暖心志愿队"授旗,同时颁发了志愿者服装。散会时,吴会长对学花夫妇说:"12月5日是国际志愿者节,区里准备召开大会,希望邀请你们暖心志愿队的同志参加。"

11月16日,学花去孤寡老人陈梅秀家,老人的脚痛得不能走路,这让学花很担心。学花为老人做好了早饭,并用勺子喂老人吃。

11月17日上午,程老师的儿子再次邀请学花夫妇去为南昌工程学院的大学生上社会实践课。上课之前,他说:"麻烦大妈大伯明天再来一次,还是一样的时间。"这不禁让学花夫妇有些为难,毕竟星期天上午是给辅导班孩子上课的时间。学花说:"明天的课是否放在下个星期六?因为每个星期天是给辅导班孩子上课的时间。"程老师的儿子说:"我们这里学生都安排好了。"没办法,学花

图22 西湖区伍学花暖心志愿队成员合影

夫妇赶紧和小齐妈妈联系,看明天上午的课怎么安排,是不是安排在今天晚上。小齐妈妈说:"要不这个星期天就不上课了。小宇家住高新,晚上来上课不安全。"学花说:"课还是要上,我也住高新,下课后我和爱人会送孩子回家。"一个小时后,小齐妈妈打来电话说:"大家同意今天晚上6点半上课。"

从南昌工程学院回来后,学花要陈言人休息一下,因为下午要去黎嘉丫家补课。学花叫言人去儿子家吃晚饭,晚上去为补习班的孩子上课也近点。学花心里放不下陈梅秀老人,生怕老人走路时因脚痛跌倒,便赶到老人家为她做饭。从老人家出来,学花的头痛得难受,只好回家休息。这时,小宇妈妈打来电话,说:"我刚开学校的家长会回来,爷爷奶奶老师辛苦了,明天你俩有事,今晚还要给孩子们补课。小宇成绩大有进步,排在全班第十名,这都是爷爷奶奶老师的功劳。"学花说:"不用谢我们,主要是孩子懂事听话。你们家长要多关爱孩子,给予孩子适当的奖励,这样孩子学习起来也更有动力。"

这次期中考试,小然、小文、芊芊、小宇的成绩都有进步,小齐的成绩则不理想。言人想到小齐妈妈作为班级联络员为大家无私服务,便对小齐说:"你是一个很聪明的女孩,成绩上不去主要是心思没有放在学习上。你一定要努力学习,认真听讲,千万不要辜负了妈妈的期望。"小齐很认真地点了点头说:"我以后一定认真听讲,努力学习。"

17日上午在南昌工程学院,为了让学生更透彻地理解学花的家庭,学花在讲课前先播放了三个视频:第一个是报送全国参赛的《巾帼暖心故事》;第二个是南浦街道党工委摄制的《学花向阳南浦情》;第三个是南昌电视台的节目《针线传情——织就一生幸福》。讲完课后,学花夫妇和孩子们互动。孩子们提出了许多问题,问学花夫妇:为什么能够坚持四十多年做公益事业?你们的婚姻如何?做公益事业有没有退缩过?学花夫妇都给了大学生满意的答复。下课后,还有不少学生找学花夫妇签名留念。

11 月 25 日至 29 日,西湖区各个社区的书记都来找学花,让夫妇俩去给自己社区的党员干部和居民讲课。除了象山社区外,学花夫妇还为白衣庵社区、濠上街社区、淘沙塘社区、天灯下社区、里洲社区、进贤仓社区、二郎庙社区、船山社区、蓼洲街社区等 11 个社区宣讲,忙得不可开交。更让学花觉得有意义的是,自己团队的陈小妹等人通过这次活动得到了社区的认可,大家都知道了他们也是正能量的传递者。

其间,学花接到老家的电话,说她房下的舅舅过世了。虽说不是亲舅舅,但在学花爹爹去世的时候,这个舅舅给学花送了五元钱。不要小看这五元钱,当时可以管一个人一个月的伙食。他也是唯一一个进学花家门的亲戚。接到电话后,学花本打算 28 日赶去庐山市舅舅家吊唁,可为了传递正能量,学花只好忍痛将回老家吊唁舅舅的时间一再推后。

11 月 28 日上午,学花接到西湖区志愿者联合会发来的微信,说西湖区庆祝十二·五国际志愿者日和志愿服务基金启动仪式改在 11 月 30 日在孺子亭公园举行。29 日晚,姐妹们纷纷打来电话,说要一起参加明天的志愿者活动。石老师本是学花暖心志愿队的人,学花起初怕石老师要去老年大学上课,就没通知她。11 月 29 日晚,学花想到姐妹们几乎都去,不能把石老师落下了,便请她务必出席。石老师爽快地同意了。

学花和她的团队到公园后,有一中年妇女问学花:"你们这个团队在哪里报名?"学花微笑着说:"到我这里报名。我们志愿服务的项目是帮助需要帮助的人,一旦他们有困难,就要随时去帮忙。"她乐意地答应了,加入了学花的暖心志愿队。这次授旗,学花的团队有伍学花、陈言人、石老师、陈小妹等 13 人,统一穿黄色志愿者服装,高举伍学花暖心志愿队的旗帜。这次有 22 个志愿服务团队被授旗,但只有两个团队是个人名义的志愿服务队,学花的团队便是其中的一个。刚参加学花暖心志愿队的小杜感到骄傲和自豪,学花又为多一个志同道合的朋友而高兴。

12 月 1 日,学花夫妇终于忙完南昌这边的事,坐公交去徐坊客运站转乘班车回庐山市。公交车开到工人文化宫时,有一位老人上车,学花赶紧让座。车子一开动，一位小姑娘向学花招手，让位给学花坐。学花连忙说"谢谢"，小姑娘说："不用谢，其实我也是向你学习的啊！你们自己也是老人，还把座位让给老人坐。"学花夫妇和小姑娘一起下车，小姑娘还问学花要了电话号码。

后来有一次，学花的风湿病发作，想到晓玲给自己的调理卡还没用完，学花就去艾灸。学花万万没想到的是，接待她推拿艾灸的女孩，竟是公交车上让座的女孩，她亲切地叫学花大姐。推拿时，她要学花讲她的故事。学花说："我讲不来故事，可是我爱人写了一本书，我送一本给你。"离开时，学花说："我年龄和你妈妈一般大，叫我大妈就好了，有空去我家玩啊。"女孩说："平时没有时间，正月初七去大妈家拜年。"

12月3日早上，言人和学花商量，要学花先把张爱妹的"爱心妈妈"荣誉证书送去。张爱妹拿到荣誉证书，有些不好意思地说："最近我忙于家中的老人病危过世的事，这三个月的钱都没有给贫困学子打过去。"学花说："我理解你的难处。如果有困难的话，这个贫困学子，我们两个人一起来帮，你帮半年，我帮半年。"张爱妹说："还是我一个人来帮吧，你帮的孩子已经够多的了。"见了张爱妹后，学花就去晓玲家，跟晓玲商量请王妮夫妇坐一下，商量跟贫困学子见面之事。

学花夫妇刚和王妮见面，王妮就说："花姐几十年如一日地做公益事业，不图名，不图利，自己出了严重车祸死里逃生，还祖孙三代为素不相识的贫困学子的脑瘫父亲洗屎尿片、洗澡，捐款捐物。花姐真不容易，这世上没有人做得到。"王妮的爱人说："我早就想找一个贫困学子帮助，找了妇联，找了朋友，都没有合适的。现在你夫妇帮我推荐并且帮贫困学子补习，我和王妮从内心感激你们。你夫妇帮人不图回报，完全是诚心诚意地帮助人。"学花说："你们两家要见一下面，互相加一下微信，给孩子学习的钱和晓玲她们一样直接打到孩子的家里。"王妮的爱人说："我早就想见见面，主要是我老婆工作太忙了。我是从同学张良那儿了解到花姐的境界多么高，心胸多么宽广，这都是没有人能比的。花姐，你感染了无数人，我夫妇也被你感染，才想跟着花姐去帮扶贫困学子，尽一份微薄之力。"

吃饭时，学花又巧遇燕云。燕云说："家乡有花姐，我感到骄傲与自豪。她是我少女时代的好友。"当年没有人看得起学花，也没有人跟学花玩，燕云姐妹却不嫌弃学花。燕云的父亲是南康镇政府的干部，当时年年给学花家送棉絮。

燕云的老公孙南打电话问燕云目前在什么地方，王妮听后，赶快叫孙南过来一起吃饭。王妮还特意为孙南点菜。学花一见孙南，就觉得他很面熟，原来是自己以前的邻居。孙南问学花："你认识我吗？"学花说："我还不认得你？你是我的邻居。"孙南说："我们同学经常在一起诉说儿时的趣事，大家都说你是一个很了不起的人。我们一直在为你点赞、投票，你知道吗？你的口碑是非常好的。"听完孙南的话，学花的心中波澜起伏，自己并没有做什么惊天动地之事，但家乡人却如此看重自己，待自己如此热情，她极为感动。

12 月 5 日，学花刚从庐山市回到南昌，就接到西湖区妇联主席卢兰萍的电话，说要帮学花报南昌市"三八"红旗手，要学花回南昌填表、盖章，并准备一千字的文字材料。学花对卢主席说："我一个退了休的老人，不想参评南昌市'三八'红旗手。这么高的荣誉应该让给年轻有文化的人。我的爱人说本来'三八'红旗手应该是在岗的人才能参评。"卢主席说："你的事迹足够感人，我们还是决定推举你。"

12 月 24 日，邻居小龚又来给学花夫妇送冻米糖，她年年都是这样孝敬学花夫妇。一进屋，小龚就冻得直叫唤："伍阿姨，快开空调。"学花说："我们家没有立式空调。"小龚说："你家实在是太冷了，我下次有时间再来，给你买一个取暖器。"

之前 12 月 16 日，学花与小宋、陈小妹去看望陈梅秀老人，帮老人做事。早上 8 点半，小宋带着六岁的女儿开车来学花家。学花看到孩子，想到自己当年带着阿咪和陈可做公益，心里暖洋洋的。学花的暖心志愿队给陈梅秀老人买了毛衣、内衣、火龙果、馄饨、油条、面包、包子等。老人拉着学花的手说："你比我的亲人还要亲，你带来那么多人帮我洗澡，为我买棉衣、内衣、奶粉、各种水果、各种面食品，你还为我织毛衣、毛裤和袜子，我喜欢你帮我洗头、洗澡。我不知是哪辈子修来的福气。我生病了，你全家人送我进医院看病，还为我付钱。我活这么大年纪，才见到你这么好的人。"她还告诉学花："邓梅英的儿子正在办理送我去福利院的手续。"

听到陈梅秀老人要去福利院，学花就向卢主席汇报。"伍学花暖心志愿队很有影响力，很有感召力！你们在不断地向社会传递爱心、正能量，而后又去吸引社会上有更多正能量的人。"卢主席说，"等老人进了福利院，我和你们一道去福利院看望老人。"

帮老人做完事，学花一行人来到南浦街道党群服务中心。辅导班的孩子正在上课，见学花和小宋、陈小妹来了，马上鼓掌欢迎。学花向小宋推荐了贫困学子小宇。陈言人向小宋介绍道："这孩子的父亲出车祸去世，母亲带着姐弟俩生活，姐姐在十中读高三，他在城东学校。这一次小宇期中考试进步很大，数学考了满分。"小宋当即从包里掏出一千元钱交给小宇，鼓励他好好学习，千万不要辜负了爷爷奶奶老师对他的期望，将来做一个对社会有用的人，将爷爷奶奶老师的这份爱心传递下去。

学花又打电话给夏主任，约好下午3点一起去孤寡老人李奶奶家。李奶奶行走不方便，学花为她掏钱买了药膏，还买了蔬菜水果及面包。学花和夏主任陪老人一直待到5点钟，离开时老人过意不去地说："你们的心肠真好，总来陪我说说话。我遇到困难时，首先想到的人就是你伍学花。你为我买的膏药我权且收下，但你买给我的水果和面包就送给比我更需要帮助的人吧！下次来看我，千万不要给钱了。"于是，学花将面包和水果转送给了一直在帮助的残疾人于老师。

（三）

12月21日清晨，学花考虑到新加入暖心志愿队的小杜还不知道大家做了哪些公益事业，就想让小杜先去感受一下，以后学花的团队开展什么活动，也好通知她参加。

12月21日，杰儿打电话说："冬至开车一道去为爷爷奶奶扫墓。"言人说："因为下午要去黎嘉丫家帮她补习功课，所以要早去早回。"第二天，学花夫妇早上7点前就赶到了儿子家。扫墓回来已经11点钟，杰儿赶紧买菜烧饭，因为吃了饭后，中午1点半学花夫妇要去市第三医院与小杜见面，带她一道去贫困学子家。

为了节省一元四角的公交钱，学花步行到市第三医院。学花与小杜约好第二天带她去听学花夫妇为社区贫困学子上课。学花给孩子们上完"正能量和感染力"的课后，小杜感动地说："你们夫妇真好，昨天为孤儿们补课，今天又为南浦街道的贫困学子上课，你们的年纪这么大，还全身心地投入为贫困学子的无偿教育中来，我真为你们的身体担心。我参加你们的暖心志愿队，是走对了路，我一定跟着你们好好干，尽自己的力量做公益事业。"

学花夫妇努力地教育孩子，希望孩子们好好读书，长大成为对国家、对社会有用的人。学花身边还有93岁的孤寡老人陈梅秀，学花希望老人健康快乐。马上要过年了，学花想给老人洗个澡，让老人清清爽爽地过年。但这段时间学花的车祸后遗症又犯了,一个人帮老人洗澡有些力不从心,于是学花对小杜说:"小杜,你帮帮我,我俩和陈小妹三个人一起去帮老人洗澡。"小杜答应了学花。

12 月 24 日,天公作美,学花夫妇把刚织好的新毛衣全都晒了出去。学花在靠窗户的平台上写书,突然听到晒毛衣的架子发出"砰"的一声巨响。学花夫妇赶紧抬头向窗外望去,十多斤的香肠和腊肉一下子全砸到刚晒的新毛衣上,还把晾衣架给砸弯了。看到油乎乎的香肠和腊肉把学花新织的毛衣弄得面目全非,她心里不知有多难受。言人气得想冲上楼去理论。学花说:"老公,人家小张又不是有意的,是晒香肠、腊肉的绳子断了。我们得帮小张守护好这些香肠和腊肉。"言人说:"我说的不过是气话,我们先把毛衣收进来重新洗过,香肠和腊肉等楼上的小张回家来拿走。"晚上 6 点多,楼上的小张敲学花家的门,把香肠、腊肉提走了,走时千谢万谢。学花夫妇没有说一句弄脏了新织的几件毛衣和砸坏了晾衣架的事,第二天自己默默地把洗过的毛衣重新又晒出去。

12 月 30 日晚,南昌下了场铺天盖地的鹅毛大雪。31 日早上起来,房屋、树枝、地面全是厚厚的一层积雪。路面结了很厚的冰,走路一不小心就会滑倒。言人担心地说:"明天去付老师家,不知路面会结冰吗?公交都停开了。"学花说:"即使明天没有车,我走路也要去。"

2019 年元旦,街上的冰化了,车辆可以正常行驶。学花夫妇 9 点从家里出发,转一趟车到付老师家已经 11 点多了。吃饭时,学花夫妇才知道这次付老师孙女的满月酒是家宴,没有请外人。学花夫妇是作为家人被邀请的,令两人十分感动。

酒席开始后,付老师向家人们介绍:"我和大姐、姐夫的情分,源自姐夫写的书。我看了书,深受感动。大姐是穷人家的孩子,却做出了常人难以做到的事情。大姐的诚心和善良感动了千万人,也感动了我,我愿意认她这个大姐。"学花向付老师敬酒,并说道:"老师把我夫妇当成家人,我们很感动。"

元月 2 日,学花接到《南昌晚报》胡记者的电话:"我在市政协看到西湖区上报有关你的材料,我想把你的事迹登在《南昌晚报》上,希望你能给我发几张你的照片。"学花就把自己做公益的一些照片转给了胡记者。学花问胡记者什么时候见报,胡记者说 3 日即可见报。这次《南昌晚报》刊登的报道标题是《六旬阿姨省吃俭用,44 年资助 37 位贫困学子——靠着织毛衣、做护工、做钟点工的钱圆寒门学子的大学梦》。

（四）

两个月前，学花跟团队的小杜商量给陈梅秀老人洗澡。学花说："以前给老人洗澡都是在老人家，但是老人家房子小又没有空调，我们怕老人着凉，每次都草草洗一下完事。这回想把老人接出来找一个地方安安心心地给老人洗个澡。"

元月16日，学花与小杜为老人买了包子、馒头，来看望老人。刚到老人家，见铝合金门窗都换了，学花以为老人已经到敬老院去了，赶紧敲门。好一会儿，老人终于开了门。学花和小杜进去为老人做家务，做饭给老人吃。不久，陈小妹也来了。学花想带老人去附近的澡堂去洗澡，可老人不愿意去。学花考虑到自己家太远，而陈小妹和小杜家楼层太高不方便，一时间不知如何是好。突然，学花看到邓梅英老人前日给陈梅秀老人送的菜，心中顿时亮堂起来，忙问老人可不可以去邓梅英家，老人点了点头。学花和陈小妹立即去为老人找换洗的衣服，可怎么也找不到短裤，幸好陈小妹为老人买了一套内衣。学花说："今天就不穿，明天我去为老人买新的短裤来。"出门后，老人不肯让大家背，三人只好轮流扶着老太太慢慢前行。经过菜市场时，卖菜的都认识孤寡老人陈梅秀。大家都问老人去哪里。老人说："她们带我去洗澡过年。"大家不禁感叹："共产党员真好，这么大年纪的老太太，还有人帮她洗澡过年。"

一到邓梅英老人家，见陈梅秀老人来洗澡，邓梅英赶紧叫儿媳妇为老人烧洗澡水、开空调。帮老人洗完澡，学花等人又把老人送回了家，一看时间已经下午2点多了。

第二天，学花上街为老人买了短裤。这天气也怪，昨天下大雪，今天出好大的太阳。想到老人跟学花说"晚上睡不暖"，一到老人家，学花就跟老人商量帮把老人家里该洗的都洗掉、晒干。老人一听，高兴坏了，感慨地说："你要是住在附近就好了。"整个白天，学花都陪着陈梅秀老人。见太阳渐渐西移，学花就帮老人收棉絮铺床，帮老人煮晚饭，准备喂老人吃完晚饭就回家。这时有人敲门，学花打开门一看，原来是西湖区妇联的同志们来看望老人，还带了米、油等好多年货。

妇联的人走后，老人要学花带一桶油回家。学花说："共产党员不能收您老人家一分钱的东西。"

元月19日，学花回庐山市跟毛姨、火英、兰香、清华见面，在火英家聚餐。

席间,清华说她手头拮据,困难得无法过年。学花听说后,马上打电话给在南昌的言人,让他把包里的两千块钱带来借给清华。其实学花手头也没钱,这两千块还是阿咪孝敬学花的。

学花把清华借钱的事说给晓玲听。晓玲说:"我家里没有现金,等我去银行取了给清华送去。"学花说:"听清华说,你原来也打过钱给她,她几千元的手机也是你给的。你心地善良,真心帮她,她会记你一辈子的。"

在火英家吃晚饭时,学花接到表姐从深圳打来的电话。表姐说:"群弟说你的舅舅最近吃不下东西了,让你到九江去。"没想到事情凑到一起来了。学花接到24日上午到西湖区关工委开会,下午参加南浦街办的颁奖大会,还要在大会上发言的通知。学花觉得自己分身乏术。清华说:"你做公益事业已几十年了,开会都很重要,开会不是你一个人的事,是几百个人的事,你要顾全大局,还是先回南昌。"言人也说:"如果舅舅真有事,我们晚上赶回九江。"

晚上回到湖滨星都的家里,学花犹豫了半天还是打了电话给群表弟。群表弟说:"万一爸爸有事,我会第一时间打电话给你。现在你就不要来九江,忙你自己的事吧。"

元月21日早上,群表弟打来电话,说父亲已经去世。学花赶紧打电话让杰儿来给舅公上香。元月22日早上9点,儿子赶到庐山市,接了父母和姨妈后,又马不停蹄地赶去九江。在学花舅舅的追悼会上,一个中年男人站在学花面前问道:"你认识我吗?"学花看了看,摇了摇头。他说:"我姓李,叫文生,是你原来的邻居。"学花还是想不起来。他又接着说:"我是李碧霞的弟弟。陈老师总是教我做作业,还教我妹妹李海霞做作业。伍阿姨你是我们心中的榜样,你成天织毛衣赚钱帮助别人。我家里那时很困难,上学都不知道时间,你还送了我们家一个小闹钟,那以后,我们姐弟上学再没有迟到过。"

经过他这么一说,学花才记起两家还真有来往,至于帮助他家的事却一点也记不起来了。因为学花帮助的人太多,有人还记得学花就行了。

(五)

学花这个年也过得很充实,除了拜访亲朋好友外,她大年初六还去给陈梅秀老人拜年。

2月18日,象山社区小熊发来信息:"明天元宵节,上午9点半,央视要采访你们一家。"学花觉得事情很重要,便给杰儿和阿咪打电话,要他们明天一起来绳金塔南门拍全家福。岂料阿咪和微微都请不了假,学花只好叫乐添早点来接自己,并把杰儿和陈可捎上。学花担心人不够,便和小熊商量,叫几个补习班的孩子来,芊芊妈妈答应带芊芊、小磊和小齐来。元宵节早上,学花又给黎嘉丫、黎响的爷爷打了电话,说绳金塔南门有活动,请他们来玩玩。

学花夫妇刚到绳金塔不久,央视记者就来了。他们首先采访了学花,接着又采访了言人和补习班的芊芊。在这普天同庆的元宵节,大家的心情很激动,感谢党和政府让大家的生活越来越美好,大家共同祝愿祖国更富强,人民更幸福。拍照时,除了央视,还有南昌电视台和《江南都市报》的记者,以及西湖区各单位的人。学花"一家人"像大明星似的被许多镜头对着。

2月21日,杨记者冒雨给学花送来四份《江南都市报》,报道里面有学花的全家福。这张全家福特别有意义,还有补习班的三个孩子,是一张有大爱的全家福。

2月22日晚,王妮打来电话,说她夫妇开车来南昌跟一对一帮扶的孩子黎嘉丫见面。学花赶紧给卢主席打电话,因为卢主席答应黎嘉丫的爷爷奶奶,若一对一帮扶的好心人来家里,卢主席也会去黎嘉丫家。然后,学花打电话给黎嘉丫的爷爷奶奶,黎嘉丫的爷爷接到电话很高兴地说:"我邀请大家去餐馆吃饭。"学花说:"别浪费,就在家里随便弄两个菜,大家坐在一起聚一下。"

2月23日天气不好,下大雨又冷得出奇。学花夫妇冒着大雨,9点从家里出发,10点才到黎嘉丫家。一到黎嘉丫家,学花就赶快给王妮夫妇发位置。上午11点半,王妮夫妇来了;12点,卢主席也来了。

黎嘉丫的爷爷一见王妮夫妇便说:"从2018年9月开学以来,每月200元的捐款我都收到,你们真是好人啊,我心里总感到过意不去。"王妮说不用客气,以后会一直资助黎嘉丫。大家坐在一起畅谈,王妮对卢主席说:"我花姐一直是供销系统的劳模、标兵,四十多年来坚持做护工、做钟点工、织毛衣挣钱捐资助学,还护理贫困学子的脑瘫父亲。不要说帮助别人,这些事我们很多人连对自己的亲人都做不到。"

谈到黎嘉丫补习功课的事,黎嘉丫的爷爷说:"丫头小学升初中,考到了零班,初一上学期又评到了三好学生。"王妮的爱人说:"这要感谢花姐夫妇一对一的免费辅导,很不简单,真是很了不起的一件事。"

卢主席说:"你花姐做的一切党和人民不会忘记,这些年来,学花家评到了区、市、省和全国最美家庭,市第一届文明家庭,好家风家庭,党员干部模范示范户;自己还先后被评为区优秀党员、三风榜样人物、社区英雄、南昌市家庭教育先进个人、三八红旗手。各大报纸、电视台、网络媒体都对学花进行了宣传报道。学花和陈老师还到街办、社区、大学到处巡讲、宣讲。"

黎嘉丫的爷爷说:"陈老师不管严寒酷暑,每周一定准时来我家为黎嘉丫补课,从没缺过一天。"黎嘉丫的奶奶说:"卢主席,上次下大雨,陈老师做完手术还没有拆线,还来为我孙女补课,真是让我们感动。"这里还有一段小插曲。黎嘉丫的奶奶当时见言人大病初愈,就想着给言人补补身子,每次言人来,都会给他炖鸡蛋肉饼汤。言人盛情难却,只好吃了,但学花却不高兴了,她觉得需要帮助的人家原本就困难,不能让他们为此破费。

王妮夫妇听到学花夫妇长期一对一地帮助黎嘉丫,非常感动,站起来说道:"不但黎嘉丫的爷爷奶奶感谢你夫妇俩,我夫妇也感谢你们为黎嘉丫吃了苦。"

最后,学花夫妇和王妮夫妇都表了态,大家帮黎嘉丫不图回报,只希望孩子长大有能力以后,能帮助别人,把大家的爱心传递下去。

王妮的爱人希望他妹妹能加入学花的暖心志愿队。妹妹问:"你们认识了一个干女儿,见面了吗?"王妮说:"见了面,中午见的。"王妮的爱人把黎嘉丫的情况介绍给妹夫:"这个孩子缺的不是钱,而是父母的爱,真希望黎嘉丫今后的生活充满阳光。"

(六)

2018年9月的一天,在上完课回家的路上,言人说:"明年2月27日是我妈一百周年诞辰,去年我爹爹一百周年,我家都没做。明年妈一百周年,我真想做,但没有钱。我们每月还要还买房子的钱,爹妈的房子又没租出去。"听了丈夫的话,学花说:"不就是几千元钱吗?你的退休工资要还庐山市买房的钱,我想办法挣钱就是。到时候请兄弟们全家都来,为妈妈做一百周年纪念。"

学花在跟儿子团聚的时候,跟儿子说起这个事。杰儿说:"妈,爸爸又不是老大,我们家怎么能做主请这个客?"学花说:"崽啊,亲戚间如果不经常走动,陈家的人到陈可这一辈,彼此都不认识了。所以,我们母子要支持你爸的孝心。家人能聚在一起,这是用钱都买不来的呀!我们今天的幸福生活不能忘了家人的帮助,一定要有一颗感恩的心。"

学花夫妇和大弟商量,大弟表示赞成。小弟说考虑到有的人白天要上班,时间就定在晚上。经过几个月的准备,言人母亲一百周年诞辰纪念定于2019

年 2 月 27 日晚上在阳光春天大酒店 V23 包房里举行。

当天下午 1 点半，言人五兄弟和杰儿去父母的墓地祭拜，而学花则去街上买了桂圆、橘子、糖果、瓜子等酒桌上的零食。因为担心当天点菜上得慢，学花提前两天就点好了菜，学花希望全家吃好、玩好。

杰儿祭拜完回来，就开车来接学花去酒店。杰儿说："难得请叔叔伯伯们吃饭，要买好酒。"学花说自己早有准备，红酒和白酒都选了上档次的。下午 4 点不到，学花就赶到酒店包房，摆好了水果、糕点、瓜子，迎接家人的到来。

酒席上，一家人吃得很开心。老的老，小的小，一家二十六个人团聚在一起，虽然有些家人没有来，但兄弟们都和言人通了电话，还借此机会建立了陈公家族的微信群。

学花希望言人家的生活习惯要变一变，要像儿媳家、乐添家一样，每年过年相互走动！杰儿知道妈妈的意思，他在敬酒时说："我们这一代是承上启下的第二代，以后第二代、第三代要加强联系，多走动，人不走不亲。以后家庭聚会不一定在南昌，也可以在贵阳、在厦门，甚至在上海、在英国，每年的端午节、中秋节、过年，一大家人在一起吃吃饭，过年相互拜拜年，不然哪叫一家人。"

2 月 28 日中午，学花又去见老同学邱雄。想起邱雄，学花心里就激动。当年她第一次去四川寻祖前，时任搬运公司经理的邱雄就派了四个人去阁楼上帮她找爹爹的档案。后来杰儿结婚，节俭的学花不想请婚庆公司的车，正一筹莫展之际，又是邱雄主动将自己的豪车作为婚车。在学花遇到困难的时候，两次都是邱雄伸出援手，无私帮助自己，学花永远忘不了他对自己的关怀。

吃饭时，邱雄见到了学花祖孙三代一大家子人。他颇有感触地对学花说："你的幼年、童年是悲惨的，好在晚年是幸福的。你一辈子都很了不起。"

新一期的"中国好人"投票开始了，西湖区委宣传部号召全区为伍学花夫妇点赞投票，也希望学花夫妇号召亲朋好友给自己投票。学花对投票并不感兴趣，但当她打开象山社区小熊发来的链接，见自己和言人目前以 2550 票排在助人为乐类第一位时，就知道区里上下对这次评选十分看重。她思索再三，觉得不能辜负组织对自己的重视，决定号召南昌和庐山市的亲朋好友帮自己投票。

这几日，学花还成为新成立的象山社区民情理事会的秘书长，相片挂在宣传栏里。学花决定要更好地向上级反映人民群众的诉求，帮助更多的人。

（七）

自从阿咪定好 2019 年 3 月 16 日举行婚礼,学花就觉得时间过得很快。2019 年元月 29 日过小年,乐添请学花全家去看婚房,晚上就在那里过小年。吃饭时,乐添妈妈给学花一个红包,说是礼金钱。学花也没有拆开看,当着乐添父母的面,原封不动地交给了阿咪和乐添。学花对大家说:"我们只要阿咪和乐添小两口恩爱幸福,我不会要男方一分钱的礼金。我觉得什么事他俩做主就好了,愿他俩永结同心、天长地久。"

阿咪要结婚了,学花想让阿咪请她的亲生母亲,但阿咪说亲娘是恶毒的妈妈,心中充满了怨恨。于是,学花就和陈明商量。陈明说:"像你这样的人最伟大,人家都怕自己辛辛苦苦养大的孩子去找亲娘,你反倒主动支持。不过,认不认还是要让阿咪自己决定。"

张罗了半年,终于迎来了阿咪的婚礼。年后,四川老家的侄媳莉蓉打来电话,说她家会有五个人过来吃喜酒。大家这几天都忙得不可开交,学花不知该让谁去机场接老家的亲戚。这时,老家的侄儿正江来电话说:"姑姑不要来机场接我们,发个定位给我们,我们直接去姑姑家。"杰儿知道后说:"四川的家人们千里迢迢坐飞机来吃喜酒,哪有让他们自己找上门的道理。虽然我晚上开车不方便,但我还是会克服一切困难开车去接家人。"学花觉得儿子做得对,考虑到一车坐不下这么多人,便让言人跟儿子同去,再打一辆车回来,自己则在家为亲人们接风洗尘。

乐添家给了学花家 12 桌酒席,言人算了下,光南昌这边就要请 140 人,10 人一桌的话,还有 20 个人没有位子,每桌都要多挤两个人才行。言人想让学花跟乐添提下,看能不能多给两桌;或者跟要请的人商量,每家只来一个人。学花说:"你这种为人处事是行不通的,实在不行我们自己就不要占位子了,全部让给朋友们。"

四川的二哥伍兴华、三哥伍兴来、二哥的儿媳红梅从四川达州市坐火车来南昌,9 点 20 分到达;秀云从山东济南坐火车来姑姑家,9 点半到南昌。言人去接站,陪他们先去八一广场、八一起义纪念碑游玩,然后中午 12 点在孺子亭"家常饭"吃午饭。

阿咪的亲娘与学花商定,自己家人会以学花朋友的身份参加婚礼,不影响阿咪结婚的喜悦心情。3 月 15 日下午,阿咪的阿姨去庐山市把阿咪的亲娘、姐姐、陈明和亮亮接来南昌。学花有意安排阿咪下楼把弟弟和陈明送到王润花妹妹店里，因为姐妹们都在店里等陈明吃饭，也好让阿咪的亲娘、阿姨、姐姐先见一下阿咪。

3月15日晚8点半，乘飞机前来的侄子、侄媳也来了，十多个人围坐在一起高高兴兴地吃饭，亲人们都到齐了。

3月16日，大家都很早起床，等新郎来接新娘。学花和言人提前赶到要举行婚礼的酒店。大厅外摆放着阿咪和乐添的大型结婚照，旁边布满了盛开的鲜花。大厅内的彩台已经搭好，只待亲朋好友入座。

作为学花的挚友，晓玲最了解学花的心思。她之前打电话问学花南昌的客位紧张不，学花如实相告，她便说她和华云可以等学花回庐山市摆酒再去，腾出两家的位子来，还说可以帮学花通知老家的好友只派一个代表前往。学花听了，感激得一个劲地说对不起。言人对学花说："你的朋友真是帮忙解决了大难题。"

婚礼开始了，学花和言人虽然是阿咪的大姨和姨爹，但阿咪是学花一手带大并从学花家出嫁，也算是养女了，所以阿咪父母的角色就由学花夫妇扮演。阿咪牵着言人的手步入大厅，言人把阿咪交到乐添手中。原来言人的讲话稿是："今天我把女儿交给你，我想要说的几句话是：男人最大的美德是什么？是孝敬父母，呵护妻子。乐添要像爱护自己的身体一样爱护自己的妻子。自己感到冷，就要先想到为妻子添衣。自己肚子饿了，就要先想到让自己的妻子吃饱。心中要时时刻刻地装着妻子，决不能让妻子受半点委屈。让你的妻子像鲜花一样盛开，永不凋谢。妻子的快乐就是你的快乐，妻子的幸福就是你的幸福。我相信你是一个好男人，我相信你一定会关心、珍爱、呵护自己心爱的妻子！愿你俩长相守、永相爱。"

发言稿阿咪看了，表示同意，但学花等孩子们走了发表了不同的意见。学花认为，婚礼大厅里是男女双方的亲朋好友，陈言人却一味地要求男方爱护女方，这很不现实。想要夫妇长相守、永相爱的话，只靠一方的爱护和珍惜是不够的，那样的婚姻也是不幸福的。

学花希望他俩无论贫穷与富贵、健康与疾病，都要敢于面对。遇到再大的坎坷，夫妇都要勇于跨越。天大的困难，只要相互商量、理解，就一定能克服。如此才能真正地永相爱、长相守。夫妻要互敬、互爱，更重要的是要敬老、敬业、感恩做人、勤俭持家，这才是学花家的优良家风，学花希望阿咪夫妇把全国"最美家庭"的家风传承下去。言人听取了学花的意见,修改了发言稿。

双方的父母和新郎、新娘登上礼台后,新郎新娘发表了情深意浓的讲话,然后是乐添的父亲发言,接着是陈言人发言。陈言人洪亮的声音在礼台上响起:

各位亲朋好友,感谢你们的祝福与光临。今天是我女儿伍梦莉和女婿周乐添结婚的大喜日子。在这春暖花开、阳光明媚的时刻,一对新人迈进了他们人生新的旅程。结婚前,他们是优秀的青年。我希望结婚后,他们是一对和谐的夫妻。

最后是学花讲话。学花心里激动,一时不知道说什么好,便把前一天晚上对言人说的对阿咪夫妇的希望又重复了一遍。当讲到希望把自己家全国"最美家庭"的家风传承下去时,场下掌声雷动。学花最后祝这对新人白头偕老,愿他们早日生儿育女、家庭幸福,并祝所有亲朋好友阖家幸福。请大家吃好、喝好!

阿咪抱着学花哭着说:"谢谢大姨,改变了我的命运,让我过上这么幸福的生活。"学花劝她:"千万不能哭,今天是你一生最幸福的日子。再哭,妆都花了。"

婚宴结束后,晚上,学花带四川老家的亲人去秋水广场看喷泉。刚开始广场上的人还不多,等喷泉开始喷水时,人一下子就多了起来。据说秋水广场的喷泉是国内喷得最高的。在五颜六色的灯光的映照下,喷泉煞是好看。

3月17日,学花夫妇陪同亲人们又去了绳金塔、孺子亭公园、八一公园、佑民寺等南昌著名的旅游景点游玩,几乎把南昌老城区逛了个遍。在绳金塔,学花与兴华、兴来两个哥哥在自己道德模范、全国"最美家庭"的宣传栏下合影留念。

吃完回门饭,阿咪夫妻俩要回自己的家,亲戚们也陆陆续续回去了。侄媳执意要去小姑姑学梅家看望,学花夫妇便领着两位哥哥、二哥的大女儿及儿媳六人坐班车去庐山市。学花夫妇安排亲人们与学梅见面后,便带他们去看东林大佛,然后去秀峰玩。本来学花夫妇还准备带哥哥们去观音桥等风景区游览,但亲人们说这次出来的时间已经很长了,要回四川。于是,大家在九江火车站依依惜别,二哥、三哥和侄媳回四川,侄女回山东济南,学花夫妇回南昌。

第十三章　鲜花遍地

（一）

3 月 18 日，象山社区小熊来电话："南浦街办党员干部要安排你上道德讲堂，还要放你家的视频。"

学花一回到高新的家，就给小熊回了电话。小熊说定于 21 日下午 2 点在街办道德讲堂，观看伍学花的视频。

3 月 21 日下午 2 点，学花夫妇赶到南浦街办的道德讲堂。道德讲堂由章书记主持。第一项内容是全体人员静默一分钟，加深对道德的理解。第二项内容是章书记解释《道德经》的"三宝"：一曰慈，二曰俭，三曰不敢为天下先。第三项内容是大家合唱《学习雷锋好榜样》。第四项内容是向德字鞠躬。第五项内容是放全国"最美家庭"伍学花家的视频。第六项内容是身边道德模范伍学花讲话。最后一项内容是学花夫妇给参会人员发学习笔记本。

学花在发笔记本时，想到了自己 1975 年帮助第一个贫困学子张良的事。当年学花的每个月工资才 21 元钱，要养家中的三个残疾人，还要养一个刚出生的儿子。学花没钱送给贫困学子，便把自己得奖的钢笔和笔记本全送给了张良，然后自己想办法种菜、缝手套、养猪、养鸡、养鸭挣钱，给张良买饭票、做衣服。学花给大家讲了送笔记本和钢笔的故事，她希望大家认真学习，全心全意为人民服务。

自从去年最美三风榜样人物投票以来，老年大学的同学徐新华就一直在为学花拉票、投票。学花夫妇参评中国好人，又想到了他。他不好意思地说："我老婆脑梗，现在忙得连轴转。"学花听说后，安慰他："你不要急，等我家的事忙完了，4 月中旬我去你家照顾你老婆。"3 月 22 日晚，学花打电话给徐新华，问他需不需要帮忙。徐新华说："你这真是雪中送炭啊。我老婆在省中医院 21 楼 63 床住院。我每天忙得没时间给她洗头、洗脚，希望你能去医院帮我一把。"学花一口答应了。徐新华和学花一样，都是老年大学的"最美学员"，他当时领奖时是带着老年痴呆的老婆一起去的。通过交流，学花得知徐新华已经照顾得阿尔茨海默病的老婆好几年了。学花被对方对妻子的不离不弃打动,遂成了好朋友。

3月24日,天降大雨,学花仍然坚持去省中医院帮徐新华的老婆洗头、洗脚。学花到医院才知道,徐新华今年76岁,他老婆还比他大好几岁,已经80多岁了。徐新华的孩子在外面打工,他除了照顾脑梗的老婆,还要照顾家里的孙子,累得都走不动了。徐新华的老婆已经不能进食,流食和药都是靠注射器直接注入食道。徐新华一个人没有办法帮老婆洗头、洗澡,久而久之,老人身上便有一股难闻的味道。学花赶紧到开水房打来一桶开水,等到水温凉了一些就帮她泡脚。看到她的脚,学花着实被吓了一跳,她的脚从脚跟到大脚趾都溃烂了,而且由于长时间没有洗,满是污垢。学花换了几桶水,泡了几个小时,水还是脏的。好容易洗干净了,学花让徐新华细心地给老婆上药,然后叮嘱他每天要坚持用热水和毛巾为老婆擦洗脚。

一连三天,学花都去帮徐新华照顾他老婆,打开水、买饭、洗头、洗脚。病友对徐新华说:"你这样让老婆活着,你受苦不说,你老婆也是生不如死,应该让她早点解脱。"徐新华说在他当年最困难的时候,是他老婆挺身而出保护他。结婚后,老婆为了买房,下了班去做清洁工,半夜去值班,一个人做三个人的事。想到老婆为他和家的付出,现在他为老婆做的一切都是应该的!

学花想到月底还要回庐山市摆酒,便煮了一大锅五谷杂粮稀饭,给徐新华的老婆送去,并说自己要离开几天,等下个月回来再来医院看望。学花刚到庐山市,就接到了徐新华的电话,说他老婆出院了,感谢学花为他老婆洗头、洗脚。

3月31日,学花在庐山市为阿咪举办婚礼。上午,学花带着阿咪夫妇去曾经帮过阿咪的艾阿姨、余姨、李姨、王医师家送礼感谢。本来是要请王医师夫妇的,但学花见王医师身体欠佳,又怕她送礼,所以没有说阿咪结婚的事。

3月31日下午3点过后,阳姐来到学花家,这时阿咪的亲娘、外婆、姨妈、姐姐和姐夫都来到学花家。阳姐问学花:"她们是谁?"学花说:"是阿咪亲生母亲家的人。"阳姐听后对学花说:"你伍学花所做的一切,我都能理解和支持。阿咪是你和你妹妹两人养的女儿,好不容易养大成人又这么优秀,现在她亲娘怎么出现在你的家里?当年他们将女儿遗弃在学梅家门口,触犯法律不说,难道他们不知道学梅家当时的生活条件有多差吗?哪里有对孩子这么不负责的家长?"

听阳姐说完,阿咪的姐姐流泪了。学花劝阿咪的姐姐瑶瑶说:"阿咪现在有你们这些亲人，我就没有后顾之忧了。大姨也是可怜天下父母心，才接受你们一家人，你千万不要难过。"

31日吃过晚饭，学花本来打算和阳姐一道去看她的娘方英姑姑。准备动身时，清华说："晚上不能去看老人家，对老人家不好。"兰香说："又不是去医院探视，没有什么不好的。"阳姐一时间也拿不定主意，只好打电话征求娘的意见。方英姑姑说："那就4月2日上午来我家。"

4月2日上午，学花夫妇和大妹来到方英姑姑家。学花又回忆起当年阳姐的奶奶，也就是方英姑姑的婆婆将她从火盆中救起的往事，大家听了无不唏嘘。

一回到湖滨星都的家，学花打开手机就看到了象山社区小熊转发的链接。学花点进去一看，原来是2019年3月的中国好人榜公布了，伍学花夫妇荣登由中宣部、中央文明办、中国文明网举办的"中国好人榜"。不久，西湖区委宣传部也发来微信祝贺学花，各大报纸也陆续刊登了学花夫妇荣获中国好人榜的消息。此后，亲朋好友都发来微信或打来电话祝贺。江西教育电视台的严记者曾受过伍学花夫妇的照顾，他在朋友圈里写了一篇发自肺腑的感言："恭喜陈老师、伍阿姨荣登中国好人榜。永远不会忘记在我受伤期间，陈老师和伍阿姨天天来医院照顾我，还让在医院上班的外甥女来关照我，想的、做的甚至比我家人还要多。所以，我相信好人就在身边，好人就是平凡的爱和贡献，好人用善念点燃他人生活，照亮了我们的心窝，让社会不再冷漠，激发了我们每个人灵魂深处最善的细胞因子。再次恭喜陈老师、伍阿姨当选中国好人，实至名归的好人。"

2019年4月8日，南昌市书院小学的大队辅导员许老师打来电话："接区教体局通知，安排陈老师去我校宣讲精神文明。"陈言人说："我们家能评上中国好人，都是我爱人的功劳，能不能让我爱人同去?"许老师说："当然可以，您爱人伍学花现在是我们西湖区的楷模，还请您夫妇务必一起参加。"言人和许老师说好，4月15日上午8点半晨会时去宣讲"三风"。

为了这次演讲，陈言人的演讲稿连写带修改花了三天时间，在学花面前彩排了几次。4月15日当天，全校几百名师生在操场上听陈言人讲课。升国旗之后，陈老师洪亮的声音在学校响起。

演讲完毕，很多孩子亲昵地叫学花"奶奶"，学花的心里热乎乎的。有一些高年级的孩子还要同学花夫妇合影。余主任听说学花夫妇在书院小学宣讲的情况，非常高兴，打电话来祝贺，还要学花夫妇把活动的视频转发给他。

图23　书院小学的孩子在操场上听陈言人宣讲精神文明

2019年大年初六,学花夫妇去看望孤寡老人陈梅秀,结果老人当晚一个人在家又摔伤了,磕破了头。学花心想:我们都是白天帮老人,晚上只有老人一个人,如果再跌倒了怎么办? 老人此时对学花说自己想进福利院:"邓梅英给我买菜,也摔伤了腰。邓梅英也80多岁了,我不想拖累你们。"学花联系上邓梅英老人的儿子,原来他正在找组织帮陈梅秀老人进西湖区社会福利院,学花想自己也要通过妇联和关工委,尽快落实老人进福利院的事。

由于不知老人哪天进福利院,想到也许今天是最后一次到老人家帮忙,学花对老人说:"你去福利院的时候记得把喜欢的东西都带上。"然后,学花赶紧为老人包扎伤口并帮老人搞卫生、洗衣服,把该洗的全部帮老人洗了,整整一个上午都没休息。老人乐呵呵地对学花说:"你跟邓梅英一样好,你们两个比我的亲人还要亲。"

不久,邓梅英的大女儿打来电话,说老人已去福利院了。

4月13日上午,学花夫妇和陈小妹一道去西湖区社会福利院看望陈梅秀老人。老人住在609房,房里共住了四位老人。学花看到老人在这里生活得很好,便放心了。学花夫妇为老人买了一箱饼、一包酥糖,并给老人送上阿咪结婚的喜糖。老人听说阿咪结婚了,连声说:"祝愿给我看病的阿咪生双胞胎。"陈小妹也为老人送去了棉裤和油条。

4月26日中午,学花接到象山社区小熊的微信,通知陈言人作为代表参加

4 月 29 日江西省委宣传部、江西省文明办召开的"全省道德模范和身边好人交流活动暨 2019 年第二期'江西好人'颁布仪式"。因为言人不会用微信，所以开会的通知及会务要求，都是学花转达。4 月 27 日晚上，学花又接到小熊的通知，要陈老师 4 月 28 日参加彩排。

自从 4 月 2 日学花夫妇荣登 2019 年 3 月"中国好人榜"后，4 月 29 日，学花夫妇又一同荣登"江西好人榜"。这一期"江西好人"共 37 人，西湖区就学花夫妇两人。4 月 29 日陈言人开会回家，又在网上看到学花入选南昌市委组织部的"赣鄱先锋"名单。一个月内获得这么多荣誉，学花心里还是蛮激动的。

（二）

学花和言人荣膺"中国好人"后，被要求要在全省巡讲，第一站便是南浦街办。南浦街办妇联的荷花主任说这次的巡讲不比以往，给的时间长达半小时，准备的发言稿至少得五千字。

图 24　被授予"中国好人"后在家中披红挂彩留念

5 月 6 日晚上，学花夫妇挑灯夜战，赶写自己的发言稿，一直到晚上 12 点才写了三分之一。第二天又花了整整一天，学花的发言稿才写好。学花只读了两年小学，要写出五千多字的发言稿，实属不易。发言稿分三个部分：第一部分写学花在党的培养和教育下成长；第二部分写学花捐资助学，帮扶孤寡老人、残疾人和需要帮助的人；第三部分写学花家敬老爱幼、敬业爱岗、感恩回报、助人为乐、勤俭持家的优良家风。学花把发言稿写完后，才长舒了一口气。

5 月 8 日下午 2 点,能容纳一百多人的会场里座无虚席。学花宣讲时,全场鸦雀无声,五千多字的发言稿刚好在预定的半小时内念完。宣讲刚结束,会场里便响起了雷鸣般的掌声,学花的宣讲获得了巨大的成功。这是学花有生以来,第一次讲这么长的时间,讲到后面,学花的泪水模糊了眼睛,看不清稿纸上面的字,完全是凭着记忆把发言稿念完的。吴书记对学花的发言,给予了充分的肯定。通过这次宣讲,学花对自己更有信心,以后的宣讲也能从容应对了。

蒋经理通过姐妹毛毛的介绍,得知学花在做公益事业。蒋经理感动地说:"什么时候搞捐款活动,把我也带上,我也想向贫困学子表示一点心意,资助两个贫困学子。"

5 月 14 日,好姐妹满英打电话让学花陪她逛街买衣服。学花面露难色地说:"这两个月没有钱买衣服,因为我 8 月份要为贫困学子捐助学款。"满英感动地说:"姐呀!你太伟大了,你心里总是装着别人,一心一意帮助别人。我要向你学习,自己少用点,省点钱帮你承担一些。"满英住院时,学花护理她没有收一分钱。现在她想跟学花一起做公益,为贫困学子捐款,跟学花一道帮扶孤寡老人、残疾人和需要帮助人,学花同意了。

5 月 16 日,阿咪的小姨艳珍给学花发微信:"我儿子政治模拟中考时,看到陈言人、伍学花的名字好像很熟悉,但不知是谁。我告诉儿子是阿咪姐姐的大姨和姨爹。儿子说你们很厉害,试卷中的中国好人,你们夫妇的名字排第一。"学花听后还是不相信,请艳珍拍一张试卷的照片。艳珍很快就把试卷传给了学花,学花见自己和爱人的名字居然上了学生的试卷,觉得这是对自己做好事的肯定,也能更好地将爱心的接力棒传到下一代手中。

5 月 20 日,《新法制报》万记者和南昌广播电视台语音频道的廖记者来学花家采访,这两篇报道分别在 5 月 24 日和 5 月 28 日播出和刊登。《新法制报》用了整版的篇幅来报道学花夫妇的事迹,题目是《心系寒门学子——南昌居民伍学花和丈夫陈言人 44 年坚持助学入选"中国好人榜",受助者 17 人已大学毕业》。

5 月 24 日,南昌一套《新闻说报》的吴记者和杨记者采访了学花夫妇。5 月 29 日晚,《新闻说报》播出《"中国好人"将爱传递》,这篇报道分为五个部分:一、"中国好人"伍学花投身公益 44 年,将爱传播;二、无惧非议,心系学子;三、一份热忱,广泛传播;四、开设公益课堂,传递知识力量;五、心怀感恩,将爱传递。

6 月 3 日,《新法制报》的万记者给学花发来信息:"各大媒体都收到了要大力宣传好人好事的通知,近期或将有一大批记者找伍阿姨采访。"

6月7日是端午节,一家人好不容易团聚。儿子、阿咪和孙女还是3月31日在庐山市摆酒时见的面。学花一早就去买菜。上午9点多,阿咪和乐添买了龙虾和螃蟹,他俩进屋后,就忙着剪洗龙虾。10点多,杰儿、微微和陈可都来了,因为学花脚痛,杰儿一来就开始炒菜,一家人在一起,喜气洋洋。

一过完端午节,《江西日报》的范记者便在区委宣传部同志的陪同下,于6月10日上午来学花家采访。6月11日《江西日报》的第6版刊登了《寒冬更知春风暖——记"中国好人"伍学花、陈言人夫妇》。全文如下:

"经历过寒冬,才懂得春天的温暖。"近日,记者通过采访了解"中国好人"伍学花、陈言人夫妇的感人事迹后,脑海中瞬间浮现出这样一句话,觉得这句话应当是对他们的生活、对他们为什么投身公益事业比较贴切的诠释。

伍学花,女,退休职工。陈言人,男,退休教师。记者拿到采访名单时,就立刻觉得,这样一个有别于中国传统的"家庭成员排序方式",背后一定有故事。果不其然,在这个全国"最美家庭"里,陈言人坦言:"妻子伍学花才是公益路上的先行人。我一点都不介意这样的排序,我妻子是我慈善事业的领路人。"陈言人此前从来没想过会在退休后投身公益事业,因家境不好,陈言人首先想到的是过好自己的小日子,但妻子对公益事业的执着慢慢感化了陈言人。

1955年,伍学花出生于九江市。"我能活下来,就是幸运。"每当回忆起童年,伍学花的心中都会泛起一阵酸楚。她本来在家中排行老四,但是母亲是一位智力障碍者,不懂如何照料小孩,三个哥哥先后夭折。童年时期,这种不幸也多次差点降临在她的身上。有一年冬天,父母又外出,一个人在家的学花到处乱爬,最后跌落在火盆里,等邻居家的老奶奶听到哭声破门而入时,她已满身是伤。

对于伍学花来说,身上的疤痕,记录下了童年的贫穷和不幸,也记录下了身边好心人对学花无私的关爱。这些疤痕伴随了学花的一生,也影响了学花一辈子。

1975年,伍学花帮助了第一名大学生。当时在九江某高校读书的小张由于家庭贫困,便利用暑假到伍学花所在单位勤工俭学。那时,他们夫妻加起来的工资一个月才50元,儿子又刚出生,还要照顾患病的母亲和两个残疾的妹妹，家庭压力也很大。"我到底要不要帮助他"，伍学花也有过犹豫，但当她掀开衣服，看到自己身上的疤痕，立刻就下定了决心。学花把他叫到家中，帮助他解决了吃饭的问题。暑假结束后，她还把自己获奖所得的钢笔和笔记本送给了他。

1992 年，伍学花夫妇调到南昌工作，助学的路却一直没有停止过，截至目前，学花夫妇已经资助了 44 名贫困学子，其中 17 人已大学毕业。每年 7 月，学花他们都会在西湖区南浦街办举行的"金秋助学"活动中捐款。此外，学花他们还经常通过媒体寻找需要帮助的孤寡老人，向他们伸出援助之手。

其实这户充满爱心的家庭并不富裕。到南昌后不久，由于单位效益不好，伍学花下岗了。下岗 8 年后，伍学花才领到每月 900 元的退休工资。但即使在最困难的时期，学花都没有放弃对他人的关爱。现在，她全年的退休金也就两万多元，每年却拿出一半多来做慈善。看到别人在自己的帮助下渡过难关，她就觉得钱花在他们身上比花在自己身上还开心。伍学花、陈言人说："只要身体允许，我们会一直将公益事业做下去。"

2017 年 9 月 3 日起，已经退休多年的伍学花、陈言人又要"重新上岗"了。为了帮助贫困学子提高学习成绩，他们拒绝了外面培训机构给出的月薪 8000 元的邀请，在南浦街道党群服务中心办起了一个学习班，不仅不收学费，还免费提供学习资料。每个周日，伍学花结合亲身经历讲励志故事，陈言人则发挥中学高级教师的余热，教数学和物理。他们配合默契，在这里传授着知识，也传递着中华民族助人为乐的正能量。

从 6 月 11 日至 16 日，南昌广播电视台、南昌一套、江西综合新闻、江西卫视《社会传真》节目组又分别来采访、拍摄。阿咪和陈杰分别在 6 月 21 日和 24 日过生日，可全家偏偏没有时间聚在一起。大家商量来商量去，只好定在 6 月 16 日等学花和言人给"筑梦未来"辅导班的孩子上完课后，中午在家吃饭。谁知学花和言人下午 2 点才赶回家，陈可已经补课去了。幸亏阿咪夫妇和杰儿已经提前炒好了一大桌菜，否则两人的生日又没法过了。之前的 5 月 2 日，杰儿想给言人过生日，被言人拒绝了。

6 月 12 日，老年大学的同学徐新华给学花发来信息："妹子哪天有空，能否来帮帮我老婆?"6月15日,满英来学花家吃饭时,学花联想到徐新华的求助,便跟满英商量,去徐新华家帮她老婆。徐新华说他现在很难,他老婆每两个月要去医院换进食管。他为了省每次救护车的三百元钱,在网上买了背爱人的袋子,但是他一个人背不动。学花同徐新华约好,星期六由学花和满英负责送他老婆去医院换进食管。

（三）

从6月20日开始,江西省内各大媒体采访学花家庭的报道陆续播出。

7月10日,陈言人在中国网上看到南浦街办基层干部小曹的文章《迎接新中国成立70周年 "三点一线"做好群众工作》。文章说:"新中国成立70周年,有伍学花这样的群众作为依靠,这是百姓之幸,政府之福。伍学花夫妇荣登中国好人榜,被评为全国助人为乐先进典型,堪称文明家庭的典范。"

6月29日清晨不到6点,徐新华来微信问:"小妹,今天你有时间过来吗?我想帮我老婆去医院换胃管。"学花最近一直非常忙、非常累,接待了十几批记者,又是赣鄱红色娘子军宣讲,又是街办党员干部的德政教育,又是给孩子们上课、讲故事,还要写书。学花真想休息一两天,但一接到徐新华的电话,她就再也坐不住了。

学花一个人前往徐新华家,心想还不知徐新华帮他老婆买了轮椅吗? 若没有买,她就出钱给老人买轮椅。徐新华说自己已经为老婆买了轮椅,但是得从楼上将人背下去,他一个人办不到。学花立即和70多岁的徐新华把80多岁的老人抬下楼去,安放在轮椅上。

徐新华的邻居问学花是他家什么人,学花说:"我们是老年大学的同学,我是来帮忙的。"邻居对学花说:"你帮的这个老太太,是累成这样的。她吃尽了苦,一个人做几份事。在江西油脂化工厂,别人不做的事,比如说扫厕所,她都去做。她是一名合格的老共产党员。"

那一天特别热,太阳又大,学花跟徐新华说:"我帮你推轮椅去医院。"从青山路省油脂化工厂宿舍,学花一个人推着轮椅到省中医院,浑身上下都被汗水湿透了。幸亏满英赶到了医院,帮学花推老人回家。一到家,徐新华顾不上自己吃东西,立即为老婆蒸蛋和香蕉,直到喂老婆吃完,才坐下来,学花和满英都为之感动。学花回家的路上,觉得双腿有刺痛感,低头一看才发现不知什么时候小腿被划了两道血痕。晚上,阿咪怕伤口发炎,帮学花处理了伤口。

图25　推徐新华老婆去省中医院看病

（四）

学花对言人说：“去年我们承诺，今年暑假要为辅导班的孩子补课，孩子们眼看就要升初三了，今年暑假多跟孩子们补习，巩固和提高孩子们的学习成绩。跟小齐妈妈商量，7月8日开始给孩子们补习一个礼拜的数学、物理，8月12日开始再补习一个星期。”

7月8日，学花夫妇去为孩子们上课时，在南浦街道党群服务中心的一楼遇到了丁师傅，她认真地说：“补习班的这些孩子真有福气，遇到你们两个好人。”

上课时，学花讲了对生活要充满自信。她给孩子们讲自己靠16元学徒费养活了家里三个残疾人，希望孩子们也自信，把学习成绩搞上去。

上完课，天降大雨，学花准备找小齐妈妈商量8月12日捐款之事。小齐妈妈说：“这一星期我都在上班，我邀请你们夫妇来我做事的食堂吃中饭。”12点半，学花夫妇来到了小齐妈妈工作的地方，小齐妈妈热情地招待了学花夫妇。吃饭时，言人说小齐妈妈推荐来辅导班的小飞成绩很不错，上课也很认真。

吃完饭，学花和小齐妈妈商量捐款之事后，小齐妈妈说：“7月8日到8月12日有两个星期的补课时间。我发现暑假孩子们对学习有所松懈，家长轮流去教室管纪律也没起到什么作用，我希望爷爷老师上课时，奶奶老师能坐镇管纪律。”为了孩子们认真学习，多学到知识，学花接受了小齐妈妈的要求，坐进课堂管孩子们的纪律。

7月11日,上课才刚刚开始,不可思议的事发生了,小宇睡着了。学花把他轻轻地推醒,哪知道他又和旁边的十三丫说话。为了不影响其他孩子上课,学花只好苦口婆心地劝他俩不要影响课堂纪律。

回家的路上,学花夫妇为小宇最近上课不听讲之事头疼。言人说:"为了帮助小宇听好课,只有让小宇坐到我身边来。"两年前刚进班时,小宇的数学只有60多分,后来在言人的补习下,他初二期中考试考了满分,总成绩进入了班级的前十名。他妈妈来微信说:"这都是爷爷奶奶老师的功劳。"学花对孩子妈妈说:"千万不要说爷爷奶奶老师的好,一定要说是孩子努力的结果,让他懂得读好书是改变自己命运最好的途径。"

其实,学花夫妇俩比小宇的妈妈还要开心。得知孩子学习有进步了,学花夫妇觉得辛苦没白费,觉得所做的一切很有意义。为了鼓励小宇,学花还带了"伍学花暖心志愿队"的成员给小宇捐款1000元钱作为鼓励。眼下,小宇不知是骄傲还是放松了对自己的要求。学花对他妈妈说:"你的孩子上课不用心,再这样下去成绩一定会下降。"果然,小宇的期末考试成绩很不理想。他妈妈打来电话说:"儿子不听话,真是对不起爷爷奶奶老师。"

7月12日,两个女同学有一个没来,小宇又迟到了。言人上课前,有意让小宇和十三丫中间隔了一个位子。上课没几分钟,学花发现小宇又睡着了。学花把他推醒,关心地问:"昨天晚上怎么没睡好?"这时,夏主任找学花有事,等学花回到班上时,看见小宇又坐在十三丫旁边,两人共用数学资料。通过询问,十三丫说她没带资料。学花当时觉得孩子互相帮助是好事,于是只是冲他俩笑笑,没有多说。谁知几分钟后,两个孩子就开始窃窃私语。学花耐心地劝导她俩,轻轻地叫他俩听讲、看黑板、做笔记。想到言人为孩子们辛苦地备课到深夜,想到孩子们的家长委托自己来管课堂纪律,学花着实想不通两个孩子怎么变成这样。见学花没有发火,两个孩子变本加厉。小宇写字条给十三丫,十三丫看后掩口偷笑。学花生气地说:"你们俩眼里根本没有爷爷奶奶老师,你们的家长委托我坐在你们身边,你们还不听话。"言人见小宇太不争气,又不能影响其他孩子上课,只好把小宇叫到他身边去坐。下课的时候,学花流着泪对小宇说:"你这样不好好读书,你对得起自己可怜的娘吗?你没有父亲,你娘累死累活要供你和姐姐读书。你的出路,只有读好书,才能改变自己的命运,为自己争光、争气。你知道吗?爷爷老师为了给你们讲好课,一直备课到深夜,我们只想帮你们渡过难关,多学知识,考上好一点的高中。不然的话,你们也对不起南浦街道党组织给你们这么好的场地,对不起各级党组织对你们的关怀和帮助。"

下课后,小宇大概感到有愧,主动帮学花夫妇收拾桌子、凳子。学花再次开导他:"你今天为什么不听我的话? 我看到你这样不争气,心里非常难过。你的心思没有放在读书上。你是一个很聪明的孩子,不然的话,数学怎么能考满分呢? 初中还有最后一年,希望你改掉坏习惯,争取中考考出好成绩,为自己和妈妈争气。"

学花一到家就发微信给小宇的妈妈:"我和陈老师管不了你的孩子。我们不是不管,而是不敢管。父母都管不好的孩子,我们咋管得好? 我怎么都想不通,孩子怎么这么不争气。我找好心人来给他捐款,目的是希望他好好读书,成为国家有用的人才。"

小宇的妈妈很快就回了微信:"爷爷奶奶老师,我刚下班还没有到家。孩子这样,我很寒心。孩子在期末考试前迷上了游戏,在家找了一个以前摔坏屏幕的手机充电玩游戏。开家长会时,班主任也说他白天上课睡觉,当时我就批评了他,没想到他上你们的课也睡觉。

"我这个孩子是越大越难管。我讲一句,他要顶三句,真不知怎么办。这孩子就是要罚他,奶奶老师你帮我打他都行。我前几天就没收了他的手机。谢谢你们,爷爷奶奶年纪这么大,还冒着风雨前往南浦街道党群服务中心为孩子们上课,我们家长内心很感谢你们,真对不起你们。"

学花说:"其实,我们大家都知道小宇这孩子很乖,脑子也很好使,不知为什么这几天上课都睡觉,今天坐在我旁边都睡觉,我真是难过。为了防止他跟十三丫讲话,我还让他俩隔了一个位子,结果等我出去办事回来,两个孩子又坐在一起,还传字条、偷笑,把我都气哭了。我把他当作自己的孩子,我劝孩子妈千万不要打孩子,也不要骂孩子,要好好开导孩子。"

小宇的妈妈说:"辛苦爷爷奶奶老师了! 你们批评得好,以后我会严格管教,希望以后不会影响爷爷奶奶老师上课。我儿子给你们带来了麻烦,我深表歉意,谢谢你们,辛苦了。"

晚上睡觉前,言人也心痛万分:"孩子们怎么这么不争气? 如果他们考不上高中,我给他们办辅导班还有什么意义。"

学花和江西教育电视台严记者商量,确定 8 月 12 日在南浦街道党群服务中心举办捐资助学仪式。为了办好这次捐资助学仪式,学花找南浦街道党工委吴书记汇报工作。学花见到吴书记后，把自己想搞一个捐资助学仪式的想法向吴书记汇报，说自己捐八千块钱。吴书记说自己一定争取参加，还让街办文明办的程主任参加。学花听后感动得不知说什么好。

7月17日上午，学花夫妇去西湖区关工委，见到了余主任。余主任明白学花的来意后，很爽快地答应了学花的要求，表示关工委出一千块钱帮扶辅导班的两个孩子。学花说："我还想请区妇联帮助两个贫困孩子。"余主任说："卢主席调去应急管理局任局长了，范主席也调区科协去了，现在区妇联是饶主席主持工作。"学花说："我不认识饶主席。"余主任马上打电话联系了饶主席。饶主席把区妇联傅副主席也叫来听学花汇报。两人很快就答应捐一千块钱帮助辅导班的两个贫困学子。落实了关工委和区妇联的帮扶款，学花夫妇高兴地回家了。

2019年7月22日晚，象山社区邹主任打来电话说："接区文明办通知，明天上午9点，中国江西网去南浦街道党群服务中心采访拍摄辅导班上课的照片。"接到邹主任电话后，学花赶紧让小齐妈妈通知辅导班的孩子7月23日上午补习数学、物理。

图26　学花夫妇在南浦街道党群服务中心合影

7月23日上午9点，中国江西网的记者如约而至，孩子们几乎都来了，这天上午，孩子们上课都很认真，记者们也成功采访了学花夫妇和孩子们。第二天，江西网在江西头条客户端发表《暑假免费辅导班　"最美家庭"扶幼儿助学》的文章，文中充分肯定了学花夫妇的助学善行。

（五）

7月31日,学花接到西湖区委宣传部的通知,8月6日上午要学花夫妇到董家窑街道紫金城社区党群服务中心参加省里组织的好人访谈。8月4日下午,区委宣传部的工作人员又打来电话,说好人访谈活动改在下午3点,2点50分入场。工作人员很负责,还发了访谈的地址给学花。

8月6日上午,言人去单位领防暑降温用品,学花就在写下午访谈时的提纲。这时,徐新华打来求助电话:"我老婆在省中医院21楼28房神经科住院,发高烧,需要推老婆到一楼做检查,我一个人推不动,你能否来帮帮我?"学花马上问徐新华:"我下午要去参加访谈,现在一个人去医院可以吗?"他说:"好。"学花又对他说:"临时找不到人帮忙,我一个人上午抽时间来帮你老婆。"

这天温度很高,三伏天,只要稍微一动,就满身大汗。快到11点时,学花赶到医院。徐新华的老婆脑瘫,卧床不起,要推着床去做检查。学花的全身都湿透了,汗流到眼睛里,眼睛都睁不开。快到12点钟时,徐新华的老婆才做完检查,学花又把她送回病房才离开。由于访谈活动地点在荣华姐家附近,而学花又有一阵子没和荣华姐见面了,便和言人决定前去拜访。正值饭点,祖华姐夫热情地邀请学花夫妇在他家用餐。下午2点15分,学花夫妇辞别荣华姐和祖华姐夫,准备前往会场。荣华姐的儿子承鹏说:"紫金城社区党群服务中心离这里很近,出我们公安厅宿舍大门左拐,走十分钟就到了,我带你们过去。"学花夫妇表示天气炎热,既然这么近,就不用麻烦了。承鹏依然坚持,说以前大热天陈老师还来给他补课,如今这点小事不足挂齿。临出门时,祖华姐夫喊住了承鹏,说活动地点应该是出门右拐,并叮嘱儿子一定要将学花夫妇送到会场。

三人出门右拐,走了20分钟还没有找到会场。学花夫妇不忍心承鹏继续陪着找,便让他先回去了。眼看访谈活动的时间就要到了,学花和言人心急如焚。学花赶紧打电话给西湖区委宣传部的同志并把自己的位置发给他,后者又赶紧通知会议联络人小邓去接学花夫妇。小邓接到学花夫妇,告诉学花出公安厅宿舍大门应该是往左拐。看来是祖华姐夫记错了,加上学花和言人对附近不是很熟悉,以致南辕北辙,让承鹏陪着走了许多冤枉路。

访谈活动开始了,主持人介绍了伍学花省吃俭用44年,用自己织毛衣、做护工赚的钱以及绵薄的工资,资助36名寒门学子圆了求学梦。伍学花家庭2018年被评为全国"最美家庭",伍学花与陈言人2019年3月荣登中国好人榜。

这次访谈的主题是"共和国同龄人话善举"，因为陈言人和新中国同年，所以现场只采访学花夫妇。采访学花时，学花说："我不忘初心，努力拼搏，圆自己儿时读书的梦想，捐资助学，帮扶孤寡老人、残疾人和需要帮助的人。钱花在他们身上比花在自己身上还开心。"陈言人说："妻子做公益事业的付出，彻底感化了我。妻子所做的一切，我看在眼里，记在心里。受妻子的影响，我心甘情愿地跟着妻子做公益事业。在妻子的影响下，我跟着妻子一道为南浦街道各社区贫困学子办免费的文化辅导班。"

当天晚上，学花对言人说："明天我俩要和区委宣传部、区关工委和区妇联商议一下 8 月 12 日捐资助学仪式的有关事项。"

第二天早上 9 点，学花夫妇便赶到了南浦街办，先去跟党办王主任汇报了准备 8 月 12 日在南浦街道党群服务中心搞捐资助学仪式的事。然后，学花就去找负责助学机构申请的小赵。早在 6 月份，学花就开始策划 8 月 12 日的捐款仪式。学花想首先要得到南浦街道的支持，于是向街道党工委的吴书记请示，同时也希望街办领导和"筑梦未来"辅导班的两个贫困学子结对，一个学子帮扶500 块钱。吴书记说："街办有一个助学机构帮助贫困学子，每月都会打钱到学子的账户上。最苦的人还是你伍阿姨，家里不富有，又出钱、又出力。"吴书记让负责这项工作的小赵把街办贫困学子的名单给学花看，还说："你看看还有没有哪个贫困学子漏掉了，如果有，你还可以报上来。"学花说："吴书记，我今天来请示领导，是想告诉领导我捐资助学的目的。我是想用各种各样的方法，来激励孩子们更好地学习。希望组织支持我，接两个孩子，一人 500 块钱，当面给孩子。钱对孩子不重要，主要是体现了党组织对孩子们的关爱。"吴书记说："街办没有这项开支，我个人帮扶两个孩子吧。"学花为有这样好的干部感到骄傲。

学花接过小赵给的贫困学子名单反复看，发现没有象山社区原主任夏腊香推荐、学花一直在帮助的贫困学子雄儿的名字。学花此前去找过雄儿的妈妈，问她同不同意为雄儿申请助学机构的助学款。她说："同意，谢谢奶奶老师的关怀。"

学花赶紧让言人为雄儿写了一个申请，并把申请递交上去。小赵说："要等一段时间，有一个申报的过程。"她加了学花的微信，说批下来了会通过微信告诉学花。学花连声道谢。

从南浦街办回来，学花夫妇赶紧找区关工委和妇联落实 8 月 12 日的会标，决定使用"伍学花捐资助学仪式"的表述，落款是西湖区关工委、西湖区妇联和南浦街办。

8 月 10 日这一天,学花打电话给宋杰的妈妈。学花每年捐钱供宋杰读书,今年 8 月 12 日他要来南昌领取助学款。宋杰的妈妈说:"孩子原来要补课,怕 8 月 12 日去不了南昌。现在课提前补完了,可以跟你们一道去南昌。"

几个月前,学花就跟严记者说好,到时候开车去庐山市白鹿镇梅溪村接贫困学子小敏。学花本来打算严记者的车把学花的好朋友、贫困学子小磊的帮扶人晓玲和大妹的儿子亮亮带来南昌,结果发现车坐不下了。于是,学花让孩子们乘严记者的车回南昌,自己则和晓玲坐班车。

徐新华的老婆每两个月要去省中医院换一次进食管,叫一次救护车要三百块钱,徐新华又拿不出。学花本想通过这次捐资助学仪式,顺便给徐新华和几个残疾人、孤寡老人捐款,就安排徐新华和这些残疾人见了面,拜托徐新华作为代表帮他们领钱。谁知计划赶不上变化,8 月 8 日,徐新华的老婆发烧住院,学花担心 8 月 12 日徐新华去不了会场帮孤寡老人、残疾人领钱。

严记者为学花的捐资助学仪式接孩子们来南昌,学花想出两百块钱作为油费,严记者坚决不收。8 月 11 日晚,学花家里一共 8 个人,学花只好自己和言人打地铺,把床留给孩子们睡,一连几晚都是如此。

8 月 12 日早上,言人先一步去党群服务中心上课。言人走后不久,学花带着满英、晓玲和四个孩子坐 5 路车去会场,一上车就看见十五丫的爸爸带着十五丫和两个弟弟去领捐款。学花见三个孩子天真可爱,便从钱包里拿了一百元钱给孩子的爸爸,让他中午买点好吃的给孩子吃。

一行十余人还在公交上,蒋经理打来电话:"我已到门口了。"接到蒋经理的电话,真让学花感动,他是受学花感染而提出帮扶贫困学子的,今天他比学花到得都早,可见他是真心实意想为孩子做些什么。上午 9 点半,言人把"筑梦未来"辅导班的孩子们带来会场,区委、政府各部门相关负责人也来到会场,《江南都市报》的杨记者、江西教育电视台的严记者以及王编导等爱心人士也按时来了。会场足足有五十多人。陈言人宣布:"伍学花捐资助学仪式现在开始。"会场响起了热烈的掌声。

陈言人首先感谢区关工委关爱报告团万团长、区文明办李主任、区妇联傅副主席、南浦街办付主任,爱心人士蒋经理、王编导、满英和晓玲到来。接着,他简单介绍了学花打毛衣、做护工、做钟点工挣钱,以及将勤俭持家省出来的钱和一部分退休工资用于捐资助学,帮扶孤寡老人、残疾人和需要帮助的人,让自己资助的贫困学子圆自己儿时无法读书的梦想。今年，学花已拿出一万两千元助学，会前已捐出四千元钱，今天又捐出八千元钱。同时，像满英、晓玲、小龚和小宋等女士都是受了学花的感染，跟学花一道捐资助学。

接着，学花上台发言：

各位领导、来宾、孩子们：

大家上午好！首先要感谢南浦街办和象山社区的领导，对我们为社区贫困学子办免费文化辅导班的帮助与支持。很多人不理解地问我："年纪一大把，自己又没有很高的文化，你办什么辅导班？！家里不富有，捐什么钱？！"我自信地回答："我是一个共产党员，我有自己的信仰。我出生在不幸的家庭，一家五口人，有四个残疾人。为了家人的生存，我只上了两年小学就不得不辍学。几十年来，我在工作中吃了不少没有文化的苦。为了实现儿时无法读书的梦想，不想自己童年的悲剧再发生在现在的贫困学子身上，从那时刻起，我就有了自己的想法：只要自己有饭吃，就是少吃一口，也要省出钱来资助贫困学子读书。"

所以，我每年跟着社区党组织送温暖，自己掏钱给孤寡老人、残疾人，为他们织毛衣，买棉衣、棉裤，为贫困学子送钱送物。

2017年3月5日的学雷锋活动中，江西教育电视台严记者采访我，然后同我到南钢学校贫困学子罗小华家中捐款时，发现孩子的字写得东倒西歪。我当时就想：真正地改变贫困学子的命运，光靠捐钱捐物还不够，必须提高孩子们的学习成绩，才能使他们成为对国家、对社会有用的人。我想到自己社区也有上不起辅导班的孩子，便回家和爱人商量："你能不能利用自己的一技之长，为我们社区的贫困孩子办免费文化辅导班？"陈老师当即同意了。我请示了象山社区领导，在南浦街办、象山社区领导的大力支持下，2017年9月3日"筑梦未来"免费文化辅导班开办了。我希望孩子们不要辜负党组织的期望，好好学习。

因为我的文化水平不高，普通话又讲不标准，为了给孩子们讲好励志的故事，我掏钱去南昌老年大学深造，学好普通话和口语。

南昌老年大学的石老师，听说了我的故事，特意来采访我。采访时，石老师说我做的事很有意义，还说她想来辅导班看望孩子们。石老师的深情厚谊打动了我，我同意了石老师的请求。石老师看望孩子们后，还给孩子们讲了十多分钟要努力学习的话。我听到石老师的普通话很标准，就邀请石老师为孩子们上语文课。石老师虽然比我的年龄还大，又是高度近视，但她接受了我的邀请。想到石老师真心实意地为贫困孩子付出，我的内心十分感动。我敬重石老师的为人，她是我学习的榜样。

以前没有人相信我能在不幸的家中生存下来，更没人相信我一个未成年的女娃养得了家中三个残疾人。我天生不认输，努力去挑战不可能，哪怕吃尽苦头，也要把不可能变可能。在我的顽强拼搏之下，我用十六元的工资养活了患有先天性智力障碍的娘，养大了两个残疾的妹妹。我的家从原来庐山市最差的家庭，成为现在全国"最美家庭"。今年三月，我和爱人又荣登"中国好人榜"。

孩子们，你们要像我那样去挑战不可能，去顽强拼搏，成为国家有用的人才。今天就讲到这里，谢谢大家！

接下来分三批发放助学款：首先是由万团长、傅副主席、街办领导为小菲、小磊、小宇、小然、雄儿和小萱发放捐款；其次是由爱心人士蒋经理、王编导、晓玲为芊芊、小杰、小齐、黎响发放捐款；最后，是学花为小敏、宋杰、李小英的三个孩子，以及徐新华、残疾人、孤寡老人等发放爱心款共八千元。整个会场共捐款一万三千五百元。

应邀前来参加仪式的舒老师说："感谢西湖区的领导、干部和党员的关怀，感谢南浦街办的领导给伍大姐这么好的场地来帮助社区的贫困学子。伍大姐的事迹感动了很多人，也感动了我。今天，我也捐出两百元钱，给孩子们买资料。钱不多，是我的一点心意，我还有四年退休，退休后就来接陈老师的班。"

最后是西湖区关工委关爱报告团的万团长讲话。他说："一个人做点好事并不难，难的是一辈子做好事。伍学花四十多年来一直做好事，她的家境并不富有，但她靠打毛衣、做护工、做钟点工捐资助学，帮扶孤寡老人、残疾人和需要帮助的人。她是一个活生生的雷锋。她没什么文化，但她用自己的言传身教，感染了自家的人和身边的好人。"

关于这次捐资助学，严记者将其整理成《南昌退休女工伍学花数十年如一日捐资助学》的报道，在江西教育电视台 8 月 14 日的《教育新闻》和 8 月 9 日的《基教博览》中播出。

（六）

8月29日下午，南浦街办小赵发来微信："伍阿姨，你为雄儿申请的助学基金已通过。从9月份开始，每月130元助学金，一个季度发一次。"学花回微信："好的，知道了，谢谢你！我会尽快通知孩子的妈妈。"小赵回微信："这是我应该做的，不用谢。"

9月1日，学花正在写书，接到婷九丫的父亲龚红军的微信，还有他的住院视频。他说："伍大姐，我得了脑出血，住院已8个多月，不知什么时候就走了。想到你是帮助我家的大恩人，我惦记你们，所以跟你们联系。"

学花一放下电话，就对陈言人说："本来8月12日捐款时想把他接来。婷九丫在读研究生，他又是残疾人，应该是我帮扶的对象，只因联系不上才作罢。既然知道他住院，我俩说什么都得去看望他。"然后，学花再次拨通电话，问他在哪个医院住院，好去看他。他说："太远了，又没有公交，不要来，伍大姐的心意我领了，我很高兴。"学花不依不饶："今晚我和爱人一定去看你，不然的话，我睡都睡不着。"他只好说："坐88路到新溪桥，再打摩的到洪都的334医院。"

学花住高新，只有坐5路车到出租公司下车，转88路到新溪桥。一下车，天上下起大雨来，学花夫妇又没带伞，只好打车到334医院。

赶到医院，学花才想起忘记问病人住在几号病床了。学花一连给龚红军打了四五个电话，对方都是忙音，幸亏在住院部的护士站查到了病人的病房。

病人住在康复科，脑出血后半身不遂，身子还很虚。他告诉学花夫妇："儿子为我请了护工，每天70块钱，多亏了儿子，否则就是等死。女儿还在读研究生。"学花夫妇安慰他好好养病，送了几百块钱给他。夫妇俩晚上10点半才从医院出来，转了三趟车到家时已经快12点了。

因为学花娘和两个妹妹都是残疾人，父亲又常年卧病在床，所以，学花从小就认为自己跟残疾人有缘，会把他们当成亲人来帮，只要他们打电话，她就及时赶到，给他们送钱送物，帮他们排忧解难，不帮她就吃不进饭，睡不着觉。帮人渡过了难关，她就感到快乐。

2019年9月4日上午，学花碰到好姐妹王润花。她对学花说："我的头痛得厉害，上个月你们陪我去省中医院找医生为我治疗，但没有好转，希望明天你们陪我去医院再帮我找个医生检查检查。"

因上次带王润花看病是言人弟弟找的医生，所以言人又把弟弟叫来了。带王润花看完病后，学花带言人去中山路买衣服。学花对言人说："弟弟巴佬陪润花看了一天病，我看这件衣服穿在你身上好看，也想帮你弟弟买一件！"第二天，学花夫妇和言人弟弟又陪王润花去医院做检查。

王润花在医院量血压，血压高得有些吓人。血液科的张主任说："血压引起头痛，颈椎压迫神经，是颈椎问题。"巴佬又把润花带到国医堂骨科万主任处，经万主任检查，是颈椎压迫神经，需做一个颈椎磁共振。原本磁共振的报告要很晚才能出，但在巴佬的帮助下，上午就拿到了结果。润花的儿媳不放心，说妈妈的头痛了很久，非要给妈妈做脑CT。学花说："医生没说，就没必要做。"她儿媳说："花上几百元钱买个放心吧。"

下午4点多钟，王润花来微信："我拍了脑CT，没有问题。今天谢谢你们，真是辛苦了。"

9月7日是新学期开学的第一个双休日，学花夫妇原准备下午2点钟去黎嘉丫家为她补数学、物理。但由于晚上临时有事，学花夫妇为了不耽误孩子的补习，于是打电话跟黎嘉丫的爷爷说补课时间提前了。言人提前吃了午饭，12点出门，1点赶到黎嘉丫家，给孩子补习了三个小时。

（七）

9月8日是新学期免费文化辅导班开班的第一天，也是学花夫妇为南浦街道社区贫困孩子办免费文化辅导班的第三年。刚开班时，班上有13个孩子，后来转学走了一个，现在依然有12个孩子。

这届辅导班的孩子眼看明年就要中考了，学花夫妇跟石老师商量明年继续办班的事。学花夫妇跟石老师说："明年我们还会继续带第二届贫困学子。"石老师说："我年龄大了，感到力不从心，我已经带了一届，带不动第二届了。"之前，晓玲去莲塘拜访朋友樊老师，对樊老师说："我闺密伍学花在做公益，帮了十几个孩子，现在还办了个免费文化辅导班。"樊老师说："她夫妇做了很有意义的事，如果有需要，我可以去给孩子们讲阅读。阅读对孩子审题有很大的帮助。"如今，石老师退出，学花希望樊老师能够来帮忙教孩子阅读。

9月14日晚，区关工委余主任来电说："电视台播放了你们热心公益事业的新闻报道，我觉得非常感人，请你们把电视台播放的链接发给我。"

9月17日，象山社区邹主任打来电话，通知学花9月18日下午2点半去南浦街道党群服务中心做党员宣誓的领誓人。学花心中不免激动。

9月18日，区关工委的余主任又来电话，说市关工委的领导10月16日要来区里检查工作，安排学花做好汇报工作的准备。

9月19日，区关工委的陈主任通知学花去区老年大学领省关工委汇编的一本书。书名是《大手握小手，听党话，跟党走——"五老"与青少年"一对一"结对帮扶帮教事迹集锦》。全书记载了100多个先进人物的事迹，第12页是《用博爱书写生命之歌——记南昌市西湖区老党员伍学花》。

9月21日，学花夫妇下午2点赶到黎嘉丫家补课，不巧，丫头生病了，不能补习功课。学花和言人商量后，决定下次再来。学花夫妇正欲起身道别，孩子的爷爷不让学花夫妇走。他说："卢主席好久没见到孩子，今天下午会来看望孩子。"听说卢主席会来，学花夫妇便留了下来。今年春节刚过，卢主席调去应急管理局当局长，周末都经常要上班，学花也好久未见她了。今天能见上一面，学花心里不知有多高兴。

晚上卢主席来后，学花和卢主席兴奋地交流着各自的工作。卢主席说："有一个和你一样的爱心妈妈，从2004年到2014年，十多年来一直在捐资助学。她现在78岁了，身患重病。我征求老人的意见，问能不能带受过老人资助的孩子来看望她？但老人说只要孩子们过上幸福美满的生活，她就高兴，就不要打扰孩子了。老人孤身一人，没有儿女，丈夫又过世了。"

学花听说了老人的故事，觉得这个老人和自己志同道合，既不图名，也不图利。学花脱口而出："老人现在病了，需不需要我去帮助？"

卢主席说："老人叫余正苓，原先是吉安京剧团的演员，她从不麻烦别人，不是说你想帮助她就能帮助得到的。"

学花说："如果以后余老师需要我帮助的话，只要卢主席一个电话，我立马赶去。"

9月24日，学花接到卢主席的电话，问她明天上午有没有时间。学花说："我正在学习道德文化，有事能不能下个礼拜再说。"卢主席说："等不了，明天上午余老师要去医院看病，我工作忙，抽不出时间，余老师孤身一人，没人帮助去不了医院。"学花得知余老师有困难，立马就答应了。

学花想，明天上午去请假，同言人一起陪余老师看病。刚放下电话，卢主席又打来电话说："余老师不希望麻烦太多人，你一个人来就行了。"卢主席怕学花不知道老人的住址，特意告诉学花：余正苓老师家住东湖区大士院的一栋四单元301室。

卢主席接着说:"老人是病人,而且很有个性,你尽量顺着老人! 如果不顺着她,老人会不高兴的。对了,空手去就好。带了东西,老太太会不高兴的。我一周去了三次,都是空着手去的。"

学花心想:"这位老人一定是卢主席的亲人。卢主席已调应急管理局任职,百忙之中还这么关心余老师,而且一个星期还去老人家几次。"于是,学花表示一定会听卢主席的建议,把老人当亲人来照顾。学花相信,老人会接受自己的。

9月25日,学花找到了余老师家。余老师一见学花非常高兴,让学花陪着去省人民医院精神科等护士小陶。在等小陶的时候,余老师很难受,学花亲切地对她说:"你在我的身上靠一靠吧。"快到11点,小陶来了。她全程陪同,亲自为老人抽血、验血,还用自己的手机帮余老师网上支付医药费。学花见了很感动。

9月28日,卢主席来电话:"余老师明天又要麻烦你送她看病。"第二天上午8点半,学花赶到老人家,老人说:"我今天不想去医院,但又跟医师说好了。我把病情写在纸条上,麻烦你帮我送到省人民医院精神科杨主任的手上。另外,家里菜没有了,辛苦你帮我买点回来。"

学花完成了老人交代的事,便一边择菜一边和老人交谈。原来老人丈夫过世,无儿无女,孤身一人,租住在这里,每月房租650元钱。老人退休前在吉安京剧团唱小生、花旦,现每月能领到4000块钱的退休工资。说着说着,老人便困了,去房间睡觉了。学花赶紧煮饭、做菜,等把饭菜端上桌后再把老人叫醒。学花一看时间,已经中午12点了,于是匆匆和老人告别,乘227路转5路公交车回高新。一到家,学花又忙着煮自家的饭,直到下午2点多才吃上中饭。

10月2日,杰儿一家三口和阿咪夫妇中午来家吃饭。下午2点,杰儿开车送学花夫妇去庐山市。两个月前,社区黄书记需要学花的党组织关系材料。她去南昌市社保局查学花的档案,只有人事档案,却没有党组织关系档案。学花让言人去省供销社档案室查找,也是白费力气。这次,学花希望趁"十一"长假的机会,回庐山市查到自己当初入党的有关材料。

通过食杂果品公司熊经理的帮助,学花找到了市委组织部的领导,并在后者的帮助下,找到了自己的入党材料,里面有学花的入党考察表和入党申请书等。学花一颗悬着的心终于放下了。熊经理还帮学花出具了1989年入党的证明,加盖了食杂果品公司和供销社的党组织的公章。这一趟不虚此行,学花心里高兴极了。

10月10日一回南昌，学花就向象山社区递交了自己1989年入党的证明材料，而前一日，学花在庐山市就接到区关工委余主任的电话："市关工委的田副主任要来区里检查工作，你要准备好江西卫视和南昌卫视宣传报道你家的视频链接，到时好发给领导观看。另外，你需向领导做十分钟的汇报发言，主要汇报你织毛衣、做护工、做钟点工挣钱捐资助学，帮扶孤寡老人、残疾人和需要帮助的人的事。"

10月16日是学花向市关工委领导汇报的日子。学花夫妇早早地来到了蓼洲街社区党群服务中心。会议由吴书记、学花等人依次向市领导汇报，由市关工委的田副主任做总结。田副主任说学花真了不起，自己的家庭条件并不富裕，还克服一切困难，靠自己养猪、养鸡、养鸭、织毛衣、做护工、做钟点工、种菜挣钱来捐助44名学子，17名贫困学子已大学毕业。广大党员干部要向伍学花学习。会上还播放了以学花家为素材的微电影。

吴书记对学花说："伍大姐，你讲得太好了。"未出席此次会议的余主任也在会后打来电话："市领导高度评价了你，要你注意身体。"

由于准备这次向市关工委的汇报，学花已经两周没有去余正苓老人家了，卢主席之前打电话请学花去给老人买菜，学花也没有时间，这让她感到很内疚。学花正想打电话给卢主席，不料卢主席先找上了学花。卢主席说余正苓老人感到孤独，想要学花陪她睡觉、说话。这可让学花犯了难：自己身边那么多孤寡老人、残疾人怎么办？每周还要去黎嘉丫姐弟家补习、去补习班为十多个孩子上课。而且言人最近腰痛得不能翻身，也需要护理。学花跟卢主席如实说了自己的难处，说自己不可能一天24小时都在老人家。她说，如果余老师住院，自己会想办法晚上陪老人；不然只能上午去帮老人，下午就要回高新自己的家。

卢主席说："为了满足老人的心愿，要不你去她家陪她半个月？"学花说："我跟老人商量一下吧。"

学花与余正苓老人商量的结果是：去老人家陪护半个月。接着，学花给儿子和阿咪打电话，说自己这两个星期要24小时陪护老人，他们要多照顾言人。学花又给自己团队的人打电话，让她们去帮助自己身边的其他孤寡老人。

余正苓老人早就了解到学花帮助孤寡老人甚至不在老人家喝一口水，担心学花亏待了自己，于是发微信和学花"约法三章"："明天见面后，我俩再商量以后的菜谱。你一定要和我共同进餐，不要只买我喜欢吃的菜，你自己喜欢的菜也要买。万分感谢你对我的大力帮助。"

想到老人家的电磁炉不好炒菜，学花第二天 6 点就出门，买了基围虾、猪脚、藕在自家烧好，带去给余老师吃。因为要在余老师家生活两个星期，有不少的生活用品要带上，而学花又答应了余老师 10 点钟赶到她家，因此显得手忙脚乱。眼见 8 点都过了，学花才急急忙忙出门坐公交，却把手机落在了家里。

由于碰上早高峰，学花一直到 11 点才到老人家。学花对老人说："给你带了三个菜，我再炒两个蔬菜。"谁知，学花把在家烧好的三个菜端上来，老人说她不能吃虾和猪脚。学花只好去附近的菜场买菜。10 月 21 日晚上，因床小，学花睡觉时把被子弄到了地上。老人见状，起身帮学花盖被子。学花从小没得到父母的关爱，现在老人对她的关爱让她特感动。一个晚上，学花把被子弄掉了几次，都是老人爬起来帮学花把被子盖好。本来该是学花照顾老人，却让老人费心，学花的心里很难受。

10 月 22 日早上起床，学花对老人说："昨晚余老师没睡好觉，我心里过意不去，您早上再多睡一会儿吧。"老人长吁短叹："学花啊，你同意护理我两个星期，现在又少了一天。"学花知道老人是担心陪护的期限到了，自己的病还没好，于是宽慰老人："您不要着急，如果您的病没好，我把您接到我家里去。"老人听到学花这样说，感动得眼泪都出来了。

有学花精心的照顾，余正苓老人的精神一天比一天好。10 月 25 日，学花和余老师在睡午觉，听见有人敲门。老人起身开门，学花听他们交流，知道是老人的表妹来看她。余老师说："你自己都腰痛，还买这么多东西来。我这里有'中国好人'伍学花照顾我，照顾得很好。过一星期，她可能会接我到她家去，你们就放心吧。"

在余老师家几天，楼上的邻居小肖经常来余老师家嘘寒问暖。余老师对学花说："你没来之前，小肖常陪我睡觉，烧了好菜也会给我送来。"余老师还说，楼下理发店的小罗子也经常帮助她。小罗子认识南昌一附院的吴医师，自己每次胃病发作，都是她带去看病。吃了吴医师开的药，胃就不痛了。小罗子还跟她约好，10 月 29 日去复诊。

老人的表妹走后不久，学花接到江西网络电视台胡记者的电话："我们在南浦街道，想采访你。"学花说："不好意思，我在孤寡老人家 24 小时护理，等我有时间再联系你们。"

余老师不愧是京剧团的名角，她将对学花的情意编成了戏曲，对学花唱了起来："中国好人伍学花，你对我的恩情深如海。从今以后，你就是我的海花了，谢谢我的海花。"

（八）

10月28日，学花问余老师："明天需不需要我陪您去医院？"通过这一周来的相处，学花发现老人在饮食上有很多禁忌，她想去问问医生：余老师的身体这么弱，在饮食方面要注意些什么？什么东西能吃，什么东西不能吃？余老师现在就像一个老小孩，天天在手机上查看养生食谱之类，看完连牛奶都不喝了。学花想，如果这不吃，那不吃，就没有均衡的营养，身体怎能恢复？

学花跟老人说："明天小罗子7点半陪您去看病。她肯定没吃早饭，我俩总不能让她饿着肚子陪您去看病吧。要不明天我煮好饺子带给她吃？"学花的建议得到了余老师的同意。学花叫余老师打电话给小罗子，说明天早上7点10分学花送饺子到她店里，三人7点半动身去医院。

10月29日早上，学花去送饺子。小罗子因为经常工作到深夜，所以一般起得晚，快7点半才到店里，结果吃不上学花煮好的饺子。学花硬是让她吃了几个饺子，然后搀了余老师，匆匆忙忙赶去医院。小罗子年轻，网上挂号、取号操作起来十分顺畅，没几分钟就排到余老师了。吴医师说："只是胃部有些炎症，不会传染。我给你开一些药，如果不痛了就不要来了，在家好好调理。胃病主要靠自己调理。"学花问吴医师："老人的身子很虚，饮食要注意什么？"医师说："不要生气，要开心。不要吃辛辣、生冷、腌制的东西，其他什么都能吃。"学花听了默默地记下了。

陪余老师看病，小罗子出了很大的力，让学花特别感动。如果不是小罗子，学花还准备去窗口排队挂号呢，那不知要排到什么时候去。正是有小罗子这样的好青年将中华美德一代一代往下传递，才能让更多的老人感受到社会的关爱。

看完病不久，南浦街办便打电话通知学花10月31日去为党员干部上一小时党课。学花说："我在24小时陪护老人，需要请个假。"余老师在旁边赶快说："学花呀！你千万不要为了我拒绝党组织交给你的任务，你对我这么好让我太感动了，我的事另想办法，你放心地去吧。"学花觉得余老师善解人意，就答应南浦街办 10 月 31 日准时去上课。

既然承诺要去,就得好好准备。为了让学花写发言稿,余老师把吃饭的桌子腾了出来,自己在厨房里吃饭。余老师喝了奶,吃了药,上床休息去了。晚上10 点,学花开始写演讲稿,一直写到 12 点。第二天早上 4 点不到,学花又起床写。5 点多钟,余老师起来上厕所,对学花说:"学花啊,你太不容易,太了不起了,你获得的一切荣誉都是当之无愧的。"写到 6 点钟,学花便去厨房为老人蒸肉饼、做早点,7 点钟则要去菜场买菜。

10 月 30 日下午,学花依然在修改演讲稿,有两批记者打电话说要采访学花,都被学花以要护理病人为由拒绝了。

10 月 31 日,街办的同志打电话给学花问需不需要派车去接。学花说:"我早上 7 点半就出门了,从大士院步行过去就好。"

这次党课是"不忘初心、牢记使命"主题教育,以前学花最多宣讲 20 分钟,这次组织要求她讲一个小时,言人还担心学花讲不了这么长的时间。他万万没想到,学花这次讲课很顺利。讲课时,台下掌声不断。吴书记说:"学花的课讲得越来越好了。"

讲完课,好多人来和学花拥抱表示祝贺。两周不见,朋友们都说要请学花吃饭,但都被学花婉拒了。她要赶回去为余正苓老人做饭。

中午吃饭时,学花对余老师说:"我完成了党组织交给我的任务,现在轻松多了。"话没说完,南昌大学的马记者就打电话说要采访学花。学花说:"我 24小时护理老人,没有时间接受你们的采访。"马记者说:"要不我们去您护理的老人家中采访?"余老师在一旁点头示意同意。学花说:"余老师的家很小,你们不能来太多人,会影响老人休息。"放下电话,余老师说:"你不必顾虑我,你这样的好人就应该让他们多报道、多宣传。"

11 月 1 日上午,马记者一行来到余老师家,余老师高兴地把自己的照片拿出来给她们看。

余老师对记者说:"伍学花不愧为中国好人,她与我非亲非故,24 小时陪护我这个病人,管我的一日三餐,喝奶、吃药叮嘱得清清楚楚,每天要为我做五六餐营养食品。现在又在厨房为我准备第三餐的饭。你们的镜头不要对着我,要对着厨房里的伍学花。"

眼看约定陪护的日子只剩下最后一天了,余老师对学花说:"通过这半个月的接触，我发现你是一个大忙人，下个礼拜的应酬都安排满了。我不忍心让你这么吃苦，我们约定的时间到了，我现在身体和精神都比半个月前好多了，就不麻烦你接我去你家了。我还是请一个护工来照顾我吧！谢谢你！"

学花说："不要感谢我，是您自己一直做得很好，您帮扶贫困学子，这是好人有好报。"学花临走时，余老师对学花依依不舍，念叨着："再也没有这么好的人来帮我了。"

11月16日，南浦街办为了响应南昌市妇联开展的"传承好家风，文明耀洪城，百场家风讲堂"，请学花去为街办党员干部和社区党员宣讲家风。

11月17日早上7点，学花夫妇去广润门坐车参加活动。刚开始，学花夫妇也不知道是什么活动，上了车才知道是区关工委组织的去萍乡市莲花县甘祖昌干部学院学习，还要在莲花县住一晚。

甘祖昌将军不当将军当农民，为改变家乡的贫穷面貌和夫人龚全珍几十年来帮扶贫苦村民的感人事迹，以及莲花县的革命先烈抛头颅、洒热血的壮烈场面，感染了在场的每一位学员，也深深打动了学花夫妇。

去甘祖昌干部学院学习，更坚定了学花夫妇做公益事业的决心和信心。

11月18日，学花夫妇中午坐车返回南昌，晚上7点才到家。第二天上午打开电脑，看到网上有江西网络电视台朱记者关于学花的报道《苦难之中长出"仁善之花"》。内容如下：

[导语]伍学花总是说，我不看重过程，我只在乎开始和结果。

现在伍学花同丈夫恩爱互助，儿孙健康，生活幸福。更让她开心的是，她帮助过的许多人已回馈社会，撒播出去的善意，已开花结果。无疑，她的结局是美满的。

她的开始确是不幸的。

从小伍学花遭尽了磨难，母亲神志不清，父亲常年卧病在床。三个哥哥先后夭折，两个妹妹羸弱多病。从3岁开始，家庭的重担压在了她稚嫩的肩膀上。

这样一个不幸家庭注定了伍学花必经磨难。从生存的夹缝中孕育破土，她是苦难中挣扎长出的一朵"仁善之花。"

伍学花虽然是一个清秀乐观的姑娘，却经历过常人难以想象的苦难。

虽然生活艰辛,伍学花从没有放弃学习。在伍学花看来,知识就是光,就是希望,能够改变命运,她一生追求知识。辍学后,她就用一本字典自学,没事就用树枝在沙地上写字,日积月累地学习了一些零碎的知识,后来看过她写信的人都想不到她只读过两年小学。15 岁的伍学花参加工作,不仅给家庭带来急需的收入,更给自己获得了学习成长的机会。

一路生活,一路学习,她将自己生活中的悲痛或欣喜,都用文字记录下来。为了弥补只上过两年小学的遗憾,62 岁的伍学花进入老年大学,成为最美学员。在恢复高考后,伍学花支持丈夫参加高考。丈夫上大学时,她独自带着孩子,既要干好工作,又要照顾家中的三个残疾人,用 28 元的工资支撑起一个五口之家。

在那个年代,伍学花帮助了第一个贫困学子,她的善心源于感恩,因为她曾被善意相待。居委会主任吴大妈帮她安葬父亲,为她安排工作。

伍学花下岗后遭遇严重车祸,留有后遗症,常常剧烈头痛,可她不仅没有停下做公益的步伐,反而更加投入。因为对重获生命的感恩,伍学花更想为社会做出一点贡献。伍学花帮助贫困学子宏儿,从初三帮到大学毕业。

伍学花的头不痛时,就出去做钟点工、做护工挣钱,晚上织毛衣织到深夜,挣工钱资助贫困学子。伍学花祖孙三代去帮助江西医学院的贫困学子永儿的脑瘫父亲,喂水、喂饭不说,还帮他洗衣服、洗澡。在帮助一个个学子完成学业之后,学花感到非常幸福与满足。看到他们一个个成才,学花更是无比喜悦,想着能帮一个,就再帮一个。

如今,伍学花资助过 44 名贫困学子,其中 17 名学子已大学毕业。学花常说:"我觉得做得还远远不够,自己从入党开始宣誓就是:为共产主义奋斗终身,随时准备为党和人民牺牲一切。自己还活着,怎么能不做呢?"

伍学花希望天下的人都能重视、关爱、培养好每一个孩子。她太希望那些经历过灰暗童年和种种苦难的孩子们能和自己一样,经过坚强奋斗和努力之后,给不幸画上一个永远的句号。

11月25日中午，区妇联傅副主席开车到高新教师公寓，把学花夫妇接到南昌大学人武学院培训中心，让学花为西湖区参加培训的全体人武党员干部宣讲自己家的家风。同一天，学花还被要求下军营宣讲家风。

学花想起童年的苦难生活。那时她穿着一身破烂衣衫，到处流浪。只有解放军叔叔不嫌弃学花，竟然还牵着学花的手一同进影剧院，让学花从小就对解放军有一种特殊的感情。是解放军叔叔带学花进了影剧院，让学花在影剧院里"寻宝"，还让学花躺在影剧院的椅子上，舒舒服服地睡了一觉。

学花万万没想到今天能下军营给党员干部讲家风。学花联系实际，讲得特别生动。区人武干部培训负责人给予学花很高的评价，说学花在这么艰苦的环境中成长起来，想得更多的是别人和大家，克服一切困难，尽自己最大的能力去帮助他人。这是一种伟大的精神、可贵的精神。她不富有，下过岗，出过严重车祸，死里逃生。但她首先是赡养好不能自理的母亲和残疾妹妹，再想办法种菜、养猪、养鸡、养鸭、缝手套、织毛衣、做护工、做钟点工挣钱，资助贫困学子，帮扶孤寡老人、残疾人和需要帮助的人。她这样做是为了实现自己儿时无法读书的梦想，不希望自己读不到书的悲剧在贫困学子的身上重演。她帮助贫困孩子既出钱，又出力。在她的感染下，丈夫退休后，70岁还在发挥余热，利用自己的一技之长，与妻子一道为社区的贫困学子办免费的文化辅导班。2018年，伍学花一家被评为全国"最美家庭"，2019年又荣登"中国好人榜"。希望全体干部党员向这对老夫妇学习，为西湖区增光添彩。

（九）

11月20日半夜，学花全身痛得不能入睡。言人给学花涂抹从香港买来的活络油，贴止痛膏，当时还有点效果，没多久就又痛得不行。学花认为是这段时间劳累过度，以为休息几天就会好。谁知11月27日半夜，疼痛非但没有减轻，反而痛得更厉害，痛得学花呼天号地。学花想叫阿咪送她去医院，但想到阿咪明天还有手术，只得忍着。好不容易熬到天亮，学花再也忍不住了，打电话给阿咪喊救命。阿咪说："你和姨爹八点钟前赶到医院，我等你。"七点钟，学花夫妇坐公交赶往省中医院。阿咪已经为学花办好了住院手续，学花认为是腰椎间盘突出，就到骨科住院。

一到住院部，医师就给学花验血，做脑CT、腰椎磁共振、腰部理疗，还要求学花做彩超和肠、胃镜。

哪知住院的当天晚上，学花比在家痛得还厉害。学花求言人去找值班医师，好不容易找到一个医师，开了一盒止痛片，结果言人没跟护士交接，药也没送来。学花痛了一个多小时，言人去护士站理论，才发现医生留在电脑里的处方。护士们一个劲地道歉，并赶紧把止痛片给言人。学花吃过止痛片后，就睡着了。

第二天，学花找到徐主任，徐主任问她哪里不舒服，学花就把衣服掀起来，告诉他哪里哪里痛。徐主任认真给学花检查后，对陈言人说："我心中有数了。"于是，徐主任带着几个实习医生来到学花病床前，让他们看看学花到底为什么那么痛，实习医生还是没有看出病因。徐主任告诉他们，学花得的是带状疱疹。

11 月 28 日下午，学花转到中医外科 32 床，继续住院治疗。找出病因并对症下药后，学花的病痛很快就减轻了许多。

11 月 27 日刚进院时，学花接到街办通知：11 月 29 日下午 2 点半去珠市学校云飞路校区参加"三风榜样人物"排练，准备参加市里的比赛。

11 月 29 日下午，学花和言人赶去会场。此次西湖区政协推出了《西湖人家》的节目。《西湖人家》表现了西湖人有情有义、有胆有识、有才有德、敢爱敢恨的魅力和情怀，树立了一批榜样人物，其中对学花的评语是"感恩回报社会，热心助人"。所有西湖榜样人物为西湖增光添彩，在会场接受了孩子们的献花。

学花住院后，言人要在医院陪护。想到周末言人还要给孩子补课，学花对前来探望的杰儿说："你爸星期六、星期天要给孩子补课，不休息哪有精力？"阿咪主动说："姨爹回家睡觉，我在医院照顾大姨。"杰儿说："阿咪准备怀孕，陈可又在准备播音主持专业的面试。你俩都不要来，还是我来照顾妈。"言人对杰儿说："你现在一周七天都要上班，晚上还要照顾孙女，你怎么来？你妈不在身边，我在家也睡不着，更休息不好。你们都不要来，还是我一个人在这里照顾。"

言人对学花说："点滴一般上午就能打完，星期六是下午去黎嘉丫家补课，所以不碍事。但是星期天早上要去辅导班，你一个人在医院打点滴，没人照顾你，我不放心。"学花说："我现在感觉好多了，估计下周就能出院了。你明天给黎嘉丫补课的时候，求助黎嘉丫奶奶来医院照顾我一次就好了。"

12 月 1 日，陈言人一个人去南浦街道党群服务中心给辅导班的孩子们上课。齐齐妈妈和夏主任问学花怎么没来，言人说："她住院了，在医院打点滴。

今天我要来上课,不放心她一个人,所以叫黎嘉丫的奶奶帮忙看护一个上午。"

学花可能是喝多了水,上午10点不到就想小解。昨天言人跟黎嘉丫奶奶说好是9点以前来医院啊,怎么还没来?学花又暗自后悔起来:干吗叫别人来看护,万一路上有个三长两短怎么办?学花正在胡思乱想,黎嘉丫奶奶提着苹果进来。她说:"公交真难等,我等了半天只好打车来。"

黎嘉丫奶奶的话音刚落,补习班孩子的妈妈们也一起涌了进来。齐齐妈妈掏出一个红包,说:"这个红包是夏主任给你的慰问金,愿你早日康复!"大家都责怪学花:"你有困难总不说,不然我们早就来照顾你了。"学花感动得热泪盈眶。

学花对黎嘉丫奶奶说:"你还要给家里的两个孩子做饭,就先回去吧。这里有这么多年轻的妈妈照顾我,放心吧。"

12月1日晚,满英来微信问:"姐啊,你在忙什么?电话都不给我打一个,你不想我,我想你。"学花便拍了自己住院的视频发给她。她说:"好哇!你住院都不跟我说。当初你和我素不相识时,都能尽心尽力地护理我。咱们说好了,我明天一定去医院照顾你。"12月2日早上,满英来医院看望学花。满英一来,就把陈言人赶回家去休息,还说:"姐夫,你只要下午3点钟赶到医院就可以了,因为下午3点钟我要去接孙女。"满英一直照顾学花到言人来才走,学花心想:我当初帮了她,她现在又来帮我。是啊,如果人们都能互相帮助,那该多好啊!

下午4点,医生来催缴款。学花问言人:"我们不是刚交了6000元钱,怎么就没钱了?住院要花多少钱?我的存款8月份全部捐资助学了,现在怎么办?"学花这个人,只要身上有钱,如果亲朋好友有困难向她借钱,她都会慷慨解囊;而自己不到万不得已,是不会开口向别人借钱的。去年清华有困难时,学花借了她2000元钱过年,年后还了500块。学花就叫言人打电话给清华,说自己生病住院急需用钱。清华回话说:"我明天一定想办法还钱给你。"

言人又想起去年小金因母亲过世,向学花借了1000块钱。他说:"既然现在急需用钱,能不能叫小金还钱?"学花说:"当初他帮我们装修房子尽心尽力,今年听说他还没接到什么活,可能家里确实有困难,不然以他的性格早还了钱。小金的钱先不催。"

这时,阿咪打来电话问:"大姨,是不是又要缴费了?我下班后去缴。"

12月2日,清华从微信里给学花打来1600元钱,还说多的100元钱是慰问金,祝学花早日身体康复。中午,学花打完点滴,接到方老板的电话,叫学花给她进26件杉杉牌衬衫,价钱要求110元一件。

言人劝学花:"你都在住院,还不辞了人家?"学花捂住陈言人的嘴说:"我这病,痛起来就要命,不痛就没事。爹爹以前重病在床时,全身肿得像面包一样,不痛时还要到庐山秀峰上去砍柴。老公,你今天下午好好休息一下,我去洪城大市场进货。"

一到洪城大市场的杉杉品牌店,就看到店里面的广告:杉杉牌衬衫换季降价,每件30元。学花心中暗喜,赶快打电话给方老板:"我要为你省一大笔钱。"方老板说:"你办事我一贯满意,只要保质保量,合乎顾客的要求,等顾客把货提走,这一大笔意外的钱算你的。"学花听了,想到住院都能挣钱,高兴极了。学花把26件衬衣全部搬到了病房,叫言人辛苦一下,把衬衫托运走了。

12月3日,学花正在打点滴,其他房间有一护工来到学花的床前说:"天啊,你是住院的病人啊!我们大家一直以为你是来陪护的。你又是打毛衣,又是写东西,还大包小包扛东西来医院。"

12月3日晚,一对夫妇住进了学花的病房,女的说:"我是31号床。"做清洁工的阿姨说:"你睡的这张床,病人是昨天出院的,得的是皮肤病,全身脱了一层皮。"学花对他俩说:"护士在新病人入住前都会换上新的床单、被褥,如果怕传染,就自己把柜子、床头柜、床沿等处消下毒就好了。我这里正好有消毒液,就在水池边上。"女的说没有带抹布,学花就把自己的两块抹布送给了她。

男人让女人在一旁歇着,自己忙活起来。学花对女人说:"你爱人真能干。"女人说:"我们家的事都是他做,而且做得很好。"

交谈中,学花了解到女人姓龚,在江西省水利研究所工作;男人是当兵转业的,原来在南昌市公安局经侦支队。小龚说:"我是来割后背上那个黑痣的。我爸爸就是因为长了这样的黑痣去世了。不知这痣是良性还是恶性的,割得还是割不得。"

学花安慰她:"明天我让爱人带你去找这里的主任,让他亲自为你诊断,你做手术就心安了。"为了让小龚安心,学花还叫阿咪拜托医务人员多多关照,阿咪对同事说她是学花家的人。第二天,学花让言人带小龚夫妇去找王主任就诊。王主任对小龚说:"这是角皮瘤痣,现在还是良性的,如果不割掉,怕会癌变。你放心做手术。"夫妇俩回来后不停地向学花道谢,说自己福气真好,遇上了好人。

干妈鲁妈妈一家人都对学花很好，每年学花都会去给鲁妈妈的大儿子拜年。但自从 2016 年大年初二学花去鲁老大家拜年不遇后，两家三年没有联系。学花以为是自己哪里做得不好，惹大哥生气了，一直很自责。

2019 年 12 月 4 日，学花突然接到大嫂的电话。大嫂得知学花住院，立刻来看望学花。大嫂听说阿咪结婚却没有邀请他们，不由责怪起来。学花便说了三年前拜年不遇的事，嫂子也记不清当时是怎么回事了，便说不要提陈年旧事，现在最重要的是好好治疗，赶快好起来。

因为年底要交书稿、年前毛衣要交货，所以学花每天在医院除了打点滴，就是写书、打毛衣。

从学花住院起，易医生对学花非常关心，对学花特别好。通过交流，学花得知易医生是九江人，和学花算半个老乡。一次闲聊时，易医生说："我喜欢看书，也喜欢藏书，我收藏了不少书。"言人说："我为我爱人写了一本书《春秋配——我的寒门妻》，明天我送一本给你。"易医生也说："我也正在写一本书，等出版了，送一本给你俩。"

易医生带实习医师查房时，言人说："易医生，我爱人血检结果能否告诉我一下。"易医生就带着言人去办公室，发现学花的糖类抗原指标是 21，而正常的指标是 6.9。易医生叫阿咪 12 月 6 日上午去他办公室。当天，阿咪先到了学花的病房。学花想自己了解病情，就跟着阿咪一起去易医生的办公室。

易医生见学花来了，就叫学花赶快回去。学花猜想不是什么好事，便问言人："我的血液检查有什么情况？"言人说："有一项指标高了，没有抗癌的功能。"

阿咪从易医师办公室回到学花的病房说："我有一个同事，她老公是肿瘤科的，我打电话问问情况。"对方说没有什么药物治疗，只能定期检查，吓得学花吃不下、睡不着。想到自己的生命正受到威胁，为了感谢领导对学花的培养，学花给熊部长发了条微信，一是感谢领导的培养，表示自己决不辜负领导对自己的栽培和关怀；二是说了自己的病情。从学花入党宣誓起，她就发誓为人民的利益牺牲自己的一切。假如学花有什么病，学花也不怕。只要活着，就要为西湖区增光添彩。

（十）

学花出院没多久，12月12日下午3点，西湖区委宣传部新闻科陈主任便同《江南都市报》张主任来学花家采访。张主任说为了传递正能量，除了要采访学花，还要采访受学花影响做公益的子孙们。张主任对学花说："我们还要拍三个镜头。一是陈老师为贫困学子免费上课的镜头；二是你打毛衣挣钱捐资助学的镜头；三是你带着祖孙三代去帮助护理病人的镜头。"此外，《南昌日报》的马记者也表示需要拍摄同样的镜头，并准备把学花的事迹上报央视。

学花此前正好联系了徐新华，说要去帮他老婆护理。12月15日是辅导班上课的日子，学花夫妇和记者先去南浦街道党群服务中心拍辅导班上课的镜头，下课后又去拍摄学花织毛衣的镜头，然后叫来阿咪和陈可一起去江西油脂化工厂宿舍徐新华老人的家里。

学花一进门，就看见徐新华正在为老婆插胃管进食。阿咪是护士，见到此景，立马上前为徐新华的老婆插胃管，再帮助徐新华给他老婆进食。进完食后，学花便与阿咪、陈可为徐新华的老婆擦洗身子。徐新华的老婆生了褥疮，阿咪提醒大家擦洗的时候要注意动作轻柔，并要及时给老人擦干身子。阿咪还告诉徐新华老人，要每两个小时为爱人翻一下身子。见学花祖孙三代将自己护理得这么好，徐新华的老婆冲着学花微笑。

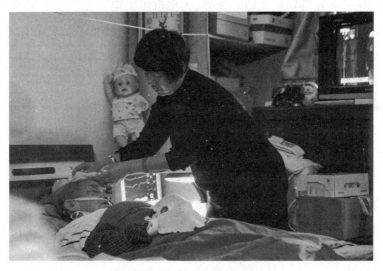

图27　帮徐新华老婆擦洗

12月21日,《经济日报》发表了题为《历经寒冬,方知春暖》的文章。文章写道:"为了帮扶贫困学生,伍学花种菜、养猪、做护工、做钟点工、帮人织毛衣,只要能赚钱,不管多苦多累的活,她都愿意做。一个人做一件好事容易,坚持44年难能可贵。从1975年到2019年,伍学花夫妇省吃俭用,共资助贫困学生44人。在伍学花的带动下,丈夫、儿子、儿媳、孙女、外甥女和周边的亲朋好友都纷纷加入'爱心军团',捐资助学,扶贫济弱。"

12月22日,南昌新闻网刊登《南昌日报》马记者的文章——《冬日温情:祖孙三代,接力公益》。

12月29日晚上9点多钟,学花从付老师家回高新教师公寓。她在南镇村下公交,走到大润发时,碰到一个奶奶抱着一个小孩,左手、右手都提着大包。学花连忙上前,对老人说:"我不是坏人,只是想帮你一下,我来帮你提包吧。"老人说:"谢谢你,我知道你是好心人。"学花问老人家住在哪里,老人说:"就住在教师公寓一栋靠西头的房子。"万万没想到,素不相识的老人竟是自己的邻居。学花家住在二栋西头,和奶奶家的房子是窗户对窗户。

12月31日,学花去买菜,在买菜时,想到春节要去老家办事,明天是元旦,不如今天买只土鸡给残疾人于老师送去。

几天后,沈书记和学花又一起去看望于老师,谁知于老师出门去了。沈书记打电话给于老师,说大家来你家了。于老师说:"我在街办,马上回家。"学花对沈书记说:"多谢你这个党的好领导,为他批了辆电动车。有了电动车,于老师就可以到处走了。他还骑电动车去红谷滩为孩子们上课呢。"沈书记说:"是啊,这电动车还没有几个人敢骑。当初我们还担心给他领了这辆电动车是好心办坏事。"学花开玩笑地说:"如果于老师骑不好电动车,怎么能怪领导?要怪也只能怪我,是我给于老师申请要电动车的。现在这电动车就是于老师的双脚。"

12月30日,江西省文明办在网上公示了道德模范和中国好人的帮扶公示,全省75名,南昌市12名。学花也在其中,属于困难的中国好人。学花的心里感激党对自己的关心,学花决定今后把公益事业做得更好。

2020年1月4日上午,学花夫妇提着慰问品去医院看望小姑子国华。正好国华的闺密和姐姐都在病房,国华对她俩说:"前天住院,都是嫂子帮我张罗,跑了一个上午。嫂子自己才刚出院的,今天又来看我。"学花说:"不要说我们是姑嫂,就是素不相识,我也会帮忙,免得你一个人在医院,有事不知道怎么办。"学花还把易医生请到国华的病房,向易医生介绍国华是自己的亲戚,请多多关照。

自从卢主席把陈梅秀老人推荐给学花后,学花就一直在帮扶这位老人。后来,在大家的帮扶下,陈梅秀老人去西湖区社会福利院安享晚年。年前,学花夫妇和陈小妹正在福利院看望陈梅秀老人,卢主席打电话通知学花参加区里的团拜会。卢主席关心地问学花:"最近在忙什么?"学花说:"我们在陈梅秀老人这里。"卢主席问:"老人在福利院生活得怎么样?"学花说:"很好,一个阿姨管五个老人,请领导放心。"卢主席说:"下次你们去看望老人,请通知我,我们一同去。"

1月6日是学花和卢主席约好去看望陈梅秀老人的日子。学花夫妇和卢主席都买了老人能吃的东西,学花还为老人织了两双毛线袜。陈梅秀老人笑得合不拢嘴。学花想:多亏了政府的关爱和好心人的帮助,陈梅秀老人才能健康长寿。

1月7日下午,学花夫妇去南京路小学开会。会议由南昌市文明办主办、南京路小学承办,参加活动的是各区、县的中国好人和东湖区的中国好少年。学花夫妇是西湖区的中国好人。会议由中国好人和中国好少年的代表发言,中国好人和新时代好少年面对面活动,尤其是中国好少年的话"我长大也和你们一样",让学花震撼。学花夫妇再次感受到人间有大爱,人间有真情。

1月9日,学花一早就陪余正苓老师去洪都中医院红谷滩分院看病,并帮老人办好了住院手续。住院要家属签字,老人非要学花签不可。为了让老人安心,学花就以余正苓老师家属的名义签了字。学花还帮老人安排了买饭、拿药、打开水的钟点工,一直忙到下午5点钟才回家。

学花一回到家,言人就喊她来看南昌大学新闻学院学生拍摄的纪录片《中国好人伍学花》,学花夫妇觉得这部片子拍得很不错,有保存的意义,便打电话叫阿咪回家把网上的纪录片下载到电脑硬盘里保存。

1月10日上午,学花夫妇去西湖区老年大学参加区关工委报告团总结和新一年工作计划会议。第二天,张良弟从上海打来电话说:"姐啊,很久没见你,甚是想念!我想先回庐山市看望母亲,再去南昌看你。想跟你商量一下,以后我去南昌就不到你家吃住了,免得你又为我忙碌,又是洗被子、晒被子,又是买菜烧饭。看到你为我那么劳累,我心疼极了!我有学生在南昌,他会帮我在宾馆开好房,到时你就和姐夫来宾馆和我见面就好。姐呀,我知道你让我住你家是好心,但现在这种观念要改一改了,你永远是我心目中的好姐姐。"过了几天,张良弟带小弟海滚一道来南昌,兄弟俩为学花置办了很多年货。学花生气地说:"我不希望你们在我身上花钱。"他俩说:"姐呀,我们总忘不了你在那艰难的日子里帮助我们,你自己不吃好的不穿好的,都给我们吃给我们穿。若不是你当年的帮助,哪有我们的今天?请记住,我们永远是你的好弟弟。"晚上,学花和言人商量:"张良弟一家对我们太好了,对我们家帮助很大。妹夫小林帮我们家装修两套房,吃了不少的苦;良弟、长弟借钱给我们装修。2013 年,娘在南昌过世,他们兄弟开两部小车来南昌帮忙,处理丧事,并把娘送到老家庐山市安葬。当时,我们送海滚弟和印佬每人一条香烟,他俩也不肯收。送葬时,良弟七兄妹都来了,连一口水也没喝,饭也没吃,就各自回家了。我准备过年请良弟七兄妹聚餐。"言人表示赞同。1 月 16 日,学花同良弟和海滚弟商量:"今年大年初五我做东,请你七兄妹吃酒。"俩人也没有推辞,只是表示大年初五庐山市酒席很难订,要订酒席得提前。学花问海滚弟要订几桌,海滚弟说:"七兄妹差不多得要四桌。"学花满心欢喜地在庐山市最好的酒店订了酒席,谁料一周后情况有变,海滚弟打来电话说:"现在要求不能聚餐,姐您订的酒,我们恐怕去不了了,下次我们兄妹一定赏光。"无奈,学花只好打电话退了酒席。

入选了省文明办公示的帮扶名单后,南昌市文明办和西湖区关工委相继打电话说要走访学花。余主任打电话给学花的时候,学花夫妇正在从庐山市回南昌的班车上,言人和余主任约定下次再电话联系。余主任还说让办公室的陈主任先将慰问金打到学花的卡上。

学花下车后腰酸腿痛,不能走路,只好先去老福山艾灸理疗。等学花理疗完刚到家,就接到卢主席的电话:"余正苓老师后天出院,她给你打了好多求助电话。"学花连忙说自己在做理疗,手机没放在身上。学花赶紧打电话给余老师:"1 月 21 日上午我去接您出院,请放心。"余老师说:"你又帮我签字又接我出院,真是比我的亲人还亲啊。"

1 月 21 日上午,学花夫妇去洪都中医院红谷滩分院为余正苓老师办出院手续,然后把余老师送回了大士院的家。在余老师家中,学花看到了老人请的护工小谌。小谌是个非常不错的人,已经给余老师准备好了午餐。按合同,她每天只需帮余老师上午做半天事,但她担心老人做事不方便,总是尽量把一天能做的事都做完。学花向小谌求助:"我过年要去庐山市,过年还要请你来帮余老师做饭。"小谌答应了。

图 28　与余正苓老人合影

下午2点半,卢主席买了拖鞋、麦片、鸡蛋来看望余老师。离开余老师家时,卢主席同学花一道步行去公交站等车。卢主席见学花几乎是拖着一只脚在移动,感动地说:"你自己走路都这个样子,还在帮助孤寡老人。"

第十四章　47年助学路

（一）

2020 年 5 月 12 日清早,学花就"筑梦未来"辅导班复课一事请示领导。街办领导很快同意了。学花心里不知有多高兴。学花和齐齐妈妈商量:5 月 17 日补习班就开班复课。紧接着,学花夫妇又通知了黎嘉丫的爷爷,说 5 月 16 日去帮黎嘉丫补课。

处理好孩子的事,学花打开手机看到余正苓老人发来的两条微信。大意是问学花南昌哪家医院做白内障手术比较好以及手术的收费标准。学花考虑到阿咪在省中医院工作,认识一些专家主任,便向余老师推荐了省中医院。

5 月 16 日清早,学花帮余正苓老人买了一星期的菜,并承诺会带她去医院做手术。午饭过后,学花夫妇要去为黎嘉丫补课。结果刚出门,言人的腰痛又发作了,走路直不起身子。学花劝言人:"今天就打电话请个假吧。"言人说:"已经四个月没有给孩子补课了,好不容易可以补课了,就是腰再痛,我也要忍着。"第二天,言人不顾腰痛,又坚持去给辅导班的孩子上课。孩子们在家长的带领下都来了,几个月没见面,大家显得格外亲近。看到可爱的孩子们,学花夫妇心里不知道有多开心。

5 月 18 日,言人的腰痛得起不了床,这可让学花犯了难,毕竟她跟省中医院眼科的马主任已经联系好了余正苓老师这周入院手术的事。去年余老师生病时,学花 24 小时陪护,吃住都在余老师家,但那时儿子和阿咪都能帮着照顾言人;可今年不同,儿子因孙女高考而抽不开身,阿咪也怀孕了,更是不能有半点差池。学花问马主任能否下星期再给余老师做手术,马主任说不行。学花只好打电话给余老师,说自己这几天暂时不能过去。余老师了解到学花的难处后,请学花放心,说会花钱请护工照顾。

齐齐妈妈得知陈老师腰痛,马上送来了艾灸养生贴。学花赶紧给爱人按摩腰痛处,再贴上齐齐妈妈给的艾灸养生贴。真没想到,还不到一个小时,言人就说:"腰部感到好热啊,也不痛了,还能下地走路。"就在这时,学花接到一个陌生的电话,对方故弄玄虚:"猜猜我是谁?"学花一时听不出对方的声音,对方只好自报家门:"我是陈豹。"学花突然想起他是易老大与卫晓玲的朋友,还帮阿咪找到了亲妈。学花和陈豹虽说只是在阿咪亲妈家里见过一面。但学花深知,他是一位热心助人的好人。陈豹让学花帮他一个忙:他老婆病了在九江住院,女儿又要来南昌一附医院住院做手术,他抽不开身,要学花帮他在南昌找一个护工。一接到老乡的求助电话,学花就为陈豹出谋划策:"请什么护工,现在是非常时期,护工也难请。不就是几天吗? 你是我朋友的朋友,那么也就是我伍学花的朋友,就由我来护理你的女儿吧,保证比护工护理得要好,请你放心!"陈豹在电话里不住地道谢。过了几分钟,陈豹的女儿打来电话:"阿姨,我爸爸要留在九江照顾妈妈,所以这几天要麻烦您了。爸爸说您亲自来陪护,我很开心。我们明天早上到一附医院门诊大楼见面好吗?"随后,学花又收到了陈豹的微信:"我的女儿小名叫瑶瑶,大名叫徐璟,劳你费心了。手术时间确定后,请告诉我,谢谢! 上个星期我陪女儿去过一附医院,医生说这是比较麻烦的手术。"

第二天 8 点前,学花见到了陈豹的女儿。说也奇怪,学花和瑶瑶之前从没见过面,但瑶瑶看见学花在门诊大楼附近转悠就大声地喊"学花阿姨",俩人就这样相识了。办理住院手续的时候,学花见瑶瑶签名"徐璟",忍不住问了一句:"你怎么姓徐不姓陈?"瑶瑶说:"我爸爸和我奶奶姓陈。"就是这句对话,让住院部的医生知道了学花和徐璟不是一家人。医生非要徐璟的父母签字,这可让学花犯了难。学花说:"我就是孩子的亲人,是受孩子父母所托来陪护的。麻烦你们通融一下。"好说歹说,医生才让学花签了字,并交代学花术后须知。办完住院手续,学花与瑶瑶来到 12 楼 86 号病床,瑶瑶说:"我爸爸让我给您带了点特产。"得知瑶瑶手术后有两周都不能吃什么东西,学花想不如手术前带孩子去吃一顿好的。学花也不知道哪家餐馆符合年轻人的胃口,就打电话给阿咪,阿咪说去"老三样"。学花本想自己带瑶瑶过去,毕竟阿咪怀孕了,去外面吃饭不太方便,但阿咪坚持要带学花和瑶瑶一起去,并抢先买了单。席间,阿咪和瑶瑶一见如故,原来两人都是 1995 年出生的,阿咪比瑶瑶大两个月。做手术那天,陈豹赶来医院,对学花这段时间对其女儿的细心照料表示感激。

5 月 19 日晚上,学花怎么也睡不着,做梦都梦见余老师在做眼睛手术,心里一直放心不下。学花见言人的腰贴了膏药、搽了活络油后好多了,便又主动承担起为余老师送饭的责任来。

5 月 21 日,余老师的手术很顺利。学花特意多炒了几个菜带去看望余老师,余老师不知有多高兴。由于手术后不能见强光,余老师还让学花把送的饭菜用手机拍了发到朋友圈,并配文:"这是中国好人伍学花送的营养餐。"

学花看到余老师恢复得很好,心里轻松多了。5月23日至24日,学花夫妇放心地去给贫困学子们上课。

5月23日下午,卢主席焦急地给学花打来电话:"你在哪里? 余老师怎么联系不上?"学花说:"我和爱人在黎嘉丫家补课。忘了告诉你,余老师21日做了白内障手术,老人这几天眼睛不能见强光,所以估计手机不在身边。"

5月25日,学花赶早去省中医院帮余老师办出院手续,马主任要余老师留家属电话,余老师拉着学花的手对马

图29　给术后的余正苓老人送饭

主任说:"她是中国好人伍学花,就是我的亲人,就留她的电话。"

（二）

5月27日上午,学花接到邓梅英大女儿的微信:"伍姐姐,陈梅秀老人已经走了,星期五火化,谢谢你一直关心老人,非常感谢你。"看到陈梅秀老人过世的微信,学花心里难过极了。学花立即拨打电话告知卢主席,说想去送陈梅秀老人最后一程。学花跟卢主席商量:两人共买一个花圈,再买一床被子送去。卢主席同意了学花的想法。学花马上打电话联系邓梅英的女儿,希望她能带自己去送送陈梅秀老人,至少得把花圈和被子送到。她遗憾地说:"老人的遗体已经送去了殡仪馆,周五我也去不了。"

放下电话,学花又回想起和陈梅秀老人相处的点点滴滴:

学花和陈小妹这些年把陈梅秀老人当成自家的老人,定时去老人家帮忙做事。学花还经常带"伍学花暖心志愿队"的姐妹去为老人搞卫生、洗澡。老人是个很爱干净的人,她经常要学花帮她洗脚、洗澡、晒被子,更喜欢学花陪她说话。

2018年大年初一,学花带着阿咪和陈小妹同老人一起过年,学花和陈小妹

炒了六个菜,阿咪买了卤菜。老人一边吃,脸上一边露出幸福的微笑。老人生病了,学花带着阿咪和乐添开车送老人去医院看病。阿咪出钱为老人买药,乐添还背着老人上下楼。只要老人家电灯、水龙头或者空调坏了,学花都会请水电工师傅来帮老人修理。

每当学花和陈小妹带着朋友和礼品来看望老人,老人都笑得合不拢嘴。她拉着学花的手说:"要是你跟我住在一起就好了。"学花遗憾地告诉老人:"你家离我家很远,来一趟要转好几次车呢!"

还有很多记者、医生也关心陈梅秀老人。南昌广播电视台的郜记者一见到陈梅秀老人,就亲密得像祖孙一样。郜记者还为老人送来轮椅。《江南都市报》的杨记者送老人去医院看病时,也是背上背下,从不喊累。

老人虽已过世,但在有生之年享受到了政府的好政策,得到了各级妇联与社区领导的关怀。学花觉得陈梅秀老人是一位有福之人,愿老人一路走好。

6 月 7 日,学花陪余正苓老人去省人民医院看病。学花早上 8 点钟就赶到了余老师家,老人见学花太辛苦了,实在不忍心,便对学花说:"你有事还是办你的事,我一个人去医院就行。"陪老人看完病,学花见还没到下班的时间,就赶去南浦街办汇报工作。学花夫妇希望将"筑梦未来"文化辅导班继续办下去,希望组织出面找社区的贫困学子与学花夫妇结对,再为孩子们办三年免费的公益辅导班。

6 月 10 日,学花和余正苓老师约好去她家。学花去菜市场给余老师买了精肉、西红柿、空心菜等。见学花提了一大袋的菜来,余老师心疼地说:"下次米我家千万不要买东西来,看把你累成这样。"

有小谌在,就不用学花下厨了,她便在一旁和余老师聊天,问余老师手术后视力恢复得怎样。吃完中饭,天又下着雨,加之路面维修、公交改道,学花到车站要走很多路。好心的小谌说:"伍姐姐,我看你脚痛,又买了这么多菜,我骑电动车,把你送到公交站台。"学花下午 2 点钟回到家。她在整理买来的菜时,突然发现还没有去拿豆干。言人说:"没买就没买,大不了不吃就是了。"学花说:"今天忙昏了头,把跟人家订了豆干的事忘了。这不是吃不吃豆干的问题,而是讲不讲诚信的问题。"言人说:"你在大士院买的菜,等你赶到,老板估计都收摊了。"学花说:"为了诚信二字,哪怕再难,我都要去把订的豆干买回来,不然于心不安,以后有什么面目去见卖豆干的老板?"说完,学花又赶回大士院农贸市场。卖豆干的老板见学花来了,就说:"我就知道依你的性格,一定会来。"学花对她说："谢谢你！我回了高新，才想起买豆干的事。我知道你一定会给我留着豆干，所以就又赶来了。"老板激动地说："你太守信用了。"学花回到家，言人见学花把豆干买回来了，感慨地说："要大家都和你这样讲诚信，那该多好啊！"

2020年的伍学花捐资助学仪式即"区报告团成员伍学花夫妇捐资助学仪式"将在8月2日举行，此次活动得到了区关工委、区妇联的大力支持，区关工委对接了四个贫困学子，区妇联也结对帮扶了两个贫困学子。6月12日，学花夫妇便落实了这一事情，虽然天气炎热，但两人的心里还是挺高兴的。

6月16日，象山社区黄书记在微信群里号召社区全体党员每人捐1块钱助老。学花对言人说："捐1块钱做什么？我心甘情愿少吃少花，也要多捐些钱。想到党的恩情比海深，哪怕省吃俭用，我也要捐100元钱。"言人说："我看到先捐的都是捐5元、10元，你和大家一样不好吗？捐多了，到时候人家说你出风头。"学花说："嘴长在人家身上，我们自己问心无愧就好。"在学花的带动下，大家纷纷踊跃捐款。

7月17日，学花夫妇和陈明一道去看望老家的王医师。王医师得了阿尔茨海默病，学花夫妇与陈明的心里都很难过。王医师是一个宅心仁厚的人，学花一家人生病以前都是王医师诊治。王医师原来身形宽大，可现在骨瘦如柴，蜷缩在床上一动不动。好在她的爱人虽然86岁了，但还能照顾王医师，王医师的娘家又来了两个侄女帮着照顾，学花夫妇也就放心了些。学花希望王医师能平静安详地度过余生。

（三）

7月23日，学花夫妇又来到南浦街道文明办核对受资助的贫困学子的名单，以及协商仪式的议程。从街办回家后，学花又马不停蹄地写讲话稿，因为第二天要去象山社区道德讲堂宣讲。学花讲了自己如何以微薄之力帮助孤寡老人、残疾人和需要帮助的人，赢得阵阵掌声。演讲结束后，社区给学花夫妇发放了"中国好人"的荣誉证书，并且为学花夫妇拍下珍贵的留影纪念照。

伍学花捐资助学仪式终于要举行了，各级领导都表示会来参加仪式，令学花的心情格外激动。8月1日一大早，学花就买了几大袋菜，她要为庐山市来的贫困学子接风。学花安排了两辆小车，把孩子和家长接到家里。虽然有十七八个人吃饭，哪怕是再苦再累，但学花都是高兴的。

江西教育电视台的严记者年年都支持学花,开自己的小车去庐山市,接贫困学子小敏来学花家。这天是八一建军节,严记者有采访任务,但采访一结束就赶去庐山市接贫困学子,下午 5 点终于把小敏接来学花家。不久,贫困学子宋杰等五人也来到学花家。这一天,学花又是忙着做饭烧菜,又是忙着洗十几个人的衣服,忙得不亦乐乎,但她特别开心。

第二天,学花为之忙碌了几个月的捐资助学仪式终于举办了。大家早早地来到会场,阿咪挺着大肚子来了,高考完的孙女陈可也来了,年年都支持学花捐资助学的爱心女士龚晓庆也在会前赶来了。

图 30　与爱心女士龚晓庆合影

上午 9 时,"区报告团成员伍学花夫妇捐资助学仪式"正式开始。仪式由街办李书记主持。在捐资助学仪式前两天,学花召开了家庭会议,说了今年捐资助学的想法,希望儿孙们支持理解她。儿子儿媳表态捐款 500 元,还动员陈可捐出 500 元的压岁钱。阿咪和乐添则表态捐款 1000 元。

区关工委首先为"筑梦未来"文化辅导班的四个贫困学子捐助学款,接着是区妇联为贫困学子捐助学款,陈可代表父母和自己为贫困学子捐款。阿咪挺着大肚子上台不方便,只好由乐添代替他夫妇捐款。最后,学花夫妇向小敏等六个贫困学子捐款 13000 元。这一天,学花一家人捐出 15000 元。学花一年的退休工资才 2 万多元,学花一天就捐出一大半的退休工资。

轮到学花发言了,她谈了自己苦难的童年,以及不想让自己悲惨的遭遇发生在现在的贫困学子身上,想圆自己儿时读书的梦想的捐资助学初衷。45 年来,为了捐资助学,学花克服了一切困难。有人说她很有钱,不然怎么捐那么多钱给别人？其实，学花是靠织毛衣、做钟点工、做护工，并用自己退休工资的一大半来捐资助学的。从1975年开始，45年来，学花捐资助学，帮助贫困学子54人，19人已大学毕业。

余主任、吴主席和李书记都对学花给予了肯定，说学花做的事是常人难以做到的，伍学花家庭不愧是全国"最美家庭"，伍学花不愧是中国好人。

这次捐资助学仪式不但隆重，还很成功。补习班的家长们还为学花夫妇和街办献上"不忘初心，无私奉献"的奖杯。

这一天既举办了学花捐资助学仪式，又是学花夫妇为社区贫困学子办的第一届免费文化补习班的结业典礼。想起补习班三年的风风雨雨、辛酸苦辣，学花和言人不由感慨万千。为了这些补习班的贫困学子，学花操碎了心，吃尽了苦，终于没有辜负学子和他们的家长的一片期望。此次中考，有四个孩子考进江西省第一批重点中学，四个孩子考进江西省第二批重点中学。其余孩子也都上了普高线，将继续求学。这些孩子都是学花夫妇的骄傲！芊芊的妈妈说："我做梦都没有想到女儿能考进第二批重点中学，这真要感谢爷爷奶奶老师。"

大家议论纷纷："没有一家人能够像伍学花那样，全家七口人，每个人都为贫困学子、孤寡老人、残疾人和需要帮助的人出钱出力，连孙女的压岁钱都捐了出来。了不起啊，真是了不起。"

这一天，有30个人来学花家吃饭，为了这餐饭，学花请阿咪的婆婆和公公也来帮忙，还请小谌来掌厨。小宇妈妈说："爷爷奶奶老师对小宇可好了，免费为小宇补课，从初一补到初三。如果在外面补习，一门课一年就要三四千块钱，三门课三年要多少钱？完全超出了我们能承受的范围。奶奶老师还要想办法为他姐弟俩捐款，一捐就是好几千。我们一家人会永远记得爷爷奶奶老师的恩情。"在场的人听了小宇妈妈的一席话，没有不受感动的，都对学花赞不绝口。亲家母也为有这样的亲家而感到自豪。

为了这餐饭，学花起早贪黑地准备。猪脚买了四只，有七斤多；肉买了七八斤；另外鸡呀、鸭呀、鱼呀、虾呀，一应俱全，一餐烧了20多个菜，每个菜都用大盘装得满满的。家里的盘子不够，学花还到邻居家借了18个盘子，菜多得桌子都摆不下，只能盘子叠盘子放。30多个人，可房间只能摆两张桌子，只好坐的坐，站的站。

掌厨的小谌还是头一回见到这么热闹的吃饭场面，深受感动。30多个人，不是一家人，胜似一家人。学花把工钱给小谌，她激动地对学花说："伍姐姐，你太让我感动了,我从未见过一个家有 30 多个人吃饭。你也不容易,听家长们说,你今年的退休工资都捐了款,为了这么多贫困学子,出那么多钱还出力。如果你再说给钱,就显得生分了。"听到小谌这么说,学花只好作罢。各级领导对学花的支持,石老师、小谌、严记者、杨记者等人对学花的帮助,一个个做公益的形象都在学花心中留下了难忘的记忆,学花要以身作则,带动更多的人加入"伍学花暖心志愿队"中来,帮助更多的人渡过难关。

8 月 3 日,学花安排人把贫困学子送回庐山市。学花的捐资助学仪式这才落下帷幕。

(四)

捐资助学仪式结束后,为了吃王妮儿子的喜酒,学花夫妇 8 月 3 日下午就从南昌赶去庐山市。王妮夫妇对学花一直很好,学花调南昌工作都是王妮帮忙的。每一次学花家办喜事,他们夫妇都从庐山市开车来南昌贺喜,他们还每月捐资助学 200 元给学花帮助的孤儿。

8 月 10 日,由于当天要参加南浦街办的新时代文明实践宣讲,学花夫妇坐头班车回到南昌。学花是主会场的宣讲人,还有三个分会场。会议的主题是"中国好人伍学花新时代文明实践宣讲"。学花讲述了自己从 1975 年以来,四十六年里所做的公益事业。讲到动情之处,学花自己也忍不住流出泪水,会场报以热烈的掌声。

2020 年 8 月,学花家四喜临门:一喜为孙女考上大学,被湘南学院播音主持专业录取;二喜为阿咪在南大一附医院诞下男婴;三喜为补习班的贫困学子考上重点高中;四喜为学花家庭获得江西省文明家庭。

阿咪为了保住这个孩子,差点命都没有了。3 月初,阿咪突然发起了高烧。为了不影响肚子里的孩子,她不敢吃药,只能靠喝开水降温。哪知温度非但没降下来,反而越来越高,只好深夜去一附院就诊。当时是非常时期,只要发烧,就要立刻隔离,阿咪在医院测完体温后,就被隔离起,等化验结果。考虑到肚子里的孩子,医生只给阿咪打了头孢,也没有开其他的药。做了几次化验后,医生给阿咪开了三支头孢,让她隔离期结束后去社区卫生所打针。阿咪想到自己是护士,有了这三支头孢,自己给自己打针,也许能把体温降下来。

阿咪从一附院出来后,自己给自己打了三支头孢,可依然高烧不退,无奈只得再次入院治疗。阿咪高烧不退,全家人都心急如焚,学花心里更是承受着难以忍受的煎熬。

一晃阿咪在医院已经住了一周，可体温还是没有恢复正常，学花急得以泪洗面。学花哭着对阿咪说："我转 2666 元钱给你。2 代表你自己，第一个 6 是你结婚一周年，第二个 6 是祝你早日康复，第三个 6 是希望你肚子里的孩子平平安安。"阿咪说："我都病成这样，还要钱干什么，还是请大姨帮我拿这些钱捐给贫困学子吧！"见阿咪病成这样，心里还想着他人，学花鼻子里酸酸的，再也说不出话来。

言人流着泪打电话给省中医院的院长和薛主任，了解阿咪的病情。薛主任让言人放心，说阿咪得的是普通肺炎，但是消炎需要时间。在医生们的精心治疗下，阿咪的体温终于降下来了。

另一个问题又来了：阿咪在怀孕期间高烧烧成肺炎，又是打针又是吃药，大家都担心阿咪肚子里的孩子会受到影响。联想起自己患先天性智力障碍的娘生了两个残疾妹妹，学花更是忧心忡忡。

3 月 16 日，这一天正好是阿咪结婚纪念日一周年。病房里只有阿咪和学花俩人。学花向阿咪说出了自己的顾虑："我们伍家，我照顾几个残疾人几十年，人们只看到了我的苦与累，殊不知我的心更痛，因为无论我将娘和小妹照顾得多好，不谙世事的她俩都感觉不到，还经常在别人面前奚落我，让我遭到别人的误解。乐添家本就有一个残疾的哥哥，如果万一你再生一个残疾的孩子，那你这一辈子真可怜，孩子更可怜。孩子啊！好好想想吧！"

阿咪想都没想就说道："大姨啊，我从来没有想过要打掉我肚子里的孩子，这是我和乐添爱的结晶，我只能祈祷孩子不会受这些因素的影响，在我肚子里健康成长。"

为了确认阿咪肺部的病情，医生要给阿咪做肺部 CT。但是 CT 的辐射对孕妇还是有风险，阿咪穿了防护衣，把腹部包裹得严严实实的，才做了 CT。

从此以后，凡是提及要打掉孩子，阿咪都坚决不肯。阿咪真是一位伟大的母亲。

3 月 22 日晚，永儿打来电话："大妈，过两天你在不在南昌？我要去南昌办事，顺便带孩子来看望大妈。"学花问："你要提前说好来的时间，我好安排。阿咪得了肺炎，在医院住院，我得天天在医院照顾她。"

永儿一听说阿咪住院，立即说："明天我请假去南昌看望阿咪。"学花说："反正你过几天要来南昌办事，没必要明天特意过来。"永儿说："大妈啊！我家在最困难的时期,是你带领阿咪和孙女帮我父子渡过了难关。现在阿咪住院,我哪有不去看望之理?"

第二天上午,永儿一家四口果真来到学花家,学花让永儿赶快去办自己的事,然后再去医院看望阿咪。永儿说:"我们今天是特意来看阿咪的,不是来办自己的事的。"然后,永儿一家去医院看望了阿咪,还给阿咪送了慰问金。阿咪看到永儿哥哥一家人特意从新余开车来南昌看望自己,连忙对永儿哥哥说:"帮你我没做什么,都是我大姨为你家做的啊。"

永儿夫妇对阿咪说:"一定要保住肚子里的孩子。我们一个同事之前在怀孕期间也是因为发烧,打针吃药做 CT,很多人让她打掉肚子里的孩子,但她坚持生了下来,是一个很健康的孩子。"

看望阿咪后,学花带永儿的孩子去吃肯德基。这时,永儿的同事打来微信语音电话,问永儿来南昌看望的病人情况。永儿回答了同事的问话,还向同事说了伍大妈、阿咪、陈可祖孙三代当年帮他父子渡过难关的事。学花听到永儿的话后,心里很感动。她想,永儿真是一个感恩的孩子、孝顺的孩子,自己做的事是有意义的。学花决心带领家人做一辈子有意义的事。

8 月 20 日凌晨,阿咪破了羊水,急忙送一附院。打了催产针后,8 月 21 日中午 11 点,孩子的头已经出来了,但阿咪没有力气将其生出来,于是临时决定剖宫产。中午 11 点 45 分,孩子呱呱坠地,是个男孩,取名周沫。学花夫妇、陈可、阿咪的亲妈及阿咪婆家人这才放下一颗悬着的心。

阿咪剖宫产时,呕吐得非常厉害,呕吐物都吐到自己的头发上,推进产房时蓬头垢面。陈可见此情景,心疼得不得了。她不嫌姑姑呕吐物肮脏,连忙用手为姑姑拂去头发上的污物。阿咪的泪水不由自主地滚落下来,侄女陈可没有白疼。

8 月 21 日下午,学花接到象山社区胡主任的电话,说马上要评选第二届全国文明家庭和省文明家庭,区里推荐学花家为第二届全国文明家庭候选,全国文明家庭则是从省文明家庭中推选,要学花夫妇准备好材料。

8 月 23 日上午,学花夫妇把文字材料和照片送到象山社区。因学花夫妇不会打字,胡主任便亲自帮学花夫妇打字,一直忙到中午 12 点才弄好送南浦街道文明办。

在中考前,芊芊的妈妈认为女儿只能考到普通高中。学花劝她对孩子要有信心,要多多关心、鼓励孩子。学花也经常找芊芊谈话,跟她说上课一定要认真听讲,万一有不懂的题,下了课要请教爷爷老师,直至搞懂为止,当天不懂的内容千万不要留到明天。在学花的指导下,在言人的耐心教导下,勤奋努力的芊芊最终考上了重点高中。孩子和父母高兴得不得了。

家长们商量,想请爷爷奶奶老师和石老师跟孩子们一道聚餐。

聚餐时,孩子们、家长们频频向爷爷奶奶老师敬酒。敬酒时,孩子们说:"爷爷奶奶老师这三年辛苦了,我们一辈子都不会忘记爷爷奶奶老师的大恩大德。"孩子们表态,高中会更努力学习,争取考上好大学,成为对社会有用的人才。学花夫妇听着听着,眼睛都湿润了。孩子们读初二时,言人曾对学花说过:"这批孩子若没有一个考上省重点高中,我就再也不带学生了。"学花鼓励劝导言人:"我们尽心尽力把为贫困学子办的免费文化辅导班办好就行了,而且我相信大部分学子一定会考上省重点高中的。"

如今事实胜于雄辩,面对所有孩子和家长感激的目光,学花夫妇再也控制不住,激动的泪水淌下来了。言人兴奋地说:"家长们,孩子们,我们相处了难忘的三年,三年多的风风雨雨已为你们打下了坚实的基础。让我们永远记住 2020 年 8 月 23 日激动人心的这一晚。"随着一阵"咔嚓"声,这一幕幕难分难舍的场景被永远定格在手机里。

2020 年 8 月 25 日,南昌市文明办公示了江西省文明家庭南昌市的候选名单,一共 9 户,伍学花家庭排名第四。阿咪也在这一天出院了,宝宝还留在医院检查。

8 月 26 日,孙女陈可接到湘南学院微信录取通知书。

8 月 28 日,阿咪的宝宝出院,大妹和阿咪的亲娘等人来南昌看望。

(五)

2020 年 9 月 6 日,"筑梦未来"第二届免费文化辅导班又开办了。

这一天上午 9 时,南浦街道党群服务中心三楼,学生、学生家长和学花夫妇一共几十个人聚集在一起,场面依然十分热闹。面对着几十张热情的面孔,学花的心里激动不已。为了这一天,学花奔走了几个月,去南浦街道的各个社区和学校摸底,经社区和学校推荐,这么多贫困学子成为学花夫妇所办的第二届免费文化辅导班的成员。

跟第一届辅导班一样,首先是家长在规章制度上签名,督促孩子们上好文化辅导班,然后家长们退出教室,孩子们留下来上第一节课。面对着一双双求知若渴的眼睛,学花热血沸腾,开始讲述自己的励志故事。学花苦难的童年和渴

图 31　第二届免费文化辅导班的孩子在新学期步入南浦街道党群服务中心

望读书的美梦,激励着孩子们奋发向上、努力学习。陈言人接着上数学课。

2020 年 7 月,市老干局要评选最美退休老干部。王主任把陈言人推荐了上去,市老干局的涂副局长看了学花的材料后,深受感动,又想把陈言人推荐给省老干局。为了慎重起见,涂副局长决定到青山湖区和学花夫妇见面,了解学花夫妇。

9 月 9 日,涂副局长在青山湖区老干局接见了学花夫妇,区老干局为学花夫妇送上 500 元慰问金。涂副局长问学花为什么走上为贫困学子捐资助学,帮扶孤寡老人、残疾人和需要帮助的人,以及办免费文化辅导班这条公益之路。学花说:"我没读到书,不想自己童年的悲剧发生在现在的贫困学子身上,我想让他们帮我圆读书的梦想。"涂副局长又问:"你家成为全国'最美家庭',你夫妇成为'中国好人',青山湖区怎么不知道?"学花说:"这都怪我,我一直叮嘱家人做了好事不要张扬。"

9 月 10 日,学花夫妇和西湖区关工委余主任约好,上午 10 点去区关工委送家风材料。这一天早上 7 点多,学花夫妇就出门了。出门时还是艳阳高照,到区政府南门时却下起雨来,而且南门不让进,要绕到西门才行。学花夫妇加快步伐,向西门走去。雨越下越大,学花夫妇跑了起来,好不容易跑到区关工委,头发都淋湿了。

余主任见学花夫妇的头发都湿了,连忙找来毛巾,心疼地说:"你们怎么不带伞?"言人说:"出门时还是大太阳,现在却下起雨来。"

学花夫妇和余主任寒暄几句后,余主任对学花说:"你做的事,是没有人能做到的。你不是做一次、几次好事,而是做了46年好事。"

交完材料后,学花夫妇准备回家。这时外面的雨下得更大了。余主任让学花夫妇等一下,他到处为学花夫妇找雨伞,找到雨伞后,还要亲自开车送学花夫妇回家。学花夫妇感动极了。想起去年6月份,学花夫妇也是来找余主任商量事情,也是天降大雨,也是没带雨伞,余主任也是跟今天一样,既为学花夫妇找伞,又开车送学花夫妇回家。

学花对余主任说:"你把我夫妇送到公交站台,我俩坐公交回去。"余主任仍然坚持要开车送学花夫妇,学花夫妇拗不过。

余主任每年都要慰问学花,但在她家连一口水都没喝过。学花夫妇除了感激,还是感激。学花想,只有今后更努力地做好公益事业,更多地关心下一代人的工作,才能回报余主任对自己的关怀。

10月7日中午12点半,学花在庐山市收到徐新华发来的微信,他恳请学花帮他老婆洗头、洗脚、擦身,学花当即表示回南昌后就去替他排忧解难。学花和徐新华约好10月10日上午去他家。学花脚疼,怕自己胜任不了,就拨通了辅导班孩子的奶奶廖老师的电话,问她今天有没有时间一起去帮扶病残老人,廖老师很乐意。

10月10日上午,学花应邀参加"中国好人伍学花孝老爱亲宣讲会",活动一结束她就带着廖老师赶到徐新华老人家,为他老婆洗头、洗脚。徐新华家房子本来就小,门窗还经常不打开通风,加之他又堆了木材准备打一个书柜,所以家里的空气质量不好。尤其是徐新华老婆身上太脏了,身上散发出来的味道令人作呕。老人大小便失禁,学花和廖老师在给她洗澡时,老人竟然坐在澡盆里大便,这让跟着学花来的廖老师完全受不了。学花赶快让她到另外的房间里去,叫来徐新华帮忙把老人洗干净。

廖老师对学花说:"你真了不起,长期为这样的人无偿服务。我做不到,今天我都要呕了。"学花对她说:"换个角度想想,病人的身子和脚几个月没洗,现在我俩帮病人洗得干干净净,这是做了有意义的事,我觉得这是一个共产党员应该做的事。"

10月12日,学花送孤寡老人余正苍在红谷滩洪都中医院住院后,就约好10月15日送营养餐过来。10月14日早上,学花赶早买好了第二天的菜,这样第二天只要烧好菜送去就行,节省了时间。学花在大士院买菜时碰到了经常帮助余老师的邻居小肖。小肖问学花:"你怎么买这么多菜?"学花说:"我明天给余老师送营养餐,所以提早一天来买。"

14日上午10点半,学花买完菜回家,正在洗菜时,区关工委余主任给言人打电话,通知学花夫妇10月15日上午去西湖区法院参加市关工委调研座谈会。言人知道,学花早就约好15日为余老师送饭并照料她,便把电话给了学花。学花接过电话,也不知怎么回答。学花想到余主任对自己的关爱与支持,特别是对自己筹备捐资助学仪式的帮助,决定自己的困难自己克服。学花立即答应15日上午准时参加调研座谈会。

放下电话,学花心想明天送饭送不成,可肉、鱼、菜都买好了。为了开会、送菜两不误,学花立刻打电话给余正苓老人:"我刚接到区关工委的电话,通知我们明天上午参加调研会。本来说好明天给你送饭的,我菜都买好了,只好改到今天给你送饭,现在开始炖汤,我尽量在下午1点以前送到医院。"余老师说:"不用急,你的脚痛还没好!腿脚不方便的话就打车过来,我报销。"挂掉电话,学花的微信里就弹出一个红包,学花心想怎么能要余老师的钱呢?于是不去管它,等它自己到期退回去。

这次学花炖了萝卜排骨汤、清蒸了一条鲫鱼,还炒了芹菜、豆干和生菜,准备好四菜一汤给余老师送去。学花烧好饭已经12点了,为了省钱,学花没有打车,还是选择坐209路转22路去医院。谁知车子一个急刹车,把学花炖的萝卜排骨汤打翻了一地,学花心疼得不得了。所幸这次炖了一斤多排骨,除掉洒出来的还剩了不少,学花看了看保温桶,这才放下心来。

学花一进病房,余老师就感动地说:"你的脚痛,还这么辛苦为我送这么好吃的营养餐。"

学花陪余老师吃完饭,帮老人洗好碗,余老师突然站起来拿手机对着学花说:"我要给你照个相,发给卢主席。"照相时,余老师要学花把眼睛睁大一点,但学花疲惫极了,眼睛想睁都睁不开。余老师见状赶紧催学花早点回家休息。学花想多陪伴一下老人,但是老人为了学花的身体考虑,下了"逐客令":"中午我也要休息一下。"学花回到家时已经3点多钟了。

学花刚想眯一会儿,陈言人的手机又响了,是青山湖区老干局的电话,通知陈言人把发给他们的照片洗两份送到老干局,还要去教科体局为最美退休老干部审批表盖章。由于言人不会用微信洗照片,因此还得学花出马。高新附近的照相馆学花不熟悉,怕对方坐地起价,只好回西湖区洗照片,去一趟又是1个多小时。乘坐公交车时,学花误将房卡当成自己的老年乘车卡,刷了半天都不见反应。司机见学花一脸憔悴的样子,便让学花先坐下休息,待会儿再刷卡。学花缓了一会儿,终于在包里找到了老年乘车卡。她补刷后对司机说:"刚才搞错了,谢谢师傅。"

洗完照片已经晚上7点半了,学花在公交车上接到余主任的电话:"明天上午10时到区法院7楼开会,找法院的徐大队长带你们进去。"学花说自己还在公交车上,车上很嘈杂,有些听不清。余主任吃了一惊:"你们怎么还在公交上?吃了晚饭吗?是不是又在做好事?"

（六）

大妹学梅的儿子亮亮准备到南昌泰豪动漫学院读书。还未来南昌读书之前,学花夫妇去庐山市,大妹为学花送来自家种的各种蔬菜。言人说:"大妹,你的崽到南昌读书,有什么困难的话,就打电话给姐姐和姐夫。"

2020年10月11日,亮亮到南昌泰豪动漫学院读书了。大妹打电话给杰儿:"你弟弟去南昌读书,就麻烦你多多关照了。"

杰儿来看望学花和言人时说:"爸,妈,亮亮来南昌读书,我们周末去他学校把他接来家里改善下伙食,补充些营养,你们看如何?"学花听杰儿这么说,真是喜不自禁,杰儿真是一个有情有义的哥哥。学花打电话告诉在家坐月子的阿咪:"亮亮弟弟来南昌读书了。"阿咪说:"10月17日,我请亮亮吃饭。"结果杰儿也争着请,只好约定这次杰儿请,下次阿咪请。

10月17日上午,陈杰开车,一家人去泰豪动漫学院。到亮亮的寝室一看,东西乱七八糟不说,连洗了的衣服也没晾晒,一起堆在洗衣机上面。儿媳微微说:"亮亮,你这样洗衣服怎么干得了?还不如不洗。"学花担心亮亮在家没养成独立生活的习惯,就对亮亮说:"从今以后,你每周换下来的衣服和被子,我都带回家帮你洗干净,再送过来。是你去我家,还是我来你们学校?同时,如果你缺什么,需要买什么,就告诉大姨和姨爹。学生一定要穿得干净整洁。"

中午,杰儿请亮亮在动漫学院附近的酒店里吃饭,然后把亮亮送回了学校。

不久,大妹打来电话说:"我儿子在泰豪动漫学院想读专升本的补习班,想请姐去学校了解一下情况。"5月11日,学花夫妇去亮亮学校,找到了介绍亮亮去补习班的同学和补习班负责报名的老师,才知道是校外补习班,补英语、政治和信息技术,但并不能保证专升本成绩合格。学花将亮亮家的情况告诉报名的老师。老师说:"可以为亮亮申请免费补课。"伍学花将情况告诉妹妹。亮亮的大伯说:"校外的培训机构不可靠。"亮亮读校外专升本补习班的事便告一段落。

10 月 27 日上午 9 时,学花夫妇要去南浦街道党群服务中心参加全国人口普查宣传片的拍摄。学花给余正苓老师送完饭再赶回来,将将没有迟到。

学花夫妇上楼一看,有省、市劳动模范,还有全国英模。拍摄其实很简单,每人说一句话就可以了。宣传片拍摄完后,摄影师还专门给学花他们拍了好几张合影照片留念。

（七）

11 月 10 日,区关工委办公室陈主任打电话向学花报喜:"你被评为南昌市关心下一代先进个人。"11 月 12 日,区委宣传部文明办又通知学花第二天去新建区参加"我与榜样共成长"会议。

要知道这几天学花还在省中医院住院,杰儿在一旁陪护。儿子说:"妈啊,你生病住院,难道不能先请个假吗?"学花说:"我是共产党员,只要组织需要你妈,哪怕自己有再大的困难,也要克服,听从组织安排。"

杰儿说:"那等打完点滴我就开车送你过去。"学花听了,心里暖乎乎的,有这么好的儿子支持妈妈,学花觉得自己是世界上最幸福的人。

11 月 14 日清晨,学花突然接到辉儿的电话:"阿姨,我快到南昌了,请发个定位给我,我好去家看望你。"学花说:"我在省中医院住院,你赶快打电话给哥哥,我们中午一起吃饭。"

从 11 月 3 日起住院,10 多天来,学花的肺部的结节并未变小。学花的心情不好,正准备办出院手续,但接到辉儿的电话,她的心情顿时好了起来。

中午杰儿为辉儿接风,还把阿咪夫妇叫来作陪。辉儿带着堂弟,从深圳大老远来看望伍阿姨,真是有情有义的孩子。辉儿见到阿咪的宝宝天真可爱,还给了一个红包给宝宝。晚上,阿咪夫妇请大家吃饭。见孩子们天真可爱,学花看在眼里,喜在心里。

11 月 19 日,学花夫妇去南昌市书院小学宣讲,依然是由许老师接待。这次的书院小学和上次来太不一样,学校扩大了许多,还建了运动场和多媒体教室。当学花夫妇走进多媒体教室时,学生们早已坐好。屏幕上是"不忘初心、牢记使命"的演讲主题。

图32　在书院小学多媒体教室宣讲后与孩子们合影

　　学花夫妇落座后,首先播放了南浦街办为学花制作的微电影《学花向阳南浦情》。接着,陈言人讲述了学花苦难的童年以及励志的故事,还讲了学花不忘为人民服务的初心,牢记一个共产党员的使命,以此激励孩子们奋发向上,努力学习,做一个爱党、爱人民、爱祖国的共产主义接班人。

　　下课后,学花夫妇和许老师及孩子们依依不舍地道别。

　　11月20日,象山社区万书记打电话给学花,通知她全体党员23日去看话剧。23日上午,万书记又打来电话,让学花下午4点去社区拿票,还说晚上7点半在省话剧团门口等。那天,学花在阿咪家,万书记左一个电话,右一个电话,生怕学花找不到省话剧团,还说学花这么大年纪晚上看话剧怕出意外。看完话剧《支部建在连队》,万书记还发来微信问学花是否安全到家,让学花十分感动。

　　12月2日,南浦街道文明办来电,说要成立伍学花"幸福微家办公室"。学花夫妇免费为贫困学子补习文化的课堂,就将作为学花的办公室。学花心里特高兴,这是组织对学花的关怀与培养。有了办公室后,学花就能更好地帮扶贫困学子、孤寡老人、残疾人和需要帮助的人,发挥自己一个共产党员的模范带头作用,把公益事业搞得更有起色。

　　12月3日,学花夫妇参加西湖区关工委组织的去方志敏故居参观活动。西湖区关工委只要有活动,就会邀请学花夫妇参加,这让学花夫妇更觉得只有更好地做好公益事业,才能回报区关工委领导的关怀。

　　12月10日,青山湖区老干局来电话,原来陈言人评上了"南昌市最美退休老干部"，让他去领荣誉证书。

12月14日，学花夫妇正在家搞卫生，接到通知：西湖区准备12月29日召开"好人见好人宣讲大会"，要放学花家的视频。没过一会儿，关工委的余主任来电，说市关工委于12月24日召开表彰大会，要学花代表先进个人发言，并要她与西湖区文明办的李主任联系。

从12月16日起，一直到24日发言前，学花的发言稿被要求来来回回改了好几次，学花这才意识到领导对学花这次发言相当重视，心里不免有些紧张。

12月24日，南昌市关工委成立25周年暨表彰大会在南昌市委礼堂召开。省关工委主任和南昌市委书记等领导出席大会。大会只有两名代表发言，一是南昌县关工委代表集体发言，还有就是伍学花代表200名先进个人发言。在台下准备时，学花本来就紧张，还不断有人过来让学花发言时再精简一点，学花就更紧张了。言人说："只要把稿子读完，大家听得清楚，就成功了。"学花的心这才平静了一些。言人还做好了如果学花紧张到念不下去就上台去替学花把稿子读完的准备。

学花刚一上场，视线就模糊了。好在学花准备得很充分，在看不清字的情况下，把自己所做的事情讲完了。学花一下台，言人就过来跟学花说："老婆，大功告成，我坐在最后一排都听得清清楚楚，你真棒！"学花这才出了一口气。接下来是各位领导的讲话。

万万没想到市委书记对学花的发言做了高度评价，还足足评价了四五分钟。他说："一个不富有的家庭，省吃俭用，织毛衣，做护工挣钱，捐资助学，帮扶了54名贫困学子、孤寡老人、残疾人，用一生来做公益，我号召全市人民向伍学花学习。"学花激动不已。会间休息时，市妇联原来的黄主席还过来跟学花打招呼，问学花认不认识她。学花说："你是黄主席。"黄主席对学花说："伍学花很棒，得到我们市委领导的高度评价，你的事迹很感人。"黄主席还帮学花夫妇拍了几张照片。余主任也过来了，他对学花说："你为西湖区，为南浦街办争了光。"紧接着，有不少人来祝贺学花，说伍学花了不起。

市委书记对学花高度评价之后，南昌广播电视台非常重视，第二天中午就安排记者采访学花，并于当天晚上6点半在《南昌新闻》节目播出。

其他媒体的相关报道也在一周左右的时间内相继推出，其中12月31日《南昌日报》的文章标题是《用爱托起希望的明天》，重点报道了学花家并不富有，却帮扶了54个贫困学子，有19人大学毕业，为彻底改变他们的命运打下坚实的基础;2021年1月4日的《江西日报》的《大手拉小手,关心下一代》文章中,则突出描写了伍学花作为一名老党员关心下一代的先进事迹。

1月7日,学花夫妇作为中国好人参加了尹力导演、吴刚主演的《没有过不去的年》的电影在南昌的首演仪式。

1月8日,西湖区关工委关爱报告团开工作总结和新年工作计划会时,万团长说:"伍学花在南昌市关工委成立25周年暨表彰大会得到了市领导的高度评价,为我们西湖区争了光。"

(八)

2021年1月22日,江西五套叶记者采访学花。采访内容于3月12日晚在江西五套播出,新闻标题是《南昌伍学花,善心巧手为人织梦》。不到两个月,网上的播放量已破10万。

年前依旧是学花和媒体最繁忙的时候,从1月24日至2月11日除夕,南昌二套、南昌电视台《新闻说报》栏目、江西二套都市频道的记者先后采访伍学花。除夕夜晚上7点52分,江西二套都市频道直播给伍学花家庭拜年。不到三个月,网上的播放量也破10万。

春节刚过,西湖区文明办就报送了伍学花和陈言人为江西省道德模范。

3月5日是学雷锋纪念日,南浦街道文明实践所邀请伍学花参加纪念活动。活动分静默、诵经典、学模范、发善心、向德字鞠躬、行善举、送吉祥等环节进行。第三个环节由伍学花领唱《学习雷锋好榜样》;第四个环节由优秀志愿者伍学花演讲,和大家分享自己学雷锋日记,倾诉自己助人为乐的感人事迹。

在第六个环节行善举,伍学花所做的事情,得到了大家的一致赞许。从1975年至今,伍学花仅靠种菜、养鸡、鸭、猪、缝手套边、袜子尖、织毛衣,做护工挣的钱和自己退休工资的一大半,帮扶了64个贫困学子,其中22人已大学毕业,有的甚至读了研究生。伍学花祖孙三代一起去帮助孤寡老人、残疾人和需要帮助的人,夫妇俩为社区贫困孩子办免费文化辅导班。伍学花所做的事情是雷锋无私奉献精神和传统美德的生动诠释,是一个共产党员高尚情操的体现。

最后一个环节是送吉祥,伍学花给大家送上吉祥小礼品,祝大家一生好运,身体健康!

3月7日,伍学花夫妇办的南浦街道象山社区第二届免费文化辅导班第二学期开学。现在,第二届免费文化辅导班有小鑫等12名同学。小鑫妈妈还为补习班买了一块新黑板上课。

首先还是伍学花讲励志的故事，鼓励孩子们努力奋发读书，改变自己的命运，为国家减轻负担，培养孩子们爱党、爱人民、爱祖国的思想品德，激励孩子们学好文化知识，将来报效国家。接着是陈言人为孩子们上数学课，一个上午非常顺利。

3 月 8 日，学花因身体不适去红谷滩洪都中医院看病，当听说住院要缴 800 元的门槛费时，学花为了省钱，只让医生开了检查的项目。学花做完甲状腺彩超，正要去做肺部 CT 时，哪知 CT 机坏了，只好第二天再去做。

学花的甲状腺检查结果不是很理想，需要做手术。3 月 9 日，学花夫妇找到象湖一附院的闵主任，约定 3 月 15 日住院做手术。3 月 15 日，学花夫妇如约到医院办理了住院手续，就等着做甲状腺结节切除手术。谁知情况有变，医生提出要先做甲状腺穿刺检查，视情况再决定何时手术。

3 月 16 日，学花抽过血后，就在言人的陪同下，去做了甲状腺穿刺检查。穿刺检查的结果又不理想，怀疑有恶性肿瘤的可能，于是医生要求学花做甲状腺强化 CT。言人知道强化 CT 对人体可能造成的危害，他紧张极了，签字时手都在颤抖。好在学花做完强化 CT 后半个小时后没出现状况，言人这才长吁了一口气。下午 4 点，学花才被推进手术室。言人、杰儿、微微、阿咪、乐添都在手术室外焦急地等待。直到晚上 7 点多钟，才从手术室里传来手术很成功，甲状腺肿瘤是良性的好消息。大家才放下心来。

从 3 月 16 日做手术到出院，学花夫妇的饭都是儿子送的。

学花出院之前，言人去查询了学花的糖类抗原指标，一看吓一跳，居然是正常人的 7 倍多。杰儿听后也惊呆了，问学花："妈！你这半年都吃了什么？甲状腺的结节长这大，糖类抗原指标这么高！"言人说："还好已经切除了，不然再发展下去后果就不堪设想了。"

3 月 19 日，西湖区委宣传部通知学花 3 月 22 日去南昌市外国语学校九龙湖校区参加活动。虽然学花刚做完甲状腺结节的切除手术，但她还是决定 3 月 22 日下午如期参会。

学花给阿咪发了微信："咪崽，帮我查一下，坐什么公交车去南昌市外国语学校九龙湖校区？"阿咪回微信："大姨啊！学校又远，还要转车，你刚做甲状腺手术，不能说话，身体要紧，千万不要去哦！"学花回复："你的大姨是一名老共产党员，多少先烈为了人民的利益，抛头颅、洒热血，我一点病算得了什么？现在我还能动，我哪能不去呢？万一以后我病重动不了，就是想去也去不了。"

3月22日下午，西湖区委宣传部专门安排了一部接送新闻媒体的小车，跟了伍学花夫妇一个下午。伍学花准时参加了南昌市文明办、南昌市教育局主办，西湖区教科体局承办，南昌市外国语学校协办的2020年度"江西省新时代好少年付哲豪同学典型事例"宣传活动。活动首先播放了《学花向阳南浦情》，然后是伍学花向同学们分享她助人为乐、帮助贫困学子的故事。伍学花朴素却无比动人，平凡却激励人心。

4月11日是"筑梦未来"辅导班上课的日子，学花想到余正苓老师身体不好，便上午7点买了香蕉，并提了从庐山市隘口带来的土鸡蛋去看望老人。余老师叫学花进去坐一会儿，学花说："还要赶去给孩子们上课。"

4月1日中午，学花接到象山社区万书记要她参加"1921—2021品味百年峥嵘行"主题演讲比赛的通知，递交参赛电子稿的截止时间为4月16日。学花让孙女陈可帮做PPT，又让阿咪帮着打电子稿，决定去参赛。4月15日，学花把参赛的电子稿和视频交给了象山社区的万书记。4月22日初赛，21人参赛，淘汰7人，学花顺利获得决赛权。

原本决赛时间定在4月27日，学花把自己参赛之事跟卢主席说了。卢主席说："像这样的决赛一定要脱稿，否则得分不高。"阿咪和陈可则有不同的意见，觉得对着稿子朗诵才有感觉。学花不想辜负卢主席的希望，于是找象山社区的万书记和田书记商量，他们都一致认为稿件字数太多了，如果要脱稿的话就得将字数控制在两张稿纸内。考虑到只有不到一周的时间，大家都为学花捏把汗。

好在决赛时间改为5月8日，学花原以为时间充裕多了，但阿咪的婆婆要去湖南老家，学花只得去阿咪家帮忙带小孩。学花只有睡前和起床的片刻有时间背稿，她深深地感到年纪大了，脱稿太难。学花心想重在参与，得不得奖无所谓，但她还是把稿子背熟了。

5月8日上午9点半，学花参加"1921—2021品味百年峥嵘行"决赛。不知是什么原因，学花临场发挥不佳，最后只获得优秀奖。但让她感到欣慰的是，在其他参赛选手的稿件中，伍学花的名字被多次提起，伍学花成了大家心中公认的榜样人物。

5月19日，敖副主任通知学花夫妇明、后两天参加市老干局举办的党史学习班，由于答应了20日去广南学校宣讲，因此学花夫妇只能21日去党史学习班学习。

5月30日,江西二套于记者和南昌电视台万记者、叶记者同时到南浦街道党群服务中心采访学花夫妇给孩子们上课。记者们从上午8点一直拍到中午12点半,既辛苦又认真。很快,6月3日,江西二套播出《党员热心肠·伍学花:带着老伴做公益,开办免费培训班》,播报不到一个月,网上播放量就达10多万次。6月4日,江西省文化促进会的陶老师因观看《党员热心肠·伍学花:带着老伴做公益,开办免费培训班》深受感动,专程找到象山社区万书记,要求采访伍学花。

(九)

6月15日,南昌广播电视台播出《爷爷奶奶的免费辅导班》,又一次高度赞扬了伍学花夫妇热心公益、无私奉献的精神。

6月17日下午,江西五套叶记者来微信:"伍阿姨,这个星期天你们还上课吗?这个星期天是父亲节。你爱人陈老师准备怎么度过?"学花回微信:"叶记者好!我们夫妇上午去辅导班上课。"叶记者说:"我们想去拍一下父亲节的节目。"

6月22日,象山社区田书记来微信:"6月24日,象山社区组织党员去共青城胡耀邦陵园学习。要去的党员请接龙。"学花想到是党组织的活动,立即报名参加。

6月24日早上6点不到,学花就起床赶往象山社区。这次活动是象山社区和蓼洲街社区共同主办的,一共有20多名党员参加。中午用餐时,同为党员的贫困学子小冉的奶奶说:"伍老师和陈老师真了不起。你夫妇在南浦街道党群服务中心为社区贫困学子办的免费文化辅导班都上中央电视台了,我们全家人都看了。"然后她又问伍学花:"我的孙子能不能到免费文化辅导班上课?"学花说:"只要孩子们有需求,我们都同意。"

吃完中饭以后,大家又到方志敏纪念堂参观学习,在方志敏烈士遗像前,万书记带领全体党员重温入党誓词。大家接着又去了小平小道。在整个参观学习过程中,万书记和田书记对老党员热情关怀、细心照顾。老党员上下车时,他们都在旁边搀扶着;老党员的座位都安排在车厢的前面。快到下午4点,田书记通知大家回象山社区为50年党龄的老党员颁发纪念章,等学花夫妇回到高新家中都快晚上7点了。学习了一整天,学花觉得收获满满,但也确实感到累了。

7月1日上午,区关工委和南浦街道党工委的领导及南浦街办的党员干部同学花夫妇、免费辅导班的孩子一起在南浦街道党群服务中心2楼收看了习总书记"七一讲话"。讲话结束后，学花夫妇为孩子们上了课。江西教育电视台记者拍摄了学花上课的视频以及学花夫妇收看"七一讲话"的感慨。

7月4日，江西教育电视台《筑梦未来》节目播出了伍学花夫妇办免费辅导班、关心下一代的先进事迹。

7月21日，南浦街道文明办程主任转发宣传部的来电内容给学花："近期几大网络媒体想集中采访伍学花夫妇，你联系他们尽快在南浦街道党群服务中心安排一次免费辅导班上课，要采访爷爷奶奶老师上课。"

学花接到微信后，立即和小鑫妈妈商量。小鑫妈妈在群里发了紧急通知，通知孩子们7月22日上午9点到南浦街道党群服务中心上课。可是有的孩子去外地旅游，有的回老家去了，还有的当天要去上其他科目的辅导班。学花想到之前参观学习时认识的小冉奶奶，便通知小冉来上课。其他孩子听说要上课，也纷纷表示会从外地赶回来，这让学花很感动。尽管她在群里让孩子不要急，但小祺表示一定会从湖南坐高铁回来上爷爷奶奶的课。后来，程主任通知采访时间改在7月23日下午两点，孩子们赶回来的时间方才充裕了些。

7月22日，学花接到盈盈爸爸的微信："伍老师，我女儿盈盈出车祸了，现在在重症监护室。"学花忙回微信："盈盈爸，请问孩子在哪个医院？几号床？等我们明天忙完了就去医院看孩子。"

7月23日，晓玲来电："我老公得了胆石症，疼得厉害。"她希望学花去省中医院找弟媳开一个中药方子，她在庐山市抓药，为易老大治病。学花立即赶到省中医院找弟媳丽英开药方。丽英说："本人没来看病，既不能问诊，又没有检查结果，怎么开药方？"学花赶紧向晓玲讨要易老大的检查报告单，24日8点以前就赶去医院，让丽英给易老大开好了药方。

7月23日下午2点，孩子们准时来上课了，有小鑫、小梦、小权等12个孩子。学花感动极了，决定给孩子们奖励，于是去超市买了苹果、棒棒糖、巧克力。

不久，人民网的时记者来了，见陈言人还在上课，就先采访了伍学花。新华社江西分社的万记者和大江网的王记者也来了。三位记者拍摄了陈言人上的整整一节课，随后又拍摄伍学花讲励志的故事。学花激励孩子们学好文化知识，彻底改变贫穷的命运，不再吃国家的低保，为国家减轻负担，将来报效我们的国家。他们拍摄得很认真，不满意的镜头反复拍摄，一直到下午5点多钟才结束，还跟伍学花夫妇约好下个星期去家中采访。

因为自己在1998年也出过严重的车祸，经历了危难的时刻，学花真为盈盈着急。孩子的爸爸是残疾人,孩子又没母亲,一家人靠吃低保为生,现在孩子又出了车祸,学花真想帮盈盈渡过难关。因为8月份自己要捐资助学,学花想到靠自己一个人的力量也不行,于是7月26日来到象山社区找组织帮盈盈家渡过难关。田主任叫学花把盈盈的情况问清楚,再做安排。有人问伍学花:"盈盈是你家什么人?"学花说:"她不是我家什么人。她爸爸是夏主任几年前推荐给我帮扶的残疾人,现在她又在我们的辅导班上。"

学花在回家的路上想,如果盈盈家急需用钱的话,首先要在社区号召居民捐款。学花准备带这个头,如果要她去为盈盈募捐的话,她也会义无反顾。

7月26日学花发微信给盈盈爸爸,说自己想帮盈盈渡过难关,钱有困难的话,她会去帮孩子筹。盈盈爸爸回话:"女儿已度过危险期,肇事者也没逃走。"学花听到孩子没有生命危险,安心了许多,立即打电话向社区田主任反映情况。

7月26日下午,学花接到青山湖区老干局敖副主任的电话通知:陈言人参选南昌市老干局庆祝建党一百周年主题"党在我心中"征文比赛获三等奖,请陈言人明天有时间来区老干局拿奖状和奖品。

还是5月份征文通知下发的时候,敖副主任希望陈言人写参评的征文,言人说自己过完五一劳动节再写。学花说:"市妇联以前的黄主席都说你文笔好,如果你把我们家点点滴滴的故事写到位,我保证你一定拿到奖。"五一长假后,敖副主任在电话中问:"征文写完了吗? 你们要忙着给孩子补课,又要照顾孤寡老人和残疾人,如果还没写就算了。"言人一听,立马表示不写了。学花在一旁对言人说:"你是区老干局培养出来的最美退休老干部,你也口口声声说要为老干局做点什么,写征文是组织上交给你的任务,你也答应了,怎么见风就是雨,一下子就改变主意不写了。我最看不起说话不算数的人。"学花有两天没搭理言人。

经过思考后,言人笑着对学花说:"我不但要写,还要写三篇,另两篇投到杂志社。"陈言人马上动手写文章,写完后,给学花看。学花看后说:"你写我可以,但要突出党组织对我的关心和栽培,突出我所做的一切都是为了回报社会。"言人便又按照学花的意思进行了修改,整整忙了一天,5月10日下午两点才完稿。学花夫妇连忙将文章送到老干局。敖副主任看了稿件后遗憾地说:"陈老师写的东西不符合征文要求。"言人说:"通知中说可以写个人纪实,麻烦你核实一下。"敖副主任立即打电话向市老干局相关负责人询问,然后欣喜地说:"陈老师的参评文章是符合要求的。"说完,他立刻和两个同事动手帮陈言人打电子稿,打了两个多小时，终于在下班前把电子稿发给市老干局。

如今陈言人的《全国最美家庭、中国好人——伍学花的成长历程》获三等奖。陈言人高兴地说："老婆说得真准，我果真拿到了奖，也为青山湖区老干局争了光。"

7月27日上午，学花陪言人去青山湖区老干局领荣誉证书。回家的路上，人民网时记者和大江网王记者打来电话："上午过来采访你们。"时记者、王记者让学花夫妇讲他们办免费文化辅导班的故事，深深地为学花夫妇的奉献精神所感动。

7月8日，学花夫妇接到象山社区万书记的电话，通知两人去江西省中医院象湖分院打疫苗。打疫苗前，医生了解到学花之前糖类抗原指标是正常人的7倍多，就对学花说："你最好先去复查，没有问题再来打疫苗。"

杰儿听说后，赶紧来家劝学花："妈，赶快去医院复查，如果还那么高，我陪妈去大医院看病。"学花对儿子说："生死有命，富贵在天。联想到革命烈士为了我们今天的幸福生活奉献了自己的一切，想到自己的入党誓词，妈就随时准备牺牲自己的一切。妈这点病算什么？妈每年8月份都要为孩子们捐资助学，等捐资助学仪式后，妈答应你去医院复查。"

其实，学花自己也着急、害怕，她怕自己得了重病，便对言人说："我死以后，想捐献遗体。遗体捐赠能够挽救很多人的生命，同时也可以持续地推进我国医学事业的建设工作，是利国利民的大好事。"言人对此表示反对："只要我走在你后面，是不会同意你捐献遗体的。"

学花又说："我走后，国家给的钱、亲朋好友送礼的钱都作为爱心基金，放在阿咪那里，每年参加南浦街办的金秋助学活动，结对帮扶奋发向上、专心读书的学子，激励他们努力学好文化知识，改变不幸的命运，为国家减轻负担，将来更好地报效我们的祖国。"

7月31日晚，言人着急地对学花说："由于疫情影响，我担心8月8日的捐款仪式举行不了。"学花筹备捐资助学仪式几个月，好不容易把一切都安排好了，尤其是现在自己有可能身患重病的情况下，如果仪式不能顺利进行，那该如何是好？

（十）

2021年8月8日，南浦街道党群服务中心举办了"西湖区关爱报告团伍学花夫妇捐资助学仪式"。

这是从 2017 年开始,伍学花举办的第五次捐资助学仪式。之前伍学花总是把贫困学子和他们的家长请来家里吃饭,吃完饭后给每位贫困学子发一个红包。后来,石老师劝她办一个捐资助学的仪式,不但能得到社会上更多的人的认可,还能让更多的人加入捐资助学的队伍中,将正能量传递下去。

为了这次仪式,伍学花从 4 月份就开始四处奔波筹款。她向有关领导联系汇报,寻找爱心人士。西湖区关工委余主任答应帮扶 4 名贫困学子,西湖区妇联傅副主席答应帮扶 4 名贫困学子,5 位爱心人士也表态愿意帮扶贫困学子。

8 月 8 日上午 9 点半,仪式正式开始。西湖区关工委、西湖区志愿者服务联合会、西湖区妇联、南浦街道人武部的领导参加了此次捐资助学仪式,由南浦街道人武部的吴部长主持。

本次活动共三项议程,首先是播放《学花向阳南浦情》的微电影,其次是小敏、小宇、小冉等 22 名贫困学子分四批上台接受捐助,除了学花夫妇捐助了 6 名贫困学子外,阿咪和陈可也捐助了 2 个孩子;再次是中国好人伍学花讲话。学花声情并茂地说:

感谢各位领导对我的培养和支持,感谢各位来宾参加伍学花捐资助学仪式,感谢好心人及各界人士对学子们的帮扶。

我是一名共产党员,做了一些自己应该做的事,党组织给了我很多荣誉,有不少人说我很了不起。其实是"伍学花暖心志愿队"的同志们给了我极大的帮助和支持,如果没有组织和大家的支持,就没有伍学花的今天。真正了不起的人是公益路上志同道合的你们。

今天我就讲讲他们动人的故事。

从 2008 年开始,邻居龚女士就跟我一道,每年都来为贫困学子面对面地捐资助学,她和丈夫还为学花找事做,学花用挣的钱来做公益事业。

2017 年,邻居郭女士带领女儿从高新来到象山社区,和学花一道面对面捐资助学,还同学花一起去残疾人家做家务。

2018 年,学花老家的领导、同事和亲朋好友也来到学花夫妇办的免费文化辅导班面对面地捐资助学。

2018 年坐火车认识的宋女士,带上几岁的女儿和我一道去孤寡老人家做家务,然后到辅导班与学子面对面地捐资助学。

2018 年,有一位和陈老师同住院的病友,在她遇到困难时,学花发挥了一个共产党员的作用，帮她渡过了难关。她的病好后，也和我一道面对面捐资助学，还同学花一起为孤寡老人搞卫生，帮病残老人洗头、洗脚、擦身、搞卫生。

2018年，南浦街办请来为学花拍微电影的王编导也为学花的事迹感动，主动来为辅导班的孩子面对面地捐资助学。

2019年，给学花做理疗的蒋经理，在电视里得知学花是中国好人，深受感动，也主动参加到学花捐资助学的队伍中来，面对面地捐款辅导班的孩子。

2019年，学花带孤寡老人陈梅秀去看病，清华大学毕业的陶医师，认出了电视里的伍学花。他看到老人走路很困难，主动跟我说："向你学习，下次你带我去老人家义诊。"

南昌市第一届文明家庭颁奖时，我认识了小爱，她请我去公司玩，并把我推荐给了杨经理。杨经理了解我以后，要求我带她去帮病残老人做点什么，今天她也来为孩子捐款。

今年6月19日，在侄儿的酒席上，九弟把我推荐了他侄女小萌，说："五嫂是中国好人，你在百度中搜索伍学花的名字，就能了解她的事迹，了解伍学花是一位了不起的人。"散席后，小萌对我说："您以后捐资助学带上我吧！我的两个朋友也想做一些有意义的事，就是不知道往哪里捐。"今天虽说她们三个人没到场，但她们三个人把一千五百元的爱心款打来了。我的原则是自己不接其他爱心人士的现金，随后我就把一千五百元钱交给关心下一代的西湖区的领导们，让组织安排人亲自捐给学子。

孩子们！今天奶奶给你们讲了这么多关心你们的爱心人士。还请来龚文婷姐姐讲克服一切困难、努力学习的故事。爷爷奶奶老师想用自己的方式方法，激励你们学好文化知识，将来报效我们的祖国，改变自己的命运，回报你们的家人，为爷爷奶奶老师争气。

生命有限，精神无限。只要我的身体能动，我会一直在南浦街办捐资助学，因为我是南浦街办培养的人。如果我走了，我已交代儿孙传承家风，继续做好公益事业，结对帮扶学子读完大学。

感谢南浦街办的领导，安排这么好的场地给孩子们上辅导班。让我感到最幸福的是，第一届辅导班12个孩子，有4个孩子考上第一批省重点高中,有4个孩子考上第二批省重点高中,另外4个孩子也都继续读高中。

2020年,我们夫妇又办了第二届免费文化辅导班,有一个孩子叫小鑫,他说:"我哥哥通过爷爷奶奶老师的辅导,考上了三中。我一定要在爷爷奶奶老师的辅导下,考上二中。"我们夫妇一定拼尽全力辅导孩子,让他们都考上理想的高中。

虽然我已经退休了,但我一定牢记为人民服务的初心。我是一名共产党员,希望能够继续发一分热、发一分光。我要尽自己最大的努力去帮扶社区需要帮助的孩子,做好关心下一代的工作,在公益事业的道路上砥砺前行。

最后由余主任做总结发言,他高度肯定了伍学花在公益事业领域所做出的成绩。

8月8日之前,有很多媒体要采访伍学花夫妇做公益的事迹,还要拍学花夫妇给孩子们上课的镜头。学花说:"要拍摄孩子们上课的镜头,还是等8月8日的捐资助学仪式吧!"

这天,南昌电视台、《江西日报》、江西财经广播、江西五套的记者们来现场采访。采访结束后,完成了《中国好人伍学花捐资助学仪式》《中国好人伍学花举行捐款助学活动》《伍学花织毛衣、做护工、做钟点工捐资助学数十载》等感人至深的报道。

8月7日晚上,学花和陈明、小敏妈妈把第二天要烧的菜提前准备好,肉、鸡、鸭、猪脚全部余好水,一直忙活到凌晨2点半。学花生怕还有什么事情忘了做,怎么也睡不着,4点钟就爬起来洗菜。言人劝学花:"你上午还要发言,一个晚上不睡觉怎么行?你这是拿命在拼。"学花说:"我是一个共产党员,从我入党宣誓起就随时准备为了人民的利益牺牲一切。革命先烈为了我们今天的幸福生活献出了自己宝贵年轻的生命。我是一个共产党员,一个晚上不睡觉又算什么。"

在学花的精心准备下,中午大家吃得非常开心。吃完饭,好姐妹们又把带来的学子带回了庐山市。学花发自内心地感谢志同道合的朋友们无条件地支持自己在公益事业的大道上阔步前进!

2021年11月,上坊路社区刘书记打电话求学花帮忙,邀请学花夫妇去江西省电子信息工程学校做报告。该校团委的李书记对待工作认真负责,并热情地接待了学花夫妇。学花夫妇此次宣讲的主题是"全国最美家庭、中国好人伍学花成长历程"。宣讲完后，学生们踊跃地与学花互动。学花夫妇的宣讲，感动了在场的老师和同学们。不久，李书记给学花发来语音信息："伍老师，我们学校有个学生，因为家庭遭遇不幸，可能要辍学了。他需要像您这样的'妈妈'来引导他走出人生的困境。"学花表示需要了解一下孩子的家庭情况，再看从哪些方面帮助、开导孩子。李书记和学花聊得很投机，她说自己受学花的影响，也希望和学花一样能够帮助更多的贫困孩子。哪怕做不到像学花一样无私，也要尽一点自己的绵薄之力。幼年的学花就是因为要照顾家里四个残疾人，所以不得已辍学。之后的几十年工作中，学花吃尽了没有文化的苦，为此她决心一定要克服一切困难帮助这个贫困学子。学花当即表示："虽然今年我将15000元的退休工资捐给了8个困难孩子，但我还是会先给这个孩子捐1000元，明年再发动更多的人来帮助他。"李书记说，学校目前安排孩子在食堂勤工俭学。学花听后，觉得学校急学生之所急，想学生之所想，为贫困学子做了件实事，表示去孩子家的时候希望把1000元钱亲手交到孩子手上，帮孩子渡过难关。

　　学花在江西省电子信息工程学校宣讲的视频，发给了上坊路社区的刘书记。随即，刘书记邀请学花参加"青春行动·上坊路社区2021年度优秀志愿者表彰大会"，还要求学花跟大家分享助人为乐的故事。参会的人很多，有上坊路社区的干部群众、所有的"爱心妈妈"，还有南昌工程学院士官学院的学生们。

图33　参加"青春行动·上坊路社区2021年度优秀志愿者表彰大会"

学院的章书记也参加了这次活动。学花宣讲后,得到了章书记的高度评价。他号召全体士官生向伍学花学习:"她克服一切困难,带领6岁的孙女和13岁的外甥女去为贫困学子的脑瘫父亲洗屎尿片、洗澡、搞卫生。她自己下岗多年,又出了严重的车祸。死里逃生、开了两次颅的她,还去帮助需要帮助的人。她自己不富有,靠着织毛衣、种菜、养鸡、养鸭、养猪、做钟点工、做护工挣钱,46年来帮扶贫困学子54人,其中22人顺利大学毕业。她还为国家减轻负担,凭自己的能力养活家里三个残疾人。我们要向伍学花学习,像她一样尽自己的力量去帮助需要帮助的人。"会场内响起经久不息的掌声。

感谢江西省关工委、南昌市关工委、西湖区关工委的领导对伍学花的关怀和培养。2021年12月15日,伍学花参加"纪念江西省关工委成立30周年暨全省关心下一代工作表彰大会",代表386名先进个人发言:

铭记党恩自奋蹄 甘洒余晖护新苗

南昌市西湖区南浦街道关工委报告团报告员 伍学花

我叫伍学花,今年66岁,是南昌市西湖区南浦街道关工委报告团报告员。我汇报的题目是《铭记党恩自奋蹄 甘洒余晖护新苗》。

我的人生,曾经是苦难的。家庭遭遇了各种不幸,患有先天性智力障碍的母亲,生活不能自理;父亲又患重病,常年卧床不起;三个哥哥很小就接连夭折,两个妹妹一个患眼疾、一个遗传到母亲的智力障碍。作为家中的长女,为了一家人的生计,我读了两年小学就不得不辍学,承担起家庭的重担。我的人生也是幸运的,家庭虽然遭遇了不幸,但党和政府在我家最困难的时候给予了最大的关爱,帮助解决生活问题,培养我成为纺织工人,使我全家充满希望、阳光和力量。

党恩比海深,我心向阳红。没有党的关怀就没有我,也就没有我这个家。我暗暗下定决心,要成为一名共产党员,要一辈子感党恩、听党话、跟党走,要用尽自己的一切去回报社会,去为人民服务,尽力帮助他人。1975年,我帮助了第一个贫困学生。当时在九江某高校读书的小张,父亲亡故,母亲改嫁,家庭贫困,学业受到影响。看到小张,我就想起了自己,于是立刻就下定了决心帮助他。那时,我们夫妻俩工资不高,儿子又刚出生,还得照顾患病的母亲和残疾的妹妹,日子过得紧巴巴的,压力很大。但我仍把自己获得县劳模的奖品送给他,用自己种菜、养猪挣的钱给他买饭菜票,资助他完成学业。此后,我又陆续帮助了不少困难的青少年继续完成学业。有一次，当了解到新余贫困大学生小汪带着脑瘫爸爸在南昌上大学的情况后，心想"孩子不容易啊，不仅要完成学业还要照顾患病的父亲"，便主动找到小汪，给他讲述我的成长经历，鼓励他勇敢面对生活，努力用知识改变命运、回报社会。之后，我结对帮扶小汪，长期帮助他照顾生病的父亲，为他的父亲买了轮椅，还带着外甥女和孙女为他的父亲喂水、喂饭、洗屎尿片，使他顺利完成大学学业。

在帮扶困难青少年的道路上，我经历了许多坎坷。我1997年下岗，后又遭遇严重车祸，经过两次开颅手术才死里逃生。生活的磨难并没有让我停下帮扶困难青少年的脚步。自己身体吃力，就让家人一同帮忙；退休金不够，就去做钟点工、打毛衣赚钱。2015年8月，我通过街道关工委得知有一名低保户的女儿考上了江西农业大学却没钱替女儿交学费，我便拿出织毛衣、做护工赚的钱和一个月的退休工资，交给女孩的父亲，告诉他我会帮助孩子，让孩子安心上学。从2015年至今，6年来，我一直坚持与孩子结对帮扶，现在孩子已是江西师范大学法学专业硕士研究生，我们不是亲人胜似亲人。

截至今年，在资助帮扶贫困学子这条公益道路上，我已走过了46年，共帮扶了54名贫困学生，其中22人已顺利大学毕业。看着那些被我帮助过的孩子们都长大成人，成为对党、对国家、对社会有用的人才，我感到无比欣慰。

帮人要帮心，浇花要浇根。我感到只对困难青少年帮扶帮教还不够，应给更多的青少年精神关爱，正其心、励其志。于是，在2016年，我成为西湖区南浦街道关工委报告团的一员，从此把宣讲教育作为帮助青少年成长的新途径。我购置了哲学、历史、语言学、红色传记、家庭教育等方面的书籍自学，与街道报告团成员一起讨论、起草宣讲提纲，深入学校、社区家长课堂和结对孩子家中宣讲，带孩子们参观八一起义纪念馆等红色场馆，让他们知道红旗从哪里来？红旗为什么是红的？并结合我自己的成长经历，告诉孩子们要从小培养热爱党、热爱祖国、热爱人民的情怀，坚定理想信念，传承红色基因，坚定树立"为中华崛起而读书"的远大理想。

图34 带领孩子们在八一起义纪念馆参观学习,传播红色文化

几年下来,不记得做了多少场宣讲,不记得自己的嗓音嘶哑了多少次,但每次宣讲后孩子明亮坚定的目光和灿烂的笑脸总是温暖着我,鼓励着我不断前行。

人多力量大,柴多火焰高。我深深地认识到一个人的力量是微弱的,希望能有更多的人加入关心青少年成长中来。在我的动员下,我的爱人从教师岗位上退休后也毅然加入了西湖区关工委报告团,投身于青少年思想道德教育中。2017 年,我俩在街道关工委的全力支持下,又在街道党群服务中心开设了假日课堂,免费为辖区贫困学生进行辅导。爱人进行文化辅导,我进行思想辅导,还自掏腰包为孩子们购买学习用品。2020 年,我们辅导的第一批 12 个孩子全部考上高中,其中 8 人考上省重点高中。我在西湖区关工委和南浦街道关工委的支持下,连续几年开展"伍学花捐资助学"系列活动,对辖区内的贫困学生进行帮扶。在我的动员下,亲朋好友齐上阵,仅家人加起来就捐款两万多元。我还到机关、企业、社区,为干部群众宣讲自身经历,带动大家传递真情、奉献爱心,共同为关心青少年健康成长汇聚力量。

作为一名老共产党员,青少年健康成长是我的梦想。这些年,我做了一些力所能及的事,得到了大家的肯定,荣获省、市、区关心下一代工作先进个人,中国好人等称号。今后,我将铭记党的嘱托,珍惜荣誉,在关心下一代的道路上坚定前行,继续为孩子们的成长成才贡献自己的光和热。

　　谢谢大家!

　　学花的发言获得中国关工委顾主任的高度赞扬:"伍学花代表做了生动的发言,语言朴实,事迹感人。"顾主任还亲自为伍学花颁发"江西省关心下一代工作先进个人"证书,并勉励她再接再厉。伍学花感到莫大的鼓舞,决心保持为党和人民再立新功的热情,保持老骥伏枥、老当益壮的健康心态和进取精神,在公益的道路上继续前行。

图35　2022年的伍学花捐资助学仪式取得圆满成功

图36　学花夫妇在公益道路上将继续前行

后　记

　　我是伍学花的爱人,从 1973 年相识,恋爱,结婚,到 2022 年有近 50 年了。伍学花的一生是平凡而普通的,可处处彰显出她不屈不挠的灵魂,折射出她耀眼的光芒。她出生在庐山市一户贫穷的家庭,儿时几次差点夭折。为了家人的生存,她读了两年小学就不得不辍学。工作几十年,她一直是先进标兵、劳动模范、优秀共产党员。1997 年不幸下岗后,1998 年 12 月 30 日她又遭遇严重车祸,死里逃生。她一生的信条是"感恩党,听党话,跟党走"。她感恩回报社会,以羸弱之躯帮扶帮教贫困学子 64 名,成功地让 22 名贫困学子大学毕业。她急孤寡老人、残疾人之所急,想需要帮助的人之所想,逆流而上成为家喻户晓的中国好人。

　　2009 年,我退休回家,认真思考妻子所做的一切,认为这些都是社会需要的正能量。我觉得妻子所做的点点滴滴很有意义和价值,受妻子的感染,我也加入"伍学花暖心志愿队"中去。

　　感恩老天爷送我一个有责任、有担当、勤俭持家、善良的好妻子,让我沐浴家庭的温暖,享受了四世同堂的天伦之乐。如果不是我妻要我白纸黑字的承诺,也许我会丢失很多。

　　1995 年,儿子商校毕业,为了安排工作,妻子一下班就四处奔波去求人,每天到深夜 11 点才回家吃饭。妻子从不说求人有多难,只有我做丈夫的心里明白。

　　1998 年,妻子大妹的丈夫和儿子同一年过世,大妹的眼睛又看不清东西,还收养了 3 岁的阿咪。看到大妹的处境,妻子想起自己悲惨的童年,就想把阿咪养在身边。妻子求我说:"阿咪在大妹身边,就是我童年悲剧的缩影,还是接来我们家吧。"我当时表示反对:"你自己都下岗,还要节外生枝,养别人的女儿。"妻子是个要面子的人,她没跟我吵闹,决心带阿咪去吉安。出门时,背着阿咪的妻子给我丢下三句话:我不信,凭自己的力量养不活这不幸的孩子。我要把阿咪养大成人,培养她成为对社会有用的人才。我要改变她不幸的命运,让她过上幸福的生活。妻子做到了。

妻子对我、儿子、阿咪付出的心血可谓"惊天地，泣鬼神"。

当年妻子的老领导邀她去湾里竹林花园买房，因为我夫妇手头上没有那么多钱，于是和朋友承诺借钱买房。朋友心有疑虑，问："假如我急需用钱，你又还不上怎么办？"妻子说："我就是卖都司前的房，也会还你。"对方说："那都司前的房不能住人，必须空置，我才能把钱借给你。"此事，我夫妇没有告诉儿子。当时孙女在育新学校读书，儿子想到都司前住。妻子对我说："想办法还掉钱，都司前的房子让给儿子一家住。"我说："如果要借钱还钱，还不如让孩子们到高新来住，高新的房子这么大，免得浪费资源。"孩子不知父母与朋友对房子的承诺，听说父母要他们搬来高新住，便产生了误解，有了抵触情绪，遂去外面租房。我想对孩子说："都司前的房子不租、不借、不卖。"

妻子说："我一辈子只要一个男人，守护好来之不易的四世同堂之家。"我说："2015 年以前，我忽略了妻子，我一定用余生和下辈子呵护妻子。"

受妻子的感染，我一定会在公益事业的道路上继续前行。

陈言人

2022 年 5 月 2 日

跋

从我记事起,爹爹就对我说:"娃儿呀,你的身上捆绑着我们全家四个残疾人的生命啊!"

我从小不怕苦、不怕累,三岁不到就用自己的小手换饭吃,喂饱了自己还要养活病床上的爹娘。苦难的经历伴随了我的童年、少年和青年,我时时刻刻提醒自己,我的命不仅是自己的,还是家里四个残疾人的,我要把他们养好,决不能给国家增添负担。只有解决了自家的问题,才有资格去帮助那些需要帮助的人。

我不是疯子,也不是傻子,更不是想出风头。我听了毛主席的话,选择了一条最难最难,同时也是我一生最幸福的路——一辈子做好事。

我不想自己无法读书的悲剧发生在现在的孩子身上。捐资助学是我的初心,培养贫困学子健康成长、成人成才是我的梦想,彻底改变贫困学子不幸的命运、让他们将来报效国家是我的目标。

伍学花

2022 年 6 月 26 日